CURSO DE ANÁLISE ECONÔMICA DO DIREITO

O GEN | Grupo Editorial Nacional – maior plataforma editorial brasileira no segmento científico, técnico e profissional – publica conteúdos nas áreas de concursos, ciências jurídicas, humanas, exatas, da saúde e sociais aplicadas, além de prover serviços direcionados à educação continuada.

As editoras que integram o GEN, das mais respeitadas no mercado editorial, construíram catálogos inigualáveis, com obras decisivas para a formação acadêmica e o aperfeiçoamento de várias gerações de profissionais e estudantes, tendo se tornado sinônimo de qualidade e seriedade.

A missão do GEN e dos núcleos de conteúdo que o compõem é prover a melhor informação científica e distribuí-la de maneira flexível e conveniente, a preços justos, gerando benefícios e servindo a autores, docentes, livreiros, funcionários, colaboradores e acionistas.

Nosso comportamento ético incondicional e nossa responsabilidade social e ambiental são reforçados pela natureza educacional de nossa atividade e dão sustentabilidade ao crescimento contínuo e à rentabilidade do grupo.

ANTÔNIO MARISTRELLO PORTO
NUNO GAROUPA

CURSO DE
ANÁLISE ECONÔMICA DO DIREITO

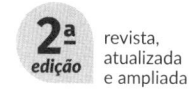

2ª edição revista, atualizada e ampliada

FGV DIREITO RIO

gen | atlas

- O autor deste livro e a editora empenharam seus melhores esforços para assegurar que as informações e os procedimentos apresentados no texto estejam em acordo com os padrões aceitos à época da publicação, e todos os dados foram atualizados pelo autor até a data de fechamento do livro. Entretanto, tendo em conta a evolução das ciências, as atualizações legislativas, as mudanças regulamentares governamentais e o constante fluxo de novas informações sobre os temas que constam do livro, recomendamos enfaticamente que os leitores consultem sempre outras fontes fidedignas, de modo a se certificarem de que as informações contidas no texto estão corretas e de que não houve alterações nas recomendações ou na legislação regulamentadora.

- Fechamento desta edição: *28.10.2021*

- O Autor e a editora se empenharam para citar adequadamente e dar o devido crédito a todos os detentores de direitos autorais de qualquer material utilizado neste livro, dispondo-se a possíveis acertos posteriores caso, inadvertida e involuntariamente, a identificação de algum deles tenha sido omitida.

- **Atendimento ao cliente:** (11) 5080-0751 | faleconosco@grupogen.com.br

- Direitos exclusivos para a língua portuguesa
  Copyright © 2022 by
  Editora Atlas Ltda.
  Uma editora integrante do GEN | Grupo Editorial Nacional
  Al. Arapoema, 659, sala 05, Tamboré
  Barueri – SP – 06460-080
  www.grupogen.com.br

- Reservados todos os direitos. É proibida a duplicação ou reprodução deste volume, no todo ou em parte, em quaisquer formas ou por quaisquer meios (eletrônico, mecânico, gravação, fotocópia, distribuição pela Internet ou outros), sem permissão, por escrito, da Editora Atlas Ltda.

- Capa: Aurélio Corrêa

- **CIP – BRASIL. CATALOGAÇÃO NA FONTE.**
  SINDICATO NACIONAL DOS EDITORES DE LIVROS, RJ.

P881c
Porto, Antônio Maristrello
    Curso de análise econômica do direito / Antônio Maristrello Porto, Nuno Garoupa. – 2. ed. – Barueri [SP]: Atlas, 2022.

    Inclui bibliografia e índice
    ISBN 978-65-59-77137-0

    1. Direito e economia. 2. Direito – Aspectos econômicos. I. Garoupa, Nuno. II. Título.

21-73993   CDU: 346.1

Camila Donis Hartmann – Bibliotecária – CRB-7/6472

SOBRE OS AUTORES

Antonio Maristrello Porto
Doutor e mestre em Direito pela University of Illinois. Professor da graduação e do programa de pós-graduação em Direito da Regulação da FGV Direito Rio. Vice-Diretor da FGV Direito Rio. Coordenador do Centro de Pesquisa em Direito e Economia (CPDE) da FGV Direito Rio.

Nuno Garoupa
Doutor em Economia pela Universidade de Iorque, no Reino Unido, e tem, igualmente, LL.M. pela Universidade de Londres, também no Reino Unido. Professor de Direito e Vice-diretor para Pesquisa Científica da George University Mason, Antonin Scalia Law School, Estados Unidos.

AGRADECIMENTOS

Gostaríamos de agradecer aos seguintes pesquisadores, por suas contribuições para este livro: Angelo de Carvalho Gomes, Eduarda Oliveira Rodrigues, Rafael Berzotti, Pedro Henrique Christofaro Lopes e Ana Carolina de Almeida Cardoso.

Agradecemos aos professores Wilson Fernandes Pimentel e Thiago Cardoso Araújo pela leitura atenta e sugestões. Um agradecimento a Lucas Thevenard, pela revisão do texto para a segunda edição e pela participação na preparação do capítulo sobre Análise de Impacto Regulatório. Um agradecimento especial à Professora Rafaela Nogueira, economista, que revisou a parte econômica, facilitando a leitura dos interessados no *Curso*. Ao Professor Fernando Leal, especialmente pelo apoio no capítulo sobre Teoria dos Jogos. Finalmente, devemos sinceros e especiais agradecimentos para Izabel Nuñez, pesquisadora de projetos do CPDE, que revisou o material e trabalhou na sua unificação e uniformização.

PREFÁCIO

As décadas de 1920 e 1930 viram ganhar força, mundo afora, doutrinas totalitárias, como o fascismo e o comunismo. No Brasil não foi diferente. À época, essas doutrinas eram vistas como progressistas, uma forma de reduzir o poder das elites rurais, por meio do fortalecimento do Estado, que se tornava o grande promotor da transformação econômica. A ele caberia gerar e administrar a poupança nacional, a ser aplicada conforme um cuidadoso planejamento central. A industrialização era a grande meta.

Essa visão sobre a melhor forma de organizar a economia permaneceria soberana até o início dos anos 1980. Não que não tenha havido questionamentos, ou curtos momentos em que prevaleceram visões mais liberais. Porém, esses momentos foram, de fato, breves, e os questionamentos, abafados pela ampla maioria que se alinhava com a defesa da intervenção estatal na economia. Com a tomada do poder pelos militares, em 1964, o espaço para discordância diminuiu, em que pesem protestos aqui e ali nos anos 1970.

As coisas começariam a mudar nos anos 1980. Primeiro, pois, em quase toda parte, a intervenção estatal se mostrava cada vez mais ineficiente. Isso não só pela captura das políticas públicas por diversos grupos de interesse, mas também porque vários dos objetivos que a intervenção estatal buscava atingir já haviam sido alcançados: o setor privado já era capaz de realizar o que antes parecia só ser possível fazer pelas mãos do Estado. Com isso, cada vez mais, o debate acadêmico migrava da discussão das falhas de mercado para apontar os problemas resultantes das falhas de governo.

Segundo, porque, com a ascensão de Margaret Thatcher e Ronald Reagan à chefia dos governos do Reino Unido e dos EUA, em si um reflexo do crescente sentimento antiestatal dessa época, teria início uma profunda mudança nas agendas de pesquisa da academia e das organizações multilaterais, como o FMI e o Banco Mundial. Começou então uma reorientação em direção à defesa de políticas econômicas de perfil mais liberal, em que o chamado Consenso de Washington talvez seja a agenda mais conhecida. Aos poucos, essa agenda também penetrou no debate brasileiro, ajudando a motivar os programas de privatização, desregulamentação e abertura comercial dos anos 1980, que, apesar de muito modestos, foram simbólicos.

Terceiro, porque, ao longo dos anos 1980, o Brasil entrou em grave crise econômica, com queda do PIB *per capita*, sérias dificuldades no financiamento externo e a virtual falência do setor público, que acabou recorrendo à hiperinflação para fechar as suas contas. Mesmo que querendo, o Estado não mais tinha a capacidade de intervir. Surgiu então uma união entre os liberais e os estatistas pragmáticos que foi fundamental para o avanço das reformas estruturais no país.

Em que pesem todas essas transformações registradas ao longo dos anos 1980, a nova Constituição Federal, promulgada em 1988, a Constituição Cidadã, pouco refletiu essas mudanças de visão. Ela continuou privilegiando o papel do Estado como principal condutor da atividade econômica e como grande promotor do desenvolvimento do país. Porém, mais do que isso, a nova Constituição buscou revolucionar a agenda de direitos individuais e resgatar o que então se convencionou chamar de a "dívida social", em anteposição às dívidas externa e pública, que continuavam asfixiando a economia.

O Judiciário, e o Direito em geral, mudaram bastante com a Constituição de 1988, refletindo essa onda de proteção à democracia e aos direitos individuais e de resgate da "dívida social". De forma geral, os operadores do Direito se viram como agentes centrais na implementação dessa ambiciosa agenda de direitos trazida pela nova Constituição.

Só nos anos 1990 a agenda de reforma econômica ganharia um papel de maior destaque, inicialmente com Fernando Collor de Mello e, depois, com Fernando Henrique Cardoso. Este, em especial, promoveu uma série de mudanças na Constituição, descontinuando monopólios públicos e abrindo espaço para que empresas privadas participassem da produção de petróleo e serviços de infraestrutura.

Esse processo teria seguimento nas duas décadas seguintes, em que pese o setor público ter mantido um ritmo acelerado de expansão de seus gastos, já então mais voltados para pautas como saúde e educação. Cada vez mais, ao longo desses quase trinta anos, buscou-se transferir para o mercado e os agentes privados a responsabilidade por alocar investimentos, produzir e inovar.

Como Antônio Maristrello Porto e Nuno Garoupa discutem com muita propriedade neste livro, para funcionar adequadamente, o mercado requer instituições que promovam a eficiência e a segurança jurídica. E a construção dessas instituições não é um processo simples, especialmente após tantas décadas em que a dominância do Estado fazia que elas tivessem um papel secundário.

Mais uma vez, os operadores do Direito são chamados a se reinventar, a compreender o novo papel que deles se espera e a operar dentro dessa nova realidade de forma que ajude o país a se desenvolver. Para isso, terão de entender como funciona a economia, o que está por trás das decisões dos agentes econômicos e quando a melhor solução é não deixar o mercado operar livremente e por quê. Enfim, vão ter de aprender sobre a economia e os mercados, para que o País possa continuar avançando.

Essa necessidade de mais conhecimento econômico por parte dos operadores do Direito não é uma característica exclusiva do Brasil. Em toda parte, está em curso, desde os anos 1970, um processo de liberalização econômica que, para produzir bons resultados, depende de o Direito ser aplicado de forma eficiente. Esse aprendizado tem acontecido, com a academia e os operadores do Direito respondendo à altura aos novos desafios que lhes foram colocados, o que tem contribuído, por sua vez, para estimular uma crescente sofisticação dos mercados, algo que exige o aprendizado de novos conhecimentos e cria um círculo virtuoso entre o Direito e a Economia.

Mundo afora, portanto, os operadores do Direito vêm estudando o que se convencionou chamar de Análise Econômica do Direito. Antônio Maristrello Porto e Nuno Garoupa nos trazem agora um volume sobre o assunto que em muito facilitará a disseminação dessa área de conhecimento nas Escolas de Direito e de Economia do Brasil.

O livro se divide em onze capítulos, que podem talvez ser agrupados em três grandes partes.

A primeira delas, cobrindo os três primeiros capítulos do livro, serve para situar o leitor no tema das relações entre o Direito e a Economia. Assim, o livro inicia com uma abordagem mais macroeconômica, situando o tema do Direito dentro da perspectiva mais ampla do desafio de promover o crescimento econômico. Em seguida, avança em apresentar as principais ferramentas microeconômicas que, entre outras coisas, ajudam a estabelecer quais os objetivos se deseja atingir, em termos de bem-estar coletivo, por meio das normas legais. Fechando essa primeira parte, os autores apresentam e analisam as chamadas falhas de mercado, que são os principais fundamentos econômicos de por que não é ótimo, do ponto de vista coletivo, deixar os mercados funcionarem livremente, à base do *laissez-faire* total, sem regulação estatal.

A segunda parte do livro, cobrindo os capítulos 4 a 6, é voltada para apresentar ao leitor os principais instrumentos metodológicos utilizados nos estudos teóricos e empíricos na área da Análise Econômica do Direito. Esta parte começa com a apresentação de conceitos e instrumentos de inferência estatística, avança no capítulo 5 com os fundamentos da Teoria dos Jogos e conclui, já no capítulo 6, com uma abrangente análise de um tema fundamental, mas relativamente novo: a Economia Comportamental, que relaxa algumas das hipóteses de racionalidade, às vezes exigentes em excesso, a que recorre à Teoria Econômica Neoclássica.

Finalmente, na terceira e última parte do livro, cobrindo os capítulos 7 a 11, Porto e Garoupa mergulham propriamente na análise econômica de diferentes áreas do Direito. Eles começam pelas duas áreas a que há mais tempo se dedicam os estudiosos de *Law & Economics*: o Direito da Propriedade (capítulo 7) e o Direito dos Contratos (capítulo 8). No capítulo 7, em especial, introduzem alguns elementos da Teoria Neo-Institucionalista que fundamentam muito da Análise Econômica do Direito: o Teorema de Coase, o conceito de custos de transação etc.

Já nos capítulos 9 a 11, os autores mergulham em áreas mais de fronteira da Análise Econômica do Direito, recorrendo ao instrumental e às investigações anteriores para analisar os temas da Responsabilidade Civil Extracontratual, da Responsabilidade Penal e do Litígio, respectivamente. Aqui, combinam a análise mais conceitual, e o uso dos conceitos econômicos vistos antes, com um exame do instrumental legal brasileiro, o que torna sua análise ainda mais relevante para os operadores do Direito no Brasil.

Antônio Maristrello Porto e Nuno Garoupa são dois experientes e brilhantes acadêmicos, com sólida formação e constante presença nos fóruns nacionais e internacionais de Direito e Economia. No Brasil, foram membros fundadores do movimento de Análise Econômica do Direito, com publicações que influenciaram toda uma geração de pesquisadores e professores.

O livro que os dois agora nos apresentam traz embutido todo esse cabedal de conhecimento acadêmico e a experiência prática de lidar com problemas concretos que se colocam cotidianamente para os operadores do Direito. Neste *Curso de Análise Econômica do Direito*, combinam a preocupação em mergulhar no melhor da literatura disponível em cada um dos temas cobertos com uma cuidadosa discussão dos instrumentos utilizados na Análise Econômica do Direito e com a aplicação desses conhecimentos a áreas específicas do Direito.

Porto e Garoupa atingem um grau de abrangência e profundidade que garantirá que a obra ocupará um lugar de destaque entre as obras de referência no tema da Análise Econômica do Direito. Não obstante, os autores tiveram grande sucesso em preservar uma linguagem simples, acessível àqueles que só agora começam a adentrar essa área de conhecimento. Sem dúvida, isso contribuirá para tornar o livro um sucesso entre os iniciantes no tema.

Enfim, trata-se de uma obra de dois líderes intelectuais do debate internacional sobre Direito e Economia, uma obra imprescindível para os profissionais de Direito e de Economia que quiserem se preparar para os desafios que lhes serão colocados pelo mundo de hoje e de amanhã.

Armando Castelar Pinheiro

APRESENTAÇÃO

A grade curricular do curso de Direito está experimentando, em tempos recentes, uma rápida evolução, certamente mais intensa e profunda do que se observava em outras épocas. Ao analisar as disciplinas cursadas pelos graduados em Direito no plano de ensino tradicional, tem-se a nítida impressão de que a intenção dos educadores é a de formar juristas com habilidades artísticas e dons transcendentais. O foco curricular costumava ser a hermenêutica e a dogmática jurídica, que Schmidt-Aßmann definiu como "a confrontação permanente das opiniões tradicionais com os novos conhecimentos e exigências, o recurso ao confiável no conflito com argumentos que incitam ao progresso". Desse conceito, extrai-se a ideia do Direito como um fim em si mesmo – a fina obra cunhada pelos doutos intelectuais capazes de alcançar um sentido abstrato de justiça e ditar as normas jurídicas a serem obedecidas pelo restante da sociedade.

Os tempos modernos, entretanto, exigem uma nova postura dos acadêmicos e profissionais do Direito. Os ganhadores do prêmio Nobel de Economia de 2019, Esther Duflo e Abhjit Banerjee, comparam os economistas aos encanadores. O seu trabalho não tem o mesmo prestígio dos engenheiros e arquitetos, cujos projetos são baseados em ideias abstratas e aproximações nem sempre realísticas. Porém, é do encanador a responsabilidade de conferir cada parafuso de uma estrutura para garantir o seu adequado funcionamento no mundo concreto. Sua experiência prática é essencial para assegurar que o sonho dos engenheiros e dos arquitetos não se converta no pesadelo dos seus clientes. Da mesma forma, o economista deve assumir-se um encanador nos estudos sociais, engajando-se com os detalhes das políticas públicas e se assegurando de que o seu resultado seja o mais positivo possível para a sociedade.

Por isso mesmo, já era a hora de deixarmos no passado a figura do jurista como um alquimista, dotado de uma capacidade superior de criar e aplicar o direito, tão centrado em sua própria arte que se torna incapaz de olhar para o mundo ao seu redor. O novo jurista tem um compromisso com gente de carne e osso, que sofrerá as consequências, porventura desastrosas, das suas construções abstratas majestosas (que alguns denominam, equivocadamente, "teorias"). Não há mais espaço para o *fiat justitia, pereat mundus*. Nenhuma norma jurídica é justa ou justificável se não promove o bem-estar das pessoas que a ela se submetem. O novo jurista tem familiaridade com o conceito de escassez e sabe que a aplicação da lei não pode negligenciar a finitude de recursos. O operador do Direito se torna mais humano quando a sua atuação é pautada por dados e evidências extraídos de pessoas reais, em vez do clássico recurso ao seu instinto íntimo de justiça.

Este *Curso de Análise Econômica do Direito*, da lavra de Antônio Maristrello Porto e Nuno Garoupa, representa um importantíssimo passo para que os juristas do amanhã não sejam nefelibatas, mas encanadores. Nas páginas a seguir, o leitor terá, talvez, o seu primeiro contato com uma perspectiva genuinamente científica do Direito.

Para muitos soará revolucionária a ideia de que o objeto de estudo desta ciência é o comportamento humano, que precisamos analisar, prever e direcionar da forma mais precisa possível. Pois se trata mesmo de uma revolução, a que assistimos com orgulho e desejo de vitória, sendo a nossa arma o conhecimento de ponta, a ser extraído de fontes de excelência, tais como a presente obra.

Ministro Luiz Fux
Brasília, 4 de dezembro de 2019.

SUMÁRIO

INTRODUÇÃO 1

Capítulo I
BREVES CONSIDERAÇÕES SOBRE CRESCIMENTO ECONÔMICO 23
1.1 Crescimento econômico 23
    1.1.1 A Geografia 26
    1.1.2 O comércio internacional 29
1.2 Instituições 31
    1.2.1 Direito e desenvolvimento 43
    1.2.2 *Legal Origins Theory* (Teoria das Origens Jurídicas) e AED do Direito Comparado 48
    1.2.3 Direito e desenvolvimento do sistema financeiro e do mercado 51
1.3 Implicações gerais 54
Questões de automonitoramento 55

Capítulo II
DIREITO, ECONOMIA E MERCADOS 59
2.1 A teoria microeconômica e a AED 59
    2.1.1 Eficiência e bem-estar social 62
    2.1.2 Maximização da riqueza *vs.* maximização da utilidade 63
    2.1.3 Críticas à análise de custo-benefício; racionalidade limitada e economia comportamental 65
2.2 Mercados em concorrência perfeita 67
    2.2.1 Mercados eficientes – 1º Teorema do Bem-Estar 67
Questões de automonitoramento 70

Capítulo III
FALHAS DE MERCADO E REGULAÇÃO 73
3.1 O que são falhas de mercado 73
3.2 Competição imperfeita 74
3.3 Externalidades 75
    3.3.1 Externalidades negativas 75
    3.3.2 Externalidades positivas 77
3.4 Bens públicos 78

3.5	Monopólio natural	80
3.6	Assimetria de informação	81
	3.6.1 Agente-principal	81
	3.6.2 Risco moral e seleção adversa	82
3.7	Falhas de governo	84
	Questões de automonitoramento	86

Capítulo IV
ESTATÍSTICA 89

4.1	Por que utilizar estatística? Pensando estatística	89
4.2	O que é uma variável?	89
4.3	Variáveis quantitativas *versus* qualitativas	90
4.4	Amostras e populações	91
4.5	Organizando dados: apresentação e descrição	92
	4.5.1 Distribuições de frequência	92
	4.5.2 Medidas de posição	96
4.6	Sobre amostras e populações	107
4.7	Teste de hipótese	117
	Questões de automonitoramento	122

Capítulo V
TEORIA DOS JOGOS 125

5.1	Conceito e aplicações	125
5.2	Jogo – Forma normal ou estratégica	126
	5.2.1 Elementos do jogo	126
	5.2.2 Jogadores	126
	5.2.3 Estratégias	127
	5.2.4 *Payoffs*	127
	5.2.5 Representação gráfica do jogo	127
	5.2.6 Outros elementos relevantes	128
5.3	Dilema dos prisioneiros	129
5.4	Soluções e equilíbrios	129
5.5	Estratégia estritamente dominante	130
	5.5.1 Equilíbrio de estratégias estritamente dominantes	131
5.6	Estratégia estritamente dominada	132
	5.6.1 Equilíbrio por eliminação de estratégias estritamente dominadas	133
5.7	Estratégia fracamente dominante	133
5.8	Equilíbrio de Nash	134
5.9	Forma estendida ou sequencial	135
5.10	Outros tipos de jogos e fatores relevantes	136
	5.10.1 Número de jogadores	136

			5.10.1.1 Um jogador	137
			5.10.1.2 N jogadores	137
			5.10.1.3 Informação disponível	137
			5.10.1.4 Informação perfeita	137
			5.10.1.5 Informação imperfeita	137
		5.10.2	Grau de cooperação	138
Questões de automonitoramento				139

Capítulo VI
ECONOMIA COMPORTAMENTAL 143

6.1	Por que estudar economia comportamental?	143
6.2	Entre a escolha racional e a racionalidade limitada (ou real)?	144
6.3	Maximização, otimização ou satisfação?	149
6.4	Dois sistemas em sincronia (ou diacronia)	153
6.5	Vieses e heurísticas: atalhos que podem nos levar para o lugar errado	159
	6.5.1 Viés da representatividade	160
	6.5.2 Viés da disponibilidade	163
	6.5.3 Excesso de confiança	164
	6.5.4 Viés confirmatório (ou de autosserviço)	165
	6.5.5 Viés da análise retrospectiva (*hindsight bias*)	166
	6.5.6 Viés da ancoragem (ou ajustamento)	167
	6.5.7 Efeito moldura (*framing effect*)	168
	6.5.8 Efeito dotação/de reforço (*endowment effect*)	170
	6.5.9 Viés do *status quo*	171
6.6	Como o Direito pode se apropriar desse conhecimento: o *nudge*	173
Questões de automonitoramento		176

Capítulo VII
DIREITO E ECONOMIA DA PROPRIEDADE 181

7.1	Teorema de Coase	186
7.2	Os custos de transação, Teorema Normativo de Coase e Teorema Normativo de Hobbes	190
7.3	Proteção dos direitos de propriedade	192
Questões de automonitoramento		200

Capítulo VIII
DIREITO E ECONOMIA DOS CONTRATOS 205

8.1	Remédios contratuais	217
8.2	O inadimplemento do contrato é imoral?	235
8.3	Defesas de formação e escusas ao adimplemento	237
Questões de automonitoramento		254

Capítulo IX
ANÁLISE ECONÔMICA DO DIREITO E A TEORIA JURÍDICA DA RESPONSABILIDADE CIVIL EXTRACONTRATUAL 261
9.1 A fórmula de Learned Hand 264
    9.1.1 A conduta da vítima 270
9.2 A fórmula do custo social 271
9.3 Teoria dos jogos e análises da eficiência das regras de responsabilidade civil 273
    9.3.1 Ausência de responsabilidade civil 273
    9.3.2 Responsabilidade ilimitada 275
    9.3.3 Responsabilidade civil subjetiva 276
    9.3.4 Responsabilidade civil objetiva 277
    9.3.5 Responsabilidade subjetiva × responsabilidade objetiva 278
        9.3.5.1 Aspectos distributivos 279
        9.3.5.2 Assimetria de informações e custos administrativos 279
9.4 Tópicos especiais em responsabilidade civil 282
    9.4.1 Seguro 282
    9.4.2 *Punitive Damages* (indenizações punitivas) e sua aplicabilidade no Brasil 284
    9.4.3 Efeitos da responsabilidade civil sobre a atividade empresarial 288
    9.4.4 A indenização e a dificuldade de definir seu cálculo 293
Questões de automonitoramento 296

Capítulo X
ANÁLISE ECONÔMICA DO DIREITO E A TEORIA JURÍDICA DA RESPONSABILIDADE PENAL 301
10.1 Dissuasão com sanções monetárias 309
    10.1.1 O princípio multiplicador 311
    10.1.2 Efeito de multa alta-probabilidade baixa 312
    10.1.3 Sanções deveriam ser baseadas no dano para a vítima ou no ganho para o criminoso? 312
    10.1.4 Ineficiência do princípio multiplicador 312
    10.1.5 Aversão ao risco 314
10.2 Dissuasão com sanções não monetárias 315
    10.2.1 Encarceramento 315
    10.2.2 Outras formas de sanções não monetárias 317
10.3 A teoria da dissuasão 317
    10.3.1 Dissuasão marginal 318
10.4 Tentativas 319
10.5 Sanções para infratores reincidentes 319
10.6 Acordos judiciais 320
10.7 Monitoramento e investigação 321

10.8	Precauções privadas adotadas pelas vítimas	322
10.9	Atividades de prevenção	323
10.10	Erros	324
10.11	Corrupção	325
10.12	Crime organizado	326
10.13	Validade empírica	327
10.14	Neutralização, reabilitação e retribuição	331
	10.14.1 Neutralização	331
	10.14.2 Reabilitação ou ressocialização	332
	10.14.3 Retribuição	332
Questões de automonitoramento		333

Capítulo XI
LITÍGIO 337
11.1 A redução dos custos sociais 349
11.2 Por que tantas ações são ajuizadas? 352
11.3 Por que tantos processos chegam ao final sem acordo? (ou ainda: sobre a troca de informações entre as partes) 359
11.4 A análise econômica do processo 367
    11.4.1 Os gastos das partes no processo 369
    11.4.2 Sistemas alternativos de solução de controvérsias e alteração do rito 371
    11.4.3 A precisão (acurácia) das decisões judiciais 376
11.5 Os recursos e a AED 380
Questões de automonitoramento 385

Capítulo XII
ANÁLISE DE IMPACTOS REGULATÓRIOS 391
12.1 Introdução 391
12.2 Breve introdução à teoria econômica da regulação 394
12.3 Evolução histórica da análise de impactos regulatórios 397
    12.3.1 Surgimento e desenvolvimento das análises de custo-benefício nos Estados Unidos 397
        12.3.1.1 Anos iniciais 397
        12.3.1.2 Consolidação no governo reagan e confirmação nas décadas seguintes 399
        12.3.1.3 Desenvolvimentos recentes nos governos Trump e Biden 402
    12.3.2 A adoção de métodos de avaliação de impactos em outros países 405
        12.3.2.1 Adoção pelos países europeus 406
            12.3.2.1.1 Experiências nacionais 407
            12.3.2.1.2 União Europeia 409
        12.3.2.2 A avaliação de impactos legislativa e regulamentar 411

> 12.3.2.3 Avaliações *ex ante* e *ex post* 412
> 12.3.2.4 Brasil e países da América Latina 414
>   12.3.2.4.1 Brasil 414
>   12.3.2.4.2 Argentina.. 416
>   12.3.2.4.3 Chile 417
>   12.3.2.4.4 México 419
> 12.4 A metodologia das análises de impactos 419
>   12.4.1 Avaliações de impactos – etapas e pretensões.................................... 421
>   12.4.1.1 Racionalidade e eficiência das escolhas regulatórias........... 422
>   12.4.1.2 Regulação baseada em evidências.. 424
>   12.4.1.3 Transparência e prestação de contas.................................... 427
>   12.4.1.4 Participação social.. 428
>   12.4.2 Desafios da avaliação de impactos.. 430
> 12.5 Aplicações práticas... 431
> 12.6 Conclusão... 435
> Questões de automonitoramento 436

REFERÊNCIAS BIBLIOGRÁFICAS.. 439

INTRODUÇÃO

HISTÓRIA DO *LAW & ECONOMICS*

O movimento ou a escola doutrinária chamada *Law & Economics* e conhecida no Brasil como Análise Econômica do Direito (AED) ou Direito e Economia[1], data sua origem em dois momentos distintos. Sua primeira aparição se deu no século XIX, na Europa continental. Como explicam Martin Gelter e Kristoffel Grechenig[2], esse, que pode ser considerado um método de análise legal, esteve particularmente presente na Alemanha e em demais países de tradição germânica. A principal obra desse período seria a monografia do professor da Universidade de Viena, Victor Mantaja *"Das Recht des Schadensersatzes vom Standpunkte der Nationalökonomie"* (O Direito da Responsabilidade Civil sobre o ponto de vista da Economia Política)[3], que trata do que convencionou-se chamar de *Tort Law* (Direito do Dano/ Responsabilidade Civil), focando nos efeitos dos incentivos gerados por ela. Importante ressaltar que, quando se fala em incentivos, temos em mente a noção econômica clássica do termo, assim como acontece com outras categorias que surgirão ao longo desse livro, que são disseminadas no campo da economia e usadas na AED. Em um mundo em que os indivíduos são racionais, como considera a teoria econômica clássica, são incentivos todos os fatos que encorajam ou desencorajam um sujeito, após análise racional e consequencialista[4], a tomar certa atitude ou agir de certa maneira.

---

[1] Importante destacar a diferença entre "Direito Econômico" e AED. Como mostra Araújo (2017, p. 222), o primeiro é anterior à AED e surge em um contexto específico, tendo como objeto de estudo o sistema econômico a partir de uma perspectiva do próprio sistema jurídico e seus instrumentos. A AED, a seu turno, usa o instrumental do sistema econômico para compreender o sistema jurídico. Para mais informações sobre Direito Econômico. ARAÚJO, Thiago Cardoso: **Análise Econômica do Direito no Brasil.** Uma Leitura à Luz da Teoria dos Sistemas. Lumen Juris: Rio de Janeiro, 2017. p. 222. Ainda, consideramos importante sanar a confusão persistente nos países de idiomas latinos, que não ocorre nos países de língua inglesa. Por ser a AED uma metodologia, ela pode tomar como objeto os diversos ramos da disciplina, inclusive o direito econômico. Este, pois, é um campo do direito, que pode ser analisado por meio da AED. Essa confusão ocorre na língua portuguesa especialmente porque, nesse idioma a mesma palavra, "economia", apresenta dois sentidos diferentes: economia enquanto ciência ou metodologia (*"economics"*, em inglês) e enquanto organização da atividade econômica (*"economy"*, em inglês).

[2] GELTER, Martin; GRECHENIG, Kristoffel. **History of Law and Economics.** Bonn: Preprints of the Max Planck Institute for Research on Collective Goods, 2014, p. 3.

[3] MATAJA, Victor. **Das Recht des Schadenersatzes vom Standpunkte der Nationalökonomie.** Duncker & Humblot, 1888.

[4] O consequencialismo se liga ao pragmatismo jurídico, que consiste no retorno a um movimento ocorrido no campo do direito e que foi preponderante na esfera jurídica norte-americana do

Essa primeira versão da AED durante muito tempo não prosperou. Sua popularidade na Europa continental caiu drasticamente até o período de 1930 e seus últimos resquícios foram eliminados pelo regime nazista, junto com outros movimentos interdisciplinares. Martin Gelter e Kristoffel Grechenig defendem que o principal motivo para a queda deste modelo na crescente especialização das ciências humanas, consiste no fato de que muitas universidades, principalmente na Alemanha, mantinham-se fortemente ligadas à tradição da chamada Escola Histórica, que continuava a ver o estudo do Direito como uma disciplina hermenêutica, cujo foco se mantinha na interpretação coerente das normas, baseado na consistência do sistema, conservando a política e outras disciplinas como a sociologia e a economia afastadas[5]. Esse novo movimento, diferentemente da Escola Histórica, propunha uma abordagem interdisciplinar (aproximando-se da economia) e que visasse acompanhar a mudança da jurisprudência conceitualista, a qual discutia a teoria jurídica como ponto central, para uma jurisprudência funcional e de interesses, em razão da qual as consequências das decisões passavam a ter crescente importância.

A segunda versão da AED emergiu depois da Segunda Guerra Mundial, nos Estados Unidos, nas décadas de 1940 e 1950, notadamente a partir de 1958, em razão da criação do *Journal of Law and Economics* pela Universidade de Chicago. Em seguida, o movimento ganhou maior repercussão na década de 1960, com a publicação do artigo de Ronald Coase intitulado *"The problem of social cost"*[6] bem como outras obras do referido autor e também de Guido Calabresi, especialmente em seu artigo *"Some thoughts on risk distribution and the Law of Torts"*[7].

O primeiro autor recebeu um Prêmio Nobel de Ciências Econômicas, em 1991, por toda sua obra, considerada de relevante impacto para a microeconomia. Martin Gelter e Kristoffel Grechenig resumiram que a essência do primeiro trabalho de Ronald Coase, baseada na importância dos custos de transação, ajudou a expansão de métodos econômicos para áreas em que as aplicações de princípios econômicos não pareciam tão óbvias[8].

Uma diferença marcante desse movimento para o anterior, é que ele foi liderado por economistas que depois fizeram a pós-graduação em Direito, enquanto a primeira

---

início do século XX. Esta escola teórica tem como agentes importantes Roscoe Pound, Benjamin Cardozo e Oliver Wendell Holmes, os dois últimos juízes, que introduziram um conceito puramente instrumental de direito. Eles foram responsáveis por um período de efervescência na Suprema Corte americana, bem como pela produção de decisões que marcam a corte, entre 1910 e 1919. Os magistrados pragmatistas levam em consideração a consequência das suas decisões, eles não interpretam, apenas. Para mais informações sobre o tema, veja: EISENBERG, José; POGREBINSCHI, Thamy. **Pragmatismo, direito e política**. Novos Estudos CEBRAP, v. 62, 2002.

[5] GELTER, Martin; GRECHENIG, Kristoffel. **History of Law and Economics.** Bonn: Preprints of the Max Planck Institute for Research on Collective Goods, 2014. p. 3-5.

[6] COASE, Ronald H. The problem of social cost. **Classic papers in natural resource economics**. Palgrave Macmillan, London, 1960.

[7] CALABRESI, Guido. Some thoughts on risk distribution and the law of torts. **The Yale Law Journal**, v. 70, n. 4, p. 499-553, 1961.

[8] GELTER, Martin; GRECHENIG, Kristoffel. **History of Law and Economics.** Bonn: Preprints of the Max Planck Institute for Research on Collective Goods, 2014. p. 3.

teoria abrangia apenas o campo do direito, desenvolvida entre juristas sem um histórico de graduação em economia.

Robert Cooter e Thomas Ulen, a seu turno, na obra "*Law & Economics*"[9], reconhecem como momemto de surgimento do movimento teórico o ano de 1960, sem fazer menção ao período anterior na Europa continental, no século XIX. Eles, porém, concordam com os autores previamente citados, no sentido de que Ronald Coase e Guido Calabresi foram os nomes que deram origem a ele (ou foram os responsáveis por sua retomada).

Um ponto importante para o movimento de AED foi, portanto, a elaboração do Teorema de Coase[10]. Há muitas formas de explicar este teorema, mas ele pode ser simplificado, com todas as desvantagens próprias às simplificações, à máxima de que indivíduos, a um custo de transação zero, podem negociar livremente para resolver seus problemas, sem necessitar da interferência do Direito, e o resultado será o mais eficiente. Esse teorema é importante pois trata de muitos conceitos da economia que são aplicados ao direito – por exemplo, eficiência[11] e custos de transação[12] – e será observado de modo mais detido ao longo de nosso livro.

Outro importante autor para o campo é Gary Becker, economista e professor das Universidades de Princeton e Chicago, que ficou famoso por aplicar os princípios da economia à análise do crime[13], de questões raciais[14] e da vida familiar[15]. Aplicando a metodologia econômica ao estudo de temas antes entendidos como essencialmente não econômicos, Becker não apenas prestou importantes contribuições ao pensamento social de sua época, como também colocou em questão o problema da delimitação do objeto de estudo da Economia, iniciando um debate que serviria posteriormente para legitimar a metodologia utilizada por outros teóricos da AED. Suas obras escritas renderam-lhe o Prêmio Nobel de ciências econômicas em 1992. Guido Calabresi, Henri Manne e Richard Posner, por sua vez, foram os principais responsáveis, pela popularização desse movimento nas universidades americanas.

O primeiro, além de ser um dos pioneiros em publicações sobre o tema, é professor na Universidade de Yale e foi juiz federal e da Corte de Apelações do Segundo Circuito[16]. Uma de suas contribuições mais relevantes foi uma pesquisa que o levou a

---

[9] COOTER, Robert; ULEN, Thomas. **Law and Economics.** 6. ed. Berkeley: Berkeley Law Books, 2016.

[10] COASE, Ronald H. The problem of social cost. **Classic papers in natural resource economics.** Palgrave Macmillan, London, 1960.

[11] Os conceitos de eficiência (eficiência produtiva, eficiência de Pareto e eficiência de Kaldor Hicks) serão explorados no primeiro capítulo desse livro.

[12] O conceito de custos de transação e suas subdivisões (custos de localização, custos de negociação e custos de execução) também serão abordados no primeiro capítulo desta obra.

[13] BECKER, G. S. Crime and Punishment: An Economic Approach. **Journal of Political Economy** 76 (2), 1968, p. 169-217.

[14] BECKER, G. S. **The Economics of Discrimination.** Chicago: University of Chicago Press, 1957. p. 137.

[15] BECKER, G. S. **A treatise on the family.** Cambridge, Massachusetts: Harvard University Press. 1981.

[16] O segundo circuito é uma das esferas em que se divide o sistema de justiça americano. Segundo a informação oficial "the Second Circuit Court of Appeals sits in New York City at the Thur-

publicar uma série de artigos explicando a estrutura do Direito da Responsabilidade Civil, sob a perspectiva de princípios da economia[17]. Mais tarde criou a Escola de Direito da George Mason, onde o estudo de Law & Economics se tornou obrigatório.

O segundo, buscou problematizar a tradição do direito empresarial e de seguros. Uma de suas características mais importantes, que tornou seu nome conhecido, é que Henry Manne defendia a legalização do *Insider Trading*[18]. Também teve grande relevância por montar cursos intensivos de microeconomia para juízes e professores de direito, dando publicidade e reconhecimento ao método da AED.

O terceiro autor até hoje é um dos mais famosos teóricos da área. Enquanto professor na Universidade de Chicago, publicou sua monografia "Economic Analysis of Law"[19]. Em sua obra, Richard Posner foi o primeiro a submeter a maior parte dos ramos do direito a uma análise sistemática sob a perspectiva econômica[20]. Uma das ideias mais instigantes e controversas de Posner foi originalmente proposta neste material: ele defende que a eficiência – definida como a maximização da riqueza – poderia explicar a estrutura da *common law*, pois um precedente ineficiente era susceptível de ser questionado e rejeitado. Consequentemente, a *common law* tenderia a desenvolver soluções eficientes no longo prazo.

Embora suas ideias fossem consideradas controversas por muitos estudiosos dos fenômenos jurídicos, seu livro se tornou referência para todos aqueles que buscam de-

---

good Marshall U.S. Courthouse in lower Manhattan. Three appellate court judges sit on each case panel, except for *en banc* appeals on which the full court sits. The appellate court hears appeals from the district courts within the circuit. The United States District Courts for the Second Circuit exercise federal jurisdiction in six districts within the states of Connecticut, New York, and Vermont." Para mais informações, veja a página oficial: http://www.ca2.uscourts. gov/about_the_court.html http://www.ca2.uscourts.gov/about_the_court.htmlhttp://www.ca2. uscourts.gov/about_the_court.html.

[17] Ver, nesse sentido: CALABRESI, Guido. Some thoughts on risk distribution and the law of torts. **The Yale Law Journal**, v. 70, n. 4, p. 499-553, 1961; CALABRESI, Guido. The decision for accidents: An approach to nonfault allocation of costs. **Harvard law review**, p. 713-745, 1965; CALABRESI, Guido. **The Costs of Accidents: A Legal and Economic Analysis**. New Haven: Yale University Press. 1970; CALABRESI, Guido. **The Costs of Accidents: A Legal and Economic Analysis**. New Haven: Yale University Press. 1970; CALABRESI, Guido; HIRSCHOFF, Jon T. **Toward a Test for Strict Liability in Torts**, 81 Yale L.J., 1972; CALABRESI, Guido; MELAMED, A. Douglas. **Property Rules, Liability Rules, and Inalienability: one view of the Cathedral**. Harvard Law Review, v. 85, n. 6, 1972; CALABRESI, Guido. Optimal Deterrence and Accidents: To Fleming James, Jr., il miglior fabbro. **The Yale Law Journal**, v. 84, n. 4, p. 656-671, 1975.

[18] MANNE, Henry G. **Insider Trading and the Stock Market.** New York: The Free Press, 1966. p. 274. Ainda sobre o tema: "O Insider Trading consiste na utilização de informações relevantes sobre valores mobiliários, por parte de pessoas que, por força de sua atividade profissional, estão "por dentro" dos negócios da emissora, para transacionar com valores mobiliários antes que tais informações sejam de conhecimento público. Assim agindo, o insider compra ou vende valores mobiliários a preços que ainda não estão refletindo o impacto de determinadas informações, que são de seu conhecimento exclusivo". EIZIRIK, Nelson. **Questões de Direito Societário e Mercado de Capitais**. Rio de Janeiro: Forense, 1987, pg 62.

[19] POSNER, Richard. **Economic Analysis of Law.** 1ed. Little, Brown and Company. 1973.

[20] Vide, para mais informações, a introdução que produzimos para a versão traduzida da obra de Richard Posner. POSNER, Richard **A. Análise Econômica do Direito**. Rio de Janeiro: FGV Editora, no prelo.

safiar a forma tradicional de se pensar o direito. A partir da retomada de um histórico acerca do surgimento da AED, o autor erigiu os casos antitruste como grandes fontes precursoras do movimento em 1960, por toda a carga econômica que se notava neles e pela maneira com que os economistas os usavam para fazer uma análise econômica da regulação. Posner considera que tais casos foram o ponto de partida para o surgimento de um movimento, que chama de "novo direito e economia", caracterizado pelo uso da economia para análise de todos os campos legais da *common law*.

Por fim, mais recentemente, nas décadas de 1980 e 1990, nos Estados Unidos, algumas escolas de Direito começaram a contratar economistas para lecionar AED. Na Europa, por outro lado, as faculdades de direito se mantiveram adeptas a conteúdos mais tradicionalistas. Até hoje, a maior parte dos pesquisadores que trabalham com estes referenciais teóricos são economistas. Contudo, Centros de AED foram criados, por exemplo, na Holanda, na Alemanha e na Itália, e tiveram grande repercussão. Em outra oportunidade já problematizamos o porquê de seu crescimento nos Estados Unidos[21], demonstrando as complexidades do campo do direito, no que concerne à assimilação de inovações. No caso da AED, embora seja possível identificar o aumento das pesquisas nesse campo, na Europa e na América Latina não se nota a influência desse trabalho no ensino do direito e tampouco na elaboração de políticas públicas.

Por outro lado, teoricamente cabe destacar que a AED evoluiu e incorporou as críticas realizadas durante as últimas décadas. A principal delas é focada no conceito de eficiência e da escolha racional. A racionalidade ainda é colocada como aspecto central nessas teorias, mas já há alguma abertura para o behaviorismo[22] e experimentalismo[23].

---

[21] GAROUPA, Nuno, ULEN, Thomas S. The Market for Legal Innovation: Law and Economics in Europe and the United States. **Alabama Law Review**, vol. 59, nº 5, 2008, p. 1555-1634; GAROUPA, Nuno. The Law and Economics of Legal Parochialism. **University of Illinois Law Review**, vol. 5, 2011, p. 1517-1530.

[22] O Behaviorismo surgiu, nos séculos XIX e XX, no sentido de a Psicologia tomar como seu objeto de estudo o comportamento humano, e não como um sintoma, isto é, como indicador de uma doença. Surgiu como reação às posições, então dominantes, de que a Psicologia deveria estudar a mente ou a consciência dos homens. MATOS, Maria Amélia. O behaviorismo metodológico e suas relações com o mentalismo e o behaviorismo radical. *In*: BANACO, Roberto Alves *et al*. **Sobre comportamento e cognição: aspectos teóricos, metodológicos e de formação em análise do comportamento e terapia cognitivista**. Santo André: ARBytes, 1997. Disponível em: http://www.itcrcampinas.com.br/txt/behaviorismometodologico.pdf. Acesso em: 08/10/2019. O termo Behaviorismo foi inaugurado pelo americano John B. Watson, em um artigo publicado em 1913 que apresentava o título "Psicologia como os behavioristas a veem". O termo inglês behavior significa comportamento, daí se denominar esta tendência teórica de behaviorismo. Mas, também utilizamos outros nomes para designá-la, como comportamentismo, teoria comportamental, análise experimental do comportamento. Watson, postulando então o comportamento como objeto da psicologia, dava a esta ciência a consistência que os psicólogos da época vinham buscando. Um objeto observável, mensurável, que podia ser reproduzido em diferentes condições e em diferentes sujeitos. Essas características eram importantes para que a Psicologia alcançasse o status de ciência, rompendo definitivamente com sua tradição filosófica. BOCK, Ana; FURTADO, Odair e TEIXEIRA, Maria. **Psicologias. Uma introdução ao estudo de Psicologia**. São Paulo: Saraiva, 1992. p. 38-47.

[23] Experimentalismo é um Sistema ou doutrina que se funda na experiência dentro de uma prática científica; Disponível em: https://www.dicionarioinformal.com.br/experimentalismo/. Acesso em: 15/12/2018; Doutrina que defende a fundamentação na experiência em todos os

Um dos novíssimos campos de estudo é o chamado *Law & Neuroeconomics*, que estuda os mecanismos neurais dos indivíduos para processar os problemas econômicos que enfrentam[24].

Antes de abordarmos a recepção da AED pelo ordenamento jurídico, juristas e economistas brasileiros, é preciso resgatar as adaptações que foram necessárias no contexto dos países da Europa continental. Isso porque, conforme visto acima, a AED se difundiu por meio de escolas originárias de contextos de tradições jurídicas de *common law*, em que a atuação de magistrados tem papel central para a aplicação da AED.

Nesse sentido, segundo a teoria explicativa da "origem dos sistemas jurídicos[25]" haveria duas principais tradições jurídicas no mundo ocidental: a *civil law* e a *common law*. A primeira decorreria do direito romano e consistiria, de modo geral, na previsão legal das possíveis condutas adotadas pelos homens, sejam elas consideradas aceitáveis ou repudiadas, e na ambição de dar conta da sua positivação. Escora-se em uma série de princípios norteadores e na codificação, os quais orientam e limitam a atuação do Judiciário na sua função da intérprete legal na resolução de conflitos. A solução de disputas, portanto, é feita com base nas leis, códigos e princípios pré-constituídos. Já a *common law* decorre do direito britânico e está presente, em regra, nos países que fazem ou já fizeram parte deste Império. Diferentemente da primeira, esta tradição jurídica se apoia em um sistema de precedentes judiciais, segundo o qual uma decisão anterior pode servir de referência normativa ou principiológica para futuros casos com alto grau de semelhança. Com isso, a decisão de um determinado conflito pode ter efeitos para além das partes ou da controvérsia específica, uma vez que cria precedentes aos quais os juízes estarão vinculados futuramente[26]. Apesar desta distinção inicial, com o aumento exponencial de interações entre os poderes judiciários de países com tradições jurídicas diferentes, além da expansão do Direito Internacional e do surgimento crescente de casos transfronteiriços nas jurisdições nacionais, as distinções entre essas tradições passam a ficar gradualmente mais nebulosas. Isto é, países da *common law* têm cada vez mais normas codificadas, enquanto países com tradições de *civil law* conferem cada vez mais importância aos precedentes judiciais.

O Brasil é um exemplo da tendência de convergência entre as duas tradições jurídicas. O Novo Código de Processo Civil, promulgado em 2015, incorporou vários elementos de *common law* ao nosso regime jurídico de *civil law*. Principalmente no que se refere à valorização dos precedentes. De modo semelhante, a análise/pesquisa jurisprudencial tem recebido crescente atenção dos juristas brasileiros nas últimas décadas.

---

ramos de atividade; Disponível em: https://dicionario.priberam.org/experimentalismo. Acesso em: 15/12/2018; Metodologia científica que se fundamenta em procedimentos experimentais ou empíricos; Disponível em: https://www.dicio.com.br/experimentalismo/. Acesso em: 15/12/2018.

[24] CHORVAT, Terrence; MCCABE, Kevin; SMITH, Vernon. Law and neuroeconomics. **Sup. Ct. Econ. Rev.**, v. 13, 2005.

[25] Vide, para mais informações, a análise feita sobre "legal origins theory" no primeiro capítulo deste livro, especialmente o item 1.1.3.2, sobre a *Legal Origins Theory* (Teoria das Origens Jurídicas).

[26] PINHEIRO, Armando Castelar; SADDI, Jairo. **Direito, economia e mercados**. Elsevier; Campus, 2006, p. 22-25.

Conforme pontuamos, nos países de *common law*, a AED difundiu-se em meados da década de 1960, a partir das obras pioneiras de Ronald Coase e Guido Calabresi, da Escola de Chicago. Sua disseminação, para além do mundo acadêmico, se deve ao maior grau de desprendimento de códigos e condutas pré-fixados dos magistrados estadunidenses, conforme sua tradição de *common law*. Em razão disso, liderados por Richard Posner, esses aplicadores do Direito protagonizaram o movimento de disseminação da AED nos Estados Unidos.

Por conta do papel central que os países de *common law* conferem ao magistrado, foi possível que os juristas dessa tradição incluíssem considerações sobre racionalidade e eficiência entre suas fundamentações ao decidir cada caso prático. Contudo, há o receio de que o mesmo não possa ser feito em países nos quais predomina a tradição de *civil law,* especialmente baseada em códigos e na dogmática positivista, uma vez que o juiz é mero intérprete legal e, portanto, vinculado aos princípios codificados e dogmas jurídicos para tomar suas decisões. Apesar disso, há possibilidade de adoção dos métodos econômicos também por eles, em razão da existência de dispositivos legais vagos ou abertos, que permitem maior margem interpretativa por parte dos juízes. É necessário, pois, analisar o contexto institucional e legislativo de cada país para compreender como pode se dar a utilização das análises baseadas nas teorias de AED.

Apesar dessa possibilidade, de modo geral, a AED não foi bem recepcionada em países da Europa continental. De acordo com Thiago Araújo, um dos motivos para esse estranhamento foi que, enquanto nos Estados Unidos, o vácuo aberto pelo realismo jurídico, que questionou a ideia de autonomia e independência do Direito em relação às demais áreas do conhecimento, foi preenchido por argumentos econômicos, pautados na eficiência, no caso dos países da tradição da *civil law* não ocorreu o mesmo fenômeno[27].

Em grande medida, a hesitação por parte do Direito em relação à adoção dos métodos econômicos pode decorrer também da falta de familiaridade do mundo jurídico com métodos empíricos. Conforme afirmam Robert M. Lawless, Jennifer K. Robbennolt e Thomas S. Ulen, "escolas de direito e escritórios de advocacia estão cheios de pessoas que têm familiaridade com o direito, mas não têm familiaridade com técnicas empíricas"[28]. De acordo com os autores, dada a maior disponibilidade de *big data* e de avanços na ciência da computação, a informação estatística desempenha papel crucial no cotidiano do mundo jurídico. Diante disso, um jurista de ponta deve poder contar com um bom conhecimento quanto ao uso de métodos empíricos, mesmo que não deseje produzir pesquisas empíricas.

No decorrer do século XX o mundo jurídico passou a voltar seu interesse para o tema e a desenvolver mais pesquisas empíricas sobre o Direito, indicando certo amadurecimento do campo de estudos empíricos. Este, segundo Lawless, Robbennolt e Ulen, é um caminho sem volta, pois, uma vez que se começa a enxergar o mundo e seus problemas de maneira empírica, não é mais possível voltar a pensar de outro modo[29].

---

[27] ARAÚJO, Thiago Cardoso. **Análise Econômica do Direito no Brasil**: Uma Leitura à Luz da Teoria dos Sistemas. Rio de Janeiro: Editora Lumen Juris, 2017. p. 135.

[28] LAWLESS, Robert M.; ROBBENNOLT, Jennifer K.; ULEN, Thomas S. **Empirical Methods in Law.** Aspen Select Series. 2016. p. 1.

[29] Ibidem, 2016, p. 5.

Em consonância, alega-se que há recente expansão da AED na Europa continental, muito em razão de mudanças materiais no contexto desses países, como a transnacionalização do conhecimento e o consequente intercâmbio de ideias, decorrentes do fenômeno da globalização[30].

A AED NO BRASIL

Tendo em conta a exposição acima, passamos à compreensão do caso brasileiro. Mesmo com o crescimento dos estudos de AED pelo mundo, no Brasil a expansão da disciplina veio (e vem) ocorrendo de maneira tímida, tendo se desenvolvido nacionalmente apenas nas duas últimas décadas. As primeiras contribuições brasileiras sobre a temática ocorreram menos pela via institucional (tribunais e agentes que aplicam o direito) e mais pela incorporação do campo de AED em trabalhos de acadêmicos que, ao tomar contato com o tema, passaram a explorar a perspectiva da interseção entre direito e economia nas suas pesquisas.

Há controvérsias sobre se os trabalhos pioneiros sobre AED no Brasil datam da década de 1950[31] ou de 1982[32]. Contudo, trata-se de ocorrências isoladas sobre a interação da economia com o mundo jurídico que, de modo geral, não se vinculam estritamente ao campo de estudos da AED. Durante alguns anos houve iniciativas sem coordenação, bem como a produção de traduções de obras estrangeiras para o português. Foi então no ano de 1994[33] que o livro que trouxe maior visibilidade para a AED no contexto brasileiro foi publicado.

A partir deste impulso inicial, foi possível observar o surgimento de obras aplicando os princípios da AED a problemas jurídicos do contexto brasileiro, apontando para uma efetiva recepção do tema e da metodologia econômica pelos acadêmicos brasileiros[34]. Assim como nos Estados Unidos, as primeiras publicações que versam sobre AED estão relacionadas ao Direito Concorrencial, Direito Contratual e ao Direito Societário. Contudo, de maneira distinta do contexto estadunidense, elas não necessariamente contaram com disseminação imediata.

Notamos a falta de contato com o tema no Brasil por meio da análise dos planos curriculares dos cursos de graduação em Direito. Mesmo que a resolução do MEC CNE/CES nº 9/2004[35] (que versa sobre as diretrizes curriculares nacionais) determine como eixo de formação fundamental do bacharel em Direito o estudo – dentre outras áreas – da Economia, atualmente as cadeiras existentes nos cursos de graduação relativas

---

[30] Ibidem, 2017, p. 137.
[31] Ver ANTUNES, J. Pinto. **A produção sob o regime da empresa: economia e direito**. São Paulo: [s.n.], 1954.
[32] Ver COUTO E SILVA, Clóvis do. A Ordem Jurídica e a Economia. **Revista do Serviço Público**. v. 39. n. 2, 1982, p. 91-100.
[33] FARIA, Guiomar T. Estrella. **Interpretação Econômica do Direito**. Porto Alegre: Livraria do Advogado, 1994.
[34] Ver SZTAJN, Rachel. Notas de análise econômica: contratos e responsabilidade civil. **Revista de Direito Mercantil**. v. 111, p. 9-28, junho. 1998.
[35] Disponível em: http://portal.mec.gov.br/cne/arquivos/pdf/rces09_04.pdf. Acesso em: 28/01/2019.

ao tema pouco representam o diálogo contemporâneo proposto pela AED. Ainda que existam esforços no sentido contrário, diversos profissionais vêm sendo cotidianamente formados desconhecendo a amplitude das implicações teóricas e práticas da Economia dentro do campo jurídico. No âmbito da pós-graduação, a falta de contato com a disciplina já não se dá com a mesma gravidade. Percebe-se, a partir da década de 1990, o surgimento de cursos de mestrado e/ou doutorado com linhas de pesquisa que de alguma forma tratam da questão[36]. Contudo, por muito tempo a confusão entre Direito Econômico e AED dificultou a clara compreensão das respectivas linhas distintas de análise que cada disciplina se propõe a seguir.

Somente a partir de 2005 surgiram as primeiras iniciativas institucionais no país. Neste ano foi produzido o primeiro programa de pesquisa sobre o tema[37]; a primeira associação estadual de direito e economia[38] foi criada; houve o lançamento de coletâneas[39], assim como a inclusão da disciplina em alguns cursos de graduação[40] e, ainda mais, de pós-graduação. Possivelmente, a formação dos pesquisadores na década anterior colaborou para a ampliação das redes de pesquisa e fez com que os interessados no tema pudessem dar continuidade ao debate. Inclusive, surgiu em 2007 a Associação Brasileira de Direito e Economia (ABDE), oficializada em carta de princípios desde 2006.

Na esteira desse crescimento, outras associações surgiram ao longo dos anos[41], além de, em 2007, o Brasil ter sediado pela primeira vez a Conferência Internacional da Associação Latino-Americana e do Caribe de Direito e Economia (ALACDE). Em 2010, foi inaugurado o primeiro periódico brasileiro dedicado ao tema, o *Economic Analysis of Law Review*[42], que já está na sua 11ª edição. Em 2021, está sendo lançado no Brasil mais um periódico acadêmico exclusivamente dedicado ao tema, a *Revista de Análise Econômica do Direito*[43], que tem como um de seus editores-chefes, no momento de seu lançamento, o ministro do Supremo Tribunal Federal Luiz Fux.

---

[36] Faculdade Milton Campos, UFPB, Puc-PR e UFMG.
[37] "Diálogos FEA & Largo São Francisco", uma parceria entre as faculdades de economia e direito da Universidade de São Paulo. SZTAJN, R.; ZYLBERSZTAJN, D. (org.). **Direito e Economia: Análise econômica do Direito e das Organizações**. Rio de Janeiro: Elsevier. 2005. p. 102-137.
[38] Instituto de Direito e Economia do Rio Grande do Sul.
[39] Ver TIMM, Luciano Benetti. **Direito e Economia**. 1ª. Ed. São Paulo: IOB/THOMSON, v. 1. 2005.
[40] A disciplina é oferecida, ininterruptamente, na Escola de Direito do Rio de Janeiro da Fundação Getulio Vargas (FGV Direito Rio), desde 2007.
[41] Associação Mineira de Direito e Economia (AMDE), Associação de Direito e Economia do Paraná (ADEPAR) e Associação Nordestina em Direito e Economia (ANDE).
[42] "Periódico vinculado ao Programa de Pós-Graduação Stricto Sensu Mestrado em Direito da Universidade Católica de Brasília. Tem como principal finalidade disseminar estudos teóricos e empíricos que abordem novas e mesmo antigas questões jurídicas com um prisma inovador. Empregando tradicionais disciplinas econômicas como microeconomia, a teoria dos jogos, econometria e a teoria da escolha pública (*public choice*), além de fazer uso de disciplinas mais recentes como economia comportamental ou mesmo de outras áreas como sociologia e a biologia evolucionária, demonstrando o amplo espectro sob o qual pode-se analisar e trabalhar o Direito, fora do estudo jurídico tradicional.". EALR, **Editorial in Economic Analysis of Law Review**. v. 9, nº 1, p. 1-4, Jan-Abr, 2018. Disponível em: https://portalrevistas.ucb.br/index.php/EALR/article/download/9402/5679. Acesso em: 28/01/2019.
[43] Segundo seus editores, a revista teria sido criada para oferecer "um espaço permanente dedicado aos trabalhos que usam a AED como metodologia científica, seja para pesquisas acadêmicas,

Em 2011, o Supremo Tribunal Federal sediou evento denominado "Direito, Economia e Desenvolvimento", organizado pelo ministro Ricardo Lewandowski para discutir a interseção entre Direito e Economia e que contou com a participação de renomados advogados, jornalistas, economistas e pesquisadores em geral. Bruno Salama e Mariana Pargendler[44] argumentam que os tribunais superiores brasileiros já se utilizam regularmente de argumentos econômicos em suas decisões, um fato que, segundo os autores, não deveria ser entendido como mero modismo, mas sim como uma consequência de transformações estruturais trazidas pela Constituição de 1988. Corroborando essa intuição, o juiz federal Guilherme Caon realizou pesquisa[45] na qual identificou, nos acórdãos do Supremo Tribunal Federal, a presença crescente de argumentos econômicos, particularmente acentuada a partir de 2015. Esse avanço foi constatado tanto em termos quantitativos (aumento da quantidade de acórdãos do STF que se valem de argumentos econômicos) quanto em termos qualitativos (maior densidade de argumentos utilizados na fundamentação dos acórdãos da corte). Esses e outros fatores indicam o desenvolvimento positivo da disciplina ao longo dos últimos anos.

Apesar das diversas iniciativas desenvolvidas, especialmente no decorrer desta última década, o crescimento dos estudos de AED ainda não representa parcela expressiva do que é produzido pelos centros de pesquisa espalhados pelo país. Segundo a relação geral dos cursos recomendados e reconhecidos pela Capes, há, atualmente, 82 programas e cursos de pós-graduação em Direito, respectivamente. Destes 82 programas, somente 24 versam sobre questões envolvendo a relação entre Direito e Economia[46]. Contudo, há casos dentro deste total em que o tema é expresso mais em termos do Direito Econômico[47], do que em termos de AED. Por exemplo, alguns programas, dentro de suas

---

seja para discussão de problemas complexos do mundo real". Disponível em: https://www.thomsonreuters.com.br/pt/juridico/webrevistas/raed-revista-de-analise-economica-do-direito.html. Acesso em: 06/05/2021.

[44] PARGENDLER, Mariana; SALAMA, Bruno Meyerhof. **Law and economics in the civil law world**: the case of Brazilian Courts. [s.l.: s.n.], 2015. Disponível em: https://sbproxy.fgv.br/login?url=https://search.ebscohost.com/login.aspx?direct=true&db=ir00572a&AN=fgv.10438.13790&lang=pt-br&site=eds-live. Acesso em: 15/03/2021.

[45] CAON, Guilherme Maines. **Análise econômica do Direito**: aplicação pelo Supremo Tribunal Federal. São Paulo: Dialética, 2021.

[46] Disponível em: http://www.capes.gov.br/cursos-recomendados.

[47] Importante novamente fazer uma distinção entre Direito Econômico e Análise Econômica do Direito. Enquanto o primeiro é um ramo do Direito focado na regulação e resolução de questões inerentes ao Sistema Financeiro Nacional, a AED é um movimento teórico e metodológico que busca propor a aplicação de conceitos inerentes à economia, principalmente a noção de eficiência e de custos, aos vários ramos do Direito. Tal como mencionamos em nota de rodapé anterior, há uma confusão persistente entre a metodologia (como no caso da AED ou a tradicional dogmática jurídica) e o objeto que tais metodologias pretendem estudar (por exemplo, o direito econômico, direito de família ou direito criminal). Assim, o direito econômico é um objeto, que pode ser estudado a partir de várias abordagens, quer pela AED, quer pelo marxismo (que, aliás, foi a metodologia original no estudo do Direito Econômico na Europa) ou, ainda, pela dogmática jurídica (que hoje prevalece na disciplina). Esta persistente confusão vem do múltiplo uso da palavra "economia" na língua portuguesa. Nos Estados Unidos, também não há tal desentendimento porque não existe direito econômico no sentido literal (a expressão *"economic law"* não faz sentido naquele país). Nas suas origens, o Direito Econômico é um desenvolvimento acadêmico de origem francesa, de inspiração marxista, que parte da distinção entre direito público e

linhas de pesquisa apenas tangenciam pontos da correlação entre Economia e Direito, mas não evidenciam o uso do arcabouço teórico da AED em si. Há, portanto, exemplos de instituições que não explicitam em suas diretrizes curriculares e em suas linhas de pesquisas a orientação para AED. Contudo, há a produção de dissertações e teses que versam sobre o tema, como ocorre em alguns programas de pós-graduação. Há, ainda, casos em que o enfoque do estudo, novamente, não se opera expressamente a partir da orientação de AED, mas já apresentam disciplinas eletivas e/ou obrigatórias tratando exclusivamente sobre a questão. Por fim, há cursos formados completamente dentro do arcabouço teórico da AED.

Conforme argumentam Armando Castelar Pinheiro e Jairo Saddi, desde o advento da Constituição Federal de 1988 e a proliferação de planos econômicos na década de 80, cresceu também o embate entre Direito e Economia no Brasil[48]. Mais especificamente, segundo os autores, isso decorreu das novas atribuições conferidas pela Carta Magna ao Poder Judiciário, assim como da presença de dispositivos constitucionais que atribuíram ao Estado a prerrogativa de prover serviços públicos universais aos cidadãos e às cidadãs. Para eles, essas novas funções sobrecarregaram a máquina pública porque não vieram acompanhadas do crescimento econômico necessário para suprir as novas demandas estatais e, consequentemente, desencadearam um enorme déficit nas contas públicas, interna e externamente.

Todos esses acontecimentos chamaram a atenção para a necessidade de gerir a função estatal de maneira mais eficiente no Brasil. Uma maneira de buscar essa maior eficiência das contas públicas, conforme argumentado à época, foi a difusão de diálogos entre o Direito e a Economia. Apesar de essa difusão ter se dado de maneira incipiente, a princípio, e bastante gradual, é possível observar tendência crescente na disseminação do campo da AED entre acadêmicos e profissionais do direito de modo geral. Isso indica que a área ainda tem bastante espaço para crescer no meio jurídico brasileiro.

Como dissemos acima, o movimento de AED ganhou espaço nos debates acadêmicos brasileiros nas últimas duas décadas. Atualmente, a influência dos autores norte-americanos responsáveis pela popularização dessa escola teórica permanece forte. Entretanto, como descreve Garoupa:

> O modelo neoclássico tradicional convive agora com os paradigmas comportamentais, as novas teorias institucionais, os estudos empíricos, as polêmicas do desenvolvimento econômico e social (onde a discussão lançada pela tese dos legal origins que favorece o sistema anglo-saxônico continua bem ativa) o Public Choice (ou sua tradução para o português, "Escolha Pública"), e até a crítica metodológica (vários autores do chamado Critical Legal Studies defendem hoje o uso alternativo de Left ou Progressive Law and Economics)[49].

---

privado, por um lado, e da ideia marxista da superestrutura jurídico-econômica, por outro. Tal fenômeno também explica, por exemplo, porque o estudo dos contratos não faz parte do ramo do direito econômico, mesmo sendo um mecanismo econômico fundamental.

[48] SADDI, Jairo; PINHEIRO, Armando Castelar. **Direito, economia e mercados.** Rio de Janeiro: Campus, 2005. p. 4.

[49] GAROUPA, Nuno, 2017; *apud* ARAÚJO, Thiago Cardoso: **Análise Econômica do Direito no Brasil. Uma Leitura à Luz da Teoria dos Sistemas.** Lumen Juris: Rio de Janeiro, 2017, p. 1.

Assim, a base do movimento é e terá que ser sempre a mesma - a aplicação da teoria microeconômica à realidade jurídica. "O conceito da eficiência inevitavelmente está no cerne da análise e dificilmente o estudioso do Law and Economics pode fugir dele"[50].

A PRODUÇÃO SOBRE AED NO BRASIL

Fizemos um levantamento das obras publicadas no país que tratam desse tema, focado unicamente em livros[51]. Foram encontrados 64 trabalhos produzidos por autores brasileiros que tem a AED como foco principal, bem como aquelas que utilizam a teoria de AED e o conceito de eficiência para tratar de outros temas de interesse. Essa diferenciação é importante, uma vez que a perspectiva de discussão teórica não é a mesma e os efeitos de cada obra é relevante para caminhos diferentes.

Para realizarmos tal levantamento, pesquisamos nos catálogos das livrarias que comercializam no país[52].

Por um lado, nas obras que focam inteiramente na teoria de AED, percebemos que os acadêmicos brasileiros começam a se voltar para discussão doutrinária que envolve o movimento e suas diversas "correntes", o que é recente no Brasil. O que denota, também, seu interesse em contribuir ativamente para essa discussão, realizada mundialmente, especialmente nas universidades europeias e norte-americanas. É um passo inicial para que as escolas de direito comecem a enxergar o potencial desse movimento. Por outro lado, nas obras nas quais a AED e o conceito da eficiência foram efetivamente aplicados na análise de outros temas, há a confirmação de que a teoria pode de fato ser utilizada na práxis jurídica brasileira. No levantamento feito, dentre as 64 obras encontradas, foram aplicados os conceitos de AED em diversos temas.

Os mais recorrentes foram Direito Contratual (8 obras), Direito Societário ou Empresarial, Direito e Desenvolvimento e Direito Concorrencial, com 6 obras cada; Direito Processual; Direito Tributário e Direito de Família, com 4 obras cada; Responsabilidade Civil e Regulação, com 3 obras em cada área e, finalmente, Direito Penal, Arbitragem e Direito Previdenciário, com duas obras e, direito ambiental e trabalhista, com uma.

Alguns dos temas citados são mais previsíveis, porque mais comuns em outras tradições jurídicas, como por exemplo uma análise econômica da litigância, do direito contratual, da responsabilidade civil ou sobre a expansão do direito penal, que já vinham sendo discutidos longamente no século passado nas universidades dos Estados Unidos. Ao mesmo tempo, a AED também foi aplicada a temas com características

---

[50] GAROUPA, Nuno, 2017; *apud* ARAÚJO, Thiago Cardoso: **Análise Econômica do Direito no Brasil. Uma Leitura à Luz da Teoria dos Sistemas**. Lumen Juris: Rio de Janeiro, 2017, p. 1.

[51] Para uma perspectiva diferente acerca das obras sobre *Law & Economics* no Brasil, focada em artigos acadêmicos, ver: ARAÚJO, Thiago Cardoso: **Análise Econômica do Direito no Brasil. Uma Leitura à Luz da Teoria dos Sistemas**. Lumen Juris: Rio de Janeiro, 2017. p. 142-150.

[52] Para o levantamento, pesquisamos os sites da Amazon, Cultura e Saraiva. Os filtros utilizados foram: Law and Economics; Análise Econômica do Direito; e Direito e Economia. Apenas as obras em português (sejam elas traduzidas ou originalmente escritas nessa língua) foram selecionadas para a presente análise, visto que a intenção é observar especificamente a perspectiva brasileira desse movimento. Pesquisa realizada entre dezembro de 2018 e março de 2019.

intrínsecas brasileiras, como o direito ambiental (discussão que pode vir a crescer depois das tragédias de Mariana e Brumadinho em 2015 e 2019, respectivamente), direito de família (com toda evolução referente a nossa lei do divórcio) e arbitragem.

A seguir, montamos um gráfico que mostra como a discussão de L&E tem recebido crescente atenção nas últimas duas décadas, no contexto brasileiro.

Gráfico 1 – Ano de lançamento e quantidade de obras

Desse modo, identificamos um aumento gradual na elaboração de tais obras, tendo no ano de 2014 a sua maior produção. Em razão desse cenário, consideramos que há um indicativo de que esse movimento tende a continuar a se expandir no campo jurídico brasileiro e, assim, terá muito a contribuir tanto para a discussão teórico-doutrinária em todo o mundo, como também para a aplicação prática do Direito, em suas mais variadas áreas, pelas cortes do país. Esperamos, também, que a nossa obra seja parte desse processo de crescimento e que ajude na formação de novos profissionais.

A IMPORTÂNCIA DA AED PARA A FORMAÇÃO DO ESTUDANTE DE DIREITO

Para compreender por que o movimento de AED tem recebido crescente atenção dos juristas brasileiros e internacionais, faz-se necessário compreender quais são os diferenciais que essa Escola tem a oferecer ao estudante de Direito. É preciso, para isso, responder às seguintes perguntas: Por que um estudante de Direito deveria estudar economia? Por que o estudo de AED é importante para os futuros juristas do Brasil?

Para dar conta da primeira pergunta, alguns argumentos podem ser levantados. O primeiro deles é de que algumas áreas do Direito necessitam de conhecimentos provenientes da economia para se chegar às respostas aos casos que surgem nas disputas judiciais. Um exemplo claro disso é o Direito Societário, que trata da organização das sociedades empresárias. O advogado ou advogada que trabalha nessa área deve conhecer não apenas a regulação referente ao funcionamento das empresas, como também as atividades do mercado de capitais e valores mobiliários, demonstrativos financeiros, índices das bolsas de valores etc., pois seus clientes irão operar diretamente com isso.

Em uma aquisição de uma sociedade por outra, por exemplo, não basta que o advogado conheça a legislação que regula o processo de compra e venda ou os trâmites burocráticos no CADE (Conselho Administrativo de Defesa Econômica[53]). Também precisará conhecer os impactos econômicos dessa aquisição: qual será a nova percentagem do mercado (*Market Share*) que esta sociedade terá depois de adquirir a outra? Haverá a formação de um monopólio ou oligopólio? Qual é o valor desta aquisição? Quais são os riscos provenientes dela para os mercados relevantes?[54] Nenhuma dessas perguntas será respondida pelo Direito, mas sim pela economia. Ainda assim, se qualquer uma delas for contrária ao entendimento do CADE sobre o que é bom para a proteção do mercado, tal operação será impedida e o advogado, na qualidade de defensor das sociedades envolvidas, deve estar preparado para agir de acordo com os interesses de seus clientes.

Outra área do Direito que também se sustenta em conhecimentos econômicos é o Direito Tributário. Paulo Antônio Caliendo Velloso da Silveira aciona a AED como uma ferramenta muito relevante no estudo desse ramo do direito, principalmente se a tributação for encarada como um custo de transação dentro de um fenômeno sistêmico, que envolve não apenas o Direito, como também a economia e a política. Ainda, segundo o autor:

> A tributação pode ser entendida como sendo um custo de transação em sentido restrito, na medida em que se constitui em um custo para a formalização de um negócio jurídico, assim em uma operação em que a mercadoria custa 1000 e o imposto incidente sobre a operação de circulação e 10%, o custo adicional para a realização do negócio e 100, totalizando 1100. De outra parte, a tributação pode ser entendida também como sendo um custo de transação em sentido amplo, ou seja, conforme o teorema de Coase. Nesse caso, a tributação pode ser verificada como um custo a ser verificado na utilização dos mecanismos de mercado. As inseguranças decorrentes de um sistema tributário imperfeito e ineficiente implicam em uma maior incerteza na contratação e, portanto, em um custo de transação maior[55].

---

[53] O CADE é uma autarquia federal, administrativamente vinculada ao Ministério da Justiça. Tem sede e foro no Distrito Federal e exerce, em todo o Território nacional, as atribuições determinadas pela Lei nº 12.529/2011. Tem como missão zelar pela livre concorrência no mercado e é a entidade responsável, no âmbito do Poder Executivo, não só por investigar e decidir, em última instância, sobre matéria concorrencial, como também fomentar e disseminar a cultura da livre concorrência.

[54] Um Mercado Relevante é aquele no qual as sociedades empresárias cujo ato de concentração está sendo avaliado pelo CADE operam.

[55] SILVEIRA, Paulo Antônio Caliendo Velloso da. Direito Tributário e análise econômica do Direito: contribuições e limites. **Revista da FESDT Porto Alegre**, v. 2, n. 1, p. 186-205, 2009. p. 194.

Uma questão comum para advogados dessa área é defender seus clientes da cobrança de tributos abusivos, ou impactados por aumentos desmedidos. No entanto, como o advogado poderá argumentar em juízo adequadamente sobre o tema, se não entender como se chegou naquele valor a partir da alíquota do imposto e sua base de cálculo? Como poderá um juiz julgar esta causa se também não possuir tais conhecimentos? O resultado, no primeiro caso, seria uma causa perdida e no segundo, o risco de uma decisão equivocada ou injusta.

O segundo argumento, sustentado por Cooter e Ulen[56], é de que o intercâmbio de conhecimento entre os economistas e os juristas seria muito proveitoso para ambas as partes. De um lado, os juristas aprenderiam a desenvolver e aprimorar um raciocínio quantitativo na formulação de teses e também na pesquisa empírica, algo que tem recentemente se tornado muito popular no campo de estudos sobre o Direito, especialmente no Brasil. Do outro, os economistas poderiam aprender técnicas de persuasão.

A isso, soma-se a percepção de Bruno Salama que trata de algumas das diferenças entre direito e economia e da complementariedade entre esses saberes:

> Enquanto o Direito é exclusivamente verbal, a Economia é também matemática; enquanto o Direito é marcadamente hermenêutico, a Economia é marcadamente empírica; enquanto o Direito aspira ser justo, a Economia aspira ser científica; enquanto a crítica econômica se dá pelo custo, a crítica jurídica se dá pela legalidade[57].

No mesmo sentido, Ivo Teixeira Gico Junior trata sobre a relação entre o Direito e a Economia:

> O Direito é, de uma perspectiva mais objetiva, a arte de regular o comportamento humano. A economia, por sua vez, é a ciência que estuda como o ser humano toma decisões e se comporta em um mundo de recursos escassos e suas consequências. A Análise Econômica do Direito, portanto, é o campo do conhecimento humano que tem por objetivo empregar os variados ferramentais teóricos e empíricos econômicos e das ciências afins para expandir a compreensão e o alcance do direito e aperfeiçoar o desenvolvimento, a aplicação e a avaliação de normas jurídicas, principalmente com relação às suas consequências[58].

Ainda que ambos os autores reconheçam que o diálogo entre economistas e juristas pode, por vezes, ser delicado, eles reafirmam que há solo muito fértil para discussões envolvendo Direito e Economia.

Outra justificativa é que o Direito e a economia são áreas que se misturam no mundo prático e exercem influência mútua. Um exemplo concreto disso é o direito

---

[56] COOTER, Robert; ULEN, Thomas; **Law & Economics** 6ed. Berkeley Law Books. 2016.
[57] SALAMA, Bruno Meyerhof. **O que é pesquisa em Direito e Economia?**. Disponível em: http://works.bepress.com/bruno_meyerhof_salama/. Acesso em: 11/10/2019. p. 2.
[58] GICO, Ivo T. **Metodologia e Epistemologia da Análise Econômica do Direito.** EALR, v.1, nº 1, p 7-32, Jan-Jun,2010. p. 8.

de propriedade. Por um lado, a garantia da propriedade privada prevista pelo direito exerce influência no mercado, para que este se organize sob uma ótica de valorização e comercialização, em atendimento às determinações legais. Por outro, o fato de o mercado se organizar sob uma ótica de valorização e comercialização da propriedade cria a necessidade, ou ao menos pressão, para que o Direito atue de modo a garantir a existência da propriedade privada, contribuindo para a estabilização do mercado. Ou seja, ao mesmo tempo que o primeiro pode atuar para ser um estabilizador, condutor ou regulador da economia, a economia pode gerar situações que causem pressão social para a adoção ou mudança de determinados comportamentos pelo Direito.

Ainda, o estudo da economia oferece um raciocínio específico que pode ser bem utilizado por um advogado, uma vez que tal saber é pautado, principalmente, na avaliação da eficiência. Ao analisar um caso, estudar suas possibilidades, quais argumentos poderiam ser sustentados no tribunal, quais instrumentos processuais poderiam ser utilizados, quando é possível fazer um acordo ou em que momento é oportuno acirrar o litígio são decisões que fazem parte da análise que o advogado fará sobre o caso. Essa análise também pode ser fundamentada na eficiência.

Muitas vezes, um advogado está tão certo da força de sua causa que vai até o final do processo para receber uma sentença, que pode ser favorável ou não, gastando muito de seu tempo e do tempo e dinheiro de seu cliente, quando poderia ter chegado a um acordo com a outra parte já no início do processo e, ainda que recebesse menos, seria mais eficiente do que os recursos gastos nos anos decorridos até que o litígio fosse resolvido pelo judiciário. O contrário também é verdadeiro. Pode ser muito mais eficiente que se chegue a um acordo no início do processo e que o cliente pague menos à outra parte, do que utilizar-se de recursos e mais recursos (de tempo, de dinheiro e de energia) para protelar a decisão, se a probabilidade maior for de uma sentença desfavorável, de modo que o agente poderia ser condenado a um valor superior e com incidência de juros. Esse raciocínio quanto aos custos de oportunidade e eficiência[59] pode se desenvolver de forma mais consistente com o estudo de economia.

Por fim, consideramos importante trazer mais um argumento que escapa da teoria e adentra o campo da prática nos Estados Unidos. Advogados que dedicam parte de seu tempo para estudar economia ganham melhor financeiramente do que advogados que se dedicam a maioria das outras áreas do conhecimento jurídico. Uma pesquisa realizada pela *American Community Survey* (ACS)[60] entre 2009-2013 realizou levantamento de dados de centenas de advogados basicamente sobre duas perguntas: qual era sua graduação anterior ao bacharelado em Direito; qual era o seu ganho salarial anual[61].

---

[59] Os conceitos de custo de oportunidade e de eficiência serão abordados com maior profundidade mais à frente neste livro.

[60] Para detalhes acerca da metodologia da pesquisa, ver: WINTERS, John V. **Is Economics a Good Major for Future Lawyers? Evidence from Earnings Data.** Oklahoma State University and IZA. Discussion Paper nº 9416. 2015.

[61] Ainda que nos Estados Unidos o curso de Direito seja uma pós-graduação, ou seja, os estudantes necessariamente fazem uma graduação antes, o argumento de que o foco no estudo da Economia propicia maiores salários pode também fazer sentido no contexto brasileiro, uma vez que o diferencial do estudo de Economia para o Direito pode se dar tanto na atuação do jurista quanto no tipo de raciocínio proporcionado pelo estudo integrado das duas áreas do conhecimento.

O resultado obtido foi que a graduação em economia era a quarta mais escolhida pelos advogados (6,51% do total), ficando atrás de ciência política (21.58%), história (9.90%) e inglês e literatura (8.05%). Já no ranking de ganho salarial, aqueles que optaram por economia ficaram em terceiro lugar (entre $130.723 e $182.359 anuais), perdendo apenas para engenharia elétrica (entre $179.744 e $219.383 anuais) e contabilidade (entre $135.044 e $180.507 anuais). Os três outros cursos mais comuns entre os participantes da pesquisa ficaram, respectivamente em 8º (história), 9º (ciência política) e 15º (inglês) lugares. Destacamos que essa pesquisa reflete o contexto americano, em que o curso de direito é uma pós-graduação.

Para responder à pergunta sobre a importância de os futuros juristas brasileiros estudarem AED no Brasil, lembramo-nos de que o conjunto de conceitos derivados da economia pode auxiliar os magistrados na produção de decisões mais eficientes. O Direito é visto pelo senso comum como um instrumento capaz de garantir o acesso à justiça. No entanto, a garantia de uma prestação jurisdicional justa, como já apontaram Capeletti e Garth[62], é mais do que a simples produção de uma decisão judicial.

Podemos pensar, como exemplo, nos casos referentes à judicialização da saúde, considerado um tema bastante complexo. O Brasil apresenta diversos problemas nesse setor, que variam desde hospitais públicos com infraestrutura precária, falta de medicamentos e de profissionais da saúde até a inexistência de oferecimento de tratamentos excessivamente caros para doenças raras. No que concerne à prestação jurisdicional nesses casos, face à um processo requerendo o pagamento de certo medicamento de preço alto, qual decisão deve o magistrado tomar? Sentenciar o Estado a custear o tratamento e comprometer o já limitado orçamento do Ministério e das Secretarias de Saúde, impactando ainda mais os problemas da saúde pública? Negar o pedido e arriscar a morte do autor do processo? Casos como esse são muito delicados, principalmente por envolverem o destino de uma ou muitas vidas. A decisão justa não é facilmente inferida, levando o magistrado a viver um dilema moral. Correntes doutrinárias diversas apontarão caminhos diferentes a serem seguidos. Conhecer as teorias da AED poderia ser um poderoso aliado neste processo, contribuindo para a racionalização de casos polêmicos, de modo que a decisão seja a mais justa e eficiente possível.

Outro argumento importante é de que o estudo da AED vem crescendo bastante dentro do Direito Civil brasileiro, principalmente nos ramos do Direito de Propriedade, Direito Contratual e na Responsabilidade Civil[63], áreas nas quais o movimento da AED já é muito forte nos Estados Unidos[64]. Novos autores começam a usar essa metodologia em seus livros e tratados. O STJ e outros tribunais do país tem utilizado com cada vez mais frequência o raciocínio de AED para tomar decisões. Uma que se afigura como marco desse movimento é o Recurso Especial nº 1163283/RS, no qual o Superior Tribunal de Justiça, em síntese, decidiu que *"Todo contrato de financiamento imobiliário, ainda que pactuado nos moldes do Sistema Financeiro da Habitação, é negócio jurídico*

---

[62] CAPPELLETTI, Mauro; GARTH, Bryant G. **Acesso à justiça.** Porto Alegre: Fabris, 1988.
[63] As aplicações da AED no Direito Contratual e na Responsabilidade Civil serão abordadas em capítulos específicos deste livro.
[64] RUBIN Paul H. **Law and Economics**. The Library of Economics and Liberty. 2018. Disponível em: https://www.econlib.org/library/Enc/LawandEconomics.html. Acesso em: 31/01/2019.

de cunho eminentemente patrimonial e, por isso, solo fértil para a aplicação da **análise econômica do direito**". Aqueles que desejam se formar como civilistas deverão conhecer a AED a fundo, senão para utilizar esse campo de conhecimento a seu favor, ao menos para saber identificar o raciocínio e conseguir arrazoá-lo em juízo.

A terceira justificativa quanto à importância de estudar AED é de que há um enorme potencial para a expansão da aplicabilidade desse movimento no Direito brasileiro. O Direito Processual, por exemplo, pode utilizar a teoria para adotar novas práticas e reformar dispositivos legais focados na busca pela eficiência, com o objetivo de diminuir os custos dos processos judiciais para o Estado, bem como o tempo de tramitação de um processo, facilitando seu andamento.

De acordo com Eric Navarro[65], em 2015 o estoque de processos pendentes no poder judiciário era de 74 milhões. Desses 74 milhões, segundo os registros do CNJ, mais da metade (51,9%) são processos de execução. Para o autor, as execuções são os grandes problemas do sistema, quanto ao tempo processual. O autor as considera os "gargalos" no que concerne à efetividade dos processos. Navarro também menciona que, em um mundo ideal, ações de execução sequer existiriam, uma vez que estas somente se fazem necessárias em razão do descumprimento de uma decisão judicial, isto é, para fazê-las serem cumpridas. Por isso, as considera "anomalias" ou "casos patológicos".

A partir disso, o autor considera que a AED tem a contribuir para criar incentivos para a cooperação entre os indivíduos e combate à litigância de má-fé. Em razão dessa cooperação, cada vez menos ações de execuções serão propostas e isso ajudará a desafogar o judiciário. Um exemplo claro trazido por Navarro (e que deve ser estimulado de acordo com o autor) são as audiências de conciliação, que focam em estimular a cooperação entre as partes para que estas atinjam um acordo, considerado uma solução ganha-ganha e muito eficiente. O NCPC de 2015 inovou ao tornar obrigatória a realização de uma audiência de conciliação logo na fase inicial do processo. Segundo dados do CNJ[66], a conciliação tem um índice de 12,5% na justiça brasileira, o que é algo a se comemorar em um país onde a cultura do litígio é muito enraizada. Ainda mais na justiça do trabalho, onde já existe uma cultura de acordo e esses são estimulados tanto pela lei quanto pela prática judicial, esse índice chega a 24% e, se considerados apenas os processos em primeira instância, os índices sobem para 39%. O número total de sentenças homologatórias de acordos cresceu cerca de 30% nos últimos 4 anos.

Se estimulado esse método de resolução de conflitos assim como a mediação, por exemplo, que segue premissas similares de estímulo ao acordo e soluções ganha-ganha, o judiciário poderá aproveitar uma grande redução no número de novos processos. Para isso, no entanto, tanto a lei, como a prática judicial, devem criar incentivos e buscar reduzir os custos de transação para estabelecer um mundo crescentemente cooperativo.

Outra possibilidade seria o uso da AED de modo a criar estímulos para que os indivíduos evitem a judicialização, incentivando as partes a optarem, por exemplo,

---

65 NAVARRO, Erik. **Análise Econômica do Processo Civil**. São Paulo: Revista dos Tribunais. 2019.
66 Conselho Nacional de Justiça. **Justiça em Números 2020**: ano-base 2019. Brasília: CNJ, 2020, p. 171-172.

por métodos autocompositivos de resolução de conflitos[67], contribuindo para reduzir a quantidade de ações judiciais nos tribunais. Outra opção que pretende ampliar a eficiência judiciária é a utilização da arbitragem. Antonio Celso Fonseca Pugliese e Bruno Meyerhof Salama explicitam como a arbitragem gera incentivos econômicos, tanto ao reduzir os custos de transação entre as partes, principalmente ao produzir decisões de forma ágil, abrandando um dos custos mais relevantes de um processo judicial, o tempo. E, ainda, ao gerar um comportamento mais racional por parte dos indivíduos que negociam expressamente uma cláusula arbitral ao optarem por esse método[68].

O Direito Penal, a seu turno, poderia utilizar-se da AED para rever sua dinâmica de sanções, pois, em diálogo com a noção econômica de que sanções legais são encaradas por indivíduos racionais como custos ou desincentivos. Ainda no âmbito penal, associado ao estudo dos direitos humanos, cálculos de eficiência podem vir a ser utilizados para fazer com que os custos de permitir a manutenção de um sistema prisional em péssimas condições como o brasileiro (indenizações, ações civis públicas, condenações em cortes de direitos humanos) sejam maiores que os custos de se adequar a um sistema penal mais humanitário, criando o incentivo para que o governo reveja sua política carcerária.

Outra área que se beneficiaria da AED, de forma bastante similar ao Direito Penal, é o Direito Ambiental. Novamente, ao interpretar as sanções legais como custos, muitas empresas podem vir a perceber que é mais barato descumprir uma lei ambiental, ser processadas e, se condenadas, pagar a multa, do que efetivamente cumprir determinações da legislação ambiental.

A ORGANIZAÇÃO DO LIVRO

O Curso de Análise Econômica do Direito que aqui apresentamos está dividido em duas partes. Inicialmente trazemos o que optamos por chamar de teoria geral de AED, com seis capítulos. No primeiro, apresentamos a teoria sobre crescimento econômico; no segundo, uma análise sobre direito, economia e mercado. No terceiro, trazemos uma explicação sobre as falhas de mercado. Os capítulos quatro e cinco, contêm noções de estatística e teoria dos jogos. O capítulo seis apresenta ao leitor noções de Economia Comportamental. A segunda parte do livro é dedicada à aplicação da AED a áreas específicas do direito e está, a seu turno, dividida em outros cinco capítulos: o sétimo sobre Propriedade, o oitavo sobre Contratos. O capítulo nono versa sobre Responsabilidade Civil, enquanto o décimo apresenta a AED aplicada à Responsabilidade Penal e o capítulo décimo primeiro trata de litígios e análise econômica aplicada ao processo. Por fim, o capítulo décimo segundo trata da economia da regulação e da Análise de Impacto Regulatório.

---

[67] Mediação e conciliação são exemplos de métodos autocompositivos de resolução de conflitos, que consistem na busca de acordos entre elas, a presença de um terceiro se dá apenas para facilitar o diálogo.

[68] PUGLIESE, Antonio Celso Fonseca; SALAMA Bruno Meyerhof. A economia da arbitragem: escolha racional e geração de valor. **Revista Direito GV**, São Paulo 4(1), p. 015-028, jan./jun. 2008.

QUESTÕES DE AUTOMONITORAMENTO

1) **Qual a relação da AED com o pragmatismo jurídico?**

Comentário: A AED tem como premissa uma ética consequencialista, isto é, que foca nos resultados, nas consequências materiais das normas jurídicas e nas circunstâncias em que elas são aplicadas. O pragmatismo jurídico, de modo similar, busca uma maior instrumentalização do Direito, não apenas de modo a interpretar as normas, mas também analisar as consequências práticas das decisões jurídicas.

2) **O que significa dizer que a AED deve ser considerada um método?**

Comentário: Significa dizer que a AED não é apenas um objeto de estudo em si. Pelo contrário, a AED é um método de estudo sob o qual podem ser compreendidos diversos temas afetos ao Direito. Para tanto, traz consigo um conjunto de parâmetros, em inglês, *guidelines*, que um pesquisador ou um estudante pode fazer uso para chegar a conclusões pragmáticas acerca de determinado assunto jurídico.

3) **Qual a diferença entre a AED e o "Direito Econômico"?**

Comentário: O Direito Econômico é uma área do Direito voltada para a análise jurídica dos fatos e dos atos realizados no sistema econômico-financeiro de um país, focando principalmente na regulação das instituições financeiras. Já a AED é uma lente teórica por meio da qual conceitos e métodos de análise do campo da economia são usados para chegar a resultados pragmáticos acerca de qualquer área do Direito, incluindo o Direito Econômico. Nesse sentido, poderíamos ter a Análise Econômica do Direito Econômico, como temos a Análise Econômica do Direito dos Contratos ou a Análise Econômica do Direito Penal.

4) **No que consiste o "Teorema de Coase"? Qual a sua relevância para a AED?**

Comentário: O Teorema de Coase consiste, simplificadamente, na ideia de que os indivíduos, a custos de transação zero (ou tendentes a zero), podem negociar entre si a solução de um problema sem a interferência direta do Direito. Nessa hipótese, bastaria que o Direito cumprisse a função de definir direitos de propriedade de forma clara para que os indivíduos possam negociar soluções para os conflitos que atendam aos seus próprios interesses. A importância do Teorema de Coase para a AED é quase basilar, uma vez que fornece conceitos caros ao método, como a eficiência e os custos de transação.

a) **Qual o conceito de custos de transação? Quais elementos são relevantes para determinar a sua extensão?**

Comentário: Custos de transação são, de forma simplificada, todos os fatores que dificultam, restringem ou impedem a resolução negocial de um problema. Dividem-se em três elementos: o custo de localização (dificuldade de encontrar e/ou reunir as partes envolvidas no problema), o custo de negociação (dificuldade de negociar uma solução satisfatória para cada uma das partes) e os custos de execução (dificuldade de *enforcement*).

5) **Quais os possíveis benefícios do estudo da AED para juristas em geral e, mais especificamente, no Brasil? Cite exemplos.**

Comentário: Estudar AED traz ao jurista uma visão mais ampla e útil na resolução de problemas complexos, bem como ferramentas para análise e compreensão dos fenômenos jurídicos. Os conceitos econômicos estão ligados a diversas questões jurídicas contemporâneas. Um exemplo, além daqueles de direito privado encontrados na introdução deste livro, seria o Direito Administrativo. O jurista, munido dos conhecimentos de AED, pode compreender como as normas de licitação impactarão economicamente os concorrentes a obras públicas. Ou quais os riscos econômicos de um contrato de concessão com o ente público. Saber tais informações não apenas é valioso para o advogado que for assessorar uma sociedade empresária, como também para os procuradores, que desempenham funções públicas, para melhor defenderem os interesses do Estado.

Capítulo I
BREVES CONSIDERAÇÕES SOBRE CRESCIMENTO ECONÔMICO

1.1 CRESCIMENTO ECONÔMICO

Em uma abordagem simplificada, podemos compreender o crescimento econômico como a expansão da capacidade produtiva de um país em um determinado período[1], ou seja, é caracterizado por um aumento da eficiência de uma nação para gerar maior quantidade de bens e serviços. Este crescimento normalmente é medido pelo aumento da riqueza, ou, mais precisamente, da renda, de uma nação[2].

Para mensurar o crescimento econômico, pesquisadores buscam criar medidas para que suas avaliações tenham algum grau de precisão[3]. Para tanto, o produto interno bruto (PIB) de um país pode ser utilizado como referência para seu cálculo[4]. Nesse sentido, o aumento do PIB está diretamente relacionado com a percepção do crescimento econômico[5]. Ao identificar um aumento no PIB, pressupõe-se uma melhoria

---

[1] "Nenhuma definição única para o desenvolvimento econômico é inteiramente satisfatória. Existe uma tendência de uso dos termos desenvolvimento econômico e crescimento econômico. Porém, é possível extrair algumas relevantes distinções entre eles. Na essência, são sinônimos. Mas, devemos nos perguntar: qual conteúdo está por detrás do termo desenvolvimento econômico?". MEIER, Gerald; BALDWIN, Robert. **Economic development.** John Wiley & Sons, 1963, p. 2.
[2] ASSAF, Alexandre Neto. **Mercado Financeiro.** São Paulo: Atlas, 2005, p. 32.
[3] SZIRMAI, Adam; ARK, Bart van; PILAT, Dirk. (eds.). **Explaining economic growth: Essays in honour of Angus Maddison.** North-Holland, Amsterdam, 1993, p. 3.
[4] "O PIB pode ser escolhido como evidência porque se trata de um conceito mais abrangente do que outros principais indicadores disponíveis e reflete melhor a produção de um todo social. Esse amplo indicador econômico reflete inteiramente o impacto das mudanças na estrutura econômica, incluindo as mudanças no papel do governo na economia" (MADDISON, Angus. **Economic Growth in the West, Comparative Experience in Europe and North America.** New York: The Twentieth Century Fund, 1964. p. 26.
[5] Partiremos da premissa de que o crescimento econômico gera crescimento no PIB. Isso é relevante, pois existem situações nas quais o PIB cresce, mas o padrão de vida permanece em queda. Essa situação não será discutida aqui. Um crescimento no PIB será considerado como uma medida do crescimento econômico do país. O crescimento do PIB por si só não significa muita coisa, mas, assim como nos explica Easterly, o crescimento do PIB é importante "porque pessoas mais ricas podem comer mais e comprar mais medicamentos para seus bebês" (EASTERLY, William. **The Middle Class Consensus and Economic Development.** Journal of Economic Growth, Vol. 6, nº 4, 2001, p. 3). O autor também menciona que os pesquisadores "encontraram uma forte associação entre o crescimento econômico e as mudanças nas taxas de mortalidade infantil"

correspondente no bem-estar dos cidadãos.[6] Assim, a definição de crescimento econômico é "a variação, ao longo do tempo, do PIB potencial, devido à acumulação (e à interação) dos fatores de produção (i), (ii) e (iii), mencionados a seguir". Já o PIB potencial pode ser definido como o valor "obtido caso a capacidade de produção no país fosse utilizada em seu nível ótimo, sem ociosidade nem excessos". Por isso, o PIB potencial depende da disponibilidade de recursos produtivos, os chamados fatores de produção. Esses, a seu turno, atualmente são considerados o (i) capital físico: os equipamentos industriais e agrícolas, as riquezas naturais (terras agricultáveis, recursos minerais, cursos de água etc.) e a infraestrutura de serviços (portos, estradas, prédios comerciais, eletricidade etc.); (ii) capital humano: a quantidade e a qualidade da mão de obra, considerando as pessoas em idade de trabalhar e que se dispõe a fazê-lo; (iii) capacidade: trata-se da possibilidade de empreender, fator que depende das instituições do país[7]. Segundo North[8] e Fukuyama[9], as instituições definem as regras e as limitações, formais e informais, impostas às organizações políticas e econômicas e, portanto, ao desempenho produtivo do país.

O foco no PIB permite um controle mais abrangente sobre o resultado final do crescimento econômico. No entanto, o referido processo de crescimento pode englobar e estar relacionado a outros aspectos econômicos que acompanham a sua ascensão, tais como o aumento da produção industrial ou agrícola e a acumulação de capital físico e humano[10].

As taxas de crescimento referentes ao PIB têm sido desiguais entre os países, pois o seu ritmo de desenvolvimento é diferente. As disparidades na renda per capita entre estados ricos e pobres aumentaram[11]. Desde o trabalho de Adam Smith – *A Riqueza*

(EASTERLY, William. **The Middle Class Consensus and Economic Development**. Journal of Economic Growth, vol. 6, n. 4, 2001, p. 9).

[6] Atualmente é amplamente aceito na academia que apenas o uso do PIB é insuficiente. Nesse sentido, vide: KUBISZEWSKI, IDA. **Beyond GDP: are there better ways to measure well-being?** 2014. Disponível em: http://theconversation.com/beyond-gdp-are-there-better-ways-to-measure--well-being-33414. Acesso em: 11/02/2019. Surge, assim, a utilização de outros parâmetros além dele. Fatores ligados à ideia de desenvolvimento sustentável, redução da desigualdade, qualidade de moradia, implementação de trabalhos voluntários, aumento nos índices de educação, redução nos índices de crimes, desemprego e qualidade do meio ambiente começam a ser considerados como relevantes para a definição de bem-estar. Há, ainda, iniciativas de mensuração a partir de índices de "felicidade" da população. Não há, no entanto, um consenso sobre quais outros parâmetros devem ser considerados para aferição do bem-estar de uma população.

[7] Para mais informações sobre o tema, vide GONÇALVES, Antonio Carlos Porto. Questões e políticas da macroeconomia. In: CASTELAR PINHEIRO, Armando; PORTO, Antônio José Maristrello e SAMPAIO, Patrícia Pinheiro (coord.). **Direito e Economia: diálogos**. Rio de Janeiro: FGV Editora, 2019.

[8] NORTH, Douglads. **Custos de Transação, Investimento e Desempenho Econômico**. Rio de Janeiro: Instituto Liberal, 1992.

[9] FUKUYAMA, Francis. **The "end of history" 20 years later**. New Perspectives Quarterly, v. 27, n. 1, p. 7-10, 2010.

[10] MEIER, Gerald; BALDWIN, Robert. **Economic development**. John Wiley & Sons, 1963, p. 2-3.

[11] HELPMAN, Elhanan. **The Mystery of Economic Growth**. Cambridge, MA: Belknap by Harvard University Press, 2004, p. 7. A importância do crescimento econômico é destacada por Cooter e Schaefer. Primeiramente, eles remetem ao trabalho de Angus Maddison sobre a renda per capita

das Nações – economistas e políticos continuam a indagar sobre o que faz com que os países se desenvolvam em ritmos diferentes. Assim, Jeffrey Sachs explica que o crescimento econômico não é um jogo de soma zero, ou seja, no qual os ganhos de alguns países são baseados nas perdas de outros; para o autor, no jogo do desenvolvimento econômico, todos os países podem ganhar[12].

Acadêmicos têm tentado identificar e entender as forças que impulsionam o crescimento econômico dos países, ao mesmo tempo em que desenvolvem teorias que buscam distinguir a origem das diferentes taxas de crescimento. Easterly destacou a complexidade dessa questão, ao afirmar que *"The quest for a theory of growth and development has tormented us economists as long as there have been economists"*[13].

Como dito acima, o primeiro a buscar aprofundar a compreensão sobre o crescimento econômico foi Adam Smith[14]. Sua tentativa mais conhecida afirma que a maior divisão do trabalho e a especialização, podem levar à eficiência na produção de mercadorias e máquinas, conduzindo a melhorias na produtividade dos trabalhadores. O referido autor também chamou atenção para a importância da acumulação de capital e do sistema jurídico, na promoção da proteção e garantia dos direitos individuais, que permitem a acumulação. Destacou, ainda, a relevância da geografia, que é altamente associada às instituições econômicas na determinação da divisão do trabalho. Seguindo sua ideia, Gallup, Sachs e Mellinger afirmaram que "a extensão do mercado, por sua vez, depende da liberdade dos mesmos, bem como dos custos de transportes. E a geografia é crucial para determinação dos custos de transporte[15]".

Tal como Adam Smith, outros contribuíram para o tema do crescimento econômico[16]. Não desenvolveremos as ideias de cada um separadamente. Em vez disso,

---

de alguns países em 1820 e, depois, refazem o trabalho de Maddison com dados de 2003. Maddison afirma que "os países mais ricos na amostra tinham a renda per capita de aproximadamente $1,800 enquanto aqueles mais pobres tinham aproximadamente $400, em uma razão de 4:1. Nós repetimos o mesmo exercício em 2003 e descobrimos que os países mais ricos tinham uma renda per capita de aproximadamente $25,000 enquanto os mais pobres tinham aproximadamente $500, uma razão de 50:1. Tal é a diferença entre 2% e 0% de crescimento anual em dois séculos. Atualmente, os países mais pobres são mais ricos em relação com o seu passado e mais pobres em relação a outros países" COOTER, Robert; SHÄFER, Hans-Bernd. **Solomon's Knot: How Law Can End the Poverty of Nations**. Princeton University Press, 2009.

[12] Sachs destaca esse trecho para explicar que o desenvolvimento econômico de países ricos foi alcançado por um aumento do nível de produção. Esse fato, todavia, não faz com que os países ricos sejam inocentados da acusação de exploração dos países mais pobres. SACHS, Jeffrey. **The End of Poverty: Economic Possibilities for Our Time**. New York: The Penguin Press, 2005, p. 58.

[13] Em tradução livre: "A busca por uma teoria de crescimento e de desenvolvimento tem atormentado nós, economistas, desde que existem economistas". EASTERLY, William. **The Middle Class Consensus and Economic Development.** Journal of Economic Growth, vol. 6, nº 4, 2001, p. 317-335.

[14] SMITH, Adam. **An Inquiry into the Nature and Causes of Wealth of Nations.** Chicago University of Chicago Press. 1976.

[15] GALLUP, John Luke; SACHS, Jeffrey D.; MELLINGER, Andrew D. Geography and economic development. **International regional science review**, v. 22, n. 2, p. 179-232, 1999.

[16] Por exemplo: David Ricardo, Karl Marx, Joseph Alois Schumpeter, John Maynard Keynes, Evsey Domar, Roy F. Harrod, e muitos outros.

apresentaremos suas análises, quando possível, de acordo com os três ramos relacionados às teorias de crescimento econômico.

O objetivo fundamental deste capítulo, portanto, é chamar atenção para a importância do processo de crescimento econômico e apresentar as teorias que buscam explicá-lo. Faremos isso resumindo três das mais exploradas teorias sobre o referido processo: (1.1.1) aquela que reconhece a geografia como o principal determinante do crescimento econômico, (1.1.2) a teoria do comércio internacional, que o coloca como fator central da história de crescimento econômico e (1.1.3) a que sugere que a qualidade e o desenvolvimento das instituições são as causas mais importantes de variação do crescimento econômico dos países. Esta última, foco principal deste livro, será mais aprofundada em dois aspectos: a relação entre o direito e o desenvolvimento de uma sociedade e a relação entre o direito e as finanças de um país.

1.1.1 A Geografia

Alguns estudiosos defendem a ideia de que a taxa de crescimento econômico é determinada pela localização geográfica do país. A Geografia, segundo tal teoria, pode ser uma grande vantagem – ou um grande entrave – ao crescimento econômico.

Isso porque a geografia de um país determina fatores como o clima, a existência ou inexistência de recursos naturais, a predominância de doenças, os custos de transporte e a difusão do conhecimento e da tecnologia em áreas mais e menos avançadas[17]. Pesquisadores como Jeffrey Sachs explicam que as características geográficas de alguns países "não são suficientemente favoráveis para atrair investidores sob as atuais condições tecnológicas[18]". Portanto, a localização geográfica determinará a taxa de crescimento econômico do país ou, na melhor das hipóteses, exercerá uma forte influência sobre ela. Por outro lado, há pesquisadores, como Frank Cross, que explicam que a presença de recursos naturais pode ser um fator negativo para o crescimento econômico[19].

Krugman, a seu turno, chama a atenção para o que denomina como "economia territorial"[20]. O autor explica que a decisão sobre a localização de uma sociedade empresarial está intimamente relacionada à geografia. Assim, relaciona a localização

---

[17] RODRIK, Dani, SUBRAMANIAN, Arvind; TREBBI, Francesco. Institutions Rule: The Primacy of Institutions Over Geography and Integration in Economic Development. **Journal of Economic Growth,** June 2004, Volume 9, Issue 2, p. 131-165, p. 132.

[18] SACHS, Jeffrey D. **Institutions don't rule: direct effects of geography on per capita income.** National Bureau of Economic Research, 2003, p. 41.

[19] Cross defende que os países ricos em recursos naturais tendem a ter crescimento econômico inferior aos pobres. Para ele, a riqueza facilmente disponível graças a esses recursos leva à acomodação de tais países, deixando de se desenvolver como os demais e crescendo menos economicamente no futuro. CROSS, Frank B. Law and Economic Growth.**Texas Law Review,** vol. 80, 1737, 2002, p. 35.

[20] KRUGMAN, Paul. **Development, Geography, and Economic Theory.** London, England. The MIT Press, 1995, p.39.

geográfica com a decisão quanto a instalar, ou não, uma empresa em determinado local. Porém, para ele, tal decisão não está apenas relacionada ao clima, à existência de recursos naturais, ao nível de doenças e aos custos de transporte, tal como defendido por alguns autores. Pelo contrário, esta escolha está intimamente vinculada aos mercados que a empresa irá servir e às fontes de abastecimento das quais precisará.

O modelo de Krugman aponta que a probabilidade de uma organização de produção autônoma se estabelecer em determinada localidade guarda relação com efeitos de aglomeração[21]. Para demonstrar sua tese, afirma: "Considere, por exemplo, o famoso problema de localização de uma fábrica de modo a minimizar os custos de transporte de vários fornecedores e para vários mercados[22]". Esse problema, muito recorrente na administração de empresas, exemplifica como a localização de uma fábrica em relação a seus fornecedores e a seus mercados influencia no desenvolvimento da empresa. Da mesma forma, entende Krugman que os custos que um Estado tem de suportar para acessar seus parceiros comerciais influencia seu crescimento econômico.

Gallup, Sachs e Mellinger desenvolveram mais detalhadamente a teoria que liga a geografia ao crescimento econômico. Estes autores tentaram explicar por que quase todos os países nas regiões tropicais são pobres, enquanto os países nas latitudes médias e altas são ricos; por que as economias desenvolvidas nas costas são de alta renda e as do interior são de baixa renda e, por fim, por que a densidade populacional e a renda variam ao redor do mundo[23].

Esses autores compararam a média do PIB per capita dos países tropicais e não tropicais no ano de 1995 e demonstraram que o dos segundos era quase três vezes maior do que o dos primeiros[24]. Apesar de reconhecerem que a geografia não é tudo, apontaram que as economias das zonas temperadas, sob certo conjunto de circunstâncias[25], teriam condições mais favoráveis para o seu desenvolvimento. O ponto essencial do

---

[21] "A aglomeração – o agrupamento da atividade econômica, criada e sustentada por uma lógica circular – ocorre em diversos níveis, desde áreas comerciais locais que abastecem as zonas residenciais que circundam as cidades, a regiões econômicas especializadas, como o Vale do Silício (ou a cidade de Londres), que servem o mercado mundial como um todo". FUJITA, Masahisa; KRUGMAN, Paul; VENABLES, Anthony. **The spatial economy**. MIT Press, 1999, p. 1.

[22] KRUGMAN, Paul. **Development, Geography, and Economic Theory**. London, England. The MIT Press, 1995, p.39.

[23] GALLUP, John Luke; SACHS, Jeffrey D.; MELLINGER, Andrew D. Geography and economic development. **International regional science review**, v. 22, n. 2, p. 179-232, 1999.

[24] "Enquanto os países tropicais possuem uma renda média de $3,326, os países subtropicais possuem renda média de $7,874, e as economias de zona temperada possuem $9,302". GALLUP, John Luke; SACHS, Jeffrey D.; MELLINGER, Andrew D. Geography and economic development. **International regional science review**, v. 22, n. 2, p. 179-232, 1999. p. 181.

[25] Essas condições descritas são: (1) são localizados no hemisfério norte; (2) evitaram o socialismo; e (3) não foram devastados por guerras. "Existem 23 países com as mais favoráveis combinações geográficas e políticas (...) com uma renda média de $18,000". Como resultado da regressão, eles estimaram que os países tiveram uma redução da renda média para $4,785 por estarem em regiões subtropicais; 3,590 por estarem localizados no hemisfério sul; $10,053 por adotarem um regime socialista; e $5,190 por estarem em áreas de bloqueio". GALLUP, John Luke; SACHS, Jeffrey D.; MELLINGER, Andrew D. Geography and economic development. **International regional science review**, v. 22, n. 2, p. 179-232, 1999. p. 182.

estudo é que as diferenças nas características geográficas de um país têm um grande efeito sobre seu crescimento econômico[26]. Para sustentar seu argumento, listam os custos de transporte, os impactos na saúde humana, a produtividade da agricultura, e a proximidade e apropriação dos recursos naturais como os principais pontos em razão dos quais as características geográficas influenciam diretamente e impactam a produtividade econômica[27].

Uma das suposições dos autores é que a produção final exige a importação de insumos intermediários. Partindo deste pressuposto, a chance de competir é melhor nas áreas com baixos custos de transporte. Explicam que as zonas costeiras – ou ligadas à costa por vias navegáveis – oferecem as melhores condições para o florescimento de algumas atividades[28]. Então, indiretamente, a localização geográfica de um país desempenha um papel em seu desenvolvimento, influenciando a adoção de determinada política econômica, em razão de sua distância em relação aos mercados. Assim, países próximos a pontos de comércio "podem escolher políticas comerciais mais abertas do que os países que estão distantes"[29]. Desse modo, a geografia pode influenciar na criação de alguns tipos de instituições que promoveriam o crescimento econômico[30].

Outra forma pela qual a geografia pode influenciar na produtividade de um país (ou região) refere-se à incidência de doenças infecciosas. Através de uma regressão simples, os autores demonstraram que a malária é mais recorrente nos trópicos, do que em regiões subtropicais. A sua alta ocorrência reduz a produtividade de países localizados nessas regiões. A incidência da malária pode, ainda, permitir o surgimento de outros tipos de pragas, que, por consequência, também reduzem a produtividade[31].

Resumindo suas ideias, os autores defendem que os trópicos são desfavoráveis ao crescimento econômico e as populações localizadas na costa são mais propensas a ele. As políticas econômicas, nesse sentido, não seriam a única variável importante para o crescimento, sendo também a geografia um fator de interferência[32].

Há, no entanto, críticos da teoria geográfica. Eles argumentam que a geografia não é uma das principais variáveis do crescimento econômico. Embora reconheçam a existência de uma correlação, afirmam não haver estrita conexão de causa e efeito entre os fatores geográficos e o crescimento. Acemoglu, por exemplo, pontua que, se a geografia fosse a única causa do crescimento econômico, no contexto da colonização europeia, as colônias mais ricas à época, se tornariam países ricos na atualidade,

---

[26] Os argumentos de Gallup *et al.* não são contrários aos de Krugman, mas complementares, "uma cidade provavelmente surge originalmente em função de vantagens oriundas de uma geografia diferenciada, mas persiste prosperando como um resultado das economias de aglomeração, mesmo quando as vantagens do custo desaparecem. Ibidem.
[27] Ibidem.
[28] Ibidem.
[29] Ibidem.
[30] A criação de "instituições como as de comércio aberto e uma burocracia pública eficiente são induzidas pela geografia". Ibidem.
[31] GALLUP, John Luke; SACHS, Jeffrey D.; MELLINGER, Andrew D. Geography and economic development. **International regional science review**, v. 22, n. 2, p. 179-232, 1999.
[32] Ibidem, p. 43.

enquanto as colônias pobres, seriam os países pobres de hoje. Por óbvio, a história não evoluiu dessa forma. Por isso, o autor alega que foram as instituições criadas ou transplantadas dos países desenvolvidos as responsáveis pelas mudanças de mentalidade nas colônias e não somente as suas condições geográficas[33-34].

1.1.2 O comércio internacional

Vários estudiosos têm destacado a importância do comércio na promoção do crescimento econômico. A teoria do comércio internacional enfatiza o papel do mercado e das trocas entre países como força motriz por trás do incremento ou redução de produtividade. Segundo tais autores, o nível de integração do país na economia mundial pode promover ou dificultar seu crescimento econômico.

Para essa corrente, o comércio internacional tem sido o elemento determinante para o crescimento econômico dos países[35]. Se um país apresenta baixos índices nesse aspecto, então, lhe faltaria uma maior integração comercial com o mundo. Esta baixa integração é considerada prejudicial e desempenharia um papel deletério na determinação da sua taxa de crescimento econômico. Geralmente, países com um comércio internacional restrito têm níveis baixos de crescimento econômico. De acordo com essa teoria, portanto, o comércio seria o principal determinante do crescimento econômico e sua ausência poderia comprometê-lo.

Há alguns exemplos históricos de que o comércio internacional desempenha um papel importante no referido crescimento. O Japão criou e manteve um bom nível de ampliação após ter-se aberto ao mundo e intensificado sua integração com o comércio exterior. Helpman também aponta que o crescimento econômico aumentou após a Revolução Industrial, que coincidiu com um período de alta do comércio internacional[36].

Frankel e Romer investigaram o potencial de influência das características geográficas de um país no seu comércio global e como isso poderia afetar a renda[37]. Em uma primeira etapa, eles construíram equações para mensurar o impacto da proximidade de um estado para com outros em consideração ao comércio internacional, bem como a influência do tamanho de um país no seu comércio interno[38]. Os autores foram capazes de demonstrar que as características geográficas são os principais determinantes do comércio bilateral – no entanto, aqui a geografia não é o elemento definidor em

---

[33] ACEMOGLU, Daron; JOHNSON, Simon; ROBINSON, James; THAICHAROEN, Yunyong. Institutional Causes, Macroeconomic Symptoms: Volatility, Crises and Growth. **Journal of Monetary Economics**, v. 50, (1, Jan), p. 49-123, 2003. Disponível em: https://economics.mit.edu/files/4434. Acesso em: 11/04/2018.
[34] Ibidem.
[35] SACHS, Jeffrey D. et al. Economic reform and the process of global integration. **Brookings papers on economic activity**, v. 1995, n. 1, p. 1-118, 1995.
[36] HELPMAN, Elhanan. **The Mystery of Economic Growth.** Cambridge, MA: Belknap by Harvard University Press, 2004, p. 69-70.
[37] Frankel e Romer investigaram somente o impacto do comércio na renda, mas assumiremos que o aumento ou a queda do nível de renda é um bom representante para o aumento ou a queda das taxas de crescimento econômico.
[38] FRANKEL, Jeffrey; ROMER, David. Does Trade Cause Growth? **American Economic Review**, vol. 8, n. 3, p. 383-384. 1999, p. 381.

si, mas as características que facilitam (ou dificultam) o acesso aos demais países[39]. Basicamente, os autores demonstraram que a proximidade dos países em relação a outros e o tamanho de sua população podem determinar a dimensão de seu comércio internacional. Em um segundo momento, investigaram a relação entre comércio e renda. Através de um conjunto de regressões, demonstraram que a relação entre esses dois fatores é estatística e economicamente significativa[40].

Dollar e Kraay analisaram as taxas de crescimento econômico dos países em desenvolvimento, entre 1970 e 1990, comparando os países que liberalizaram o comércio, desempenhando um papel mais intenso na globalização, com aqueles que não o fizeram[41]. Para tanto, utilizaram a redução média da tarifa de importação para diferenciar os países que se abriram ao comércio exterior daqueles que continuaram mais fechados.

Os pesquisadores descobriram, em primeiro lugar, que aqueles que liberalizaram o comércio por meio de uma redução das barreiras comerciais aumentaram sua atividade econômica. Em segundo lugar, tiveram um crescimento econômico mais rápido[42]. Os autores concluíram, por meio da análise de dados, que a visão do senso comum de que a globalização aumenta as desigualdades é falsa. Isso porque, foram capazes de apontar que não há correlação significativa entre a ascensão ou o declínio do nível da desigualdade de um país e a variação do seu volume de comércio[43]. A renda dos pobres tem maior probabilidade de ascensão ou de queda, de acordo com o estado geral da economia do país. Portanto, se o comércio aumenta, o crescimento econômico pode, indiretamente, reduzir a desigualdade. Combinando os resultados acerca do comércio e do crescimento econômico, e aqueles relativos ao comércio e à desigualdade, os autores demonstram que, em média, um aumento do nível de globalização pode ajudar a reduzir a pobreza[44].

Alguns pesquisadores criticam a teoria do comércio internacional, argumentando que o volume de trocas negociais pode ser um fator endógeno. Países que, por razões outras que as comerciais, tenham um bom nível de crescimento econômico, podem negociar mais. Intuitivamente, pode-se imaginar que um país desenvolvido em geral vende e compra mais mercadorias. Nesse sentido, Helpman reforça esse problema de causalidade, ao indagar: "o crescimento induz o comércio ou existe uma ligação inversa, do crescimento para o comércio?"[45].

Outro ponto de crítica diz respeito à ligação entre as relações comerciais internacionais e as escolhas políticas[46]. A maneira pela qual um país conduz o seu

---

[39] Ibidem.
[40] "O comércio aparentemente aumenta a renda através de estímulos para a acumulação de capital físico e humano e também por aumentar a saída para determinados níveis de capital". Ibidem, p. 394.
[41] DOLLAR, David; KRAAY, Aart. Trade, growth, and poverty. **The Economic Journal**, v. 114, n. 493, p. F22-F49, 2004.
[42] DOLLAR, David; KRAAY, Aart. Trade, growth, and poverty. **The Economic Journal**, v. 114, n. 493, p. F22-F49, 2004. p. 37.
[43] Ibidem, p. 43.
[44] Ibidem, p. 47.
[45] HELPMAN, Elhanan. Growth, technological progress, and trade. **Empirica**, v. 15, n. 1, p. 5-25, 1988.
[46] Escolha política no sentido de ações governamentais orientadas pela política de governo, relacionadas aos valores orientadores do governante, no período em que está investido no cargo.

comércio internacional é uma consequência das opções políticas. Assim, um país com uma boa política de comércio internacional provavelmente se constitui por boas escolhas internas, que podem ser a verdadeira razão do crescimento. É difícil, portanto, determinar a causa do crescimento econômico baseando-se apenas nas relações acima citadas[47].

A terceira e última – e talvez mais obscura – crítica é a que associa a política protecionista a um aumento da taxa de crescimento econômico[48]. Clemens e Williamson fizeram estudos empíricos que indicaram que países que aumentaram suas barreiras ao comércio (aplicando uma política conhecida como protecionista), em um determinado período e sob determinadas condições, tiveram um aumento em sua taxa de crescimento econômico[49].

Apesar dos conflitos e dos debates acalorados, parece ser um consenso entre relevante parcela dos economistas de que "a abertura ao comércio internacional acelera o desenvolvimento"[50].

1.2 INSTITUIÇÕES

A teoria institucional[51] afirma que são as instituições, ou seja, as regras do jogo, o elemento essencial em uma sociedade, pois orientam os indivíduos para um comportamento economicamente desejável[52]. Segundo tal teoria, um país com instituições eficientes deve ser capaz de alcançar um crescimento econômico mais facilmente do que um país

---

[47] Ver FRANKEL, Jeffrey; ROMER, David. Does Trade Cause Growth? **American Economic Review**, vol. 8, n. 3, p. 383-384. 1999.

[48] HELPMAN, Elhanan. **The mystery of economic growth**. Harvard University Press, 2009, p. 73-74.

[49] A título de exemplo, Clemens e Williamson, após analisar trinta países entre 1870 e 1913, chegaram à conclusão de que aqueles com uma política protecionista mais forte cresceram mais rapidamente. Por outro lado, descobriram que, após a Segunda Guerra Mundial, essa relação se inverteu. Analisando a diferença, sugeriram que a influência do comércio internacional estaria relacionada ao nível de liberdade do mercado mundial nessas épocas. Para eles, em um cenário internacional protecionista, um país com menor nível de comércio tende a crescer mais e, em um mercado internacional aberto, países menos protecionistas tendem a crescer mais. *In*: CLEMENS, Michael; WILLIAMSON, Jeffrey. Why did the tariff-growth correlation reverse after 1950?. **Journal of Economic Growth** (2004) 9: 5. https://doi.org/10.1023/B:JOEG.0000023015.44856.a9; HELPMAN, Elhanan. The Mystery of Economic Growth. Cambridge, MA: Belknap by Harvard University Press, 2004, p. 74-75.

[50] DOLLAR, David; KRAAY, Aart. Trade, Growth, and Poverty. **The Economic Journal**. vol. 114, ed. 493, 2004, p. 1.

[51] O marco teórico utilizado para compreender a teoria institucionalista parte de uma visão econômica associada à verificação de crescimento econômico. No entanto, existem outras abordagens. Observe-se que a teoria institucionalista começa a ser referencial teórico jurídico somente com alguns autores do final da década de 80 e início da década de 90, como se pode compreender por meio da obra GOODIN, Robert (Org.) **The theory of institutional design.** Press Syndicate of the University of Cambridge. New York: Cambridge University Press, 1996.

[52] RODRIK, Dani; SUBRAMANIAN, Arvind; TREBBI, Francesco. Institutions Rule: The Primacy of Institutions Over Geography and Integration in Economic Development. **Journal of Economic Growth**, vol. 9, ed. 2, p 131–165. 2004, p. 132.

com instituições ineficientes. Um grande número de estudos tem analisado os efeitos das instituições (políticas, econômicas ou jurídicas) sobre o crescimento econômico. Um dos colaboradores mais destacados é Douglas North, prêmio Nobel de economia.

North enfatiza a incerteza como um fator negativo na vida dos indivíduos e aponta para o papel das instituições na redução dessa sensação[53]. Ele compara as instituições com as regras de um jogo; essas "regras" reduzem a incerteza ao descrever e restringir as escolhas dos indivíduos: as instituições afirmarão o que é considerado uma infração, bem como a sua respectiva punição. Nesse sentido, os indivíduos decidem como se comportar a partir do conhecimento das regras, maximizando seus interesses, sejam eles econômicos ou não[54].

Se as instituições são as limitações que os indivíduos instituem para si mesmos e que restringem suas escolhas, como podem influenciar o desempenho da economia? North responde a esta questão argumentando que elas têm influência direta e indireta sobre o custo de troca e de produção. Acrescenta que as instituições e a tecnologia empregada por uma sociedade determinam o que chama de "custos totais". Estes são compostos pelos custos de transação[55] e de produção[56]. North explica que, quando o custo de transação é zero, as instituições são inúteis. Na maioria dos mercados, porém, os custos de transação são positivos, e, por isso, as instituições são necessárias[57]. Ele chama atenção para o problema da falta de cooperação[58] quando existem custos de transação positivos, e afirma que as instituições são uma força importante para manter a cooperação diante de tal circunstância.

North destaca também a relevância das instituições formais e informais[59] em moldar o comportamento humano, ao tentar demonstrar que o preço que os indivíduos pagam pelas suas escolhas é influenciado por elas. Assim, defende que as instituições reduzem os custos de transação por meio do estabelecimento de uma rotina, permitindo que os indivíduos ajam sem muita reflexão durante o seu cotidiano.[60] Um ponto central

---

[53] NORTH, Douglass. **Institutions, Institutional Change and Economic Performance**. Cambridge: Cambridge University. Press, 1990, p. 3

[54] Ibidem, p. 4.

[55] De forma resumida, os custos de transação são aqueles que dificultam, restringem ou impedem as negociações. O conceito será amplamente detalhado no capítulo IV.

[56] Ibidem, p. 5-6.

[57] Ibidem, p. 12.

[58] North se refere a uma situação muito comum em sociedades com custos de transação positivos: os indivíduos, por não conseguirem negociar, graças aos custos de transação, deixam de alocar recursos da melhor maneira possível para a sociedade. Nesses casos, as podem diminuir tais custos, permitindo a melhor alocação dos recursos.

[59] De acordo com a obra de North, as instituições podem ser definidas como um conjunto de regras criadas pelos indivíduos para regular a interação em sociedade. As formais são aquelas ligadas ao Estado, que derivam em sua composição e podem ser modificadas rapidamente. As informais são aquelas consideradas extensivas ou suplementares às formais e majoritariamente ligadas e derivadas de traços culturais, motivo pelo qual são mais resistentes a modificações e possuem maior estabilidade. Para entender a fundo a relação entre essas instituições e como modificações em uma podem impactar outras ver: Ibidem.

[60] NORTH, Douglass. **Institutions, Institutional Change and Economic Performance**, Cambridge: Cambridge University. Press, 1990, p. 13-22.

de sua argumentação é a aceitação de que as instituições são criadas para diminuir as incertezas decorrentes das relações humanas. No entanto, não significa que, para o autor, elas sejam necessariamente eficientes[61].

Um dos apontamentos de North é que trocas complexas desempenham um papel importante no crescimento econômico. Sua análise sustenta que os custos de transação são gerados pelas incertezas de medição dos riscos e de execução de negócios. Portanto, trocas complexas são limitadas ou proibidas em função de seus custos de transação. O prêmio de risco[62] deve ser incluído nos custos do intercâmbio/das trocas para cobrir os custos de transação. A magnitude do prêmio de risco está intimamente relacionada com as instituições em que as trocas estão incorporadas, e a viabilidade das trocas é inversamente proporcional ao tamanho do risco. Assim, a qualidade do quadro institucional[63] determina diretamente a viabilidade das trocas complexas, que, a seu turno, são uma variável importante para o crescimento econômico[64].

Outro ponto levantado por North é que a complexidade do intercâmbio econômico medido pelo seu custo de transação requer, não só a existência de diferentes instituições, mas também um aprimoramento do quadro institucional. Se os custos de transação são tão baixos que as partes podem controlar umas às outras e fazer cumprir suas obrigações mútuas, não há necessidade de instituições. Mas, se são altos, as partes precisam de instituições que lhes permitam realizar um monitoramento recíproco. Precisam, especialmente, da participação de terceiros – ou seja, de um sistema judicial eficaz[65].

North também reconhece que, embora as instituições formais sejam muito importantes para restringir a escolha dos indivíduos, elas representam apenas uma pequena parte do processo de restrição de escolhas. Em sua opinião, a maior parte das restrições nas escolhas individuais é feita por instituições informais[66]. No entanto, ele defende que as primeiras podem complementar e aumentar a eficácia das segundas[67]. North explica que a qualidade do quadro institucional pode estimular um maior comprometimento de confiança, mas este processo requer um sistema complexo de regras formais, de instituições informais e da coação de terceiros que, juntos, realizam transações de baixo custo, através de intercâmbios complexos[68]. Em resumo, as instituições determinam o preço das trocas, e, por isso, as instituições podem determinar a viabilidade delas. Comparando-se os custos de transação em diversos países, ficará claro que os custos das trocas variam e que, às vezes, elas não acontecem porque os custos são demasiadamente elevados. O autor argumenta que essa diferenciação é determinada, principalmente, pela estrutura institucional nesses países[69].

---

[61] Ibidem, p. 25.
[62] O prêmio de risco é o valor adicional de retorno desejado por um indivíduo para correr determinado risco.
[63] Entendido como o conjunto de instituições de uma sociedade.
[64] Ibidem, p. 3.
[65] Ibidem, p. 35.
[66] Ibidem, p. 36.
[67] Ibidem, p. 46.
[68] Ibidem.
[69] Ibidem, p. 67.

O grande ponto que North destaca é que, embora o quadro institucional seja responsável pelos custos de transação mais elevados em países do Terceiro Mundo, este não é o problema principal. A questão central é que a combinação de um quadro institucional que induz altos custos de transação e certos tipos de ineficiência de produção pode perpetuar o subdesenvolvimento[70]. As instituições, segundo North, desempenham uma função primordial na performance das economias no longo prazo. Assim, os países seriam subdesenvolvidos porque os incentivos criados a partir de sua estrutura institucional não são propícios à atividade produtiva[71].

Scully explica que, após a II Guerra Mundial, muitos países puderam escolher o caminho para organizar suas respectivas sociedades, objetivando o crescimento econômico. Uma maneira foi organizar o Estado para controlar a economia e limitar a iniciativa individual. As condições daí advindas e, segundo o autor, compreendidas como "estatismo", foram regular e naturalmente incorporadas em algumas estruturas de governo. Outro caminho foi aderir e apoiar um conjunto institucional que poderia garantir a iniciativa, a escolha e a responsabilidade individual — o que Scully chama de "individualismo"[72]. O autor argumenta que o debate sobre as duas possibilidades é antigo e continua a ser pertinente. A visão anterior é que apenas o estatismo gerava crescimento econômico. A nova, por outro lado, sustenta que o crescimento econômico é mais facilmente alcançado quando os indivíduos são livres para agir, sem que haja interferência do Estado nos assuntos considerados privados[73].

Em aprofundamento à questão, Scully faz uma analogia entre as empresas e as economias nacionais. Argumenta que, da mesma forma que o sistema de direitos de propriedade de um país protege as empresas e promove sua eficiência, também pode o sistema de direitos de propriedade criar eficiência econômica a nível macroeconômico. Dessa forma, se os direitos de propriedade afetam a eficiência das empresas, eles também afetarão a eficiência macroeconômica. A escolha que as sociedades empresariais fazem para alocar recursos determinará a sua eficiência, considerando que as fazem também em função da estrutura oferecida pelo sistema político, social, econômico e jurídico oferecido pelo Estado. Estes mecanismos são considerados como endógenos às escolhas das sociedades empresariais e determinam a sua eficiência e a da economia nacional[74].

Relacionada a este debate, há uma hipótese de que países que consagram diferentes direitos de propriedade, em suas diferentes formas, ou conjuntos institucionais diversos, apresentarão variáveis graus de eficiência de suas economias. Scully produziu um conjunto de dados levantados por Summers e Heston[75], combinado com dados de Gastil[76], para

---

[70] Ibidem, p. 67.
[71] Ibidem, p. 110.
[72] SCULLY, Gerald. The Institutional Framework and Economic Development. **Journal of Political Economy**. Vol. 96, nº 3, p. 652-662, 1988, p. 652.
[73] Ibidem, p. 653.
[74] SCULLY, Gerald. The Institutional Framework and Economic Development. **Journal of Political Economy**. Vol. 96, nº 3, p. 652-662, 1988, p. 654.
[75] SUMMERS, Robert; HESTON, Alan. Improved international comparisons of real product and its composition: 1950-1980. **Review of Income and wealth**, v. 30, n. 2, p. 207-219, 1984.
[76] GASTIL, Raymond D.; BEITZ, Charles R. **Freedom in the World: Political Rights and Civil Liberties, 1982**. Greenwood Press, 1982; GERSCHENKRON, Alexander. **Economic backward-**

desenvolver regressões destinadas a verificar como as características de um quadro institucional impactam a taxa de crescimento econômico nacional[77]. O autor constatou que, em média: (i) sociedades com instituições políticas abertas cresceram mais do que aquelas com instituições políticas fechadas[78], (ii) sociedades que optaram pelo Estado de Direito cresceram mais do que as que não o adotaram, (iii) sociedades que estabeleceram direitos de propriedade claros e escolheram uma economia de mercado cresceram mais do que as que não fizeram tais arranjos.

Scully elucida que os resultados das regressões indicam que as instituições são estatisticamente significantes para explicar a variação do crescimento econômico dos diversos países. O autor também calculou a taxa de crescimento do produto interno real *per capita* de um país médio com um bom quadro institucional e de um país com uma estrutura institucional ruim ou ausente[79]. Aqueles países com boas instituições[80] cresceram em média 2,73% ao ano e os países com instituições ruins cresceram em média 0,91%[81]. A partir desses resultados, o autor conclui que o desenho das instituições de um país afeta diretamente o seu crescimento econômico[82].

---

ness in historical perspective: a book of essays. Cambridge, MA: Belknap Press of Harvard University Press, 1962.

[77] SCULLY, Gerald W. The institutional framework and economic development. **Journal of Political Economy**, v. 96, n. 3, p. 652-662. 1988, p. 655.

[78] Instituições políticas fechadas são aquelas que conferem pouca liberdade aos indivíduos, ao mesmo tempo em que priorizam o poder e a interferência do Estado. Por sua vez, as instituições políticas abertas garantem maior liberdade a seus indivíduos e limitam a interferência e o poder do Estado. Essa liberdade pode ser dividida, principalmente, em político-civil e econômica. A primeira delas trata de direitos como liberdade de expressão, de imprensa, religiosa, direito ao voto e à elegibilidade. A segunda, de direitos como a proteção e reconhecimento da propriedade privada, livre concorrência e abertura econômica. Para um aprofundamento da discussão, ver: NORTH, Douglass. **Institutions, Institutional Change and Economic Performance**. Cambridge: Cambridge University.Press, 1990.

[79] *Boas* estruturas institucionais aludem a "elevados graus de liberalidade política, civil e econômica", enquanto *más* estruturas institucionais significam que "os direitos políticos são proscritos, os direitos do estado tomam providência acima dos direitos individuais, a propriedade privada é circunscrita e o estado intervém nas alocações de recursos" SCULLY, Gerald. The Institutional Framework and Economic Development. **Journal of Political Economy.** Vol. 96, nº 3, p. 652-662, 1988, p. 658.

[80] Scully define as instituições ruins como aquelas que se mostram ineficientes e/ou incapazes de gerar crescimento econômico. De acordo com o autor, as instituições políticas fechadas, que tendem a retirar liberdades individuais, tanto políticas e civis, como econômicas, tendem a ser ruins para o crescimento da economia, desenvolvimento social e aumento do PIB. Em contrapartida, ele conceitua as boas instituições como aquelas que conseguem instaurar um regime de crescimento econômico mais consistente, maior desenvolvimento social e PIBs mais elevados. Ainda, o autor considera as instituições políticas abertas as instituições boas, pois estas, em comparação com as fechadas, foram capazes de elevar a economia das sociedades e seu desenvolvimento social. Para entender com profundidade a dinâmica que relaciona o grau de liberdade de uma nação e seu desenvolvimento socioeconômico a partir do estudo do autor, ver: SCULLY, Gerald. The Institutional Framework and Economic Development. **Journal of Political Economy.** Vol. 96, nº 3, p. 652-662, 1988.

[81] Ibidem, p. 658.

[82] Ibidem, p. 661.

A teoria que relaciona o desenvolvimento econômico e as instituições de um país é o ponto de partida para diversos acadêmicos. Rodrik, por exemplo, apoia-se nessa premissa e tenta determinar quais instituições são mais importantes para o crescimento econômico e como é possível implementá-las[83]. O autor enfatiza que o conhecimento local não deve ser posto de lado durante o processo de construção das instituições. Isso porque uma instituição que funciona bem em determinado contexto e é, então, "exportada" para outro país, pode não funcionar bem no seu destino. Rodrik também defende a tese de que um modelo de bom funcionamento do mercado deve ser apoiado por algumas instituições específicas – i.e., direitos de propriedade, agências reguladoras, instituições para a estabilização macroeconômica, gestores de seguro social e instituições de gestão de conflitos[84]. Portanto, a fim de ter uma estrutura básica para o desenvolvimento do mercado, um país precisa de um quadro mínimo institucional e, não necessariamente, de organizações que existam apenas para atender às suas necessidades.

Pode ser que algumas instituições que não estejam diretamente ligadas ao mercado e não foram, em um primeiro momento, criadas para promover o seu funcionamento, nele influenciem. Em defesa desse ponto de vista, Rodrik explica que, se por um lado os direitos de propriedade são uma instituição do mercado, por outro a sua criação e a sua sustentação são muitas vezes garantidas por instituições não mercantis. Nesse sentido, argumenta que a aprovação legislativa para a criação de direitos de propriedade não é uma condição necessária nem suficiente para o crescimento econômico. Para que direitos de propriedade sejam instituídos, um país precisa de uma combinação de muitas outras instituições – formais e informais – capazes de defendê-los.[85]

Outro ponto importante defendido por Rodrik é que não há um único conjunto perfeito de instituições para servir como base para uma economia de mercado. Algumas vezes um determinado grupo de instituições mercadológicas, copiado a partir do modelo de países desenvolvidos, é considerado a única forma de implementar uma economia de mercado que funcione bem em um país em desenvolvimento. Rodrik sustenta que esta proposição está errada. Existe, segundo ele, um conjunto de instituições formais e informais no país em desenvolvimento que não pode ser ignorado. E, por isso, os resultados produzidos pela interação do conjunto de novas e antigas instituições pode ser diferente do esperado. Resumindo suas ideias, o autor sustenta que não é possível afirmar que o caminho para promover uma economia de mercado que funcione bem seja através da mera reprodução idêntica de instituições ou, ainda, através da criação de instituições baseadas no conhecimento local[86]. Em sua

---

[83] RODRIK, Dani. Institutions for high-quality growth: what they are and how to acquire them. **Studies in comparative international development**, v. 35, n. 3, p. 3-31, 2000. p. 4.

[84] Ibidem, p. 6.

[85] "Na prática, o controle de direitos é mantido pela combinação entre: legislação, execução/coação privada e costumes e tradições." Ibidem, p. 5-6.

[86] Rodrik cita a China como exemplo. Ao invés da adoção de um determinado sistema institucional advindo de outras experiências, promoveu uma adaptação de suas instituições aos modelos econômicos não socialistas. Seu sucesso econômico é destacado por ser alcançado às luzes de suas adaptações institucionais e não estritamente como uma imitação de outro sistema institucional estrangeiro. Ibidem, p. 12.

opinião, até mesmo o conjunto de instituições mais bem-sucedido no mundo, para ser implementado localmente e ter sucesso precisa do aporte de alguma experiência nacional[87].

Em outro artigo, argumenta que as reformas nos países em desenvolvimento não têm mais o objetivo de corrigir preços, e sim de definir um quadro institucional adequado. Há um reconhecimento generalizado de que os mercados não funcionam adequadamente se a economia não é apoiada por instituições que criem e sustentem regras previsíveis e legítimas. Ele também explica que, se, por um lado é fácil descrever as funções de boas instituições, por outro é difícil fazer uma lista delas[88]. Nesse sentido, seu argumento central é que os desafios e as restrições com os quais os países em desenvolvimento precisam lidar são maiores do que os enfrentados pelos países desenvolvidos. Como resultado, as funções e as instituições prescritas aos países em desenvolvimento não podem ser idênticas às dos desenvolvidos[89].

Rodrik sustenta que, embora haja uma vasta literatura sobre este tema[90], as organizações multilaterais parecem ser indiferentes a ela. A receita para o desenvolvimento é sempre apresentada como a mesma: deve-se determinar e implementar um conjunto definido de instituições responsáveis por produzir os resultados desejados e esperados. No entanto, ressalta que para algumas situações específicas em que apenas o quadro institucional não é capaz de resolver o problema do país em desenvolvimento, podendo, inclusive, piorar a sua situação econômica[91]. Seu argumento central é de que, na tentativa de resolver os problemas institucionais dos países em desenvolvimento, pesquisadores e formuladores de políticas públicas devem ter em mente a existência da possibilidade de que um segundo conjunto de instituições ideais – diferente do idealizado originalmente – seja capaz de melhor servir aos países em desenvolvimento[92]. Ele resume seu pensamento afirmando que não existe um quadro institucional único, idêntico, capaz de atender às necessidades de todos os estados[93].

---

[87] Ibidem, p. 10-11.

[88] As funções das boas instituições podem variar entre os direitos relacionados à segurança da propriedade e as execuções de contratos para valorizar os mecanismos de responsabilização. Para uma mais ampla lista de funções de boas instituições ver: RODRIK, Dani. The real exchange rate and economic growth. **Brookings papers on economic activity**, v. 2008, n. 2, p. 365-412, 2008, p. 1.

[89] Ibidem.

[90] Ver GERSCENKRON, Alexander. **Economic Backwardness in Historical Perspective**: A Book of Essays. Cambridge, MA: Harvard University Press, 1962; ACEMOGLU, Daron; AGHION, Philippe; ZILIBOTTI, Fabrizio. Distance to Frontier, Selection, and Economic Growth. **Journal of the European Economic Association**, MIT Press, vol. 4(1), p. 37-74, 2006; DIXIT, Avinash K. **Lawlessness and Economics: Alternative Modes of Governance**. Princeton University Press, 2004; DJANKOV, Simeon & GLAESER, Edward & LOPEZ-DE-SILANES, Florencio & SHLEIFER, Andrei & LA PORTA, Rafael. The New Comparative Economics. **Journal of Comparative Economics**.2003.

[91] Rodrik ilustra os seus argumentos usando uma situação específica envolvendo cortes, execuções contratuais (p. 3), regulação de cadastros, empreendedorismo (p. 5) e liberalização da importação e integração global (p. 7). RODRIK, Dani. The real exchange rate and economic growth. **Brookings papers on economic activity**, v. 2008, n. 2, p. 365-412, 2008.

[92] Ibidem, p. 3.

[93] Ibidem, p. 10.

A busca pelas causas do crescimento econômico tem apontado diversos fatores como determinantes. Acemoglu, Johnson e Robinson lembram que muitos investigadores tinham sugerido diferentes razões, como a inovação, as economias de escala, a educação, a acumulação de capital, entre outras, como as causas do crescimento econômico. Mas, referindo-se a North e Thomas[94], afirmam que estes elementos não causam o crescimento econômico; eles são o próprio crescimento[95].

Em sua análise, destacam que o desenvolvimento de uma sociedade se baseia no funcionamento de suas instituições econômicas. Segundo Acemoglu e seus coautores, crucial para o debate institucional, é que as instituições, mesmo as econômicas, são endógenas à sociedade. Assim, o processo de criação de uma nova instituição em um país incorpora a cultura dele. Pode-se dizer, portanto, que as instituições de um estado são um reflexo da sociedade, e, como resultado, quando se tenta entender por que alguns países têm crescimento econômico e outros não, é preciso comparar as características das respectivas sociedades. Há uma aceitação geral de que as instituições importam para o crescimento econômico, mas quase não há consenso sobre como produzir boas instituições[96]. A forma como estão organizadas determina o comportamento social e econômico de seus indivíduos. E esses comportamentos não terão impacto somente sobre o grau de investimento em acúmulo de capital (físico e humano), mas também sobre a maneira como os recursos acumulados são distribuídos entre os indivíduos[97].

A distribuição dos recursos pode também ser uma das causas da existência de instituições de baixa qualidade, que não contribuem para o crescimento econômico. Se as instituições são endógenas à sociedade e, portanto, escolhas coletivas, o indivíduo ou o grupo social com maior poder político irá determinar o tipo e a organização das instituições de um país. O problema, porém, é que nem sempre a estrutura institucional que, do ponto de vista distributivo, favorece o indivíduo ou grupo mais poderoso, se constitui como marco institucional que irá estimular o crescimento econômico. Pode ser que o grupo com poder político capaz de determinar o conjunto de instituições venha a escolher e organizar o quadro institucional de acordo com seus interesses individuais, em detrimento do crescimento econômico do país. Conflitos de interesses – entre um indivíduo ou um grupo de poder que contrastam com o interesse da sociedade – podem determinar a formação e o funcionamento do quadro institucional[98].

O poder político, para Acemoglu, Johnson e Robinson, não é apenas aquele institucionalizado pela sociedade, o que chamam *de jure*, mas também, *poder político de facto*. Segundo os autores, o poder político *de jure* pode ser produzido através de um processo institucional, por exemplo, uma forma de governo – a democracia, a ditadura, a autocracia etc. – enquanto o poder político *de facto* pode ser gerado por meio de fontes

---

[94] NORTH, Douglass C.; THOMAS, Robert Paul. **The rise of the western world: A new economic history**. Cambridge University Press, 1973, p. 3.
[95] ACEMOGLU, Daron; JOHNSON, Simon; ROBINSON, James A. Institutions as a fundamental cause of long-run growth. **Handbook of economic growth**, v. 1, p. 385-472. 2005. p. 386.
[96] Ibidem, p. 387.
[97] Ibidem, p. 388.
[98] Ibidem, p. 389.

não institucionais – tais como revoltas, protestos, uso de armas etc.[99]. Todo este debate em torno do poder político permite inferir que as instituições econômicas – e, portanto, também o crescimento econômico – são determinados também pelas instituições políticas, e que estas, como já mencionado, são criadas e organizadas pelo indivíduo ou pelo grupo politicamente mais poderoso. Para esses autores, existe uma *hierarquia de instituições*, na qual instituições políticas impactam as instituições econômicas, e os resultados desta interação afeta o resultado econômico. Embora tais resultados estejam diretamente relacionados com o funcionamento das instituições econômicas, eles são indiretamente relacionados com as políticas. Portanto, em uma sociedade, as instituições econômicas são endógenas e também influenciadas pelas instituições políticas[100]. O que sugerem é que as instituições políticas são mais importantes que qualquer outro conjunto institucional de uma sociedade. Assim, se pretendemos mudar o quadro institucional de uma sociedade para gerar melhores resultados econômicos, a melhor maneira de fazê-lo é modificando suas instituições políticas. Uma transformação das instituições políticas influencia a forma presente e futura das instituições econômicas e, portanto, os resultados econômicos.

Para resumir suas ideias, Acemoglu, Johnson e Robinson dão uma breve definição do que entendem por boas instituições econômicas. Explicam que uma sociedade com instituições econômicas fortes, com direitos de propriedade claros e seguros, permite que os indivíduos tenham um acesso equitativo aos recursos econômicos, podendo ser, assim, caracterizada como boa. Os autores sustentam, ainda, que uma sociedade com instituições políticas capazes de exercer controle sobre e manter em equilíbrio o poder político – e que o difundem por meio de um grupo político relativamente grande –, gerando oportunidades de investimento, é uma sociedade com grandes chances de ter boas instituições econômicas[101].

Acemoglu, Johnson e Robinson não apenas sugerem que as instituições são a causa principal do crescimento econômico, mas também refutam a hipótese de que a geografia de um país ou a cultura de sua sociedade sejam importantes fatores da sua prosperidade econômica. Nesse sentido, para sustentar seus argumentos analisaram dois casos, a seguir apresentados[102].

O primeiro relaciona-se à experiência coreana. Com o fim da Segunda Guerra Mundial, foram criadas as Coreias do Norte e do Sul, logo após a capitulação japonesa. Ambas as Coreias, em geral, tinham culturas semelhantes e suas características geográficas eram quase idênticas no momento da sua criação, em 1945.

Todavia, enquanto a Coreia do Norte optou por adotar um conjunto de instituições similares às do regime socialista da União Soviética e da Revolução Chinesa – extinguindo os direitos de propriedade –, a Coreia do Sul priorizou instituições que preservaram os direitos de propriedade, o mercado e os incentivos privados. Mesmo após a separação, momento em que ambas optaram por um conjunto muito diferente de instituições, a geografia dos respectivos territórios e a cultura de

---

[99] Ibidem, p. 389.
[100] Ibidem, p. 391.
[101] Ibidem, p. 391-393.
[102] Ibidem, p. 394.

sua sociedade permaneceram semelhantes. Aliás, a Coreia do Norte tinha alguma vantagem no que concerne às características geográficas, com melhor acesso aos mercados e menores custos de transporte. Não surpreende a Acemoglu, Johnson e Robinson que, após a separação, a Coreia do Norte e a do Sul tenham traçado percursos totalmente divergentes de crescimento econômico. Segundo os autores, esta dissonância foi muito mais determinada pelos diferentes arranjos institucionais adotados por ambas, desde o tempo da sua separação, do que por suas características geográficas ou culturais[103].

O segundo caso usado para analisar o impacto da divergência institucional é o que os autores denominam de "experiência de caso em escala maior": a colonização pelos europeus. Os autores explicam que os europeus conquistaram e expandiram seus domínios para diferentes partes do mundo e transformaram os conjuntos institucionais em algumas dessas áreas. As instituições, nas áreas conquistadas e por eles administradas, foram organizadas para servir aos desejos dos colonizadores.

Eles argumentam que, se a geografia e a cultura foram as principais causas do crescimento econômico, as áreas que eram ricas na época da colonização europeia deveriam ter permanecido ricas na atualidade, e aquelas que então eram pobres deveriam ser igualmente pobres hoje. Não foi isso que aconteceu. Na época da colonização, os países tropicais eram relativamente ricos. No entanto, hoje são pobres. A geografia destes países não se alterou, de modo que a ela, por si só, não pode explicar o desenvolvimento econômico desses países. Em relação à cultura, fazem uma ressalva: segundo eles, essa hipótese não pode ser testada usando-se a colonização europeia, pois a introdução de uma nova cultura no país conquistado acabou por destruir ou, pelo menos, alterar a cultura local[104].

Os autores têm uma explicação para o que chamam de "inversão da fortuna"[105] de muitos países que foram colonizados pelos europeus. Eles transferem para as instituições a responsabilidade pelos caminhos seguidos pelas colônias europeias. Sugerem que, na época da colonização, em áreas com mais recursos naturais valiosos, os europeus tinham interesse em instalar instituições que facilitassem a exploração e a extração desses recursos. Não havia, portanto, respeito pelos direitos de propriedade ou pela boa governança. Por outro lado, em áreas menos desenvolvidas, reconheceram que o valor principal da colônia estaria em sua capacidade de atrair colonos da metrópole. Assim, os europeus incentivaram, nessas áreas, a emigração para as colônias, como Austrália e Nova Zelândia. Os colonos tornaram-se maioria da população e introduziram as instituições de seus países de origem para proteger suas propriedades e proporcionar uma boa governança. Essas diferenças na instalação e na configuração institucional são apontadas como as causas da "inversão da fortuna". Resumindo, as áreas que eram relativamente ricas em recursos acabaram por abrigar instituições ruins e áreas relativamente pobres receberam boas instituições. Em razão disso, as instituições proporcionaram a prosperidade das áreas pobres, e a ausência de boas instituições causou o declínio das regiões mais abastadas[106].

---

[103] Ibidem, p. 399-400.
[104] Ibidem, p. 402.
[105] Ibidem, p. 405.
[106] Ibidem, p. 410.

Em suma, Acemoglu, Johnson e Robinson argumentam que as instituições são relevantes para o crescimento econômico. Mas isso não é tudo. Eles também indagam: "se os países pobres são pobres porque têm instituições econômicas ruins, por que não as modificar para instituições melhores?[107]".

Os autores desenvolvem quatro respostas possíveis[108], das quais apenas uma é considerada convincente por eles: os países pobres não mudam seu conjunto de instituições em razão do conflito social que seria provocado por tal alteração:

> (...) de acordo com este ponto de vista, instituições econômicas e políticas não são sempre escolhidas e definidas por toda a sociedade (ou mesmo em benefício de toda a sociedade), mas pelo grupo que controla o poder político num determinado momento (possivelmente também como resultado do conflito com outros grupos). Estes grupos escolherão as instituições econômicas que maximizam suas próprias rendas, e as instituições econômicas resultantes podem não coincidir com aquelas que maximizariam o excedente, a riqueza ou o rendimento total[109].

Conforme discutimos, Douglas North afirma que "o desempenho econômico é função das instituições e de sua evolução"[110]. Aliadas à tecnologia, elas definem os custos de transação e produção dentro de uma sociedade. Instituições podem ser entendidas como "as regras do jogo", isto é, os limites dentro dos quais as interações humanas, inclusive as de natureza econômica, devem ocorrer. De forma mais completa, para o autor:

> As instituições compreendem regras formais, limitações informais (normas de comportamento, convenções e códigos de conduta autoimpostos) e os mecanismos responsáveis pela eficácia desses dois tipos de normas. Em suma, constituem o arcabouço imposto pelo ser humano a seu relacionamento com os outros[111].

Nesse sentido, podemos considerar a Democracia[112], do ponto de vista da economia, como um tipo de paradigma institucional. Peculiaridades do regime democrático (como indispensabilidade de eleições livres, a existência de partidos políticos, algum

---

[107] Ibidem, p. 415.
[108] Os autores discorrem sobre quatro possíveis respostas pensando sob os aspectos de desenvolvimento das instituições: a) eficiência (tomada aqui em seu viés econômico); b) ideológico; c) visão incidental (instituições surgem e se desenvolvem por acidentes sociais e históricos) e, por fim, d) visão de conflito social. Ibidem, p. 415-430.
[109] Ibidem, p. 427.
[110] NORTH, Douglass Cecil; HART, Elizabete. **Custos de transação, instituições e desempenho econômico**. Rio de Janeiro: Instituto Liberal, 2006, p. 9.
[111] Ibidem.
[112] Foge do escopo do presente livro discutir com profundidade o conceito de *Democracia*, até porque definir um país como democrático ou não democrático por um lado depende de uma série de variáveis e, por outro, pela demasiada simplicidade de uma proposição binária (democrático X não democrático), ser insuficiente para a complexidade e diversidade de diversos países no mundo. Portanto, seguimos o mapa da OCDE, a qual estabelece 4 graus de democracia dos países, a partir da análise de 60 indicadores. Disponível em: https://infographics.economist.com/2018/DemocracyIndex/. Acesso em: 19/02/2019.

nível razoável de liberdade de expressão, respeito ao *rule of law*, existência de um judiciário independente, respeito a direitos civis e políticos, entre outros fatores) servem para determinar a forma pela qual interações sociais, inclusive de cunho econômico, devem ocorrer.

Amartya Sen, em "Desenvolvimento como Liberdade", ao criticar a ideia de que o foco de países pobres deve ser, essencialmente, em crescimento econômico, aponta que o respeito por direitos civis e políticos e pela democracia, não é, de forma alguma, contraditório ao fortalecimento da economia[113]. Muito pelo contrário, para o autor há uma relação positiva entre o sistema democrático e o processo de desenvolvimento. Nesse sentido, afirma:

> Desenvolver e fortalecer um sistema democrático é um componente essencial do processo de desenvolvimento. A importância da democracia reside, como procuramos mostrar, em três virtudes distintas: (1) sua importância intrínseca (2) suas contribuições instrumentais e (3) seu papel construtivo na criação de valores e normas[114].

Com efeito, a democracia possui, per si, um valor intrínseco, isto é, ainda que se desconsiderasse outros benefícios da sua adoção, ela deve ser buscada porque é o sistema de governo mais desejável, sob o qual as pessoas se sentem mais inclinadas a viver.[115] Não obstante, para Amartya Sen, a adoção de uma forma democrática de governo também traz benefícios instrumentais, pois:

> Precisamos também considerar o impacto da democracia e das liberdades políticas sobre a vida e as capacidades dos cidadãos. É particularmente importante, nesse contexto, examinar a relação entre, de um lado, direitos políticos e civis e, de outro, a prevenção de grandes desastres (como as fomes coletivas). Os direitos políticos e civis dão às pessoas a oportunidade de chamar a atenção eficazmente para necessidades gerais e exigir a ação pública apropriada. A resposta do governo ao sofrimento intenso do povo frequentemente depende da pressão exercida sobre esse governo, e é nisso que o exercício dos direitos políticos (votar, criticar, protestar etc.) pode realmente fazer a diferença[116].

A dimensão construtiva da democracia, a seu turno, reside no fato de que, a partir do exercício de direitos e liberdades civis e políticos, chega-se a novas conclusões sobre quais são as prioridades para a sociedade, inclusive de ordem econômica. Sendo assim, além da resposta a problemas sociais e econômicos, o exercício da democracia permite, a partir da formação e afirmação de novos valores, uma definição mais clara para cada sociedade de quais são efetivamente os seus problemas.

Todavia, como o próprio Amartya Sen reconhece, a adoção de um regime democrático não funciona como um remédio imediato ou resposta mecânica para problemas

---

[113] SEN, Amartya. **Desenvolvimento como Liberdade**. São Paulo. Companhia das Letras, 2000, p. 173-174.
[114] Ibidem, p. 185.
[115] Ibidem, p. 178-179.
[116] Ibidem, p. 178.

econômicos. "A oportunidade que ela oferece tem de ser aproveitada positivamente para que se obtenha o efeito desejado"[117]. As ressalvas do autor, de fato, parecem corretas, já que diversos países experimentaram grande crescimento econômico quando passaram por regimes autoritários. Podemos citar como exemplo o Chile sob o governo de Pinochet, bem como o próprio Brasil, que teve no auge do regime militar o seu "milagre econômico".

Apesar dessas ressalvas, Daron Acemoglu, Suresh Naidu, Pascual Restrepo e James A. Robinson conduziram um estudo no qual concluíram haver, de fato, uma correlação positiva entre democracia e crescimento econômico, ou seja, governos democráticos tendem a produzir maior desenvolvimento econômico, especialmente quando instituições democráticas são combinadas com graus mais elevados de escolaridade[118]. A partir de uma análise econométrica, os autores concluíram que a adoção de práticas democráticas é capaz de, no longo prazo, causar um aumento entre 20 e 25% maior no PIB[119]. A justificativa para isso seria a tendência de regimes democráticos incentivarem reformas econômicas, maiores investimentos em escolaridade primária e saúde, bem como maiores investimentos públicos que reduzem incertezas sociais.[120] Portanto, parece seguro afirmar que, do ponto de vista econômico, também é eficiente buscar avanços democráticos.

1.2.1 Direito e desenvolvimento

Outro ponto importante que foi incorporado no debate aqui proposto, no sentido da produção de um esforço de reflexão sobre as instituições é o papel desempenhado pela dimensão jurídica para o crescimento econômico.

Douglass North argumenta que, no mundo real, a maioria das trocas se dá no nível impessoal: as partes não se conhecem e podem trocar uma ou várias vezes. A sociedade moderna, a fim de fomentar as trocas complexas, precisa desenvolver a coação, a ser praticada por um terceiro – detentor do monopólio do uso da força – de modo que a influência de um sistema judicial eficaz em matéria de trocas complexas ainda é assunto de grande relevância no estudo das instituições[121].

O debate sobre a relação entre direito e desenvolvimento não é recente. Trubek contribuiu para a compreensão deste tema ao buscar entender o papel do direito no desenvolvimento de metas relativas à criação e manutenção do crescimento econômico dos países. O autor explica que a ideia geral de que o tipo de direito adotado pelo

---

[117] Ibidem, p. 182-183.
[118] ACEMOGLU, Daron *et al.* Democracy does cause growth. **Journal of Political Economy**, v. 127, n. 1, p. 47-100, 2019. p. 51.
[119] Ibidem, p. 96.
[120] Idem. Para mais informações sobre macroeconomia e o PIB, sugerimos também o texto de GONÇALVES, Antonio Carlos Porto. Questões e políticas da macroeconomia. In: CASTELAR PINHEIRO, Armando; PORTO, Antônio José Maristrello e SAMPAIO, Patrícia Pinheiro (coord.). **Direito e Economia: diálogos**. Rio de Janeiro: FGV Editora, 2019.
[121] NORTH, Douglass. **Institutions, Institutional Change and Economic Performance**. Cambridge: Cambridge University. Press, 1990, p. 35.

mundo ocidental é essencial para a criação e o fomento do crescimento econômico nos países em desenvolvimento é falsa[122].

O autor argumenta que, se um país pretende crescer economicamente necessitará de um "sistema ou processo" capaz de incorporar o comportamento egoísta dos particulares e gerenciar os conflitos entre os grupos. Ele contrasta a ordem promovida pelo "direito moderno" e aquela existente nas sociedades tradicionais[123]. O conceito central do direito moderno considera que a lei é um instrumento para moldar o comportamento social e que este objetivo só pode ser alcançado se o Estado organizar suas forças para impor as regras do direito. O direito moderno superaria as forças sociais locais e, portanto, faz as regras do jogo valerem igualmente, dentro de um território ou país, para todos, o que é essencial para uma economia industrial[124].

Trubek destaca, ainda, que, embora exista um consenso de que o direito moderno é primordial para o crescimento econômico, há também diferenças significativas quanto a como o primeiro influencia o segundo. Uma das concepções gerais das pesquisas jurídico-econômicas é que os mercados são importantes para o crescimento econômico. Nesse sentido, considerando que instituições como o contrato e os direitos de propriedade privada são importantes para os mercados e que o direito moderno tem papel relevante na criação e manutenção dessas instituições, destaca-se a essencialidade do último para o crescimento econômico.

Uma segunda concepção foi responsável por fragilizar a importância dada a função do direito de gerar crescimento econômico e seu poder. Segundo ela, o direito seria apenas um instrumento de propulsão na transformação da economia de um país. O Estado poderia usá-lo para se comunicar e tornar sua política sobre a sociedade vinculante. O crescimento econômico variaria, assim, de acordo com a eficiência das leis na restrição e condução do comportamento individual, de acordo com sua finalidade. Sob esta concepção, o crescimento econômico seria alcançado por meio do poder do Estado de usar o direito, de modo a conduzir a sociedade ao objetivo econômico almejado. O direito seria apenas uma ferramenta de implementação do poder e vontade do Estado[125].

Uma terceira concepção – existente nas pesquisas jurídico-econômicas – é que o direito moderno desempenharia um papel muito importante no desenvolvimento político da sociedade: a função de conter a ação do Estado.

---

[122] TRUBEK, David M. Toward a social theory of law: an essay on the study of law and development. **The Yale Law Journal**, v. 82, n. 1, p. 1-50, 1972. Disponível em: http://digitalcommons.law.yale.edu/fss_papers/4000. Acesso em: 15/04/2018, p. 2.

[123] A forma de conduta nas sociedades tradicionais é mantida por normas sociais que lhes são inerentes. A normal social que cria incentivos e restrições a indivíduos de uma sociedade deve ser menos significante à outra sociedade, e a norma que é válida para indivíduos membros de classes mais baixas na sociedade certamente não envolvem aqueles que controlam a sociedade. Em contraste, a lei moderna é a mesma para todos, desde os estratos mais inferiores até os mais altos. Ibidem, p. 5.

[124] TRUBEK, David M. Toward a social theory of law: an essay on the study of law and development. **The Yale Law Journal**, v. 82, n. 1, p. 1-50, 1972. Disponível em: http://digitalcommons.law.yale.edu/fss_papers/4000. Acesso em: 15/04/2018, p. 5-6.

[125] Nisso constitui-se o que Trubek qualifica como "capacidade instrumental de um sistema jurídico" ("the instrumental capability of the legal system"). Ibidem, p. 8.

Alguns pesquisadores relacionam o direito moderno com a sociedade liberal e com a democracia. Para eles, a manutenção e garantia dos direitos individuais e a formação das normas sociais estão intimamente relacionados com o direito moderno. A visão também assume que, para que o direito moderno – através dos sistemas legal e judicial – cumpra o papel de conter o Estado, ele precisa ser autônomo. Desse modo, no intuito de alcançar certa autonomia, precisa ter um sistema judiciário independente, um modo de limitar a ação administrativa, por meio da constitucionalização de direitos e do controle de constitucionalidade (*judicial review*)[126].

Trubek argumenta que o núcleo das pesquisas sobre direito e desenvolvimento dá esta relação como certa. Por isso, tais pesquisas consideram estar em posição de fazer recomendações para a evolução jurídica dos países em desenvolvimento. Como as concepções e crenças fundamentais do direito e do desenvolvimento são tão amplamente difundidas e arraigadas, os pesquisadores não hesitam em prescrever reformas legais para os países em desenvolvimento. Entretanto, muitas vezes, tais pesquisadores não consideram que esses estados têm diferentes tradições e instituições. Basicamente, prescrevem a exportação do sistema ocidental aos países em desenvolvimento, sem levar em consideração as características locais.

Trubek explica que essas ideias podem ser questionadas[127]. Ele encontrou algumas inconsistências nessas concepções. Por exemplo, porque os pesquisadores do direito moderno têm seu próprio entendimento sobre a natureza e a função da sociedade – baseados nas representações de seus países de origem – eles podem propor alterações aos países em desenvolvimento que terão o efeito oposto ao esperado[128]. O autor explica que, embora os autores do direito moderno prescrevam seu uso como um instrumento para alcançar objetivos sociais, chamado de instrumentalismo, alguns efeitos negativos podem ser produzidos por essa determinação.

Uma concepção jurídica altamente instrumental pode se tornar muito dependente da estrutura do Estado e, se um grupo autoritário tomar seu controle, o instrumentalismo jurídico pode ser um veículo poderoso para a implementação de comandos centralizados. Isso pode facilmente ocorrer nos países em desenvolvimento, em que a alta pressão por crescimento econômico pode fortalecer a autoridade do Estado e, consequentemente, pressionar o sistema legal para se tornar um instrumento de poder. O Estado brasileiro, por exemplo, passou, no início da década de 1930, por um intenso processo de reformulação de suas estruturas burocráticas e jurídicas, orientado a melhorar as condições de planejamento econômico e assim promover a industrialização e o crescimento econômico. No entanto, esse mesmo processo levou à crescente centralização política do país, culminando na constituição do Estado Novo, em 1937.

---

[126] Ibidem, p. 6-10.
[127] Ibidem, p. 11.
[128] Trubek colocou que "(...) as medidas para aumentar a intencionalidade legal fomentarão a autonomia legal e fortalecerão as tendências liberais e democráticas. O crescente instrumentalismo pode, de fato, ter os efeitos completamente opostos. Esforços para tornar o pensamento jurídico mais instrumental podem tornar a ordem legal cada vez mais dependente do aparato estatal e, quando grupos autoritários assumem o controle do aparato, essa dependência fortalecerá sua posição". Ibidem, p. 19.

O instrumentalismo é tido como essencial para um sistema legal ser bem-sucedido. No entanto, essa prescrição é baseada nas condições americanas e pressupõe um sistema político alicerçado no pluralismo. Assim, em geral, o direito seria o resultado de um sistema político pluralista. Muitos países em desenvolvimento, no entanto, não têm o poder político estruturado de forma plural[129].

Trubek afirma que, para um país em desenvolvimento criar e manter condições de existência e manutenção de uma sociedade industrial, isto é, que seja capaz de promover o crescimento econômico, o direito moderno ocidental deve ter um papel central. No entanto, tal processo deve estar de acordo e adaptado à cultura regional e às instituições tradicionais locais.

A proposição de que as instituições jurídicas são importantes para o crescimento econômico tem sido amplamente discutida. Buscaglia, por exemplo, afirma que a estrutura jurídica e os sistemas judiciais o afetam diretamente. A adaptação das instituições jurídicas à dinâmica do sistema econômico é essencial para o alcance de bons resultados econômicos. Ele também argumenta que as instituições jurídicas, rodeadas por normas vagas, aplicadas de forma imprevisível, não criam condições básicas para o florescimento de mercados, nem para a proteção dos contratos. Como consequência, o crescimento econômico não se desenvolve[130].

Buscaglia destaca a dicotomia existente no debate sobre a criação de normas jurídicas[131]. Por um lado, argumenta, há evidências de que normas são mais eficientes quando criadas em um processo *bottom-up* (de baixo para cima). Por esse processo, as normas sociais, que fazem parte da cultura da sociedade, são incorporadas às normas jurídicas – o que caracterizaria um processo descentralizado de criação do direito. Por outro lado, pondera também que há autores que defendem um processo legislativo centralizado, isto é, um processo de cima para baixo, a partir do qual as leis são transplantadas de um país para outro[132].

O autor afirma que, a fim de se produzir leis eficientes, os parlamentares e os juízes (Legislativo e Judiciário) não devem apenas obter informações de mercado. Devem também observar normas sociais, que não estão diretamente ligadas a ele. Combinadas, informações de mercado e normas sociais podem orientar o processo legislativo de maneira adequada[133].

Buscaglia chama a atenção de economistas para a importância da convergência de interesses privados e sociais. Ele afirma que, às vezes, os governos reformulam o sistema jurídico de um país para promover o interesse privado, afetando negativamente

---

[129] Ibidem, p. 16-21.
[130] BUSCAGLIA, Edgardo. **Judicial Corruption in Developing Countries: Its Causes and Economic Consequences.** Hoover Institution Press. 1999. p. 564.
[131] Isso é o que Buscaglia entende por normas: "Normas são entendidas aqui como coordenando mecanismos de interação social". Ibidem, p. 565.
[132] Ibidem, p. 565.
[133] Buscaglia explica que muitos países em desenvolvimento, a fim de atrair o investimento estrangeiro direto e aumentar o comércio com os países desenvolvidos, transplantam o direito dos países desenvolvidos para as suas próprias instituições jurídicas. Através deste transplante do direito, os países em desenvolvimento tentam harmonizar o seu sistema jurídico ao sistema dos parceiros desenvolvidos. Ibidem, p. 572.

o interesse social. A variação ideal do sistema jurídico é aquela que cria incentivos para que os indivíduos da sociedade aumentem suas riquezas, tornando o comportamento econômico individual também compatível com os objetivos gerais da sociedade.

Segundo o autor, o teorema de Coase pode ser usado como referência para as decisões estratégicas de governo. Para reduzir ou eliminar as externalidades negativas geradas pelo comportamento econômico dos indivíduos, o governo deve estabelecer metas para realizar reformas no sistema jurídico. A tentativa individual de prosperar nas escalas de riqueza pode afetar negativamente a sociedade e, então, gerar efeitos externos. Assim, a implementação de mudanças no sistema jurídico, promovidas pelo governo, são necessárias para a redução ou eliminação dessas externalidades, a partir da redução dos custos de transação.

O autor cita a experiência da Europa, da América Latina e da África num passado recente, como exemplos de que as reformas jurídicas precisam harmonizar o progresso geral da sociedade com as iniciativas privadas a fim de aumentar a riqueza. A harmonização de objetivos individuais e sociais cria uma "mão invisível" que promove o desenvolvimento.

Buscaglia destaca, assim, a crescente importância do Poder Judiciário na civilização moderna. Segundo ele, as reformas contínuas de mercado e outras mudanças sociais têm exercido pressão sobre este poder da república: a interação social tornou-se mais complexa e o Judiciário, como uma instituição importante para a resolução de conflitos na sociedade moderna, tem desempenhado um papel essencial. O autor argumenta que o referido poder é essencial para o crescimento econômico e que as leis e a regulamentação são inúteis quando ele funciona de forma inadequada. Dessa forma, por ser o intérprete e o aplicador das normas é a última oportunidade de medir a influência do sistema jurídico sobre a economia[134]. Se é ineficiente[135], muitas transações mútuas potencialmente benéficas são prejudicadas.

Um sistema judiciário ineficiente – para Buscaglia, característica que pode ser identificada em alguns países da América Latina – promove incerteza e reduz, por isso, as transações econômicas. Se o ordenamento jurídico de um país afirma, por exemplo, que os direitos de propriedade – uma instituição fundamental para o crescimento econômico – são protegidos, essa frase não tem sentido se o Judiciário for ineficiente. Um sistema judicial ineficiente não interpretará e/ou aplicará as normas jurídicas – ainda que elas sejam formalmente eficientes – de forma efetiva[136]. O autor nos lembra que um dos entendimentos centrais na AED é que as instituições atribuem os preços para o comportamento econômico de indivíduos e estes preços podem variar de acordo com a eficiência das instituições. Dessa forma, o desempenho do Judiciário pode impor custos superiores aos que os seus potenciais usuários estariam dispostos a pagar[137].

---

[134] Ibidem, p. 580.
[135] Buscaglia nos dá a sua interpretação para um sistema judicial ineficiente: "Básicos elementos que constituem um sistema judicial eficiente estão faltando: resultados relativamente esperados dentro dos tribunais; acessibilidade da população aos tribunais; independência orçamentária; prazo razoável para disposição; e adequação dos remédios jurídicos providenciados". Ibidem, p. 582.
[136] Ibidem, p. 582.
[137] Ibidem, p. 583.

O movimento "direito e desenvolvimento" (do inglês *law and development*) pode ser entendido, em síntese, como um conjunto de programas acadêmicos que pretendem auxiliar juridicamente os países em desenvolvimento, cujo início se deu na década de 1960, a partir de projetos internacionais organizados por fundações e agências. Seu foco inicial foi em países da África e América Latina, e buscava modernizar tais regiões a partir de mudanças em seu ordenamento jurídico.[138]

Os integrantes de tal movimento acreditavam que com o desenvolvimento dos países, estes implantariam instituições jurídicas semelhantes àquelas responsáveis pelo desenvolvimento econômico e político do Ocidente. Concebia-se que a noção anglo-americana, portanto ocidental, de *rule of law* seria necessariamente boa em qualquer sociedade e poderia surgir mais rapidamente a partir de estímulos externos. O Direito seria uma ferramenta para a modernização da sociedade, e os juízes e advogados seus operadores.[139]

Todavia, na década seguinte, nos anos de 1970, começaram a surgir críticas e desafios às ideias do referido movimento. As principais objeções acusavam-no de uma abordagem elitista, a qual não coincidia com as peculiaridades sociais, políticas e culturais dos países em desenvolvimento. Dessa forma, acusações de falhas nos "transplantes legais", etnocentrismo, ingenuidade e o estigma de "imperialismo jurídico" enfraqueceram a organização do *law and development*.

Posteriormente, nos anos de 1990, a discussão sobre o movimento passou por um reavivamento motivado por duas forças. A primeira delas foi a aparição de projetos de democratização e universalização dos direitos humanos, os quais chamaram a atenção para a necessidade de proteções constitucionais às liberdades civis, bem como para a importância de reforçar a independência do Judiciário e também o seu acesso à população. A segunda força motriz da renovação do *law and development* foi a onda de reformas econômicas e a queda do comunismo, com o fim da URSS.

1.2.2 *Legal Origins Theory* (Teoria das Origens Jurídicas) e AED do Direito Comparado

A literatura identifica seis fatores em razão dos quais um sistema jurídico pode influenciar o crescimento econômico: (i) custos de identificação e de aplicação de normas eficientes; (ii) capacidade do sistema de evitar *rent-seeking*[140] na formulação e aplicação das normas; (iii) custo de adaptar as normas às circunstâncias sempre mutáveis (iv) custos de transação das partes para compreender o direito; (v) a facilidade de se contratar fora das regras; (vi) custo de transições entre sistemas[141]. Todavia, tais pontos são pouco teorizados pela doutrina que estuda a comparação entre diferentes tradições jurídicas, a *Civil Law* e a *Common Law*.

---

[138] TRUBEK, David. Law and Development. SMELSER, Neil. J. *et al* (ed). **International Encyclopedia of the Social & Behavioral Sciences**. Amsterdam: Elsevier. p. 8443-8446.2001.

[139] Ibidem.

[140] Vide tópico 3.7 sobre falhas de governo.

[141] GAROUPA, Nuno; PARGENDLER, Mariana. A Law and Economics Perspective on Legal Families. **European Journal of Legal Studies**, v. 7, p. 33, 2014, p. 54.

Como a AED, como disciplina, surgiu nos EUA, um país de *Common Law*, criou-se a ideia de que esse sistema normativo seria mais propenso à promoção da eficiência. Ademais, alguns estudos empíricos teriam demonstrado que o sistema jurídico anglo-saxão favoreceria o desenvolvimento de mercados financeiros e, portanto, o crescimento econômico. Trata-se, porém, de uma perspectiva que foi intitulada de *legal origins theory* (teoria das origens jurídicas)[142] e que, embora muito popular na academia, pode ser considerada controversa.

O economista Hayek afirma que a natureza descentralizada e a produção normativa realizada pelo judiciário, típicas da *Common Law*, seriam um exemplo de ordem espontânea, e, portanto, mais coerente com a ideia de liberdade individual, em comparação com as tendências construtivistas e racionalistas da *Civil Law*. Dessa forma, o direito anglo-saxão daria margem a um governo menos restritivo e com maior liberdade econômica em comparação com o sistema romano.[143] Com isso, surgiu a crença da superioridade da *Common Law* para o desenvolvimento econômico, inclusive, o próprio Banco Mundial passou a utilizar *Common Law* como modelo para reformas jurídicas[144], em razão dessa suposta superioridade.

Os argumentos que apontam o potencial do sistema anglo-saxão de produzir crescimento econômico passam por dois mecanismos: (i) *adaptability chanel* (canal de adaptação), que afirma a sua maior capacidade de desenvolver mercados financeiros, pois os juízes nessa família jurídica têm maior poder para adaptar as normas às necessidades econômicas; (ii) *political chanel* (canal político), segundo o qual se argumenta que a *Common Law* enfatiza direitos de propriedade privada e abordagens contratualistas, ao passo que a *Civil Law* foca em direitos coletivos ou sociais e normas produzidas pelo legislativo. Com isso, no sistema anglo-saxão o judiciário seria mais independente e mais capaz de restringir expropriações governamentais, enquanto na tradição romano-germânica os juízes seriam mais fracos para constranger o poder executivo[145].

Não obstante, a *teoria das origens jurídicas* tenha se tornado popular, passou a receber diversas críticas e ser alvo de ceticismo, tanto de cunho substancial quanto metodológico. A primeira crítica mira a própria taxonomia que separa as tradições jurídicas. Dividir e classificar os sistemas jurídicos simplesmente em duas tradições diferentes, com algumas subdivisões, seria uma forma reducionista de ver a diversidade deles no mundo empírico. A antagonização entre *Common Law* e *Civil Law* seria problemática porque a própria classificação de um ordenamento jurídico dentro de uma ou outra família seria questionável[146]. Inclusive, a vasta subdivisão da *Civil Law* em outros ramos menores demonstra a dificuldade em estabelecer uma unidade entre os sistemas jurídicos[147].

---

[142] Ibidem, p. 34.
[143] MAHONEY, Paul G. The common law and economic growth: Hayek might be right. **The Journal of Legal Studies**, v. 30, n. 2, p. 503-525, 2001, p. 3.
[144] Idem, 2014, p. 54.
[145] Ibidem, p. 36.
[146] Ibidem, p. 43.
[147] É comum que dividam as famílias da *Civil Law* a partir da proximidade dos sistemas entre si. Com efeito, haveria subgrupos como os países escandinavos, os Ibéricos e Latino-Americanos, ordenamentos mais próximos do francês. Todavia, essa divisão acaba escondendo a diversidade de ordenamentos jurídicos. Ibidem, p. 37; 39; 41; 42.

Em relação às críticas endereçadas diretamente à *teoria das origens jurídicas*, a primeira delas, de proveniência francesa, rejeita a eficiência como um método adequado para avaliar a qualidade de um ordenamento jurídico[148]. Isso porque haveria uma dificuldade inerente à avaliação e comparação de instituições legais de tradições diferentes porque cada diferença entre os ordenamentos jurídicos, independentemente daquela em que estejam inseridos, não pode ser isolada de outros componentes políticos e sociais[149]. Ou seja, as peculiaridades históricas de cada país podem ser as verdadeiras causas de determinadas escolhas normativas, enquanto a tradição jurídica poderia ser apenas uma questão coincidente.

A afirmação da superioridade da *Common Law* para a produção de normas mais eficientes pressupõe, ainda, que se considere o judiciário capaz de produzir leis mais adequadas à promoção do desenvolvimento econômico[150]. Porém, como estudos ligados ao Direito e Desenvolvimento demonstram, tais afirmações demandam comprovação empírica[151]. Dessa maneira, surgem evidências empíricas que desafiam a *teoria das origens jurídicas*. As referidas pesquisas identificam vantagens na *civil law*, bem como demonstram padrões de desenvolvimento financeiro cambiantes ao longo do tempo, isto é, os países de tradição romano-germânica eventualmente apresentavam índices melhores em comparação com os sistemas algo-saxões, além de outras variáveis que se mostraram mais determinantes para o crescimento econômico[152].

Ainda que aceitássemos os estudos que demonstram eventual superioridade da *Common Law* como sistema jurídico, a questão permaneceria aberta, sem a identificação dos mecanismos que de fato causam essa superioridade. Ou seja, mesmo que seja possível encontrar uma correlação entre a *Common Law* e maior desenvolvimento econômico, sem compreendermos os processos causais de tal vantagem, teríamos apenas uma resposta incompleta.

A *teoria das origens legais* tenta responder a essa incompletude de duas maneiras: a hipótese de eficiência da *Common Law*, acima citada, e a inferioridade da legislação.[153] Para Richard Posner, a *Common Law* é capaz de promover um sistema de incentivos, coerente e consistente, que induz o comportamento eficiente da sociedade como um todo, não apenas do mercado. Justamente por isso, o autor aponta para a capacidade dessa tradição jurídica de reduzir custos de transação, o que seria desejável para o desenvolvimento de mercados. Naturalmente, tudo isso contribui para que o sistema anglo-saxão seja indicado como mais eficiente a partir da perspectiva econômica[154].

A tese de Posner não explicita, no entanto, os mecanismos em razão dos quais a *Common Law* seria mais eficiente, embora diversos outros autores tentem buscar tal causalidade a partir de argumentos como: (i) juízes preferem normas eficientes; (ii)

---

[148] Ibidem, p. 44. Na verdade, esse tipo de crítica costuma ser estendida a AED como um todo.
[149] Ibidem, p. 45.
[150] Ibidem, p. 37.
[151] Ibidem, p. 46.
[152] Ibidem.
[153] Ibidem, p. 47.
[154] Ibidem, p. 47-48.

normas eficientes tendem a sobreviver com o decorrer do tempo, em razão do sistema de precedentes; (iii) se as cortes produzissem normas ineficientes, elas não seriam institucionalmente respeitadas[155].

Apesar desses argumentos, nenhum deles parece estabelecer suficientemente os fatores da suposta relação de causalidade entre a *Common Law* e a promoção da eficiência econômica. Até porque como apenas uma parte dos conflitos seriam efetivamente levados a litígio poderia haver um viés de seleção na produção de precedentes. Não há, portanto, uma base teórica ou empírica capaz de corroborar a afirmação de que o Judiciário, sob a *Common Law*, está em uma posição melhor para avaliar consequências e produzir normas mais eficientes, em comparação com legisladores da *Civil Law*. Com isso, a tese posneriana da eficiência pelo judiciário parece insuficiente para classificar a *Common Law* como mais eficiente[156].

Ademais, não é adequado utilizar apenas o antagonismo entre normas produzidas por juízes e normas legisladas como parâmetro. Até porque leis em sentido estrito (*statutory law*) são importantes mesmo em jurisdições anglo-saxãs (como ocorre com o *Uniform Comercial Code – UCC* nos EUA), e algumas áreas da *Civil Law*, como responsabilidade civil, são baseadas em grande medida em precedentes judiciais[157].

Finalmente, ainda que chegássemos à conclusão de que a *Common Law* amplia o desenvolvimento econômico, o problema de como implantar tal sistema em países de tradição romano-germânica permaneceria sem solução. Isso porque, a cultura jurídica local, a atuação de grupos de influência e o capital humano acumulado tornariam os custos de tal transplante proibitivos[158].

1.2.3 Direito e desenvolvimento do sistema financeiro e do mercado

A ligação entre os sistemas jurídico e financeiro foi discutida empiricamente por La Porta, Lopez-de-Silanes, Shleifer e Vishny, responsáveis por um novo campo acadêmico, hoje conhecido como "direito e finanças"[159]. Sua teoria prevê que, em países nos quais o sistema jurídico apresenta leis adequadas sobre a regulamentação da propriedade privada, oferece suporte aos acordos contratuais privados e proteção aos direitos dos investidores, os poupadores estarão mais entusiasmados com o financiamento de novas sociedades empresariais e investimentos e, consequentemente, os mercados financeiros se tornarão mais bem desenvolvidos. Este ponto de vista está estritamente relacionado com a pesquisa de Douglass North, que declarou que os indivíduos tendem a investir mais e contribuir para o crescimento econômico, quando são capazes de recuperar o retorno de seus investimentos. Os autores averiguaram porque alguns países são capazes de promover políticas de mercado bem-sucedidas na geração e manutenção de um cenário no qual indivíduos querem investir, diferentemente de outros.

---

[155] Ibidem, p. 48.
[156] Ibidem, p. 50.
[157] Ibidem, p. 51.
[158] Ibidem, p. 53.
[159] LA PORTA, Rafael; LOPEZ-DE-SILANES, Florencio; SHLEIFER, Andrei. Corporate ownership around the world. **The journal of finance**, v. 54, n. 2, p. 471-517, 1999.

Há ainda, autores que fazem uma correlação indireta entre instituições jurídicas, o funcionamento dos mercados financeiros e o consequente desenvolvimento econômico. Tal relação se daria da seguinte maneira: boas instituições legais contribuiriam para o desenvolvimento de mercados financeiros e estes, por sua vez, alavancariam o crescimento econômico[160]. Um dos elementos indicativos de instituições saudáveis, por exemplo, seria a proteção a sócios minoritários, o qual seria um fator de redução de custos de aquisição de capital externo para as sociedades empresariais[161].

Na tentativa de estabelecer uma relação causal entre o desenvolvimento das instituições jurídicas e o crescimento econômico, os pesquisadores analisam, por exemplo, as histórias de desenvolvimento do direito, coletando dados de todos os países que apresentam mercados de capitais[162], a fim de construir um banco de dados. Em seguida, categorizaram a origem do ordenamento jurídico de cada país e produziram uma análise matemática para tentar demonstrar a relação entre a origem jurídica e outros fatores. Por exemplo, tentaram estabelecer uma relação entre o surgimento das normas (isto é, se um país se filia à família da *common law* ou da *civil law*), as ações de corrupção e os índices de proteção dos direitos dos acionistas[163].

Estudos sobre o sistema financeiro concorreram para o surgimento da *teoria das origens legais*, apresentada na seção anterior. Até esse estudo ninguém tentou estabelecer a influência da origem das normas sobre o sucesso ou o colapso do sistema financeiro, embora outros autores tenham chamado a atenção para as diferenças entre a *civil law* francesa e a *civil law* alemã, o direito dos países escandinavos e a *common law* inglesa. Tampouco havia sido demonstrada matematicamente a diferença capaz de auxiliar na compreensão dos sistemas jurídicos. Os autores anteriormente citados, basearam-se na análise de regressão para estabelecer as diferenças entre os referidos sistemas. Em poucas palavras, demonstraram que países de *civil law* tendem a ser mais corruptos e menos eficazes na defesa dos acionistas e credores do que os países de *common law*.

No que concerne aos mercados de capitais, partindo da hipótese de que a proteção dos direitos dos acionistas e dos credores pode impulsionar o crescimento econômico ou de que a corrupção pode reduzi-lo, La Porta *et al.* tentaram avaliar a relação entre estas circunstâncias e o sistema jurídico de um determinado país. De acordo com as suas conclusões, aqueles que vêm de uma tradição do direito civil francês, muitas vezes não oferecem um ambiente jurídico apto a gerar mercados financeiros bem-sucedidos.

---

[160] MAHONEY, Paul G. The common law and economic growth: Hayek might be right. **The Journal of Legal Studies**, v. 30, n. 2, p. 503-525, 2001, p. 503.

[161] Ibidem.

[162] Mercado de capitais é o segmento do mercado financeiro em que são criadas as condições para que as empresas captem recursos diretamente dos investidores, através da emissão de instrumentos financeiros, com o objetivo principal de financiar suas atividades ou viabilizar projetos de investimentos. Vide, para mais informações: O mercado de valores mobiliários brasileiro. Comissão de Valores Mobiliários. 3. ed. Rio de Janeiro: CVM, 2014. Disponível em: http://www.investidor.gov.br/portaldoinvestidor/export/sites/portaldoinvestidor/publicacao/Livro/LivroTOP-CVM.pdf. Acesso em: 10/01/2019.

[163] LA PORTA, Rafael; LOPEZ DE SILANES, Florencio SHLEIFER, Andrei. Corporate Ownership Around the World. **Harvard Institute of Economic Research Paper nº 1840**, 1998. Disponível em: https://ssrn.com/abstract=103130. Acesso em: 16/04/2018, p. 28.

Por outro lado, os que seguem a tradição britânica da *common law* oferecem um bom ambiente jurídico para o crescimento dos mercados financeiros. Em essência, a pesquisa demonstrou que o surgimento dos sistemas de justiça e suas tradições jurídicas[164] pode estar ligada à prosperidade econômica, e que, em geral, a *common law* oferece melhores condições para o sistema financeiro do que o a tradição do *civil law*[165]. Como destacamos na seção anterior, enquanto há uma forte evidência que sustenta a referida pesquisa, o consenso sobre ela não se tornou absoluto.

Outras pesquisas de campo chegaram a conclusões semelhantes. Beck e Levine concluíram que as tradições jurídicas que surgiram na Europa nos últimos séculos e têm se espalhado internacionalmente através de conquistas, colonização e assimilações, ajudam a explicar as diferenças atuais na proteção dos direitos dos investidores no contexto contratual e, portanto, as distinções no desenvolvimento do sistema financeiro em diversos países[166].

Pinheiro e Cabral, assim como Cristini, Moya e Powell analisaram diferentes províncias e estados na Argentina e no Brasil, concluindo que as multiplicidades no que concerne à eficiência do sistema jurídico afetam os mercados de crédito nesses países[167]. Eles confirmaram que as províncias e os estados com aplicação mais frágil da lei apresentaram um menor número de empréstimos e uma taxa de inadimplência mais elevada[168]. Estudos realizados pelo Banco Central do Brasil revelaram que a insegurança jurídica aumenta os custos administrativos nas instituições financeiras. Os serviços de análise de risco legal e de crédito tornam-se dispendiosos e reduzem ainda mais a certeza de pagamento, mesmo em face das garantias existentes, de modo que pressionam o prêmio de risco, embutido no *spread*[169].

---

[164] Há, conforme a classificação de Berman, duas "tradições jurídicas" no ocidente: a *common law* e a *civil law*. A primeira, surge no contexto inglês e depois é exportada para as colônias da Inglaterra. Já a segunda, é "romano-germânica" e nasce, portanto, no continente europeu. Será, também, por força da colonização europeia, exportada para além-mar. O Brasil está inserido nos países da *civil law*, embora tenha instituições como o Tribunal do Júri, importado da outra tradição. Ainda, merece o destaque que as leis portuguesas têm sobre o nosso país, face à colonização. Vide, para mais informações: BERMAN, Harold. **Direito e Revolução. A Formação da Tradição Jurídica Ocidental**. São Leopoldo, Editora Unisinos, 2006.

[165] LA PORTA, Rafael; LOPEZ DE SILANES, Florencio SHLEIFER, Andrei. Corporate Ownership Around the World. **Harvard Institute of Economic Research Paper nº 1840**, 1998. Disponível em: https://ssrn.com/abstract=103130. Acesso em: 16/04/2018.

[166] BECK, Thorsten; LEVINE, Ross. Legal institutions and financial development. **Handbook of new institutional economics**. Springer, Boston, MA, 2005. p. 251-278. Disponível em: https://link.springer.com/chapter/10.1007/978-3-540-69305-5_12 Acesso em: 19/02/2019.

[167] CASTELAR, Armando; CABRAL, Célia. **Mercado de Crédito no Brasil: o Papel do Judiciário**. Ensaios do Banco Nacional do Desenvolvimento – BNDES. 1998.

[168] POWELL, Andrew; CRISTINI, Marcella; MOYA, Ramiro. **The Importance of an Effective Legal System for Credit Markets: The Case of Argentina**. Research Department Publications from Inter-American Development Bank, n. 3125, 2001.

[169] *Spread* é a diferença entre a taxa oferecida ao tomador de empréstimo e a taxa na qual um banco toma empréstimos. FACHADA, Pedro; FIGUEIREDO, Luiz Fernando; LUNDBERG, Eduardo. Sistema judicial e mercado de crédito no Brasil. **Notas Técnicas do Banco Central do Brasil**, Brasília, n. 35, maio 2003. Disponível em: http://www.bcb.gov.br/?NOTASTEC. Acesso em: 10/04/2018.

Assim, concluímos esse capítulo apontando que, de acordo com o debate descrito ao longo dele, a força e o peso explicativo de cada uma dessas teorias – da geografia, do comércio internacional, e das teorias institucionais do crescimento econômico – pode nunca ser definida de maneira unânime. Embora haja muitas representações empíricas capazes de medir cada uma dessas determinantes do crescimento econômico[170], há também uma intrincada rede de causalidade que liga essas determinantes. É quase impossível, por isso, calcular a integração de um país ao comércio internacional sem considerar a influência do desempenho de suas instituições na capacidade de integrar-se ou, ainda, avaliar como a geografia deste estado facilitou, ou dificultou, a sua integração. O problema da causalidade se torna mais complicado quando se inclui a cultura como um fator de análise, capaz de moldar as instituições de um país e afetar sua integração. Esse problema foi amplamente discutido por Rodrik: "problemas de endogeneidade e de causalidade inversa afetam qualquer pesquisador empírico que tente relacionar fatores causais[171]."

1.3 IMPLICAÇÕES GERAIS

Considerando que as reflexões realizadas neste capítulo seguem os padrões que constituem o que chamamos de "ambiente macroeconômico", o restante desta obra trata-se de esforços para analisar tais questões em esferas de atuação menos abrangentes, relacionando-os a olhares microeconômicos e tendo em vista seus pontos de contato com o direito. Tentaremos, assim, elucidar, através de temas variados da AED, de que forma a infraestrutura econômica é organizada por diferentes esquemas culturais, que podem ser concebidos e problematizados por princípios e regras jurídicas. Isso significa, entre outras coisas, que o sistema mundial, para além dos processos de globalização, pode ser reinterpretado, a todo momento, por ações e comportamentos humanos e vice-versa.

A AED como perspectiva compreensiva, conceitual e analítica das realidades sociais, aponta para esquemas cognitivos que indicam constantes relações entre os chamados processos sociais mais amplos e o conjunto institucional. Nesse esforço, terá lugar ainda a ótica comportamental. Se as instituições, tais quais nós as compreendemos, são constituídas por indivíduos, podemos considerar que as instâncias macro e micro são mediadas pela ação humana na sua dimensão concreta. Dessa forma, o estudo da AED visa a repensar tais instituições, baseando-se no comportamento dos indivíduos, a fim de torná-las mais eficientes a seus propósitos.

---

[170] "Existem muitas medidas sensatas da 'geografia', como a distância do equador, porcentagem de terra localizada nos trópicos ou a temperatura. A intensidade da integração econômica com o resto do mundo pode ser medida por fluxos de comércio ou pelo peso de barreiras comerciais. A qualidade das instituições pode ser medida por uma gama de indicadores de percepção-base dos direitos de propriedade e a regra do direito" (tradução dos autores). RODRIK, Dani; SUBRAMANIAN, Arvind; TREBBI, Francesco. Institutions rule: the primacy of institutions over geography and integration in economic development. **Journal of economic growth**, v. 9, n. 2, p. 131-165, 2004, p. 133.

[171] RODRIK, Dani; SUBRAMANIAN, Arvind; TREBBI, Francesco. Institutions rule: the primacy of institutions over geography and integration in economic development. **Journal of economic growth**, v. 9, n. 2, p. 131-165, 2004.

QUESTÕES DE AUTOMONITORAMENTO

1) **Qual a melhor definição para crescimento econômico e quais os fatores de produção atualmente considerados para aferir tal crescimento?**

Comentário: A melhor definição de crescimento econômico é que ele se dá quando ocorre aumento da capacidade produtiva de determinada sociedade em dado espaço de tempo. Ou seja, a melhora na eficiência dessa sociedade, ao produzir bens e serviços. Para aferir tal crescimento, é necessário analisar os seguintes fatores de produção: (i) capital físico, ou seja, os equipamentos e as riquezas naturais disponíveis; (ii) capital humano: quantidade e qualidade da mão de obra; e (iii) capacidade ou possibilidade de empreender.

2) **Adam Smith buscou demonstrar como a maior especialização e divisão do trabalho resultaria em maior eficiência produtiva. Somado a ele, Gallup Sachs e Mallinger desenvolveram a ideia de que a geografia, por ser fundamental na determinação dos custos de transporte, também seria relevante para a existência de um maior crescimento econômico. Como essa dinâmica entre crescimento econômico, especialização e divisão do trabalho e geografia se dá no século XXI? Qual a grande diferença da dinâmica observada hoje em comparação com a de séculos anteriores?**

Comentário: Nos séculos anteriores, as cadeias produtivas eram muito mais centralizadas em lugares determinados, para minimizar os custos de transporte e de tempo. Com isso, o crescimento econômico (isto é, o aumento da capacidade de produção) concentrava-se majoritariamente nos países que detinham o capital físico em seu território. Nesse sentido, cada país ia se especializando de acordo com as suas vantagens produtivas. Nos dias de hoje, os custos e o tempo de transporte foram minimizados consideravelmente, de modo que a divisão do trabalho e sua especialização ficaram menos focadas em onde estavam os recursos e sim no local onde é mais barato utilizá-los e produzir a partir deles.

3) **A teoria do comércio exterior toca em um ponto importante, tanto para as políticas econômicas de um Estado como também para as estratégias das relações exteriores. Quais argumentos podem ser apresentados em defesa da tese de que o comércio internacional é, de fato, o ponto determinante para o crescimento econômico? Quais argumentos podem ser apresentados em sentido contrário?**

Comentário: As trocas internacionais permitiram que as nações pudessem aproveitar suas vantagens comparativas e especializar-se em tais atividades, aumentando sua produção (e o consequente crescimento econômico). Não apenas isso, mas também as trocas no cenário internacional criaram uma ampliação de mercado e, consequentemente, de demanda, que precisavam ser saciadas com mais oferta, criando necessidade e oportunidade para o crescimento econômico. No sentido contrário, no entanto, pode-se afirmar que políticas protecionistas também apresentam resultados satisfatórios no que se refere às taxas de crescimento econômico e que, muitas vezes, o comércio se dá por escolhas políticas. Nesse sentido, tais escolhas políticas que são, em última análise, os mais importantes fatores de crescimento.

4) **Como Douglass North define as instituições? Qual a relação feita por ele e outros autores entre "boas instituições" e "alto crescimento econômico" e "instituições ruins" e "crescimento econômico baixo"?**

Comentário: Para North, instituições são não apenas os órgãos de governo que organizam um país, mas também suas "regras de jogo" (tal como as leis) que regulam a interação em sociedade. São também as limitações que os indivíduos instituem para si mesmos e que restringem suas escolhas. Assim, instituições boas são aquelas que diminuem os custos de transação e criam um cenário de segurança, incentivando as pessoas a empreenderem e a negociarem, aumentando a capacidade produtiva do país e seu crescimento econômico. Por outro lado, instituições ruins são aquelas que não atuam nessa diminuição e contribuem para um cenário de incerteza, oferecendo baixos incentivos ao crescimento econômico.

a) **Quais as diferenças entre instituições oficiais e não oficiais? Qual a relevância das instituições não oficiais?**

Comentário: As instituições oficiais ou formais são aquelas ligadas ao Estado e que derivam de sua composição, podendo ser modificadas radicalmente pelas regulamentações legais. Já as não oficiais – ou informais – são aquelas consideradas extensivas ou suplementares às formais e ligadas a traços culturais e, por isso, mais resistentes às mudanças. A relevância dessas instituições informais está na capacidade de coação social que apresentam sobre os indivíduos e também na sua estabilidade ao longo dos anos, gerando segurança (quando boas) e previsibilidade.

5) **A noção de desenvolvimento é equivalente ou complementar à noção de crescimento econômico? Qual a diferença entre os dois conceitos? Como o Direito pode influenciar ambos?**

Comentário: A noção de desenvolvimento é complementar à de crescimento econômico. Enquanto o crescimento econômico é um dado objetivo, determinado pelo aumento da capacidade produtiva de uma nação, o conceito de desenvolvimento aplica-se a outros campos além da capacidade produtiva, ou até mesmo da economia. O conceito de desenvolvimento também se liga às instituições de uma determinada sociedade, tais como o direito. Ao mesmo tempo que definir regras de propriedade ou tratar de questões contratuais pode fazer com que a capacidade produtiva de um país aumente ou diminua, também pode fazer com que seu desenvolvimento avance ou se retarde. Isso porque o direito de propriedade, por exemplo, pode ter sido projetado para defender e expandir o mercado, mas não necessariamente foi criado ou é mantido por ele, mas sim por outras instituições. O desenvolvimento baseia-se não apenas no crescimento econômico, mas também no bom funcionamento das instituições econômicas.

6) **Explique de forma breve os principais fundamentos da *Legal Origins Theory* (teoria das origens legais).**

Comentário: Trata-se de uma teoria explicativa sobre o campo do direito que divide os sistemas jurídicos no mundo a partir de duas tradições: a *civil law* e a *common law*. Assim, o sistema jurídico da *Common Law*, ligado sobretudo à Inglaterra, apresentaria um ordenamento que favoreceria o desenvolvimento do mercado e o crescimento econômico de maneira mais eficiente que o sistema romano-germânico da *Civil Law*.

O sistema anglo-saxão estaria, então, mais alinhado com a perspectiva das liberdades individuais e daria margem a um governo menos restritivo.

a) **Como a referida teoria pode ser aplicada para compreender os mercados financeiros e o desenvolvimento econômico?**

Comentário: Sua aplicabilidade na compreensão dos mercados financeiros e na análise do desenvolvimento econômico toma como ponto de partida um de seus dois mecanismos basilares: o canal de adaptação. Por meio dele, um juiz na *Common Law* pode adaptar as normas aos casos concretos e às necessidades econômicas que surgem com maior flexibilidade do que na *Civil Law*. Desse modo, conseguiria proteger melhor o mercado e proporcionar um ambiente para o seu crescimento, bem como de todas as instituições econômicas, atingindo um maior desenvolvimento econômico.

Capítulo II
DIREITO, ECONOMIA E MERCADOS[1]

2.1 A TEORIA MICROECONÔMICA E A AED

A AED é uma disciplina que estuda o direito e suas instituições, tendo como eixo central de análise a racionalidade individual. Pode ser definida como a aplicação da teoria econômica, e dos métodos econométricos, ao exame da formação, da estrutura, dos processos e dos impactos do direito e das instituições legais.

A AED explicitamente considera as instituições jurídicas não como exógenas ao sistema econômico, mas como variáveis pertencentes a ele, e observa os efeitos de mudanças em uma ou mais destas variáveis sobre elementos do sistema. Essa aproximação é reivindicada não apenas para as regras jurídicas com óbvias conexões com a realidade econômica, como Direito da Concorrência, Regulação, Direito do Trabalho e Direito Tributário, mas também para todas as áreas do Direito, em particular o Direito de Propriedade, dos Contratos, da Responsabilidade Civil e Penal.

Para isso, a AED toma emprestado conceitos e métodos da economia e, ao fazê-lo, assume as controvérsias com as quais essa se envolve. Como exemplo dessas divergências, pode-se destacar as questões apresentadas para o modelo neoclássico que, embora tenha reinado supremo e inquestionável por muito tempo, é atualmente questionado em suas bases teóricas por muitos economistas.

Até 1960, AED era praticamente sinônimo de AED da Concorrência, embora houvesse algum trabalho pioneiro e exploratório no domínio da regulação de mercados e intervenção do Estado. Esta área de investigação continua hoje muito popular e intimamente associada à Economia Industrial. No entanto, o termo "*Law and Economics*", após os artigos de Ronald Coase e Guido Calabresi em 1960, alicerçou o seu domínio nas áreas de propriedade, de contratos, da responsabilidade (danos), criminal e civil, processual, de família e constitucional.

A AED se desenvolveu de forma rápida após os anos de 1970[2], tornando-se uma disciplina no campo do direito, por mérito próprio. Segundo Richard Posner, "*Economic analysis of law has outlasted legal realism, legal process, and every other field of the*

---

[1] Alguns trechos desse capítulo foram extraídos de livro já publicado. Para mais informações vide: CASTELAR PINHEIRO, Armando; PORTO, Antônio José Maristrello e SAMPAIO, Patrícia Pinheiro (coord.). **Direito e Economia: diálogos.** Rio de Janeiro: FGV Editora, 2019.

[2] ULEN, Thomas; COOTER, Robert. **Direito & Economia**. Porto Alegre: Bookman, 5ª Ed., 2010, p. 17.

legal scholarship. It is probably the major breakthrough of the last two hundred years in legal scholarship[3]".

A perspectiva teórica em questão tem por base os métodos da teoria microeconômica. Segunda tal teoria, antes de tomar uma decisão os agentes econômicos comparam os benefícios e os custos das diferentes alternativas, sejam elas de natureza estritamente econômica, seja de natureza social ou cultural. Estes custos e benefícios são avaliados segundo as preferências dos agentes e o conjunto de informações disponíveis no momento da avaliação. Esta análise de custo-benefício é consequencialista porque leva em conta o que vai acontecer (em termos probabilísticos) depois de tomada a decisão. Os agentes econômicos, portanto, preocupam-se com o futuro e não com o passado, uma vez que este último não pode ser modificado.

A AED é, então, a aplicação de uma perspectiva de "eficiência" às normas jurídicas. A suposição que a permeia é que a jurisprudência deveria avaliar as normas e os preceitos legais de acordo com um critério que determinasse se eles facilitam ou atrapalham o uso eficiente dos recursos[4] conforme o seu custo, ou seja, a partir da avaliação do custo-benefício. Quando analisamos as normas de acordo com o grau em que facilitam o uso de recursos escassos, estamos avaliando consequências que terão efeitos sobre toda sociedade. Nesse sentido, a AED pertence ao que é conhecido como ética consequencialista[5].

Evidentemente há limitações ao seu uso. O modelo do agente racional é capaz de interpretar tendências importantes do comportamento do ser humano médio, mas não explica – e nem quer explicar – desvios cognitivos ou psicológicos daqueles que estão fora da média. No entanto, em alguns casos, estes desvios da tendência majoritária podem ser bastante importantes, quer em termos da aplicação do Direito, quer na análise normativa. Por exemplo, a incapacidade que muitos grupos sociais têm em estimar ou mesmo entender a noção de risco, pode ter um peso importante na forma de regular o mercado de seguros ou de impor determinadas regras de responsabilidade civil. Por isso, nos últimos anos surgiu a Economia Comportamental, que procura também avaliar até que ponto certas falhas cognitivas podem ter importância na análise positiva e normativa do direito[6].

A avaliação custo-benefício faz-se a partir de um contexto determinado de preferências, que se traduz em um nível de bem-estar dos agentes e é medido pela utilidade

---

[3] "A análise econômica do direito ultrapassou o realismo jurídico, o procedimentalismo jurídico e qualquer outro campo de estudo do direito. É, provavelmente, o maior avanço/ruptura no estudo jurídico dos últimos duzentos anos", em tradução livre. POSNER, Richard A. **The Economic Analysis of Law**, Sixth edition. New York: Aspen Publishers, 2003.

[4] Esses recursos não são necessariamente pecuniários, como será abordado mais à frente.

[5] SCHÄFER, Hans-Bernd; OTT, Claus. **The economics analysis of Civil Law**. Edward Elgar Publisher, 2005.

[6] Nesse sentido, "o principal argumento da economia comportamental consiste na afirmação de que os indivíduos, em geral, não tomam decisões em conformidade com os padrões de racionalidade estabelecidos pela teoria econômica clássica, mas, ao invés disso, adotam 'atalhos' ou heurísticas, que consistem em mecanismos simplificados de solução de problemas complexos". Para mais informações, vide: PORTO, Antônio José Maristrello; THEVENARD, Lucas. Economia Comportamental e Contratos de Adesão. **Revista Direito Empresarial** (Curitiba), v. 1, p. 51-76, 2012.

que retira da sua decisão, bem como das escolhas que poderia ter feito e não fez (os custos de oportunidade[7]).

O conceito econômico de utilidade é bastante abrangente e reflete não só bens materiais ou de consumo, mas também o grau de altruísmo que um indivíduo tem com terceiros, incluindo bens imateriais (ou não mercantis) como a alegria, o amor ou a desilusão. Não há uma medida exata da utilidade de algo para os indivíduos, mas sim um conjunto axiomático, isto é, de valores, que estabelece uma ordem ou hierarquização nas escolhas.

O bem-estar social, por sua vez, mede-se pela agregação ao bem-estar dos indivíduos. Também aqui não há um parâmetro único de agregação, sendo o utilitarismo (a soma simples e não ponderada da utilidade individual) apenas uma possibilidade – talvez a mais habitual e não menos isenta de polêmica. Outra medida possível de bem-estar social é aquela desenvolvida por John Rawls, que consiste na preponderância da utilidade para os indivíduos[8].

A escolha da medida de bem-estar social obedece essencialmente a dois critérios: a eficiência e a hierarquização entre as utilidades. Geralmente não é possível obter mais eficiência sem aumentar a assimetria distributiva. O critério utilitarista prefere a eficiência à igualdade distributiva (a rigor, é neutro em relação à distribuição); a sociedade estaria melhor se, em agregado, alcançasse um nível superior de utilidade. Já o critério rawlsiano prefere a igualdade distributiva.

A perspectiva econômica vê o Direito como uma instituição que deve promover a eficiência, contribuindo, dessa forma, para melhorar o bem-estar social. Contudo, do ponto de vista econômico, o Direito não deve ser usado para corrigir aspectos de distribuição ou desigualdade social. Deve, no entanto, estar associado instrumentalmente com outras áreas de saber, para que possa promover elementos distributivos. Mecanismos como a política fiscal ou orçamentária, por exemplo, podem corrigir esses aspectos com um menor custo social.

De alguma forma, as noções de justo castigo ou justa indenização estão normalmente ausentes quando nos referimos à eficiência. Contudo, são bastante relevantes na análise dos problemas jurídicos, já que são muitas vezes utilizadas para justificar as normas jurídicas.

Para a AED, o problema mais importante concernente à noção de justiça é a sua imprecisão quando comparada à de eficiência. A amplitude dos critérios usados para definir justiça indica que não há na sociedade uma ideia consensual sobre esse conceito.

---

[7] Os custos de oportunidade consistem na diferença entre a opção escolhida e a melhor opção não escolhida em um processo de decisão.

[8] Para Rawls, a maximização do bem-estar social consiste na maximização do bem-estar do indivíduo que se encontre na pior situação de uma sociedade. Assim, a título de exemplo, consideremos uma sociedade com três indivíduos A, com R$3.000,00, B, com R$7.000,00 e C, com R$10.000,00. Caso tenhamos que distribuir R$2.000, Rawls entende que deveríamos dá-lo integralmente a A. No entanto, caso tivéssemos R$5.000,00 para distribuir, Rawls entende que deveríamos dar R$4.500,00 a A e R$500,00 a B, uma vez que essa seria a melhor configuração final para o indivíduo que está na pior posição. Vide, para mais informações RAWLS, John. **Uma teoria da justiça**. Tradução de Jussara Simões. São Paulo: Martins Fontes, 2008.

Uma vez que a perspectiva econômica procura identificar o bem-estar agregado, a inclusão de uma noção de justiça nem sempre é fácil.

No entanto, importa destacar que a noção de justiça é relevante para os dois níveis no modelo econômico. Primeiramente, ao nível agregado, porque os sentimentos de justiça influenciam o bem-estar da sociedade. Em segundo lugar, porque a noção de justiça afeta o comportamento individual, por meio de normas sociais ou de normas psicológicas que também balizam as decisões das pessoas.

Por fim, não podemos ignorar que muitas noções de justiça e moral concorrem para promover a eficiência e o bem-estar social. Por exemplo, o princípio moral de que não se deve mentir ou enganar não só promove relações sociais cooperativas como diminui a necessidade de uma estrutura coercitiva que consuma recursos da sociedade. Existem, porém, noções de justiça e moralidade que não são eficientes.

Já foi dito aqui que a perspectiva econômica vê o direito como uma instituição que deve promover a eficiência, contribuindo, dessa forma, para melhorar o bem-estar social. No longo prazo, podemos mesmo dizer que o direito deve tender a ser eficiente.

No entanto, esta teoria é bastante polêmica, dada a diversidade de sistemas jurídicos que existem no mundo. Evidentemente, não há apenas um sistema efetivo, isto é, pode haver muitas soluções oportunas para o mesmo problema, de forma que sistemas muito diversos podem ser igualmente eficientes. Contudo, existem na realidade muitas normas jurídicas e aspectos institucionais que não têm um conteúdo facilmente explicável pela perspectiva econômica. E existem muitos aspectos do ordenamento jurídico que são claramente ineficientes. Até que ponto a evolução histórica do Direito corresponde realmente a um processo de melhoria do bem-estar social? O Direito causa, ou tem por consequência, melhorias sociais? Essas são questões empíricas para as quais ainda não há uma resposta mas vamos a seguir aprofundar o debate.

2.1.1 Eficiência e bem-estar social

Na linguagem comum, o termo eficiência costuma estar associado ao dinamismo da iniciativa privada, ao empreendedorismo do mundo dos negócios e essencialmente à ideia de riqueza. No entanto, em uma acepção mais geral, o termo eficiência refere-se apenas à otimização de alguma medida de valor. Face à realidade da escassez de recursos, podemos, por exemplo, ser levados a preferir as opções que extraem do uso dos fatores de produção o rendimento máximo. Podemos eleger um valor, como, por exemplo, a proteção do meio ambiente, e, por considerá-lo importante, buscar opções que tenham como resultado a maximização deste valor. Neste sentido, o termo eficiência designa apenas uma regra de maximização.

Neste curso, referimo-nos constantemente à ideia de eficiência. Determinadas normas jurídicas podem gerar resultados ineficientes e, outras, resultados eficientes. Dessa forma, usamos a eficiência como um critério geral para aferir se uma norma jurídica é adequada e desejável, ou não. Assim sendo, precisamos, em primeiro lugar, definir de forma rigorosa o termo eficiência. Uma escolha eficiente é aquela que maximiza alguma medida de valor.

Na análise econômica, a medida de valor usualmente utilizada é o que chamamos de "fórmula do bem-estar social". A fórmula do bem-estar social é uma medida de agregação do nível de utilidade aferido por cada membro de uma determinada sociedade em face das consequências resultantes de determinada escolha política, jurídica ou social. Passemos à explicação pormenorizada do que isto significa.

A economia presume que todo indivíduo racional possui preferências em relação a qualquer estado de coisas; ou seja, há predileções associadas a um "nível de satisfação", que aqui chamaremos de nível de utilidade, atribuído a diferentes situações reais. Por exemplo, João pode preferir comer peixe no almoço a comer carne, e, portanto, ficar mais satisfeito quando almoça peixe com mais frequência. Dizemos então que ele associa a "comer peixe" um nível de utilidade superior ao associado a "comer carne". A fórmula do bem-estar social é uma medida de agregação dos níveis de utilidade atribuída por todos os indivíduos de uma sociedade. A forma de agregação mais comumente utilizada é o somatório simples. Ou seja, somamos os níveis de utilidade imputados por cada um dos membros da sociedade sob análise.

Considerando uma sociedade hipotética formada por três indivíduos – João, Pedro e Maria – se for adotado como forma de agregação o somatório simples, a fórmula do bem-estar social neste caso seria a soma dos níveis de utilidade de cada um dos três membros desta sociedade, ou seja:

<u>(Bem-Estar Social = Utilidade de João + Utilidade de Pedro + Utilidade de Maria)</u>

Desta maneira, o conceito de eficiência está associado à maximização da fórmula do bem-estar social. Será eficiente toda medida que gerar a maior satisfação do maior número de indivíduos de uma sociedade. Esta ideia é a base da filosofia utilitarista. Outra forma de analisar a referida questão, diferentemente da abordagem utilitarista seria pela fórmula de Pareto. De acordo com Luciana Yeung, pelo teorema fundamental do bem-estar, que mostra que, "em um mercado competitivo, o equilíbrio alcançado naturalmente pela oferta e demanda representava uma eficiência de Pareto: ou seja, uma situação em que não é possível melhorar a situação de alguém, se prejudicar a situação de outrem". Podemos, portanto, compreender como "sendo a situação de eficiência máxima, ou seja, onde não é mais possível aumentar o benefício gerado socialmente pelo aumento do excedente do produtor e do consumidor"[9].

2.1.2 Maximização da riqueza *vs.* maximização da utilidade

A fórmula do bem-estar social é definida a partir da ideia de utilidade, sendo esta a medida da satisfação pessoal dos indivíduos da sociedade. No entanto, não existe uma forma objetiva de medir a utilidade. Na prática, não podemos aferir objetivamente o nível de satisfação de um determinado agente. Em razão deste problema de mensuração, precisamos de uma escala alternativa de valor. Para tanto, a escala usualmente utilizada é o dinheiro.

A substituição do nível de utilidade pelo nível de riqueza tem algumas implicações para esta teoria. A principal decorre do fato de que os indivíduos podem associar

---

[9] YEUNG, Luciana. Empresas, consumidores e mercados: fundamentos microeconômicos. *In*: CASTELAR PINHEIRO, Armando; PORTO, Antônio José Maristrello e SAMPAIO, Patrícia Pinheiro (coord.). **Direito e Economia: diálogos**. Rio de Janeiro: FGV Editora, 2019. p. 141.

utilidade à própria escala de valor, ou seja, podem ter preferências distintas em relação ao dinheiro. Significa dizer que, alguém que possui um orçamento reduzido pode atribuir mais valor a uma pequena quantidade de dinheiro se comparada àquela que uma pessoa com renda elevada atribuiria[10].

Esta ideia é importante porque é o fator de distinção determinante quando analisamos os dois critérios de eficiência estabelecidos pela economia clássica: a eficiência de Kaldor-Hicks e a eficiência de Pareto.

O critério da eficiência de Kaldor-Hicks estabelece o parâmetro do somatório simples dos níveis de utilidade atribuído pelos indivíduos da sociedade, como visto na fórmula do bem-estar social. É preciso voltar ao exemplo de uma sociedade com três indivíduos: João, Pedro e Maria. Em situação inicial, João possui R$ 100.000,00, Pedro possui R$ 50.000,00 e Maria possui R$ 40.000,00. Como consequência de determinada medida política "X", João passará a possuir R$ 150.000,00, Pedro R$ 50.000,00 e Maria R$ 20.000,00. Se adotarmos o critério de eficiência de Kaldor-Hicks, a medida deverá ser considerada eficiente, uma vez que aumenta o resultado da fórmula de bem-estar social. Basta verificar que no cenário inicial o bem-estar era de R$ 190.000,00 (R$ 100.000,00 + R$ 50.000,00 + R$ 40.000,00). Após a adoção da medida "X", o bem-estar passa a ser de R$ 220.000,00 (R$ 150.000,00 + R$ 50.000,00 + R$ 20.000,00).

A medida não pode, entretanto, ser considerada eficiente pelo critério de Pareto. A metodologia de eficiência de Pareto estipula que uma determinada medida pode ser considerada eficiente somente quando melhora o nível de bem-estar de alguém sem piorar o nível de bem-estar de outra pessoa. Após a adoção da medida "X", Maria deixa de possuir R$ 40.000,00 e passa a ter apenas R$ 20.000,00. Como a medida prejudicou Maria, não pode ser considerada eficiente pelo critério de Pareto.

É fácil perceber que a regra de eficiência de Pareto é mais restritiva que a de Kaldor-Hicks. Na realidade, nem sempre é possível encontrar medidas que melhorem a situação de parte da sociedade sem prejudicar ninguém, ou seja, nem sempre é possível encontrar melhorias de Pareto. Então, por que adotar um critério tão restritivo?

A metodologia de Pareto leva em consideração a diferença entre a maximização da utilidade e a da riqueza. Isso porque, indivíduos podem atribuir utilidades distintas a uma mesma quantidade de riqueza. Maria, que possui uma renda menor que a de João, pode atribuir mais utilidade aos R$ 20.000,00 que perdeu, do que João aos R$ 50.000,00 que ganhou. Desta forma, o critério de eficiência de Pareto, apesar de mais restritivo, garante que o aumento de bem-estar se dê também em termos de utilidade.

---

[10] Tomemos como exemplo dois indivíduos: A, que ganha mensalmente R$ 20.000,00, e B, que recebe R$ 800,00. A utilidade extraída de R$ 1.000,00 por B pode ser maior do que a extraída por A, uma vez que representa mais do que o seu ganho mensal. Caso essa hipótese se concretize, o nível de utilidade e de riqueza não serão os mesmos. Para o nível de riqueza total dessa sociedade independe a quem esses R$ 1.000,00 serão alocados, ao passo que, para o nível de utilidade total, a alocação com o indivíduo B seria mais eficiente do que a com o indivíduo A.

2.1.3 Críticas à análise de custo-benefício; racionalidade limitada e economia comportamental

Embora a análise de custo-benefício ainda seja um método importante para tomada de decisões, tanto do ponto de vista individual, quanto em níveis político-institucionais, tal metodologia não está livre de críticas[11].

Podemos citar como as principais críticas à análise de custo-benefício: a métrica estritamente monetária, que acaba se mostrando inadequada para a aferição do valor de determinados bens jurídicos, como meio ambiente, qualidade de vida, que são, monetariamente, incomensuráveis[12]. Ademais, o parâmetro monetário também é acusado de ser meramente utilitarista, sem considerar preocupações éticas[13].

Temos, ainda, novas descobertas da psicologia que apontam para a existência de pequenos desvios cognitivos que acabam impedindo que as pessoas realizem decisões verdadeiramente eficientes, pautadas na análise de custo-benefício. Em outras palavras, questiona-se o modelo ideal da racionalidade humana.

O modelo teórico tradicional de compreensão da escolha humana adotado pela AED é o da *rational choyce theory* (teoria da escolha racional), segundo a qual as pessoas são agentes racionais que buscam a maximização de sua utilidade (bem-estar ou riqueza)[14]. Com base nisso, são elaboradas previsões relativas ao comportamento humano, de forma que a ação previsível para um agente racional é a que mais promove sua utilidade.

Todavia, esse não é o comportamento humano necessariamente verificado na prática. Ao perceber a discrepância entre o comportamento real das pessoas e a idealização da teoria da escolha racional, Herbert Simon passou a utilizar o termo *bounded rationality* (racionalidade limitada) para designar a racionalidade humana empiricamente observável, nesse sentido, a define da seguinte maneira:

> O termo foi apresentado cerca de trinta anos atrás para chamar atenção sobre a discrepância entre a racionalidade humana perfeita, assumida pela teoria econômica clássica e neoclássica, e a realidade do comportamento humano como observado na vida econômica. O ponto não é que as pessoas sejam consciente e deliberadamente irracionais, embora eventualmente sejam, mas que seu conhecimento e sua capacidade de cálculo não os permitem atingir o alto nível de adaptação ótima dos meios aos fins que é previsto pela economia[15].

---

[11] SUNSTEIN, Cass R. Cognition and Cost-Benefit Analysis. **Coase-Sandor Working Paper Series in Law and Economics**. Working Paper nº 85, 1999, p. 40.
[12] FRANK, Robert H. Why is Cost-Benefit Analysis so Controversial? **The Journal of Legal Studies**, Chicago, v. 29, n. S2, jun. 2000, p. 914.
[13] Ibidem, p. 915.
[14] KOROBKIN, Russell. ULEN. Thomas. Law and Behavioral Science: Removing the Rationality Assumption from Law and Economics. Law and Economics Research Paper Series. Research Paper Nº 00-01. **California Law Review**, Berkeley. vol. 88, setembro. 2000. p. 9.
[15] Tradução dos autores do original: "*The term was introduced about thirty years ago to focus attention upon the discrepancy between the perfect human rationality that is assumed in classical and neoclassical economic theory and the reality of human behaviour as it is observed in economic life.*

Ao tomar suas decisões, as pessoas cometem, sistematicamente, pequenos erros, isto porque a nossa percepção da realidade é enviesada e nosso cérebro opta por atalhos resolutivos para facilitar o processo de tomada de decisão. Porém, esses atalhos, chamados de *heurísticas* ou *vieses cognitivos*, acabam por conduzir-nos a decisões que não poderiam ser consideradas as melhores, do ponto de vista da maximização da utilidade. Esses pontos especificamente serão tratados no capítulo sexto desse livro, sobre Economia Comportamental. Nele abordaremos, entre outros assuntos, as Heurísticas e os Vieses Cognitivos. A literatura sobre economia comportamental[16] é bastante famosa entre publicitários. Recentemente, juristas começaram a voltar seus olhos para suas descobertas. No referido capítulo trabalharemos a *nudge theory*, uma técnica regulatória que consiste em oferecer pequenos incentivos aos regulados, sem reduzir sua liberdade de escolha, de modo a estimulá-los a tomarem decisões em um sentido presumivelmente melhor para si mesmos e para a sociedade como um todo. O ponto principal é que os *nudges* não são comandos, não se confundem com ordens de polícia, que proíbem ou condicionam uma atividade, mas sim pequenas mudanças na arquitetura de escolha das pessoas, capazes de, gentilmente, incentivá-las a tomar melhores decisões[17].

Tais exemplos[18] nos mostram a utilidade dos *nudges*, a partir de pequenas e baratas medidas. Alguns governos podem utilizar desses pequenos incentivos para fomentar comportamentos socialmente mais eficientes em seus cidadãos[19], como já ocorre no Reino Unido, que conta com uma *Nudge Insight Team* (ou *Nudge Unit*), cujo propósito é utilizar as descobertas das ciências comportamentais na implementação de políticas públicas[20]. No Brasil, temos uma iniciativa semelhante na cidade do Rio de Janeiro,

---

The point was not that people are consciously and deliberately irrational, although they sometimes are, but that neither their knowledge nor their powers of calculation allow them to achieve the high level of optimal adaptation of means to ends that is posited in economics". SIMON, Herbert A, Introductory Comment. In: EGIDI, Massimo et al. (Ed.). **Economics, bounded rationality and the cognitive revolution**. Edward Elgar Publishing, 1992. p. 3.

[16] Como leitura complementar sugerimos: ARIELY, Dan. **A mais Pura Verdade sobre a Desonestidade: Porque mentimos para todo mundo, inclusive para nós mesmos.** Rio de Janeiro: Elsevier Editora, 2012; DUBNER, Stephen J.; LEVITT, Steven D. **Freakonnomics. O lado oculto e inesperado de tudo que nos afeta.** Rio de Janeiro: Elsevier Editora Ltda., 2007; EGIDI Massimo and Marris, Robin (org.). **Economics, Bounded Rationality and the Cognitive Revolution.** Glos/Massachussets: Edward Elgar, 1992. KAHNEMAN, Daniel. **Rápido e Devagar: Duas formas de pensar.** 1ª Edição. Rio de Janeiro: Editora Objetiva, 2012; KOROBKIN, Russell. ULEN. Thomas. Law and Behavioral Science: Removing the Rationality Assumption from Law and Economics. **California Law Review**, Berkeley, vol. 88, setembro, 2000, p. 1.051-1.144; SUNSTEIN, Cass R. Behavioral Analysis of Law. **Coase-Sandor Working Paper Series in Law and Economics**, Chicago, Working Paper nº 46, 1997; SUNSTEIN, CASS R; JOLLS, Christine. Debiasing Through Law. **The Journal of Legal Studies**, v. 35, Chicago, p. 199-241, jan. 2006.

[17] THALER, Richard H. SUNSTEIN, Cass R. **Nudge: improving decisions about health, wealth, and happiness.** Michigan: Caravan. 2008, p. 6.

[18] Exemplos retirados de: https://www.skipprichard.com/10-examples-of-nudge-theory/. Acesso em: 13/02/2019.

[19] Nesse sentido, vide: https://www.anderson.ucla.edu/faculty-and-research/anderson-review/nudge-worth. Acesso em: 13/02/2019.

[20] Website oficial da unidade: https://www.bi.team/ Acesso em: 13/02/2019.

com a *Nudge-Rio*, que atua em projetos ligados à arrecadação de impostos, segurança, saúde e educação[21].

2.2 MERCADOS EM CONCORRÊNCIA PERFEITA

Os mercados de concorrência perfeita são um modelo-base para a teorização da microeconomia acerca dos diferentes tipos de mercado. Para que seja considerado perfeitamente competitivo, deve apresentar determinadas características. Nele, os produtos devem ser substitutos perfeitos, ou seja, o produto vendido por um fornecedor deve ser idêntico ao ofertado por qualquer outro. Além disso, tanto produtores quanto fornecedores são tomadores de preço (*price-takers*), o que quer dizer que, individualmente, não têm poder de mercado suficiente para influenciar o preço. Do mesmo modo, todos os recursos são perfeitamente móveis, ainda que haja algum tipo de gasto para isso. Ainda, as empresas entram e saem de forma livre nesse tipo de mercado. Por fim, o fluxo de informações nele, é perfeito.

Em termos mais sintéticos, Mankiw apresenta-o como "um mercado com muitos compradores e vendedores negociando produtos idênticos, de modo que cada comprador e cada vendedor é um tomador de preço"[22]. A classificação de um mercado real como perfeitamente competitivo é, com frequência, objeto de divergência entre os economistas. Porém, há certo consenso em se reputar, em termos gerais, os mercados de *commodities* agrícolas como exemplos típicos dessa estrutura de mercado.

2.2.1 Mercados eficientes – 1º Teorema do Bem-Estar

O livre mercado é eficiente? A teoria econômica, sobretudo em sua vertente neoclássica parte, desde Adam Smith, da noção de que os mercados são formas eficientes de alocação de recursos. Esta resposta, no entanto, não é tão simples. Como vimos, existem algumas concepções diferentes a respeito do que "eficiente" significa. Além disso, as formulações dos economistas da escola neoclássica estão sujeitas a uma série de condições específicas, que, em grande medida, dependem da atuação do Estado e impõem papéis econômicos ao sistema jurídico. A seguir, apresentaremos brevemente os elementos estruturais do 1º Teorema do Bem-Estar[23], possivelmente o principal modelo teórico da economia neoclássica.

---

[21] Site oficial da *Nudge-Rio*, a primeira iniciativa desse tipo no Brasil, com os respecvtivos projetos e experimentos controlados: http://prefeitura.rio/web/fjg/exibeconteudo?id=8063117. Acesso em: 13/02/2019.

[22] "(...) um mercado deve apresentar duas características: (1) os bens oferecidos para venda são todos iguais e (2) os compradores e vendedores são tão numerosos que nenhum deles é capaz de, individualmente, influenciar o preço de mercado". MANKIW, N. Gregory. **Introdução à economia: princípios de micro e macroeconomia.** 6ª ed. Rio de Janeiro: Campus, 2014. p. 64.

[23] Para compreender o equilíbrio geral dos mercados, há duas explicações conhecidas como Teoremas do Bem-Estar. Em termos gerais, o 1º Teorema do Bem-Estar enuncia que todo equilíbrio de mercado competitivo é eficiente no sentido de Pareto, ou seja, resulta na melhor situação possível para todos os agentes envolvidos. Já o 2º Teorema do Bem-Estar, decorrente do primeiro, parte da hipótese de que as preferências dos agentes do mercado são "convexas",

Em análises econômicas mais simples, os mercados são definidos como espaços de transações entre empresas que ofertam bens ou serviços e consumidores que os adquirem. As empresas compõem o lado da oferta e os consumidores, o da demanda. No entanto, as interações de mercado, na realidade, podem adquirir níveis elevados de complexidade. Do lado da oferta, nos mercados atuais, em regra temos estruturas de produção altamente diversificadas e especializadas, que compõem as etapas de produção de determinado produto. Não entraremos profundamente, neste livro, na seara da chamada economia industrial, que estuda este tipo de interação.

Para fins deste estudo, os mercados são formados por oferta e demanda por bens e serviços. A longo prazo, oferta e demanda são consideradas sempre iguais, na medida em que se trata dos dois lados de um mesmo conjunto de transações. Nesse sentido, as discussões sobre "desequilíbrios" são uma forma indireta – e, infelizmente, um pouco confusa – de economistas se referirem ao preço. No entanto, a demanda por itens como bens ou serviços refere-se à pressão do mercado de pessoas que tentam comprá-los. Estas pessoas vão oferecer dinheiro para a compra do item, enquanto, em troca, os vendedores o oferecem por dinheiro.

Dizemos que, quando a demanda corresponde à oferta, ou seja, quando, a um dado preço, a quantidade de produtos demandados corresponde à quantidade de produtos ofertados, o mercado está em equilíbrio. No entanto, quando a demanda supera a oferta, os fornecedores podem aumentar o preço. Nestes casos, podemos pensar que o bem ou serviço demandado tornou-se escasso, e, portanto, passa a ser mais valioso. Consumidores que estão dispostos a pagar os preços mais altos efetuarão transações, ainda que outros possam renunciar à compra em conjunto, demandar um preço melhor, comprar um item similar, ou comprar em outro lugar, por exemplo. Por sua vez, quando a oferta excede a demanda, os fornecedores terão que diminuir o preço, a fim de fazer vendas.

Todas essas forças compõem o que se chama de lei da oferta e da demanda. A teoria econômica clássica se ocupou, em grande medida, de estudar o funcionamento destas forças. Os resultados obtidos pela teoria indicam que, sobre certas condições, os mercados competitivos tendem a equilíbrios eficientes.

Na realidade, de forma mais técnica, o primeiro teorema do bem-estar afirma que todo equilíbrio walrasiano[24] em um mercado perfeitamente competitivo será eficiente no sentido de Pareto. Neste cenário, produtores são tomadores de preço, os mercados devem ser completos, não existem custos de transação ou assimetria de informações. O equilíbrio é atingido no ponto $e^* = \{q^*; p^*\}$.

---

ou seja, o agente sempre vai preferir um conjunto de bens variados, diversificados, ao invés de um conjunto de bens idênticos. Por exemplo, optará por comprar três laranjas e três maçãs, ao invés de seis maçãs. Assim, tomando essa hipótese como verdadeira, toda alocação eficiente seria uma alocação de equilíbrio para uma redistribuição adequada das dotações iniciais. Para mais informações sobre esse tema, vide: VARIAN, Hal R. **Microeconomia: uma abordagem moderna.** 8ª ed. Rio de Janeiro: Campus Elsevier, 2012.

[24] Referência a Léon Walras, criador da Teoria do Equilíbrio Geral.

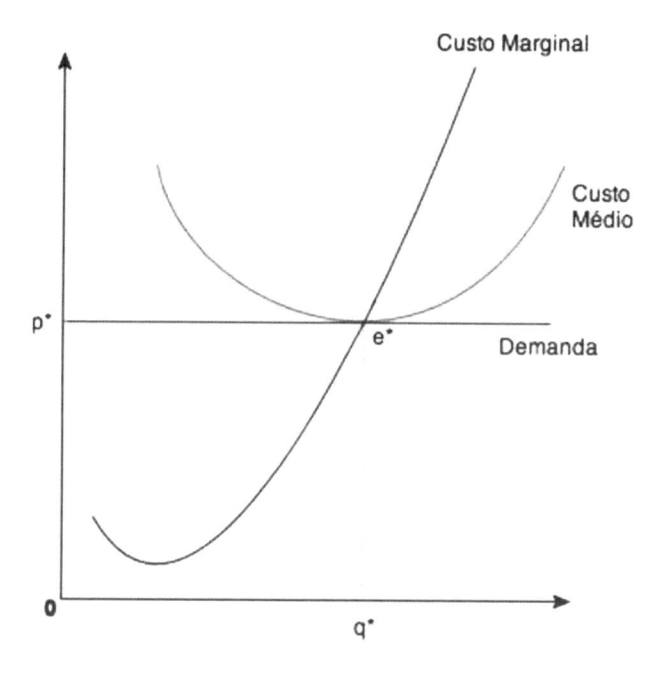

Figure: Gráfico com eixos mostrando Custo Marginal, Custo Médio e Demanda, com equilíbrio no ponto e em (q*, p*).*

Não aprofundaremos aqui a análise do primeiro teorema do bem-estar. É preciso lembrar apenas que, nesta hipótese, os produtores tomam o preço p* como dado e determinam a quantidade q* com base na sua curva de custo marginal, sendo seu lucro igual a zero. No gráfico, representamos o equilíbrio no ponto em que o produtor recupera seus investimentos (*break-even point*). A competição perfeita impõe aos produtores o comportamento de tomadores de preço, uma vez que uma tentativa unilateral de aumentar o preço geraria incentivos para a entrada de novos produtores no mercado, criando pressão competitiva sobre eles. Consumidores não enfrentam custos de transação para se utilizar do mercado, e, portanto, consomem sempre que estejam dispostos a pagar o preço p*, ou seja, quando atribuem ao bem um valor igual ou superior a p*.

As condições do primeiro teorema do bem-estar são, entretanto, contrafactuais. A existência de custos de transação, a incompletude dos mercados, a assimetria de informações, as barreiras à entrada de novos competidores, a concentração de poder econômico e uma série de outros fatores, levam a realidade a apresentar resultados ineficientes nos mais diversos setores e muitas vezes justificam a intervenção do Estado na economia.

A economia neoclássica parte da hipótese do primeiro teorema do bem-estar para instituir a eficiência do livre mercado como regra e estuda como fatores da realidade, também chamados de falhas de mercado, que se distanciam do modelo clássico, podem justificar certos tipos de atuação por parte do Estado. Neste cenário, as normas jurídicas, como instrumento de regulação *lato sensu* por excelência, teriam dois papéis centrais: a defesa do funcionamento do livre mercado, em regra, e a viabilização da intervenção do Estado para corrigir suas falhas, quando necessário.

QUESTÕES DE AUTOMONITORAMENTO

1) **Como a AED explica a existência e o formato das instituições jurídicas em relação ao sistema econômico?**

Comentário: A AED considera que as instituições jurídicas são variáveis pertencentes ao sistema econômico, em vez de serem exógenas a ela. Para a AED, as instituições jurídicas também estão sujeitas e produzem mudanças em uma ou mais das variáveis dos elementos desse sistema.

2) **Compare o critério "utilitarista" e o critério "rawlsiano" utilizado para analisar a relação entre eficiência e crescimento econômico e igualdade distributiva.**

Comentário: O critério utilitarista parte do princípio de que o crescimento econômico estará alinhado à eficiência se, ao todo, a sociedade alcançasse um nível superior de utilidade, ainda que não houvesse igualdade distributiva. Já o critério *rawlsiano* parte do pressuposto de que o crescimento econômico não pode vir separado de igualdade distributiva.

3) **Como a AED se comporta diante do conflito entre eficiência e justiça? E quanto à relação entre eficiência e bem-estar social?**

Comentário: A AED entende que a função do Direito não é sempre buscar a eficiência, mas sim a justiça. Ela, no entanto, oferece as respostas mais eficientes para auxiliar a tomada de decisões, tendo a justiça como norte. Já com relação à eficiência e ao bem-estar social, considera a primeira como um dos critérios para alcançar o bem-estar social, junto da hierarquização entre utilidades.

4) **Defina o que é maximização da riqueza e maximização da utilidade. Aproveite para estabelecer os conceitos de eficiência de Pareto e eficiência de Kaldor-Hicks e os diferenciar.**

Comentário: Maximização da riqueza é um critério de eficiência segundo o qual o valor monetário é o ponto central a ser maximizado. Já maximização da utilidade é um critério de eficiência segundo o qual os objetos de utilidade são distintos do dinheiro, portanto um critério mais subjetivo. A eficiência de Pareto define que uma mudança só será eficiente caso não haja perdas (de riqueza ou de utilidade) para qualquer uma das pessoas. Já a eficiência de acordo com Kaldor-Hicks estabelece que a mudança será eficiente se os ganhos sociais superarem as perdas, independentemente da distribuição dos lucros e dos prejuízos.

5) **Se um protético escolhe fazer uma prótese para Ana por R$ 100,00 em vez de fazer a mesma prótese para Manoela por R$ 300,00, pode-se dizer que o protético ainda assim agiu de forma eficiente e como um agente racional? A resposta pode variar de acordo com o conceito de eficiência adotado?**

Comentário: Sim, sob uma perspectiva de maximização da utilidade, o protético ainda pode estar sendo um agente racional e eficiente caso valorize ajudar Ana mais do que valorize ajudar Manoela, independentemente de o valor monetário oferecido pela segunda ser maior. Se, no entanto, for utilizada a maximização de riqueza, realmente, a atitude não terá sido eficiente.

6) **Como a ideia do indivíduo perfeitamente racional vem sendo revisada nas últimas décadas?**

Comentário: A economia comportamental vem questionando a concepção clássica de racionalidade, segundo a qual os indivíduos possuem preferências completas e transitivas. A economia comportamental se vale de teorias da psicologia e da sociologia para demonstrar como as ações dos indivíduos podem sistematicamente se desviar desses padrões. Um dos conceitos que mais aparece nas críticas à racionalidade perfeita dos indivíduos é o termo de Herbert Simon: *bounded rationality*. Segundo ele, simplificadamente, a racionalidade pode ser afetada pela percepção de um indivíduo sobre a realidade, fazendo com que seu comportamento se desvie das previsões da teoria da escolha racional clássica. Essa teoria não propõe que os indivíduos são completamente irracionais ou que agem de forma aleatória e imprevisível. Seus erros são previsíveis e, portanto, apontam para uma racionalidade imperfeita ou "limitada", a qual pode ser estudada e incorporada às análises econômicas de políticas públicas.

7) **Defina o que é um "mercado de concorrência perfeita" e explique sua diferença em relação a um "mercado em equilíbrio".**

Comentário: Um mercado em concorrência perfeita é aquele no qual os produtos são substitutos perfeitos e tanto os produtores como os compradores são tomadores de preço, ou seja, não têm poder o suficiente para influenciar os preços. Já um mercado em equilíbrio é aquele no qual a oferta e a demanda estejam em igual quantidade, proporcionalmente empatando uma com a outra.

a) **Qual a utilidade de tal modelo teórico?**

Comentário: O referido modelo teórico é um *guideline* para a teorização microeconômica acerca dos diferentes tipos de mercado. Ou seja, serve como parâmetro, um tipo-ideal, para comparar a eficiência dos mercados presentes no mundo real.

b) **Explique a lei da oferta e da demanda e o que seria um "mercado em equilíbrio". Nesse contexto, reflita sobre o que os preços podem significar para os participantes do mercado.**

Comentário: A lei da oferta e da demanda sustenta que o preço de determinado produto é definido de acordo com a sua oferta (isto é, a depender de sua quantidade e raridade) no mundo, bem como a demanda por seu consumo (a necessidade). Pode, portanto, variar quando um desses sofrer uma alteração. Os preços não apenas são uma forma de gerar incentivos e desincentivos à compra de determinado produto, como também uma maneira de valorar quem mais deseja aquele bem, pois este estará disposto a pagar por ele. Aquele que mais deseja o resultado deve arcar com os custos.

Capítulo III
FALHAS DE MERCADO E REGULAÇÃO

3.1 O QUE SÃO FALHAS DE MERCADO

A microeconomia ocupa-se do estudo das causas de falhas de mercado e dos possíveis meios para corrigi-las. O conceito de falha de mercado, dentro da teoria econômica, refere-se a circunstâncias específicas que levam um sistema de livre mercado à alocação ineficiente de bens e serviços. As imperfeições refletem desvios das condições ideais de um sistema competitivo: indivíduos e organizações, que buscam maximizar seus interesses próprios, passam a agir em dissonância com o interesse social.

Normalmente, indivíduos focam sua atenção somente em custos e benefícios privados, ignorando os gerais. Para que se corrija essa situação, deve-se tentar alinhar objetivos privados e sociais, criando incentivos que induzam os sujeitos racionais, maximizadores de sua própria utilidade, a considerar todos os custos e benefícios em seus cálculos.

Desse modo, falhas de mercado podem ser vistas como situações em que a atuação em busca de seu puro auto interesse leva a resultados não eficientes. São frequentemente associadas a assimetrias de informação, estruturas não competitivas dos mercados, problemas de monopólio natural, externalidades ou bens públicos. A sua existência é muitas vezes usada como justificativa para a intervenção governamental em um mercado particular.

Tal análise desempenha um papel importante no que se refere às decisões sobre políticas públicas. No entanto, alguns tipos de intervenções e de políticas governamentais, tais como impostos, subsídios, salvamentos, controles de preços e salários e regulamentos, que podem constituir tentativas públicas de corrigir falhas de mercado, também podem levar a alocações ineficientes de recursos (às vezes chamadas de falhas de governo). Nestes casos, há uma escolha entre os resultados imperfeitos, isto é, os do mercado imperfeito, com ou sem intervenções do governo. Nesses casos, devemos lidar com a lógica da melhor alternativa (*second best*), reconhecendo as limitações do mundo real. Estudos econômicos já mostraram que, em casos em que uma restrição do mundo real impede a obtenção do resultado ótimo no sentido de Pareto, a melhor alternativa pode não ser aquela que tenta aproximar-se do cenário ideal[1]. Em qualquer

---

[1] Retornaremos a esse conceito ao final deste capítulo. Para uma formulação teórica mais completa a respeito do *second best*, ver: LIPSEY, R. G.; LANCASTER, Kelvin. The General Theory of Second Best. **The Review of Economic Studies**, v. 24, n. 1, p. 11-32, 1956.

caso, por definição, se existe uma falha de mercado o resultado do livre mercado não é Pareto-eficiente.

Os economistas neoclássicos e keynesianos acreditam que atuações governamentais podem influenciar positivamente o resultado ineficiente de mercados que apresentam falhas. Nesse sentido, Lapo Berti afirma: o "bom funcionamento [do mercado] depende não apenas de uma robusta pressão concorrencial, que constitui, comumente, o ingrediente essencial, mas ainda da presença de algumas outras condições que raramente são determinadas espontaneamente".[2] Neste capítulo, estudaremos em maiores detalhes as principais falhas de mercado identificadas pela teoria, notadamente: (i) competição imperfeita; (ii) externalidades; (iii) bens públicos; (iv) monopólios naturais; e (v) assimetria de informações.

3.2 COMPETIÇÃO IMPERFEITA

A concorrência imperfeita é toda situação da competição, em qualquer mercado, que não satisfaz às condições necessárias para a competição perfeita. A teoria da competição perfeita descreve mercados nos quais não há nenhum participante grande o suficiente para ter o poder de definir o preço de um produto homogêneo. A competição perfeita parte, portanto, de dois pressupostos básicos. Em primeiro lugar, deve haver muitos compradores e vendedores no mercado. Em segundo, os bens oferecidos pelos diversos vendedores são, em grande medida, os mesmos. Chamamos neste caso os agentes econômicos de "tomadores de preço", tendo em vista que não são capazes de influenciar o preço de mercado, mas apenas definir as quantidades que desejam produzir ou adquirir.

Porque as condições de concorrência perfeita são rígidas, há poucos – ou provavelmente inexistem – mercados perfeitamente competitivos. Na verdade, a teoria da competição perfeita prevê um tipo ideal de funcionamento do mercado, ao qual alguns tendem a se aproximar mais do que outros. Compradores e vendedores em alguns mercados de leilão por mercadorias, de *commodities*, ou ainda de certos ativos financeiros podem se aproximar deste conceito.

A concorrência perfeita serve, portanto, como um *benchmark* para medir os mercados da vida real. Formas típicas de concorrência imperfeita incluem: monopólio, em que há somente um vendedor de uma mercadoria; oligopólio, em que existem poucos vendedores de uma mercadoria; concorrência monopolística, em que há muitos vendedores que produzem bens altamente diferenciados; monopsônio, em que há apenas um comprador de um bem ofertado por vários vendedores; e oligopsônio, em que há poucos compradores de um bem.

A assimetria de informações é, a rigor, uma forma de competição imperfeita. Entretanto, por ser um caso especial e particularmente importante, dedicaremos a ela uma seção própria adiante. Não nos dedicaremos ao estudo aprofundado de cada hipótese de competição imperfeita, sendo suficiente para nossa análise a breve apresentação de que, a violação de qualquer dos pressupostos da teoria da competição perfeita, pode acarretar a existência de mercados que alocam recursos de forma ineficiente.

---

[2] BERTI, Lapo. **Il mercato oltre le ideologie.** Milão: Università Bocconi Editore, 2006, p. 181.

Essas falhas podem ser corrigidas ou diminuídas a partir da atuação das instituições. Esses ajustes podem ocorrer de diversas formas, como por meio da regulação, do fomento e da fiscalização. O Conselho Administrativo de Defesa Econômica (CADE), por exemplo, é uma autarquia federal vinculada ao Ministério da Justiça que tem como função principal fiscalizar a ação dos agentes no mercado, prevenindo e reprimindo práticas comerciais contrárias à livre concorrência, como a formação de cartéis.

3.3 EXTERNALIDADES

Para o presente curso, as externalidades constituem a falha de mercado mais importante a ser estudada, na medida em que é possível traçar diversos paralelos entre os problemas suscitados pela análise econômica da responsabilidade civil e o conceito de externalidades. As últimas podem ser entendidas como os custos ou benefícios que não são internalizados pelo indivíduo ou pela empresa em suas ações, e que impõem diretamente custos ou benefícios a terceiros.

Podem ser definidas, portanto, como o impacto da ação de um agente sobre um terceiro que dela não participou. O terceiro, a princípio, não paga nem recebe nada por suportar esse impacto, que pode ser maléfico ou benéfico para os terceiros afetados, sendo assim classificado como externalidade negativa ou positiva, respectivamente. Quando temos uma externalidade negativa de produção, o custo de produção é maior para a sociedade que para o produtor, fazendo com que este último produza uma quantidade do bem acima da que seria desejável do ponto de vista social. Por outro lado, as externalidades positivas ocorrem toda vez que o valor social é superior ao valor privado, tendo como resultado uma produção inferior àquela socialmente desejável.

Diante da existência de externalidades, o interesse da sociedade em um resultado de mercado não fica adstrito ao bem-estar dos compradores e vendedores incluídos nesse mercado e passa a incluir também o interesse dos terceiros afetados indiretamente pelas externalidades. O equilíbrio do mercado, que seria responsável pela maximização do benefício total para a sociedade, nesse caso, deixa de ser eficiente, já que os compradores e vendedores desconsideram os efeitos externos de suas ações na tomada de decisões. Ou seja, o equilíbrio de mercado é atingido sem que a externalidade, representada pelo custo/valor social, componha a sua equação, o que faz com que o mercado aloque os recursos de maneira ineficiente. A seguir, apresentamos dois exemplos para elucidar como externalidades negativas e positivas podem interferir no equilíbrio de mercado, gerando resultados ineficientes.

3.3.1 Externalidades negativas

Uma externalidade negativa é representada pelo impacto negativo que uma ação pode ter sobre terceiros. Consideremos, como exemplo, o uso de carros para ir até o trabalho. Quando um agente decide utilizar seu carro para deslocar-se está, em geral, preocupado com fatores como conforto, rapidez, preço da gasolina, depreciação do carro etc. Essa ação, entretanto, acaba por ter efeitos na vida de terceiros, dado que, dentre outros aspectos, contribui para o aumento do trânsito e da poluição. Esses resultados podem ser tidos como negativos do ponto de vista daqueles que o suportam, pois, a emissão de gases pelo veículo é prejudicial à saúde e o aumento do trânsito fará com que o tempo de deslocamento entre diferentes pontos da cidade seja maior. Dessa forma, o custo dessa ação para a sociedade será maior do que para quem decide se deslocar utilizando o automóvel como meio de transporte. Isso porque, o custo social é o somatório dos custos privados de quem age e do impacto suportado por terceiros.

Podemos ilustrar essa situação pelo gráfico a seguir. A curva do custo social se encontra acima da curva que representa o custo do agente, aqui chamado de custo privado. A diferença entre as duas curvas é o custo dos impactos suportado pelos terceiros. O ponto ótimo, ou seja, socialmente desejável, é aquele onde há interseção entre as curvas do custo social e da demanda. A quantidade desejável de uso de veículo pelos agentes é dada por q*. O ponto de equilíbrio, no entanto, encontra-se localizado entre as curvas da oferta e da demanda, uma vez que o custo privado não engloba o da externalidade produzida e a quantidade atingida pelo equilíbrio de mercado é q'>q*.

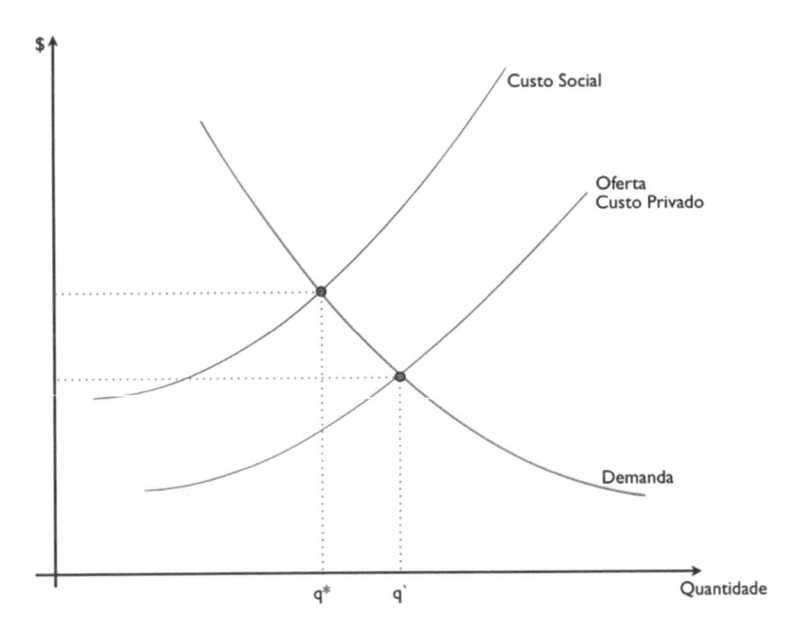

A solução típica para esse tipo de problema seria a imposição de uma taxa, pelo Estado, sobre esta atividade, a fim de imputar aos agentes o custo decorrente da externalidade. No momento em que essa externalidade passa a integrar o custo privado, a curva deste custo privado se iguala à do custo social e o equilíbrio atingindo passa a equiparar-se ao ponto ótimo. Ou seja, quando indivíduos passam a arcar com os custos do aumento do trânsito e da poluição, provenientes da utilização dos carros, o número de carros tende a diminuir, de forma a alcançar a quantidade ótima representada por q*. Dessa forma, o resultado é a alocação eficiente dos recursos que existiriam em um mercado onde não há falhas.

Nesse sentido, a regulação do setor de transporte tem tentado imputar tais custos ao uso de automóveis, em diversos países. Os exemplos são os mais diversos. Em São Paulo, foi criado um sistema de revezamento de veículos. Em Estocolmo e em Londres, foram criadas taxas de acordo com o uso de veículos em regiões específicas da cidade.

3.3.2 Externalidades positivas

A análise feita acima acerca das externalidades negativas pode ser aplicada de forma semelhante às positivas. Nessas últimas, porém, trata-se de ações que geram benefícios indiretos a terceiros. O morador de uma cidade que mantém a fachada de sua residência em bom estado de conservação está realizando uma ação em benefício próprio, qual seja, a boa preservação de sua propriedade privada e a valorização de seu bem. Adicionalmente, sua conduta está sendo benéfica aos demais moradores da região e do município, uma vez que contribui para a sensação de limpeza e boa estética do ambiente urbano, logo, para o bem-estar de sua população. Na medida em que há utilidade para outros indivíduos que não apenas o morador que empreendeu a ação, esse benefício pode ser considerado uma externalidade positiva.

Nesse caso, como há um ganho, e não um custo, à diferença de uma externalidade negativa, a curva de valor social se distingue da curva da demanda, ou seja, do valor privado. Como o valor social é superior ao valor privado, a sua curva está localizada acima daquela da demanda. Sendo assim, há um número menor de fachadas conservadas que o desejado pela população, fazendo com que o ponto equilíbrio, representado pelo cruzamento das curvas de oferta e demanda, se afaste do ponto ótimo de encontro das curvas da oferta e do valor social. Para que esse último estado seja alcançado é necessária alguma forma de incentivo para que mais indivíduos contribuam com o melhoramento das fachadas, de modo a aumentar a quantidade de fachadas bem cuidadas e a deslocar o equilíbrio para o ponto ótimo.

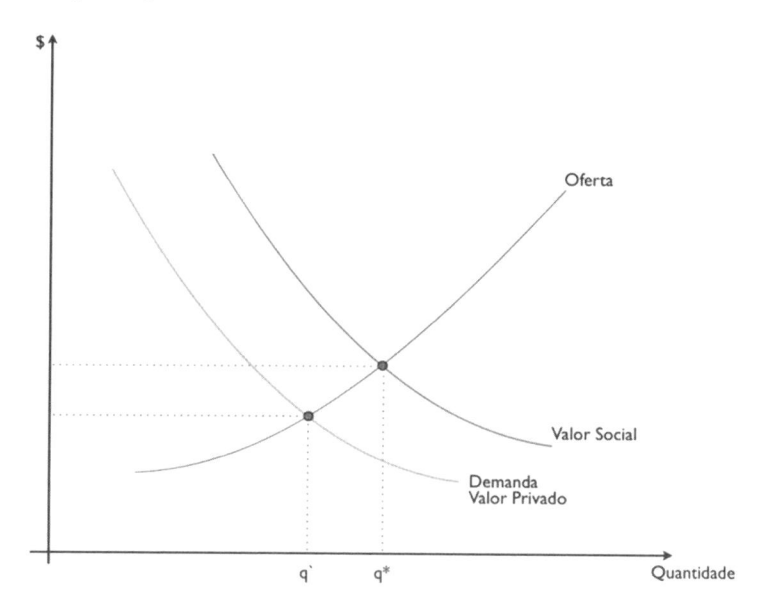

Com efeito, em diversas cidades, é comum a existência de competições pelas fachadas mais bem decoradas em épocas de festividades como o Natal. Mecanismos oferecidos, como prêmios, promovem um incentivo de baixo custo para que os moradores da cidade invistam em um maior cuidado em relação a suas propriedades, contribuindo indiretamente para um aumento no bem-estar social da cidade como um todo.

Apesar disso, a ausência de pequenas iniciativas acaba revelando a pouca preocupação do Direito em lidar com externalidades positivas. A responsabilidade civil é um mecanismo para internalizá-las, que existe em praticamente todos os sistemas jurídicos. Por outro lado, poucos tratam das externalidades positivas e, quando o fazem, é de maneira incompleta[3].

Trataremos mais detidamente da responsabilidade civil em capítulo específico, mas consideramos importante destacar aqui que parte da dificuldade na internalização das externalidades decorre da impossibilidade de se transplantar a regra de responsabilidade civil comum, por danos, para as externalidades positivas, que ensejam benefícios. Isto porque poderia gerar conflitos de incentivos e desequilíbrio nos níveis de atividades capazes de gerar externalidades positivas[4], pois os agentes "beneficiadores" buscariam o "prêmio" da atividade sem que, necessariamente, os beneficiados fossem consultados. Isto é, um terceiro poderia vir a ser responsabilizado por atividade sobre a qual não tinha controle algum, bem como não poderia, per si evitá-la (diferentemente da responsabilidade civil por danos, a qual pode ser evitada a partir do emprego de precaução)[5].

3.4 BENS PÚBLICOS

Outra falha de mercado importante, sobretudo para o Direito, decorre da existência de bens públicos. Em diversas áreas do direito público, podemos observar regulações que se ocupam da gestão desses bens. Em economia, chamamos de "bem público" todo e qualquer bem que é, simultaneamente, não rival e não excludente.

Classificar um bem como "não rival" significa dizer que o seu consumo por um indivíduo não reduz a sua disponibilidade para o consumo por outros. Desta forma, é fácil constatar que uma torta é um bem rival, na medida em que o consumo de uma fatia por uma pessoa reduz em proporção direta a disponibilidade do bem

---

[3] Doutrinas como o *enriquecimento sem causa* apenas resolvem parcialmente a questão. DARI-MATTIACCI, Giuseppe. "Negative Liability". **American Law and Economics Association Annual Meetings.** Paper 27, 2004, p. 3.

[4] Ibidem, p. 24.

[5] Richard Posner e William Landes denominam como "questão do Bom Samaritano" o fato de a Common Law se recusar a impor responsabilidade a terceiros pelo resgate de pessoas em perigo. A princípio, argumenta-se que esta postura seria ineficiente, em contradição com a tendência da Common Law de buscar eficiência econômica, isto porque ao se impor a responsabilidade pelo não resgate, não haveria a necessidade de o potencial salvador realizar cálculos de custo-benefício pelo salvamento, o temor pela sanção seria o suficiente para gerar o incentivo ao resgate. Não obstante, os autores argumentam que não é possível afirmar tal ineficiência, pois potenciais salvadores passariam a tomar precauções para não mais encontrarem pessoas em situação de risco (mudando rotas, diminuindo sua atividade), ou seja, fugiriam da responsabilização não por não resgatarem mais pessoas, mas por evitarem encontrar pessoas em perigo. Com isso, embora, de fato, houvesse um aumento nos incentivos para resgates após a localização de alguém, tal incremento seria compensado pela redução na probabilidade de uma vítima ser encontrada. Nesse sentido, vide: SALVORS, Finders. Good Samaritans, and Other Rescuers: An Economic Study of Law and Altruism. **Journal of Legal Studies**, v. 83, 1978. . Disponível em: https://www.nber.org/papers/w0227.pdf; Acesso em: 08/03/2016.

para outras. Em outras palavras, um bem é rival se dois indivíduos não podem "comer a mesma fatia". Um exemplo de bem não rival é assistir a uma partida de futebol pela televisão.

A não exclusividade, por sua vez, está associada à possibilidade de exclusão do uso do bem por terceiros. Se ninguém pode ser efetivamente excluído de seu uso, ele é não exclusivo. Quando os indivíduos vão ao cinema, por exemplo, pagam o preço da entrada para poder assistir ao filme. Entretanto, se o cinema não pudesse impedi-los de assistir ao filme, provavelmente não pagariam o ingresso. Os bens não excludentes são precisamente caracterizados pela impossibilidade de se "cobrar a entrada". Um exemplo seria um espetáculo de fogos em local público.

No mundo real, entretanto, não existem bens absolutamente não rivais e não excludentes. Contudo, os economistas acreditam que alguns aproximam-se o suficiente desses conceitos para a elaboração de uma análise útil. Já para o Direito, são bens públicos: "o conjunto de bens móveis e imóveis destinados ao uso direto do Poder Público ou à utilização direta ou indireta da coletividade, regulamentados pela Administração e submetidos a regime de direito público[6]".

Ou seja, para os juristas, a qualificação de um bem como público está ligada, por um lado, à titularidade pelo Poder Público ou à disponibilidade de sua utilização para a coletividade de forma livre (como as praias, praças ou ruas, por exemplo). Em qualquer desses casos, o bem será considerado juridicamente público.

Portanto, são conceitos diferentes, embora um bem possa ser, simultaneamente, considerado público para o Direito e para a Economia, não se trata de uma sobreposição necessária, estrutural, mas meramente coincidente, conjuntural.

	BEM PRIVADO PARA A ECONOMIA	**BEM PÚBLICO PARA A ECONOMIA**
BEM PRIVADO PARA O DIREITO	Habitação, carro	Segurança privada; Autoestrada com exploração privada
BEM PÚBLICO PARA O DIREITO	Educação, saúde	Defesa nacional; Segurança pública; Autoestrada pública

Um exemplo capaz de ilustrar essa diferença é o de uma praça. Pensemos numa praça pequena, que seja capaz de suportar o uso simultâneo por 100 pessoas. Porém, o espaço ocupado por cada uma limitará o uso dos demais. Indo além, seria inviável que 10.000 pessoas ocupassem a praça ao mesmo tempo. Ademais, seria possível colocar uma cerca e vigilantes numa praça, de tal forma que apenas quem pagasse um ingresso na entrada fosse autorizado a acessá-la, ou seja, é possível tornar o bem exclusivo. Logo, mesmo o exemplo clássico dos livros de direito administrativo, a praça pública, para a economia, não preenche os requisitos para ser considerado bem público.

---

[6] CRETELLA JÚNIOR, José. **Dicionário de direito administrativo**. Rio de Janeiro, Forense, 1978, p. 204.

A principal questão relacionada aos bens públicos está ligada à existência, nestes casos, dos chamados *free riders*, ou caronas – indivíduos que se valem de determinado bem ou serviço sem arcar com os custos de sua produção, aproveitando-se do fato de que outros agentes suportam tais custos.

Um exemplo menos simples e direto diz respeito à troca de arquivos de música MP3 pela internet: com a facilidade de distribuição e cópia de músicas, decorrente das tecnologias digitais disponíveis a uma grande parcela do mercado, poderíamos considerar que a música está se tornando um bem público. No entanto, na medida em que os indivíduos deixam de comprar música, o mercado pode ficar carente de recursos para financiar os custos de concepção, produção e gravação de obras musicais, que são divididos entre músicos e gravadoras.

A partir de um exemplo como este, é fácil perceber como se torna difícil garantir o financiamento de setores que lidam com bens públicos, o que pode exigir uma intervenção do Estado para assegurar a remuneração adequada do setor pelos usuários do bem – por meio do pagamento de um imposto, por exemplo –, evitando o comportamento oportunístico dos caronas. No entanto, há grandes controvérsias sobre o papel da regulação de bens públicos. públicos. Isso porque o Estado, ao intervir nesses casos, deverá arbitrar um preço para o bem, no lugar dos agentes de mercado. Pode ser muito difícil estabelecer o valor de um bem público, o que gera dúvidas acerca da eficiência de intervenções estatais para corrigir esse tipo de falha de mercado. O setor da produção intelectual é um exemplo de como mercados que operam com bens públicos podem, em alguns casos, manter-se, ainda assim, com elevados níveis de produtividade.

3.5 MONOPÓLIO NATURAL

Um monopólio se dá quando todas as vendas (ou a grande maioria) de um mercado são realizadas por uma única empresa. Um monopólio natural, por outro lado, é uma condição sobre o custo de tecnologia de uma indústria, que resulta na eficiência da produção monopolística. Em outras palavras, em certos mercados é mais eficiente para a produção (se considerarmos o menor custo de médio e de longo prazo) estar concentrada em um único processo produtivo. Em alguns casos, isso dá ao maior fornecedor de uma indústria – muitas vezes também o primeiro fornecedor em um mercado – uma vantagem de custo esmagadora sobre os outros concorrentes reais e potenciais. Isto tende a ocorrer em indústrias nas quais predominam os custos de capital, criando economias de escala que são grandes em relação ao tamanho do mercado e, portanto, elevadas barreiras à entrada de outras concorrentes.

Todos os setores têm custos associados à entrada no mercado. Estes custos podem ser, em alguns casos, irrecuperáveis, ou seja, podem caracterizar investimentos fixos iniciais a fundo perdido para que seja possível ingressar no mercado. É o caso, por exemplo, de grandes indústrias, como as de serviços públicos, que requerem um investimento inicial enorme. Esta barreira reduz o número de participantes potenciais para o setor.

Um conceito comumente associado ao monopólio natural é o de *essential facilities*, ou infraestrutura essencial. Há tipos de mercados que dependem da criação de uma rede infra estrutural de custo extremamente elevado, sem a qual não pode funcionar. Nestes casos, é frequentemente ineficiente a construção de múltiplas redes para possibilitar a competição. Ademais, quando os custos fixos iniciais são extremamente elevados, mas os custos marginais de operação são muito baixos, a competição pode levar a empresa a jamais atingir o retorno do investimento inicial. Isto acontece porque a concorrência tende a levar as empresas a praticarem preços próximos a seu custo marginal, que pode ser excessivamente baixo e inviabilizar os investimentos iniciais em infraestrutura.

Exemplos de monopólios naturais incluem serviços de utilidade pública, tais como os de distribuição de água e de eletricidade. Nestes casos, é muito custoso construir redes de transmissão (de água, de gás, de energia elétrica e de linhas telefônicas). Dessa forma, o custo de construção de uma rede de transmissão para os concorrentes em potencial é tão elevado que efetivamente impede a sua entrada.

Tipicamente, monopólios naturais são entendidos como falhas de mercado que suscitam a intervenção estatal para regular preço, quantidade e qualidade dos bens ou serviços prestados. Para dar conta desses monopólios, na tentativa de regular esta falha de mercado, surgem regras para a atuação da empresa monopolista. Recentemente, no entanto, a limitação legal sobre estes setores tem procurado viabilizar um tipo de competição "saudável", forçando a empresa que controla a infraestrutura essencial a compartilhá-la, a preços razoáveis, com seus competidores. Como exemplo, podemos mencionar países como a França, em que, por força deste tipo de regulação, empresas de distribuição de energia elétrica utilizam-se de uma única rede de distribuição, mesmo competindo entre si.

3.6 ASSIMETRIA DE INFORMAÇÃO

Assimetria de informação consiste no fato de os contratantes, no momento em que celebram o contrato, não deterem todas as informações necessárias para o entendimento pleno da transação. Muitas vezes, apenas uma das partes conta com tais dados, criando um desequilíbrio de poder que pode levar a problemas de alocação de recursos. Exemplos deste tipo são a seleção adversa e o risco moral. Mais comumente, as assimetrias de informação são estudadas no contexto de problemas de agente-principal, que abordaremos abaixo.

3.6.1 Agente-principal

O problema chamado agente-principal, ou dilema da agência, trata das dificuldades que surgem, em condições de informação incompleta e assimétrica, em uma determinada negociação. Isso ocorre quando um determinado indivíduo, que denominaremos "principal" contrata outro, que denominaremos "agente", para a consecução de uma tarefa custosa ao próprio agente, cuja fiscalização pelo principal é de difícil realização. Vários mecanismos podem ser usados, em diferentes contextos, para tentar alinhar os interesses do agente em solidariedade com os do principal, tais como multas por ineficiência, pagas em razão de uma performance ruim, participação nos lucros[7],

---

[7] A participação dos trabalhadores nos lucros ou resultados da sociedade empresarial – PLR é um benefício concedido como instrumento de integração entre o capital e o trabalho e como incentivo à produtividade, regulado pela Lei nº 10.101/2000.

salários de eficiência[8], avaliação de desempenho[9] (incluindo demonstrações financeiras) etc.

Ainda assim, em alguns casos pode ser difícil para o principal garantir que o comportamento do agente esteja em conformidade com seus interesses. O problema principal-agente ocorre na maioria das relações empregador/empregado, como, por exemplo, quando os acionistas contratam altos executivos de corporações.

A seguir, analisaremos dois tipos específicos de problemas de assimetria de informações que podem gerar falhas de mercado mais amplas, levando a alocações ineficientes de recursos.

3.6.2 Risco moral e seleção adversa

Consideremos o seguinte exemplo. C, procurando assegurar que o funcionamento de seu computador de mesa não dependa do dispêndio de seu próprio tempo, contrata D, que oferece serviços de assistência técnica e manutenção de computadores pessoais. Como C tem problemas recorrentes com seus computadores, decide contratar D mediante o pagamento de um valor fixo, pago mensalmente. Desse modo, D estará sempre à disposição, no prazo de um dia útil, para prestar-lhe assistência por telefone e, eventualmente, analisar e resolver pessoalmente qualquer problema técnico que C venha a ter com seu computador.

D considera a proposta vantajosa, uma vez que lhe garante uma renda fixa mensal. No entanto, observa que, tendo em conta o valor estipulado por C, a relação contratual só seria efetivamente lucrativa se este se responsabilizasse por tomar certas precauções ao utilizar a máquina, assim reduzindo consideravelmente a probabilidade de ocorrência de problemas. Ocorre que D não pode fiscalizar a utilização da máquina por C e, assim, não tem como garantir que ele obedeça aos padrões de utilização apropriados.

A teoria econômica denomina este tipo problema de risco moral, termo que designa situações nas quais a conduta de um dos agentes envolvidos numa relação econômica não pode ser verificada pela outra parte, embora seja fundamental para a consecução eficiente do negócio. Se o comportamento de um dos participantes é relevante – por sua conduta potencialmente importar em custos para a outra parte e em ganhos de

---

[8] "As teorias sobre o salário de eficiência propõem uma terceira causa para a rigidez salarial além da legislação sobre salário mínimo e a sindicalização. Essas teorias sustentam que os salários altos tornam os trabalhadores mais produtivos. A influência do salário sobre a eficiência dos trabalhadores pode explicar o fato de algumas empresas não fazerem reduções nos salários, apesar do excesso de oferta de mão de obra. Embora possa fazer com que diminua o valor da folha de pagamentos da empresa, uma redução salarial poderia também — se essas teorias estiverem corretas — fazer com que diminuísse a produtividade do trabalhador e os lucros da empresa." MANKIW, N. Gregory. **Macroeconomia**. 8ª ed. LTC: Rio de Janeiro. 2015, Capítulo 7º: Desemprego, p. 273.

[9] "A avaliação de desempenho é uma apreciação sistemática do desempenho de cada pessoa, em função das atividades que ela exerce, das metas e resultados a serem alcançados e do seu potencial de desenvolvimento. A avaliação de desempenho é um processo que serve para julgar ou estimar o valor, a excelência e as qualidades de uma pessoa e, sobretudo, qual é a sua contribuição para o negócio da organização". SAKANO, Adriana Milena et al. Avaliação de desempenho: conceito, objetivo e metodologia. **Revista Ampla de Gestão Empresarial**. Registro, SP, v. 3, nº 2, art. 7, p 100-109, outubro 2014. p. 101.

desvio para si –, existirão incentivos para que esse agente quebre com o estipulado. A relação provavelmente não se aperfeiçoará da forma contratualmente disposta.

Na verdade, o problema de principal-agente que descrevemos na seção anterior é apenas um tipo particular de problema de risco moral, no qual temos uma relação de representação de interesses (o empregado agindo em nome da empresa, o administrador agindo em nome dos acionistas, ou mesmo um agente público agindo em nome do Estado). No entanto, podemos ter problemas semelhantes sempre que, em uma relação contratual, a conduta de uma das partes for relevante para a eficiência do contrato, mas não puder ser facilmente fiscalizada pela outra parte.

Consideremos agora a situação de D. Imaginemos que ele queira ofertar apenas este tipo de serviço ao mercado. Uma forma de equilibrar as diferenças entre bons e maus consumidores, ou seja, clientes mais cuidadosos ou menos cuidadosos, seria estipular um preço baseado em um consumidor médio. Ocorre que este preço seria especialmente vantajoso para os maus consumidores, que se utilizariam muito de seus serviços, e menos interessante para os bons, que não necessitariam de tanto atendimento. D acabaria, assim, selecionando um maior número de maus consumidores, e sendo forçado a praticar preço mais elevado. Entretanto, cada vez que D aumenta o preço, oferece incentivos mais fortes para que apenas os maus permaneçam, e assim sucessivamente. Ao final do processo, D é deixado apenas com os piores e mais difíceis clientes.

A economia denomina este tipo de problema de seleção adversa, termo que designa as situações em que as variações de qualidade têm impacto direto sobre o preço estabelecido e podem ser facilmente verificadas por um dos lados do mercado, mas não podem ser verificadas pelo outro. No caso apresentado, os incentivos dados aos participantes podem levar à seleção adversa de bens de qualidade inferior, uma vez que privilegiam os maus consumidores e aumentam o preço final, a despeito de existirem soluções intermediárias potencialmente eficientes.

Os problemas da seleção adversa e do risco moral decorrem de uma assimetria de informações entre as partes: uma das partes dispõe de informações relevantes para o contrato, que a outra não é capaz de obter. Tais problemas são comumente apresentados como razões para a implementação de mecanismos de defesa dos interesses dos consumidores, como o Código de Defesa do Consumidor. É o caso de regulações que visam garantir padrões mínimos de qualidade sobre certos produtos, estipular regras mínimas de garantia ou critérios de responsabilização civil de profissionais liberais, como advogados ou médicos.

Os mesmos problemas podem, contudo, ocorrer do lado da demanda. É o caso dos contratos de seguros, ou de garantia, por exemplo. Nestes casos, o comportamento dos consumidores, que não pode ser verificado pelo fornecedor, ou prestador de serviços, é particularmente relevante para a consecução da relação econômica, podendo implicar em ganhos para os consumidores e custos para os ofertantes[10]. Em casos típicos como estes, a própria regulação busca soluções para eventuais falhas de mercado.

---

[10] A título ilustrativo, pensemos num contrato de seguro de um carro. Ao realizar o contrato, o segurado fornece à seguradora diversas informações como a idade dos indivíduos que dirigem aquele carro, os locais em que costuma estacionar, onde o automóvel fica durante a noite etc. Essas informações estão diretamente ligadas ao preço ofertado pela seguradora ao seu cliente. No entanto, os segurados podem tanto mentir sobre o seu perfil (seleção adversa) como alterá-lo

Nas hipóteses sobre as quais a regulação não se debruçou, caberia às partes encontrar soluções contratuais específicas para lidar com tais problemas.

3.7 FALHAS DE GOVERNO

Finalmente, destacamos que não apenas o mercado apresenta falhas, muitas vezes o governo, ao atuar para controlar ou acabar com as falhas de mercado, acaba sendo envolvido em falhas de governo. Nesse sentido, falhas de governo ocorrem: quando o governo cria ineficiências porque interferiu quando não deveria ou quando poderia ter resolvido determinado problema ou conjunto de problemas de forma mais eficiente, ou seja, gerando maiores benefícios líquidos.[11]

Com frequência os livros de economia tratam o governo como se agisse de forma ideal, porém há pouca consideração sobre o fato de que o Poder Público pode, sistematicamente, falhar.[12] Tais falhas podem ocorrer, essencialmente, por desvios de incentivos inerentes ao processo político de decisão. Isto é, há um incentivo para votar em um candidato com maior capacidade de tornar seu eleitor um *free rider*. Ademais, grupos de interesses privados podem se organizar e pressionar a produção legislativa para obter vantagens capazes de gerar ineficiências do ponto de vista social.[13]

Podemos citar dois exemplos famosos de falhas de governo: o *logrolling* e o *rent seeking*. O primeiro corresponde à prática, muito conhecida, de troca de votos entre os políticos. Funciona da seguinte maneira: um agente político vota favoravelmente a determinado projeto, mesmo que contrário aos interesses de sua base eleitoral, apenas contando com a reciprocidade de outros parlamentares em futuros projetos votarem em seu benefício. Com isso, os representantes da população acabam votando sem ter em conta os interesses de seus eleitores, mas sim por conta de negociações com outros agentes políticos[14].

Por sua vez, o *rent seeking* pode ser compreendido como o uso de recursos com o objetivo de obter rendas (*rents*) para pessoas nas quais a renda, per si, é oriunda de uma atividade com valor social negativo[15]. Dito de outra forma, a expressão pode ser entendida como a obtenção de lucros, apesar de legais, por meio de efeitos perniciosos

---

depois da realização do contrato (risco moral), gerando um benefício para si e um custo superior para a outra parte.

[11] WINSTON, Clifford. **Government Failure vs. Market Failure: Microeconomics Policy Research and Government Performance.** Washington, DC: Brookings Institution Press, 2007. Disponível em: https://www.brookings.edu/research/government-failure-vs-market-failure-microeconomics-policy-research-and-government-performance/. Acesso em: 19/02/2019.

[12] GOODMAN, John. "Market Failure vs. Government Failure". Dallas: Goodman Institute for Public Policy Research. Disponível em: http://www.goodmaninstitute.org/how-we-think/market-failure-vs-government-failure/. Acesso em: 19/02/2019.

[13] Ibidem.

[14] TULLOCK, Gordon; SELDON, Artur, BRADY, Gordon L. **Government Failure: a primer in public choice.** Catho Institute. Washington, DC. 2005. p. 29-41.

[15] Ibidem, p. 43.

para a sociedade como um todo, ou produzidos sem a devida criação de utilidade social correspondente.[16]

O *rent seeking* pode ocorrer de duas maneiras diferentes. A mais aberta, através de transferências diretas, quando um grupo recebe benefícios financeiros do erário público, ou de forma menos ostensiva, através de um regime regulatório mais favorável a determinado grupo de agentes econômicos. Trata-se de um problema relacionado à atuação de grupos de interesses. Há a tendência à organização em tal categoria, quando estamos diante de uma coletividade relativamente pequena, cujo benefício ou prejuízo advindo da política poderá ser grande[17]. Nesses casos, há, portanto, a busca de lucros às custas da sociedade como um todo.

As falhas de mercado apontadas acima não devem ser vistas como uma condição que, sozinha, deva implicar em intervenção do governo. Até porque dizer que há uma falha no mercado significa afirmar o seu funcionamento fora das condições perfeitas de equilíbrio, mas não quer dizer que ele, o mercado, não funcione.[18]

Nesse sentido, os governantes também podem falhar e com frequência de fato o fazem. Dessa forma, apontar falhas de mercado não faz com que, automaticamente, se justifique a regulação. Isto porque o próprio mercado pode, espontaneamente, a partir da criatividade de seus agentes, contornar as supostas falhas de maneira mais eficiente.[19] Ou seja, ao intervir, o governo acaba não resolvendo a falha de mercado original, bem como acaba criando novas falhas ou atrapalhando que o mercado espontaneamente resolva as falhas existentes.

Com isso, é possível que, ao intervir sobre uma falha de mercado, o governo acabe por criar uma falha de governo tão ou mais ineficiente quanto a primeira. Nesse contexto, o melhor seria buscar uma melhor alternativa (um *second best*), ou seja, como é impossível que exista um mercado perfeito ou uma intervenção perfeita, a solução mais eficiente seria atuar de forma mais discreta.

Pelo Teorema Geral do *Second Best*[20]; "se uma das condições do ótimo paretiano não pode ser cumprida, a segunda melhor opção apenas é atingível se desistirmos de todas as outras condições ótimas"[21]. No presente caso, se não é possível nem viver dentro de um mercado perfeito, nem esperar que as intervenções do governo sejam, sempre, capazes de aumentar a eficiência de um sistema econômico, devemos buscar,

---

[16] Um exemplo capaz de facilitar a compreensão é o uso de tarifas alfandegárias para proteger empreendedores ineficientes. Nesse caso, no lugar de melhorar seu processo produtivo para competir com agentes internacionais, o privado busca, a partir de uma ação estatal juridicamente legítima, se proteger da concorrência, causando prejuízos para os consumidores, que não terão acesso aos produtos estrangeiros potencialmente melhores e mais baratos.

[17] TULLOCK, Gordon; BRADY, Gordon L.; SELDON, Arthur. **Government failure: a primer in public choice**. Cato Institute, 2002. p. 37-38.

[18] CARDEN, Art; HORWITZ, Steven. Is market failure a sufficient condition for government intervention. **Library of Economics and Liberty**, v. 1, 2013. Disponível em: https://www.econlib.org/library/Columns/y2013/CardenHorwitzmarkets.html. Acesso em: 19/02/2019.

[19] Ibidem.

[20] LIPSEY, Richard G.; LANCASTER, Kelvin. The general theory of second best. **The review of economic studies**, v. 24, n. 1, p. 11-32, 1956.

[21] Ibidem, p. 12.

dentro do possível, a cada caso, determinar qual a melhor ação (intervir ou não). Essa é a grande dificuldade que o teorema geral do *second best* destaca: "não há um método apriorístico para decidir, entre várias situações nas quais nenhuma das condições do ótimo de Pareto não são atendidas"[22].

QUESTÕES DE AUTOMONITORAMENTO

1) **Quais são as principais falhas de mercado estudadas na economia? Defina-as resumidamente.**

Comentário: As principais falhas de mercado são: (i) monopólios naturais; (ii) bens públicos; (iii) assimetria de informações; (iv) externalidades; e (v) competição imperfeita. Monopólios naturais ocorrem quando é mais eficiente para a produção estar concentrada em um único processo produtivo. Bem público, a seu turno, é todo e qualquer bem que é, simultaneamente, não rival e não excludente. Significa dizer que o seu consumo por um indivíduo não reduz a sua disponibilidade para o consumo por outros. A não exclusividade, por sua vez, está associada à possibilidade de exclusão do uso do bem por terceiros. Se ninguém pode ser efetivamente excluído de seu uso, ele é não exclusivo. A assimetria de informações consiste no fato de os contratantes, no momento em que celebram o contrato, não deterem todas as informações necessárias para o entendimento pleno da transação. As externalidades podem ser entendidas como os custos ou benefícios que não são internalizados pelo indivíduo ou pela empresa em suas ações e que impõem diretamente custos ou benefícios a terceiros. Podem ser definidas, portanto, como o impacto da ação de um agente sobre um terceiro que dela não participou. Por fim, a *competição imperfeita* é, na verdade, o que se vê na esmagadora maioria dos mercados. Já que o conceito de concorrência perfeita serve como um *benchmark* para medir os mercados da vida real. Formas típicas de concorrência imperfeita incluem: monopólio, em que há somente um vendedor de uma mercadoria; oligopólio, em que existem poucos vendedores de uma mercadoria; concorrência monopolística, em que há muitos vendedores que produzem bens altamente diferenciados; monopsônio, em que há apenas um comprador de um bem ofertado por vários vendedores; e oligopsônio, em que há poucos compradores de um bem e inúmeros vendedores.

2) **O uso de cinto de segurança em um veículo gera que tipo(s) de externalidade(s)? Quais ações podem ser tomadas para internalizar tal(tais) externalidade(s)?**

Comentário: O uso do cinto gera externalidade positiva no aumento de sobreviventes de acidentes de carro, mas também uma externalidade negativa com o aumento da imprudência. Para a primeira, pode ser decretada a obrigatoriedade de seu uso e de sua presença em todos os novos carros saídos de fábrica. Para a segunda, podem-se criar limites de velocidade e multas para aqueles que ultrapassarem esse limite.

a) **Cite e explique exemplos de externalidades positivas e negativas. Em seguida, descreva meios de internalizá-las.**

Comentário: Um exemplo de externalidade negativa seria uma festa muito barulhenta, que gera um prejuízo ao sossego dos vizinhos. Uma forma de internalizá-la seria

---

[22] Ibidem.

impor multas aos condôminos que ultrapassassem determinado horário com som alto. Um exemplo de externalidade positiva é a educação, pois pessoas educadas, além de terem um futuro melhor, também contribuem para uma maior geração de riqueza para a sociedade. Uma forma de internalizar essa externalidade seria criar subsídios governamentais para a educação ou isenção de impostos para escolas privadas.

3) **Qual a diferença do conceito de "bem público" para o direito e para a economia? Cite exemplos que poderiam ser considerados públicos para o direito, mas não para a economia.**

Comentário: Para a economia, bens públicos são todos aqueles que são não rivais e não excludentes, ou seja, cujo uso não impede o uso por parte dos demais nem reduz sua disponibilidade. Já para o Direito, bens públicos são todos aqueles bens regidos pelo direito público e para o uso indireto ou direto da coletividade ou uso direto do Estado. Assim, o Direito considera a Educação como um bem público, ao passo que para a Economia se trata de um bem privado, pois as escolas podem selecionar os alunos que aceitam e oferecem vagas limitadas, de modo que a ocupação de uma vaga por um aluno impede a presença de outros alunos na mesma sala de aula.

4) **Como a pandemia do novo Coronavírus ilustra a diferença entre os conceitos econômico e jurídico de bens públicos?**

Comentário: Justamente por se tratar de um bem que não é público no sentido econômico, a prestação da saúde em tempos de pandemia precisou se adaptar às limitações práticas decorrente da escassez de recursos médicos e hospitalares. A saúde mostrou ser um bem rival, pois quando um leito hospitalar é ocupado por um paciente, outro indivíduo não pode mais ter acesso ao mesmo leito. Da mesma forma, quando um respirador é destinado a alguém, outros pacientes não podem mais ter acesso àquele recurso. Os protocolos de admissão estabelecidos durante a pandemia mostram também que a saúde é um bem excludente: os hospitais passaram a não mais admitir a internação de pacientes que não apresentassem sintomas graves, como perda de capacidade respiratória. Assim, ainda que a Constituição Brasileira de 1988 reflita a ideia jurídica de bem público quando estabelece que "a saúde é direito de todos e dever do Estado" (art. 196), na prática, esse direito precisou ser adaptado e "escolhas difíceis" precisaram ser feitas nos hospitais do país diante do cenário de escassez criado pela pandemia.

5) **Defina o termo *free rider* e sua relação com bens públicos. Em seguida, aponte suas causas e consequências.**

Comentário: O *free rider* é aquele que se aproveita de determinado bem público sem pagar pela sua manutenção. A causa é a dificuldade de encontrar-se o verdadeiro agente que suporta os custos desses bens, logos os *free riders* aproveitam-se disso, sem arcar com os custos. A consequência é a dificuldade de se financiar setores que trabalham com bens públicos, sem que o Estado intervenha para garantir remuneração adequada do setor.

6) **Por que os monopólios naturais existem e o que um Estado pode fazer para evitar ou mitigar suas consequências?**

Comentário: Monopólios naturais existem porque algumas vezes, em certos mercados, o custo tecnológico de determinado produto/serviço é tão elevado que apenas um grande fornecedor pode arcar com eles, criando-se um monopólio natural. A intervenção estatal, nesse caso, vem para controlar os preços e a quantidade de produtos/serviços ofertados.

7) **Quais são os dois maiores problemas gerados pela assimetria de informação? Que impactos eles têm na economia? Quais instrumentos podem ser criados para mitigá-la?**

Comentário: Os dois maiores problemas criados pela assimetria de informação são o risco moral e a seleção adversa. O risco moral faz com que as contratações se tornem mais caras, uma vez que há possibilidade grande de os contratos serem inadimplidos, enquanto a seleção adversa faz com que os produtos disponíveis no mercado sejam de menor qualidade, pois os melhores terão sido retirados do mercado, já que o seu preço é superior à média de pagamento ofertada. Um meio para resolver isso seriam mecanismos de defesa do consumidor, bem como ferramentas regulatórias que estimulem as partes contratantes a trocarem o máximo de informação possível em suas negociações.

8) **O que são, e como ocorrem, as falhas de governo?**

Comentário: Falhas de governo são ineficiências criadas pelo Estado que podem ocorrer quando interferem indevidamente, ou de forma menos eficiente possível, dentro de determinado setor.

Capítulo IV
ESTATÍSTICA

4.1 POR QUE UTILIZAR ESTATÍSTICA? PENSANDO ESTATÍSTICA

Aprender noções de estatística pode, por vezes, parecer tarefa desnecessária, por ser aparentemente tão distante do trabalho cotidiano desenvolvido por juristas. Analisar mais detidamente, no entanto, como o comportamento humano pode ser descrito em *variáveis*, e eventualmente, ao analisar tais variáveis, produzir conclusões estatísticas a partir de dados observados empiricamente pode ser bastante útil. Exemplo do uso de estatística pode ser dado, na avaliação das políticas públicas por parte dos juristas, como no caso do sistema carcerário, que apresenta como problema crônico a superlotação.

Em decisão dada no final de 2017, o STF concluiu que todos os presos que estivessem em condições precárias no encarceramento teriam direito à indenização por parte do Estado, no valor de R$ 2.000,00 (dois mil reais). Nesse sentido, a estatística pode ser de grande valia para dar sentido aos argumentos eventualmente acionados pelo advogado que irá atuar em causas que discutem indenizações. Assim, apresentar dados acerca da situação do sistema carcerário tanto em uma perspectiva macro, quanto em uma perspectiva micro, referente a unidade prisional em que o detento estava mantido sob custódia podem ajudar bastante na estruturação de um argumento, bem como no convencimento do julgador. Esses mesmos dados também poderiam ser usados pela Defensoria Pública em ações coletivas pleiteando as indenizações ou na elaboração de relatórios a serem enviados para a administração pública, exigindo melhorias nas condições de encarceramento. A grande vantagem da estatística, como vemos, é sua relação com a empiria. Números são números e funcionam como representações verossímeis da realidade.

4.2. O QUE É UMA VARIÁVEL?

Se buscamos compreender as características de um conjunto de pessoas, por exemplo, podemos dizer que as variáveis seriam as características dos indivíduos (idade, sexo, raça, profissão etc.). Uma única variável, por exemplo, a idade, pode assumir diversos valores. Na Tabela 1, são apresentados os dados de cinco pessoas, seus respectivos nomes, idades e sexos. Nesse caso, a variável **Indivíduo** pode ter cinco valores: "João", "Alice", "Fernando", "Érica" e "Paula". Já a variável **Idade** assume quatro valores numéricos: 19, 34, 27 e 52. A variável **Sexo**, que representa o sexo biológico dos indivíduos, só apresenta dois valores: M, para masculino, e F, para feminino.

Tabela 1

Indivíduo	Idade	Sexo
João	19	M
Alice	34	F
Fernando	27	M
Érica	52	F
Paula	19	F

4.3 VARIÁVEIS QUANTITATIVAS *VERSUS* QUALITATIVAS

No exemplo anterior, vimos variáveis que se comportam de modos diferentes: a variável **Idade** é um exemplo de *variável quantitativa*, enquanto as variáveis **Indivíduo** e **Sexo** são exemplos de *variáveis qualitativas*.

Variáveis quantitativas são subdivididas em *contínuas* e *discretas*. As contínuas podem assumir valores infinitos – se apresentássemos a variável **Peso** teríamos um exemplo de variável contínua, já que sempre podemos adicionar mais uma casa decimal à representação do peso de uma pessoa. Já variáveis discretas assumem valores finitos, como o número de pessoas numa sala – que não pode ser 2,7, apenas 2 ou 3.

As variáveis qualitativas, por sua vez, podem ser *nominais* ou *ordinais*. No caso das nominais, não existe uma ordenação nas categorias – **Indivíduo** e **Sexo** são ambas variáveis nominais. As ordinais, pelo contrário, apresentam ordenação, como a escolaridade (1º, 2º e 3º grau) ou o mês de observação de determinado evento (janeiro, fevereiro, março, ..., dezembro).

A natureza da variável é fundamental para a interpretação dos resultados, já que podemos afirmar que um certo indivíduo A, que tem 30 anos, tem o dobro da idade de um outro indivíduo B, de 15 anos, mas não podemos afirmar o mesmo sobre variáveis qualitativas.

Suponhamos uma escala de graus de especialização, onde "1" equivale a não especializado, "2", a semiespecializado, "3", a especializado e "4", a muito especializado. Nesse caso, é incorreto afirmar que uma pessoa muito especializada tem o *dobro* da especialização de um semiespecializado.

Níveis de mensuração das variáveis

Quando estamos lidando com variáveis, é fundamental conhecer o seu nível de mensuração – isso porque o bom funcionamento dos métodos de análise a serem utilizados dependerá em grande parte desse fator.

Nível nominal: para variáveis como Sexo (biológico) ou Estado Civil, suas possíveis expressões (Masculino ou Feminino no caso de Sexo e Solteiro, Casado, Separado, Divorciado e Viúvo para Estado Civil) revelam a característica nominal da variável. Tais categorias, como Sexo e Estado Civil cumprem dois requisitos: são ambas exaustivas, já que podem ser aplicadas a todos os elementos de uma população, e mutuamente exclusivas – já que é impossível se autodeclarar "Solteiro" e "Casado" ao mesmo tempo. Pode-se dizer, portanto, que tais variáveis seguem uma escala nominal, e não é possível realizar operações aritméticas (soma, subtração, divisão, dentre outras) com suas expressões, e nem as ordenar.

Às vezes, variáveis nominais podem ser expressas em números – por exemplo, Masculino = 1 e Feminino = 2; nesse caso, não significa que Feminino seja o dobro de Masculino, apenas que 1 e 2 funcionam como códigos para representar o Sexo dos indivíduos.

Nível ordinal: é válido para variáveis qualitativas ordinais, como a escala de especialização num conjunto de indivíduos[1]. Nesse caso, não podemos realizar operações aritméticas, mas podemos realizar operações de ordenação (maior que, menor que). Não podemos dizer que indivíduo muito especializado tem o dobro da especialização do indivíduo semiespecializado, mas podemos dizer que o indivíduo muito especializado tem especialização maior que todos os demais grupos da escala.

Nível intervalar: quanto ao nível intervalar, pode-se não apenas ordenar as categorias, como saber a distância entre elas. Tratando desse tipo de escala, são utilizadas escalas constantes de mensuração (minutos, reais, Celsius), cujos intervalos são idênticos. No caso da temperatura, por exemplo, sabe-se que a diferença entre 15° Celsius e 20° Celsius é a mesma de 35° Celsius e 40° Celsius, mas sendo o zero da escala (0°) escolhido aleatoriamente, não é correto afirmar que 40° Celsius é duas vezes mais quente que 20° Celsius, pois a temperatura está medida em nível intervalar[2].

Nível de razão: sendo um caso de escala métrica mais comum que o nível intervalar, no nível de razão – ou nível proporcional – se pode quantificar a distância entre dois pontos *e* fazer operações matemáticas, como por exemplo, dizer que o salário de A, R$ 3.000,00 é a metade (1/2) do salário de B, R$ 6.000,00.

4.4 AMOSTRAS E POPULAÇÕES

Uma população é um conjunto de indivíduos (ou objetos) que apresentam ao menos uma característica em comum, cujo comportamento se deseja analisar ou inferir, como todos os habitantes de um país ou todos os lápis produzidos por uma fábrica, em um período específico de tempo. Os elementos da população são denominados unidades estatísticas ou unidade de observação, e podem ser finitos, como os lápis, ou infinitos, como os pontos em uma reta.

Dificilmente se consegue coletar as informações de todos os elementos de uma população, ou seja, realizar um censo, mesmo sendo uma população finita. Tendo isso em vista, toma-se alguns elementos da população, uma amostra, para serem estudados.

---

[1] Onde "1" equivale a não especializado, "2", a semiespecializado, "3", a especializado e "4", a muito especializado.

[2] Para resolver esse problema e obter uma medida com nível de razão, seria necessário que utilizássemos a escala de temperatura em Kelvin, pois ela parte do zero absoluto. Note que 20° Celsius corresponde a cerca de 293° Kelvin, e 40° Celsius corresponde a cerca de 313° Kelvin. Quando utilizamos essa escala, fica fácil perceber que a primeira temperatura não é o dobro da segunda. Por outro lado, 40° Kelvin de fato é o dobro de 20° Kelvin. Nesse caso, passamos a uma escala que nos permite mensurar a temperatura a nível de razão.

Uma amostra é um subconjunto da população que é significativamente menor que a população em si, mas que é representativa dela. Se, numa faculdade de Direito, temos 400 alunos matriculados no horário integral, os 400 alunos representam a população, e 50 deles representariam uma amostra.

> **População** é o conjunto de elementos (pessoas, itens ou eventos) que se deseja estudar, levando em conta uma ou mais características.
> **Amostra** é um subconjunto da população, que deve ser representativo da população.

Em seguida abordaremos os métodos de amostragem e o conceito de erro amostral.

4.5 ORGANIZANDO DADOS: APRESENTAÇÃO E DESCRIÇÃO

Quando coletamos dados sobre um conjunto que contém uma quantidade considerável de elementos, resumir e classificar tais informações se torna fundamental para que seja possível assimilá-las.

4.5.1 Distribuições de frequência

Voltemos ao exemplo da faculdade de Direito, na qual 400 estudantes estão matriculados no horário integral. A direção da faculdade, interessada em saber o perfil médio do aluno, fez um censo com essa população em sua totalidade, e apresentou os resultados nas seguintes Tabelas 2 e 3:

Tabela 2

Sexo	Frequência absoluta	Frequência relativa
Masculino	152	38%
Feminino	248	62%
Total	400	100%

Tabela 3

Idade (em anos)	Frequência absoluta	Frequência relativa
17	12	3%
18	43	11%
19	69	18%
20	74	18%
21	75	19%
22	68	17%
23	24	6%
24	15	4%
25	12	3%
26	6	2%
27	2	1%
Total	400	100%

A frequência absoluta é a contagem, o número de alunos, isto é, quanto do total de 400 são do sexo feminino e quantos são do sexo masculino – respectivamente, 248 e 152. Podemos fazer o mesmo para a idade, contando quantos indivíduos possuem cada idade. A frequência relativa, por sua vez, aponta o quanto a frequência absoluta representa diante do total de pessoas – as pessoas do sexo feminino representam uma taxa de 62% do total de alunos, e do sexo masculino, 38%. O resultado é obtido através seguinte razão:

$$\frac{248}{400} = 0,62 = \frac{62}{100} = 62\%$$

É importante observar que, no primeiro caso, para a Tabela 2, os números são inteiros (62,00% e 38,00%); já no segundo caso, os números estão arredondados. A porcentagem de pessoas com 21 anos é 18,75%, mas para fins de simplificação, na tabela foi arredondada para 19%.

A regra de arredondamento é simples: sempre que o número suprimido for menor ou igual à 4, o último número a ser mantido não será alterado. Já no caso de ser 5 ou maior[3], ao último número a ser mantido será somado 1. Portanto, podemos arredondar 18,75% para 18,8% ou 19%. A porcentagem de alunos com 19 anos é 17,25%, e podemos arredondar para 17,3% ou 18%.

Feitos os arredondamentos, é possível que a soma das frequências relativas não resulte em 100%, mas sim em 99,9% ou 100,1% – e nem sempre é possível evitar isso. No entanto, assume-se que a soma total será 100%.

Outro modo possível de representar a frequência é através da "frequência acumulada". Refazendo a Tabela 3, temos:

Tabela 4

Idade	Frequência absoluta	Frequência relativa	Frequência acumulada
17 anos	12	3%	3%
18 anos	43	11%	14%
19 anos	69	18%	31%
20 anos	74	18%	50%
21 anos	75	19%	68%
22 anos	68	17%	85%
23 anos	24	6%	91%

---

[3] Estatísticos por vezes usam uma regra especial quando o último dígito a ser arredondado é exatamente 5, sem casas decimais posteriores. Nesses casos, para evitar erros cumulativos de arredondamento, é comum arredondar-se para baixo se a parte inteira do número é par, e arredondar-se para cima se é ímpar.

Idade	Frequência absoluta	Frequência relativa	Frequência acumulada
24 anos	15	4%	95%
25 anos	12	3%	98%
26 anos	6	2%	100%
27 anos	2	1%	100%
Total	400	100%	–

A frequência acumulada, então, soma progressivamente as frequências relativas conforme novos valores da variável Idade aparecem. Note que essa representação é mais útil quando a variável analisada pode ser ordenada, como ocorre com a idade dos alunos. Podemos então dizer, por exemplo, que 68% dos alunos possuem 21 anos ou menos.

Outra forma de se apresentar os dados colhidos de modo facilmente assimilável, a partir de visualização, é através da elaboração de gráficos. As Tabelas 2 e 3 podem ser transformadas nos seguintes gráficos, respectivamente:

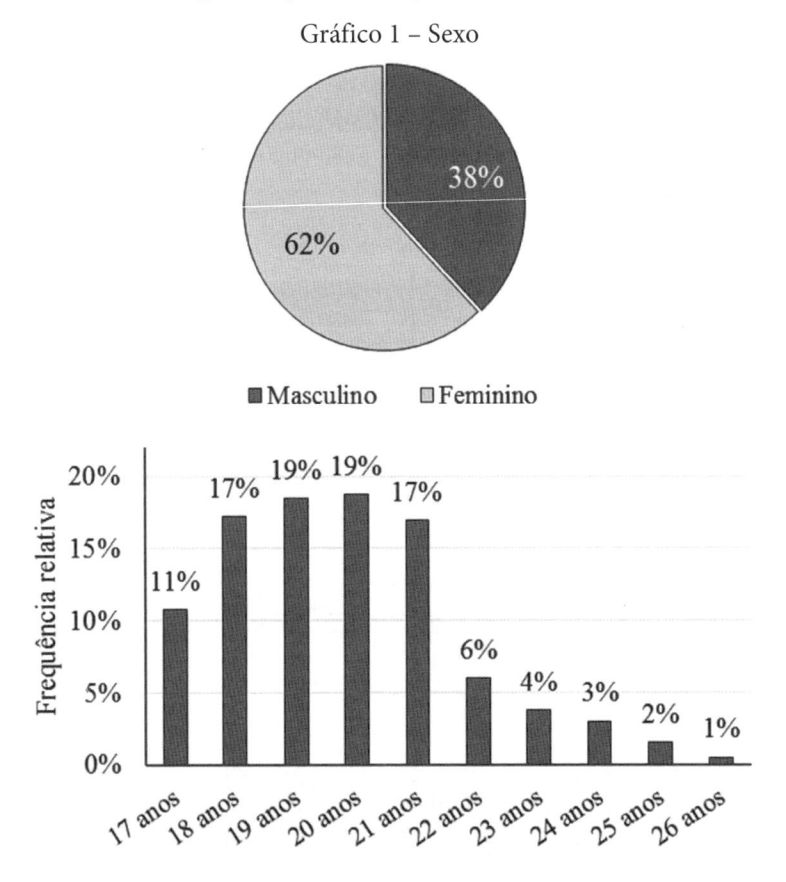

Gráfico 1 – Sexo

O Gráfico 1 é um gráfico de setores (popularmente conhecido como em formato de pizza), no qual cada fatia representa a proporção de determinado grupo face ao total de observações. Sua representação visual também deve seguir um cálculo: tendo 400 como total de observações e 248 mulheres nesse conjunto observado, montamos a seguinte conta:

$$\frac{360°}{400} = \frac{x}{248}$$

Onde x é o número – a angulação – que queremos achar, que representa a proporção de mulheres em relação ao todo (360°). Basta usar a regra da multiplicação cruzada para obter o resultado:

$$\frac{360°}{400} = \frac{x}{248} \Rightarrow x = 223,2°$$

Assim, as mulheres equivalem a uma fatia de 223,2° graus no gráfico de setores. E os homens, a seu turno representam a uma fatia de 136,8° graus.

Já o Gráfico 2 é um gráfico de colunas, e a altura de cada coluna representa a frequência de cada categoria. No eixo horizontal são transcritos os valores que a variável assume, e no eixo vertical, a informação sobre a frequência. É importante pontuar que o gráfico de colunas acima ilustra os dados de uma variável quantitativa, mas pode ser igualmente utilizado para variáveis qualitativas.

No caso da representação através do gráfico de setores, apresentado acima, entretanto, é preciso tomar um cuidado maior: seu objetivo é mostrar a proporção das expressões em relação ao total de observações, mas caso a variável apresente muitas categorias, por exemplo, se torna complicado assimilar a informação. Um gráfico de pizza sobre a variável **Idade** seria assim:

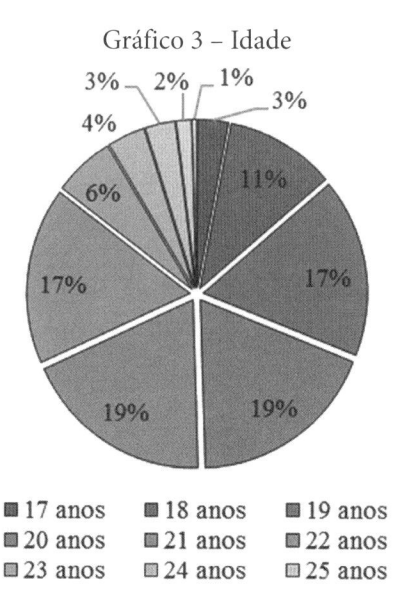

Gráfico 3 – Idade

3% 2% 1%
4% 3%
6% 11%
17% 17%
19% 19%

■ 17 anos   ■ 18 anos   ■ 19 anos
■ 20 anos   ■ 21 anos   ■ 22 anos
■ 23 anos   ■ 24 anos   ■ 25 anos

Mais complicado de entender do que o gráfico de colunas, certamente. De modo geral, é válido testar diferentes tipos de gráficos para o mesmo conjunto de dados para ajudar na decisão de escolha daquele que visualmente gera melhor compreensão[4].

4.5.2 Medidas de posição

Uma maneira adequada para descrever um grupo como um todo é através da criação de um número chamado *medida de posição*. As *medidas de posição* auxiliam os pesquisadores ao responder determinas perguntas como: Qual a renda média dos graduandos em engenharia e em medicina em uma faculdade? Quantos cigarros o adolescente médio fuma diariamente?

Média aritmética simples

A média simples deve ser calculada somando todos os valores de um conjunto de dados e dividindo-os pelo número de elementos deste conjunto.

Como a média é uma medida sensível aos valores da amostra, é mais adequada para situações em que os dados são distribuídos mais ou menos de forma uniforme, ou seja, valores sem grandes discrepâncias (isto é, conjuntos que não tenham muitos *outliers*[5]).

Resgatando os dados do primeiro exemplo, expostos primeiramente na Tabela 1, temos que:

Tabela 5

Indivíduo	Idade	Sexo
João	19	M
Alice	34	F
Fernando	27	M
Érica	52	F
Paula	19	F

Calculamos a média do seguinte modo:

$$\frac{19+34+27+52+19}{5} = 30,2$$

Ou seja, somando suas idades e dividindo pelo número de indivíduos.

---

[4] A visualização de dados é hoje considerada uma etapa essencial das análises estatísticas, tendo-se constituído em uma área de conhecimento à parte. Para mais informações sobre esse tema, ver: WILKE, C. **Fundamentals of data visualization**: a primer on making informative and compelling figures. Sebastopol, CA: O'Reilly Media, 2019; KNAFLIC, Cole Nussbaumer. *Storytelling with data*: a data visualization guide for business professionals. Hoboken, New Jersey: Wiley, 2015.

[5] Em estatística, consideramos *outlier* (ou valor atípico) um elemento que apresenta um afastamento grande demais das demais observações do conjunto.

Média aritmética ponderada

Enquanto a média simples considera que todos os elementos do conjunto têm peso igual (o mesmo grau de importância), a média ponderada atribui diferentes importâncias a diferentes elementos de um conjunto. Para ilustrar, podemos estabelecer uma regra arbitrária: os indivíduos com mais de 30 anos têm o *dobro* da importância, assim:

Tabela 6

Indivíduo	Idade	Peso
João	19	1
Alice	34	2
Fernando	27	1
Érica	52	2
Paula	19	1

$$\frac{(1 \times 19)+(2 \times 34)+(1 \times 27)+(2 \times 52)+(1 \times 19)}{1+2+1+2+1} = 33,86$$

Um exemplo muito comum de uso da média aritmética ponderada é para a construção de índices de preço, seja ponderando de acordo com certos bens, setores ou cidades.

Mediana

A Mediana representa o valor central do conjunto de informações, após ordenados de modo crescente ou decrescente. Quando o número elementos de um conjunto é par, encontramos a mediana pela média dos dois valores centrais[6] (somando os dois valores centrais e dividindo-os por dois). Seguindo o exemplo da Tabela 5:

$$19 \quad 19 \quad 27 \quad 34 \quad 52$$

Portanto, a mediana (o valor central) é 27.

Moda

A Moda representa o valor mais frequente de um conjunto de dados. Para defini-la basta observar a frequência com que os valores aparecem. Quando existem dois valores mais frequentes que aparecem a mesma quantidade de vezes – ou seja, o conjunto apresenta duas modas – chama-se de conjunto bimodal. Em casos em que três ou mais valores se repetem com mais frequência, esta modalidade é chamada de plurimodal ou multimodal.

---

[6] Em um conjunto numérico contendo seis valores, a mediana será calculada pela média entre os elementos posicionados na terceira e quarta posição, por exemplo.

No exemplo resgatado na Tabela 5, o valor mais frequente é **19**, sendo, portanto, a moda do conjunto de informações. Destacamos, igualmente, que uma distribuição pode ser, em teoria, plurimodal.

Quartis

Dado um conjunto de dados ordenados, podemos extrair os quartis. Quartis são os valores que dividem tal conjunto de dados em quatro partes iguais, sendo um bom meio a ser adotado para observar a dispersão e a tendência central das observações.

O primeiro quartil (Q1) é o valor que torna 25% dos dados menores ou iguais a este. O segundo quartil (Q2) é a mediana, e 50% dos valores são menores ou iguais a este. Por fim, o terceiro quartil (Q3) é o valor que determina que 75% dos valores são menores ou iguais a este.

Para ilustrar, vamos supor um conjunto de valores, todos sendo observações de uma certa variável X. Consideremos que $n = 9$, ou seja, o número de elementos (n) é igual a nove. São eles:

$$97, 53, 26, 37, 68, 24, 34, 46, 2$$

Ordenando-os:

$$2, 24, 26, 34, 37, 46, 53, 68, 97$$

As **posições** do primeiro quartil, segundo quartil (mediana) e terceiro quartil serão, respectivamente:

$$Q1 = \frac{[1 \times (n+1)]}{4} = \frac{[1 \times (9+1)]}{4} = 2,5$$

$$Q2 = \frac{[2 \times (n+1)]}{4} = \frac{[2 \times (9+1)]}{4} = 5$$

$$Q3 = \frac{[3 \times (n+1)]}{4} = \frac{[3 \times (9+1)]}{4} = 7,5$$

Achadas tais posições, é preciso encontrar o elemento do conjunto que está localizado em tal posição. Se o valor da posição for fracionado (como 2,5, no caso do primeiro quartil, e 7,5, no caso do terceiro), basta fazer a média dos dois valores adjacentes. Portanto:

$$Q1 = \frac{24 + 26}{2} = 25$$

$$Q2 = 37$$

$$Q3 = \frac{53 + 68}{2} = 60,5$$

Com essas informações, é possível criar um gráfico, conhecido como *box plot*, que expressa a dispersão, simetria e valores atípicos.

Gráfico 4 – *Box Plot*

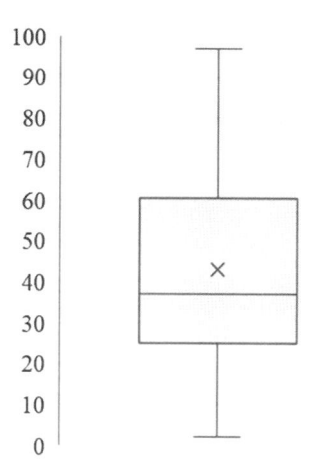

O *box plot* apresenta os valores mínimos e máximos, os quartis (primeiro, mediana e terceiro) e a média, conforme explica o Gráfico 5:

Gráfico 5 – *Box Plot*

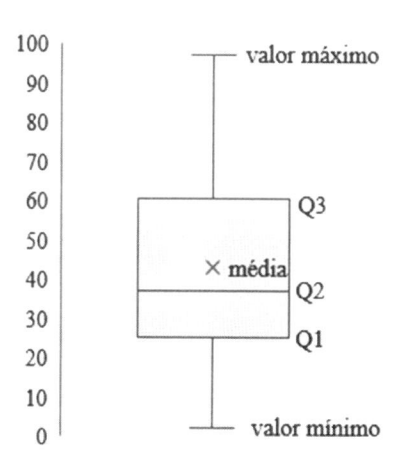

Amplitude interquartil: em termos gerais, a amplitude interquartil é a distância entre o primeiro e o terceiro quartis. No exemplo acima, temos que a amplitude interquartil é:

$$Q3 - Q1 = 60,5 - 25 = 35,5$$

Nota: o quartil é um caso particular, mas muitíssimo utilizado, de *separatrizes*. É possível realizar os mesmos procedimentos com quintis (20% em 20%), decis (10% em 10%) etc.

Medidas de dispersão

Vimos anteriormente a existência de medidas de posição, que servem para sintetizar em um ou em poucos números o que se afigura como médio ou típico de uma população. Quando empregada isoladamente, qualquer medida de posição fornece apenas um quadro incompleto de um conjunto de dados, podendo, portanto, tanto esclarecer como confundir. Surge daí, então, a necessidade de complementar as análises com medidas de dispersão.

Amplitude

Análoga à amplitude interquartil, a amplitude de um conjunto de dados é a distância entre o valor mínimo e o valor máximo que a variável assume. No exemplo da Tabela 5, temos os seguintes valores para idade:

$$Idade = \{19, 34, 27, 52, 19\}$$

Portanto, a amplitude desse conjunto é:

$$-min = 52 - 19 = 33$$

Desvio médio absoluto

O desvio médio absoluto é a soma das **distâncias** entre cada uma das observações e a média do conjunto (observação – média), dividida pelo número de observações. Sabemos que a idade média é 30,2 (Tabela 5), conforme já calculado. O desvio médio será, então:

$$\frac{|19-30,2|+|34-30,2|+|27-30,2|+|52-30,2|+|19-30,2|}{5} = 10,24$$

A notação de módulo ($|x|$) indica que o valor a ser utilizado é o valor absoluto; ainda que a diferença entre 19 e 30,2 seja igual a –11,2, a *distância*[7] entre os dois números é positiva, 11,2. Feitas as contas, podemos dizer que há um desvio médio de **10,24 anos** nesse conjunto de dados.

Variância

Assim como o desvio médio, a variância compila os valores das distâncias entre as observações e a média de um conjunto, divididos pelo número de observações, sendo cada uma das diferenças entre observação e média elevada ao quadrado. Em outras palavras, é a média dos desvios *quadráticos*[8].

Utilizando o mesmo conjunto de valores de Idade:

---

[7] Sempre que nos referirmos a distância entre dois pontos, consideramos valores positivos, já que, em termos práticos não existe qualquer distância menor do que zero.

[8] Usamos a expressão "quadrático" para se referir a um número elevado ao quadrado.

$$Idade = \{19, 34, 27, 52, 19\}$$

Calculamos a variância do seguinte modo:

$$\frac{|19-30,2|^2 + |34-30,2|^2 + |27-30,2|^2 + |52-30,2|^2 + |19-30,2|^2}{5} = 187,7$$

Generalizando, atribuímos a notação s^2 à variância:

$$s^2 = \frac{\sum (X - \bar{X})^2}{N}$$

Desvio Padrão

O desvio padrão nada mais é do que a raiz quadrada da variância, ou seja:

$$s = \sqrt{s^2} = \sqrt{187,7} = 13,70036$$

Generalizando:

$$s = \sqrt{s^2} = \sqrt{\frac{\sum (X - \bar{X})^2}{N}}$$

Utilizamos o desvio padrão porque raramente é possível obter uma interpretação física de uma certa medida ao quadrado.

Probabilidade e a distribuição normal

A pedra filosofal que embasa a teoria sobre a tomada de decisão é a probabilidade. E, embora seja usada muitas vezes, seu conceito é difícil de assimilar. O pesquisador formula perguntas como "Qual a chance de este time ganhar o campeonato?" ou, ainda, "Qual a probabilidade de o candidato X ser eleito?". Com o uso da probabilidade, respostas mais precisas são oferecidas como "Há chance de 20% de o time ganhar o campeonato".

Regras de probabilidade

A probabilidade nada mais é do que a possibilidade de um resultado ou evento ocorrer. Em números, a probabilidade pode variar de 0 a 1, sendo 0 a expressão de que o resultado ou evento **não** ocorrerá, e 1 a expressão de que o evento ocorrerá com certeza. Podemos dizer que:

$$Probabilidade = \frac{\text{número de vezes que o determinado evento pode ocorrer}}{\text{número total de vezes que qualquer evento pode ocorrer}}$$

Chamamos de espaço amostral o conjunto que tem todos os resultados possíveis de um experimento. Sobre o espaço amostral, supomos que é finito (ou seja, existe um número limitado de elementos) e equiprovável, o que significa que todos os elementos possuem a mesma probabilidade de serem sorteados (ou seja, não há viés).

Um exemplo clássico é o cálculo de retirar uma determinada carta, como um nove de copas, de um baralho não ordenado. Nesse caso, o espaço amostral é composto por todas as cartas do baralho. Sabendo que só existem 13 cartas de copas num baralho de 52 cartas, e somente uma dessas 13 cartas é um nove, a probabilidade de ocorrência do evento será:

$$Probabilidade = \frac{1}{52} = 0,019$$

A probabilidade de tirar qualquer carta do naipe de copas, por sua vez, será:

$$P = \frac{13}{52} = \frac{1}{4} = 0,25$$

A probabilidade de não ocorrência desses eventos é chamada de *complementar*[9] – ou seja, no caso de tirar um nove de copas, será (1 – 0,019) = 0,981, e no caso de tirar qualquer carta do naipe de copas, a probabilidade de não ocorrência será (1 – 0,25) = 0,75; essa "chance" de não realização do evento é conhecida como *regra complementar* da probabilidade.

Outra regra fundamental é a *regra da adição*, que enuncia, em termos gerais, que a probabilidade de um resultado ocorrer é a soma de suas probabilidades individuais. No caso da chance de tirarmos uma carta do naipe de copas, por exemplo, sua probabilidade é a soma das probabilidades de tirarmos: ás de copas, um de copas, dois de copas, três de copas, ..., até o rei de copas. Assim, representamos do seguinte modo:

$$P = \frac{1}{52} + \frac{1}{52} + \frac{1}{52} + \frac{1}{52} + \frac{1}{52} + \frac{1}{52} + \frac{1}{52} + \frac{1}{52} + \frac{1}{52} + \frac{1}{52} + \frac{1}{52} + \frac{1}{52} + \frac{1}{52} = \frac{13}{52} = \frac{1}{4} = 0,25$$

Um pressuposto da regra da adição é que os eventos individuais são mutuamente excludentes – isso quer dizer que, ao retirar uma carta, ela poderá ser um cinco de copas *ou* um oito de copas, por exemplo, no entanto jamais será ambos.

A soma de todos os eventos possíveis deverá ser necessariamente igual à 1. Considerando que cada carta tem 1/52 chance de ser retirada do baralho, somando todas as probabilidades, temos 52/52 = 1.

A partir daqui, já é necessário caracterizar os eventos como dependentes ou independentes. Dois eventos serão independentes se a probabilidade de um deles ocorrer não se subordinar ao fato do outro ter ou não ocorrido. Suponhamos que haja uma moeda *não viciada*, com um lado cara e outro coroa; suponhamos também dois

---

[9] Em teoria das probabilidades, chamamos de complementar do evento "X" o evento "não X", sendo a soma de "X" e "não X" igual a 1.

sorteios da moeda: o primeiro deles resultou em cara, que tinha 1/2 (ou 50%) de chance de ser sorteada, e jogando a moeda pela segunda vez, o resultado foi cara novamente; a probabilidade de sair cara continuou sendo de 1/2, assim como a de sair coroa também continuou 1/2. Sortear um lado da moeda não torna mais provável que o outro seja o sorteado no evento seguinte. Por isso, os eventos são **independentes**.

Utilizando o exemplo acima, a regra da multiplicação para eventos independentes pode ser descrita do seguinte modo: considerando que os eventos são independentes, a probabilidade de ocorrer cara e cara é dada pela probabilidade de ocorrer cara, multiplicada pela probabilidade de ocorrer cara; nesse caso:

$$Probabilidade\ de\ ocorrer\ cara\ e\ cara = \frac{1}{2} \times \frac{1}{2} = \frac{1}{4} = 0,25$$

Dois eventos serão **dependentes** se a ocorrência de um *alterar* a probabilidade de ocorrência de outro. Consideremos novamente o baralho de cartas, que possui quatro naipes e uma única carta de cada naipe (não há dois ás de ouros). Se, num primeiro evento, retirarmos uma carta do naipe de paus[10] e ela não for novamente colocada no baralho, a probabilidade de se retirar uma carta do naipe de paus num segundo sorteio será de 12/51 = 0,235, já que uma carta de paus já foi retirada do conjunto (de modo que sobraram apenas 12 cartas de paus). Dado que a probabilidade de retirarmos uma carta de paus se modifica no segundo evento, podemos dizer que os eventos são dependentes.

A regra da multiplicação para eventos dependentes afirma que a probabilidade de dois eventos ocorrerem é dada pela probabilidade de ocorrer o primeiro evento, multiplicada pela probabilidade de ocorrer o segundo evento, **considerando que** o primeiro evento ocorreu. Ou seja, multiplicamos a probabilidade do primeiro evento pela probabilidade do segundo, esta última condicionada ao primeiro evento.

No caso do baralho cartas, a probabilidade de serem retiradas duas cartas de paus – não considerando a reposição – será:

$$\frac{13}{52} \times \frac{12}{51} = \frac{156}{2652} = 0,059$$

Ou seja, a probabilidade de sair uma carta de paus na primeira retirada (13/52) vezes a probabilidade de sair uma carta de paus na segunda retirada, dado que uma carta de paus *já foi retirada* do baralho anteriormente (12/51).

Distribuição de probabilidade

A distribuição de probabilidade funciona de modo análogo à distribuição de frequências, mas ao invés de descrever as observações, descrevemos os valores possíveis de uma variável e calculamos a probabilidade de cada um desses valores ocorrer.

No exemplo da moeda não viciada, suponhamos o seguinte: ao jogá-la duas vezes, queremos saber a quantidade de eventos "coroa" que irão ocorrer. Podemos criar

---

[10] A probabilidade de se sortear uma carta de naipes, no primeiro evento, é de 13/52 = 0,25.

a variável Q, que expressará a *quantidade de vezes que o evento "coroa" ocorre*; assim, existem três possibilidades:

(i) Jogar a moeda duas vezes e **nenhum** dos resultados ser coroa (ambos serem cara), $Q = 0$;
(ii) Jogar a moeda duas vezes e **um** dos resultados ser coroa (e o outro ser cara), $Q = 1$; e
(iii) Jogar a moeda duas vezes e **todos** os resultados serem coroa (e nenhum ser cara), $Q = 2$.

Jogando a moeda duas vezes, temos quatro possíveis ordenações: coroa e coroa, coroa e cara, cara e coroa, e cara e cara. Todos esses quatro resultados possíveis possuem idêntica probabilidade de ocorrer, que é igual a 0,25, dado que

$$\frac{1}{2} \times \frac{1}{2} = 0,25$$

Essas informações permitem a formulação de uma distribuição de probabilidades:

Tabela 7

Q	Probabilidade (P)
0	0,25
1	0,50
2	0,25
Total	1

Gráfico 6 – Distribuição de probabilidades

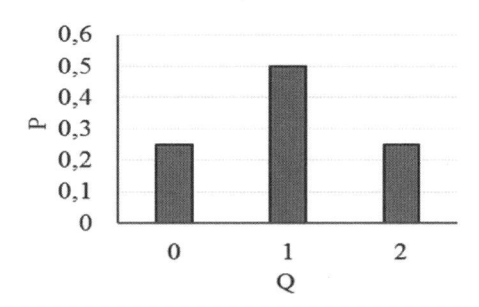

A Tabela 7 e o Gráfico 6 apresentam as seguintes informações: a probabilidade de $Q = 0$ é igual a 0,25; a probabilidade de $Q = 1$ é igual a 0,5; a probabilidade de $Q = 2$ é igual a 0,25; e o somatório de todas as probabilidades é igual a 1.

Se fizermos o experimento dez vezes, sorteando a moeda duas vezes a cada experimento, dificilmente a distribuição de frequência será idêntica à distribuição de probabilidade. No entanto, quanto maior a quantidade de testes, mais próximo da distribuição de probabilidade ficará a distribuição de frequência. No limite, quando se joga moedas numa quantidade de vezes tendendo ao infinito, a distribuição de frequência será **igual** à distribuição de probabilidade.

A Tabela 8 apresenta a descrição dos resultados, após efetivamente realizado dez vezes o experimento de sortear a moeda duas vezes:

Tabela 8

Q	Frequência absoluta	Frequência relativa
0	3	0,3
1	5	0,5
2	2	0,2
Total	10	–

O número médio de coroas é dado por uma média ponderada, cujos pesos são a quantidade de vezes que cada valor possível de Q ocorreu:

$$\frac{(3\times 0)+(5\times 1)+(2\times 2)}{3+5+2}=\frac{9}{10}=0,9$$

Portanto, a cada experimento (caracterizado por dois sorteios de uma moeda), a face coroa aparece em média 0,9 vezes. Quanto mais experimentos realizados, mais essa média tenderá a 1, representando a probabilidade teórica de se obter coroa em cada lance independente, que é 1/2 em uma moeda não viciada.

Curva normal

As formas das distribuições de frequência podem ser das mais variadas – simétricas ou assimétricas, planas ou com diversos picos; mas uma das principais distribuições, *a curva normal*, baseada em um modelo teórico, se destaca por sua forma perfeitamente simétrica e com apenas um pico, que se encontra na média da distribuição (u), que lembra um sino, conforme o Gráfico 7. Além disso, sua moda coincide com sua média e sua mediana.

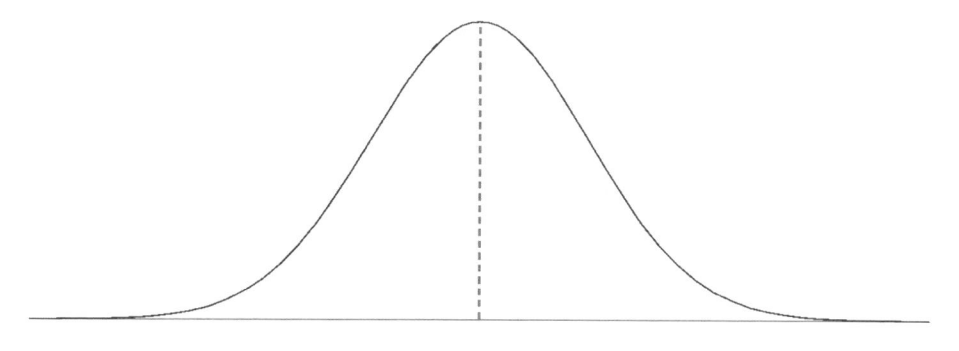

Um exemplo comum de uma variável com distribuição normal é a altura. Existe uma média de altura, e a maioria das pessoas se encontra próximo dessa média; mais raramente se vê pessoas extremamente baixas ou extremamente altas. Se fizéssemos uma pesquisa rigorosa, o gráfico da distribuição de frequência das alturas provavelmente seria algo parecido com isso:

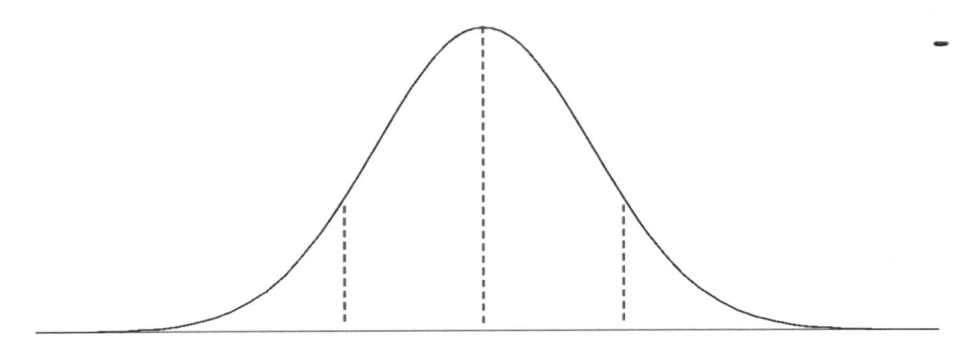

E quanto mais observações o experimento obtivesse, mais próximo da curva ideal e suave a distribuição seria. Suponhamos uma pesquisa que levantou as alturas de 1.000 homens; o resultado da distribuição de frequência foi consideravelmente próximo da curva normal, conforme o Gráfico 9, cuja escala é em centímetros; tendendo ao infinito, a distribuição de frequência será idêntica à curva normal.

Gráfico 9 – Distribuição de alturas: distribuição de frequência × curva normal

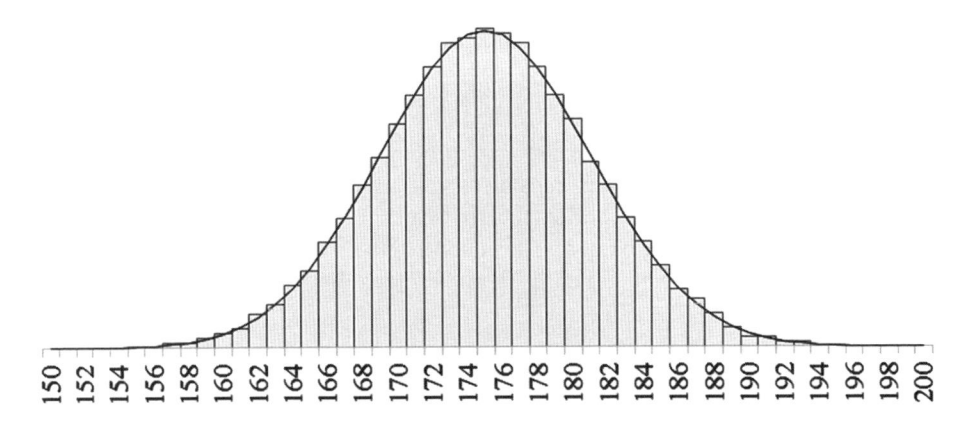

Outros exemplos comuns de distribuição normal são QI, peso de recém-nascidos, pressão arterial, posicionamento político etc.

Em contrapartida, muitas variáveis *não apresentam* uma distribuição normal, como a distribuição de riqueza no mundo – com um enorme número de pessoas muito pobres, e um número muito pequeno de pessoas muito ricas. Por esse motivo, é preciso **ponderar** sobre a aplicação da distribuição normal.

Área sob a curva

Sendo a distribuição normal uma distribuição de probabilidade, podemos entender que a área entre a base e a curva (a área colorida de cinza no Gráfico 10) é igual a 1 – ou seja, todos os resultados possíveis se encontram ali.

Gráfico 10 – Área da curva normal

O Gráfico 11 destaca a área entre 1,69m e 1,81m, de acordo com o eixo horizontal (altura), que equivale a 68,26% da área total – e isso é uma regra. Levantadas as alturas dos 1.000 homens, calculou-se o desvio padrão, igual a 6cm, e a média, igual a 1,75m. Em uma distribuição normal, o intervalo entre (*média – desvio padrão*) e (*média + desvio padrão*), nesse caso, 1,69m e 1,81m, sempre terá 68,26% do total da área (ou 0,6826 do total igual a 1).

Já se considerarmos o intervalo entre (*média – 2 × desvio padrão*) e (*média + 2 × desvio padrão*), ou seja, entre 1,63m e 1,87m, a área sob a curva será equivalente a 95,44% do total. Em termos de interpretação, isso significa dizer que 95% dos homens está entre 1,63m e 1,87m.

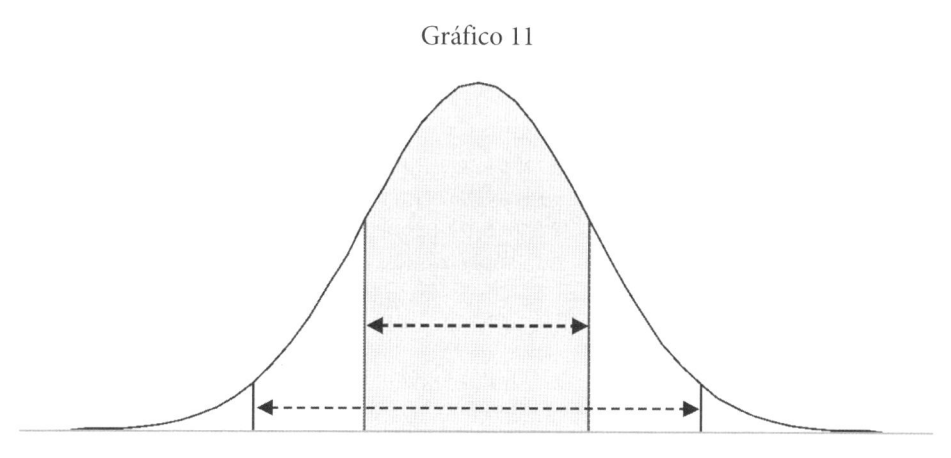

Gráfico 11

4.6 SOBRE AMOSTRAS E POPULAÇÕES

O pesquisador social geralmente procura extrair conclusões sobre grandes números de indivíduos. Em um mundo ideal, ele tem acesso à toda a população. No entanto, isso nem sempre é possível, seja por falta de dados, seja por falta de recursos para acessar ou produzir os dados. Nesses casos, o uso das amostras se faz necessário. Por meio do processo de amostragem, os pesquisadores podem fazer generalizações sobre uma amostra para toda a população da qual ela foi extraída. As técnicas de amostragem permitem que eles façam predições razoavelmente precisas dos resultados de eleições, por exemplo.

Métodos de amostragem

O processo de amostragem (escolha da amostra) pode, de modo geral, ser feito de três maneiras[11]: (i) amostragem aleatória simples; (ii) amostragem sistemática; e (iii) amostragem estratificada.

No caso da amostragem aleatória simples, todos os indivíduos têm a exata mesma probabilidade de serem incluídos na amostra (por exemplo, através de um sorteio). Na amostragem sistemática, os elementos da amostra são escolhidos em razão de uma regra determinada. Usando o exemplo da faculdade de Direito, poderíamos listar todos os alunos por ordem de número de matrícula e escolher um estudante de cinco em cinco matrículas, a partir do primeiro aluno selecionado, escolhido ao acaso. Por último, a amostragem estratificada é utilizada quando se identifica que a população é separada em estratos (grupos), e a amostra é proporcional ao tamanho dos grupos – se, por exemplo, um país fosse composto por 65% de mulheres e 35% de homens, uma amostra de 1.000 pessoas seria composta aleatoriamente por 650 mulheres e 350 homens).

Quando se dá preferência a determinados elementos da população na hora da obtenção da amostra, dizemos que ela é tendenciosa, ou possui um viés. Amostras intencionais, nas quais os elementos são escolhidos, ou amostras de voluntários, em que os elementos têm a possibilidade de responder ou não, são exemplos de amostras viesadas.

Erro amostral

Por maiores que sejam os esforços para selecionar uma amostra representativa de modo correto, raramente a média de uma amostra será idêntica à média da população; analogamente, o desvio padrão da amostra quase nunca corresponderá ao desvio padrão da população – e a essas diferenças damos o nome de *erro amostral*.

O conceito de erro amostral gera, por exemplo, a ideia de "margens de erro" das pesquisas de intenção de voto. É impossível afirmar *com certeza* que 62% das pessoas votarão em candidato X, já que somente uma pequena amostra, se comparada com o tamanho da população, foi consultada sobre a questão.

Distribuição amostral de médias

Suponhamos a existência de uma população finita, composta por milhões de pessoas. Como já foi visto anteriormente, para se realizar um censo há a necessidade

---

[11] Existem ainda outras técnicas de amostragem, como a amostragem por conglomerados (*cluster sampling*) e a amostragem por conveniência (*convenience sampling*), além de diversos subtipos de amostragem estratificada. No entanto, para fins de simplificação didática, apresentaremos aqui apenas esses três processos de amostragem, que são os mais comuns em pesquisas sociais.

de produção de muitos dados e o empreendimento de grandes investimentos, de modo que por vezes se torna muito mais factível a utilização de uma amostra. A variável de interesse nesse caso é o tempo que se gasta diariamente assistindo televisão, em minutos. Sorteando uma amostra, o pesquisador descobriu que, em média, as pessoas assistem televisão por 271 minutos, ou 4 horas e 31 minutos.

Naturalmente, a média populacional, representada por μ, é desconhecida – do contrário, não haveria motivos para realizar a pesquisa; toda a informação que o pesquisador tem é sobre a média amostral ($\underline{X}$) da amostra que foi sorteada aleatoriamente. Nesse caso, $\underline{X}$ é igual a 271 minutos. Se ele sorteasse também outras seis amostras aleatórias, no entanto, o resultado poderia ser algo como expresso na Tabela 9.

Tabela 9

Amostra	$\underline{X}$ (min)
1	271
2	250
3	221
4	279
5	237
6	294
7	272

As médias oscilam entre 221 e 294 minutos, e a média das sete amostras é aproximadamente 261, ou seja, 4 horas e 21 minutos.

Ao invés de sete amostras, suponhamos que se sortearam mil; suas médias oscilam de 236 a 288, conforme a Tabela 10. Com tais amostras, é possível organizar um modelo de distribuição amostral de médias, que tem características como tender para uma curva normal[12], ter sua média igual a μ, sua média populacional, e ter um desvio padrão menor do que o desvio padrão da população.

Colocando as informações da Tabela 10 num gráfico (Gráfico 12), é possível compreender a primeira das características listadas. Sua forma muito se assemelha à curva normal, de modo que é razoável assumir que, quanto mais amostras forem sorteadas, mais próximo da curva normal será essa distribuição.

Já segunda característica é análoga ao próprio conceito de amostra: se dispusermos de uma quantidade grande suficiente de médias amostrais (ou seja, se recolhermos diversas amostras e tirarmos a média de cada uma delas), a média das médias amostrais será igual à média da população.

---

[12] Independentemente do formato da distribuição original de uma medida, a distribuição das médias dessa mesma medida, obtidas em diferentes experimentos aleatórios, sempre tenderá a uma distribuição normal. Gauss foi o matemático que primeiro demonstrou esse importante resultado, conhecido como Teorema do Limite Central, e por isso é reconhecido como um dos fundadores da Estatística moderna.

Tabela 10

Média	f	Média	f	Média	f
236	1	254	30	272	24
237	1	255	33	273	21
238	1	256	35	274	18
239	2	257	38	275	16
240	2	258	40	276	13
241	4	259	42	277	11
242	4	260	43	278	9
243	5	261	44	279	7
244	6	262	45	280	6
245	7	263	44	281	5
246	9	264	43	282	5
247	11	265	42	283	4
248	13	266	40	284	2
249	16	267	38	285	2
250	18	268	35	286	1
251	21	269	33	287	1
252	24	270	30	288	1
253	27	271	27		

Gráfico 12 – Distribuição das médias de 1.000 amostras

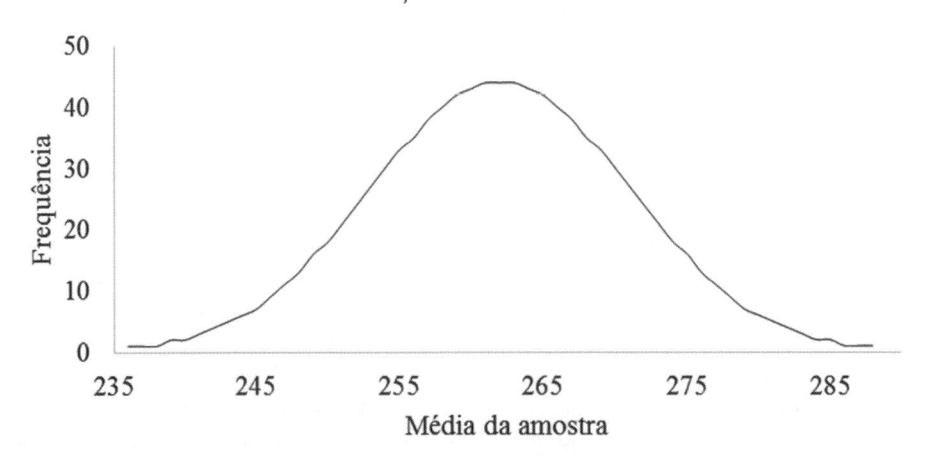

Listando todas as observações de médias amostrais (as 1000 médias), é possível calcular o desvio padrão da distribuição de médias amostrais ($\sigma_{\underline{X}}$), que é 8,9, e sua média, que é aproximadamente 262. Como já explicado na seção sobre curva normal, no intervalo entre (262 − $\sigma_{\underline{X}}$) e (262 + $\sigma_{\underline{X}}$), ou seja, (262 − 8,9) e (252 + 8,9), tem-se 0,6826 da área total sob a curva, que no total deve somar 1; em outras palavras, há 68,26% de probabilidade de a média populacional estar nesse intervalo.

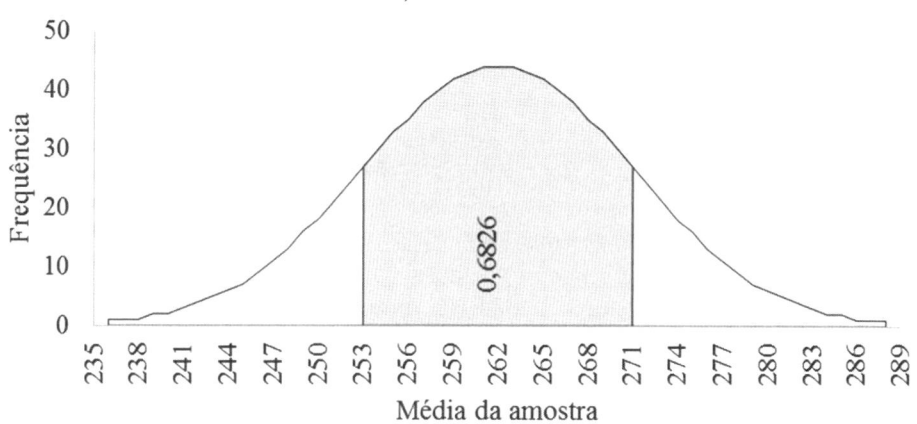

Gráfico 13 − Distribuição das médias de 1.000 amostras

Para afirmarmos que a média populacional está em certo intervalo com 95% de certeza, precisamos estabelecer um intervalo maior, logicamente; nesse caso, entre (262 − 2$\sigma_{\underline{X}}$) e (262 + 2$\sigma_{\underline{X}}$), ou (262 − 17,8) e (262 + 17,8).

É possível calcularmos diretamente a distância, em unidades de desvio padrão, de uma média amostral em relação ao centro. Essa medida é comumente chamada de escore *z*:

$$z = \frac{\overline{X} - \mu}{\sigma_{\underline{X}}}$$

Em outras palavras, basta subtrairmos a média de uma amostra da média das médias (o valor central), e dividirmos o resultado pelo desvio padrão da distribuição de médias amostrais (que no exemplo acima é 8,9). Tomando a média 244 como exemplo:

$$z = \frac{244 - 262}{8,9} = -2,02$$

Portanto, dizemos que o valor 244, média de uma amostra, está a 2,02 desvios padrões de distância do centro da curva (262), que é entendido como a *verdadeira* média populacional.

Infelizmente, *raramente se obtém diversas amostras*, de forma que descobrir o desvio padrão da distribuição de médias amostrais parece inviável; nesse sentido, podemos estimar o desvio padrão de uma distribuição amostral teórica (que existiria se fosse possível coletar diversas amostras), caso o desvio padrão populacional (σ) seja conhecido; chamamos de erro padrão da média:

$$\sigma_{\underline{X}} = \frac{\sigma}{\sqrt{n}}$$

Onde $\sigma_{\underline{X}}$ é o erro padrão da média, que será estimado, σ é o desvio padrão populacional e n é o número de elementos da amostra, já abordado anteriormente. Se, no exemplo, a amostra tivesse 100 elementos, com uma variância populacional conhecida de 7921 – ou seja, desvio padrão:

$$\text{de } \sqrt{7921} = 89,$$
$$\sigma_{\underline{X}} = \frac{89}{\sqrt{100}} = \frac{89}{10} = 8,9$$

Quando não se pode lançar mão de diversas amostras para organizar uma distribuição de médias amostrais e achar uma média das médias, que seja aproximadamente a média populacional, o erro padrão da média ($\sigma_{\underline{X}}$) permite calcular um intervalo no qual a média populacional provavelmente está, e qual a probabilidade de se estar nesse intervalo.

Intervalo de confiança

Recuperando a estimativa do erro padrão amostral ($\sigma_{\underline{X}}$) e as características da curva normal, podemos dizer que ($\underline{X} - \sigma_{\underline{X}}$) e ($\underline{X} + \sigma_{\underline{X}}$) compõe o **intervalo de confiança**.

No exemplo anterior, que buscava aferir a média populacional do tempo que se gasta diariamente assistindo televisão, considerando apenas *uma* amostra foi possível estimar o erro padrão da média; o valor achado foi $\sigma_{\underline{X}} = 8,9$.

Assim, a partir de uma média amostral – por exemplo, 246 –, podemos dizer que há 68,26% de probabilidade que a média populacional (a média verdadeira) esteja entre o intervalo (246 – 8,9) e (246 + 8,9), ou seja, entre 237,1 e 254,9; analogamente, que há 95,44% de chance que a média populacional esteja entre (246 – 2 × 8,9) e (246 + 2 × 8,9), ou seja, entre 228,2 e 263,8.

É importante lembrarmos que, ainda que haja uma chance de 95,44% da média populacional estar entre 228,2 e 263,8 – ou seja, há um nível de confiança de cerca de 95% –, existe 5% de chance de a média *não* estar nesse intervalo.

Para encontrar o intervalo com um nível de confiança de exatamente 95%, basta multiplicar o desvio padrão pelo número que revela distância do centro suficiente para gerar exatamente 0,95 de área sob a curva normal, e somar isso à média; tal número é $z = 1,96$, portanto:

$$\left[\underline{X} - 1,96\sigma_{\underline{X}} \; ; \underline{X} + 1,96\sigma_{\underline{X}} \right]$$

Generalizando,

$$\left[\underline{X} - \left(z \times \frac{\sigma}{\sqrt{n}} \right); \underline{X} + \left(z \times \frac{\sigma}{\sqrt{n}} \right) \right] = \left[\underline{X} - \left(z \times \sigma_{\underline{X}} \right); \underline{X} + \left(z \times \sigma_{\underline{X}} \right) \right]$$

Tabela 11

Nível de confiança[13]	z
68%	1
95%	1,96
99%	2,58

Se, por exemplo, quisermos construir um intervalo de confiança com nível de confiança de 95% para a média de uma população normal, considerando uma variância igual a 4 e uma amostra com tamanho 50, e sabendo que a média da amostra ($\underline{X}$) é igual a 7, basta fazermos o seguinte processo:

$$\sigma_{\underline{X}} = \frac{\sigma}{\sqrt{n}} \Rightarrow \frac{\sqrt{4}}{\sqrt{50}} = \frac{2}{7,07} = 0,2828$$

$$\left[\left(\underline{X} - \sigma_{\underline{X}}\right); \left(\underline{X} + \sigma_{\underline{X}}\right)\right] = \left[7 - \left(0,2828 \times 1,96\right); 7 + \left(0,2828 \times 1,96\right)\right] = \left[6,446; 7,554\right]$$

Portanto, o nosso intervalo, com nível de confiança de 95%, está entre 6,446 e 7,554, e existe 95% de chance de a média populacional estar nesse intervalo.

Distribuição t

Quando apresentamos a fórmula que permite calcular o erro padrão ($\sigma\underline{X} = \sigma/\sqrt{n}$), explicitamos que σ é o desvio padrão *populacional*, que nesse caso é conhecido. Entretanto, entendendo como se calcula o desvio padrão, não faz muito sentido termos informação sobre o desvio populacional e *não termos* informação sobre a média populacional, a ponto de precisarmos estimá-la. Assim, a partir de agora, trabalharemos com a hipótese de desconhecimento da variância populacional – ou seja, teremos que estimar a média e o desvio padrão populacionais baseando o cálculo na amostra.

Sabemos que os parâmetros amostrais, média e variância (e, consequentemente, o desvio padrão), são aproximações dos populacionais. Isto é, eles são feitos especialmente para as amostras coletadas, e os parâmetros populacionais tendem a se ajustar a eles, mas não perfeitamente. A média amostral pode ser utilizada como aproximação para a populacional, mas, para a variância e desvio padrão, seus valores tendem a ser sistematicamente menores no caso amostral[14]; por esse motivo, para usarmos a variância e desvio padrão amostrais (s^2 e s, respectivamente) como uma aproximação populacional e calcular o erro padrão usando o desvio padrão amostral, é preciso considerar essa diferença.

Já que a variância e o desvio padrão amostrais são inferiores às suas medidas populacionais, basta incorporarmos tal diferença aumentando levemente a variância e o desvio padrão amostrais, de modo a tornar a estimativa mais correta.

---

[13] Para um intervalo bilateral.
[14] Só é um bom estimador (não viesado) quando N tende ao infinito; somente assim s^2 é aproximadamente 2.

Assim, para estimar a variância populacional (σ^2):

$$s^2 = \frac{\Sigma(X - \bar{X})^2}{N - 1}$$

A expressão acima, em sua forma geral, é um **estimador** amostral não viesado da variância populacional. Quando substituímos na fórmula os valores oriundos de uma amostra específica, obtemos uma **estimativa** derivada da amostra sorteada. O símbolo s^2 representa o estimador, enquanto σ^2 representa o parâmetro populacional verdadeiro. Uma notação alternativa para estimativas amostrais é a adoção do símbolo "*chapéu*" sobre a letra que é utilizada para o parâmetro populacional (no caso da variância, por exemplo, tal notação alternativa para o estimador é dada por $\hat{\sigma}^2$). Para calcular a estimativa do desvio padrão populacional, basta tirar a raiz quadrada da estimativa da variância, ou seja, $s = \sqrt{s^2}$ é um estimador não viesado de $\sigma = \sqrt{\sigma^2}$.

Quando desconhecemos o desvio padrão populacional, a distribuição amostral das médias deixa de seguir uma distribuição perfeitamente normal e passa a ser uma distribuição *t* de Student. Chamamos de *razão t* a seguinte razão:

$$t = \sqrt{N}\,\frac{\bar{X} - \mu}{s}$$

Onde s é:

$$s = \frac{\sqrt{\Sigma(X - \bar{X})^2}}{\sqrt{N-1}}$$

A distribuição t é similar à normal em características (porque é unimodal e simétrica), mas tem caudas mais largas, mais "alongadas", de modo que resultados mais extremos são mais prováveis do que numa distribuição normal. O que determina sua forma são os graus de liberdade[15] ($N - 1$); abaixo, os Gráficos 14 e 15 exemplificam isso:

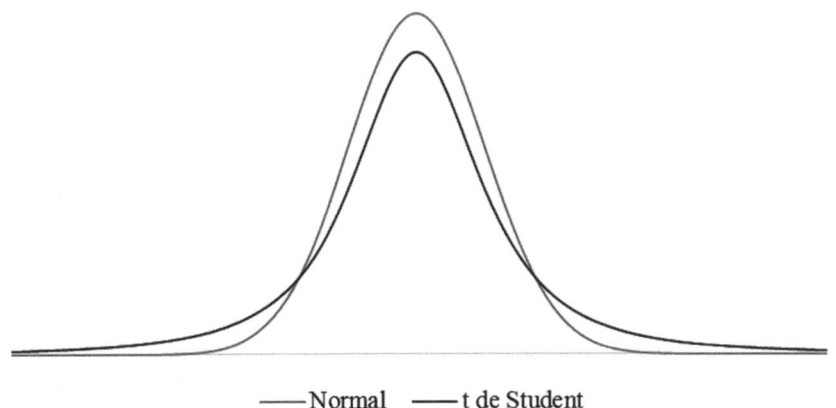

Gráfico 14 – Curvas normal × t de Student (gl = 2)

———— Normal   ———— t de Student

---

[15] Em estatística, grau de liberdade é calculado como o número do tamanho da amostra (N) menos o número de parâmetros a serem avaliados, nesse caso, 1.

Nos Gráficos 14 e 15, as curvas t de Student são colocadas contra uma curva normal com média 0 e desvio padrão (e variância) igual a 1. Quanto maior o grau de liberdade, mais próxima da curva normal é a curva *t* de Student: no caso do Gráfico 14, temos dois graus de liberdade, enquanto no Gráfico 15, temos 10 graus de liberdade; notadamente, a curva *t* com 10 graus de liberdade é próxima da curva normal.

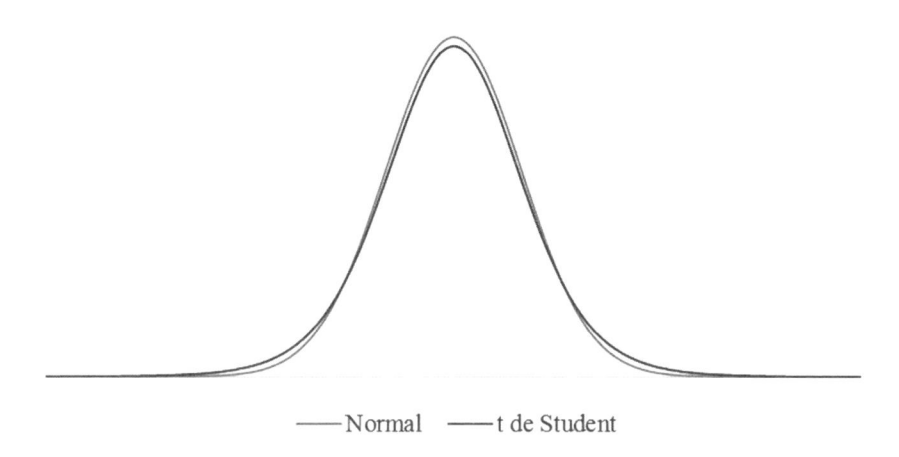

Gráfico 15 – Curvas normal × t de Student (g1 = 10)

——Normal ——t de Student

Sabendo que, quanto maior a amostra, mais confiável se torna a estimativa, podemos também dizer que quanto maior a amostra, maior o número de graus de liberdade, e mais próximo do escore *z* a razão *t* tenderá (ou seja, se torna uma estimativa melhor). A fim de esclarecimento, a única diferença real entre o escore *z* e a razão *t* é o fato de que a razão *t* baseia sua estimativa de erro padrão em dados *amostrais*, enquanto, no escore *z*, utilizamos o desvio padrão *populacional conhecido* para calcular o erro padrão.

Tal como no caso da distribuição normal, temos respectivos valores para determinar as regiões críticas, sendo esses dependentes dos graus de liberdade da curva *t*. Nosso intervalo de confiança, análogo ao da distribuição normal, será:

$$\left[\underline{X} - t_{N-1, \frac{\alpha}{2}} \times \frac{s}{\sqrt{N}} \; ; \underline{X} + t_{N-1, \frac{\alpha}{2}} \times \frac{s}{\sqrt{N}} \right]$$

O $t_{n-1, \frac{\alpha}{2}}$ significa que o valor de *t* é dado por N – 1 graus de liberdade e $\frac{\alpha}{2}$ de probabilidade, isso porque estamos trabalhando com um curva simétrica, que possui $\frac{\alpha}{2}$ como região crítica à esquerda e $\frac{\alpha}{2}$ à direita. O conceito de região crítica será explicado logo abaixo, na seção seguinte.

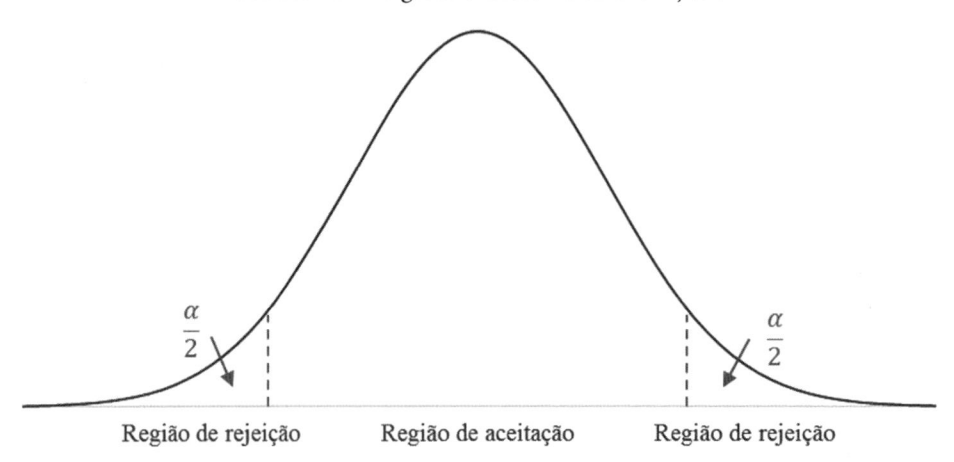

Gráfico 16 – Regiões críticas na distribuição *t*

$\frac{\alpha}{2}$ $\frac{\alpha}{2}$

Região de rejeição   Região de aceitação   Região de rejeição

Para construir um intervalo de confiança de acordo com a distribuição *t* e nível de significância de 10% (ou seja, nível de confiança de 90%), podemos sortear uma amostra aleatória, como por exemplo:

$$\{18, 2, 8, 13, 7, 9, 17, 6, 15, 4\}$$

Ordenando,

$$\{2, 4, 6, 7, 8, 9, 13, 15, 17, 18\}$$

Tendo 10 elementos na amostra, estamos trabalhando com nove graus de liberdade. Sendo $\alpha = 0{,}10$, $\frac{\alpha}{2}$ a ser consultado na tabela será 0,05, ou 5% nosso. Portanto, na tabela *t* de Student[16] procuramos o número que deixa uma área de 5% em uma das caudas para nove graus de liberdade. O valor que deixa 5% de área na cauda direita para nove graus de liberdade é 1,833. Assim:

$$\left[\underline{X} - t_{10-1,\frac{0,10}{2}} \times \frac{s}{\sqrt{N}} \; ; \underline{X} + t_{10-1,\frac{0,10}{2}} \times \frac{s}{\sqrt{N}}\right] = \left[\underline{X} - 1{,}833 \times \frac{s}{\sqrt{N}} \; ; \underline{X} + 1{,}833 \times \frac{s}{\sqrt{N}}\right]$$

$\underline{X}$ sendo a média amostral, tem o valor de:

$$\underline{X} = \frac{2+4+6+7+8+9+13+15+17+18}{10} = 9{,}9$$

---

[16] Grande parte dos livros estatísticos trazem uma tabela com valores para a distribuição t de Student. Tais tabelas apresentam valores arredondados e esses arredondamentos podem ser grosseiros demais, dependendo do tipo de análise que está sendo feita. Softwares estatísticos e planilhas como Microsoft Excel e OpenOffice Calc possuem técnicas mais precisas para a estimação desses valores.

E portanto, s^2 será:

$$s^2 = \frac{\sum (X - \underline{X})^2}{N-1} = \frac{|2-9{,}9|^2 + |4-9{,}9|^2 + \ldots + |17-9{,}9|^2 + |18-9{,}9|^2}{9} = \frac{276{,}9}{9} = 30{,}77$$

E s,

$$s = \sqrt{s^2} = \sqrt{30{,}77} = 5{,}55$$

Substituindo o restante dos valores:

$$\left[\underline{X} - 1{,}833 \times \frac{s}{\sqrt{N}} \ ; \underline{X} + 1{,}833 \times \frac{s}{\sqrt{N}} \right] = \left[9{,}9 - \left(1{,}833 \times \frac{5{,}55}{\sqrt{10}}\right) ; 9{,}9 + \left(1{,}833 \times \frac{5{,}55}{\sqrt{10}}\right) \right]$$

O que resulta em:

$$[9{,}9 - 3{,}6; 9{,}9 + 3{,}6] = [6{,}3; 13{,}5]$$

O intervalo de confiança com um nível de confiança de 90% e 9 graus de liberdade vai de 6,3 a 13,5.

4.7 TESTE DE HIPÓTESE

A parte descritiva sobre as bases de dados, embora muito importante, não constitui o objetivo principal do processo de tomada de decisão. Ao contrário, a maioria dos pesquisadores está preocupada com a tarefa de testar hipóteses. É o teste de hipótese que pretendemos explicar aqui.

Hipóteses

A **hipótese nula** (H_0) presume que os dois parâmetros não são significativamente diferentes, já que foram extraídos de amostras de populações equivalentes. Qualquer diferença, nesse caso, decorre de um erro amostral casual, que não afeta as verdadeiras médias populacionais[17]. Representamos como:

$$H_0 : \mu_1 = \mu_2$$

Onde μ_1 é a média da primeira população e μ_2 é a média da segunda população.

A hipótese nula é estabelecida com o objetivo de ser a hipótese testada. Rejeitar a hipótese nula significa aceitar a **hipótese alternativa** (H_1) – ou seja, aceitar que a diferença de médias não decorre somente de um erro amostral (caso haja erro amostral), que há uma diferença *significativa*. Geralmente, representamos a hipótese alternativa como bilateral:

$$H_1 : \mu_1 \neq \mu_2$$

---

[17] Concluir que a diferença deriva de erro amostral significa aceitar a hipótese nula.

Mas podendo também ser representada unilateralmente, $H_1: \sigma_1 < \sigma_2$ ou $H_1: \sigma_1 > \sigma_2$, à esquerda e à direita, respectivamente.

Quando se trata de rejeitar ou aceitar as hipóteses, podemos cometer dois tipos de erros: o erro tipo I ocorre quando se rejeita a hipótese nula, sendo ela verdadeira; o erro tipo II ocorre quando aceitamos a hipótese nula sendo ela falsa. Sintetizando:

	Decisão	
	Rejeitar H_0	Não rejeitar H_0
H_0 é verdadeira	**Erro tipo I**	Correto
H_0 é falsa	Correto	**Erro tipo II**

Região crítica e significância

Uma região crítica é um conjunto de valores cuja probabilidade de ocorrência é baixa, se considerarmos a hipótese nula verdadeira; estabelecida a região crítica, caso o valor observado na estatística amostral esteja contido nesta região, rejeitamos a hipótese nula.

Se estabelecermos como hipótese nula que uma certa moeda é honesta (não viesada), sorteamos uma moeda 50 vezes e em 46 das vezes o resultado for coroa, podemos começar a desconfiar da hipótese. A probabilidade de sair coroa 46 vezes é 0,0000000000000142 – ou seja, possível, mas pouco provável. Podemos concluir, portanto, que não temos suficiente evidência de que a moeda seja honesta[18], e rejeitamos a hipótese nula.

Por "probabilidade de ocorrência baixa", estamos na verdade nos referindo ao nível de significância (α). Ele é o nível de probabilidade no qual podemos rejeitar com confiança a hipótese nula – ou seja, é um limite, e abaixo desse limite assumimos que é falsa a hipótese nula. O nível de significância também é a probabilidade de ocorrência do erro I (rejeitar a hipótese nula quando ela é verdadeira).

Gráfico 17 – Regiões críticas

Região de rejeição   Região de aceitação   Região de rejeição

---

[18] Não podemos falar que ela *não é* honesta, já que probabilisticamente, é possível que seja, ainda que improvável.

Dizer que rejeitamos a hipótese nula a um nível de significância igual a 5% (ou seja, $\alpha = 0{,}05$) é dizer que há 5 chances em 100 de estarmos errados. Quanto menor o nível de significância, menor a chance de estarmos errados, mas, em compensação, maior é o intervalo estimado e menor é a sua precisão.

O risco de cometer o erro do tipo II, aceitar a hipótese nula quando ela é falsa, se torna mais iminente conforme mais afastado do centro estiver o valor crítico (o limite que define se vamos ou não aceitar a hipótese nula). Para reduzir o risco de ocorrência do erro tipo II, aumentar o número de elementos da amostra é uma boa saída, mas, na prática, o controle que temos sobre o erro do tipo II é baixo[19].

Podemos então perceber que o risco de cometermos um erro do tipo I e um erro do tipo II são inversamente relacionados: quanto maior um, menor o outro – quanto maior a região de aceitação da hipótese nula, ou seja, quanto mais afastada a região crítica estiver do centro da curva, menor a chance de cometer o erro do tipo I (rejeitar H_0 quando é verdadeira), mas maior a chance de cometer o erro do tipo II (aceitar H_0 quando é falsa).

A escolha de nível de significância depende, portanto, de decidir qual dos dois erros pode ser mais custoso para o objetivo da pesquisa.

Construção do teste de hipótese

O primeiro passo para a construção de um teste de hipótese é definir as hipóteses nula e alternativa. O segundo é deixar claro o estimador e sua distribuição. Nesse caso, é uma população normal, e a estatística de teste é a média amostral. Por fim, rejeitamos H_0 se $\underline{X}$ estiver numa região crítica.

Suponhamos que numa empresa houve um problema no sistema de informações. O responsável, preocupado, precisa saber se o tempo que certa atividade leva para ser processada mudou após a pane, ou não. Antes, o tempo que levava podia ser descrito como uma variável com distribuição normal, de média 40 (minutos) e variância 100. A amostra colhida para verificar o tempo após o problema tem 16 elementos, ou seja, 25 tempos de processamento, e sua média foi de 44,2 minutos. Por fim, suponhamos que nosso nível de significância escolhido tenha sido de 5%. Assim, montando o teste, temos:

$$H_0 : \mu = 40$$
$$H_1 : \mu \neq 40$$

Para um teste bilateral (considerando que o sinal utilizado na hipótese alternativa foi o $\neq$; caso tivesse sido < ou >, seria um teste unilateral), temos que a estatística z para um nível de significância de 5% é igual a 1,96. Nossa região crítica será:

$$\left[\mu - \left(z \times \frac{\sigma}{\sqrt{N}}\right); \mu + \left(z \times \frac{\sigma}{\sqrt{N}}\right)\right] = \left[40 - \left(1{,}96 \times \frac{10}{5}\right); 40 + \left(1{,}96 \times \frac{10}{5}\right)\right]$$

$$[40 - 3{,}92; 40 + 3{,}92] = [36{,}08; 43{,}92]$$

---

[19] Já o controle que temos sobre o erro do tipo I é alto, já que a probabilidade de ocorrência do erro do tipo I é exatamente o nível de significância escolhido.

Nossa estatística de teste, $\underline{X}$ = 44,2, portanto, se encontra na região crítica, que começa, na cauda direita, em 43,92.

Gráfico 18 – Regiões críticas

Assim, rejeitamos a hipótese nula de que não há diferença significativa (não temos evidências para dizer que a diferença entre as médias é decorrente de um erro amostral) entre as duas médias – portanto, após a pane, o tempo de processamento se alterou em relação ao tempo original.

Correlação e causalidade

Uma correlação ocorre quando duas variáveis apresentam uma relação entre si – por exemplo, o consumo per capita de queijo e a quantidade de pessoas que morreram sufocadas nos próprios lençóis nos Estados Unidos. Colocando as duas séries lado a lado, podemos perceber que elas são muito similares em forma, mas isso não significa que uma tenha algo a ver com a outra.

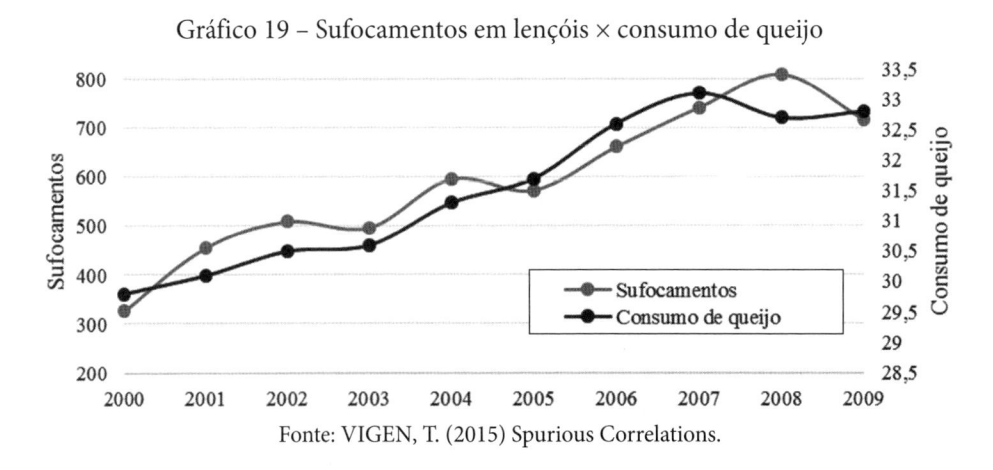

Gráfico 19 – Sufocamentos em lençóis × consumo de queijo

Fonte: VIGEN, T. (2015) Spurious Correlations.

Por outro lado, quando temos duas variáveis que são vinculadas, sendo um dos eventos o causador da ocorrência do outro, existe a causalidade – como a quantidade de horas estudadas e o valor da nota obtida. Podemos dizer que toda *causalidade apresenta correlação*, mas *nem toda correlação apresenta causalidade*.

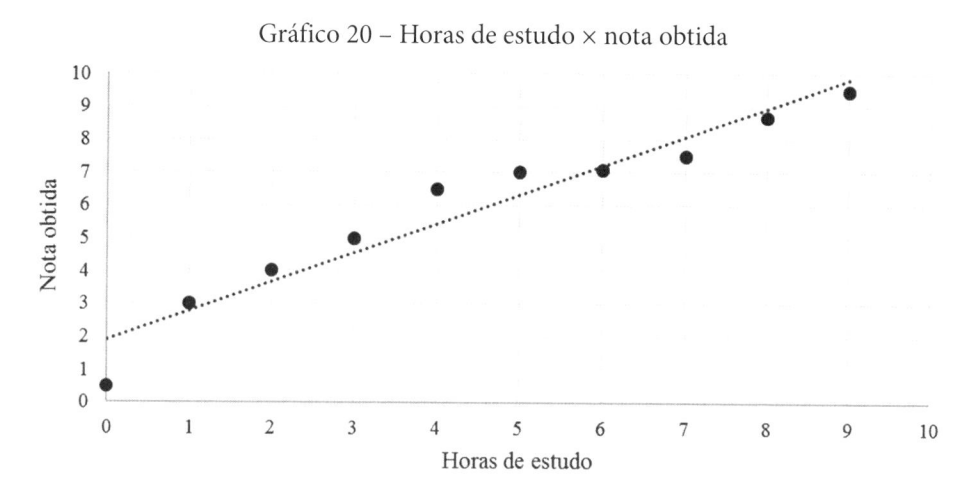

Gráfico 20 – Horas de estudo × nota obtida

Causalidade reversa

Um ponto importante para tomarmos cuidado é a direção da possível causalidade que observamos. Suponhamos que uma pesquisa foi encomendada sobre o número de crimes violentos e o número de policiais numa certa cidade, e sua possível correlação. Colocando lado a lado uma série de dados ao longo do tempo sobre crimes violentos e o número de policiais por mil habitantes, é possível perceber que há uma inclinação positiva, conforme mostra o Gráfico 21.

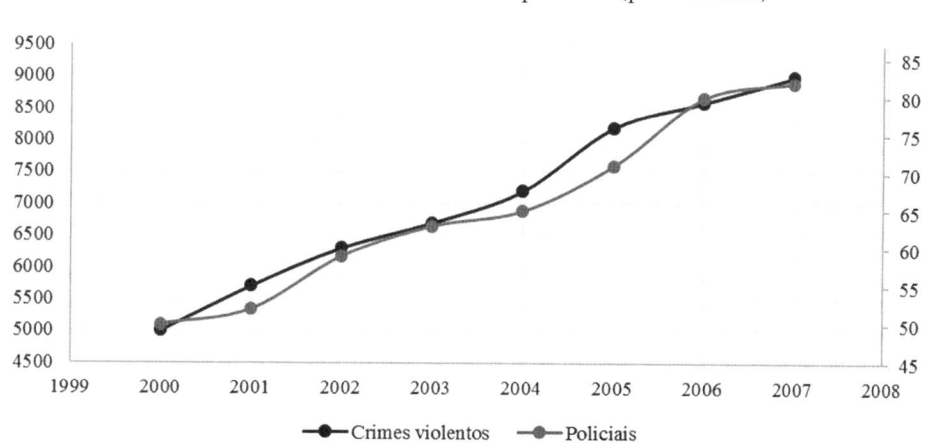

Gráfico 21 – Crimes violentos × policiais (por mil hab.)

Desse gráfico, poderíamos concluir que a quantidade de policiais gera um aumento nos crimes violentos, então deveríamos reduzir o número de policiais ou até abolir tal serviço; mas isso seria imprudente: a única coisa que o gráfico nos permite concluir é que cidades mais violentas possuem uma quantidade maior de policiais – talvez porque elas empreguem mais policiais para tentar lidar com a quantidade de crimes violentos, por exemplo.

QUESTÕES DE AUTOMONITORAMENTO

1) Como o estudo de estatística pode ser útil à AED? E ao Direito?

Comentário: A estatística pode auxiliar no conhecimento do comportamento humano por meio da utilização de variáveis e produzir conclusões estatísticas com bases empíricas. Isso pode ser bastante útil para determinar a eficiência de determinada ação, por exemplo, ou o impacto de uma decisão judicial diante de determinada população.

2) Quais são as possíveis classificações de uma variável?

Comentário: Uma variável pode ser quantitativa ou qualitativa. As variáveis quantitativas podem ser contínuas, assumindo valores infinitos, ou discretas, assumindo valores finitos. Já as qualitativas podem ser nominais, não existindo ordem nas categorias, ou ordinais, as quais apresentam ordenações.

3) Por que é importante utilizar amostras populacionais?

Comentário: As amostras populacionais facilitam o trabalho de análise estatística quando grandes populações estão envolvidas, permitindo uma análise precisa com um menor número de indivíduos.

a) Como podemos classificá-las? O que são amostras enviesadas e como elas surgem?

Comentário: Uma amostra pode ser: simples, em que todos os indivíduos têm a mesma possibilidade de serem incluídos na amostra; sistemática, quando os indivíduos são escolhidos com base em uma regra determinada; e estratificada, na qual a população é separada em grupos e a amostra é proporcional ao tamanho dos grupos. Uma amostra é enviesada quando há um tendencionismo a dar-se preferência a determinados elementos da população na hora da obtenção da amostra.

b) O que seria um erro amostral?

Comentário: Erro amostral é a diferença que existe entre a amostra e a população, ou seja, a "margem de erro" da amostra.

4) Se a probabilidade de um determinado político ser eleito for de 51%, podemos dizer que a média, a mediana e a moda das intenções de voto é de votar nesse político?

Comentário: Não, pois ainda que a moda seja a votação em determinado candidato, e a média também, a mediana será extraída a depender da ordem em que forem perguntados os indivíduos da pesquisa.

5) Como se dá, resumidamente, o teste de uma hipótese?

Comentário: Uma hipótese é testada a partir da definição de uma hipótese nula e uma alternativa. Em seguida, deixa-se claro o estimador e sua distribuição. Por fim, rejeita-se ou não a hipótese nula, observando se as diferenças entre as amostras estão ou não presentes.

6) Um amigo lhe diz que tem certeza de que o candidato X vencerá as próximas eleições municipais da sua cidade. Como justificativa, ele afirma que entrevistou mais de 500 pessoas em seu bairro e cerca de 80% delas, quando perguntadas sobre em quem pretendiam votar, disseram que votariam no candidato X. Qual é o principal problema com essa sondagem? Por que poderíamos desconfiar que esse resultado é enviesado?

Comentário: O principal problema está no método empregado para selecionar as pessoas entrevistadas, o que pode levar a um viés de seleção. A sondagem feita em um bairro específico da cidade pode selecionar apenas um grupo social específico (por exemplo, se for um bairro onde os imóveis são valorizados, a pesquisa pode estar refletindo apenas as opiniões de pessoas com alto nível de renda). Um exemplo famoso e bastante ilustrativo é o de uma sondagem realizada pela revista *Literary Digest* sobre as eleições presidenciais norte-americanas de 1936. A revista, que era muito respeitada à época e tinha um grande público de leitores, realizou uma pesquisa com uma amostra de 2,4 milhões de eleitores. Partindo desses dados, a revista previu que o candidato Alfred Landon receberia 57% dos votos, contra 43% para Franklin Roosevelt. O resultado, no entanto, foi uma vitória bastante confortável de Roosevelt, que recebeu 62% dos votos naquela eleição. O principal problema da pesquisa era justamente um viés de seleção: os leitores da revista eram, em geral, indivíduos de renda média ou alta. Roosevelt tinha grande popularidade junto às camadas menos favorecidas da população, mas esse fator foi desconsiderado em razão do viés de seleção na escolha dos entrevistados.

7) Um estudo mostra uma alta correlação entre o consumo de café e o desenvolvimento de câncer de pulmão. Isso significa que o café causa câncer?

Comentário: Não. Devemos sempre ter em mente que correlação não é o mesmo que causalidade. Nesse exemplo, pode ser que a correlação entre o consumo de café e o câncer se deva ao fato de que fumantes têm o hábito de consumir mais café. Se esse for o caso, estamos diante de uma correlação espúria, e, na verdade, o que explica a correlação entre café e câncer de pulmão é uma outra variável confusora: o consumo de cigarro. Nesse caso, o consumo de cigarro é a verdadeira causa da propensão ao desenvolvimento de câncer de pulmão, e o café está associado ao problema apenas por uma circunstância que nada tem a ver com a forma como esse tipo de câncer se desenvolve. Em outras palavras, se uma pessoa, ao tomar conhecimento dessa correlação, decide parar de tomar café, mas continua fumando com a mesma intensidade, ela não estará reduzindo suas chances de ter câncer de pulmão.

Capítulo V
TEORIA DOS JOGOS

5.1 CONCEITO E APLICAÇÕES

A teoria dos jogos engloba um conjunto de teorias filosóficas, matemáticas, estatísticas e políticas sobre como os agentes racionais tomam ou deveriam tomar suas decisões ao longo das interações humanas. São situações que envolvem a adoção de estratégias para a tomada de decisão, em razão da interdependência das ações dos agentes envolvidos. Isso significa que as decisões de cada jogador influenciam os resultados para os demais e, por sua vez, as decisões que irão tomar.

Esse conjunto teórico busca fornecer ferramentas para melhor compreender o processo de tomada de decisão por parte dos agentes que interagem entre si, considerando a lógica observada no contexto em que estão inseridos e as consequências de cada escolha possível. Mais especificamente, um objetivo direto da teoria dos jogos é auxiliar os jogadores a adotarem estratégias ótimas em cada jogo. Significa, portanto, pensar em escolhas que produzam o melhor resultado possível para o jogador em determinado contexto de jogo.

Diante disso, as teorias dos jogos podem ter três principais aplicações. Em primeiro lugar, fornecem uma compreensão adequada, envolvendo a descrição e a análise de problemas de decisão interativa entre agentes racionais, isto é, as situações de jogo. Em segundo, ajudam a solucionar situações em que há potencial conflito e nas quais algum grau de cooperação é desejável por parte dos agentes. Por fim, aprofundam o entendimento acerca das interações estratégicas e do papel das regras jurídicas nesse contexto, podendo servir para a criação de mecanismos normativos de incentivo, com o intuito de produzir determinados comportamentos desejáveis. Portanto, as teorias dos jogos têm papel extremamente relevante na compreensão das ações em contextos de interação, de modo geral, e, mais especificamente, para o Direito, podendo se aplicar às mais diversas situações.

Teoria da escolha racional

Um conceito fundamental para a compreensão das teorias dos jogos é a teoria da escolha racional, que constitui premissa básica para a análise das situações de jogos estratégicos. A teoria parte do pressuposto de que esses jogadores são atores racionais e possuem preferências que norteiam a análise e produção de suas decisões. Em razão disso, mostra-se crucial a compreensão do que se entende por racionalidade.

Afirmar que os jogadores são racionais e, portanto, que suas preferências irão influenciar suas escolhas, significa dizer que eles têm capacidade de defini-las em relação a qualquer decisão possível e que há alguma consistência lógica nas suas escolhas. Especialmente, que suas decisões serão norteadas pela busca de maximização de bem-estar. Isso quer dizer, para a teoria dos jogos, que os envolvidos estão exclusivamente interessados em "ganhar o jogo" e, consequentemente, irão empregar os meios adequados para atingir tal objetivo.

A teoria racional não admite, portanto, que jogadores estejam participando do jogo com objetivos que vão de encontro aos seus próprios ganhos individuais. Isto é, que eles conscientemente optariam por estratégias que acarretariam *payoffs*, ou resultados, piores em comparação a outras escolhas possíveis, uma vez que isso violaria os preceitos lógicos e a busca pela maximização de seu próprio bem-estar. Seria, portanto, irracional. Ou seja: há uma pressuposição de que os jogadores necessariamente irão optar pela estratégia que lhes proporcionará os melhores resultados, em comparação com a gama de escolhas disponível.

5.2 JOGO – FORMA NORMAL OU ESTRATÉGICA

Um jogo é qualquer situação em que os agentes, ou jogadores, tomam decisões estratégicas num cenário de interdependência, ou seja, "decisões que levam em conta as atitudes e respostas dos outros"[1]. Representa situações de tomada de decisão em contextos de interação, o que significa que a escolha de um agente afetará a recompensa obtida pelo outro, e vice-versa. Portanto, em uma situação de jogo, a estratégia de um jogador influenciará as estratégias adotadas pelos demais.

Primeiramente, veremos o jogo em sua forma normal, também chamada de estratégica. Ela é utilizada para lidar com **situações de decisão simultânea**, que são aquelas em que, no momento de decidir, um jogador não sabe qual é a decisão do outro, e vice-versa. Ou seja, não necessariamente elas ocorrem ao mesmo tempo, simultaneamente, mas, no momento de fazê-las, um não conhece a decisão do outro.

5.2.1 Elementos do jogo

Os elementos do jogo são os seus fatores fundamentais, isto é, aquilo que o constitui. De modo simplificado, podemos dizer que todo jogo possui três elementos chave: (i) os jogadores; (ii) as estratégias; e (iii) os *payoffs*.

5.2.2 Jogadores

Os jogadores são os agentes capazes de tomar as decisões que potencialmente irão afetar os demais. Podem ser tanto indivíduos como grupos de indivíduos, empresas, instituições, organizações, associações, desde que sejam capazes de tomar decisões em conjunto, como um único agente. Em suma, o jogador é quem irá tomar uma decisão.

Os jogadores podem ser países em um contexto de guerra, fazendo escolhas que poderão levar ao agravamento do conflito ou à celebração de um acordo de paz, por

---

[1] PINDYCK, Robert S.; RUBINFELD, Daniel L. **Microeconomia**. 8ª ed. Prentice Hall: São Paulo, 2013, p. 484.

exemplo. Ou dois bancos decidindo se irão conceder ou não um empréstimo para um cliente que deseja empreender. Podem, ainda, ser sujeitos negociando um contrato de compra e venda. Ou até mesmo dois indivíduos propondo pretensões salariais para o mesmo cargo em determinada empresa.

5.2.3 Estratégias

As estratégias nada mais são do que as ações possíveis dentro do campo de decisão de cada jogador. Em cada tomada de decisão, os agentes se confrontam com x opções dentre as quais devem escolher; nos jogos, essas opções são chamadas de estratégias. Portanto, uma estratégia é um plano de ação que especifica a decisão a ser tomada em cada possível situação.

Em um contexto de jogo, isto é, de interação entre as ações dos agentes, toda estratégia parte de um pressuposto sobre o curso de ação a ser tomado pelo outro jogador. Isso significa que a interdependência faz com que os jogadores levem as jogadas de seus oponentes em consideração, no momento de decidir a sua própria. Esse pensamento tático é o que se chama de comportamento estratégico. Ele envolve raciocínios complexos, tendo em vista que para eleger a estratégia que adotará, o jogador deverá supor o que seu oponente decidirá e, por sua vez, quais consequências essa decisão terá sobre a sua própria escolha, bem como os benefícios ou prejuízos dela decorrentes.

Existem jogos que não envolvem decisões estratégicas, mas esses não fazem parte de nossa análise. Seria o caso de jogos de pura sorte, como uma aposta de difícil cálculo probabilístico; ou jogos de habilidade, como as competições esportivas. Essas situações não serão objeto de estudo neste livro, uma vez que não se relacionam diretamente com a AED.

5.2.4 *Payoffs*

Os *payoffs* representam os possíveis benefícios – ou prejuízos – decorrentes de uma dada estratégia. São as recompensas de cada jogador por sua ação, a depender da estratégia escolhida por seu oponente. De modo geral, são representadas de modo valorativo, isto é, por meio de valores numéricos, que podem ser positivos ou negativos, dependendo da conotação dos resultados possíveis para cada jogo.

Todo e qualquer jogo irá resultar em *payoffs* para os jogadores, sejam eles bons e, portanto, positivos, ou ruins e, por isso, negativos. Por considerarmos que os agentes são racionais, eles deverão escolher a estratégia ideal para maximizar o seu próprio *payoff* esperado, trazendo o maior benefício possível para si.

Contudo, os *payoffs* podem variar de acordo com cada possível combinação de estratégias. Dessa forma, o *payoff* para determinada estratégia adotada pelo jogador 1 pode ser um valor se o jogador 2 adotar uma de suas estratégias possíveis, mas será outro se o jogador 2 adotar uma estratégia alternativa.

5.2.5 Representação gráfica do jogo

Os elementos do jogo descritos acima são usualmente representados no formato de tabela, conforme representado a seguir:

		Jogador 2	
		Estratégia 1	Estratégia 2
Jogador 1	Estratégia A	Payoff A, Payoff 1	Payoff A, Payoff 2
	Estratégia B	Payoff B, Payoff 1	Payoff B, Payoff 2

A partir desta representação é possível visualizar todos os elementos que o constituem, assim como possíveis desdobramentos de cada combinação de estratégias adotadas pelos jogadores. A convenção adotada para as representações de jogos simultâneos na forma normal é que o Jogador 1 ocupa a faixa da horizontal, enquanto o Jogador 2 é posicionado na vertical. Imediatamente após estão suas estratégias. Na primeira coluna, vemos as estratégias do Jogador 1; na primeira linha, as do jogador 2. Por fim, numericamente, estão expressos os *payoffs*, representações numéricas das recompensas que cada estratégia trará a depender da estratégia escolhida pelo jogador oponente. Via de regra, o *payoff* da estratégia adotada pelo jogador 1 fica à esquerda, enquanto o *payoff* da estratégia adotada pelo jogador 2 é posicionado do lado direito.

5.2.6 Outros elementos relevantes

Existem, ainda, outros elementos relevantes, em relação aos quais cabe tecer breves considerações.

Um deles é o cenário, *contexto* ou o campo no qual o jogo será jogado, que pode ser físico-geográfico e/ou político e pode ter implicações nas tomadas de decisões dos agentes.

Ademais, a *informação* surge como outro elemento importante, pois, para tomar suas decisões de modo racional, os jogadores necessitam de informações abundantes sobre os elementos que constituem o jogo, de preferência absolutas e irrestritas. Somente assim será possível calcular as estratégias disponíveis e os *payoffs* que delas resultarão.

Também é relevante observar a *tática* adotada por cada jogador, ou seja, os movimentos sutis escolhidos por eles para tentar influir nas estratégias de seus oponentes. Eles estão presentes em cenários de negociação, ou até mesmo de jogos – agora no sentido corriqueiro do termo – como o Pôquer, em que um jogador pode adotar a tática do blefe, por exemplo.

Por fim, é interessante mencionar a variável dos *resultados*, relacionada com os interesses dos jogadores em *contextos mais abrangentes* do que o próprio jogo. Isto é, para um empresário negociando no mercado internacional, uma situação específica de jogo, que o leva a vender determinada mercadoria para um comprador estrangeiro, pode significar, além da transação comercial em si, o avanço de seus negócios para novos territórios, ou seja, ter resultados para além do próprio jogo[2].

---

[2] Cabe destacar, contudo, que para que o jogo descrever adequadamente o comportamento racional dos jogadores envolvidos, os *payoffs* devem refletir da forma mais completa possível as suas preferências.

5.3 DILEMA DOS PRISIONEIROS

Para ilustrar o funcionamento de um jogo e solidificar o entendimento acerca de suas características, abordaremos um exemplo clássico na literatura da teoria da decisão e dos jogos: o dilema dos prisioneiros.

Consideremos, para tanto, as figuras de Bonnie e Clyde, dois famosos criminosos dos Estados Unidos. Durante uma tentativa de assalto a um banco, ambos foram, após anos de fuga policial, detidos pela polícia local. Ao serem levados para a realização do interrogatório, foram confinados em salas separadas, de modo que a comunicação entre eles foi impedida.

A ambos foi oferecida a seguinte proposta: por terem sido flagrados portando armas de fogo ilegais, cada um poderia cumprir dois anos de pena de reclusão na cadeia. No entanto, caso um deles confessasse a tentativa de roubo e entregasse o parceiro, poderia sair livre, enquanto o parceiro cumpriria dez anos de pena de reclusão pela tentativa de roubo com porte de arma de fogo. Por fim, caso ambos delatassem seu respectivo parceiro, os dois cumpririam penas de cinco anos de reclusão. Para ilustrar as jogadas possíveis, isto é, as estratégias de cada jogador, seus respectivos *payoffs* e suas interações, observe a tabela abaixo:

		Clyde	
		Delatar	Não Delatar
Bonnie	Delatar	−5, −5	0, −10
	Não Delatar	−10, 0	−2, −2

Os jogadores, neste caso Bonnie e Clyde, estão indicados nas extremidades esquerda e superior, respectivamente. Imediatamente após estão suas estratégias – "delatar" e "não delatar". Por fim, numericamente, estão expressos os *payoffs*, isto é, as recompensas, que cada estratégia teria, a depender do que fosse escolhido pelo jogador oponente. Portanto, se ambos delatarem, ambos ficam presos por 5 anos (*payoffs* − 5, −5 no quadrado superior esquerdo); se apenas Bonnie delatar e Clyde não delatar, ela fica livre e ele enfrenta 10 anos de prisão (*payoffs* 0, −10 no quadrado superior direito); se, inversamente, Clyde delatar e Bonnie não delatar, ele fica livre enquanto ela fica 10 anos no cárcere (*payoffs* − 10, 0 no quadrado inferior esquerdo); por fim, se nenhum dos dois delatar, encararão juntos dois anos de prisão (*payoffs* − 2, −2 no canto inferior direito).

É importante pontuar que, mesmo que os dois jogadores tivessem combinado anteriormente a não confissão, tomar a decisão de não confessar como estratégia para esse jogo seria irracional, pois os jogadores estariam agindo contra o seu interesse próprio, uma vez que há incentivo para que eles desviem do pacto. Esse tipo de estrutura de jogo revela, portanto, a dificuldade de cooperação entre dois agentes, mesmo em cenários de comunicação prévia e produção de acordos sobre as estratégias a serem adotadas no jogo.

5.4 SOLUÇÕES E EQUILÍBRIOS

Encontrar a solução de um jogo é uma tentativa de prever o resultado que prevalecerá diante dos elementos de determinado contexto. Com ela, busca-se estimar qual combinação de estratégias será – ou tem grandes chances de ser – adotada pelos jogadores.

A previsão acerca de sua solução é produzida com o auxílio dos chamados "conceitos de solução". Dentre eles, os mais recorrentes são a "dominância" e o "equilíbrio de Nash", os quais serão abordados a seguir. Com a ajuda deles, buscamos questionar e obter ferramentas para saber se, diante das possibilidades de escolha de seu oponente, existe alguma estratégia que sempre acarrete melhores resultados? Ou, ainda, se diante da estratégia mais vantajosa para seu oponente e, portanto, a mais provável, alguma de suas estratégias tende a gerar mais benefícios?

Por fim, é importante considerar, conforme abordado na primeira sessão deste capítulo, que há a pressuposição de que os jogadores são atores racionais, ou seja, irão optar por estratégias que gerem para si os melhores *payoffs*.

5.5 ESTRATÉGIA ESTRITAMENTE DOMINANTE

Uma estratégia é estritamente dominante para determinado jogador quando ela lhe garante os melhores *payoffs*, independentemente da estratégia escolhida pelo outro jogador. Uma maneira de obter essa solução é comparar os *payoffs* daquele que está a decidir, em cada uma de suas possíveis estratégias. Assim, no exemplo a seguir, temos que, se o *payoff* de determinada estratégia do Jogador 1 for maior que o *payoff* de sua estratégia alternativa, em ambas as possíveis estratégias do Jogador 2, o melhor curso de ação para o Jogador 1 sempre será a primeira estratégia, independentemente daquela adotada pelo Jogador 2. Isso torna a primeira estratégia do Jogador 1 a estritamente dominante, assumindo que, para o jogo em questão, quanto maior o *payoff*, maior o bem-estar dos jogadores. É o caso do que ilustramos abaixo:

		Jogador 2	
		Estratégia 1	Estratégia 2
Jogador 1	Estratégia A	<u>10</u>, 3	<u>4</u>, 5
	Estratégia B	8, 4	3, 7

No caso acima, se o Jogador 2 adotar a Estratégia 1, o Jogador 1 poderá obter *payoff* 10 se escolher a Estratégia A ou *payoff* 8 se optar pela Estratégia b. Como 10 > 8, portanto, A > B. Da mesma forma, se o Jogador 2 optar pela Estratégia 2, o Jogador 1 poderá obter 4, adotando a Estratégia A ou 3, adotando a Estratégia B. Sendo 4 > 3, A segue sendo mais vantajoso do que B, para o Jogador 1. Ou seja, em todas as possibilidades, independentemente da escolha do Jogador 2, a Estratégia A é mais benéfica para o Jogador 1, uma vez que seus *payoffs* serão maiores, caso adote a Estratégia A. Com isso, a estratégia A é estritamente dominante para o Jogador 1.

Aprender a identificar as estratégias estritamente dominantes é crucial para avaliar os possíveis resultados de um jogo, pois espera-se que jogadores racionais adotem as estratégias que lhes irão proporcionar os melhores *payoffs*. Este tipo de estratégia, quando presente, possibilita que os jogadores tomem suas decisões sem que seja necessário levar em consideração suposições acerca da decisão de seu oponente, sendo uma forte aposta preditiva do comportamento dos agentes em interação.

5.5.1 Equilíbrio de estratégias estritamente dominantes

Se os dois jogadores possuem estratégias estritamente dominantes, o resultado capaz de representar a interseção entre elas é chamado de equilíbrio de estratégias estritamente dominantes. Ou seja, uma vez que ambos racionalmente optarão por suas respectivas estratégias estritamente dominantes, o equilíbrio, ou a solução do jogo, será a combinação delas.

Assim, o jogo representado acima é um exemplo em que ambos os jogadores possuem estratégias estritamente dominantes. Já observamos que a Estratégia A é a estratégia estritamente dominante do Jogador 1, mas é possível notar que a Estratégia 2 também será mais vantajosa para o Jogador 2. Isso pois, no caso de o Jogador 1 adotar a Estratégia B, temos que 7 > 4, assim como no caso de o Jogador 1 adotar a Estratégia A, 5 > 3.

		Jogador 2	
		Estratégia 1	Estratégia 2
Jogador 1	Estratégia A	<u>10</u>, 3	<u>4</u>, <u>5</u>
	Estratégia B	8, 4	3, <u>7</u>

Diante do exposto, sabemos que o Jogador 1 racionalmente irá adotar a Estratégia A, enquanto o Jogador 2 optará pela Estratégia 2. Portanto, o equilíbrio de estratégias estritamente dominantes para este jogo é a combinação de Estratégia A e Estratégia 2, que resultará nos *payoffs* representados no quadrante superior direito, 4 para o Jogador 1 e 5 para o Jogador 2.

O dilema dos prisioneiros é outro exemplo de situação de jogo que apresenta um equilíbrio de **estratégias estritamente dominantes**. Isso porque, caso Bonnie delate, é mais benéfico para Clyde delatar, uma vez que – 5 > – 10; da mesma forma, caso Bonnie não delate, também será mais benéfico para ele delatar, porque 0 > – 2. Em termos numéricos, Clyde sempre obtém melhores *payoffs* e, portanto, maximiza seu bem-estar, quando ele delata. Portanto, delatar é a estratégia estritamente dominante de Clyde. O mesmo ocorre em relação às estratégias de Bonnie, sendo "delatar" também sua estratégia estritamente dominante.

		Clyde	
		Delatar	Não Delatar
Bonnie	Delatar	<u>–5</u>, <u>–5</u>	<u>0</u>, – 10
	Não Delatar	–10, <u>0</u>	–2, –2

Assim, delatar é a estratégia estritamente dominante de ambos os jogadores, uma vez que, independentemente do que for feito pelo outro, a melhor estratégia para cada jogador sempre será delatar. Desse modo, ambos optarão por "Delatar" e, portanto, cumprirão penas de cinco anos de reclusão, sendo este (Delatar, Delatar) o equilíbrio do jogo em questão.

Dessa forma, no caso do dilema dos prisioneiros, apesar de a situação mais vantajosa de modo geral, com a soma de *payoffs*, mais benéfica para a dupla como um todo, ser aquela em que nenhum dos dois delata o crime, considerando que "delatar" é a estratégia estritamente dominante de ambos os jogadores, o equilíbrio do jogo será aquele de estratégias estritamente dominantes.

Saber identificar tais estratégias e tal equilíbrio é extremamente relevante para os operadores do direito e formuladores das políticas públicas. Isso porque em diversas situações a sociedade tem interesse em algum resultado específico em uma situação de jogo. Assim, deve-se criar incentivos, que podem ser legais (como tornar certos atos ilícitos), econômicos (criar multas ou bonificações), tributários (estabelecer incentivos fiscais), proibitivos (criar sanções criminais), para que os jogadores sejam estimulados a adotar estratégias estritamente dominantes, de forma que seja criado um equilíbrio que corresponda ao resultado desejado pela sociedade.

5.6 ESTRATÉGIA ESTRITAMENTE DOMINADA

Uma estratégia é considerada estritamente dominada para determinado jogador se, qualquer que seja a estratégia empregada por seu oponente, lhe garanta *payoffs* piores em relação às demais estratégias disponíveis. Este conceito é o extremo inverso da estratégia estritamente dominante, uma vez que, independentemente do curso de ação adotado pelo jogador oponente, esta sempre irá acarretar *payoffs* menos benéficos. Observemos o quadro abaixo:

		Jogador 2	
		Estratégia 1	Estratégia 2
Jogador 1	Estratégia A	5, 3	3, 5
	Estratégia B	8, 4	5, 7
	Estratégia C	<u>4</u>, 3	<u>2</u>, 4

No jogo representado acima, a Estratégia C é a estritamente dominada do Jogador 1, uma vez que, independentemente da estratégia que o Jogador 2 adotar, C sempre trará *payoffs* menos benéficos para o Jogador 1. Isso porque, caso opte pela Estratégia 1, o Jogador 1 pode receber os *payoffs* 5 (Estratégia A); 8 (Estratégia B); ou 4 (Estratégia C), sendo este último o pior. Da mesma forma, caso o Jogador 2 escolha a estratégia 2, o Jogador 1 pode obter como *payoff* 3 (Estratégia A); 5 (Estratégia B); ou 2 (Estratégia C), sendo este o menor de todos. Em ambos os casos, a Estratégia C traria os piores resultados para o Jogador 1, sendo esta, portanto, uma estratégia estritamente dominada pelas demais, motivo pelo qual é seguro afirmar que, sendo o Jogador 1 um agente racional, esta não será uma estratégia escolhida por ele.

É relevante saber identificar uma estratégia estritamente dominada pois, em uma situação de jogo em que não é possível identificar estratégias estritamente dominantes dos jogadores, esta pode ser uma maneira segura de prever seus comportamentos e, portanto, identificar o desfecho mais provável para a situação em questão. Além disso, no caso do direito e da formulação de leis, pode-se desejar fabricar uma estratégia estritamente dominada para evitar a adoção de comportamentos que são considerados indesejáveis para a sociedade.

5.6.1 Equilíbrio por eliminação de estratégias estritamente dominadas

Se, em determinada situação de jogo há estratégias estritamente dominadas para os jogadores, é possível inferir que não serão escolhidas por eles. Dessa forma, para buscar prever o seu comportamento e, por fim, o resultado do jogo, é possível eliminar as estratégias estritamente dominadas até que se chegue em um equilíbrio entre as restantes. Com isso é possível tentar prever uma solução para um jogo de maior complexidade decisória. Este que acabamos de ver, por exemplo, apresenta a Estratégia C como uma estratégia estritamente dominada do Jogador 1. Nesse sentido, podemos eliminá-la do jogo, de modo que temos:

		Jogador 2	
		Estratégia 1	Estratégia 2
Jogador 1	Estratégia A	5, 3	3, <u>5</u>
	Estratégia B	<u>8</u>, 4	<u>5</u>, <u>7</u>
	Estratégia C	4, 3	2, 4

A partir desta nova configuração, é possível observar que a Estratégia B torna-se uma estritamente dominante para o Jogador 1 (uma vez que, caso o Jogador 2 escolha a Estratégia 1, 8 > 5; e, caso o Jogador 2 opte pela Estratégia 2, 5 > 3). Por outro lado, a Estratégia 2 se torna a estratégia estritamente dominante do Jogador 2 (pois, se o Jogador 1 optar pela Estratégia A, 3 < 5; e, se o Jogador 1 escolher a Estratégia B, 7 > 4). Assim, o equilíbrio deste jogo seria Estratégia B, Estratégia 2.

5.7 ESTRATÉGIA FRACAMENTE DOMINANTE

Na ausência de estratégias estritamente dominantes e estritamente dominadas, é possível buscar encontrar o equilíbrio do jogo pela identificação de estratégias fracamente dominantes. Esse tipo de estratégia representa um curso de ação que denota os melhores *payoffs*, mas empata com um *payoff* correspondente a uma estratégia alternativa. Ou seja, há pelo menos um empate entre estratégias e, no restante, uma delas sempre traz maiores benefícios. É o caso do jogo abaixo:

		Jogador 2	
		Estratégia 1	Estratégia 2
Jogador 1	Estratégia A	2, 3	3, 5
	Estratégia B	<u>4</u>, 4	<u>5</u>, 7
	Estratégia C	<u>4</u>, 3	2, 4

Nesta situação de jogo, a Estratégia B é, para o Jogador 1, uma estratégia fracamente dominante, uma vez que dá maior *payoff* no caso de o Jogador 2 escolher a Estratégia 2 e empata o melhor *payoff* com a Estratégia C, no caso de o Jogador 2 optar pela Estratégia 1. Assim, em todas as possibilidades de escolha do Jogador 2, a estratégia B produz melhores resultados, com a exceção de um empate em uma delas. A partir disso, na ausência de estratégias estritamente dominantes ou dominadas e de um conceito mais confiável de solução de jogo, é possível eleger a Estratégia B como uma provável estratégia escolhida pelo Jogador 1 na busca pelo equilíbrio do jogo em questão.

5.8 EQUILÍBRIO DE NASH

Nem sempre em situações de jogos é possível identificar as estratégias dominantes ou dominadas e, consequentemente, por vezes não é possível avaliar o melhor curso de ação para determinado jogador sem que seja necessário avaliar as estratégias disponíveis para seu oponente. Isto é, em diversas ocasiões, os jogadores não terão uma estratégia ótima independentemente das escolhas dos demais.

O equilíbrio de Nash, portanto, é a *melhor resposta à melhor estratégia do oponente*. Conforme assevera Fernando Leal:

> (...) o conceito de equilíbrio de Nash pressupõe o encontro de *melhores respostas mútuas* (Watson, 2013:97), ou, em outras palavras, o da constatação de que uma determinada estratégia de um jogador é a melhor resposta para a estratégia do outro e vice-versa (Baird, Gertnet e Picker, 2002:21)[3].

Desse modo, para identificar as melhores soluções a partir do conceito de equilíbrio de Nash, o jogador buscará averiguar quais são as suas melhores respostas às estratégias do outro jogador, pressupondo que o outro jogador optará também por suas melhores respostas disponíveis, uma vez que é um agente racional. Assim, é possível obter a solução do jogo.

Sendo C uma estratégia do Jogador 1, um par de estratégias (C,Z) se afigura como equilíbrio de Nash quando Z é a melhor estratégia do Jogador 2, dada a estratégia C do Jogador 1 e C é a melhor estratégia do Jogador 1 dada a estratégia Z do Jogador 2.

		Jogador 2		
		X	Y	Z
Jogador 1	A	2,3	5,1	3,2
	B	4,2	1,4	0,3
	C	1,1	0,5	<u>6,8</u>

Na situação de jogo acima, portanto, a combinação de estratégias (C,Z) é um equilíbrio de Nash.

---

[3] LEAL, Fernando. **Consequencialismo,** Racionalidade e Decisão Jurídica. *In:* CASTELAR PINHEIRO, Armando; PORTO, Antonio J. M.; SAMPAIO, Patrícia R. P. (Org.), **Direito e Economia: Diálogos**. Rio de Janeiro: FGV Editora, 2019, p. 105.

5.9 FORMA ESTENDIDA OU SEQUENCIAL

A forma estendida ou extensiva é utilizada para analisar e compreender os jogos dinâmicos, entendidos como aqueles que são realizados em mais de uma rodada. Diferentemente do que se dá na forma normal, estratégica ou simultânea, na forma estendida, ou extensiva, os jogadores não jogam simultaneamente, de modo que um deles joga primeiro e, o outro, que é o segundo a jogar, teve acesso à decisão tomada pelo primeiro na etapa anterior.

Em muitas situações as negociações ocorrem em etapas sucessivas, pois os agentes podem decidir em momentos distintos e, além disso, obtêm informações sobre as decisões anteriores dos demais jogadores. Para analisar tais situações, serve a forma estendida de jogo. É o caso, por exemplo, de empresas competidoras de um mesmo nicho de mercado que estão a demarcar os preços de suas mercadorias. A empresa A lança o produto no mercado sob o valor de R$ 100,00. Diante deste valor e para angariar mais consumidores, a empresa B lança produto concorrente por R$ 90,00. A partir disso, inicia-se um processo de competição por preços de mercado, até que o valor se equilibre em razão dos custos de produção da mercadoria e do objetivo final de busca por lucros de ambas as empresas.

Os jogos em etapas sucessivas não são representados graficamente em forma de tabela, tal como os jogos simultâneos. São traduzidos pela chamada "árvore de decisão", constituída por "nós de decisão" e seus respectivos ramos. Cada nó representa a jogada de um jogador e cada ramo constitui uma possível escolha estratégica do jogador referido no nó imediatamente anterior. Em seguida, vêm os *payoffs* de cada estratégia adotada, estando os do Jogador 1 à esquerda e os do Jogador 2 à direita, conforme ilustrado abaixo.

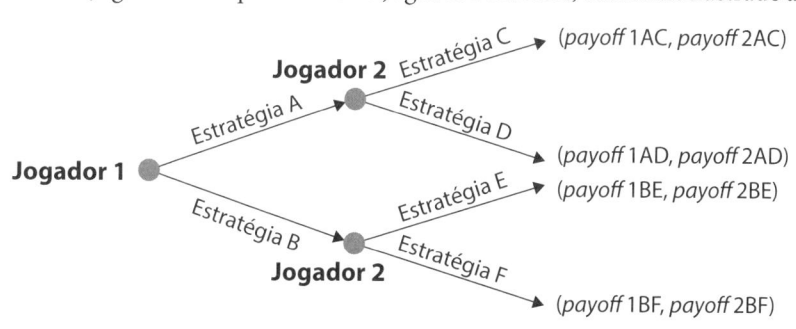

Assim, no exemplo das empresas competidoras, a árvore de decisão poderia ser ilustrada da seguinte maneira:

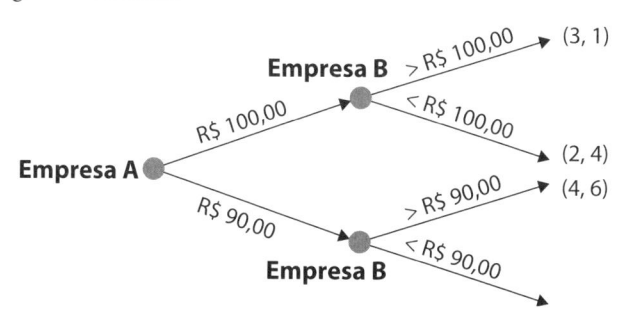

Diante disso, temos: Se a empresa A fixa o preço de sua mercadoria em R$ 100,00, a empresa B pode optar por vender seu produto por mais ou menos de R$ 100,00, a depender da estratégia de mercado por ela escolhida. Se a Empresa B fixa a sua mercadoria em mais de R$ 100,00, vende apenas 1, enquanto a Empresa A, com valor menor, vende 3. No entanto, se B vende por menos de R$ 100,00, 4 produtos seus serão comprados, enquanto A, com maior preço, vende apenas 2. Na segunda hipótese as vendas de modo geral são maiores do que na primeira porque os valores dos produtos estão, ao todo, mais baixos. Por outro lado, se a Empresa A fixa o valor de mercado de sua mercadoria em R$ 90,00, a empresa B novamente pode optar por apoiar-se em valores mais elevados ou por competir com a oferta. No primeiro cenário, B fixando preço maior que R$ 90,00, venderá 2 peças, enquanto A vende 6. Já na segunda possibilidade, em que B decide competir com os preços de A colocando sua mercadoria a venda por menos de R$ 90,00, acaba comercializando 6 unidades, enquanto A venderá 4.

Nessa decisão sequencial, independentemente da escolha de B, a empresa A irá efetuar mais vendas caso fixe o preço de sua mercadoria em R$ 90,00, podendo variar entre 4 e 6 peças. Contudo, se este não fosse o caso, A precisaria tentar prever o comportamento de B para tomar sua decisão, caso em que chegaria à conclusão de que a estratégia dominante de B é estabelecer preços mais baixos que os seus. Diante disso, B adotaria as estratégias representadas pelos ramos que estão apontados para baixo, o que significa que o *payoff* de A poderia ser 2, caso fixasse o preço em R$ 100,00, ou 4, se vendesse sua mercadoria por R$ 90,00. Entre vender 2 x 100 = R$ 200,00 ou 4 × 90 = R$ 360,00, a última estratégia trará mais benefícios à empresa A, que optaria por fixar o preço em R$ 90,00. Diante disso, B priorizaria fixar valor menor que R$ 90,00, uma vez que 2 × 100 = R$ 200,00 e 6 × 80 = 480,00. No cenário aqui ilustrado, consideramos 80 e 100 para fins exemplificativos, mas, na realidade, a empresa B deveria ser cautelosa quanto a fixar o valor muito abaixo de R$ 90,00. Isso porque, a depender da quantia, poderia ser mais lucrativo fixar valor maior e vender menos peças. Por exemplo, se B fixa o valor de sua mercadoria em R$ 10,00, precisaria vender mais de 20 peças para superar o valor que seria arrecadado ao vender pelo valor de R$ 100,00.

5.10 OUTROS TIPOS DE JOGOS E FATORES RELEVANTES

Ao longo deste capítulo, abordamos os jogos na forma normal e extensiva, jogados por dois jogadores e com acesso à ampla informação sobre os elementos que constituem a situação de jogo, de modo a facilitar a compreensão acerca das situações e suas possíveis soluções. Contudo, a realidade é mais complexa e os exemplos aqui trazidos poderiam aparecer somados à diversas outras variáveis que, por sua vez, poderiam alterar as estratégias, os *payoffs* ou os comportamentos dos jogadores. A seguir abordaremos brevemente algumas dessas possíveis variáveis.

5.10.1 Número de jogadores

Apesar de termos abordado jogos entre dois jogadores, que constituem a maior parte da produção existente sobre as teorias dos jogos, é possível haver variações deste padrão.

5.10.1.1   Um jogador

Os jogos com apenas um jogador não englobam decisões estratégicas por não apresentarem as características de interação entre os agentes e de interdependência entre suas estratégias e decisões. Portanto, fogem do escopo da teoria dos jogos. Contudo, é possível que haja jogos em que um sujeito se encontra diante de um dilema e precisa de estratégias para decidir, apesar de sua decisão não depender ou afetar decisões alheias.

5.10.1.2   N jogadores

Em diversas situações de jogo pode haver mais de dois agentes capazes de influenciar as decisões alheias, em contexto de interação de ações. É o caso de uma guerra entre diversos países, como a Segunda Guerra Mundial. Ou ainda, de uma disputa judicial por uma herança que envolva diversos herdeiros, cada um com seu advogado ou advogada e estratégias próprias para obter o maior ganho no processo. Estes configuram jogos complexos e, portanto, com características singulares.

Cada indivíduo participante do jogo tem interesses próprios, que podem convergir ou divergir, dando espaço para alianças, disputas e pactos que, por sua vez, podem ser de caráter pontual ou contínuo. Nessas interações, pode haver um contexto de simetria entre os diversos jogadores ou de dominância e, portanto, assimetria.

5.10.1.3   Informação disponível

Para a melhor compreensão dos cenários de jogos, adotamos a premissa de disponibilidade de informação aos jogadores. Desse modo, as estimativas de soluções para os jogos aqui analisados foram feitas considerando um cenário de conhecimento comum disponível, no qual os jogadores têm ciência sobre todos os elementos do jogo no momento de tomada de decisão. Contudo, nem sempre é este o caso.

5.10.1.4   Informação perfeita

Os jogos de informação perfeita são aqueles que observamos ao longo deste capítulo. Significa que há plena disponibilidade de informações tanto sobre o jogo quanto sobre seus elementos e, portanto, que os jogadores têm acesso ao que constitui o jogo: o contexto, as estratégias disponíveis e os *payoffs* possíveis para si e para os demais jogadores. Assim, é mais simples tomar decisões estratégicas e há uma análise do jogo mais ampla e preditiva sobre os comportamentos dos jogadores e, consequentemente, acerca do equilíbrio que pode ser alcançado.

5.10.1.5   Informação imperfeita

No caso de não haver plena disponibilidade de informações sobre os elementos que constituem o jogo, os jogadores atuam com maior insegurança. Um exemplo disso são os jogos com estratégias que deixam de ser "puras" e passam a ser "mistas", de modo que envolvem o uso de probabilidades e se apoiam, em certa medida, na sorte. Nesse cenário, passa também a fazer diferença a relação de cada jogador com a tomada de riscos. Dessa forma, pode alterar o curso das decisões e, portanto, o resultado do jogo, o fato de os jogadores serem indiferentes, avessos ou tomadores de riscos.

5.10.2 Grau de cooperação

Quando observamos o dilema dos prisioneiros, vimos que, mesmo que combinassem previamente, o tipo de estrutura de jogo revela a dificuldade de cooperação entre os dois jogadores, uma vez que, no momento da decisão, poderiam optar por "trair" o acordo prévio, caso isso gerasse maiores *payoffs* para si. No entanto, às vezes os jogadores cooperam. Como é possível? No exemplo de Bonnie e Clyde, os agentes jogaram apenas uma vez, ou seja, o jogo teve apenas uma rodada. No entanto, como vimos posteriormente, existem diversas situações de jogo que são sequenciais, envolvendo mais de uma rodada.

Diante disso, uma variável interessante de ser abordada sobre os jogos sequenciais é que, quando um jogo possui várias rodadas, existe a possibilidade de aplicação de uma sanção para quem desviar do acordo, do pacto realizado, quer por conta das regras do jogo, quer por conta de retaliação do jogador que foi "traído". Assim, ao contrário do jogo de apenas uma rodada, a cooperação é uma possibilidade nos jogos sequenciais, uma vez que não há incentivo para desviar de um pacto firmado entre os jogadores em benefício próprio, pois em caso de desvio poderá haver retaliação em rodadas futuras. Com isso, nos jogos sequenciais as decisões deverão ser tomadas tendo em consideração consequências futuras, uma vez que há possibilidade de remediação de eventuais desvios.

Contudo, apesar de o jogo sequencial favorecer a cooperação por conta dessa necessidade de consideração das consequências futuras, ainda assim é possível que haja incentivos para desvios do que foi acordado em alguma rodada anterior. Isso porque, após a última rodada, isto é, o fim do jogo, não haverá mais possibilidade de retaliação ou punição. Por exemplo, em um jogo com quatro rodadas, os jogadores teoricamente cooperariam nas três primeiras, havendo receio de serem punidos na rodada seguinte, mas na última não, desviando do acordo cooperativo, caso fosse do interesse próprio.

Por conta disso, um jogo sequencial deve ser resolvido por indução retroativa, isto é: de trás para frente. Por isso, pensemos retroativamente: sabendo que na quarta rodada os dois jogadores terão incentivo para burlar o acordo, por que um deles cooperaria na terceira rodada? Caso um coopere, o outro poderá desviar do acordo e se aproveitar da cooperação. No caso de Bonnie e Clyde, o que cooperou teria 10 anos de prisão e o que desviou sairia livre. Assim, ambos poderiam pensar desta forma e adotar suas estratégias, desviando conjuntamente da cooperação. O mesmo raciocínio poderia se repetir para as rodadas anteriores.

No exemplo do dilema do prisioneiro, mesmo com repetidas rodadas, caso elas possuam número finito, Bonnie e Clyde seguiriam com o mesmo raciocínio egoísta, centrado no interesse próprio, e a estratégia estritamente dominante de ambos seria delatar.

Então, em que situação os jogadores cooperariam? Caso se tratasse de um jogo de infinitas rodadas. Neste caso, o jogo sequencial não teria um fim previsto, podendo se estender indefinidamente. Considerando que ambos os jogadores agem por interesse próprio – uma vez que são indivíduos racionais – a ameaça de sofrer sanção no futuro por adotar estratégias de não cooperação pode fazer com que acabem optando por uma estratégia cooperativa. No jogo repetido de rodadas finitas, o desvio da cooperação ocorre pela expectativa de haver uma última rodada, na qual terão incentivo para não cooperar. Minada esta expectativa, os jogadores terão incentivo para cooperar, pois a possibilidade de retaliação futura se mantém.

As ferramentas trazidas pela teoria dos jogos podem ser extremamente úteis para identificar, em situações empíricas, os elementos de um jogo, as estratégias disponíveis para os jogadores e seus respectivos *payoffs* e para prever os comportamentos a serem adotados por cada jogador, assim como a solução de cada jogo. Ao aumentar essa capacidade analítica e preditiva do comportamento humano, os agentes operadores do direito se tornam aptos a influenciar as variáveis que compõem esses cenários de jogos, de modo a criar mecanismos e incentivos jurídicos que induzam a comportamentos desejados e soluções que estejam em correspondência com os interesses sociais.

Contudo, conforme abordado, grande parte dessas teorias se baseiam na premissa da racionalidade do comportamento. Ocorre que, como veremos no capítulo sobre economia comportamental, tais pressupostos de racionalidade dos agentes têm sido questionados, de maneira que pairam dúvidas sobre determinados conceitos fundamentais da própria teoria dos jogos, assim como sobre sua real capacidade preditiva sobre o comportamento humano.

No próximo capítulo, serão analisadas algumas dessas principais questões postas à racionalidade e à teoria do ator racional, a partir da apresentação dos conceitos e pressupostos da racionalidade limitada, inspirada em conceitos psicanalíticos cognitivos e no campo de estudo da economia comportamental.

QUESTÕES DE AUTOMONITORAMENTO

1) Defina a teoria da escolha racional.
Comentário: A teoria da escolha racional (*rational choice theory*) faz parte da teoria econômica clássica, segundo a qual o ser humano é visto como um agente racional que age visando à maximização dos seus interesses. Um ator racional é aquele que compreende todas as opções factíveis no plano da realidade que podem ser relevantes para a sua escolha e que é dotado de uma capacidade de estruturar suas preferências de maneira coerente, conseguindo comparar a utilidade esperada de cada escolha. Para conseguir isso, o agente racional seria dotado de cinco capacidades: (i) comensurabilidade, ou a capacidade de medir suas preferências; (ii) transitividade, ou a capacidade de comparar suas opções e escolher aquela que medimos ser mais útil; (iii) coerência, ou a capacidade de manter-se fiel às suas escolhas; (iv) cancelamento, ou a capacidade de cancelar fatores que estejam iguais de uma mesma opção; e (v) dominância, ou a capacidade de escolher sempre a opção com as melhores características globais.

2) Quais os principais elementos de um "jogo" no contexto da teoria dos jogos?
Comentário: Para a teoria dos jogos, três são os elementos principais de um "jogo": (i) jogadores, ou os agentes (indivíduos, sociedades, países etc.), capazes de tomar decisões que podem impactar os demais; (ii) as estratégias, ou suas opções de ação/escolha; e

(iii) *payoffs*, ou os possíveis benefícios/prejuízos de determinada estratégia, ou seja, o resultado de suas ações.

3) **O que é uma estratégia dominante? E uma estratégia dominada? Como ambas se encaixam diante do que chamamos de "elementos do jogo"?**

Comentário: Tanto as estratégias dominantes como as dominadas são abarcadas pelo segundo elemento do jogo (as estratégias). A estratégia dominante é aquela opção de ação que o indivíduo racional escolherá, por ser a que mais lhe trará benefícios/menos prejuízos, sendo estritamente dominante se esses benefícios forem os maiores independentemente da escolha dos outros jogadores. Já a estratégia dominada segue em sentido contrário, sendo aquela preterida pelo agente racional, pois será aquela que mais lhe trará prejuízos/menos benefícios, sendo estritamente dominada se esses prejuízos forem os maiores independentemente da escolha dos demais jogadores.

4) **Diferencie uma estratégia estritamente dominante de uma estratégia fracamente dominante.**

Comentário: Uma estratégia estritamente dominante é aquela que um jogador racional irá escolher independentemente do que escolher o outro jogador, pois será aquela que invariavelmente lhe trará mais benefícios. Já a fracamente dominante é aquela que traz resultados melhores, mas que também empata com *payoffs* correspondentes a estratégias alternativas.

5) **A partir da reflexão clássica do dilema dos prisioneiros, discorra sobre como mundos mais e menos cooperativos influenciam no resultado de um mesmo jogo.**

Comentário: O dilema dos prisioneiros demonstra como duas pessoas, se escolhessem cooperar, poderiam ter um resultado mais eficiente, isto é, ficar menos tempo na cadeia (dois anos se os dois não delatarem), enquanto, se optarem pela escolha que lhes trará mais benefícios individualmente (delatar o amigo sem ser delatado e ficar livre), ambos ficarão mais tempo na cadeia (os dois delatam e passam cinco anos). No mesmo sentido, quaisquer jogadores podem encontrar a solução mais eficiente para determinado jogo apenas se efetivamente cooperarem. A não cooperação é destrutora de riqueza/utilidade.

6) **Como podemos definir o equilíbrio de Nash?**

Comentário: O equilíbrio de Nash é definido como a melhor resposta à melhor estratégia do oponente, ou seja, qual será a resposta à potencial estratégia escolhida pelo jogador. Pode haver diversos equilíbrios de Nash, sem que seja possível escolher entre eles por meio de estratégias dominantes e/ou dominadas. Além disso, quando consideramos apenas estratégias puras (ou seja, excluindo combinações probabilísticas de estratégias), podemos também encontrar jogos que não possuem nenhum equilíbrio de Nash. Ou seja, podemos encontrar tanto casos com mais de um equilíbrio de Nash, como casos em que não há um equilíbrio em estratégias puras, o que explica a existência de uma extensa literatura que apresenta refinamentos ao equilíbrio de Nash.

7) **Como jogos sucessivos influenciam o comportamento dos jogadores em comparação com jogos simples?**

Comentário: Em jogos sucessivos, sabendo que terão que jogar novamente com o outro jogador, jogadores racionais optam por serem mais cooperativos e a cumprirem seus acordos, pois sabem que sua reputação ficará manchada para próximos jogos se não o fizerem. Por exemplo, em um jogo entre fornecedor e comprador habituais, o fornecedor terá incentivos para entregar o produto/serviço contratado com qualidade, assim como o comprador terá incentivos para pagar em dia, uma vez que sabem que terão de contratar novamente e que não o farão se o outro tiver lhe passado a perna.

Capítulo VI
ECONOMIA COMPORTAMENTAL

6.1 POR QUE ESTUDAR ECONOMIA COMPORTAMENTAL?

Ao longo dos capítulos anteriores deste livro, apresentamos uma análise baseada no ideal de comportamento racional por parte das pessoas em suas relações econômicas e jurídicas cotidianas. Porém, neste capítulo, mostraremos que nem sempre agimos de forma perfeitamente racional e que, com frequência, damos ouvidos às nossas intuições e a outros impulsos, durante a tomada de decisão em qualquer nível, seja em nosso ambiente pessoal, profissional ou econômico. Por vezes, por conta da nossa tendência em confiar demais no que costumamos chamar de intuição, cometemos, sistematicamente, os mesmos erros, incorrendo em vieses cognitivos (que serão explicados abaixo).

Nesse contexto, a economia comportamental se destina a entender esses desvios recorrentes dos pressupostos da Teoria da Escolha Racional (*Rational Choice Theory – RCT*[1]), a principal teoria sobre a tomada de decisão humana, que explicaremos de forma mais detalhada em tópico subsequente. Não obstante, desde já destacamos que não corroboramos com a representação de um suposto antagonismo entre a abordagem tradicional da economia, baseada na Teoria da Escolha Racional e as descobertas das análises comportamentais. Compreendemos, sim, a sua complementariedade. A economia comportamental deve ser vista como uma nova ferramenta, capaz de sofisticar as previsões e análises da economia neoclássica, sem, contudo, desconsiderar a qualidade preditiva de seus modelos econômicos, sendo, portanto, duas ferramentas teóricas complementares e não excludentes ou incompatíveis entre si[2].

---

[1] No decorrer do capítulo, embora apresentemos os conceitos sempre em português, deixaremos seu nome original, em inglês, entre parênteses para facilitar àqueles que quiserem se aprofundar no estudo do tema, pois a utilização do conceito em inglês é mais comum na literatura em geral e permite a busca de um número maior de referências pelo aluno.

[2] Trazemos, aqui, a explicação de Fernando Gómez Pomar: "*Economics as an intellectual field (or set of related or neighboring disciplines, to be perhaps more descriptively accurate) has experienced significant changes in the past decades. Economic theory and economic methods have greatly expanded their scope of application to cover many dimensions in the workings of societies but, more importantly for my purposes, their sophistication, realism and accuracy have increased substantially in terms of explaining the functioning and effects of economic interactions. Game theory and information microeconomics, empirical techniques with more structured data analysis and inference allowing more rigorous causal claims, behavioral analysis, and statistical treatment of big data have substantially transformed, and expanded, the economic understanding of the workings of transactions and markets*". POMAR, Fernando Gómez. Characterizing Economic

A economia, tradicionalmente pensada como o estudo da alocação de recursos escassos diante das necessidades infinitas dos seres humanos, passou a ser vista, na contemporaneidade, também como o estudo da decisão humana. Como os vieses cognitivos representam um elemento importante na forma pela qual as pessoas tomam decisões, a ciência econômica acabou por se apropriar de tais descobertas da psicologia. Até porque conhecer melhor o mecanismo de tomada de decisão ajuda a dar previsibilidade aos processos decisórios. Compreender o funcionamento dos comportamentos tem o potencial de melhorar a precisão das previsões dos economistas[3].

Começaremos apresentando os pressupostos da teoria da escolha racional clássica, ainda aplicada à economia e outras áreas de estudo, para, então, a confrontarmos com a racionalidade empiricamente verificada, também chamada de *racionalidade limitada* (*bounded rationality*) e que dá base para a economia comportamental.

Destacaremos, ainda, uma seção para discutir três estratégias decisórias possíveis e como elas se ligam com o questionamento das pessoas de modo a maximizar a sua utilidade. Ao longo do capítulo, apresentaremos, brevemente, as principais descobertas da psicologia cognitiva que permitiram o desenvolvimento da ciência comportamental, especialmente a compreensão da inteligência humana a partir da ideia de dois sistemas de pensamento (sistema 1, ou automático/intuitivo; e sistema 2 ou reflexivo).

Entendidos o funcionamento e a relação estabelecida entre os nossos dois sistemas de raciocínio, podemos compreender melhor como os vieses cognitivos podem ocorrer durante a tomada decisão. A partir do que a teoria chama de "ilusões cognitivas", acabamos, sistematicamente, cometendo os mesmos erros, que foram enumerados, explicados e comprovados a partir da reprodução de experimentos reiteradamente realizados por pesquisadores comportamentais.

Ao final, apresentaremos os benefícios da apropriação desse conhecimento por parte do Direito. Principalmente por meio da formulação de normas jurídicas com potencial para superar, ou ao menos mitigar, os vieses cognitivos. Além disso, o Direito pode impedir que certos agentes tenham seus vieses explorados contra seus interesses, como costuma ocorrer no direito do consumidor, por exemplo.

Sugerimos, por fim, que, para aproveitar ao máximo a leitura do presente capítulo, o leitor dedique-se a repetir, mesmo que apenas mentalmente, os experimentos apresentados ao longo do texto. Uma forma de tornar o estudo da economia comportamental mais fácil e até mesmo divertido é a possibilidade de aprender fazendo, de modo a compreender as ilusões mentais às quais estamos vulneráveis, nos deixando enganar por elas, para, então, descobrirmos o que somos capazes de detonar no campo minado da nossa mente.

6.2 ENTRE A ESCOLHA RACIONAL E A RACIONALIDADE LIMITADA (OU REAL)?

De acordo com a teoria econômica neoclássica, o ser humano passou a ser visto, ao menos do ponto de vista teórico, como um agente racional que age para maximizar

---

and Legal Approaches to Regulation of Market Interactions. *In*: CSERNE, Péter; ESPOSITO, Fabrizio (Orgs.). **Economics in legal reasoning**. Cham, Switzerland: Palgrave Macmillan, 2020.

[3] Nesse sentido: "Conhecer é literalmente predizer". LEWIS, Michael. **O Projeto Desfazer. A Amizade que mudou nossa forma de pensar.** Rio de Janeiro. Editora Intrínseca, 2017. p. 28.

seus interesses. A partir de tal concepção surgiu a figura abstrata e hipotética do *homo economicus* (*economic man*), de forma que a economia começou a elaborar seus modelos normativos com base nela.

Para a teoria neoclássica, o ator racional é composto, essencialmente, de duas características: (i) compreende todas as opções física e logicamente possíveis a sua disposição, bem como conhece todos os estados do mundo possíveis, física e logicamente, relevantes para sua escolha; (ii) é um agente bayesiano[4], dotado de uma estrutura preferencial coerente, sendo ainda capaz de estimar a utilidade esperada de cada curso de ação[5].

Herbert Simon caracteriza este modelo de ator racional a partir de quatro hipóteses. Trata-se de um agente:

(i) cujas crenças sobre objetivos e valores são dadas, preestabelecidas, além de impassíveis de mudança pelo tempo ou experiência;

(ii) suas crenças são internamente coerentes, ou seja, não são logicamente incompatíveis nem contraditórias;

(iii) ele é capaz de compreender e descrever objetivamente o mundo, de forma clara e precisa;

(iv) tudo isso é articulado por uma capacidade imensa de elaborar e compreender informações para definir suas expectativas, através de um raciocínio probabilístico e dedutivo ilimitado[6].

Quando falamos de uma estrutura coerente de crenças, devemos ter em mente cinco condições necessárias[7]:

(i) Comensurabilidade (*Commensurability*): os indivíduos são capazes de medir suas preferências em uma escala comparável de valor, ou seja, conseguem saber quanto de utilidade um bem é capaz de gerar e converter determinado bem ou serviço que pretendem adquirir em utilidade e valores monetários (por exemplo, ao comprar uma revista de R$ 10,00, o consumidor sabe que estaria disposto a pagar até R$ 15,00 pelo mesmo bem, portanto recebendo um saldo positivo de R$ 5,00);

(ii) Transitividade (*Transitivity*): capacidade de ordenar coerentemente as opções disponíveis. Como seres racionais, somos capazes de saber que, exemplifi-

---

[4] Agente bayesiano pode ser descrito de forma simplificada como aquele que aprende a partir de suas experiências pretéritas, acumulando informações para tornar cada vez mais preciso o seu processo decisório, o qual é constantemente atualizado a partir das observações empíricas do agente.

[5] EGIDI, Massimo and MARRIS, Robin (org.). **Economics, Bounded Rationality and the Cognitive Revolution.** Glos/Massachussets: Edward Elgar, 1992. p. 174.

[6] Ibidem, p. 175.

[7] KOROBKIN, Russell. ULEN, Thomas. Law and Behavioral Science: Removing the Rationality Assumption from Law and Economics. Law and Economics Research Paper Series. Research Paper Nº 00-01. **California Law Review.** vol. 88. setembro, 2000. p. 13-14.

cativamente, gostamos mais de sorvete de baunilha do que chocolate, ou vice-versa, pois sabemos quanto cada opção nos gera de utilidade;

(iii) Coerência ou invariância (*invariance*): somos fiéis às nossas escolhas. Uma vez que decidimos nossa preferência pelo sorvete de chocolate em relação ao de baunilha, diante dessas mesmas opções, daremos sempre a mesma resposta, ou seja, sempre que tivermos de fazer essas escolhas, seremos coerentes e escolheremos o sorvete de chocolate;

(iv) Cancelamento (*Cancellation*): duas características iguais de uma mesma opção se cancelam entre si. Mantendo a coerência com o nosso exemplo do sorvete, o fato de tanto o de chocolate quanto o de baunilha serem um doce gelado, não é determinante para a nossa escolha, pois é a mesma característica, a diferença está no sabor, e por isso ele é o determinante para a preferência individual. Percebam, não seria lógico alguém dizer que gosta mais de sorvete de chocolate em comparação com baunilha porque ele é um doce gelado, uma vez que ambos compartilham dessa mesma característica; e

(v) Dominância (*dominance*): uma pessoa não escolhe uma opção cujas características são iguais ou piores que as de outras opções. Quando se está diante de um grupo de opções, o agente não escolherá aquelas que apresentam características, a partir de sua avaliação, piores que outras opções disponíveis, isto é, a sua escolha será pela opção com as melhores características globais.

A leitura dessas cinco condições acima já é suficiente para entendermos que nem sempre atendemos a todos os requisitos de uma escolha perfeitamente racional. Diversos fatores, internos e externos ao agente, são capazes de alterar a sua estrutura de preferências. Seguindo com nosso exemplo do sorvete, depois que você come várias vezes seguidas um sorvete de chocolate, pode simplesmente sentir vontade de variar um pouco e tomar um de baunilha. Vejam bem, a preferência do sujeito hipotético do nosso exemplo não necessariamente mudou, muito provavelmente seu sorvete favorito ainda é o de chocolate, mas ele pode apenas querer variar um pouco, o que é normal para qualquer um, exceto para o sujeito ideal da teoria da escolha racional. Por ser extremamente rígida mesmo em relação a questões tão triviais, como preferências gastronômicas, a teoria da escolha racional acaba se mostrando insuficiente para a compreensão de todo fenômeno decisório.

Embora ainda possa ser considerada um dos pressupostos da teoria econômica até hoje praticada e ser reconhecidamente útil como abstração, como uma forma de simplificar o mundo para modelá-lo, a teoria da escolha racional acaba sendo apenas isso, uma abstração e pode não necessariamente ser verificada na realidade empírica, nos moldes em que é teorizada.

Não obstante, o modelo teórico de compreensão da escolha humana adotado pela AED ainda é o tradicional, ou seja, o da teoria da escolha racional, segundo o qual as pessoas são agentes racionais que buscam a maximização de sua utilidade (bem-estar ou riqueza).[8]

---

[8] KOROBKIN, Russell; ULEN. Thomas. Law and Behavioral Science: Removing the Rationality Assumption from Law and Economics. Law and Economics Research Paper Series. Research Paper Nº 00-01. **California Law Review**, Berkeley. vol. 88, setembro, 2000, p. 9.

Com base nisso, previsões relativas ao comportamento humano são elaboradas, de forma que a ação previsível para um agente racional é aquela que mais promove sua utilidade.

Todavia, como já apontamos acima, esse não é o comportamento humano necessariamente verificado na prática. Ao perceber essa discrepância entre o comportamento real das pessoas e a idealização da teoria da escolha racional, Herbert Simon passou a utilizar o termo Racionalidade Limitada (*Bounded Rationality*) para designar a racionalidade humana empiricamente observável. Nesse sentido, a define da seguinte maneira:

> O termo foi apresentado cerca de trinta anos atrás para chamar atenção sobre a discrepância entre a racionalidade humana perfeita, assumida pela teoria econômica clássica e neoclássica, e a realidade do comportamento humano como observado na vida econômica. O ponto não é que as pessoas sejam consciente e deliberadamente irracionais, embora eventualmente sejam, mas que seu conhecimento e sua capacidade de cálculo não os permitem atingir um alto nível de adaptação ótima de meios a fins, conforme afirmado pela economia.[9]

O ponto principal do conceito de Racionalidade Limitada não está em negar a racionalidade humana, ou considerar que nossas decisões não são feitas a partir de uma atividade reflexiva, mas sim em dimensionar de forma mais realista a capacidade humana de obter e processar informações, e, com base nelas, tomar decisões efetivamente maximizadoras da sua utilidade. Não apenas as pessoas comuns, os leigos, seriam vítimas da racionalidade limitada. Mesmo pessoas extremamente inteligentes, ou especialistas em determinado assunto, são por vezes enganados por limitações da própria racionalidade[10]. Longe de significar que há falta de racionalidade inerente aos seres humanos, a racionalidade limitada significa que nosso sistema de pensamento é muito menos preciso do que teoricamente consideramos, e, portanto, a teoria da escolha racional acaba deixando de explicar parte considerável e relevante dos mecanismos de tomada de decisão.

Podemos citar o seguinte exemplo, que deixa claro, a partir de um desvio da transitividade, como nós frequentemente nos afastamos da racionalidade ideal: De acordo com a transitividade, se você prefere A a B e B a C, portanto preferirá A a C. Agora vamos substituir A, B e C, por coisas mais concretas. Supondo que A seja café, B chá e C chocolate quente, não estranharíamos que alguém ao escolher entre café e

---

[9] Tradução livre do original: "*The term was introduced about thirty years ago to focus attention upon the discrepancy between the perfect human rationality that is assumed in classical and neoclassical economic theory and the reality of human behaviour as it is observed in economic life. The point was not that people are consciously and deliberately irrational, although they sometimes are, but that neither their knowledge nor their powers of calculation allow them to achieve the high level of optimal adaptation of means to ends that is posited in economics*". SIMON, Herbert A. Introductory Comment. In: EGIDI Massimo and Marris, Robin (org). **Economics, Bounded Rationality and the Cognitive Revolution**. Glos/Massachussets: Edward Elgar, 1992. p. 3.

[10] Podemos citar diversos exemplos apresentados por Michael Lewis: Médicos; olheiros de basquete; oficiais que realizam treinamento militar; alunos de psicologia; psicólogos. LEWIS, Michael. **O Projeto Desfazer. A Amizade que mudou nossa forma de pensar.** Rio de Janeiro. Editora Intrínseca, 2017.

chá preferisse café, ao escolher entre chá e chocolate, preferisse chá, mas ao escolher entre café e chocolate quente, resolva beber este último. Essa seria uma clara violação à transitividade, mas dificilmente chamaríamos quem tomou essa decisão de irracional.

Para explicar por que isso acontece, Amos Tversky desenvolveu uma teoria, a qual nomeou de 'Características de Similaridade'. O autor argumentava que quando as pessoas comparavam duas coisas e avaliavam a similaridade entre elas, estavam basicamente fazendo uma lista de características. Essas características são simplesmente *o que elas notam* nos objetos. Eles somam as características perceptíveis compartilhadas pelos dois objetos: quanto mais compartilham, mais similares são, quanto menos compartilham, mais diferem. Nem todos os objetos possuem o mesmo número de características perceptíveis.

Quando as pessoas preferiam café a chá, e chá a chocolate quente, e depois voltavam atrás e preferiam chocolate quente a café, elas não estavam comparando duas bebidas de maneira holística. Bebidas quentes não existiam como pontos em um mapa mental a distâncias fixas de algum ideal. Eram coleções de características. Essas características podiam se tornar mais ou menos notáveis; sua proeminência na mente dependia do contexto em que eram percebidas. E a escolha criava seu próprio contexto: características diferentes podiam assumir mais proeminência na mente quando o café estava sendo comparado a chá (cafeína) do que quando estava sendo comparado a chocolate quente (açúcar). E o que era verdade em relação a bebidas também podia ser verdade em relação a pessoas, ideias, emoções[11].

O mais importante que podemos extrair do trecho acima é a ideia de que o processo decisório é muito mais complexo do que o modelo estipulado pela teoria da escolha racional. Isso porque a nossa forma de pensar não é exatamente linear como a transitividade nos leva a crer. Eventualmente a própria estrutura da escolha, seu contexto e a forma de organizar as opções acabam influenciando os indivíduos (ainda que a teoria afirme que isso não faz a menor diferença).

Isso mostra que nem todas as nossas escolhas serão perfeitamente transitivas, o tempo todo, como a teoria da escolha racional costuma defender. Não obstante, não quer dizer que a fuga da transitividade deva ser considerada uma forma de irracionalidade. Na realidade, trata-se apenas de desvio da idealização elaborada pela teoria econômica.

A grande consequência disso tudo é que, para tornar nossas previsões cada vez mais precisas, devemos levar em conta esses desvios sistemáticos da realidade. Ou seja, na medida em que a economia se coloca como a disciplina de estudo da escolha humana, saber a maneira pela qual erramos de forma sistemática é relevante para entender como decidimos, e, também, como podemos tomar decisões melhores, ou ao menos evitar decisões prejudiciais o tempo todo. Inicialmente, a economia comportamental se apresenta como um mecanismo capaz de identificar a distância entre a teorização da escolha racional e o comportamento decisório humano empiricamente observado. Dessa forma, ela combina as ferramentas econômicas com teorias psicológicas e sociológicas, propondo novas intuições para aplicação de normas e diferentes efeitos dissuasórios. A abordagem comportamental não precisa, necessariamente, ser considerada alternativa à

---

[11] LEWIS, Michael. **O Projeto Desfazer. A Amizade que mudou nossa forma de pensar.** Rio de Janeiro. Editora Intrínseca, 2017. p. 111-113.

AED Clássica, mas sim uma forma de complementar e sofisticar esse método analítico, e, com isso, melhorar as previsões sobre o comportamento humano para incrementar as prescrições legais.[12]

Ao ampliar o escopo da análise dos fatores determinantes para a tomada de decisão, indo além da ideia de maximização do bem-estar, incluindo elementos psicológicos e sociológicos, a Economia Comportamental enriquece a compreensão do processo decisório[13], e torna possível o desenho de políticas públicas mais inteligentes e responsivas às nuances do comportamento humano.

6.3 MAXIMIZAÇÃO, OTIMIZAÇÃO OU SATISFAÇÃO?

A economia comportamental questiona outro ponto central da perspectiva econômica tradicional: a ideia de que os agentes racionais são sempre maximizadores da sua utilidade. Isso porque, para o paradigma neoclássico, a escolha racional é aquela maximizadora, assim entendida como a que garante o maior nível de utilidade para o agente. Na realidade, quando o cenário de escolha é considerado estaticamente, como aquele em que todas as consequências são previsíveis e mensuráveis, e a decisão é feita apenas uma vez, tomamos como racional a escolha pela máxima utilidade, portanto maximizadora[14]. No entanto, nem sempre as condições que viabilizam a escolha maximizadora estão presentes em situações do mundo real.

Esse cenário fica mais claro ao pensarmos nas seguintes questões: Quantos recursos você está disposto a investir ao avaliar que casa comprar? E ao escolher onde vai almoçar? Quando vamos adquirir um imóvel, é normal ou ao menos deveria ser, que buscássemos conhecer como é o bairro onde ele está inserido (segurança, poluição sonora, acesso), se é próximo a infraestrutura de transporte, se a região possui uma rede variada de serviços. E não apenas isso, também buscamos ofertas semelhantes, isto é, pesquisamos quais outros imóveis próximos também estão disponíveis para a venda e a qual preço. Além disso, provavelmente seriam feitas visitas a algumas unidades. Todo esse processo demanda o emprego de recursos, sejam eles financeiros, com o custo de deslocamento, por exemplo, e inclusive de tempo.

Por outro lado, quando vamos a um shopping e decidimos comer, entramos na praça de alimentação e, rapidamente, escolhemos um restaurante e lá fazemos nossa

---

[12] Tradução livre do original: "*It blends the economic tools with psychology and sociology, proposing new insights with respect to law enforcement and the deterrence effect. As Jolls (1998) emphasizes, behavioral analysis is not an alternative approach, but rather is about providing classical law and economics with insights from actual human behavior, improving the quality of predictions or prescriptions about law. One of the objections to rational choice is that it yields inaccurate predictions. But it does not follow that people's behaviour is random, unpredictable or rule-free. On the contrary, the behavioral approach aims at qualifying such choices by understanding behavior and decision.*" Ibidem, p. 6.

[13] ALVES, Giovani Ribeiro Rodrigues. Economia Comportamental. In: Ribeiro, Marcia Carla Pereira; KLEIN, Vinicius (coord). **O que é Análise Econômica do Direito: uma introdução.** 2ª Edição. Belo Horizonte, Editora Fórum, 2016. p. 81.

[14] VERMEULE, Adrian. Three Strategies of Interpretation. In: **San Diego Law Review**. vol. 42. 2005. p. 4-5.

refeição, de modo que dificilmente encontraremos alguém que racionalmente ordenará o custo-benefício de uma série de restaurantes, analisando todos os preços, para, então decidir, onde almoçar. Se todas as vezes que decidíssemos almoçar fora de casa tivéssemos que avaliar todas as opções, perderíamos muito tempo fazendo isso e viveríamos com fome, pois não seria possível obter e processar o volume de informações necessárias para atingir a decisão maximizadora.

Com isso, podemos ver que há decisões que valem mais e outras que valem menos esforço pessoal. Geralmente aquelas que envolvem valor maior (como o de um imóvel) e são feitas com pouca frequência (talvez até mesmo uma vez na vida), merecem maior atenção, enquanto as mais triviais, que pouco afetarão a nossa vida como um todo (como ter uma refeição um pouco ruim) e que são repetidas com frequência, não devem receber o mesmo investimento.

Mas, na realidade, se formos tomar uma decisão exatamente maximizadora, no caso do imóvel mencionado acima, deveríamos ir além. Pesquisar todos os imóveis à disposição, seus preços, sua localização suas características e, a partir disso, criar uma lista de preferências (convertendo cada um dos caracteres do bem em utilidade, por exemplo), para definir qual seria a melhor decisão, e, ainda, levar em conta o custo de oportunidade dessa decisão. Uma tarefa extremamente difícil, para não dizer impossível, para uma pessoa comum.

Fica claro, portanto, que ao pensarmos no modelo tradicional, estamos diante de algo muito exigente para a tomada de decisão. E a consequência disso é a limitação do seu funcionamento a situações muito simples e específicas, nas quais as informações são praticamente entregues diretamente ao tomador de decisão. No entanto, o processo decisório real é muito mais dinâmico, contém muitas, quase infinitas, variáveis. Temos, assim, uma discrepância entre a teoria e a realidade.

Kahneman e Tversky elucidam o processo decisório real a partir do estudo da incerteza sobre a escolha de ação do agente. Ao considerá-la como um fato, todos que almejam tomar uma decisão devem se planejar para ela, o que pode ser feito a partir de uma análise *ex ante*, preparando-se para os cenários possíveis ou através de uma adaptação *ex post*.[15]

Contudo, ao contrário da teoria da escolha racional, os indivíduos não lidam tão friamente com a incerteza[16]. No lugar de cálculos de resultados possíveis e hierarquizados, há expectativa antes do evento e, com frequência, surpresas após. Isso ocorre porque as expectativas são, em boa medida, fundamentadas em probabilidades subjetivas do agente. Nesse contexto, o indivíduo pode se ver diante de probabilidades internas conflitantes em relação ao mesmo evento no mesmo momento[17].

Como vimos em tópico anterior, associada à racionalidade clássica está a ideia do agente como maximizador de sua utilidade. Ora, se o primeiro conceito se mostra

---

[15] KAHNEMAN, Daniel e TVERSKY, Amos. Variants of Uncertainty. *In*: KAHNEMAN, Daniel; SLOVIC, Paul; TVERSKY, Amos (org.). **Judgement Under Uncertainty: Heuristics and biases.** Cambridge: Cambridge University Press, 2005, p. 144.

[16] Os autores diferem a incerteza em dois níveis: (i) interna, relativa aos estados de conhecimento do decisor; (ii) externa, concernente a estados do mundo. Ibidem, p. 150.

[17] Ibidem, p. 146.

questionável, também deve o segundo ser repensado. Nesse passo, não se afigura como incontestável, ou sequer possível, a afirmação da estratégia maximizadora como a mais compatível com tomadores racionais de decisão.

Na realidade, a adoção da estratégia maximizadora não apenas parece impossível, como, se possível fosse, não seria a mais adequada para um agente racional. Isto porque os custos (de tempo e eventualmente de recursos financeiros) para obter e processar todas as informações necessárias para uma decisão maximizadora de utilidade podem ser tão altos que o benefício da melhor decisão pode não ser suficiente para cobri-los[18]. Tendo em vista o fato de a racionalidade humana ser limitada, a estratégia maximizadora é praticamente infactível[19]. Com isso, diante de uma situação de decisão, os agentes devem buscar outras estratégias.

Nesse cenário, surgem as técnicas *otimizadora* e *satissuficiente*. Embora guardem semelhanças entre si e eventualmente possam conduzir aos mesmos resultados[20], não se confundem. Considerando que, para decidir, há custos, racionalmente um agente trabalharia com os custos e benefícios marginais da aquisição de unidades adicionais de informação. Ou seja, se, para conseguir uma informação, o custo de aquisição for maior que o respectivo benefício da informação, seria mais eficiente, do ponto de vista da utilidade, decidir com menos informações. E essa seria a estratégia decisória otimizadora.

A otimização pode ser considerada uma maximização que contabiliza os custos diretos e de oportunidade na aquisição de novas informações para qualificar mais a sua escolha. Aqui é importante pensarmos na ideia de custo-benefício marginal. No momento em que o custo marginal para aquisição de uma unidade extra de informação se torna maior que o benefício marginal dessa mesma unidade, o agente deve parar a sua busca por mais informações, se contentar com o que tem à disposição e definir sua escolha. Isso porque a continuidade na empreitada de procura de elementos informativos trará, na verdade, prejuízos e não benefícios.

Pensemos novamente no comprador de um imóvel. Ele considera que, pelas suas necessidades, um apartamento é o suficiente, não precisando morar em uma casa. Isso, por si só já é o bastante para eliminar algumas possíveis escolhas. Mais ainda, ele decide que valoriza mais morar perto do metrô, limitando sua escolha a alguns bairros. Ainda, quando escolhe em qual deles prefere morar, resolve não visitar todos os apartamentos do bairro, mas apenas aqueles na sua rua preferida. Nosso comprador limitou suas fontes de informação, deixando, com isso, de verificar outros imóveis. Até pode ser que ele tenha deixado de encontrar o apartamento da sua vida, aquele que o faria mais feliz que qualquer outro. Porém, ele poderia levar anos nessa busca, e enquanto isso, continuaria pagando aluguel e gastando tempo estudando o mercado imobiliário da cidade. Ou seja, perderia muita utilidade na busca pelo apartamento perfeito (isto é, perderia utilidade na busca pela utilidade).

Por sua vez, estratégias satissuficientes se fundamentam na busca pela primeira opção suficientemente satisfatória. Não há uma avaliação quanto ao custo-benefício da

---

[18] E a teoria da escolha racional, da forma como se apresenta, parece ignorar esses custos de decisão.
[19] Fora de cenários muito simples de decisão.
[20] VERMEULE, Adrian. Three Strategies of Interpretation. **San Diego Law Review**. vol. 42. 2005. p. 16.

busca de unidades adicionais de informação. Nesse caso, o agente não procura a melhor decisão dentre todas as opções disponíveis, evitando o grande, e inatingível na prática, esforço decisório das decisões maximizadoras, como também não está preocupado em reunir informações até ter o suficiente para tomar uma decisão otimizadora.

Importante notar as semelhanças e uma diferença entre as estratégias otimizadora e satissuficiente. O grande traço em comum é o fato de ambas pressuporem a limitação da capacidade humana de obter e processar todas as informações necessárias para tomada de uma decisão maximizadora. Dessa maneira, há um esforço não no sentido de se atingir o melhor em abstrato, mas sim o melhor possível no contexto. Dito isto, as duas estratégias podem ser vistas como métodos decisórios de segunda ordem, ou seja, modelos que não indicam exatamente quais são as respostas, mas sim o caminho a ser percorrido para encontrá-las. Tais estratégias são, portanto, mais adequadas para cenários dinâmicos, quando precisamos tomar o mesmo tipo de decisão de forma reiterada (como o exemplo da escolha do restaurante acima mencionado) nos quais ainda há dificuldades informacionais envolvidas.

Já a marca que as distingue são suas regras de parada. Enquanto a estratégia otimizadora prescreve a continuidade da busca por informações e opções até a margem do seu custo-benefício, o método satissuficiente preconiza a busca de informações até se chegar numa opção suficientemente satisfatória. Como já dissemos, é possível alcançar o mesmo resultado através delas, mas não necessariamente, pois as diferentes regras de parada podem conduzir a uma maior ou menor busca de informações.

A partir de uma estratégia otimizadora, o sujeito procura a decisão com os maiores benefícios líquidos, contabilizando todos os custos relativos à procura de informação e os benefícios que pode conseguir a partir de uma escolha considerada mais bem informada. Já na estratégia satissuficiente, o fator tempo é previamente estipulado como um elemento preponderante, pois seu foco é ficar com a primeira opção que pareça adequada.

Um exemplo utilizado por Adrian Vermeule auxilia na compreensão da diferença entre as três estratégias apresentadas[21]. Suponhamos que um agente X entre na cafeteria da universidade, que conta com vinte stands com variados tipos de alimentos. Caso decida agir de forma maximizadora, X deverá pesquisar todas as suas vinte possibilidades, levando em conta preço e a possível satisfação em cada opção. Já se o agente optar por uma estratégia otimizadora, irá buscar um número suficiente de stands até que não mais valha à pena pesquisar, decidindo entre as opções por ele analisadas. Por fim, pode ser que X olhe ainda menos stands, e decida ficar logo com a primeira opção que lhe pareça satisfatoriamente suficiente (satissuficiente).

Importante destacar, por fim, que não há um modelo propriamente dominante, entendido como melhor em qualquer condição, variando qual dos modelos se afigurará como o mais vantajoso em cada situação. Nesse sentido explica Adrian Vermeule ao falar sobre essas estratégias no processo de interpretação do Direito:

> Embora a interpretação maximizadora seja inatingível, nem a abordagem otimizadora nem a satissuficiente são globalmente melhores. Cada uma é um

---

[21] Ibidem, p. 6-7.

método atrativo em alguns contextos. Quando os riscos interpretativos são ou muito baixos ou muito elevados, a estratégia satissuficiente é razoável (sendo racional ou não, em sentido mais rígido), enquanto otimização é mais adequada para decisões de médio porte[22].

6.4　DOIS SISTEMAS EM SINCRONIA (OU DIACRONIA)

Em sua obra **Rápido e Devagar**, Daniel Kahneman descreve dois sistemas de pensamentos diferentes que temos em nossa mente. O sistema 1 (também chamado de sistema automático[23]), responsável por reconhecimento de padrões e respostas rápidas, e o sistema 2 (chamado por outros de sistema reflexivo[24]), voltado para as atividades mais complexas, que exigem maior esforço intelectual.[25]

Parte dos problemas decisórios que as pessoas enfrentam, muitas vezes, decorrem de um pequeno desentendimento entre os dois sistemas de pensamento que temos, isso porque o sistema 1 age como uma pessoa hiperativa e apressada em resolver problemas, enquanto o outro é um preguiçoso reflexivo. Como dois irmãos adolescentes muito diferentes que dividem o mesmo quarto, o conflito é inevitável. Tentem fazer, rapidamente, os seguintes exercícios[26]:

Um bastão e uma bola custam R$ 1,10 no total. O bastão custa R$ 1,00 a mais que a bola. Qual o custo da bola? ____ Centavos.

Se para 5 máquinas produzirem 5 peças elas levam 5 minutos, quanto tempo levará para 100 máquinas fazerem 100 peças? ____ minutos.

---

[22] Tradução livre do Original: "*Although maximizing interpretation is untenable, neither the optimizing approach nor the satisficing approach is globally best; each is an attractive decision-procedure in some contexts. Where the interpretative stakes are either very low or very high, satisficing is reasonable (whether or not rational in some stronger sense), while optimizing is best suited to medium-stakes decisions.*" Idem, 2005, p. 4.

[23] THALER, Richard H. SUNSTEIN, Cass R. **Nudge: improving decisions about health, wealth, and happiness.** Michigan: Caravan. 2008, p. 20.

[24] Ibidem.

[25] Daniel Kahneman nos apresenta os protagonistas dessa história da seguinte maneira: "Os nomes de Sistema 1 e Sistema 2 são amplamente utilizados em psicologia, mas vou mais longe que a maioria neste livro, que pode ser lido como um psicodrama com dois personagens. Quando pensamos em nós mesmos, nos identificamos com o Sistema 2, o eu consciente, raciocinador, que tem crenças, faz escolhas e decide o que pensar e o que fazer a respeito de algo. Embora o Sistema 2 acredite estar onde a ação acontece, é o automático Sistema 1 o herói deste livro. Descrevo o Sistema 1 como originando sem esforço as impressões e sensações que são as principais fontes das crenças explícitas e escolhas deliberadas do Sistema 2. As operações automáticas do Sistema 1 geram padrões de ideais surpreendentemente complexos, mas apenas o Sistema 2, mais lento, pode construir pensamentos em séries ordenadas de passos. Também descrevo circunstâncias em que o Sistema 2 assume o controle, dominando os irrefreáveis impulsos e associações do Sistema 1. Você será convidado a pensar nos dois sistemas como agentes com suas capacidades limitações e funções individuais". KAHNEMAN, Daniel. **Rápido e Devagar: Duas formas de pensar.** 1ª Edição. Rio de Janeiro, Editora Objetiva, 2012. p. 29.

[26] Retirados de THALER, Richard H.; SUNSTEIN, Cass R. **Nudge: improving decisions about health, wealth, and happiness.** Michigan: Caravan, 2008, p. 21.

Em um lago, onde há um amontoado de vitórias-régias[27]. A cada dia, o amontoado dobra de tamanho. Se, para cobrir toda a superfície do lago, as plantas levarão 48 dias, quantos dias elas demorarão para cobrir metade do lago? ____ dias.

Feito o teste, deixe suas respostas de lado até o próximo parágrafo. As respostas iniciais de várias pessoas costumam ser, respectivamente: 10 centavos; 100 minutos e 24 dias. Mesmo para quem respondeu de forma diferente, certamente esses números vieram logo à mente. O problema é que tais números estão, todos, errados.

Agora, revejam as perguntas e tentem transformá-las em equações matemáticas. Vocês verão que, no problema número 1, a resposta correta será 5 centavos, pois o bastão custará R$ 1,05 e a bola apenas R$ 0,05. Já na segunda pergunta, perceberemos como cada máquina leva 5 minutos para fazer 1 peça, portanto, 100 máquinas, farão 100 peças em 5 minutos. Finalmente, se as plantas dobram de tamanho a cada dia, naturalmente elas ocuparão metade do lago no dia anterior ao que tomarem por completa a superfície, logo, 47 dias.

Esses erros são explicados não por falta de conhecimentos matemáticos, até porque depois da explicação, as respostas ficaram totalmente compreensíveis, mas sim porque são tão simples e triviais, que o seu sistema 2 não se dignou a resolvê-las, deixando para o seu – apressado e nem tão atento – sistema 1 o trabalho de resolver uma questão simples demais para valer o esforço. Portanto, é uma indagação perfeita para ser deixada para o sistema 1, cujo funcionamento se dá com pouco ou quase nenhum esforço, de forma rápida e automática, sem que percebamos, e de modo consideravelmente fora do nosso controle.

Falando desse modo, podemos acabar pensando no Sistema 1 como um vilão (talvez a imagem caricata do pequeno diabo ao pé dos nossos ouvidos venha à sua mente) nos atrapalhando ao tomarmos boas decisões, mas isso não é verdade. Ele está bem-intencionado, mas erra tentando acertar. É da sua natureza ser rápido e automático, pois foi projetado para garantir nossa sobrevivência em situações que exigem mais reação e menos reflexão. O problema é que ele ainda não se adaptou completamente ao nosso moderno estilo de vida. Daniel Kahneman aponta as seguintes atividades do Sistema 1[28]:

> Detectar que um objeto está mais distante que outro;
> Orientar em relação à fonte de um som repentino;
> Completar a expressão "pão com...";
> Fazer cara de aversão ao ver uma foto horrível;
> Detectar hostilidade em uma voz;
> Responder: 2 + 2 = ?;
> Ler palavras em grandes cartazes;
> Dirigir um carro por uma rua vazia;
> Encontrar um movimento decisivo no xadrez (se você for um mestre enxadrista);

---

[27] Planta aquática cuja folha de grandes dimensões fica na superfície de águas paradas.
[28] KAHNEMAN, Daniel. **Rápido e Devagar: Duas formas de pensar.** 1ª Edição. Rio de Janeiro, Editora Objetiva, 2012, p. 30.

Compreender sentenças simples;

Reconhecer que uma "índole dócil e organizada com paixão pelo detalhe" se assemelha a um estereótipo ocupacional.

Todas essas atividades são reações rápidas da sua mente. Podemos vê-las como a versão mental do ato de levantar rapidamente os braços quando algum objeto vem em nossa direção, um ato reflexo involuntário.

O Sistema 1 opera, portanto, de forma rápida e automática, com praticamente nenhum esforço e percepção, e tampouco controle nosso. Ele se dá bem em reproduzir padrões e economizar energia em questões que podemos considerar triviais para nossa mente.[29] O sistema 1 aprendeu associações entre ideias (a capital da França?); também aprendeu habilidades como ler e compreender nuances de situações sociais. Algumas habilidades, como encontrar movimentos decisivos no xadrez, são adquiridas apenas por peritos especializados. Outras são amplamente compartilhadas. Detectar a similaridade de um esboço de personalidade para um estereótipo ocupacional exige amplo conhecimento da língua e da cultura, coisa que a maioria de nós possui. O conhecimento fica armazenado na memória e é acessado sem intenção e sem esforço. Inúmeras ações mentais na lista são complemente involuntárias. Você não consegue deixar de compreender sentenças simples em sua própria língua ou de se orientar na direção de um som alto e inesperado, tampouco se abster de saber que 2+ 2 = 4 ou de pensar em Paris quando a capital da França é mencionada. Outras atividades, como mastigar, são suscetíveis de controle voluntário, mas normalmente funcionam no piloto automático.[30]

O sistema 2, por sua vez, se ocupa com as atividades mentais mais cansativas, como a resolução de cálculos complexos (por exemplo 317 X 239), de modo que relutamos em acioná-lo e suas operações são geralmente relacionadas com a "experiência subjetiva de atividade, escolha e concentração"[31].

Com isso, vejamos algumas de suas atividades[32]:

Manter-se no lugar para o tiro de largada de uma corrida;
Concentrar a atenção nos palhaços do circo;
Concentrar-se na voz de determinada pessoa em uma sala cheia e barulhenta;
Procurar uma mulher de cabelos brancos;
Sondar a memória para identificar um som surpreendente;
Manter uma velocidade de caminhada mais rápida que a natural para você;
Monitorar a conveniência de seu comportamento numa situação social;
Contar as ocorrências da letra *a* numa página de texto;
Dizer a alguém o seu número de telefone;
Estacionar numa vaga apertada (para a maioria das pessoas, exceto manobristas de garagem);

---

[29] Ibidem, p. 29.
[30] Ibidem, p. 30.
[31] Ibidem, p. 29.
[32] Exemplos retirados de Ibidem, p. 31.

Comparar duas máquinas de lavar roupa em relação ao valor global.
Preencher um formulário de imposto;
Verificar a validade de um argumento lógico complexo.

As operações de responsabilidade do Sistema 2 são bem diversificadas entre si, mas há algo que as une: todas demandam bastante atenção e, tão logo o foco é desviado, interrompemos a atividade que está sendo realizada[33]. Ou seja, essas atividades são capazes de interferir umas às outras, de modo que dificilmente alguém conseguirá fazê-las simultaneamente. Por exemplo, você não será capaz de estacionar seu carro em uma vaga apertada enquanto tenta descobrir o produto da multiplicação de 87 por 36, e essa é uma experiência que não recomendamos que você tente.

Somente é possível realizar simultaneamente tarefas fáceis e pouco exigentes, pois a nossa atenção se afigura em um bem escasso, isto é, enquanto nos focamos em determinada atividade complexa, não podemos realizar simultaneamente outra. Ou podemos tentar e fracassar nas duas.

Nesse ponto, vale conhecermos o pitoresco experimento do *gorila invisível*, conduzido por dois pesquisadores, Christopher Chabris e Daniel Simons.

Os autores montaram um curta-metragem, com duas equipes trocando passes de basquete, uma das equipes com camisetas brancas, a outra vestindo preto. Os espectadores do filme foram instruídos a contar o número de passes feitos pelo time branco, ignorando os jogadores de preto. Essa tarefa é difícil e completamente absorvente. No meio do vídeo, uma mulher usando um traje de gorila aparece, atravessa a quadra, bate no peito e vai embora. O gorila fica à vista por nove segundos. Milhares de pessoas assistiram ao vídeo e cerca de metade delas não observou nada de incomum. É a tarefa de contar – sobretudo a instrução de ignorar uma das equipes – que causa a cegueira. Ninguém que assiste ao vídeo sem a tarefa deixaria de ver o gorila. Ver e se orientar são funções automáticas do sistema 1, mas elas dependem da alocação de alguma atenção ao estímulo relevante.

Os autores identificaram que a observação mais notável em seu estudo é as pessoas acharem seus resultados muito surpreendentes. De fato, as pessoas que deixam de ver o gorila ficam inicialmente convictas de que ele não estava lá – não conseguem imaginar que deixaram de ver um evento tão chamativo. O estudo do gorila ilustra dois importantes fatos acerca de nossas mentes: podemos ficar cegos para o óbvio, e também somos cegos em relação à nossa própria cegueira.[34]

Com isso, identificamos dois sistemas de pensamento dentro da nossa mente. No geral, eles funcionam bem, cada um realizando seu papel e ajudando ao outro a melhorar. "O Sistema 2 tem alguma capacidade de mudar o modo como o Sistema 1 funciona programando as funções normalmente automáticas e a memória"[35]. Por outro lado, o Sistema 1 continuamente oferece sugestões ao Sistema 2: "impressões, intuições, intenções e sentimentos"[36], e, se este concordar, elas se tornam crenças e os impulsos

---

[33] Ibidem.
[34] Ibidem, p. 33.
[35] Ibidem, p. 32.
[36] Ibidem, p. 33.

são convertidos em ações voluntárias. Se tudo estiver funcionando bem, o Sistema 2 adotará as sugestões do Sistema 1 sem modificações.

Ainda, quando o Sistema 1 se vê numa situação complicada, ele pede ajuda ao Sistema 2. Ou seja, quando o primeiro não encontra uma resposta rápida, um padrão conhecido ao qual se apegar, recruta o Sistema 2 para auxiliá-lo a lidar com o estímulo não familiar, como um gorila passeando por uma quadra de basquete. Até mesmo para detectar o estímulo surpreendente é preciso de alguma atenção e, quando nos surpreendemos, nossa atenção é desviada para o novo evento. Também podemos atribuir a essa cooperação a nossa capacidade de controlar nossos impulsos, mesmo diante de alguém furioso, e para a prevenção de erros, como quando pensamos em um comentário que talvez fosse ofensivo. Essa dúvida que surge é o nosso Sistema 2 recomendando decoro de nossa parte.

A divisão do trabalho entre o Sistema 1 e o Sistema 2 é altamente eficiente: isso minimiza o esforço e otimiza o desempenho. O arranjo funciona bem na maior parte do tempo porque o Sistema 1 geralmente é muito bom no que faz: seus modelos de situações familiares são precisos, suas previsões de curto prazo são, em geral, igualmente precisas e suas reações iniciais a desafios são rápidas e normalmente apropriadas. O Sistema 1 tem vieses, porém, erros sistemáticos que ele tende a cometer em circunstâncias específicas. Como veremos, ele às vezes responde a perguntas mais fáceis do que a que foi feita, e exibe pouco entendimento de lógica e estatística. Uma limitação adicional do Sistema 1 é que ele não pode ser desligado. Se alguém lhe mostra numa tela uma palavra numa língua que você conhece, você a lê – a menos que sua atenção esteja totalmente concentrada em outro lugar.[37]

E quando há algum tipo de conflito, as coisas costumam dar errado. São duas formas distintas de pensar presentes dentro da nossa cabeça, e cada sistema é mais apropriado para determinada tarefa. No entanto, na nossa vida, podemos nos deparar com atividades que acabam misturando, e confundindo, os dois sistemas. Vejamos o exemplo que Daniel Kahneman coloca em rápido e devagar[38].

Desça por ambas as colunas, dizendo em voz alta se cada palavra está impressa em minúsculas ou maiúsculas. Depois, desça por ambas as colunas outra vez, dizendo se cada palavra está impressa à esquerda ou à direita do centro, dizendo (ou sussurrando para si mesmo) "ESQUERDA" ou "DIREITA".		
Esquerda		maiúscula
	esquerda	minúscula
direita		MINÚSCULA
DIREITA		maiúscula
	DIREITA	MAIÚSCULA
	esquerda	minúscula
ESQUERDA		MINÚSCULA
	direita	maiúscula

---
[37] Ibidem, p. 34-35.
[38] Ibidem, p. 35.

A tarefa, em si, parece ser trivial, pois exige apenas que a pessoa seja alfabetizada para fazê-la. Porém, é provável que tenha sentido alguma dificuldade em algumas partes. Essas dificuldades acontecem justamente porque os sistemas entram em um pequeno curto-circuito em alguns momentos, de modo que você utiliza o seu Sistema 1 para agilizar sua decisão, mas em outras ele se mostra confuso, e você precisa ativar o Sistema 2, o que acaba levando a gaguejar e hesitar em alguns momentos. O resultado esperado é o seguinte:

Uma das coisas que você fez para se ajustar à tarefa foi programar sua memória de modo que as palavras relevantes (maiúscula e minúscula para a primeira tarefa) ficassem "na ponta de sua língua". A priorização das palavras escolhidas é eficaz, e a tentação moderada de ler outras palavras foi razoavelmente fácil de resistir quando você percorreu a primeira coluna. Mas a segunda coluna era diferente, pois continha palavras para as quais você estava ajustado e não podia ignorá-las. Você foi na maior parte capaz de responder corretamente, mas dominar a reação antagônica exigiu esforço, e isso diminuiu sua velocidade. Você experimentou um conflito entre uma tarefa que pretendia empreender e uma reação automática que interferiu nisso.[39]

Outro problema frequente na interação entre os sistemas pode ser compreendido a partir de um experimento visual. Observe o quadro abaixo[40]:

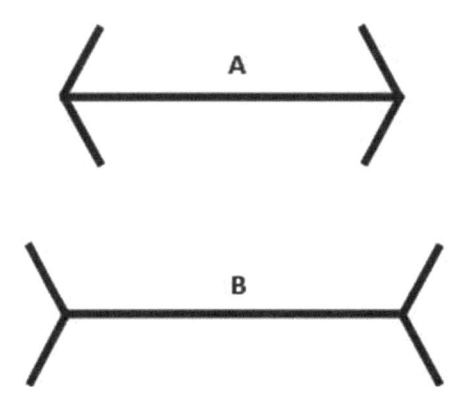

A imagem acima, como podemos ver, conta com duas linhas, uma com setas apontadas para fora da reta e outra com duas setas direcionadas para a própria reta. Gastem um tempo observando as retas e decidam (mesmo que apenas mentalmente) qual delas é maior.

Agora, verifiquemos, com o auxílio de uma régua, qual delas é a maior. Aqui vem a surpresa. Ao contrário do que nossos olhos parecem estar vendo, a linha **B** não é maior que a A. Na verdade, elas possuem o mesmo comprimento. Se lhes disséssemos isso antes de pedir que medissem com uma régua, vocês não acreditariam. Até mesmo agora, ao escrever este capítulo, nossos olhos nos pregam constantemente a peça de fazer parecer que estamos diante de linhas de tamanhos diferentes. Esse é o efeito da famosa *ilusão de Müller-Lyer*.

---

[39] Ibidem, p. 36.
[40] Ibidem, p. 37.

Agora que já mediu as linhas, você – seu Sistema 2, o ser consciente que você chama de "eu" – tem uma nova crença: você *sabe* que as linhas são igualmente longas. Se questionado sobre sua extensão, você vai dizer o que sabe. Mas você continua a *ver* a linha de baixo como maior. Você decidiu acreditar na medição, mas não consegue impedir o Sistema 1 de executar seus truques; você não pode decidir ver as linhas como iguais, embora você saiba que são. Para resistir à ilusão, só existe uma coisa que você pode fazer: deve aprender a desconfiar da extensão de linhas quando há setas anexadas em suas extremidades. Para implementar essa regra, você deve ser capaz de reconhecer o padrão ilusório e recordar o que sabe a respeito. Se for capaz de fazer isso, nunca mais será tapeado pela ilusão de Müller-Lyer. Mas continuará a ver uma linha como mais comprida que a outra.[41]

Provavelmente os leitores estão se perguntando o porquê de, no meio de um livro de Direito e Economia, termos inserido uma figura de uma ilusão visual. O intuito é mostrarmos que podemos sofrer, também, de *ilusões cognitivas*. Ou seja, ilusões relativas à nossa forma de ver e compreender o mundo.

Podemos entender tais vieses cognitivos como uma manifestação sistemática das referidas *ilusões cognitivas*. Elas ocorrem sem que percebamos e nos fazem pular para conclusões frequentemente simples e erradas diante de questões complexas. Nossa mente não lida bem com a ideia de que possui lacunas, mas nosso cérebro é limitado, o volume de conhecimento que podemos acumular e processar é limitado, porém não gostamos, mesmo inconscientemente, de aceitar essa limitação, então nossa mente tenta torná-las invisíveis, de modo que acabamos acreditando saber coisas que não sabemos.[42]

6.5 VIESES E HEURÍSTICAS: ATALHOS QUE PODEM NOS LEVAR PARA O LUGAR ERRADO

Ao tomar suas decisões, as pessoas cometem, sistematicamente, de forma repetida e consistente, pequenos erros, isto porque a nossa percepção da realidade é enviesada e nosso cérebro opta por atalhos resolutivos para facilitar o processo de tomada de decisão. Porém, esses atalhos, chamados de heurísticas ou vieses cognitivos, acabam por conduzir-nos a decisões que não poderiam ser consideradas as melhores, do ponto de vista da maximização da utilidade.

Assim, os vieses cognitivos podem ser considerados como erros sistemáticos de compreensão e avaliação do mundo, capazes de conduzir a equívocos decisórios igualmente sistemáticos. Herbert Simon apresenta a ideia de busca seletiva por meio de um amplo espectro de possibilidades, ou seja, apenas utilizamos a parte da realidade mais disponível à nossa mente para decidirmos. Na realidade, a própria seletividade da busca permite a sua factibilidade, ou seja, a tomada de decisão apenas é possível porque possuímos a capacidade de utilizar regras de experiência

---

[41] Ibidem, p. 37.
[42] LEWIS, Michael. **O Projeto Desfazer. A Amizade que mudou nossa forma de pensar.** Rio de Janeiro. Editora Intrínseca, 2017. p. 350.

ou heurísticas, para reduzir o espectro, quase infinito, de possibilidades decisórias à nossa disposição.[43]

Podemos definir tecnicamente a heurística como "um procedimento simples que ajuda a encontrar respostas adequadas, ainda que geralmente imperfeitas, para perguntas difíceis..."[44]. Ou seja, a partir de uma simplificação do procedimento mental decisório, o agente toma um "atalho" para definir sua conduta mediante o uso de um menor esforço mental.

O problema surge quando esses atalhos acabam nos levando aonde não escolheríamos ir, se tivéssemos consciência do viés de seleção. Parte considerável dos vieses cognitivos resulta de uma avaliação equivocada do mundo a partir da nossa experiência ou de intuições pouco fundamentadas. Sistematicamente, enviesamos nossas previsões sobre eventos e suas consequências prováveis, o que evidencia o desvio da racionalidade exagerada prevista pela teoria da escolha racional.[45] Tendo isso em mente, apresentaremos abaixo os vieses cognitivos que mais afetam as nossas decisões cotidianas.

6.5.1 Viés da representatividade

É a tendência de ignorar dados objetivos e superestimar a correlação entre o que algo, ou alguém, parece ser e o que realmente é (ex.: considerar uma pessoa inteligente só porque usa óculos).[46] Analisemos a seguinte questão[47]:

O parágrafo a seguir é um perfil de Tom W escrito por um psicólogo durante o último ano de Tom no ensino médio, com base em testes psicológicos de validade duvidosa.

> "Tom W é dotado de grande inteligência, embora careça de criatividade genuína. Tem necessidade de ordem e clareza e de sistemas claros e ordenados em que cada detalhe encontre seu lugar apropriado. Seu texto está mais para maçante e mecânico, animado ocasionalmente por alguns trocadilhos batidos e lampejos de imaginação do tipo ficção científica. Exibe forte compulsão por competência. Parece apresentar pouca compreensão e pouca simpatia pelas outras pessoas, e não aprecia a interação com os outros. Autocentrado, exibe, no entanto, um profundo senso moral"[48].

Agora pegue uma folha e classifique as nove áreas de especialização listadas a seguir segundo o grau de semelhança da descrição de Tom W com o típico aluno de

---

[43] SIMON, Herbert A, Introductory Comment. *In:* EGIDI Massimo and Marris, Robin (org). **Economics, Bounded Rationality and the Cognitive Revolution**. Glos/Massachussets: Edward Elgar, 1992. p. 4.
[44] KAHNEMAN, Daniel. **Rápido e Devagar: Duas formas de pensar.** 1ª Edição. Rio de Janeiro, Editora Objetiva, 2012. p. 127.
[45] KOROBKIN, Russell; ULEN. Thomas. Law and Behavioral Science: Removing the Rationality Assumption from Law and Economics. Law and Economics Research Paper Series. Research Paper Nº 00-01. **California Law Review**, Berkeley. vol. 88, setembro, 2000, p. 37.
[46] Ibidem, p. 37-39.
[47] Retirada de KAHNEMAN, Daniel. **Rápido e Devagar: Duas formas de pensar.** 1ª Edição. Rio de Janeiro, Editora Objetiva, 2012. p. 187-188.
[48] Ibidem, p. 187-188.

graduação em cada uma das seguintes áreas. Use 1 para a mais provável e 9 para a menos provável. Administração; Ciência da Computação; Engenharia Humanidades e educação; Direito; Medicina; Biblioteconomia; Ciências físicas e biológicas; Ciência social e assistência social.

Muito provavelmente, o seu resultado foi o seguinte, ou ao menos algo semelhante:

Ciência da computação
Engenharia
Administração
Ciências físicas e biológicas
Biblioteconomia
Direito
Medicina
Humanidades e educação
Ciência social e assistência social.

Este foi o resultado do experimento. Daniel Kahneman descreveu o resultado, como acima, de modo que a maioria dos participantes não desviou muito dessa ordem. O problema dessa dedução é que ela ignora completamente a proporção da quantidade de alunos inscrita em cada curso, em relação à totalidade de alunos da faculdade. Isto é, a primeira coisa a se fazer diante de uma pergunta desse tipo é questionar estatisticamente qual a taxa-base da qual partir, qual a probabilidade de, aleatoriamente, um aluno ser de um dos cursos indicados, para, então, conjugar as informações realmente relevantes para determinar a qual curso o aluno pertence.

Reparem bem que na descrição de Tom W está especificado que o teste psicológico era de natureza duvidosa, mas essa informação não costuma ser considerada importante. Diante de um cenário decisório com pouca informação disponível, nos agarramos ao que nos foi apresentado e tendemos a considerar essas informações como mais importantes do que realmente são. Isso acontece porque a descrição apresentada remete nosso Sistema 1 à figura dos alunos do curso de ciência da computação, mesmo sabendo que se trata de um curso cuja quantidade de alunos costuma ser pequena. No entanto não ativamos nosso Sistema 2 para controlar esse impulso e não pensamos na referida taxa-base.

Contudo, nossa expectativa era de que os participantes do experimento se concentrassem exclusivamente na similaridade da descrição dos estereótipos – chamamos isso de *representatividade* – ignorando tanto as taxas-bases como as dúvidas acerca da veracidade da descrição. Eles então classificariam a especialidade menos frequentada – ciência da computação – como altamente provável, porque esse resultado obtém a maior pontuação de representatividade.[49]

Outro experimento famoso sobre esse tema, é conhecido como o *problema de Linda*. Apresentaremos, aqui, sua versão simplificada.[50] Leia o enunciado e responda à pergunta seguinte:

---
[49] Ibidem, p. 189.
[50] Ibidem, p. 198-201.

Linda tem 31 anos de idade, é solteira, franca e muito inteligente. É formada em filosofia. Quando era estudante, preocupava-se profundamente com questões de discriminação e justiça social, e também participava de manifestações antinucleares. Qual alternativa é mais provável?

Linda é uma caixa de banco;
Linda é uma caixa de banco e é ativa no movimento feminista.

Contrariando a lógica, a maior parte das pessoas escolhe a segunda opção. Opõe-se à lógica porque sempre será mais provável que a pessoa pertença apenas a um grupo do que aos dois. Representando graficamente, podemos visualizar da seguinte maneira:

Ou seja, é mais provável que alguém seja apenas caixa de banco, em comparação com caixa de banco e feminista, já que o segundo é um subconjunto do primeiro. Porém a representação mental que temos de uma mulher feminista nos aproxima da segunda opção e, ao considerarmos as características de Linda, concluímos que ela deve ser feminista. Esse estereótipo nos leva a ignorar as probabilidades e decidir apenas com base em nossos instintos, contrariando a lógica.

Daniel Kahneman chega à seguinte conclusão em relação aos experimentos:

> Os julgamentos de probabilidade que nossos participantes ofereceram, tanto para o problema de Tom W como de Linda, corresponderam precisamente a julgamentos de representatividade (similaridade e estereótipos). A representatividade pertence a um agrupamento de avaliações básicas estreitamente ligadas que provavelmente são geradas juntas. Os resultados mais representativos combinam-se à descrição de personalidade para produzir as histórias mais coerentes. As histórias mais coerentes não necessariamente são as mais prováveis, mas elas são *plausíveis*, e as noções de coerência, plausibilidade e probabilidade são facilmente confundidas[51].

A grande conclusão que podemos tirar do viés da representatividade é que, com frequência, pensamos a partir de estereótipos para oferecer à nossa mente uma narrativa mais plausível, e por isso mais confortável do ponto de vista mental, muito embora ela

---

[51] Ibidem, p. 174.

possa ser totalmente contrária à lógica probabilística. Com isso, descobrimos que somos mais suscetíveis a acreditar em histórias que reforçam nossas crenças pré-concebidas no lugar de conferir a verdadeira credibilidade lógica ao que nos é contado.

6.5.2 Viés da disponibilidade

Pode ser resumido na tendência que temos a valorizar eventos grandes e memoráveis, mais próximos ou mais noticiados e ignorar estatísticas reais (é mais provável que uma pessoa sofra um acidente de carro do que uma queda de aeronave, porém é mais comum que as pessoas tenham medo de avião)[52]. Dito de outra forma, pode ser entendido como a capacidade que temos de avaliar a possível frequência de determinado evento, a partir da facilidade com a qual as ocorrências vêm à nossa mente. Quando queremos avaliar a dimensão de alguma categoria (por exemplo, qual o percentual de advogados homens?) ou a frequência de um evento (terremoto em determinada parte do mundo), acabamos, apenas, revelando com que frequência os eventos vêm a sua mente (respectivamente: a proporção de advogados homens que você conhece; ou quando você se lembra de ter acontecido terremotos na região em questão). Ou seja, involuntariamente, substituímos a pergunta e acabamos cometendo erros sistemáticos, respondendo a um questionamento mais simples, portanto correspondente apenas a uma parte do problema originalmente colocado.[53]

Podemos tomar como exemplo os divórcios: se você é perguntado sobre a probabilidade de um casal se divorciar, caso você tenha vivido e/ou testemunhado divórcios, é possível que superestime sua frequência. Por outro lado, alguém que nunca se divorciou, nem teve amigos próximos se divorciando, provavelmente irá subestimar a probabilidade de que a separação ocorra. Isto porque, quando lhe fazem esse tipo de pergunta, sua memória é a fonte disponível de informações, a menos que você saiba a probabilidade cientificamente comprovada. Na medida em que você se lembra de mais ou menos eventos, considera mais ou menos provável a sua ocorrência. Para Daniel Kahneman, há três categoriais de eventos que afetam a nossa disponibilidade:

- Um evento proeminente que chama sua atenção será facilmente recuperado da memória. Divórcios entre celebridades de Hollywood e escândalos sexuais entre políticos atraem muita atenção, e os exemplos virão facilmente à sua mente. Você é desse modo propenso a exagerar a frequência tanto de divórcios em Hollywood como de escândalos sexuais de políticos;
- Um evento dramático aumenta temporariamente a disponibilidade de sua categoria. Um acidente de avião que atrai cobertura da mídia vai alterar temporariamente seus sentimentos sobre a segurança de voar. Acidentes ficam em sua cabeça durante algum tempo, depois de você ver um carro pegando

---

[52] KOROBKIN, Russell; ULEN. Thomas. Law and Behavioral Science: Removing the Rationality Assumption from Law and Economics. Law and Economics Research Paper Series. Research Paper Nº 00-01. **California Law Review**, Berkeley. vol. 88, setembro, 2000, p. 40.

[53] KAHNEMAN, Daniel. **Rápido e Devagar: Duas formas de pensar**. 1ª Edição. Rio de Janeiro: Editora Objetiva, 2012. p. 166.

fogo na beira de uma estrada, e o mundo se torna por algum tempo um lugar mais perigoso; e
- Experiências pessoais, fotos e exemplos vívidos são mais disponíveis do que incidentes que aconteceram com outros, ou meras palavras ou estatísticas. Um erro judicial que o afete vai minar sua fé no sistema de justiça mais do que um incidente similar sobre o qual você tenha lido em um jornal.[54]

Os efeitos da disponibilidade podem ser mais bem visualizados, por exemplo, nas aquisições de seguro e medidas de proteção adotadas após eventos de grande magnitude. É comum que, após um grande terremoto, aumentem as vendas de seguros com cobertura especial para esse tipo de sinistro.

Outro problema é o fato de que a percepção errada sobre a dimensão de certos eventos pode levar a políticas públicas que ignorem problemas maiores, pois toda a atenção está concentrada em questões menores. Mortes por motivo de doença são extremamente mais prováveis que mortes em razão de acidentes, mas, ainda assim, é comum que as pessoas considerem os acidentes como responsáveis por um número muito maior de falecimentos, em comparação com o que a realidade aponta. Tudo isso, pode levar as pessoas a combaterem os vilões errados na busca por uma expectativa de vida maior.

6.5.3 Excesso de confiança

O excesso de confiança pode se manifestar de duas formas: por um lado, acreditamos que coisas boas acontecerão conosco com mais frequência do que as estatísticas apontam; e, por outro, cremos que coisas ruins, como doenças, acidentes, perda de emprego, têm menos chances de ocorrer conosco do que realmente acontecem com as pessoas em geral. Em função disso, acabamos adotando menos precaução do que deveríamos, no trânsito ou no local de trabalho[55].

Isso acontece, em boa medida, porque narrativas em que estamos em melhor situação nos geram maior conforto cognitivo e esse conforto nos conduz a manter e reforçar narrativas positivas em relação a nós mesmos, aumentando nossa confiança subjetiva, mesmo que ela esteja completamente desassociada de alguma lógica estatística e probabilística.[56]

Dois experimentos têm o enorme potencial de revelar a forma como se dá a manifestação desse viés. O primeiro deles envolve perguntar, a si mesmo e a pessoas

---

[54] Ibidem, p. 166-167.
[55] KOROBKIN, Russell. ULEN. Thomas. Law and Behavioral Science: Removing the Rationality Assumption from Law and Economics. Law and Economics Research Paper Series. Research Paper Nº 00-01. **California Law Review**. Berkeley. vol. 88, setembro. 2000, p. 43-44.
[56] "Confiança subjetiva em um julgamento não é uma avaliação raciocinada da probabilidade de que esse julgamento esteja correto. Confiança é um sentimento que reflete a coerência da informação e o conforto cognitivo de processá-la. É sábio levar a sério as admissões de incerteza, mas as declarações de confiança elevada informam acima de tudo que um indivíduo construiu uma história coerente em sua mente, não necessariamente que essa história seja verdadeira.". KAHNEMAN, Daniel. **Rápido e Devagar: Duas formas de pensar**. 1ª Edição. Rio de Janeiro, Editora Objetiva, 2012, p. 265.

próximas, ou a uma turma durante a aula, quem se considera um motorista acima da média. Muito provavelmente mais da metade das pessoas questionadas dirá ser composta de motoristas acima da média, o que é estatisticamente improvável.[57]

O segundo está ligado ao matrimônio. Ao colocar os noivos em duas salas separadas, pergunta-se a eles qual a probabilidade de o casamento terminar em divórcio. A esmagadora maioria responderá 0% (talvez os mais sinceros digam que há alguma chance), o que certamente não condiz com a probabilidade geral dos divórcios, que é alta na prática e seria a taxa-base para a resposta.

A *superconfiança*, portanto, ocorre em razão de um desvio cognitivo, de modo que trabalhamos apenas com a informação prontamente disponível, pressupondo sua confiabilidade, sem considerar que ainda há um volume imenso de informação que desconhecemos (ou decidimos desconsiderar). Nesse sentido:

> (...) quando estimamos uma quantidade, nos apoiamos na informação que nos vem à mente e construímos uma história coerente, por meio da qual a estimativa faz sentido. Admitir a informação que não vem à mente – talvez porque a pessoa não disponha dela – é impossível[58].

Os problemas relacionados ao excesso de confiança podem ser identificados especialmente nos acidentes. Retomando o caso em que as pessoas se consideram motoristas melhores do que a média, esse sentimento pode motivar uma condução menos responsável, ocasionando mais e mais graves acidentes. Nessa situação, as normas jurídicas devem criar incentivos para que as pessoas superem esse sentimento e tomem medidas efetivas de precaução.

6.5.4 Viés confirmatório (ou de autosserviço)

Esse tipo de viés pode ser identificado quando, ao analisar fatos, as pessoas tendem a interpretá-los de modo a confirmar sua posição inicial sobre o tema. Ou seja, quando novas informações são direcionadas para confirmar crenças anteriores, não para revê-las.[59] Isso acontece, em boa medida, porque o Sistema 1 é mais crédulo, então diante de uma afirmação, tende a buscar elementos (a partir de sua memória associativa) que confirmem uma ideia anterior já existente[60].

Caso alguém lhe pergunte: "João é amigável?", provavelmente virão à sua mente situações nas quais João foi cortês. Então, a partir dessas imagens, você julga o comportamento como amistoso. Do contrário, se a pergunta fosse: "João é rude?", seriam evocadas em sua memória situações em que o sujeito foi indelicado, orientando a sua resposta de modo a confirmar a pergunta inicial[61].

---

[57] Ibidem, p. 324.
[58] Ibidem, p. 327.
[59] KOROBKIN, Russell; ULEN. Thomas. Law and Behavioral Science: Removing the Rationality Assumption from Law and Economics. Law and Economics Research Paper Series. Research Paper Nº 00-01. **California Law Review**, Berkeley. vol. 88, setembro, 2000., p. 46.
[60] KAHNEMAN, Daniel. **Rápido e Devagar: Duas formas de pensar**. 1ª Edição. Rio de Janeiro: Editora Objetiva, 2012. p. 106.
[61] Ibidem, p. 106.

Quando estamos debatendo sobre o comportamento de alguém, talvez esse viés não pareça tão relevante. Porém, em uma pesquisa científica pode comprometer os resultados e a credibilidade de um estudo. Da mesma maneira, pode induzir a adoção de comportamentos não eficientes, como a aquisição de seguros desnecessários, apenas pela sugestão da possibilidade de um evento[62]. Isso acontece porque nossa mente inicia uma busca deliberada por evidências confirmadoras, conhecida como *estratégia de teste de positivo* (*positive test strategy*). Este é também o modo como o Sistema 2 testa uma hipótese. Contrariamente às regras dos filósofos da ciência, que aconselham testar hipóteses tentando refutá-las, as pessoas (e os cientistas muitas vezes) buscam dados que tenham maior probabilidade de se mostrarem compatíveis com as crenças que possuem no momento. O viés confirmatório do Sistema 1 favorece a aceitação acrítica de sugestões e o exagero da probabilidade de eventos extremos e improváveis.[63]

Para compreendermos a parte final da citação acima, pensemos no seguinte exemplo: se alguém lhe perguntasse qual é a probabilidade de a seleção brasileira masculina de futebol ser vergonhosamente goleada em uma copa do mundo, sua previsão provavelmente seria amplificada pela lembrança do recente 7 a 1 sofrido pelo Brasil contra a Alemanha em 2018. Em síntese, o viés confirmatório nos leva a reforçar crenças, mesmo em face de evidências contrárias a elas, dificultando discussões públicas a partir de estatísticas e fatos, bem como nos conduzindo a superestimar probabilidades, implicando em uma distorção da nossa percepção dos riscos atuais.

6.5.5 Viés da análise retrospectiva (*hindsight bias*)

Esta tendência consiste em analisar uma situação a partir de seu desfecho, passando a interpretar os fatos anteriores como se eles necessariamente só pudessem ter conduzido àquele final, sem considerar as probabilidades verdadeiramente aplicáveis quando os fatos estavam se desenrolando.[64] Atua, principalmente, na distorção da análise para a compreensão de um resultado. Passamos a ver que todo o ocorrido levou, necessariamente, ao evento final, sem considerar que, no curso da ação, resultados são apenas probabilidades.

Isso acontece porque nossa mente é uma ávida criadora de sentido. Diante de um evento imprevisto, buscamos acomodar a surpresa em nossa visão de mundo, criando uma (falsa) percepção de "eu sempre soube"[65].

O principal problema desse viés é dificultar a avaliação apropriada de uma decisão pretérita, cujo resultado foi considerado negativo, ainda que todo o procedimento para a decisão tenha sido correto.

O viés retrospectivo apresenta efeitos perniciosos nas estimativas dos tomadores de decisão. Leva os observadores a avaliar a qualidade de uma decisão sem considerar se o processo foi sólido, mas somente se o desfecho foi bom ou ruim. Imagine uma

---

[62] Ibidem, p. 404.
[63] Ibidem, p. 106.
[64] KOROBKIN, Russell; ULEN. Thomas. Law and Behavioral Science: Removing the Rationality Assumption from Law and Economics. Law and Economics Research Paper Series. Research Paper Nº 00-01. **California Law Review**, Berkeley. vol. 88, setembro, 2000, p. 48-49.
[65] KAHNEMAN, Daniel. **Rápido e Devagar: Duas formas de pensar.** 1ª Edição. Rio de Janeiro: Editora Objetiva, 2012. p. 253.

intervenção cirúrgica de baixo risco em que um imprevisto ocorreu e levou à morte do paciente. O júri ficará propenso a acreditar, após o evento, que a operação era de fato arriscada e que o médico que a recomentou deveria ter pensado duas vezes. Esse viés de resultado torna quase impossível avaliar uma decisão de modo apropriado – em termos de crenças que eram razoáveis quando a decisão foi tomada.

Isto é, após um resultado considerado ruim, buscamos atribuir a culpa a alguém, mesmo que a pessoa tenha agido dentro dos procedimentos padrões. Pensando no caso do médico citado acima, supondo que ele tenha seguido todos os protocolos médicos exigidos, antes, durante e depois da operação, mas ainda assim o paciente tenha falecido, ele pode acabar sendo injustamente responsabilizado (civil e penalmente) mesmo sem ter culpa.

Um exemplo mais próximo do Direito diz respeito aos lançamentos realizados por contribuintes que estão sujeitos à homologação posterior pela Administração Pública[66]. Isso ocorre porque, nos termos do art. 150, § 4º, do Código Tributário Nacional, a Fazenda pode avaliar a decisão tomada pelo contribuinte até cinco anos após a ocorrência do fato gerador. Quando há uma inovação legislativa relevante, quando surge um novo tipo de atividade econômica que levanta dúvidas a respeito da correta identificação dos valores devidos ou da forma de lançamento do tributo, o contribuinte deverá tomar todas as decisões a respeito do lançamento sob condições de incerteza. No entanto, quando a Fazenda Pública avalia o lançamento realizado, cinco anos depois, é possível que algumas das variáveis que eram incertas para o contribuinte já tenham sido esclarecidas pelo decurso do tempo, ou que soluções doutrinárias e jurisprudenciais já tenham elucidado pontos que antes estavam em aberto. Nesse caso, o viés de retrospectiva sugere que a avaliação realizada pela Fazenda tenderá a se basear em informações que não estavam disponíveis para o contribuinte.

Há também inúmeras outras situações jurídicas em que decisores devem avaliar, *a posteriori*, ações pretéritas tomadas por agentes que não tinham como conhecer perfeitamente os resultados de suas ações. Isso ocorre, por exemplo, quando um órgão de controle, como o Tribunal de Contas, avalia um contrato celebrado por um órgão público que acabou resultando em prejuízos para a Administração, ou até mesmo quando um juiz é chamado a avaliar se a conduta de um agente envolvido em um acidente foi imprudente.

Em síntese, o grande problema do viés retrospectivo é impedir de analisar corretamente um curso de ação, diminuindo nosso entendimento sobre sucessões causais.

6.5.6 Viés da ancoragem (ou ajustamento)

Este, a seu turno, ocorre quando uma informação inicial, mesmo sem relação com as seguintes, influencia as decisões dos agentes. Em razão dele as pessoas tendem a ajustar seu pensamento tendo como base a primeira informação que recebem, sem aprofundá-la para a tomada da decisão. Podemos visualizá-los mais facilmente quando pensamos em números. Observe o numeral abaixo e responda rapidamente às perguntas a seguir[67]:

---

[66] FOLLONI, André; PRATES, Pamela Varaschin; STEMBERG, Paula Tatyane Cardozo. O viés de retrospectiva na economia comportamental: como atenuar seus efeitos na administração tributária. **Economic Analysis of Law Review**, v. 11, n. 2, p. 159-172, 2020.

[67] Adaptado de Ibidem, 2012, p. 152.

A porcentagem de nações africanas entre membros da ONU é maior ou menor do que o número que você acabou de escrever? Qual é sua melhor estimativa sobre a porcentagem de nações africanas na ONU?

Suas estimativas, muito provavelmente, se mantiveram próximas da âncora (o número 65), mesmo que ele não tenha qualquer relação lógica com as perguntas, sendo apenas um número aleatoriamente escolhido pelos autores. Caso o número (âncora) fosse 10, sua resposta provavelmente seria totalmente diferente, pois lhe seria fornecido um ponto de partida diferente.

Esse viés cognitivo, muito explorado por alguns profissionais (como corretores de imóveis), é chamado de *efeito de ancoragem*, que acontece quando as pessoas consideram um valor particular para uma quantidade desconhecida antes de estimar essa quantidade. O que ocorre é um dos resultados mais confiáveis e robustos da psicologia experimental: a estimativa fica perto do número que as pessoas consideraram – por isso a imagem de uma âncora. Se lhe perguntassem se Gandhi tinha mais do que 114 anos quando morreu, você acabaria com uma estimativa muito mais elevada da idade da morte dele do que teria se a pergunta de ancoragem referisse à morte com 35 anos. Se você considera quanto deveria pagar por uma casa, vai ser influenciado pelo preço perguntado. A mesma casa parecerá mais valiosa se o preço fornecido pelo corretor for elevado, não baixo, mesmo que você esteja determinado a resistir à influência desse número; e assim por diante – a lista de efeitos de ancoragem é infinita. Qualquer número que lhe peçam para considerar como solução possível para um problema de estimativa induzirá um efeito de ancoragem.[68]

Pode acontecer, inclusive, no Direito e na fixação de indenizações. Leal e Molhano (2018) em artigo recente descobriram, a partir da análise de um juizado especial cível, que os valores reivindicados a título de indenização têm um potencial de ancorar os julgadores, especialmente em processos relativos ao setor aéreo e, quando os números são apresentados de forma quebrada, ou seja, o pedido formulado não é de um número redondo[69]. O efeito de ancoragem, portanto, pode nos influenciar a errar avaliações relativas a preços, datas ou quaisquer outras estimativas numéricas. Por isso devemos ter cuidado ao tomarmos decisões envolvendo números, quando nos é oferecido um valor inicial.

6.5.7 Efeito moldura (*framing effect*)

Pelo efeito moldura a forma por meio da qual as opções são apresentadas, mesmo que substancialmente iguais, acaba influenciando a decisão das pessoas.[70] Para testar esse efeito, observe as afirmações a seguir[71]:

---

[68] Ibidem, p. 152-153.
[69] LEAL, Fernando Angelo Ribeiro e RIBEIRO, Leandro Molhano. O Direito é Sempre Relevante? Heurística de Ancoragem e fixação de valores indenizatórios em pedidos de dano moral em Juizados Especiais do Rio de Janeiro. **Revista Brasileira de Políticas Públicas**. Vol. 8, nº. 2, agosto de 2018.
[70] KOROBKIN, Russell; ULEN. Thomas. Law and Behavioral Science: Removing the Rationality Assumption from Law and Economics. Law and Economics Research Paper Series. Research Paper Nº 00-01. **California Law Review**, Berkeley. vol. 88, setembro, 2000, p. 58.
[71] KAHNEMAN, Daniel. **Rápido e Devagar: Duas formas de pensar**. 1ª Edição. Rio de Janeiro: Editora Objetiva, 2012. p. 455.

Você aceitaria uma aposta que oferece 10% de chance de ganhar 95 reais e 90% de chance de perder 5 reais?

Você pagaria cinco reais para participar de uma loteria que oferece 10% de chance de ganhar 100 reais e 90% de chance de não ganhar nada?

Escolha qual dos jogos você preferiria participar.

Agora se surpreenda percebendo que ambos são iguais. A sua escolha, nos dois casos, é para participar de uma incerta perspectiva de ficar R$ 95,00 mais rico. Porém, a segunda opção lhe é mais chamativa, isso porque, na segunda opção, o resultado ruim (a perda de R$ 5,00) é enquadrada como o custo de um bilhete de loteria não premiado, mas não é descrito como uma simples perda de aposta[72].

Isso acontece porque "*perdas* evocam sentimentos negativos mais fortes do que *custos*. As escolhas não são delimitadas pela realidade porque o sistema 1 não é delimitado pela realidade"[73]. Com isso, percebemos que a forma pela qual as opções nos são apresentadas altera nossa percepção sobre elas. Nosso sistema 1 reage de maneira emotiva a algumas palavras, especialmente aquelas ligadas à noção de perda.

Em outro experimento[74] realizado com médicos, dois tipos de tratamento para câncer de pulmão foram selecionados: cirurgia e radiação. Ao observar a taxa de sobrevivência ao longo de 5 anos, a cirurgia seria claramente a melhor opção. No entanto, a curto prazo é mais arriscada que a radiação. Parte dos participantes recebeu a estatística como taxa de sobrevivência e outra como taxa de mortalidade. Descrevia-se da seguinte maneira os resultados de curto prazo da cirurgia:

A taxa de sobrevivência de um mês é 90%

Há 10% de mortalidade no primeiro mês.

No primeiro caso, quando a taxa de sobrevivência foi exibida, a cirurgia foi muito mais bem recebida em comparação com o segundo (quando apresentada a partir da taxa de mortalidade). Isso nos mostra que mesmo profissionais podem ser afetados pelo efeito moldura. Ainda que pareça simples, concluir que, se a taxa de mortalidade é de 10%, a de sobrevivência só pode ser 90%, nosso Sistema 1 reage de forma emotiva. Não conseguimos adaptar nossa visão, porque reenquadrar é um processo bastante complexo e demorado e o Sistema 2 normalmente é preguiçoso. A não ser que haja um motivo óbvio para fazer de outro modo, a maioria de nós aceita passivamente os problemas de decisão, tal como estão enquadrados. Por tais motivos, raramente temos oportunidade de descobrir em que medida nossas preferências são *delimitadas pela moldura*, mais do que *delimitadas pela realidade*.

Ou seja, nós prestamos mais atenção na forma pela qual um problema de decisão nos é apresentado do que no próprio conteúdo do problema. O cuidado que devemos ter, então, diz respeito à nossa capacidade de sermos influenciados por molduras. Ter atenção para reenquadrar opções exige esforço, mas pode ser uma energia investida de forma mais inteligente.

---

[72] Ibidem.
[73] Ibidem.
[74] Adaptado de Ibidem, p. 459.

6.5.8 Efeito dotação/de reforço (*endowment effect*)

Neste caso, o viés consiste em valorizar os bens que possuímos em detrimento dos que não possuímos, mesmo que sejam bens iguais. Por exemplo, quando somos donos de um bem, passamos a considerar que seu valor é superior em relação aos disponíveis no mercado[75]. Está, portanto, ligado à nossa aversão à perda, isto é, somos mais sensíveis, negativamente, diante de perdas do que somos, positivamente, em relação a ganhos. Em outras palavras, sofremos mais com uma perda de um bem do que nos alegramos com o ganho do mesmo bem[76].

Com isso, valorizamos mais aquilo que temos, em comparação com o que não é nosso. Temos, então, mais medo de perder do que de não ganhar, embora sejam a mesma coisa do ponto de vista econômico. Pensemos em um bem simples, como um guarda-chuva. Dependendo da marca, do material e da qualidade, você estaria disposto a pagar, no máximo R$ 30,00 por ele. Suponhamos que o compre por R$ 25,00, mesmo que ofereçam comprá-lo por R$ 35,00, dificilmente você o venderia. Ou seja, mesmo lhe oferecendo um valor superior ao que você estaria disposto a pagar, assim como uma quantia maior, se comparada àquela que foi efetivamente paga, o seu apego pelo bem (efeito dotação) distorce a forma como você o enxerga, aumentando o valor pelo qual estaria disposto a trocá-lo por dinheiro. Vejam uma representação gráfica do efeito dotação.

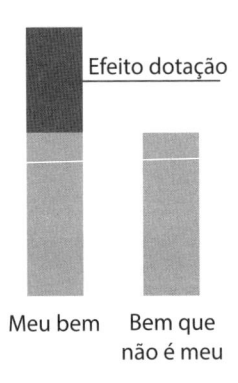

Ou seja, o bem que está em minha propriedade é mais valioso, pelo simples fato de ser meu, em comparação com uma versão idêntica no mercado. Um famoso experimento comprovou a ocorrência do efeito dotação a partir da distribuição de canecas a uma turma. Reproduzimos, abaixo, a descrição do experimento:

---

[75] KOROBKIN, Russell; ULEN. Thomas. Law and Behavioral Science: Removing the Rationality Assumption from Law and Economics. Law and Economics Research Paper Series. Research Paper Nº 00-01. **California Law Review**. Berkeley. vol. 88, setembro, 2000, p. 62.

[76] "O terceiro princípio é aversão à perda. Quando diretamente comparadas ou ponderadas em relação umas às outras, as perdas assomam como maiores do que os ganhos. Essa assimetria entre o poder das expectativas ou experiências positivas e negativas tem um histórico evolucionário. Organismos que tratam ameaças como mais urgentes que as oportunidades têm uma melhor chance de sobreviver e se reproduzir." KAHNEMAN, Daniel. **Rápido e Devagar: Duas formas de pensar**. 1ª Edição. Rio de Janeiro: Editora Objetiva, 2012.p. 351.

(...) conduzimos um mercado similar para um objeto que esperávamos que as pessoas valorizassem pelo uso: uma bela caneca de café, decorada com a insígnia da faculdade em que estivéssemos conduzindo os experimentos. A caneca valia então cerca de seis dólares (e valeria mais ou menos o dobro disso hoje em dia). As canecas eram distribuídas aleatoriamente para metade dos participantes. Os Vendedores tinham, sua caneca na frente deles, e os Compradores eram convidados a olhar para a caneca de seu vizinho; todos especificavam o preço em que fariam negócio. Os Compradores tinham de usar seu próprio dinheiro para adquirir uma caneca. Os resultados foram dramáticos: o preço de venda médio foi aproximadamente o dobro do preço de compra médio, e o número estimado de negócios foi inferior à metade do número previsto pela teoria padrão. A mágica do mercado não funcionou para um bem que os donos esperavam usar.

Conduzimos uma série de experimentos usando variantes do mesmo procedimento, sempre com os mesmos resultados. Meu favorito é um em que adicionamos aos Vendedores e Compradores um terceiro grupo – os Escolhedores. Ao contrário dos Compradores, que tinham de gastar seu próprio dinheiro para adquirir o bem, os Escolhedores podiam receber uma caneca ou uma soma em dinheiro, e eles especificavam a quantia em dinheiro que era tão desejável quanto receber o bem. Eis os resultados:

Vendedores	7,12 dólares
Escolhedores	3,12 dólares
Compradores	2,87 dólares

O intervalo entre Vendedores e Escolhedores é notável, pois eles na verdade enfrentam a mesma escolha! Se você é um Vendedor, pode ir para casa com uma caneca ou com dinheiro, e se você é um Escolhedor tem exatamente as mesmas duas opções. Os efeitos de longo prazo da decisão são idênticos para os dois grupos. A única diferença está na emoção do momento. O alto preço que os Vendedores determinam reflete a relutância em abrir mão de um objeto que já possuem, uma relutância que pode ser vista em bebês que se agarram ferozmente a um brinquedo e mostram grande agitação quando alguém o tira deles. A aversão à perda está incorporada às avaliações automáticas do Sistema 1.[77]

O grande problema causado pelo efeito dotação é a inflação no mercado de bens usados. Geralmente, as partes que interagem nesse tipo de mercado (vide várias plataformas *online* que oferecem esse serviço) não têm por atividade principal o comércio de bens, ou seja, não são habituadas ao movimento de compra e venda de bens usados. Com isso, tendem a apresentar forte efeito dotação em relação aos utensílios, aferindo preços muito altos em comparação com os quais os possíveis compradores estão dispostos a pagar. Tal fato acaba criando um mercado cujos preços são distorcidos, portanto ineficientes.

6.5.9 Viés do *status quo*

Em parte, como consequência de nossa aversão à perda, tendemos a valorizar mais a posição na qual já estamos, mesmo sem realizarmos uma análise detida de

---

[77] Ibidem, p. 368-369.

seu custo benefício[78]. Parte dessa tendência igualmente se explica pelo esforço que a mudança pode exigir. Por exemplo, as pessoas tendem a manter o regime de bens de seus casamentos no formato padrão, pelo simples fato de preferirem não discutir o assunto com seus parceiros, de modo a gastarem menos energia nesse tipo de decisão.

Muitas revistas, jornais e provedores de bens e serviços recorrentes, costumam utilizar como padrão a renovação automática. Isto é, você assina o plano e, automaticamente, ele será renovado, até que você se manifeste ativamente pelo seu cancelamento. No entanto, muitos de nós já vimos uma pilha de revistas não lidas se acumulando no canto da sala. Mesmo o crescimento dessa pilha não nos motiva a pegar o telefone, ou mandar um e-mail para a editora, e cancelar nossa assinatura.[79]

Isso mostra que, mesmo nos casos em que somos evidentemente prejudicados, preferimos ficar com o comportamento padrão. Uma das causas para isso é a simples falta de atenção. Muita gente adota o que Cass Sunstein e Richard Thaler chamam da heurística do "tanto faz" ("*yeah, whatever*")[80]. Com isso, as opções padrão (*Default*) tendem a ser aquelas que as pessoas majoritariamente escolherão, simplesmente porque "tanto faz" o que vai ser, desde que se resolva.

Um exemplo muito esclarecedor desse viés está relacionado a um tema muito sensível para a saúde pública: a doação de órgãos. Dependendo da regra padrão (ser ou não doador de órgão), o índice de doadores aumenta ou diminui assustadoramente, seguindo o padrão escolhido.

Uma diretiva acerca da doação de órgãos em caso de morte acidental consta da carteira de motorista do indivíduo em muitos países. A formulação dessa diretiva é um exemplo de caso em que um quadro é claramente superior ao outro. Poucas pessoas argumentariam que a decisão de doar os órgãos ou não é algo de pouca importância, mas há forte evidência de que a maioria das pessoas toma suas decisões impensadamente. A evidência vem de uma comparação do índice de doação de órgãos nos países europeus, que revela diferenças surpreendentes entre países vizinhos e culturalmente semelhantes. Um artigo publicado em 2003 observou que o índice de doação de órgãos ficou perto de 100% na Áustria, mas foi de apenas 12% na Alemanha, ficou em 86% na Suécia, mas foi de apenas 4% na Dinamarca.

Essas enormes diferenças são um efeito de enquadramento, que é causado pelo formato da questão crítica. Os países com alto índice de doação têm um formulário do tipo "optar pela exclusão", em que os indivíduos que não desejam doar devem ticar no campo apropriado. A menos que executem essa ação simples, eles são considerados doadores voluntários. Os países com baixo índice de doação não possuem formulário desse tipo: a pessoa deve ticar num campo para se tornar um doador. Isso é tudo. A

---

[78] KOROBKIN, Russell; ULEN. Thomas. Law and Behavioral Science: Removing the Rationality Assumption from Law and Economics. Law and Economics Research Paper Series. Research Paper Nº 00-01. **California Law Review**, Berkeley. vol. 88, setembro, 2000, p. 66.

[79] THALER, Richard H. SUNSTEIN, Cass R. **Nudge: improving decisions about health, wealth, and happiness.** Michigan: Caravan. 2008, p. 87.

[80] Ibidem, 2008, p. 35.

melhor forma isolada de prever se a pessoa irá ou não irá doar seus órgãos é a indicação da opção *default* que será adotada sem ter de ticar em um campo.[81]

Ou seja, o padrão (*default*) ao qual as pessoas estão submetidas é, para muitas decisões, mais importante que o desejo individual. Isso significa que eles possuem um grande poder de influência sobre nossas vidas, potencial que pode ser utilizado tanto para o nosso bem (como a maior disponibilização de órgãos para doação), assim como para encher nossas salas com pilhas de revistas que não param de crescer.

6.6 COMO O DIREITO PODE SE APROPRIAR DESSE CONHECIMENTO: O *NUDGE*

Todos esses vieses cognitivos têm sido objeto de estudo de um novo ramo da teoria econômica, a economia comportamental. Embora a literatura sobre ela seja mais famosa entre publicitários, recentemente os juristas também começaram a voltar seus olhos para suas descobertas. Com isso, já existem algumas políticas públicas que são diretamente baseadas em achados comportamentais. Elas se baseiam, por exemplo, na utilização de *Nudges*.

A tradução do termo para o português é um pouco complexa, visto que não temos uma palavra capaz de transmitir diretamente a mesma ideia. Talvez a expressão mais similar seja "empurrãozinho gentil". Podemos dizer que é exatamente essa a ideia do *nudge*: um pequeno e gentil incentivo para que as pessoas inclinem suas decisões para determinado sentido. O *nudge* consiste, portanto, em oferecer pequenas vantagens aos agentes regulados pela lei, sem reduzir sua liberdade de escolha, de modo a tomarem decisões em um sentido presumivelmente melhor para si mesmas e/ou para a sociedade como um todo. O ponto principal é que os *nudges* não são comandos, não se confundem com ordens de polícia, que proíbem ou condicionam uma atividade de forma vinculante, mas sim pequenas mudanças na arquitetura de escolha das pessoas, capazes de, gentilmente, incentivá-las a tomar as decisões consideradas melhores pelos gestores públicos[82].

Um dos principais instrumentos do *nudge* é a arquitetura da escolha (*choice architecture*). A partir do desenho das opções disponíveis, espera-se influenciar as pessoas em uma ou outra direção. A ideia é fazer com que os responsáveis pela estrutura de escolha de outras pessoas tenham em mente que aqueles que decidirão são humanos comuns, com racionalidade limitada e sujeitos aos vieses cognitivos apresentados acima.[83]

Na realidade, a arquitetura de escolha é inevitável. Devemos sempre escolher uma forma de apresentar decisões para os indivíduos, e praticamente não há como fazer um desenho neutro. Essa constatação se liga com a ideia de paternalismo libertário (*libertarian paternalism*), conceito que pode parecer contraditório em si. No entanto,

---

[81] KAHNEMAN, Daniel. **Rápido e Devagar: Duas formas de pensar.** 1ª Edição. Rio de Janeiro: Editora Objetiva, 2012. p. 466-467.
[82] THALER, Richard H.; SUNSTEIN, Cass R. **Nudge**: improving decisions about money, health, and the environment. Final edition. New York: Penguin Books, 2021, p. 6.
[83] Ibidem, p. 85.

a partir da conjunção dessas ideias aparentemente opostas, extraímos a verdadeira essência do que são os *nudges*.[84]

O aspecto libertário tem como pressuposto a liberdade decisória das pessoas. Ou seja, os agentes devem permanecer livres para tomar suas decisões. Trata-se, portanto, de uma estratégia regulatória que preserva a liberdade dos regulados. Por outro lado, o aspecto paternalista se revela na afirmação de que é legítimo aos arquitetos de escolha criar um desenho cujo objetivo seja influenciar o comportamento das pessoas para fazê-las tomar decisões consideradas melhores para suas vidas (em tese vivendo de forma mais feliz, segura e estável). Dessa maneira, o paternalismo libertário deve ser entendido como um tipo fraco, leve e não intrusivo de paternalismo, simplesmente porque não subtrai das pessoas a liberdade de escolha, bem como não cria grandes fardos para decisões fora do padrão considerado melhor pelo arquiteto.[85]

Os *nudges* são especialmente úteis em situações nas quais o mercado se mostra insuficiente para fornecer as melhores opções para nossas vidas. Como quando somos expostos a decisões cujos benefícios são imediatos, mas com custos diferidos no tempo. Isso deve soar muito familiar para quem tenta fazer uma dieta ou quer abandonar um hábito, como o de fumar. Somente somos capazes de perceber o custo do prazer de comer um doce depois do almoço quando não entramos mais em algumas roupas. Por outro lado, se exercitar pode ser tedioso e um fardo para muitas pessoas, mas esse custo de tempo (e energia) produzirá, no futuro, uma vida com uma saúde mais equilibrada[86].

Em ambos os casos, há uma separação cronológica entre os custos e os benefícios das decisões. Nessas situações, um *nudge* pode nos ajudar a tomar decisões mais saudáveis, evitando que prazeres imediatos entrem no caminho de benefícios duradouros (vide os itens 2 e 8 da tabela a seguir).

Outra situação está ligada às decisões tomadas em situações em que, ou não pensamos muito sobre o que estamos decidindo, ou temos dificuldade de compreender adequadamente as opções disponíveis. Podemos citar a doação de órgãos como exemplo do primeiro caso. Não se trata de uma escolha que estejamos, no geral, dispostos a investir muito tempo ponderando, por outro lado, pode influenciar a disponibilidade de órgãos de um sistema de saúde. Já o segundo caso, podemos pensar nos planos de aposentadoria privada. Para leigos, pode ser difícil compreender as nuances de todos os planos disponíveis, por isso ter um pequeno empurrãozinho para a adoção de uma escolha mais adequada pode garantir uma velhice mais segura e despreocupada[87].

A seguir, apresentamos uma tabela com exemplos de algumas aplicações práticas de *nudges*:

---

[84] Ibidem, p 4-6.
[85] Ibidem, p. 5.
[86] Ibidem, p. 75.
[87] Ibidem, p. 78.

***Nudge* em 10 exemplos.**

1. **Alvo:** Em 2009, o aeroporto de Amsterdam, colocou um pequeno adesivo imitando uma mosca nos urinóis. Por algum motivo os homens passaram a mirar na pequena mosca, gerando uma redução de 80% nos respingos.

2. **Coma Vegetais!** Um hortifruti americano colou setas verdes no chão, conduzindo seus clientes às ilhas contendo frutas e vegetais. 9 em 10 compradores seguiam as setas, e a venda de produtos frescos aumentou.

3. **Efeito Chamariz:** Quando se come fora, é comum haver um prato mais caro que qualquer outro no cardápio. O restaurante não espera que você o compre, mas te conduz ao segundo mais caro que, em comparação com o primeiro, será visto como um bom negócio.

4. **Caixona e caixinha:** No Reino Unido, foi elaborado um sistema no qual cada casa recebe dois recipientes para o lixo, um para o comum, outro para o reciclável. No entanto, o recipiente para o lixo reciclável é três vezes maior. Espera-se, com isso, que a limitação por espaço do lixo comum leve as pessoas a reciclarem mais.

5. **Doação de Órgãos:** Países em que as pessoas devem optar pela doação de órgãos possuem, no máximo, 30% da população registrada para doação. Por outro lado, em países onde as pessoas são automaticamente incluídas em cadastros de doação, mas podem pedir sua retirada, apenas entre 10 e 15% se incomodam de solicitar, aumentando em muito a quantidade de doadores.

6. **Pagar para Sair:** Um experimento nas Filipinas forneceu a fumantes uma poupança por seis meses. No final desse período eles fizeram um exame de urina procurando por nicotina. Se o resultado desse negativo, eles receberiam o valor da conta, se positivo o dinheiro seria destinado à caridade.

7. **Efeito Vitrine:** Em algumas escolas, a disposição dos produtos na cantina foi feita para destacar comidas mais saudáveis. Em um experimento para comprovar a eficácia dessa estratégia, percebeu-se que a nova disposição aumentou a venda de produtos saudáveis em 18%.

8. **Diminuindo:** O McDonald's sempre pergunta às pessoas se querem aumentar seu combo, o que se configura em uma tática eficiente. De forma interessante, o oposto também funciona. Um estudo realizado em um restaurante chinês consistia nos garçons perguntarem aos clientes se eles aceitariam reduzir seus acompanhamentos. 33% dos fregueses aceitaram a oferta e economizaram uma média de 200 calorias por refeição.

9. **Sexo vende!:** Um experimento implementado na África do Sul sobre propagandas de empréstimos bancários, produziu campanhas contendo a imagem de uma bela mulher e outras anunciando-os com um desconto de 25% na taxa de juros e descobriu que ambas as estratégias eram eficientes.

10. **Normas Sociais:** No Reino Unido, pessoas passaram a receber cobranças de seus impostos com mensagens como "9 em 10 residentes da sua região estão em dia com seus impostos". Por fazer com que os cobrados se sentissem marginalizados, o pagamento de impostos dessas pessoas foi 15% maior em comparação com quem não recebeu as mesmas mensagens.

Tais exemplos[88] nos mostram a utilidade dos *nudges*, por meio da adoção de pequenas e baratas medidas. Alguns governos podem utilizar esses pequenos incentivos para fomentar comportamentos socialmente mais eficientes por parte dos cidadãos,[89] como já ocorre no Reino Unido, que conta com uma *Nudge Insight Team* (ou *Nudge Unit*), cujo propósito é utilizar as descobertas das ciências comportamentais na implementação de políticas públicas[90]. No Brasil, temos uma iniciativa semelhante na cidade do Rio de Janeiro, com Nudge-Rio, que atua em projetos ligados à arrecadação de impostos, segurança, saúde e educação.[91]

No presente capítulo, buscamos demonstrar como os pressupostos teóricos da economia clássica (como a teoria da escolha racional e da maximização da utilidade), por conseguinte da AED, são questionados por descobertas recentes do campo da psicologia. Não se trata de abandonar tais pressupostos originais, pois ainda guardam muita utilidade para formulação de modelos gerais a respeito do comportamento econômico das pessoas. Devemos, na realidade, aprimorar as teorias tradicionais, conhecendo seus limites.

Entendendo de forma mais abrangente e real o comportamento das pessoas, limitadamente racionais, podemos utilizar diferentes técnicas para conduzir as decisões humanas em uma direção mais benéfica para os indivíduos e para a sociedade como um todo. Nesse sentido, os *nudges* se apresentam como promissora técnica regulatória de microdecisões, cujos efeitos podem reverberar para cenários maiores.

QUESTÕES DE AUTOMONITORAMENTO

1) **Defina o que é a economia comportamental e como ela surge.**

Comentário: Trata-se de uma escola de pensamento econômico recente, surgida especialmente nos Estados Unidos, que leva em conta, na elaboração de seus modelos teóricos, os limites da racionalidade humana. Ela surgiu a partir de experimentos que verificaram como, na prática, a racionalidade humana desvia-se do modelo ideal da *Rational Choice Theory* (teoria da escolha racional) e parte de modelos de análise da psicologia e da sociologia.

2) **A economia comportamental é uma escola de pensamento que deve ser encarada como avessa à AED mais tradicional e à teoria da escolha racional? Por quê? Ou por que não?**

Comentário: Não necessariamente. Embora, de fato, a economia comportamental questione pressupostos relevantes da teoria da escolha racional, ela não se propõe a invalidar a teoria, mas sim a aperfeiçoar e ampliar suas análises. Trata-se, portanto,

---

[88] Exemplos retirados de: https://www.skipprichard.com/10-examples-of-nudge-theory/. Acesso em: 13/02/2019.

[89] Nesse sentido, vide: https://www.anderson.ucla.edu/faculty-and-research/anderson-review/nudge-worth. Acesso em: 13/02/2019.

[90] Website oficial da unidade: https://www.bi.team/ Acesso em: 13/02/2019.

[91] *Site* oficial da *Nudge-Rio*, a primeira iniciativa desse tipo no Brasil, com os respectivos projetos e experimentos controlados: http://prefeitura.rio/web/fjg/exibeconteudo?id=8063117 Acesso em: 13/02/2019.

de uma relação de complementariedade, em que a teoria da escolha racional continua servindo de base para a elaboração de modelos, mas com o refinamento da teoria comportamental.

3) **Tradicionalmente, como a teoria da escolha racional *(Rational Choice Theory)* descreve a racionalidade humana e a lógica de realização de escolhas racionais?**

Comentário: Tal teoria parte do pressuposto de que a racionalidade humana é completa. Isto é, uma pessoa, ao decidir, possui e é capaz de processar todas as informações relevantes para sua tomada de decisão, o que implica o conhecimento de todos os resultados possíveis das decisões e seus respectivos *payoffs*, de forma que o agente sempre irá decidir pelo maior *payoff* (agente maximizador). Quanto à lógica da tomada de decisão, ela seguiria um sentido rígido de coerência, que depende de cinco requisitos: (i) comensurabilidade (*commensurability*): os indivíduos são capazes de medir suas preferências e saber quanto de utilidade sua escolha é capaz de gerar, ou seja, conseguem converter determinado bem ou serviço que pretendem adquirir em utilidade e valores monetários; (ii) transitividade (*transitivity*): capacidade de comparar opções. Como seres racionais, somos capazes de saber quanto cada opção nos gera de utilidade e, com isso, compará-las; (iii) coerência ou invariância (*invariance*): mantemos uma estrutura coerente e previsível de decisão, sempre que tivermos de fazer a mesma escolha, seremos coerentes e decidiremos da mesma forma; (iv) cancelamento (*cancellation*): duas características iguais de uma mesma opção se cancelam entre si, logo não são determinantes para a decisão; e (v) dominância (*dominance*): uma pessoa não escolhe uma opção cujos caracteres são iguais ou piores que outras.

4) **Como Herbert Simon caracteriza o modelo de sujeito racional? De acordo com a sua teoria, quer dizer que as pessoas agem de forma irracional?**

Comentário: Herbert Simon caracteriza o modelo de ator racional a partir de quatro hipóteses. Trata-se de: (i) um agente cujas crenças sobre objetivos e valores são dadas, preestabelecidas, além de impassíveis de mudança pelo tempo ou pela experiência; (ii) tais crenças são internamente coerentes, ou seja, não são logicamente incompatíveis nem contraditórias; (iii) ele é capaz de compreender e descrever objetivamente o mundo, de forma clara e precisa; (iv) tudo isso é articulado por uma capacidade imensa de elaborar e compreender informações para definir suas expectativas, através de um raciocínio probabilístico e dedutivo ilimitado. Essa seria a definição da racionalidade da teoria da escolha racional conforme Herbert Simon. Ele, igualmente, afirma que a racionalidade real humana (racionalidade limitada) apresenta uma discrepância entre a racionalidade humana perfeita, assumida pela teoria econômica clássica e neoclássica, e a realidade do comportamento humano como observado na vida econômica, com os desvios de tal racionalidade. Não significa dizer que as pessoas agem de maneira irracional a todo momento, mas que eventualmente seu comportamento pode desviar do que é esperado pela teoria da escolha racional.

5) **A tese da racionalidade limitada pressupõe que o indivíduo, apesar de capaz de tomar decisões racionais, também é influenciado por fatores externos que diminuem a precisão dessa racionalidade. Nesse sentido, podemos considerar que o desejo de ajudar alguém em necessidade, em detrimento de realizar uma**

mesma atividade para alguém que não necessita, mas por um preço maior, é um desses fatores externos que impedem uma escolha inteiramente reacional?

Comentário: Há duas formas de se abordar essa questão. A primeira delas é que, de acordo com a teoria da escolha racional, em suas versões mais estritas, na medida em que as pessoas são apenas autointeressadas e amorais, a princípio seria irracional atuar de forma a maximizar interesses de terceiros, sem ter algum benefício. Todavia, é possível considerar tal ação como racional ao se incluir na utilidade do agente o bem-estar gerado para terceiros. Dito de outra forma, se, ao ajudar alguém, a pessoa gera utilidade para si mesma, sua ação continuará racional.

6) A racionalidade preza sempre pela escolha financeira que gerará o maior acúmulo de dinheiro? A escolha racional é uma escolha intrinsecamente egoísta?

Comentário: Não necessariamente. É possível pensar em modelos que avaliam a utilidade de forma diferente, embora, em última análise, seja possível converter sempre em unidades monetárias. Por exemplo, pode ser que um sujeito muito rico valorize ganhar mais tempo a custo de dinheiro, nesse caso, ele usaria sua fortuna para ter mais tempo livre para si. Em tese, ele poderia usar esse tempo para ganhar mais dinheiro, mas prefere gastar dinheiro para ganhar tempo, porque ele valoriza mais ter tempo livre. Significa dizer, portanto, que, não necessariamente, é uma escolha intrinsecamente egoísta, de modo que é possível que se extraia utilidade do bem-estar alheio, como alguém que presenteia outra pessoa, que se sente bem pelo ato de doar.

7) Cite possíveis exemplos de como o Direito pode atuar para mitigar os efeitos da racionalidade limitada.

Comentário: Por meio da criação de *nudges*, promovendo a utilização de *defaults* benéficos para as pessoas, por exemplo, entrar em determinado regime de aposentadoria sem precisar se inscrever, mas com a possibilidade de se desligar dessa opção; ainda, facilitando o acesso a alimentos saudáveis enquanto se dificulta o acesso aos alimentos menos saudáveis, sem impedir que a pessoa tenha opções.

8) De acordo com o livro *Rápido e Devagar*, como podemos explicar as escolhas feitas de maneira irracional pelo indivíduo?

Comentário: A principal fonte das decisões que desviam do modelo da racionalidade limitada são os vieses cognitivos que decorrem, em boa medida, de conflitos entre os sistemas 1 e 2 de pensamento.

9) Quais os principais vieses que podem afetar uma escolha racional?

Comentário: Viés da representatividade; viés da disponibilidade; viés do excesso de confiança; viés confirmatório (ou do autosserviço); viés da análise retrospectiva (*hindsight bias*); viés da ancoragem (ou ajustamento); efeito moldura (*framming effect*); efeito dotação (*endowment effect*); viés do *status quo*.

10) Pesquise e cite exemplos, diferentes daqueles apresentados no livro, em que há a aplicação de conhecimento de economia comportamental para a formulação de

políticas públicas. Destaque, ainda, qual órgão ou entidade é responsável pela elaboração de tais políticas.

Comentário: Resposta aberta para pesquisa do aluno. Ao final do capítulo sobre economia comportamental, listamos alguns exemplos de políticas públicas que usam *nudges* para sua elaboração.

Capítulo VII
DIREITO E ECONOMIA DA PROPRIEDADE[1]

Uma parte relevante da AED dedica-se ao estudo do sistema de atribuição de direitos de propriedade sobre bens específicos. Nesse sentido, busca compreender como a distribuição e troca de direitos de propriedade pode levar, ou não, a uma alocação mais ou menos eficiente de recursos através do mercado[2].

Em relação ao conceito jurídico de propriedade, pode-se entendê-la como um conjunto de direitos que estabelece o que os indivíduos podem ou não fazer com os recursos que possuem[3]. Caio Mário da Silva Pereira define-a nos seguintes termos: "a propriedade é o direito de usar, gozar e dispor da coisa, e reivindicá-la de quem injustamente a detenha"[4]. No *caput* do artigo 1.228 do Código Civil brasileiro, está expressamente previsto texto semelhante, que diz: "o proprietário tem a faculdade de usar, gozar e dispor da coisa, e o direito de reavê-la do poder de quem quer que injustamente a possua ou detenha".

Clóvis Beviláqua conceituava a propriedade como sendo o poder assegurado pela sociedade quanto à utilização dos bens da vida física e moral. Outro autor clássico[5] restringia-a aos bens corpóreos, o que não mais subsiste atualmente[6]. Evidentemente,

---

[1] Parte das ideias contidas nesse texto foram publicadas em outro formato, no ano de 2018, em periódico da área: PORTO, Antônio José Maristrello; FRANCO, Paulo Fernando. Por uma análise também econômica da responsabilidade civil do cadastro positivo: abordagem crítica do art. 16 da Lei nº 12.414/11. **Revista de Direito do Consumidor**, v. 27, p. 247-271, 2018. Posteriormente o mesmo trabalho foi incluído em uma coletânea: LEAL, Fernando (Org.). **Direito Privado Em Perspectiva**. Rio de Janeiro: Malheiros, 2016. p. 11-46.

[2] Cumpre esclarecer que, ao utilizarmos o vocábulo "eficiência" e suas derivações, queremos nos referir à pretensão de que se otimizem quaisquer medidas de valor. É dizer, dentre as tantas opções possíveis, enxergamos a eficiência como a vocação para, diante da escassez de recursos, selecionar o meio que consiga satisfazer o maior número de interesses, isto é, que coincida com o bem-estar social que, pensamos, é buscado pela economia e, pois, pela Análise Econômica do Direito.

[3] ULEN, Thomas; COOTER, Robert. **Direito & Economia**. Porto Alegre: Bookman, 5ª Ed., 2010, p. 92.

[4] PEREIRA, Caio Mário da Silva. **Instituições de direito civil**. 9. ed. Rio de Janeiro: Forense, 1992, v. IV, p. 72.

[5] PEREIRA, Lafayette Rodrigues. **Direito das Coisas**. Rio de Janeiro: Freitas Bastos, 1956.

[6] Consideremos, por exemplo, os direitos relativos à propriedade intelectual. A convenção da Organização Mundial da Propriedade Intelectual (OMPI) define como propriedade intelectual, em seu art. 2º, "a soma dos direitos relativos às obras literárias, artísticas e científicas, às interpretações dos artistas intérpretes e às execuções dos artistas executantes, aos fonogramas e às emissões de radiodifusão, às invenções em todos os domínios da atividade humana, às descobertas científicas, aos desenhos e modelos industriais, às marcas industriais, comerciais e de serviço, bem como às

tal conceito era informado por uma concepção patrimonialista, que foi sendo mitigada pelo processo de constitucionalização do Direito Civil e que acabou por atribuir uma função social ao direito de propriedade[7]. Assim, o mais "completo" e "absoluto" entre todos os direitos[8], no entanto, veio sofrendo uma releitura gradual.

A doutrina civilista moderna vem conferindo um conteúdo social ao direito de propriedade. A Constituição Federal, no art. 5º (incisos XXII a XXXI), trata do tema em sentido amplo, aqui contemplado como direito de sucessão, direito autoral e o direito de propriedade imaterial, entre outros[9]. Com isso, a Carta de 1988 rompeu com os antigos vetores considerados patriarcais e individualistas e, democraticamente, não hesitou em afirmar a vontade constitucional de assegurar a inviolabilidade do direito *à* propriedade[10] e a garantia do direito *de* propriedade[11] como princípio fundante da ordem econômica[12]. E, ao evidenciar seu perfil notadamente compromissório, vinculou a posição jurídica proprietária ao atendimento de sua função social[13] que, a seu turno, é também princípio geral da atividade econômica[14].

O *status* constitucional do direito de propriedade é tão relevante e ganhou tanta importância no sistema brasileiro, a ponto de, em determinadas hipóteses,

---

firmas comerciais e denominações comercias, à proteção contra a concorrência desleal e todos os outros direitos inerentes à atividade intelectual nos domínios industrial, científico, literário e artístico".

[7] "A propriedade, portanto, não seria mais aquela atribuição de poder tendencialmente plena, cujos confins são definidos externamente, ou, de qualquer modo, em caráter predominantemente negativo, de tal modo que, até uma certa demarcação, o proprietário tenha espaço livre para suas atividades e para emanação de sua senhoria sobre o bem. A determinação do conteúdo da propriedade, ao contrário, dependerá de certos interesses extrapatrimoniais, os quais vão ser regulados no âmbito da relação jurídica de propriedade". TEPEDINO, Gustavo. Contornos da propriedade privada. **Temas de Direito Civil**. 3 ed. Rio de Janeiro: Renovar, 2004.

[8] PEREIRA, Lafayette Rodrigues. **Direito das coisas**. v. I, 5 ed. Rio de Janeiro: Freitas Bastos, 1943, p. 24.

[9] Nesse sentido, "o conceito constitucional de proteção ao direito de propriedade transcende à concepção privatística estrita, abarcando outros valores de índole patrimonial. (...). Essa orientação permite que se confira proteção constitucional não só à propriedade privada em sentido estrito, mas fundamentalmente às demais relações de índole patrimonial. Vê se que esse conceito constitucional de propriedade contempla as hipotecas, penhores, depósitos bancários, pretensões salariais, ações, participa societárias, direitos de patente e de marcas etc." MENDES, Gilmar; COELHO, Inocêncio Mártires; BRANCO, Paulo Gustavo Gonet. **Curso de Direito Constitucional**. São Paulo: Saraiva, 2008.

[10] Art. 5º, caput, CRFB. Todos são iguais perante a lei, sem distinção de qualquer natureza, garantindo-se aos brasileiros e aos estrangeiros residentes no País a inviolabilidade do direito à vida, à liberdade, à igualdade, à segurança e à propriedade, nos termos seguintes.

[11] Art. 5º, XXII, CRFB. Todos são iguais perante a lei [...]: XXII – é garantido o direito de propriedade.

[12] Art. 170, II, CRFB. A ordem econômica, fundada na valorização do trabalho humano e na livre iniciativa, tem por fim assegurar a todos existência digna, conforme os ditames da justiça social, observados os seguintes princípios: [...] II – propriedade privada.

[13] Art. 5º, XXIII, CRFB. Todos são iguais perante a lei [...]: XXIII – a propriedade atenderá a sua função social.

[14] Art. 170, III, CRFB. A ordem econômica [...] observados os seguintes princípios: [...] III – função social da propriedade.

garantir *posição preferencial* frente a circunstâncias econômicas, como, por exemplo, a imunização da pequena propriedade rural[15]. O mesmo podemos dizer em relação ao favorecimento de determinadas espécies de propriedade, como, por exemplo, o abrandamento da regulação do Estado sobre médias e pequenas propriedades rurais que se mantenham produtivas, que, se mantiverem estas condições, serão insuscetíveis de desapropriação[16]. No mesmo sentido, se deu a criação de direitos de propriedade previstos nos arts. 183[17] e 191[18], ambos da CRFB.

Esta característica dos direitos de propriedade reflete, segundo alguns autores, uma *"tendência nitidamente intervencionista e solidarista"*[19] contemporânea. Nesse sentido, determina que, por exemplo, se cumpra sua função socioeconômico-ambiental ou, de modo drástico, o Estado poderá nela intervir. Também poderá assim agir, ao identificar a utilização da posição jurídica de proprietário com o intento deliberado de prejudicar terceiros[20]. Todos esses dispositivos legais que citamos funcionam como restrições ao direito de propriedade.

Desse modo, o conteúdo jurídico do direito de propriedade passou a se traduzir, a nosso ver, no que chamamos de poder-dever, devendo ser submetido ao regramento constitucional que formata a noção contemporânea de propriedade. O referido direito encontra-se, portanto, juridicamente limitado à satisfação das finalidades econômicas e sociais, com vistas a que se preserve também o meio ambiente[21]. Por isso, sem deixar

---

[15] Art. 5º, XXVI, CRFB. Todos são iguais perante a lei [...] XXVI – a pequena propriedade rural, assim definida em lei, desde que trabalhada pela família, não será objeto de penhora para pagamento de débitos decorrentes de sua atividade produtiva, dispondo a lei sobre os meios de financiar o seu desenvolvimento.

[16] Art. 185, CRFB. "São insuscetíveis de desapropriação para fins de reforma agrária: I – a pequena e média propriedade rural, assim definida em lei, desde que seu proprietário não possua outra; II – a propriedade produtiva. Parágrafo único. A lei garantirá tratamento especial à propriedade produtiva e fixará normas para o cumprimento dos requisitos relativos à sua função social". Sendo certo que, convém esclarecer, a desapropriação pode ocorrer por necessidade ou utilidade pública ou, ainda, por interesse social.

[17] Art. 183, CRFB. Aquele que possuir como sua área urbana de até duzentos e cinquenta metros quadrados, por cinco anos, ininterruptamente e sem oposição, utilizando-a para sua moradia ou de sua família, adquirir-lhe-á o domínio, desde que não seja proprietário de outro imóvel urbano ou rural. [...] § 2º Esse direito não será reconhecido ao mesmo possuidor mais de uma vez.

[18] Art. 191, CRFB. Aquele que, não sendo proprietário de imóvel rural ou urbano, possua como seu, por cinco anos ininterruptos, sem oposição, área de terra, em zona rural, não superior a cinquenta hectares, tornando-a produtiva por seu trabalho ou de sua família, tendo nela sua moradia, adquirir-lhe-á a propriedade.

[19] TEPEDINO, Gustavo. **Contornos Constitucionais da Propriedade Privada**. Rio de Janeiro: Renovar, 2004, p. 304.

[20] Art. 1.228, CC. O proprietário tem a faculdade de usar, gozar e dispor da coisa, e o direito de reavê-la do poder de quem quer que injustamente a possua ou detenha. [...] § 2º São defesos os atos que não trazem ao proprietário qualquer comodidade, ou utilidade, e sejam animados pela intenção de prejudicar outrem.

[21] Art. 1.228, § 1º, CC. O proprietário tem a faculdade de usar, gozar e dispor da coisa, e o direito de reavê-la do poder de quem quer que injustamente a possua ou detenha. § 1º. O direito de propriedade deve ser exercido em consonância com as suas finalidades econômicas e sociais e de modo que sejam preservados, de conformidade com o estabelecido em lei especial, a flora, a

de ser *privada*[22], a propriedade passa a ser avaliada em conformidade com o interesse *público*[23] e, mais do que isto, com a sua utilidade econômica.

Já a teoria econômica do direito de propriedade, a seu turno, busca prever os efeitos das normas relacionadas ao direito de propriedade, especialmente do ponto de vista da eficiência e, quando possível, da distribuição. A partir desta compreensão, a teoria econômica propõe e reivindica a criação de um sistema de direitos de propriedade que seja claro, capaz de impulsionar as trocas voluntárias e assegurar que os referidos direitos sejam atribuídos àqueles que os valorizam mais, ou seja, àqueles que mais os desejam e têm capacidade de pagamento. A ideia central é, portanto, compreender como a definição dos direitos de propriedade afeta o comportamento dos agentes econômicos.

Em sua obra "*The Economic Analysis of Law*"[24], Posner explica o que entende pela valorização dos direitos de propriedade. Imaginemos que, em um contexto em que tais direitos não estão claramente definidos – e, por isso, inexistem mecanismos de salvaguarda deles – um determinado fazendeiro decide cultivar milhos. Para tanto, investe em instrumentos de estímulo à produtividade e defesa da produção, adubando-a e protegendo-a com espantalhos. Ocorre que, tão logo os milhos se apresentem aptos para serem colhidos, seu vizinho os retira, sem a anuência do proprietário, e utiliza o cultivo em seu próprio benefício. Nesta hipótese, o fazendeiro que custeou a produção, visando à obtenção de lucro posterior e que não pôde usufruir de sua colheita, nada poderá fazer – juridicamente – em razão da ausência de medidas capazes de defender seus direitos de propriedade. Este produtor, então, não encontrará estímulos que justifiquem o empreendimento de esforços para conservar sua propriedade. A ausência de recompensas razoáveis teria como consequência, aponta Posner, o abandono da atividade de cultivo da terra[25] e a transição da sociedade produtora para a sociedade incorporadora de métodos de mera subsistência, como a caça[26], por exemplo, que demandariam menores custos de preparação[27].Uma das consequências que podem ser extraídas da distinção realizada acima é a seguinte: quando não existe a função jurídica,

---

fauna, as belezas naturais, o equilíbrio ecológico e o patrimônio histórico e artístico, bem como evitada a poluição do ar e das águas.

[22] Art. 1.231, CC. A propriedade presume-se plena e exclusiva, até prova em contrário.

[23] Art. 1.228, § 3º, CC. O proprietário tem a faculdade de usar, gozar e dispor da coisa, e o direito de reavê-la do poder de quem quer que injustamente a possua ou detenha. [...] § 3º O proprietário pode ser privado da coisa, nos casos de desapropriação, por necessidade ou utilidade pública ou interesse social, bem como no de requisição, em caso de perigo público iminente.

[24] POSNER, Richard A. **The Economic Analysis of Law**. 6ª ed. New York: Aspen Publishers, 2003. No mesmo sentido, STEPHEN, Frank H. **Teoria econômica do direito**. São Paulo: Makron Books, 1993, p. 11-12.

[25] O fazendeiro também poderia investir em proteção contra o vizinho, mas isso também geraria ineficiências, vez que estaria desperdiçando seu tempo de cultivo com a construção de proteções.

[26] "Na ausência de direitos de propriedade bem definidos, o destino dos recursos seria determinado na base do 'chegou primeiro é servido primeiro' (ou, melhor, o direito está baseado no poder). [...] sem meios para fazer valer os direitos de propriedade, um agricultor poderia se deparar com o gado de outra pessoa solto em seu campo, comendo sua colheita; uma terceira pessoa poderia matar esse gado para obter alimento [...]. O caos". STEPHEN, Frank H. **Teoria econômica do direito**. São Paulo: Makron Books, 1993, p. 12.

[27] POSNER, Richard. A. **Economic Analysis of Law**. Parte I. Cap. I. New York: Aspen Publishers, 2007, p. 40.

a função econômica é limitada. Nesse sentido, é possível afirmar que a função jurídica amplifica a função econômica.

Yoram Barzel, distingue dois significados da expressão "direitos de propriedade" encontrados na literatura econômica. Por um lado, essa expressão pode designar a habilidade de usufruir da propriedade; por outro, é aquilo que o Estado atribui a um indivíduo[28]. Com base nessa distinção, pode-se afirmar que a habilidade de usufruir da propriedade corresponde à sua função econômica, enquanto o direito atribuído pelo Estado constitui sua função jurídica.

Os Direitos Econômicos de Propriedade constituem o seu fim almejado pelos indivíduos, enquanto os Direitos Legais de Propriedade são o meio jurídico para que se alcance este fim. Os Direitos legais desempenham uma função de suporte muito proeminente, na medida em que são mais fáceis de serem analisados do que os Direitos Econômicos de Propriedade.[29]

Assim, em diálogo com o que foi teorizado por Barzel, podemos separar os Direitos sobre a propriedade entre Legais e Econômicos. Os primeiros são aqueles reconhecidos e assegurados, em parte, pelo Estado. Eles dão suporte aos Direitos Econômicos de Propriedade, embora não sejam necessários, nem suficientes, para a existência dos segundos. Uma das principais funções dos primeiros é fornecer meios para execução e adjudicação da propriedade. Na ausência dessas garantias, os direitos podem até ter valor econômico, mas os ativos e sua troca devem ser autoexecutáveis.

Pode-se afirmar, nesse sentido, que enquanto a possibilidade de desfrutar dos direitos de propriedade corresponderia à sua função econômica, a atribuição estatal destes direitos remeteria à sua função jurídica[30]. Sob o risco de completo esvaziamento, a inexistência da função jurídica limitaria sua função econômica. Assim, a função jurídica dos direitos de propriedade amplifica a função econômica da propriedade. O autor, para exemplificar, cita o exemplo dos posseiros e dos proprietários.[31] Os primeiros têm menos segurança quanto aos seus direitos, em razão de não receberem proteção política sobre o bem, e não somente devido à ausência de uma escritura.[32] Nesse cenário, os *posseiros* de terras rurais, por não contarem com os *direitos legais sobre a propriedade*, têm sobre ela *direitos econômicos*[33] enfraquecidos. Significa, então, que os direitos legais, embora

---

[28] BARZEL, Yoram. **Economic analysis of property rights. New** York: Cambridge University Press, Second Edition, 1997, p. 3.
[29] Ibidem.
[30] Ibidem.
[31] Segundo o Código Civil brasileiro, em seu art. 1.196, "considera-se possuidor todo aquele que tem de fato o exercício, pleno ou não, de algum dos poderes inerentes à propriedade". Ter a posse, portanto, não é o mesmo que deter a propriedade. Nesse sentido, no caso dos aluguéis de imóvel, o proprietário é o "locador", dono do bem imóvel. Ao passo que o "locatário" é aquele que tem a sua posse e pode, por isso, dela fazer uso. Nesse caso, a posse é legítima e se dá por meio de contrato. No caso das ocupações de terras rurais pelos movimentos sociais, por exemplo, é ilegal.
[32] BARZEL, Yoram. **Economic analysis of property rights**. New York: Cambridge University Press, Second Edition, 1997, p. 4.
[33] Estes consistem na possibilidade de um indivíduo, em termos de expectativa, consumir o bem diretamente ou por meio de trocas, ou seja, de efetivamente dar uma função econômica, transacional ao direito de propriedade. *Cf.* BARZEL, Yoram. **Economic analysis of property rights**. New York: Cambridge University Press, Second Edition, 1997, 1997, p. 3.

dispensáveis para a existência dos direitos econômicos, garantem a sua estabilidade: isso porque, a insegurança dos posseiros não decorre apenas da ausência de registro de posse, no caso de ocupantes de terras rurais, mas também da impossibilidade de acionarem a salvaguarda policial[34] em caso de remoções, por exemplo. O direito está contra eles. No entanto, merece destaque o fato de que apesar de os *direitos legais proprietários* criarem e amplificarem os *direitos econômicos de propriedade*, os segundos podem existir sem os primeiros[35].

Dessa forma, Barzel também define os Direitos Econômicos de Propriedade. Para ele, os direitos que um indivíduo tem sobre um bem consistem na possibilidade e na capacidade, em termos de expectativa, de consumi-lo diretamente ou por meio de trocas, ou seja, de efetivamente dar uma função econômica, transacional, ao direito legal de propriedade[36]. No entanto, comumente essas trocas estão sujeitas ao cumprimento de cláusulas estabelecidas não apenas pelos contratantes, mas também pelo ordenamento jurídico. Se algumas vezes o Direito contribui para a sua eficiência, há situações em que a interferência jurídica acaba por reduzi-la[37], sendo preferível não alterar as cláusulas estipuladas pela livre iniciativa dos próprios negociantes. É preciso, pois, compatibilizar Direito e Economia.

7.1 TEOREMA DE COASE

A teoria dos jogos de barganha serviu como base para a elaboração de uma teoria econômica da propriedade e do direito de propriedade. Quando os indivíduos realizam uma negociação, eles chegam a um acordo em relação às condições de interação e de cooperação. Em algumas situações, essas condições são uma imposição exterior, como aquelas estabelecidas pelo Direito. Elas são, muitas vezes, menos eficientes, se comparadas com as que decorrem de acordos espontaneamente celebrados pelos próprios indivíduos[38].

Coase elaborou seu teorema a partir da análise de alguns casos emblemáticos na jurisprudência norte-americana e inglesa, também discutidos por outro economista, Arthur Pigou. O autor apresenta duas premissas básicas para chegar a uma alocação eficiente de recursos em casos de negócios sobre a propriedade, quais sejam: definição clara sobre o direito de propriedade e ausência de custos de transação[39] entre os agen-

---

[34] A delimitação dos direitos de propriedade, portanto, desempenha dupla função, pelo que, a um só tempo, exorta a manutenção da produtividade e desestimula a turbação e o esbulho daqueles, donde se conclui que, quão maior e precisa a delimitação promovida, menor será o custo de defesa – que ficará a cargo, se e quando necessário, do Estado e da jurisdição – que repercutirá na eficiência produtiva.

[35] É possível, no entanto, que a incorporação de paradigmas advindos das instâncias jurídicas tenha o condão de estimular a eficiência econômica dos direitos de propriedade. Tratar-se-á doravante desta perspectiva quando da análise dos Teoremas Normativos de Coase e de Hobbes.

[36] Ibidem, p. 3.

[37] ULEN, Thomas; COOTER, Robert. **Direito & Economia**. Porto Alegre: Bookman, 5ª Ed., 2010, p. 99.

[38] Ibidem.

[39] Fazemos uma distinção importante entre custos *de* transação e custos *da* transação. Um salário é um custo da transação (laboral) mas não é um custo de transação (é, pois, uma remuneração).

tes[40]. Destacamos que o sentido do termo "direitos de propriedade" a que se refere o Teorema de Coase não é o mesmo que o usualmente adotado pelo campo do direito. Isso porque o teorema não se refere aos "direitos reais". Consideramos, portanto que a tradução correta do termo *property rights* da teoria de Coase, refere-se a *entilements*, isto é, direitos e não *property rights in rem* que, esse sim, seria o "direito de propriedade".

Com base nessa ideia, Cooter e Ulen formularam uma regra que estabelece a relação entre a necessidade da existência dos direitos de propriedade e o êxito da barganha. Em primeiro lugar, os autores afirmam que o Direito é desnecessário e indesejável para a descoberta de uma solução eficiente, quando a barganha é bem-sucedida. Em segundo lugar, o Direito é necessário e desejável, quando a barganha falha.[41] Essa formulação surge como ponto de partida para o estudo do Teorema de Coase.

O referido teorema foi publicado por Ronald H. Coase, em artigo intitulado *The Problem of Social Cost*, em 1960. Segundo ele, em muitos casos de responsabilização, o dano não é causado apenas por uma parte, mas uma delas será obrigada a arcar com o prejuízo. Coase argumenta que, na verdade, a maior parte das situações de dano acabam pressupondo relações bilaterais: as escolhas das duas partes contribuem de alguma forma para a ocorrência do dano, ainda que uma delas possa ter um papel mais ativo. Nesse sentido, Coase propõe que a externalidade não deveria ser internalizada, necessariamente, por quem a causou, mas sim pela parte que a absorver com menor custo. Para melhor compreender o Teorema de Coase, imaginemos a existência de um conflito entre dois indivíduos que envolva a depredação da propriedade de um por uma conduta do outro. Esboçada a hipótese, devemos analisar o conflito por duas perspectivas, uma jurídica e, outra, econômica. Do ponto de vista jurídico, faz-se necessário investigar se a depredação é legitimada pelo ordenamento jurídico e, concomitantemente, se a parte lesada pode se defender juridicamente da agressão. Por um critério material de justiça, o responsável pelo ato ilícito deve, inexistindo excludentes para sua responsabilização, indenizar a parte que suportou os prejuízos, ou interromper as interferências indevidas. Em relação ao aspecto econômico, porém, essa solução não é necessariamente a mais indicada.

Do ponto de vista econômico, para fins de eficiência, o que se impõe ao caso concreto corresponderá àquilo que promova a alocação eficiente do direito de propriedade. Pode ser que aquele que sofreu o dano esteja na melhor posição para arcar com ele, ou seja, a um custo mais baixo, consiga absorvê-lo[42]. Do ponto de vista social, considerando que tentamos maximizar a riqueza total, não interessa quem gera e quem sofre o dano, mas sim quem consegue absorvê-lo a um custo mais baixo, permitindo que o resultado seja o maior bem-estar social possível.

    Uma comissão bancaria é um custo da transação (bancária) mas não é um custo de transação (é na verdade uma transferência do depositante para o banco). O tempo no engarrafamento e no trânsito não é um custo da transação (não há nenhuma transação nesse caso) mas sim um custo de transação (derivado da coordenação de comportamento dos motoristas de automóveis).

[40] COASE, Ronald H. The problem of social cost. **The Journal of Law and Economics**, v. 3, 1960.
[41] ULEN, Thomas; COOTER, Robert. **Direito & Economia**. Porto Alegre: Bookman, 5ª Ed., 2010, p. 99.
[42] Posner trata situações similares a esta e nomeia aquele que absorve o dano a um menor custo como *"the least cost avoider"*.

Em sua teoria, Coase empregou a expressão "custos de transação" para se referir aos distintos impedimentos à negociação. Ela será necessariamente exitosa quando os custos de transação são iguais a zero[43]. De acordo com o Teorema de Coase, quando tais custos são suficientemente baixos, os recursos serão usados eficientemente, não importando a distribuição inicial dos direitos de propriedade[44]. De forma resumida, o Teorema de Coase, quando aplicado para resolver disputas sobre os direitos de propriedade, tem a seguinte implicação: quando os custos das transações são baixos, as partes em disputa estão na melhor posição para resolver eficientemente a questão, sem a participação do Direito e do Estado.[45]

Entretanto, uma implicação importante do Teorema de Coase se dá quando há custos de transação elevados. Se, em circunstâncias específicas, o direito de propriedade não é necessário para o uso eficiente de recursos, casos de custos de transação baixos, há outras nas quais existem custos de transação elevados. Nessas situações, o Teorema de Coase aponta para a importância do direito de propriedade. Assim, o uso eficiente dependerá da alocação inicial dos direitos de propriedade, ou seja, tais direitos devem ser alocados àquele que mais os valoriza.[46] Nesse sentido, quando os custos das transações são elevados, a intervenção do sistema legal é recomendada para a alocação eficiente do direito de propriedade.

A temática dos custos de transação incorpora, ainda, as externalidades, já citadas em capítulo anterior, que, podendo apresentar-se como negativas ou positivas, impactarão os direitos de propriedade[47]. Como esclarece Mankiw, externalidade é, por assim dizer, o impacto que as condutas de uma pessoa pode ter sobre o bem-estar de outras, que não participaram da negociação. Assim, será positiva ou negativa a externalidade se, respectivamente, representar impacto favorável ou adverso nas ações dos negociantes[48]. As externalidades, compreendidas como elementos exógenos aos direitos de propriedade, podem ser mais facilmente verificadas a partir da percepção de eventos que, embora corriqueiros, mostram sua importância[49]. Barulho, poluição e repercussões de direitos de vizinhança são exemplos comumente trazidos pela doutrina de AED.

---

[43] Posteriormente, Coase entendeu que a existência de custos de transação iguais a zero é impossível. No entanto, mantém-se a teoria, entendendo-se que quanto mais próximo de zero forem os custos de transação, mas eficiente é a barganha.

[44] No mesmo sentido, POLINSKY, A. Michell. Economic Analysis as a Potentially Defective Product. Cambridge: **Harvard Law Review**. v. 87, p. 1655-1681, 1973.

[45] ULEN, Thomas; COOTER, Robert. **Direito & Economia.** Porto Alegre: Bookman, 5ª Ed., 2010, p. 103; CALABRESI, Guido. Transaction Costs, Resource Allocation and Liability Rules. **Journal of Law and Economics**, 1968, p. 67-73.

[46] ULEN, Thomas; COOTER, Robert. **Direito & Economia**. Porto Alegre: Bookman, 5ª Ed., 2010, p. 103.

[47] Tudo que de algum modo interfira nos proveitos e custos negociais – e, no nosso ver, não provenha das mãos invisíveis dos preços do mercado – configurará externalidade.

[48] MANKIW, N. Gregory. **Introdução à economia: princípios de micro e macroeconomia**. Rio de Janeiro: Campus, 2001, p. 208.

[49] Neste ponto, precisamos destacar a presença de elevados custos de informação, *i.e.*, a dificuldade de mensuração, por terceiros não participantes da relação negocial, das externalidades, como é o caso das decisões judiciais que visam aplicar mecanismos de defesa dos direitos de propriedade.

A esse respeito, Steven Shavell destaca parâmetros de resolução das externalidades supracitadas. Afirma Shavell que a eliminação de constrangimentos aos direitos de propriedade pode ser socialmente desejável quando os custos da remoção de tais interferências forem menores que os prejuízos por elas ocasionados[50]. No que toca à poluição, por exemplo, do ponto de vista econômico, será socialmente vantajoso reduzir a emissão de poluentes se o custo correspondente para fazê-lo se mostrar menor do que o dano produzido pela poluição. O referido autor aponta que caso os custos de solução para as externalidades superem os proveitos gerados por sua eliminação, as externalidades deveriam continuar existindo[51].

Em resumo, a primeira versão do Teorema de Coase pode ser apresentada nos seguintes termos:

> *Quando os custos de transação são nulos, um uso eficiente dos recursos resulta da negociação privada, independentemente da atribuição jurídica de direitos de propriedade.*[52]

Entretanto, também existem algumas variações nas interpretações do Teorema de Coase, que merecem ser destacadas. Uma delas, proposta por Calabresi pode ser expressa da seguinte forma:

> *Se alguém assumir racionalidade, sem custos de transação e barganha, sem impedimento legal, todo desdobramento de recursos no mercado seria completamente sanado pelas barganhas.*[53]

A segunda variação do Teorema de Coase pode ser explicitada como segue:

> *Se os custos de transação são zero, a estrutura jurídica não importará, porque todos os casos resultarão em eficiência.*[54]

As referências ao Teorema de Coase contêm duas ideias principais sobre os resultados. A primeira é que, quando os custos de transação são iguais ou próximos a zero, independentemente de como os direitos são atribuídos inicialmente, o resultado da alocação de recursos será eficiente. Esta proposição – "a hipótese da eficiência" – está refletida em todas as menções ao Teorema de Coase. A segunda ideia, que não aparece em todas as versões do Teorema, é que a alocação final de recursos será invariável, face às atribuições alternativas dos direitos. Esta é a "hipótese da invariabilidade".

Os debates sobre a exatidão do Teorema de Coase, e/ou seu formato apropriado, giraram sobre estas duas hipóteses. Alguns autores, como Calabresi, Polinsky, e

---

[50] SHAVELL, Steven. **Foundations of Economic Analysis of Law**. Cambridge: 2004.
[51] Ibidem.
[52] ULEN, Thomas; COOTER, Robert. **Direito & Economia**. Porto Alegre: Bookman, 5ª Ed., 2010, p. 102.
[53] CALABRESI, Guido. Transaction Costs, Resource Allocation and Liability Rules. **Journal of Law and Economics**, 1968, p. 67-73.
[54] POLINSKY, A. Michell. Economic Analysis as a Potentially Defective Product. Cambridge: **Harvard Law Review**. v. 87, p. 1655-1681, 1973.

Cooter e Ulen, em suas versões do teorema, tratam apenas da hipótese da eficiência. Outros, a seu turno, tentam agrupar as duas hipóteses (eficiência e invariabilidade). Trataremos aqui apenas da versão "fraca" do teorema, isto é, aquela que traz apenas a hipótese da eficiência. Em nosso entendimento, não se trata de afetar a eficiência, mas sim a equidade. Aquele que tiver mais direitos iniciais terminará numa melhor posição depois da negociação. O Teorema de Coase, a seu turno, trata apenas da dimensão do todo, não de sua distribuição. A invariabilidade refere-se ao tamanho, não às quotas de cada parte.

7.2 OS CUSTOS DE TRANSAÇÃO, TEOREMA NORMATIVO DE COASE E TEOREMA NORMATIVO DE HOBBES

Os custos de transação são aqueles envolvidos em um negócio, seja de bens, serviços ou direitos. Uma transação pode ser desmembrada em três estágios. O primeiro é a localização de um parceiro que queira negociar. O segundo é o desenvolvimento e a conclusão da negociação entre eles, que pode incluir a redação de um acordo. Depois disso, como terceiro estágio, é necessário fazer com que a negociação seja cumprida, o que implica o monitoramento do desempenho das partes e a punição de violações ao acordo. Assim, sinteticamente, os elementos do custo de transação podem ser divididos em custos de busca, custos de negociação e custos de execução[55].

Os níveis dos custos de transação podem determinar a regra legal a ser adotada. O Teorema de Coase dispõe que o uso eficiente dos recursos independe dos direitos de propriedade em situações nas quais os custos de transação sejam nulos[56-57]. Daí decorre que a existência de direitos de propriedade pode ser fundamental, se os custos de transação não forem nulos[58].

É importante lembrar que as partes envolvidas em uma demanda sobre direitos de propriedade estão na melhor posição para avaliar o bem em disputa. Assim, é preferível a negociação entre elas, pois assegurará que os direitos fiquem nas mãos da parte que os valoriza mais.

O Teorema Normativo de Coase ainda vai além do aspecto mencionado acima. Isso porque, a premissa assumida até o presente momento era a de que os custos de transação seriam exógenos ao sistema jurídico, sendo determinados por situações de negociação que estão fora do âmbito do direito. Entretanto, pode-se considerar que alguns desses custos são endógenos ao sistema jurídico, no sentido de que as normas legais podem reduzir ou amplificar os obstáculos às negociações privadas. Desse

---

[55] ULEN, Thomas; COOTER, Robert. **Direito & Economia.** Porto Alegre: Bookman, 5ª Ed., 2010, p. 105.
[56] CALABRESI, Guido. Transaction Costs, Resource Allocation and Liability Rules. **Journal of Law and Economics**, 1968, p. 67-73.
[57] POLINSKY, A. Michell. Economic Analysis as a Potentially Defective Product. Cambridge: **Harvard Law Review**. v. 87, p. 1655-1681, 1973.
[58] ULEN, Thomas; COOTER, Robert. **Direito & Economia**. Porto Alegre: Bookman, 5ª Ed., 2010, p. 108.

modo, o Direito pode incentivar ou desincentivar o estabelecimento das negociações, ao diminuir ou aumentar os custos de transação[59].

Pode-se considerar como um objetivo jurídico importante a "facilitação" das negociações privadas, por meio da redução dos custos de transação. O sistema jurídico pode fazer isso ao definir os direitos de propriedade de modo simples e claro. Nesse sentido, o Teorema Normativo de Coase pode ser explicitado da seguinte forma: "Estruture o Direito de modo a remover os impedimentos aos acordos privados". O princípio é considerado normativo porque oferece orientação prescritiva para os legisladores e está inspirado em Coase na medida em que a troca privada, em circunstâncias apropriadas, pode alocar direitos jurídicos eficientemente[60].

Como os conflitos e as dificuldades de cooperação entre as partes podem ser dispendiosos para a sociedade, o sistema jurídico tenta reduzi-los. A importância da minimização de prejuízos foi destacada desde os textos escritos por Thomas Hobbes (1588-1679), em Leviatã, publicados em 1651. Por isso, Hobbes é considerado precursor do contratualismo no direito.

Esse filósofo clássico entende o Estado como uma restrição autoimposta pelos homens, cuja finalidade se funda na preocupação com a própria conservação. O autor afirma que a justiça e a equidade, por exemplo, são contrárias às nossas paixões naturais, sendo, por isso, necessário o temor a um poder capaz de impor o respeito às "leis da natureza", que ele entendia como equidade, justiça, modéstia e piedade. Para ele, os pactos "sem a espada", isto é, sem o poder de coerção inerente ao Estado, não são mais do que palavras que não têm força de dar segurança aos homens[61].

Uma das mais famosas passagens da obra Hobbes está no momento em que o autor aborda o estado de natureza. Para ele, durante o período em que os homens viviam sem um poder comum capaz de impor temor a eles, viviam em estado de guerra, uma guerra de todos contra todos (*"such a war as is of every man against every man"*).[62] No que tange à AED, as suas ideias em relação à minimização de prejuízos decorrentes de conflitos entre as partes em negociação podem ser expressas por meio do chamado Teorema Normativo de Hobbes, que dispõe o seguinte: "o sistema legal deve estruturar-se para minimizar os prejuízos causados pelas falhas em acordos privados"[63].

Com base nesse princípio, o Direito deveria impedir a existência de ameaças coercitivas e eliminar os prejuízos que decorrem dos litígios. Se as partes não chegam a acordos, elas perdem o excedente que decorreria das trocas. Para diminuir esse prejuízo, o sistema de justiça deveria "alocar os direitos de propriedade à parte que mais os valoriza". Por isso, o Direito faz que o intercâmbio de direitos seja desnecessário, reduzindo os custos de transação.[64]

---

[59] Ibidem, p. 109.
[60] Ibidem, p. 109-110.
[61] HOBBES, Thomas. **Leviathan: or the matter, form and power of a Commonwealth Ecclesiastical and civil**. Forgotten Books, 2008, p. 116.
[62] Ibidem, p. 86.
[63] COOTER, Robert & ULEN, Thomas. **Law & Economics.** 5. ed. Boston: Pearson Education, 2007, p. 97.
[64] ULEN, Thomas; COOTER, Robert. **Direito & Economia.** Porto Alegre: Bookman, 5ª Ed., 2010, p. 110.

7.3 PROTEÇÃO DOS DIREITOS DE PROPRIEDADE

Nesse tópico, objetivamos buscar uma resposta para a seguinte pergunta: "Quais são os remédios jurídicos existentes para lidar com a violação de direitos de propriedade?" Em outros termos, buscaremos descobrir quais são as medidas adequadas que o Poder Judiciário pode adotar caso uma pessoa infrinja os direitos de propriedade de outra[65]. Emerge então a necessidade de, além da delimitação jurídica clara dos direitos de propriedade, conceber as modalidades existentes para a sua tutela, que se farão necessárias caso a negociação privada falhe. Mais precisamente, quais seriam os remédios jurídicos disponíveis para as violações dos direitos de propriedade e em que situação devemos usar cada um deles, quando o objetivo a ser alcançado for a eficiência econômica? Os direitos de propriedade são protegidos de diferentes formas, sendo as mais comuns as tutelas indenizatória e inibitória[66].

Assim, a opção por uma ou outra iniciativa protetiva, seja pela tutela inibitória, seja pela iniciativa indenizatória, influirá na distribuição dos valores dos direitos de propriedade, assim como na alocação eficiente destes direitos. Todas as saídas permitem subsequentes negociações sobre os direitos de propriedade, possibilitando que eles mudem de mão. Entretanto, o tipo de remédio aplicado tem implicações na distribuição de valores da negociação. Passemos, então, a analisar tais instrumentos de maneira mais detida.

A indenização dos danos é referida como uma solução legal de alívio, ou seja, um remédio que busca sanar danos ocorridos no passado. É, portanto, através de uma ação indenizatória, por exemplo, que depois de ocorrer a lesão ao proprietário, busca-se a reparação do dano suportado. No entanto, este recurso também pode servir como um tratamento legal para prevenção de danos futuros[67]. A razão de a indenização ser mais eficiente para altos custos de transação é que, quando estes impedem a negociação, a indenização não deixa a vítima do dano em pior situação, ao mesmo tempo em que permite uma estabilização da situação do infrator.

A fim de questionar essa prescrição, seria possível indagar se, caso uma determinada contenda chegue ao Judiciário, não seria a judicialização do caso uma indicação de que ele envolve alto custo de transação? Afinal, pode-se argumentar que, caso os custos de transação fossem baixos o suficiente as partes já teriam barganhado e chegado a uma alocação eficiente dos direitos, antes da judicialização. No entanto, este argumento é falacioso. Muitos custos de transação podem ser endógenos ao direito, ou seja, por motivos de imprecisão jurídica ou mesmo razões políticas, o direito cria custos de transação por meio do estabelecimento de normas e princípios mal definidos.

---

[65] Ibidem, p. 112.
[66] Pode-se também conceber mecanismos *ex ante* concernentes à tutela preventiva dos direitos de propriedade, os quais, de perfil equitativo, procurarão obstar eventuais danos futuros. BEBCHUK, L. A. Property Rights and Liability Rules: The Ex Ante View of the Cathedral. **Michigan Law Review** n. 601, 2001.
[67] Por exemplo, a definição da indenização pelo Poder Judiciário pode facilitar uma transação posterior sobre determinados direitos relativos ao bem.

A "obscuridade" do direito, portanto, eleva o custo de transação, induzindo as partes a, verdadeiramente, divergirem quanto a quem pertence o direito em disputa, ou seja, quanto a quem pertence o direito de propriedade demandado. Em situações como estas, a decisão judicial tem por uma de suas funções elucidar a titulação do direito em questão. Diferentemente do que pode parecer para muitos, a sentença encerra apenas o processo judicial e não o debate sobre o direito em disputa, deixando aberta uma nova fase de negociação. Por isso, quando o julgador faz uma análise dos custos de transação exógenos e identifica que são baixos, a indenização não é recomendada, já que diminuiria a possibilidade de as partes privadamente decidirem quem ficará com o direito. Para Cooter e Ulen[68], a condição de baixos custos de transação propicia e, mais do que isto, estimula a negociação interna entre as partes e o encontro de uma solução eficiente. Portanto, quando o judiciário retira, através de uma decisão judicial, os custos endógenos do direito, os entraves à cooperação desaparecem e as partes podem chegar ao resultado mais eficiente[69].

Já a cessação das interferências é mais eficiente nos demais casos, por ser mais clara e simples do que a indenização. Afinal, a quantificação do valor indenizatório citado acima pode ser imprevisível[70], ao passo que o remédio proibitivo é mais direto e, portanto, nesses casos, mais eficiente[71]. Para Luiz Guilherme Marinoni[72], a ação inibitória lida com a probabilidade do ilícito, ainda que o caso em questão verse sobre uma repetição ou continuação. Assim, é uma ação voltada para o futuro, não para o passado. Não trata do ressarcimento do dano já ocorrido e, portanto, dos elementos para a imputação ressarcitória – os chamados elementos subjetivos, culpa ou dolo. A ação inibitória pode, por isso, agir de três modos distintos: visando impedir a prática de ilícito, inibindo a repetição do ilícito, ou a continuação dele. A tutela inibitória, por isso, é um mecanismo de caráter predominantemente preventivo[73].

Ainda, em relação aos remédios jurídicos, é necessário fazer uma ressalva: mesmo que determinada medida possa reduzir a probabilidade de ocorrência de um evento

---

[68] ULEN, Thomas; COOTER, Robert. **Direito & Economia.** Porto Alegre: Bookman, 5ª Ed., 2010. p. 118

[69] Credita-se a Guido Calabresi e Douglas Melamedi o oferecimento de teorizações seminais que, a par dos instrumentos de tutela jurídica dos direitos proprietários, intentaram promover a eficiência. CALABRESI, Guido; MELAMED, Douglas. Property Rules, Liability Rules, and Inalienability: one view of the Cathedral. **Harvard Law Review,** volume 85, número 6, 1972, p. 1089-1128.

[70] Quando da definição do valor a ser pago a título de indenização, o Magistrado deve se confrontar com uma série de questionamentos distantes de sua expertise. A título de exemplo, pode-se citar: quais elementos valorizam um imóvel naquela localização, qual perito é mais indicado para avaliar determinado bem, etc.

[71] ULEN, Thomas; COOTER, Robert. **Direito & Economia.** Porto Alegre: Bookman, 5ª Ed., 2010, p. 117

[72] MARINONI, Luiz G. **Tutela Inibitória e Tutela de Remoção do Ilícito.** Academia Brasileira de Direito Processual Civil. Disponível em: http://www.abdpc.org.br/abdpc/artigos/luiz%20g%20marinoni(2)%20-%20formatado.pdf.

[73] Quanto à forma de requerimento, a tutela inibitória pode ser requerida através de uma ação de fazer ou de não fazer.

danoso, sua adoção pode não ser eficiente em certas circunstâncias[74]. A análise econômica ressalta a necessidade de sopesamento do dano de um lado, e dos custos de precaução do outro, para se obter uma decisão eficiente quanto à existência da culpa[75].

Essa perspectiva está em consonância com a tese de Calabresi e de Melamed[76]. A sua ideia básica é a de que, havendo obstáculos à cooperação entre as partes, o remédio jurídico que tem maior eficiência é a concessão de indenização pecuniária. Por outro lado, inexistindo obstáculos à cooperação, o remédio mais eficiente é a ação mandamental contra a violação da propriedade.

Mas como identificamos as situações de alto ou baixo custo de transação? Didaticamente, a partir das teorizações de Coase, vislumbramos os custos de transação exógenos ao direito em três estágios – custo de busca, de negociação e de execução – cada um deles com características distintas[77]. No que se refere aos custos de negociação, a

---

[74] A elaboração mais detalhada da fórmula de Hand, assim como o exemplo ilustrativo que segue, é baseado e se apoia no capítulo do livro PORTO, Antônio José Maristrello. Análise Econômica da Responsabilidade Civil. *In:* Luciano Benetti Timm. (Org.). **Direito e Economia no Brasil**. 1ed.São Paulo: Atlas, 2012, p. 183-184.

[75] Considere o seguinte exemplo. As chances de um motorista *A*, ao realizar uma curva, bater no carro de *B*, que se encontra estacionado na rua, são reduzidas pela metade caso *A* diminua em 20 km/h a velocidade com a qual conduz seu veículo ao passar pela curva. A uma dada velocidade inicial, a probabilidade do motorista *A* causar um dano de R$ 20.000,00 a *B* é de 0,1%. Caso *A* reduza a velocidade, a probabilidade de ocorrência do dano cai para 0,05%. Desta forma, o dano esperado inicial é de R$ 20,00 (R$ 20.000 x 0.1%), e é reduzido para R$ 10,00 (R$ 20.000 x 0.05%) com a adoção desta medida de precaução, o que gera um benefício marginal de R$ 10,00 para *B*. Caso o custo em que *A* incorre para adotar esta medida (reduzir a velocidade) seja inferior a R$ 10,00, digamos R$ 5,00, a medida será eficiente. Ao adotar uma medida que lhe custa apenas R$ 5,00, *A* gera um benefício de R$ 10,00 para *B*. O exemplo dos motoristas sugere ainda a possibilidade de uma negociação eficiente entre *A* e *B*. Num cenário de custo de transação igual a zero, *A* e *B* poderiam negociar um valor entre R$ 5,00 e R$ 10,00 para que *A* passasse a dirigir mais devagar. Assim como no âmbito do direito dos contratos, o cenário de custos de transação zero levará, aqui também, à adoção da medida mais eficiente. Entretanto, a área de aplicação das regras da responsabilidade civil pode ser definida em termos econômicos precisamente pela existência de custos de transação proibitivos, que impedem uma solução contratual. Com efeito, *A* jamais atingiria sua destinação caso se visse forçado a negociar a velocidade com a qual conduz seu veículo com cada proprietário de carros estacionado na rua.

[76] CALABRESI, Guido; MELAMED, A. Douglas. Property Rules, Liability Rules, and Inalienability: one view of the Cathedral. **Harvard Law Review**, volume 85, número 6, 1972, p. 1089-1128.

[77] Custos de busca – são aqueles envolvidos em encontrar o bem ou o direito a ser negociado, ou aquele que detém o bem ou direito a ser negociado. É muito fácil encontrar uma lata de Coca-Cola para comprar, mas é difícil encontrar um fusca 68, verde, com faixas brancas nos pneus para comprar. A especificidade do ativo ou do direito vai influenciar no custo de localização. Custos de negociação – são aqueles que permeiam a negociação do bem ou do direito. O número de indivíduos envolvidos em uma negociação, assim como a animosidade entre estes indivíduos são os fatores mais importantes na determinação dos custos de negociação. A negociação entre dois indivíduos, tudo mais igual, é mais fácil do que entre vinte indivíduos. A negociação entre dois indivíduos que não se odeiam é mais fácil do que entre inimigos. Custos de execução – são aqueles relacionados com a verificação do acordo feito. Neste campo, o tempo é um fator importante. Quando fazemos acordos de cumprimento imediato, o custo de supervisionar o acordo é baixo. Já quando fazemos acordos diferidos no tempo, o custo tende a se elevar. A venda de um objeto com a permuta imediata do bem

quantidade de partes implicadas no conflito e a proximidade geográfica entre elas são elementos a serem considerados, por exemplo. Quando há apenas duas partes envolvidas, o custo de comunicação tende a ser mais baixo. De forma semelhante, quando há algumas partes envolvidas, geograficamente próximas[78], os obstáculos à cooperação serão mais baixos, gerando custos de comunicação menores. Nessa situação, em que os baixos custos de transação permitem a negociação voluntária, o remédio jurídico mais eficiente é a ação mandamental[79]. Por outro lado, em negociações envolvendo muitas partes, o custo de comunicação tende a ser maior. De modo semelhante, a dispersão geográfica inclina-se a gerar custos de comunicação mais altos. Nessa situação, em que a transação tem custos altos, que impedem a negociação voluntária, a indenização pecuniária é considerada mais eficiente[80].

A eficiência na ação mandamental de cessação de interferência se dá por alguns caminhos distintos e que não se sobrepõem. Primeiro, o judiciário não incorre no custo de ter que investigar e decidir sobre qual o valor da indenização a ser paga para uma das partes[81]. Quando da determinação de cessação de interferência por parte do magistrado, as partes negociarão o valor que quem foi afetado estaria disposto a receber para ser indiferente à interferência em sua propriedade, portanto, o judiciário não incorreria neste custo. Segundo, o judiciário pode incorrer em erro ao tentar fazer inferências sobre o valor a ser pago para a parte afetada. Nesse sentido, a utilização do valor de mercado do bem como referência para a indenização nem sempre é razoável, pois todo o valor subjetivo da parte afetada fica fora destes cálculos[82].

Esta fórmula, no entanto, merece ponderações mais detidas. Imaginemos o seguinte exemplo: dois indivíduos são proprietários de terrenos contíguos, se conhecem há muito tempo e são bons amigos. Todos os dias, ao abrirem suas janelas, têm plena visão da propriedade adjacente. Ocorre que, certo dia, um dos proprietários – A – resolve realizar o sonho de suas filhas e construir uma casa de bonecas naquele que imaginava ser seu terreno, o que acaba por invadir uma parcela do terreno de seu amigo vizinho – B – que, viajando de férias, ao retornar, depara-se com a casa já construída. B, então, tenta convencer A de que a casa de bonecas construída invadiu um metro de seu terreno. No entanto, A não se convence, afirmando que a construção está exatamente sobre a linha limítrofe dos dois espaços. Não chegando a um

---

pelo dinheiro tem um custo de execução mais baixo do que uma venda onde uma primeira parcela do pagamento é efetuada no ato da venda. A entrega do bem ocorre em trinta dias e a quitação em sessenta dias. Neste caso existe a necessidade de supervisão recíproca entre o comprador e o vendedor.

[78] Pode-se pensar no caso de disputas sobre imóveis em que os lindeiros se conhecem bem.
[79] ULEN, Thomas; COOTER, Robert. **Direito & Economia**. Porto Alegre: Bookman, 5ª Ed., 2010, p. 118.
[80] Ibidem.
[81] Nesta investigação o judiciário pode ser obrigado a recorrer a peritos.
[82] Se os motivos pelos quais o direito de propriedade é valorizado se referissem somente ao valor de mercado, uma avaliação do bem seria suficiente. Há, no entanto, outras razões que afetam os valores atribuídos aos bens, pelos seus proprietários e eles podem ser de ordem emocional e íntima.

acordo, B então decide acionar judicialmente seu vizinho A, em razão da invasão de seu direito de propriedade.

Ante a situação hipotética apresentada, cabe raciocinarmos sobre algumas variáveis jurídicas e econômicas pertinentes. O custo de transação entre as partes é alto ou baixo? Havia dificuldades de busca, negociação ou execução do acordado? Se o custo de transação é baixo o suficiente, por que a barganha não ocorreu? Qual o remédio jurídico mais eficiente para solucionar a disputa entre A e B?

Comecemos pela questão dos custos de transação. Tendo em vista que os proprietários eram vizinhos, a detecção da construção da casa de bonecas seria – como de fato foi – de fácil percepção. Afinal, bastou que B abrisse sua janela, como fazia todos os dias, e ele pôde visualizar a edificação. Assim, não houve elevados custos de busca. Tampouco podem ser considerados expressivos os custos de execução, isto é, aqueles relativos à implementação de um acordo pois, pela proximidade geográfica entre A e B e pela visibilidade da casa de bonecas, tais custos seriam reduzidíssimos. Os custos de negociação, embora demandem maior ônus argumentativo, também seriam diminutos, tendo em vista que, além de vizinhos, A e B se conheciam há bastante tempo e eram bons amigos, o que, pelo somatório das condicionantes apresentadas, remeteria, a nosso ver, a baixos custos de transação.

Dois questionamentos surgem dessas constatações: se os custos de transação eram baixos – como, de fato, aparentam ser –, por que razão B, um dos proprietários, precisou demandar A em juízo? Se, em tese, os custos de transação eram baixos, a negociação entre as partes poderia ocorrer e a solução mais eficiente seria alcançada de modo que as partes não precisassem recorrer ao judiciário. Uma vez ajuizada a ação, qual seria a solução jurídica mais eficiente para a demanda? A tutela inibitória ou a ressarcitória?

Passamos, então, a responder. Se os custos de transação eram baixos – como, de fato, aparentam ser –, por que razão B, um dos proprietários, precisou demandar A em juízo? Quando os custos de transação são baixos o suficiente a negociação supostamente sempre irá ocorrer e o bem, o serviço ou o direito em disputa deverá ser eficientemente realocado, o que tornaria desnecessária a intervenção do judiciário.

No entanto, se houve requerimento à intervenção judicial, resta provada a incapacidade de negociação, o que nos remete a um cenário de alto custo de transação. Por que razão? Muito embora, aparentemente, os custos de transação supostamente fossem baixos – baixo custo de busca, negociação e execução – os direitos de propriedade não estavam claramente definidos. Pode ser que A e B tivessem dúvidas quanto à posição correta da divisa. Neste caso, o aumento do custo de transação se deu por uma "obscuridade" do direito, tendo em vista que as partes, verdadeiramente, divergiam quanto à localização correta da linha divisória de seus terrenos. O aumento dos custos de transação se deu, portanto, por uma indefinição do direito[83]. O Direito pode, desse modo, adquirir, nesses casos, o papel de protagonista, na incumbência de reduzir os

---

[83] Esta situação remonta ao que já mencionamos anteriormente, quando apreciamos o Teorema Normativo de Coase, oportunidade em que afirmamos que, conquanto, em regra, os custos de transação sejam exógenos ao ordenamento jurídico, há obstáculos aos direitos de propriedade que podem decorrer do próprio sistema jurídico. Isto indica que a definição clara dos direitos de propriedade pode enfraquecer eventuais obstáculos, reduzindo o custo de transação, que impedem a negociação entre os proprietários.

custos de transação e propiciar – ou até mesmo mais do que isto, incentivar – a negociação privada. Afinal, se os direitos de propriedade estivessem definidos claramente, a negociação na esfera privada teria sido facilitada.

A segunda indagação que propusemos anteriormente refere-se a qual instrumento de tutela jurídica deve ser considerado mais eficiente para alocar os direitos de propriedade neste caso. Uma vez ajuizada a ação, qual seria a solução jurídica mais eficiente para a demanda: a administração do conflito por meio da tutela inibitória ou a ressarcitória? Como já exposto, diante de hipóteses de baixos custos de transação, a proteção dos direitos de propriedade melhor se dará, em regra, mediante a utilização da tutela inibitória. Analisemos, no entanto, as três soluções possíveis.

A análise do caso nos leva a concluir que a cessão da interferência seria a solução mais eficiente. Vejamos por quê. Digamos que o julgador, após consultar os documentos de propriedade de A e B e com a ajuda de um topógrafo, chegou à conclusão de que A construiu a casa de bonecas um metro dentro do terreno de B, afirmando a existência do direito por ele alegado e, por isso, determinou a sua demolição. O fato é que, tão logo prolatada a sentença, A e B passam a enxergar a clara definição dos direitos de propriedade e, em razão disto, podem, finalmente, iniciar uma negociação privada, afinal, todos os outros custos – busca, negociação e execução – são baixos o suficiente para permitir sua realização. Neste ponto, o que sustentávamos antes, se confirma: a partir da definição clara dos direitos de propriedade – que, na hipótese, se deu pela interferência da decisão judicial –, a negociação se tornou possível.

Analisemos, então, caso o processo judicial fosse finalizado por meio de uma determinação mandamental: a demolição da casa de bonecas não necessariamente ocorreria. Face à redução dos custos de transação mediante a sentença judicial, A poderia tentar convencer B a vender seu direito de propriedade, isto é, um metro do terreno. Digamos que A oferte R$ 10.000,00 pelo metro de terreno de B e que esse se negue a vender. Neste caso, A teria que demolir a casa e o bem – o metro de terreno – ficaria com aquele que mais o valoriza e tem capacidade de pagamento. Outra possibilidade é que A de fato atribua um valor maior à casa de bonecas e, por isso, oferte R$ 20.000,00 pelo metro de terreno de B, e este aceite a proposta. Em ambos os casos a barganha alocaria o bem de forma mais eficiente.

O outro remédio jurídico possível para a lide seria a determinação de pagamento de indenização do dano sofrido por B. Neste caso o Judiciário incorreria no custo de simular uma transação ocorrida no mercado e determinar o valor da indenização para que o remédio seja eficiente, supondo os custos para B. Ocorre que os custos para determinar essa indenização, bem como a grande margem de erro quanto ao valor, tornam a determinação menos eficiente do que a mandamental, tendo em vista que os custos de transação são baixos.

Ocorre, no entanto, que nem todo dano causado a propriedade alheia é passível do dever de reparação. Em questões de responsabilidade subjetiva, isto é, quando o elemento subjetivo, seja a culpa ou dolo do agente, afigura-se como relevante para a existência do dever de reparar o dano, deve-se discutir a culpa do agente que causou o dano. Em não havendo culpa, não haverá a necessidade de reparação. Aciona-se, como parâmetro para delimitar a existência da culpa e, portanto, a obrigação de indenização das violações dos direitos de propriedade, a fórmula de Hand, que foi elaborada pelo juiz Learned Hand no célebre caso *United States vs. Carroll Towing Co.*, com o objetivo de estabelecer um parâmetro para a caracterização das condutas culposas (*United States v. Carroll Towing Co.*, 159 F.2d 169, 173 [2d Cir. 1947])[84].

Em certas circunstâncias[85], ainda que determinada medida de precaução possa reduzir a probabilidade de ocorrência de um evento danoso, sua adoção pode não ser eficiente. A análise econômica ressalta a necessidade de sopesamento do dano de um lado, e dos custos de precaução do outro, para se obter uma decisão eficiente quanto à existência da culpa[86]. A fórmula trazida da jurisprudência norte-americana consiste num parâmetro para a caracterização das condutas culposas[87]. Segundo Hand, o potencial causador A de um dano terá agido com culpa se não houver adotado a medida de precaução cujos custos marginais fossem menores que a consequente redução do dano esperado[88]. Tais intuições sugerem a seguinte representação gráfica do modelo estabelecido pela fórmula de Hand:

---

[84] É preciso deixar claro que visualizaremos a Regra de Hand no cerne do debate acerca da regra de indenização como aplicável às hipóteses em que o uso indevido dos direitos de propriedade recaia em situações em que se façam presentes os elementos da culpa, pelo que de dolo não cuidaremos. Advertimos ainda que, embora não estejamos falando de dolo, isso não quer significar que tenhamos afastado a aplicação da Regra de Hand à responsabilidade objetiva, ainda que excepcionalmente. É que, mesmo diante de responsabilidade de caráter objetivo, é possível aferir a culpa da vítima nas situações em que, por culpa exclusiva desta, não será o ofensor mas sim o próprio ofendido que arcará com o dado, o que poderá requerer a aplicação da Regra.

[85] A elaboração mais detalhada da fórmula de Hand, assim como, o exemplo ilustrativo que segue são baseados e se apoiam no capítulo do livro – PORTO, Antônio José Maristrello. Análise Econômica da Responsabilidade Civil. *In:* Luciano Benetti Timm. (Org.). **Direito e Economia no Brasil**. 1ed.São Paulo: Atlas, 2012, p. 183-184.

[86] Considere o seguinte exemplo. As chances de um motorista A, ao realizar uma curva, bater no carro de B, que se encontra estacionado na rua, são reduzidas pela metade caso A diminua em 20 km/h a velocidade com a qual conduz seu veículo ao passar pela curva. A uma dada velocidade inicial, a probabilidade do motorista A causar um dano de R$ 20.000,00 a B é de 0,1%. Caso A reduza a velocidade, a probabilidade de ocorrência do dano cai para 0,05%. Desta forma, o dano esperado inicial é de R$ 20,00 (R$ 20.000 x 0.1%), e é reduzido para R$ 10,00 (R$ 20.000 x 0.05%) com a adoção desta medida de precaução, o que gera um benefício marginal de R$ 10,00 para B. Caso o custo em que A incorre para adotar esta medida (reduzir a velocidade) seja inferior a R$ 10,00, digamos R$ 5,00, a medida será eficiente. Ao adotar uma medida que lhe custa apenas R$ 5,00, A gera um benefício de R$ 10,00 para B. O exemplo dos motoristas sugere ainda a possibilidade de uma negociação eficiente entre A e B. Num cenário de custo de transação igual a zero, A e B poderiam negociar um valor entre R$ 5,00 e R$ 10,00 para que A passasse a dirigir mais devagar. Assim como no âmbito do direito dos contratos, o cenário de custos de transação zero levará, aqui também, à adoção da medida mais eficiente. Entretanto, a área de aplicação das regras da responsabilidade civil pode ser definida em termos econômicos precisamente pela existência de custos de transação proibitivos, que impedem uma solução contratual. Com efeito, A jamais atingiria sua destinação caso se visse forçado a negociar a velocidade com a qual conduz seu veículo com cada proprietário de carros estacionados na rua.

[87] A fórmula é usualmente apresentada pela expressão C < DE, em que C denota o custo marginal de precaução, e DE o montante do dano esperado. O agente terá agido com culpa quando os custos marginais de precaução que deixou de adotar forem inferiores à redução marginal do dano esperado.

[88] No exemplo dado, se A deixar de reduzir a velocidade estará agindo de forma culposa, e violando um dever de precaução, uma vez que os custos em que incorreria para adotar semelhante medida (R$ 5,00) são inferiores aos benefícios marginais advindos de sua adoção (redução do dano esperado em R$ 10,00). Ou seja, ao deixar de adotar uma medida que lhe custaria

$$C < D_E$$

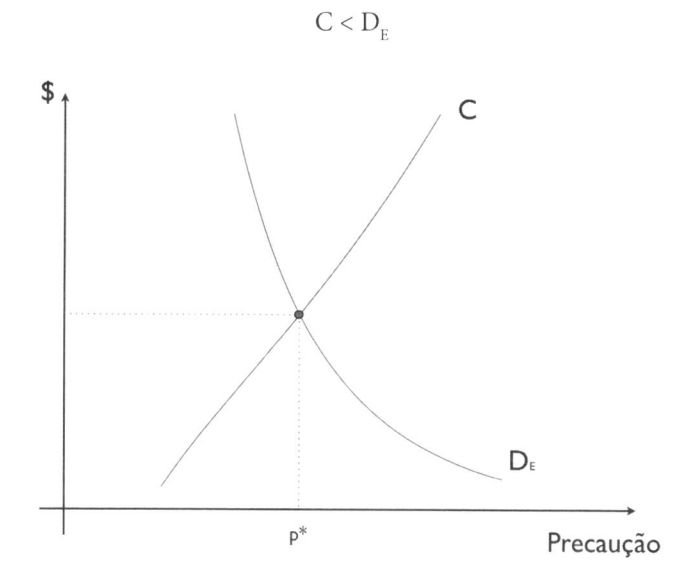

C = custo marginal de precaução
D_E = dano esperado marginal = pd
p = probabilidade marginal de ocorrência de dano
d = dano marginal

Assim, temos no eixo vertical uma medida de custo expressa em dinheiro; e no eixo horizontal, uma medida representando o nível de precaução. A curva C descreve uma função dos custos de precaução. À medida que exercemos maior precaução, os custos de precaução (C) aumentam. A curva DE descreve a função do dano esperado. À medida que exercemos menos precaução, os danos decorrentes de acidentes (DE) aumentam. Temos a solução eficiente no nível de precaução p*, em que a curva de custo marginal de precaução se encontra com a curva do dano marginal esperado. No ponto em que estas variáveis se igualam, atingimos o nível ótimo de precaução. Qualquer nível de precaução inferior a p* constituirá uma conduta culposa, como podemos aferir da fórmula de Hand. Qualquer nível superior de precaução será excessivo e, portanto, ineficiente[89].

---

apenas R$ 5,00, A gera uma perda esperada de R$ 10,00 para B, e, portanto, age com culpa. Continuemos com este exemplo. Suponha agora que, caso A reduzisse a velocidade de seu veículo em 40 km/h ao passar pela mesma curva, a probabilidade de causar um dano de R$ 20.000,00 a B caia para 0,04%. Suponha também que esta redução de velocidade custe R$ 13,00 para A. Neste caso, o benefício marginal não compensa os custos impostos a A. Note que o benefício marginal é de apenas R$ 12,00, e, portanto, inferior ao custo marginal de precaução de R$ 13,00. O custo marginal de adoção desta medida de precaução supera seus benefícios marginais, portanto A não age de forma culposa ao deixar de adotar a medida. Neste exemplo, um parâmetro de velocidade eficiente seria aquele que estipula uma redução de 20 km/h ao passar pela curva, e não de 40 km/h.

[89] É importante também notar que as variáveis adotadas são todas marginais, e, portanto, não representam valores absolutos. Segundo Posner, na prática, a visão dos juízes está adstrita a

Pensemos, agora, relativamente aos custos de transação na determinação dos remédios contratuais. Para tanto, é importante aprofundar a tese de Calabresi e Melamedi. Os autores sugerem que, quando possível, as restrições impostas voluntariamente, de parte a parte, oferecem o melhor método, tanto para proteger direitos quanto para direcioná-los para o melhor uso. Eles ofereceram uma teoria integrada de remédios, elaborada para promover o uso eficiente de recursos, de modo a solucionar os problemas de usos incompatíveis de propriedade: *property rule* e *liability rule*.

Com relação a *property rule*, o tribunal pode, por intermédio do estabelecimento de uma medida cautelar, instruir as partes no conflito a protegerem uma transferência de propriedade utilizando as trocas voluntárias, definindo apenas as regras referentes à negociação. Esse método é o mais eficiente, a ser usado para proteger os direitos, quando o nível de custos de transação entre as partes no conflito é baixo. Apenas nessas circunstâncias é possível que trocas voluntárias determinem quem mais valoriza o direito. No sistema de justiça brasileiro, podemos também encontrar as ações possessórias, que têm natureza diferente das petitórias, para proteção do direito de propriedade.

Por sua vez, relativamente à *liability rule*, quando os custos de transação entre as partes são altos, o mercado não pode determinar quem mais valoriza o direito. Nesse caso, quando a troca voluntária é incapaz de resolver disputas sobre qual, dentre os dois usos conflitantes de títulos, tem o maior valor, Calabresi e Melamed propõem utilizar a troca supervisionada judicialmente para proteger e, possivelmente, para realocar os recursos. Por isso a concessão de indenização seria preferível.

QUESTÕES DE AUTOMONITORAMENTO

1) Qual a diferença entre a concepção de "propriedade" para o Direito e para a Teoria Econômica?

   Comentário: Para o Direito, a propriedade pode ser entendida como um conjunto de direitos que estabelece o que o sujeito pode ou não fazer com seus recursos (usar, gozar, dispor e reaver de quem a possui injustamente). A teoria econômica sobre o direito de propriedade, a seu turno, não tenta explicar o que ela significa, mas busca prever os efeitos das normas relacionadas ao direito de propriedade, especialmente do ponto de vista da eficiência e, quando possível, de sua distribuição. Para a teoria econômica, portanto, propriedade é a habilidade de se usufruir de um bem. Nesse sentido, os Direitos Econômicos de Propriedade constituem o fim almejado pelos indivíduos, enquanto os Direitos Legais de Propriedade são o meio jurídico para que se alcance esse fim. Os Direitos legais desempenham uma função de suporte e são mais fáceis de serem analisados do que os Direitos Econômicos de Propriedade.

---

considerações sobre mudanças de caráter marginal. Desta forma, o autor considera a fórmula de Hand é particularmente adequada ao tipo de informação acessível aos juízes na análise de casos concretos. POSNER, Richard. **Economic Analysis of Law**. 6th edition. Aspen Publishers: New York, 2003. p. 169-170.

2) **O que é o civil-constitucionalismo? O civil-constitucionalismo e a AED são movimentos doutrinários necessariamente contraditórios?**

Comentário: Simplificadamente, o civil-constitucionalismo é uma teoria jurídica que incorpora as previsões constitucionais à interpretação e à aplicação do Direito. Não necessariamente são contraditórios. Embora a AED tenha como fundamento a eficiência e a maximização de riqueza, e o civil-constitucionalismo também dê enfoque à garantia da função social da propriedade, ambas as teorias buscam a melhor utilização da propriedade de forma a promover uma ampliação do bem-estar social.

3) **Como a constitucionalização do direito civil e da função social da propriedade possibilitam à AED interpretar casos e propor soluções de maneira diferente da que faria, se o direito à propriedade ainda fosse pensado sob uma ótica "absoluta"?**

Comentário: Com tais teorias cria-se a necessidade de se pensar a eficiência para além dos detentores dos direitos de propriedade em questão, levando-se também em conta a eficiência, do ponto de vista social.

4) **Para Posner, qual a relação entre "garantia jurídica do direito de propriedade" e "desenvolvimento de atividades econômicas"?**

Comentário: Para o referido autor, a garantia jurídica do direito de propriedade potencializa a função econômica da propriedade, ao gerar incentivos para que proprietários invistam mais (recursos e esforços) no desenvolvimento e no uso de suas propriedades.

5) **Por que a não alocação do direito de propriedade pode desencadear um problema conhecido como "a Tragédia dos Comuns"? Explique no que tal problema consiste.**

Comentário: A tragédia dos comuns (ou tragédia dos bens comuns) consiste na situação em que indivíduos, agindo de forma independente e racional, buscando apenas seus próprios interesses, acabam comportando-se de forma a contrariar o interesse social e a eficiência e esgotando algum recurso comum. A ausência de definição clara de direitos de propriedade cria incentivos para que as partes continuem utilizando um bem comum até que ele seja esgotado ou, ao menos, para que seja utilizado de maneira não ótima (isto é, de forma ineficiente). Isso ocorre porque, sem a definição de direitos de propriedade não há incentivos suficientes para que o dono venha a utilizar o bem de forma sustentável, sem esgotá-lo.

6) **Defina, resumidamente, o Teorema de Coase.**

Comentário: O teorema de Coase define que quando os custos de transação são nulos, um uso eficiente dos recursos resulta da negociação privada, independentemente da atribuição jurídica dos direitos de propriedade.

a) **Demonstre, gráfica e matematicamente, especialmente por meio da produção de uma tabela, como funciona o teorema de Coase.**

Comentário: Pensemos no seguinte exemplo: Harry explora o serviço de transporte de cargas via ferrovias, do qual retira o lucro de R$ 1.200.000,00. Sua linha atravessa a propriedade de Ronald, um agricultor que cultiva abóboras, que obtém o lucro de R$ 600.000,00. Todavia, as locomotivas de Harry, ao passarem pela plantação de Ronald, lançam faíscas e queimam parte de sua produção, causando-lhe um prejuízo de R$ 300.000,00. Os prejuízos poderiam ser evitados de duas maneiras. Na primeira, Harry instalaria, ao custo de R$ 400.000,00, aparadores de faíscas em suas locomotivas, anulando o prejuízo de Ronald. Na segunda, Ronald construiria, dispendendo R$ 200.000,00, barreiras que impediriam a incidência das faíscas em suas aboboreiras.

Diante desse cenário, há três regras jurídicas possivelmente aplicáveis:

I. Harry tem o direito de continuar com sua atividade, sem qualquer alteração.

II. Ronald tem o direito de ser indenizado integralmente pelos danos causados.

III. Ronald tem o direito de fazer cessar a atividade danosa de Harry.

	Sem Cooperação			EC	Com Cooperação		
	H	R	Total		H	R	Total
I	1,2mi	400.000	1,6mi	0	1,2mi	400.000	1,6mi
II	900.000	600.000	1,5mi	100.000	950.000	650.000	1,6mi
III	800.000	600.000	1,4 mi	200.000	900.000	700.000	1,6mi

EC = Excedente de Cooperação

b) Explique qual é a ideia que está por trás da seguinte afirmação: "A externalidade não deve ser internalizada necessariamente por quem a causou. Ela deve ser internalizada pela parte que a absorver com menor custo".

Comentário: Trata-se da ideia de eficiência, no sentido de maximização total da riqueza. Isso porque, quando quem pode absorver a externalidade ao menor custo o faz, há a menor redução possível da riqueza.

c) Embora o Teorema de Coase seja uma abstração, ele possui aplicações práticas. Explique.

Comentário: Embora, de fato, não existam situações em que os custos de transação sejam zero, há hipóteses em que eles são suficientemente baixos para serem praticamente ignorados, casos nos quais se pode aplicar o teorema de Coase e dar prioridade à negociação privada entre as partes, para a obtenção de um resultado eficiente. Por outro lado, quando os custos de transação são identificados como elevados, sabe-se, de antemão, que a possibilidade de sucesso da negociação privada é menor, de maneira que a imposição de uma decisão externa é mais adequada.

7) O que seriam "custos de transação"? Quais são os seus três estágios?

Comentário: São aqueles custos inerentes à realização de qualquer transação. Podemos identificar seus três estágios como sendo: (i) localização de um parceiro contratual com interesse contraposto (ex.: se você quer vender o bem X, deve encontrar alguém que queira comprar o referido objeto); (ii) negociação e redação do contrato; (iii) fiscalização da execução do que foi aventado e pactuado.

a) Como o Direito deve se comportar em relação aos custos de transação?

Comentário: O Direito deve buscar reduzir os custos de transação no interior dos negócios realizados pela sociedade, favorecendo a realização de acordos privados.

8) **Como o Teorema Normativo de Hobbes e o Teorema Normativo de Coase se conectam? Qual a relação entre ambos e a AED?**

Comentário: Em ambos se evidencia a afirmação do uso do direito como forma a melhor organizar os arranjos privados, seja removendo os obstáculos para que tais acordos sejam efetivados, seja minimizando as falhas decorrentes desses mesmos acordos. A relação dos dois com a AED está no fato de que, em qualquer caso, há a valorização dos acordos privados, e das trocas deles resultantes, como instrumento de eficiência e geração de riqueza. Com base nesses princípios, o Direito deveria impedir a existência de ameaças coercitivas e eliminar os prejuízos que decorrem dos litígios. Se as partes não chegam a acordos, elas perdem o excedente que decorreria das trocas. Para diminuir esse prejuízo, o sistema de justiça deveria "alocar os direitos de propriedade à parte que mais os valoriza". Por isso, o Direito faz que o intercâmbio de direitos seja desnecessário, reduzindo os custos de transação.

9) **Quais são os possíveis instrumentos para a tutela do direito de propriedade existentes no direito brasileiro? Como a AED recomenda a aplicação de cada um deles?**

Comentário: Existem, basicamente, dois instrumentos: a alocação do bem diretamente ao seu proprietário e o pagamento de indenização. A AED recomenda que se aplique a alocação do bem diretamente ao seu proprietário (*property rule*) quando os custos de transação entre as partes em litígio forem baixos, de modo a incentivar que as pessoas negociem entre si e cheguem ao resultado mais eficiente para solucionar o caso. Nesse caso, o Direito forneceria apenas as regras para essa negociação. Já a indenização (*liability rule*) é empregada quando os custos de transação entre as partes em litígio são elevados, impossibilitando qualquer negociação. Neste último caso, busca-se um resultado aproximado daquele que seria o ótimo social.

10) **O que se quer dizer quando se afirma que a sentença apenas encerra o processo judicial, mas nem sempre debate o direito em disputa?**

Comentário: Significa dizer que a sentença irá apenas definir a quem cabe o direito de propriedade em discussão, mas não impede que as partes, uma vez definida a questão jurídica, possam abrir uma nova fase de negociação, em que quem ganhou o direito judicialmente poderá vendê-lo a outra parte, se essa o valorizar mais e tiver capacidade de pagamento.

11) **Diferencie a *property rule* de *liability rule*, destacando as hipóteses em que uma ou outra é preferível.**

Comentário: De acordo com a *property rule*, o tribunal pode, por intermédio do estabelecimento de uma medida cautelar, instruir as partes em conflito a protegerem uma transferência de propriedade utilizando as trocas voluntárias, definindo apenas as regras referentes à negociação. Esse método é o mais eficiente, para ser usado para proteger os direitos, quando o nível de custos de transação entre as partes no conflito é baixo. Já na *liability rule*, quando os custos de transação entre as partes são altos, o mercado não consegue determinar quem mais valoriza o direito. Nesse caso, quando a troca voluntária é incapaz de resolver disputas sobre qual, entre os dois usos conflitantes de títulos, tem o maior valor, Calabresi e Melamed propõem utilizar a troca supervisionada judicialmente para proteger e, possivelmente, para realocar os recursos. Por isso a concessão de indenização seria preferível.

12) A terra de um agricultor se situa ao lado dos trilhos de um trem. As fagulhas geradas pelo trem geram incêndios na plantação do agricultor. A tabela a seguir mostra informações para os cenários em que a empresa que opera a ferrovia roda zero, uma, duas ou três linhas de trens por aquele trecho. A linha Lucros Totais da Ferrovia da tabela representa os ganhos líquidos totais da ferrovia ao rodar com o número especificado de trens. A linha Lucros Totais do Agricultor representa as perdas líquidas totais do agricultor resultantes dos incêndios periódicos gerados pelas faíscas da ferrovia, para cada número de trens.

LINHAS DE TRENS

—	0	1	2	3
Lucros Totais da Ferrovia	R$ 200	R$ 300	R$ 350	R$ 410
Lucros Totais do Agricultor	R$ 0	R$ 100	R$ 125	R$ 300
Lucros Totais (ambos)	R$ 200	R$ 200	R$ 225	R$ 110

a) Qual é o número socialmente ótimo de linhas de trens?

Comentário: O ótimo é atingido quando temos duas linhas de trem, pois esse é o número de linhas que maximiza os lucros totais de ambos.

b) Quantas linhas de trens irão rodar por aquele trecho se o agricultor receber um direito de propriedade que lhe garanta se ver livre das faíscas geradas pelas linhas de trem?

Comentário: Duas ou zero, a depender dos custos de transação. Caso os custos de transação sejam baixos e haja negociação, duas linhas de trens (nível ótimo) irão rodar, pois as partes chegarão à conclusão de que a ferrovia consegue indenizar o agricultor e ainda assim aumentar seu lucro, gerando excedente para ambos. No entanto, caso os custos de transação sejam altos e não haja negociação, então o agricultor minimizará suas perdas e nenhuma linha de trem irá rodar.

c) Quantas linhas de trens irão rodar por aquele trecho no caso em que a ferrovia recebe o direito de propriedade de operar suas linhas de trem?

Comentário: Duas ou três, a depender dos custos de transação. A resposta é semelhante à do item anterior. Se os custos de transação são baixos, as partes chegam ao nível ótimo por meio da negociação, sendo que agora é o agricultor quem terá interesse em pagar à ferrovia para que ela não utilize a capacidade máxima do trecho. No caso em que os custos de transação são altos e essa negociação não ocorre, a ferrovia opta por rodar as três linhas, maximizando assim seus lucros.

Capítulo VIII
DIREITO E ECONOMIA DOS CONTRATOS

A figura dos contratos permeia praticamente todo o direito. Muito do que ocorre no mundo jurídico pode ser pensado sob tal perspectiva. Nesse sentido, há, por exemplo, os contratos de consumo, contratos de aluguel, contratos reais, contratos sociais de constituição de empresas, contratos administrativos. A própria Constituição pode ser pensada pelo ângulo do contrato. O constitucionalismo moderno, de fato, parte da ideia de existência de um contrato social por meio do qual os indivíduos cedem parte de sua liberdade em favor do Estado. Existem razões históricas e filosóficas para isso, das quais não se pretende tratar com profundidade aqui. Basta, para esta breve introdução, ter em mente que os fundamentos do direito moderno e contemporâneo se relacionam, de maneira muito próxima, com a noção de contrato: a representação da existência de sujeitos racionais e livres que se encontram voluntariamente para traçar as regras – contratá-las – sobre sua convivência recíproca[1]. Não por acaso, no campo do direito se adota recorrentemente a expressão "contrato".

Para a AED, no entanto, a ideia de contrato é um pouco mais restrita. Não são considerados como tal todas as manifestações de vontade dos sujeitos que pertencem a uma determinada comunidade jurídica, mesmo que essas manifestações convirjam com as de outros sujeitos e mesmo tenham por fim a circulação de recursos escassos[2].

---

[1] "A noção jurídica e formal de uma Constituição tutelar de direitos humanos parece, no entanto, constituir a herança mais importante e considerável da tese liberal. Em outras palavras: o princípio das Constituições sobreviveu no momento em que foi possível discernir e separar na Constituição o elemento material de conteúdo (o núcleo da ideologia liberal) do elemento formal das garantias (o núcleo de um Estado de direito). Este, sim, pertence à razão universal, traz a perenidade a que aspiram as liberdades humanas. O neoliberalismo do século XX o preserva nas Constituições democráticas do nosso tempo, porquanto, se o não acolhesse, jamais poderia com elas exprimir a fórmula eficaz de um Estado de direito. A França, durante a expansão napoleônica, comunicara à Itália os princípios da Revolução. Eram os princípios de uma sociedade política fundada sobre o contrato social, de uma ordem jurídica apoiada na razão humana, de um Estado que se curvava à liberdade individual. Cunhou-se, portanto, ao norte da Península, batido pelas invasões francesas, o termo *diritto costituzionale*, filho de ideias francesas, criação dileta das ideologias antiabsolutistas." BONAVIDES, Paulo. **Curso de direito constitucional**. 15ª ed. São Paulo: Malheiros Editores, 2004, p. 37.

[2] Boa parte das considerações iniciais do presente capítulo foram redigidas com base numa palestra proferida por Fernando Araújo, Professor da Universidade de Lisboa, intitulada "Incentivos para contratar e para permanecer no contrato" na UFMG, s.m.j. Como não se encontraram maiores informações a respeito dessa palestra, suficientes para referenciá-la de maneira completa, ela não seguirá na lista de referências. Fica registrado, no entanto, o débito dos autores para com o palestrante.

Em especial, não devem ser pensadas enquanto contratos as trocas pontuais e imediatas de bens e serviços efetuadas pelas pessoas no seu dia a dia.[3]

Imaginemos o caso de uma feira. Nela, as pessoas compram e vendem bens e serviços, quitando-os costumeiramente no momento da compra e venda. Para o direito, as trocas realizadas em uma feira podem ser pensadas sob o ângulo dos contratos de consumo. Um consumidor que tenha sofrido intoxicação alimentar ao ingerir uma laranja podre vendida numa feira poderia pedir indenização do feirante sob o fundamento de que a compra e venda da laranja consistiu em contrato de consumo e de que o envenenamento constituiu fato do produto (artigos 12 e 13 do Código de Defesa do Consumidor[4]). Para a análise econômica, contudo, essas trocas imediatas, mesmo que façam circular riqueza – e criem-na, como se verá mais adiante –, não merecem ser pensadas pela matriz do contrato. Trata-se de trocas imediatas realizadas num ambiente de mercado. Para a análise econômica, o contrato merece ser pensado como uma alternativa ao mercado. Quando contratam, as partes optam por deixar o mercado de lado e vincular-se uma à outra para o futuro.[5]

---

[3] De acordo com a teoria econômica neoclássica, nas trocas instantâneas, existe pouco espaço para os contratos ou para o direito contratual. Compradores e vendedores explorariam todos os ganhos das trocas em transações feitas em mercados instantâneos. Mercados de *spot*, também conhecidos como mercados instantâneos, são aqueles em que após a negociação há a entrega da mercadoria e o pagamento à vista. Na verdade, em tais mercados, como é o caso das feiras públicas, as partes se arranjam razoavelmente sem contratos formais. Contratar torna-se uma alternativa interessante nas situações em que está presente um elemento intertemporal nas trocas ou, pelo menos quando uma das partes está insegura quanto ao comportamento da outra. HERMANLIN, B. E. *et al.* The law and economics of contracts. POLINSKY, A. M.; SHAVELL, S. eds. **The handbook of law and economics**, v.1, 2008, p. 2. Por isso, a economia toma o contrato como a materialização de um acordo que, por ser disciplinado juridicamente, viabiliza a produção e a circulação de riqueza. ARAÚJO, F. **Teoria econômica do contrato**. Almedina, 2007, p. 13. As principais virtudes da incidência do direito nas relações de troca são dotar o acordo de força obrigatória, aumentar a confiança entre as partes e promover a intersubjetividade.

[4] Art. 12. O fabricante, o produtor, o construtor, nacional ou estrangeiro, e o importador respondem, independentemente da existência de culpa, pela reparação dos danos causados aos consumidores por defeitos decorrentes de projeto, fabricação, construção, montagem, fórmulas, manipulação, apresentação ou acondicionamento de seus produtos, bem como por informações insuficientes ou inadequadas sobre sua utilização e riscos. § 1º O produto é defeituoso quando não oferece a segurança que dele legitimamente se espera, levando-se em consideração as circunstâncias relevantes, entre as quais: I – sua apresentação; II – o uso e os riscos que razoavelmente dele se esperam; III – a época em que foi colocado em circulação. § 2º O produto não é considerado defeituoso pelo fato de outro de melhor qualidade ter sido colocado no mercado. § 3º O fabricante, o construtor, o produtor ou importador só não será responsabilizado quando provar: I – que não colocou o produto no mercado; II – que, embora haja colocado o produto no mercado, o defeito inexiste; III – a culpa exclusiva do consumidor ou de terceiro. Art. 13. O comerciante é igualmente responsável, nos termos do artigo anterior, quando: I – o fabricante, o construtor, o produtor ou o importador não puderem ser identificados; II – o produto for fornecido sem identificação clara do seu fabricante, produtor, construtor ou importador; III – não conservar adequadamente os produtos perecíveis. Parágrafo único. Aquele que efetivar o pagamento ao prejudicado poderá exercer o direito de regresso contra os demais responsáveis, segundo sua participação na causação do evento danoso.

[5] No direito brasileiro, não se costuma qualificar como contrato o casamento. No direito brasileiro, são contratos apenas os negócios jurídicos com viés exclusivamente patrimonial. Independentemente disso, para se compreender o contrato como uma alternativa ao mercado, é interessante

É comum que um feirante de laranjas se dirija todos os dias à feira e venda a quantidade que conseguir no dia. Pode haver um consumidor que adore as laranjas daquele feirante e, durante 20 (vinte) anos, vá diariamente até sua barraca para comprar 3 (três) laranjas, que consumirá no decorrer do mesmo dia. Para a análise econômica, isso configura trocas instantâneas em um mercado de bens (mercado *spot*; no inglês: *spot market*).

Imagine-se, no entanto, que, passados 20 (vinte) anos, o consumidor desenvolva uma alergia a laranjas. Nesse caso, o feirante poderá exigir que ele continue a comprar suas laranjas, sob o argumento de que o consumidor o fizera durante os últimos 20 (vinte) anos? A resposta parece óbvia: não. E a razão para uma resposta negativa parece igualmente óbvia: feirante e consumidor não firmaram um contrato. Eis aí a noção econômica de contrato. O consumidor não se comprometeu a continuar a comprar as laranjas do feirante no futuro. E o feirante, note-se, também não se comprometeu a continuar a vendê-las. Não é, com efeito, difícil pensar na hipótese contrária. Em lugar de o consumidor deixar de comprar as laranjas, é possível que o feirante as deixe de vender porque, por exemplo, ganhou na loteria. O consumidor também não pode exigir do feirante que continue a vender as mesmas 3 (três) laranjas diárias ao invés de viajar o mundo com o dinheiro da loteria. E a razão é a mesma: as partes não possuíam um contrato.

Contratos, para a análise econômica, são trocas nas quais se coloca o problema do tempo[6], isto é, ao menos uma das partes cumprirá a promessa depois de passado algum tempo de sua realização[7]. Em outras palavras, para a análise econômica, contratos são trocas nas quais há incertezas[8]. E o principal fator capaz de criar incertezas é o tempo.

---

pensar no casamento como um contrato. Quando casam, os nubentes optam por deixar o mercado dos solteiros e vincular-se para o futuro com apenas uma pessoa (o cônjuge). Existem, no entanto, hoje muitos casais que optam por não casar. Por quê? Uma das razões pode ser a seguinte: ao não casar, um ou ambos os parceiros da relação sinalizam para a outra pessoa que, caso as coisas andem mal na relação, podem retornar a baixo custo para o mercado dos solteiros. Desmanchar-se um casamento é, de regra, algo mais custoso do que pôr fim em uma relação não formalizada.

[6] "Many exchanges occur instantly and simultaneously, as when a shopper pays cash for goods in the grocery store. In a simultaneous, instantaneous Exchange, there is little reason to promise anything. The making of promises, however, typically concerns deferred exchanges – that is, transaction that involve the passage of time for their completion. [...] The passage of time between the exchange of promises and their performance creates uncertainties and risks. Thus, the seller asks the buyer to pay now for future delivery of goods. The cautious buyer wants a legal obligation of the seller to deliver the goods, not just a moral obligation. The buyer may be willing to pay now for an enforceable promise, but not for an unenforceable promise. Recognizing these facts, both parties want the seller's promise to be enforceable at the time it is made. The seller wants enforceability in order to induce the buyer to make the purchase, and the buyer wants enforceability to provide an incentive for seller's performance and a remedy for seller's breach. By enforcing such promises, the court gives both parties what they want and facilitates cooperation between them." COOTER, Robert; ULEN, Thomas. **Law and Economics**. 6. ed. Berkeley: Berkeley Law Books, 2016, p. 283.

[7] Cooter e Ulen qualificam a passagem do tempo como um custo de transação. COOTER, Robert; ULEN, Thomas. **Law & Economics**. Pearson Education Inc., Publishing as Pearson Addison Wesley. 2004, p. 196.

[8] Este ponto merece uma nota, sobre a "incerteza". Sem ela, não é um contrato, do ponto de vista econômico. Consequentemente, não há violação ideal (*optimal breach*). Sem incerteza, aplica-se a avaliação da performance específica, porque somente a posição de negociação (*bargaining*

Há 3 (três) modalidades de trocas que envolvem o fator tempo: (i) a parte A paga agora e a B se compromete a entregar o bem ou a prestar o serviço no futuro (pagamento por uma promessa); (ii) a parte A entrega o bem ou presta o serviço agora e a B se compromete a pagar no futuro (bem ou serviço por uma promessa); e (iii) a parte A se compromete a entregar o bem ou a prestar o serviço no futuro, comprometendo-se a parte B também a pagar no futuro (promessa por uma promessa).[9] Em todos esses casos, como se vê, uma das prestações há de ser realizada no futuro. É dessa maneira que a análise econômica encara a formação dos contratos.

Dando concretude a tudo o que dissemos, pensemos em outro exemplo: um pintor famoso compromete-se a pintar o quadro de uma pessoa no prazo de 1 (um) ano, recebendo, para tanto, metade do pagamento à vista e metade quando da entrega do quadro. Isso, para a análise econômica, é um contrato. Trata-se de uma troca diferida no tempo. O passar do tempo – no caso do exemplo, um ano – cria incertezas. Perguntamo-nos, então, o que incentiva, nesse caso, ambas as partes a cumprirem as suas promessas: o pintor, a pintar e a entregar; e o contratante, a receber o quadro e a pagar a outra metade do valor prometido pela pintura?

Pensemos em uma sociedade na qual não haja Estado e, portanto, não exista Poder Judiciário e força policial. Nessa sociedade hipotética, o incentivo para as partes cumprirem as suas promessas é bastante pequeno. O pintor pode receber a primeira metade do pagamento e se dar por feliz com isso. Poderia também chegar à conclusão de que a outra metade do pagamento não compensa a pintura do quadro. Sem a existência de uma ameaça externa que o faça cumprir a sua promessa, é possível que o pintor se veja desincentivado a pintar o quadro ou, ainda, pode optar por sumir com a primeira metade do pagamento, frustrando as expectativas do contratante da pintura.

O que interessa aqui é concluir que, nessa sociedade hipotética, a outra parte, que contratou a pintura (o promissário[10]), terá condições de antecipar-se a isso, chegando às mesmas conclusões que chegamos acima. O comprador da pintura pode pensar que,

---

position) pode mudar e, por tal motivo, não é eficiente tolerar violação, por alteração de posição de negociação.

[9] *"The forms of a bargain thus include money-for-a-promise, goods-for-a-promise, service-for-a-promise, and promise-for-a-promise."* COOTER, Robert; ULEN, Thomas. **Law and Economics**. 6. ed. Berkeley: Berkeley Law Books, 2016, p. 278.

[10] O presente capítulo segue a terminologia adotada pelos países da *common law*, nos quais a análise econômica do direito é mais difundida, para examinar as situações de barganha. O presente capítulo, nesse sentido, refere-se àquele que faz uma promessa como promitente (*promisor*) e àquele que recebe uma promessa como promissário (*promisee*). No direito brasileiro, a teoria jurídica que estuda as situações de barganha é a teoria das obrigações, que abrange a teoria dos contratos, a teoria da responsabilidade civil, a teoria das obrigações unilaterais. Existem diversas classificações e terminologias para designar as partes constantes dos polos das obrigações. No direito dos contratos, costuma-se tratar o promitente por proponente e o promissário por oblato. A respeito da terminologia da *common law*: *"The 'promisor' refers to the person who gives a promise, and the 'promisee' refers to the person who receives a promise. In a bargain the promisee induces the promisor to give the promise. The inducement may be money, as when the farmer pays $25 for the promise of a device that kills grasshoppers. The inducement may be goods, as when an automobile dealer delivers a car in exchange for the promise of future payment. The inducement may be a service, as when a painter paints a house in exchange for the promise of future payment. Or the inducement may be another promise, as when a farmer promises to deliver wheat to a wholesaler*

não havendo coerção sobre o pintor, este último não conta com incentivos para cumprir a sua parte do combinado. De maneira que a outra parte do acordo (o promissário) estará sempre em melhores condições – esta é a sua estratégia dominante – se não demandar qualquer pintura, não pagando nada antecipadamente.

Ou seja, o comprador pode pensar: "Bom, se não há nada que garanta que o pintor produzirá o quadro, por que eu vou me arriscar a pagar a metade da pintura antecipadamente? E se o pintor sumir? E se ele morrer? O risco não vale a pena. Não quero pintura alguma". O resultado final é que nenhuma das partes compromete-se com a outra. Ou melhor, elas não cooperam uma com a outra. Nessa sociedade hipotética, sem Estado e sem Judiciário, não há incentivo para a circulação de riquezas[11] e, mais que isso, para a criação de riquezas, através da cooperação.

Mas devemos nos perguntar, então: os contratos criam riqueza? Contratos não se destinam apenas a fazer circular bens e serviços? Também aqui as lógicas do direito e da economia divergem. Para o direito, os contratos possuem como função precípua a circulação de bens e serviços. Isso porque o pensamento jurídico tradicional não trabalha com a noção de excedente das trocas. E é ela que permite pensar os contratos como instrumentos para a criação de riqueza.

Imaginemos, no exemplo do pintor e do contratante, que o pintor, muito famoso e bastante procurado pelo mercado, esteja disposto a produzir o quadro por, no mínimo, R$ 800.000,00 (oitocentos mil reais). Essa quantia compensa o trabalho – tinta e outros materiais, tempo e esforço do pintor – e é ainda um pouco superior ao quanto pagaria o contratante por um quadro que demandasse o mesmo esforço. Ou seja, a pintura do quadro é a melhor opção de mercado para o pintor em termos de custo de oportunidade. Imagine-se, de outra parte, que o contratante esteja disposto a pagar pelo quadro até, no máximo, R$ 1.200.000,00 (um milhão e duzentos mil reais). Para chegar a esse valor, ele levou em conta a fama e a qualidade do trabalho do pintor e o benefício subjetivo (prazer, bem-estar) que tirará ao afixar o quadro em sua sala de jantar.

Consideradas essas premissas, pensemos que o contratante procura o pintor e ambos começam a negociar. Como num jogo, nenhuma das partes mostra as cartas na primeira rodada. Nenhuma delas dá, desde logo, o seu preço máximo e mínimo. O contratante oferece R$ 500.000,00 (quinhentos mil reais) pelo quadro. O pintor diz que a proposta não é aceitável, considerada a sua fama e renome. Afirma que não pintará o quadro por menos de R$ 1.500.000,00 (um milhão e quinhentos mil reais). Depois de mais algumas etapas de negociação, as partes concordam com o montante de R$ 1.000.000,00 (um milhão de reais) pelo trabalho. O valor é superior ao mínimo pelo qual o pintor estava disposto a pintar o quadro (R$ 800.000,00) e é inferior ao máximo que o contratante pensava em pagar (R$ 1.200.000,00).

Se o contrato for adimplido, tanto o pintor quanto o contratante sairão ganhando R$ 200.000,00 (duzentos mil reais) nesse negócio. Ao ganho do pintor, dá-se o nome de

---

in the fall, and the wholesaler promises to pay a certain price upon delivery." COOTER, Robert; ULEN, Thomas. **Law and Economics**. 6. ed. Berkeley: Berkeley Law Books, 2016, p. 278.

[11] Esse raciocínio pode ser encontrado em Baird, Gertner e Picker, que examinam a questão exemplificando-a com um contrato de empréstimo. BAIRD, Douglas G; GERTNER, Robert H.; PICKER, Randal C. **Game theory and the law**. Massachusetts: Harvard University Press, 1994, p. 50-51.

excedente do produtor.[12] Ao ganho do comprador, dá-se o nome de excedente do consumidor.[13] E a esses ganhos somados (R$ 400.000,00) dá-se o nome de excedente econômico.

A ideia de excedente econômico é de fundamental importância para a análise econômica. De maneira bastante simplificada, é possível dizer que é o mesmo que riqueza. É igualmente possível dizer que a ideia de excedente econômico serve como medida do bem-estar. As partes de um contrato estão, em regra, em melhor posição quando, de maneira voluntária, anuem com seus termos (do contrário, não haveriam contratado). Contratos, dessa maneira, criam riqueza e aumentam o bem-estar dos contratantes.[14]

Este raciocínio pode ser ainda ampliado. Uma maneira de pensar a sociedade é considerá-la, de maneira abstrata, como formada exclusivamente por compradores e vendedores, que negociam bens e serviços nos mais diversos mercados. Uma boa maneira de medir o bem-estar dessa sociedade, então, é avaliar o excedente total advindo das trocas. Quanto mais transações forem realizadas nessa sociedade, mais excedentes serão criados. E quanto mais excedentes forem criados, maior será o bem-estar da sociedade.[15] Matematicamente, é possível pensar o bem-estar da sociedade como sendo uma função[16] do bem-estar dos consumidores e produtores, medido por meio do conceito de excedente econômico. Se o primeiro é uma função do segundo, cada contrato firmado na sociedade aumenta o seu bem-estar. Aí reside a relação entre contratos, criação de riqueza e aumento do bem-estar social.

Para conjugar o conceito econômico de contrato com as noções de incerteza, excedente econômico e cooperação, podemos utilizar a teoria dos jogos, explorada por nós no capítulo V desse livro. O exemplo, agora, envolve a barganha (o jogo de barganha) quanto à compra de um carro usado.[17] João, que vive em uma cidade pequena, é proprietário de um Fusca 1960 em bom estado. O prazer de ser proprietário do carro e dirigi-lo vale para ele R$ 3.000,00 (três mil reais), o que significa que seria

---

[12] "**Excedente do produtor** é o montante que um vendedor recebe menos o seu custo da produção. O excedente do produtor mede o benefício que os vendedores recebem por sua participação em um mercado." MANKIW, N. Gregory. **Introdução à economia**. Tradução de Allan Vidigal Hastings, Elisete Paes e Lima, Ez2 Translate. São Paulo: Cengage Learning, 2014, p. 135.

[13] "**Excedente do consumidor** é a quantia que um comprador está disposto a pagar por um bem menos a quantia que realmente paga por ele." MANKIW, N. Gregory. **Introdução à economia**. Tradução de Allan Vidigal Hastings, Elisete Paes e Lima, Ez2 Translate. São Paulo: Cengage Learning, 2014, p. 131.

[14] Em sua obra "Novos temas de direito civil", Orlando Gomes já observava que o capitalismo industrial e empresarial, alçando o contrato à condição de criador de riqueza (e não mais como mero circulador), fez com que ele passasse a ter função social. GOMES, Orlando. **Contratos**. Forense. 2008, p. 48.

[15] Mankiw diz que a soma dos excedentes do consumidor e do produtor são uma maneira possível de se medir o bem-estar econômico da sociedade. MANKIW, N. Gregory. **Introdução à economia**. Tradução de Allan Vidigal Hastings, Elisete Paes e Lima, Ez2 Translate. São Paulo: Cengage Learning, 2014, p. 138-139. Kaplow e Shavell tratam o bem-estar social como uma função do bem-estar do indivíduo. KAPLOW, L. e S. SHAVELL. **Fairness versus welfare**. Harvard University Press, 2002, p. 16.

[16] O sentido do termo função, aqui matemático ($f(x)=ax+b$). Considera-se, assim que, quando cresce o bem-estar de um indivíduo, cresce o bem-estar da sociedade também.

[17] Jogo adaptado de: COOTER, R. e ULEN, T. **Law & Economics**. Pearson Education Inc., Publishing as Pearson Addison Wesley. 2004, p. 196-200.

vantajoso vender o carro por um valor superior. Benta, que cobiça o carro há muitos anos, depois de receber uma herança no valor de R$ 5.000,00 (cinco mil reais), decide tentar adquiri-lo. Tendo inspecionado o automóvel, ela conclui que o prazer de ser sua proprietária e de dirigi-lo vale para ela R$ 4.000,00 (quatro mil reais), o qual corresponde ao valor máximo que ela estaria disposta a pagar pelo veículo. Um acordo de compra e venda, nessas condições, mostra-se possível.

O carro pode passar de João, que o valoriza em R$ 3.000,00 (três mil reais), para Benta, que o valoriza em R$ 4.000,00 (quatro mil reais). Isto é, considerando que o vendedor em potencial valoriza o carro menos que o comprador potencial, existe espaço para uma barganha, uma vez que o vendedor está disposto a transferir o bem por um valor menor do que aquele que o comprador se dispõe a pagar, e este, por sua vez, aceita adquirir o bem por um montante superior ao que o vendedor atribui ao bem. Ou seja, supondo que a troca seja voluntária, João não aceitará menos que R$ 3.000,00 (três mil reais) pelo carro e Benta não pagará mais que R$ 4.000,00 (quatro mil reais).[18]

Suponhamos que o negócio tenha se concretizado por R$ 3.500,00 (três mil e quinhentos reais), um valor razoável, a dividir a diferença. A diferença entre o valor que Benta pagou e o que estaria disposta a pagar mais a diferença entre o valor que João vendeu e o que estaria disposto a vender, como visto, é o excedente econômico, isto é, é a medida do quanto as duas partes ganharam com a troca. Benta pagou apenas R$ 3.500,00 (três mil e quinhentos reais) por algo que valorava em R$ 4.000,00 (quatro mil reais), ao passo que João recebeu R$ 3.500,00 (três mil e quinhentos reais) por algo que venderia por R$ 3.000,00 (três mil reais). O excedente econômico total, portanto, é de R$ 1.000,00 (mil reais), com cada parte se beneficiando do excedente de R$ 500,00 (quinhentos reais).

Imaginemos, no entanto, que, na hora de entregar o dinheiro, a compradora venha a revelar a João que o dinheiro da herança só estará disponível em 30 (trinta) dias, por questões jurídicas. As partes, nesse caso, podem tomar duas opções: (i) desistir do negócio; ou (ii) acordar quanto à data do pagamento e a entrega do carro. Na primeira hipótese, o excedente não será criado. Na segunda, entra em jogo o fator tempo, que, como já mencionamos, é um criador de incertezas.

Voltemos, então, à hipótese de uma sociedade na qual não haja meios coercitivos providos pelo Estado. Tal qual o caso do pintor e do contratante, também neste último exemplo, da venda do carro usado, as partes, na ausência de coerção externa, provavelmente desistiriam do negócio. A matriz de jogo abaixo dá conta das alternativas de cada jogador e os números indicam a diferença na riqueza de ambos antes e depois do jogo:

		Benta	
		Cumpre	Não cumpre
João	Entrega o carro	R$ 500,00 R$ 500,00	R$ 4.000,00 – R$ 3.000,00
	Não entrega o carro	0 0	0 0

[18] Esses valores mínimo e máximo são os valores de ameaça (*threat value*) de cada uma das partes.

Colocando em palavras: João decide se entrega ou não o carro, que valoriza em R$ 3.000,00 (três mil reais). Se ele não entregar o carro, o jogo termina, e tanto João quanto Benta nada ganham. Se optar por entregar o carro, caberá à Benta decidir se coopera e paga por ele ao final dos trinta dias ou se não coopera e não paga pelo carro, o qual, rememore-se, ela valoriza em R$ 4.000,00 (quatro mil reais). A cooperação produz um *payoff* (resultado) de R$ 1.000,00, dividido igualmente entre os negociantes (R$ 500,00) para cada, hipótese representada no primeiro quadrante. Quando há cooperação, ambos saem ganhando. Caso Benta não coopere, entretanto, ficará com o carro e se apropriará de um *payoff* final de R$ 4.000,00, às custas de um prejuízo de R$ 3.000,00 para João (valor atribuído por ele ao carro).

Se não há nada que a obrigue a cumprir o acordado, a estratégia mais interessante, havendo a entrega do carro por parte de João, é, precisamente, a não cooperação. De fato, R$ 4.000,00 (quatro mil reais)[19] é um resultado superior aos R$ 500,00 (quinhentos reais) advindos da cooperação. Consequentemente, a melhor estratégia disponível ao vendedor é, da mesma maneira, não cooperar. João antecipará que Benta não cooperará, ou seja, que não pagará pelo bem e, portanto, a melhor estratégia é não entregar o carro.[20]

Ocorre, no entanto, que ambas as partes estariam em melhor situação se cooperassem. Cada qual disporia de um excedente de R$ 500,00 (quinhentos reais). A solução do jogo, no entanto, é a não cooperação de parte a parte (0, 0), hipótese na qual não há a criação de qualquer excedente.[21] A solução, portanto, é ineficiente no sentido de Pareto[22].

---

[19] O *payoff* de Benta é R$ 4.000,00 (quatro mil reais) porque ela fica com o carro, nada pagando por ele.

[20] Em contratos de longo prazo – jogos com mais de uma rodada –, as estratégias tendem a mudar (tudo depende, é claro, da estrutura do jogo a ser examinado). Entretanto, mesmo em contratos de longo prazo – em jogos de barganha repetidos –, se não houver um elemento externo aos jogadores que garanta o adimplemento do contrato, na última rodada, a estratégia dominante é a não cooperação. E, se na última rodada a estratégia dominante for a não cooperação, os jogadores terão condições de antecipar isso ao decidirem as suas ações nas rodadas anteriores, tornando a não cooperação a estratégia dominante em todas as rodadas. Daí por que, a rigor, mesmo para jogos repetidos vale o raciocínio lançado acima a respeito da garantia dos contratos. A respeito de jogos repetends e de normas sociais: "*In general, the demonstration that the players cannot cooperate in any given round leads to the conclusion that they cannot cooperate in the preceding round. If strictly ration parties know the round in which the repeated agency game ends, then the whole game unwinds, and the players fail to cooperate in any round. [...] People in long-run relationships develop social norms to coordinate their behavior without bargaining, which businessmen call 'customs in trade.' Lisa Bernstein discovered a peculiar fact: Customs in trade often contradict the explicit provisions of written contracts. In the Memphis textile exchange, the seller weighs the cotton to ensure that he ships the amount specified in the contract. The contract stipulates that the buyer must also weigh the cotton when accepting delivery from the seller so that the buyer will not have cause for complaint later. The custom, however, is for the buyer to accept the weight as stated by the seller, thus saving the bother of weighing it a second time.*" COOTER, Robert; ULEN, Thomas. **Law and Economics**. 6. ed. Berkeley: Berkeley Law Books, 2016, p. 285.

[21] Trata-se da hipótese representada no quadrante inferior do lado direito (não entrega, não cumpre). Bem como estamos diante de um equilíbrio de Nash fraco, conforme será demonstrado na árvore de decisão abaixo.

[22] O conceito de eficiência de Pareto, já abordado no capítulo 2 desta obra, pode ser definido da seguinte maneira: "*A state of affairs is Pareto efficient if nobody can be made better off without*

Consideremos agora a hipótese reversa. Imaginemos que João e Benta vivam em uma sociedade em que há contratos e na qual ambos possam buscar em juízo o cumprimento (adimplemento) da obrigação da parte adversa. Assumamos que as partes acordem que, no caso do inadimplemento de Benta, ela deverá devolver o carro mais o pagamento de R$ 500,00 (quinhentos reais), a título de perdas e danos pelo tempo em que João ficou sem o veículo (os 30 trinta dias dentro dos quais Benta deveria cumprir com sua promessa). A matriz de jogo ilustrada abaixo representa as alternativas de João e Benta diante de um contrato passível de execução judicial. Os números, como na matriz anterior, indicam a diferença de riqueza de cada jogador antes e depois do jogo.

		Benta	
		Cumpre	Não cumpre
João	Entrega o carro	R$ 500,00 R$ 500,00	– R$ 500,00 R$ 500,00
	Não entrega o carro	0 0	0 0

A matriz acima representa, na verdade, uma parte de uma árvore de decisão. Isto quer dizer que ela é uma segmentação de um jogo ainda maior, realizado de forma sequencial, isto é, com mais de uma rodada. A maneira mais adequada de representarmos graficamente é através de uma árvore de decisão. A primeira decisão, representada pelo círculo preto inicial (primeiro nó de decisão), será de João, com a segunda (e o respectivo nó de decisão) cabendo a Maria. Com isso, temos a seguinte árvore de decisão:

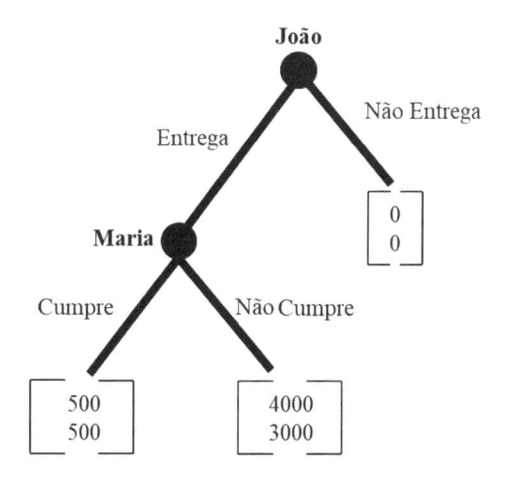

João
Entrega / Não Entrega
Maria → [0, 0]
Cumpre / Não Cumpre
[500, 500]   [4000, 3000]

---

making someone else worse off." FARNSWORTH, Ward. **The legal analyst**: a toolkit for thinking about the law. Chicago: The University of Chicago Press, 2007, p. 22.

Ou seja: se João entregar o carro e Benta cumprir o contrato, então ambos disporão, cada qual, de um excedente individual de R$ 500,00 (quinhentos reais), a resultar num excedente total de R$ 1.000,00 (mil reais). Por outro lado, se João entregar o carro e Benta não cumprir o contrato, ele receberá o carro de volta mais R$ 500,00 (quinhentos reais) a título de perdas e danos (Benta, nesse caso, perde R$ 500,00 quinhentos reais). Os quadrantes inferiores, por fim, representam o que ocorre quando João não entrega o carro: as partes permanecem na mesma situação, não havendo a criação de excedentes. Dadas as possibilidades, a entrega do carro é, sempre, a melhor alternativa disponível para João: R$ 500,00 é valor superior a zero. Se João entregar o carro, a melhor estratégia para Benta é cumprir o contrato. Com efeito, ganhar os R$ 500,00 do excedente é melhor que perder o mesmo valor a ser pago a título de perdas e danos[23].

A solução do jogo, disposta no primeiro quadrante (da segunda matriz), é eficiente no sentido de Pareto. O adimplemento do acordo coloca ambas as partes em situação melhor do que aquela em que estavam antes do acordo. Ainda: o seu adimplemento é superior ao inadimplemento. O bem (carro) circulará, passando da parte que menos o valoriza (João) para a parte que mais o valoriza (Benta). Entretanto, como visto, a solução do jogo não implica apenas circulação de riqueza: implica também em sua criação. São os excedentes advindos do adimplemento que permitem falar que ele aumenta o bem-estar das partes e, consequentemente, o bem-estar da sociedade.

O que mudou entre o primeiro e o segundo jogo? A principal mudança foi de premissa. No primeiro, com solução ineficiente, tomou-se como premissa a inexistência de qualquer instituição social (Estado, Judiciário, polícia) capaz de garantir o acordo – diferido no tempo – firmado entre as partes. O segundo jogo partiu da premissa de que tais instituições existem.

Se, por um lado, portanto, a noção econômica de contrato distancia-se da jurídica pois, diversamente do que se dá no direito, as trocas instantâneas não devem ser pensadas como contrato pela análise econômica, por outro, as noções econômica e jurídica de contrato aproximam-se de maneira singular – tanto para a análise econômica quanto para o direito, consideramos que contratos são os acordos garantidos pelo Estado e, então, passíveis de execução em juízo. Na verdade, o que mudou do primeiro jogo, com solução ineficiente, para o segundo, com solução eficiente, foi, sob o prisma da análise econômica, que o acordo no primeiro caso não consistia propriamente em um contrato. Contratos, para AED, são os acordos diferidos no tempo garantidos pelo Estado (e por isso dotados de *enforcement*). São aqueles passíveis de execução judicial por parte do interessado no seu adimplemento.[24] O que mudou do primeiro para o segundo jogo

---

[23] É interessante notar que, mesmo que não haja a condenação em perdas e danos, mas apenas a determinação de devolução do veículo, a solução do jogo permanece a mesma (entrega o carro, cumpre o contrato). Se não houver condenação em perdas e danos, Benta será condenada apenas a devolver o veículo, caso não pague por ele ao final dos 30 (trinta) dias. O *payoff* de Benta, nesse caso, será 0 (zero). O *payoff* de João também será 0 (zero). Sem a condenação em perdas e danos, João apenas receberá o carro de volta se Benta não pagar o preço do negócio ao final dos 30 (trinta) dias. Os *payoffs* do quadrante entrega o carro/não cumpre serão (0,0), inferiores ao do quadrante entrega o carro/cumpre (R$ 500,00, R$ 500,00).

[24] O termo "execução" aqui é utilizado em sentido atécnico. Não se trata do processo de execução (civil, penal ou trabalhista). Execução, neste capítulo, é a possibilidade de se fazer valer um acordo

foi a presença, no último, de um contrato, no sentido que a análise econômica dá a esse termo. Foi a existência de um contrato que converteu um jogo com solução ineficiente em um jogo com solução eficiente.[25]

A noção econômica de contrato aproxima-se, sob essa perspectiva, da noção jurídica uma vez que, também para o direito, são contratos os acordos garantidos pelo Estado e por isso passíveis de execução judicial, sobre os quais incidem as regras jurídicas de direito positivo. Obrigações meramente morais não são contratos para o direito, porque não são obrigações jurídicas. O que entrou em cena, na passagem do primeiro jogo para o segundo, foi o uso do direito dos contratos por uma determinada sociedade jurídico-econômica. No primeiro jogo, João e Benta não contavam com incentivos institucionalizados para o adimplemento do acordo. Isso não quer dizer que ele nunca pudesse vir a ser cumprido. João e Benta, mesmo sem a existência de um contrato passível de execução judicial, poderiam performar a compra e venda, fiando-se na palavra um do outro. O laço que vincularia as partes, entretanto, não seria jurídico. Seria meramente moral. Foi o direito contratual que entrou em cena, na passagem do primeiro para o segundo jogo. Sua presença mudou a estrutura de incentivos, transformando um jogo com solução ineficiente em um jogo com solução eficiente no sentido de Pareto. A solução – o equilíbrio – do primeiro jogo era a não cooperação. O contrato garantido pelo Estado, portanto, deslocou o equilíbrio do jogo: a solução passou a ser cooperação entre as partes.

Os jogos examinados acima são os jogos de barganha. Barganhar é o mesmo que negociar, trocar. Barganha é o termo geralmente usado na *common law* para examinar a formação de um contrato. Ou melhor: é através da teoria da barganha que, na *common law*, se reconhece ou não a existência de um contrato. Barganha, sob essa perspectiva, é um diálogo estabelecido em torno do preço de um bem ou serviço.[26] Os elementos da barganha, na *common law*, que permitem aferir a existência de um contrato, são: a oferta, a aceitação e a consideração (*consideration*).[27] O elemento mais problemático desses três, cujo significado não salta à vista daqueles acostumados a operar no *civil law*, é a consideração. A consideração é o que o promissário oferece ao promitente a fim de induzir a realização da promessa.[28] É ela que torna o contrato passível de execução

---

em juízo. Acordos suscetíveis de execução judicial são os acordos dotados de *enforcement* (*i.e.* são os contratos em sentido econômico).

[25] "*Thus, an enforceable contract converts a game with a non-cooperative solution into a game with a cooperative solution. The first purpose of contract law is to enable people to cooperate by converting games with non-cooperative solutions into games with cooperative solutions.*" COOTER, Robert; ULEN, Thomas. **Law and Economics**. 6. ed. Berkeley: Berkeley Law Books, 2016, p. 285.

[26] "*Bargaining is a dialogue on value to agree on a price.*" Ibidem, p. 278.

[27] "*The bargain theorists Distinguished three elements in the dialogue: offer, acceptance, and consideration. 'Offer' and 'acceptance' have the same meaning in this theory as they do in ordinary speech: One party must make an offer ('I'll take that rusty Chevy over there for $1000') and the other must accept it ('Done'). Sometimes business practice and social conventions prescribe the signals for making and accepting offers. For example, a buyer at an auction may signal an offer to buy by raising his or her hand, and the auctioneer may signal acceptance by shouting 'Sold'" Sometimes contract law and statutes specify procedures for offer and acceptance. For example, most states require written contracts and registration for sales of land.*" Ibidem.

[28] O promitente é quem faz a promessa, e o promissário é aquele a quem a promessa é dirigida.

judicial. Na *common law*, promessas sem consideração não são passíveis de execução judicial. Ou seja, a barganha exige incentivos recíprocos: o promissário e o promitente devem oferecer incentivos, um ao outro, para a formação de um contrato.[29]

Já os países da tradição da *civil law* não trabalham com a teoria da barganha e com o conceito de consideração. Para se afirmar a existência de uma promessa executável, os países da *civil law* acionam o conceito de causa do negócio jurídico, explicada pela teoria da vontade. De acordo com a teoria da vontade, um contrato passível de execução judicial existe a partir do momento em que há o encontro de vontades dirigidas à formação de um vínculo. É interessante notar que, ainda que a AED repercuta de maneira mais pronunciada nos países da *common law*, como já apontamos em outras partes desse livro, a teoria da vontade, adotada pelos países do *civil law*, é a que mais se aproxima da ideia de eficiência (a teoria da barganha, a seu turno, não está em acordo com a análise econômica). Isso porque, o encontro de vontades destinado à formação de um vínculo é, de certa maneira, a roupagem jurídica da noção de eficiência de Pareto.[30]

Nos países do *civil law*, os juízes constatam a existência de um contrato, dando-lhe guarida judicial, desde que tenha havido o encontro de vontades destinado à formação de um vínculo. Não se questiona acerca da existência do elemento consideração (*consideration*). O contrato existe, nos países do *civil law*, independentemente da existência de incentivos recíprocos.

Segundo a análise econômica, o questionamento acerca do elemento consideração não deve, de fato, ser feito. Para a configuração de um contrato, suscetível de execução judicial, não são necessários incentivos recíprocos. Devem ser garantidos pelo Estado todos os acordos voluntários cuja execução (*enforcement*) tenha sido desejada pelas partes no momento de sua realização[31].

---

[29] "*Regardless of form, each bargain involves reciprocal inducement: The promisee gives something to induce the promisor to give the promise, and the promisor gives the promise as inducement to the promisee. Common law uses the technical term consideration to describe what the promisee gives the promisor to induce the promise. Thus, the farmer's payment of $25 is consideration for the promise to supply a device that kills grasshoppers. The delivery of a car, the painting of a house, or a promise to deliver corps may be consideration for a promise of future payment. According to the bargain theory, the contract remains incomplete until the promisee gives something to the promisor to induce the promise. When completed, the contract becomes enforceable. In other words, consideration makes the promise enforceable. The bargain theory holds that promises secured by consideration are enforceable and promises lacking consideration are unenforceable.*" COOTER, Robert; ULEN, Thomas. **Law and Economics**. 6. ed. Berkeley: Berkeley Law Books, 2016, p. 278.

[30] "*In most English-speaking countries, traditional common-law doctrine requires 'consideration' for a promise to be enforceable. [...] Instead of relying upon 'consideration' to identify the essential element of an enforceable promise, however, the civil law tradition that prevails in continental Europe sometimes invokes the equally mysterious idea of 'cause.' Just as the bargain theory attempts to explain 'consideration,' so various theories have been advanced to explain 'cause,' such as the will theory. According to the will theory, a binding contract requires an intention by the parties to be bound. When each party intends the promise to bind, their wills meet, which creates the contract. The meeting of minds resembles Pareto efficiency, as we will explain.*" Ibidem, p. 279.

[31] "*We want to replace the bargain theory with a better answer to the two fundamental questions in contract law. The enforceability of a contract usually makes the parties better off, as measured*

Tomemos como exemplo uma doação pura, feita por simples liberalidade do doador. Desde que ele e o donatário tenham querido, no momento da formação do vínculo, que aquela doação fosse protegida pelo direito – inclusive pelo aparato repressor do Estado em caso de descumprimento –, não há razões, diz a análise econômica, para não se considerar tal doação como um contrato, passível de execução judicial[32]. Numa doação pura, não existem incentivos recíprocos. Não há consideração (*consideration*). Nem por isso, diz a AED, deve uma doação pura deixar de ser considerada um contrato. Se o doador deseja, de maneira voluntária, doar um bem ao donatário, é porque auferirá algum bem-estar com a doação. O prazer, por exemplo, de um pai que doa um imóvel a um filho provavelmente supera o prazer decorrente de ter o imóvel para si. Nesse sentido, uma doação pura, desprovida de incentivos recíprocos, é eficiente no sentido de Pareto. Tanto o doador quanto o donatário estão em melhor situação depois da doação do que antes dela. E, se é eficiente, deve ser, diz a análise econômica, protegida pelo direito.

8.1 REMÉDIOS CONTRATUAIS

O segundo jogo descrito acima – aquele com solução eficiente – partiu da premissa de que, no caso de descumprimento de sua promessa, Benta seria obrigada a devolver o veículo e responder por perdas e danos. Reprisando: se Benta não pagasse a João em 30 (trinta) dias o valor do carro que barganhou, seria condenada, não só a devolver o carro (restituição do bem), mas também a pagar R$ 500,00 (quinhentos reais) a título de indenização (compensação em dinheiro). Segundo a análise econômica dos contratos, essa condenação que recairia sobre Benta – restituição acrescida de perdas e danos – é intitulada "remédio contratual". Cuida-se de remediar o descumprimento (quebra; no inglês: *breach*) de um contrato. A noção econômica de contrato, como visto, considera que estes são acordos garantidos pelo Estado. Mas, quando se pode dizer que um acordo é garantido pelo Estado? Quando o ordenamento jurídico disponibilize algum remédio contratual para a sua quebra[33].

Levando-se em conta a fonte do remédio jurídico, costuma-se distinguir 2 (duas) espécies de remédios: aqueles fixados por juízes e tribunais e aqueles desenhados pelas

---

by their own desires, without making anyone worse off. Making someone better off without making anyone worse off is a 'Pareto-efficient' change. Economic efficiency usually requires enforcing a promise if the promisor and promisee both wanted enforceability when it was made." Ibidem, p. 283.

[32] O exemplo se aproxima daquele dado por Cooter e Ulen: "*As another example, assume that a prominent alumna promises to give Old Siwash University the funds to construct a new building. The university wants to begin construction immediately. The alumna also wants the university to begin construction immediately. To obtain cash for the donation, the alumna must liquidate assets, which will take some time. The university dare not begin construction without an enforceable promise. In this example, both parties want the promise to be enforceable, but the bargain theory withholds enforcement of this promise. Gift-promises are not induced by the prospect of gain so they always lack consideration.*" Ibidem, p. 282.

[33] "*A promise is enforceable if the courts offer a remedy to the victim of the broken promise.*" Ibidem, p. 277.

partes[34]. Juízes e tribunais podem, por exemplo, determinar a execução específica da obrigação (adimplemento específico, cumprimento específico)[35]; a indenização por perdas e danos[36]; a restituição do bem. As partes podem estipular, a seu turno, além desses mesmos remédios, uma cláusula penal (multa), para o caso de descumprimento do contrato ou para o atraso no adimplemento. Podem também, em lugar de prever uma obrigação de natureza material (pagar perdas e danos, executar especificamente a obrigação, restituir o bem), designar um procedimento para a resolução de uma controvérsia advinda do contrato, como a arbitragem ou a mediação do conflito.

Nos países da *common law* e na França, a praxe é que aquele que descumpre um contrato seja condenado a indenizar a parte lesada, mediante o estabelecimento de perdas e danos (*expectation damages*). Na Alemanha e em outros países europeus, prefere-se a execução específica da obrigação. O Brasil, alinhando-se à tradição do *civil law*, dá preferência à execução específica da obrigação (conforme o artigo 499 do Código de Processo Civil de 2015). A conversão em perdas e danos é uma opção subsidiária: só deve ocorrer se o autor (credor) a requerer, ou se for impossível o adimplemento (execução) específico(a) ou o seu equivalente prático. Segundo Cooter e Ulen, no entanto, a diferença entre os países do *civil law* e da *common law* é mais teórica que prática, já que em ambos os contextos a indenização por perdas e danos e a execução específica da obrigação são utilizadas a depender do caso concreto[37].

---

[34] Cooter e Ulen distinguem os remédios em 3 (três) categorias: remédios escolhidos pelas partes, perdas e danos impostos pelos tribunais e execução específica. Textualmente: "*When a party to a contract fails to perform as promised, the victim may ask the court for a remedy. Remedies fall into three general types: party-designed remedies, court-imposed damages, and specific performance. First, the contract may stipulate a remedy. The contract stipulates a remedy when it contains explicit terms prescribing what to do if someone breaches. For example, a construction contract may stipulate that the builder will pay $200 per day for late completion of a building. Instead of stipulating a specific remedy, the contract may stipulate a remedial process. For example, the contract may specify that disputes between the parties will be arbitrated by the International Chamber of Commerce, which has its own rules about remedies.*" Ibidem, p. 307.

[35] A execução (tutela) específica das obrigações de fazer ou não fazer é regida, processualmente, pelo artigo 497 do Código de Processo Civil de 2015. A execução (tutela) específica da obrigação de dar é regida, processualmente, pelo artigo 498 do Código de Processo Civil de 2015.

[36] As perdas e danos pelo inadimplemento das obrigações é regida, materialmente, pelos artigos 402 a 405 do Código Civil. Processualmente, a conversão das obrigações em perdas e danos é regulada pelo artigo 499 do Código de Processo Civil, segundo o qual: "A obrigação somente será convertida em perdas e danos se o autor o requerer ou se impossível a tutela específica ou a obtenção de tutela pelo resultado prático equivalente."

[37] "*Damages and specific performance are the two general types of court-designed remedies for breach of contract. Different legal systems in different countries disagree about the preferred remedy. In common law countries and in France, Courts say that damages are the preferred remedy, whereas German and most other European courts say that specific performance is the preferred remedy. The difference between alternative legal traditions, however, is greater in theory than in practice. In practice, each legal system prescribes damages as the remedy in some circumstances and specific performance as the remedy in other circumstances. Furthermore, the prescriptions largely overlap in many different legal systems. Presumably, the prescriptions overlap because different systems of law respond to the same economic logic Common law and civil law traditions both tend to specify the efficient remedy for breach of contract.*" COOTER, Robert; ULEN, Thomas. **Law and Economics**. 6. ed. Berkeley: Berkeley Law Books, 2016, p. 308.

Comecemos pela indenização por perdas e danos. Indenizar por perdas e danos implica saber o que se estará a reparar, ou seja, demanda questionar em que consistiu o dano e qual a sua dimensão. Segundo a análise econômica dos contratos, três podem ser os parâmetros alternativos para o exame do dano e a sua mensuração.[38] Ele pode consistir no fato de que, na ausência de adimplemento, isto é, do cumprimento do contrato, uma das partes estará em uma situação pior do que aquela que se colocaria caso o contrato tivesse sido cumprido (quer por inadimplemento, descumprimento ou quebra). Na análise econômica, essa medida é denominada de dano da (pela) expectativa (de adimplemento)[39]. O parâmetro para se examinar o dano e a sua extensão, nesse caso, é a situação em que estaria o lesado, caso o contrato houvesse sido adimplido. Assim, a indenização do dano, parametrizado pela expectativa de cumprimento, deve tornar a parte prejudicada indiferente entre o adimplemento e a quebra do contrato.

Para a análise econômica, a indenização pelos danos referentes à expectativa é a medida mais adequada para o cálculo dos danos.[40] Quando avaliados em conformidade com a expectativa de cumprimento, os danos incentivam o seu inadimplemento (ou seja, sua quebra ou descumprimento) apenas quando este for ineficiente. Cabe ilustrar com um exemplo. Imaginemos que um pintor de quadros de renome e um interessado em um retrato pintado por ele negociem (contratem a pintura de) uma obra por R$ 1.000.000,00 (um milhão de reais). Imaginemos, ainda, que o valor mínimo pelo qual

---

[38] Ulen, para falar da medida dos danos, diz que visam proteger três interesses da parte lesada pelo inadimplemento do contrato: o interesse na restituição à situação anterior ao contrato, o interesse resultante da confiança e o interesse da expectativa. Para o autor, é só também este último interesse que é capaz de dar a medida correta dos danos. ULEN, Thomas. The ef-ficiency of specific performance: toward a unified theory of contract remedies. **Michigan Law Review,** v. 83, n. 2, 1984, p. 353-364.

[39] Não se costuma, no direito brasileiro, usar-se as expressões "danos da expectativa" ou "danos expectáveis". A ideia de danos da (ou pela) expectativa, contudo, pode ser entendida, no Brasil, por meio da hipótese da indenização perfeita. Indenizar-se alguém de maneira perfeita pelo inadimplemento (quebra) de um contrato significa pagar ao lesado pelo inadimplemento tudo o que seja necessário para o tornar indiferente entre o adimplemento e o inadimplemento. De certa maneira, a ideia de indenização perfeita está embutida nos artigos 389, 402 e 404 do Código Civil. As perdas e danos abrangem, pelo Código Civil brasileiro, não só o que o indenizado perdeu, mas também o que ele deixou de lucrar. Incluem ainda correção monetária, juros de mora e honorários de advogado. No entanto, o Brasil não tem por costume indenizar o lesado pelo inadimplemento pelo tempo que este perde com uma ação judicial de indenização. Mais que isso, a interpretação dominante é a de que ele não se indenizam os honorários contratuais com os quais um litigante tem de arcar para defender os seus interesses em juízo (por todos, veja-se o acórdão proferido por ocasião do Recurso Especial 1.507.864/RS). Logo, a indenização, no Brasil, ao lesado pelo inadimplemento de um contrato não é perfeita – o que significa dizer que, no Brasil não se indenizam suficientemente os danos da expectativa.

[40] "*What should be the remedy for breaking enforceable promises? This is the second fundamental question of contract law. The preceding proposition, which eluded contract theorists for decades, suggests an answer: expectation damages. This is the right answer to cause people who make promises to take the efficient level of commitment to keeping them. It is also the right answer to compensate fully the victims of breach. In fact, expectation damages are the most common remedy for breach of contract in the United States. Perfect expectation damages are apparently the legal ideal, but the actual remedy often differs from the perfect one. Damages below the perfect level cause the promisor to breach too often, and damages above the perfect level cause the promisor to perform too often [...]*". COOTER, Robert; ULEN, Thomas. **Law and Economics**. 6. ed. Berkeley: Berkeley Law Books, 2016, p. 289.

o pintor estaria disposto a pintar o quadro era de R$ 800.000,00 (oitocentos mil reais) e o máximo que o interessado no retrato estaria disposto a pagar era de R$ 1.200.000,00 (um milhão e duzentos mil reais).

Esses eram os respectivos valores de ameaça (preço de reserva). O valor de ameaça (preço de reserva) do contratante da pintura define a medida do bem-estar de que ele desfrutaria com o adimplemento (cumprimento) do contrato. Ou seja, é possível dizer que o prazer que o contratante da pintura retiraria da pintura do quadro equivale a R$ 1.200.000,00 (um milhão e duzentos mil reais).

Suponhamos, no entanto, que, depois de contratada a pintura do quadro, uma outra pessoa busque o pintor e lhe ofereça, por um quadro que exija o mesmo esforço, R$ 3.000.000,00 (três milhões de reais). Imaginando que o tempo de que o pintor dispõe só lhe permite pintar um dos quadros, cabe perguntar: o que deve fazer? Deve descumprir o primeiro contrato e executar o segundo? Ou deve manter o primeiro contrato e recusar o segundo?

Sob a ótica do pintor, parece claro, é muito mais interessante a quebra do primeiro contrato e a execução do segundo. E sob o prisma da análise econômica? O que a análise econômica recomenda que o pintor faça? Se, no caso de inadimplemento do primeiro contrato, a medida dos danos for a expectativa do primeiro contratante, para a análise econômica, o inadimplemento do primeiro contrato e a execução do segundo é eficiente. Sendo os danos referentes ao inadimplemento medidos pela expectativa de cumprimento, o lesado pelo descumprimento do primeiro contrato deve ser indenizado até ficar indiferente entre o seu adimplemento e inadimplemento.

Caso o interessado no primeiro contrato – aquele firmado pelo valor de R$ 1.000.000,00 (um milhão de reais) – nada tenha adiantado ao pintor pelo quadro, isto é, supondo-se que o pagamento só se daria quando da entrega da obra, a indenização pelo inadimplemento há de ser de R$ 200.000,00 (duzentos mil reais)[41], já que essa é a diferença entre o valor subjetivo (de ameaça) que o contratante atribuía ao adimplemento do contrato e o seu preço final.[42] A indenização no valor de R$ 200.000,00 (duzentos mil reais) ao lesado deixa-o indiferente entre o seu adimplemento ou inadimplemento. Se o quadro fosse finalizado, o lesado desfrutaria de um prazer de R$ 1.200.000,00 (um milhão e duzentos mil reais). Para ter esse prazer, no entanto, teria de desembolsar R$ 1.000.000,00 (um milhão de reais), que era o preço final do serviço. Como ele nada adiantou ao pintor, deve receber R$ 200.000,00 (duzentos mil reais) pelo inadimplemento do contrato.

O descumprimento do primeiro contrato, no valor de R$ 1.000.000,00 (um milhão de reais) e a execução do segundo, no valor de R$ 3.000.000,00 (três milhões de reais) é eficiente porque, com os R$ 3.000.000,00 (três milhões de reais), o pintor poderia indenizar perfeitamente o primeiro contratante e ainda embolsar uma quantia maior que o valor que receberia no primeiro contrato. O pintor poderia pagar R$ 200.000,00 (duzentos mil reais) a título de indenização ao primeiro contratante e ainda embolsar R$ 2.800.000,00 (dois milhões e oitocentos mil reais) pela execução do segundo contrato. As partes do segundo contrato, com a sua execução e o inadimplemento do

---

[41] Deixam-se, por ora, de lado ocasionais honorários advocatícios, custas e perda de tempo com os quais tenha o lesado de arcar para se ver indenizado pelos danos da expectativa.

[42] R$ 1.200.000,00 – R$ 1.000.000,00 = R$ 200.000,00.

primeiro, passam a estar numa situação melhor, sem que o lesado pelo inadimplemento do primeiro contrato tenha de estar numa situação pior, o que caracteriza eficiência, no sentido de Pareto.

Na linguagem da análise econômica, o serviço do pintor, nessas circunstâncias, dirige-se para o seu uso mais valioso, o que chamamos de *eficiência alocativa*. Note que, se o segundo contrato foi firmado pelo valor de R$ 3.000.000,00 (três milhões de reais), sabemos que o novo comprador avalia a pintura em valor igual ou superior. Ou seja, não apenas o pintor será mais bem remunerado, mas também a pintura será alocada, de forma eficiente, ao comprador que mais valoriza o trabalho do pintor.

A segunda possibilidade de caracterização do dano e de sua medição está na noção de confiança – dano pela confiança.[43] Alguém que confia no futuro adimplemento de um contrato pode vir a fazer investimentos e se ver frustrado diante do inadimplemento (quebra).[44] Pense-se no caso do pintor famoso e do contratante da pintura. O contratante da pintura, confiando na entrega do quadro, pode vir a organizar uma festa para a exposição inaugural do quadro. O descumprimento do contrato esvazia a motivação da festa. Isto é, a quebra do contrato desmantela o investimento resultante da confiança em seu cumprimento. O parâmetro para a avaliação do dano, nesse caso, é a situação que se colocaria caso as partes nada tivessem contratado. Se as partes não houvessem contratado a pintura, o contratante não montaria a festa. É, portanto, a diferença existente entre as situações posterior e anterior à celebração do contrato que traz a dimensão da indenização pela confiança. Vejamos bem: a linha de base, aqui, é a celebração, e não seu adimplemento. O lesado pelo inadimplemento, se o dano for indenizado pela confiança,

---

[43] No direito brasileiro, pode-se pensar o dano da (pela) confiança como embutido na regra do artigo 402 do Código Civil, segundo a qual o lesado pelo inadimplemento faz jus não só aos danos emergentes, mas também aos lucros cessantes. Quem confia no adimplemento de um contrato e faz investimentos com base na confiança, é provável, deixa de lucrar se houver o inadimplemento. No caso do pintor de quadros e do contratante da pintura, se o contratante da pintura contratar uma festa para a inauguração do quadro, seria, em tese, possível incluir os gastos efetivos com a festa, na ideia de danos emergentes e o prazer subjetivo frustrado pela perda de razão de ser da festa na ideia de lucro cessante. O prazer subjetivo poder-se-ia também encaixar na ideia de dano moral. No Brasil, no entanto, a regra é a de que o mero inadimplemento de um contrato – de uma obrigação – não dá ocasião a indenização por danos morais (por todos, veja-se o acórdão proferido no julgamento do Recurso Especial 1.745.429/SP).

[44] A impropriedade de se medir os danos pela confiança será melhor explicada quando se estudar abaixo o paradoxo da indenização. Medir-se os danos pela confiança pode levar a adimplementos e a inadimplementos ineficientes. Imagine-se, no exemplo do pintor e do contratante da pintura, que o quadro tenha sido precificado em R$ 1.000.000,00 (um milhão de reais) e que, porque confia no adimplemento do contrato, o contratante tenha montado uma festa de inauguração do quadro com a qual tenha gastado R$ 50.000.00 (cinquenta mil reais), sendo esse o valor da indenização (a medida do dano). Imagine-se, no entanto, que o contratante valora o quadro em R$ 1.200.000,00 (um milhão e duzentos mil reais). Se um terceiro interessado cortejar os serviços do pintor por R$ 1.100.000,00 (um milhão e cem mil reais), o pintor terá incentivos para quebrar (inadimplir) o primeiro contrato mesmo que isso seja ineficiente. Quem valora mais o quadro é o primeiro contratante (R$ 1.200.000,00 (um milhão e duzentos mil reais)), não o segundo (R$ 1.100.000,00 – um milhão e cem mil reais). Como, no entanto, a medida da indenização são os danos pela confiança (R$50.000.00 – cinquenta mil reais), o pintor tem incentivos para receber os R$ 1.100.000,00 (um milhão e cem mil reais) do terceiro interessado, pagar a indenização ao primeiro contratante e ainda embolsar R$ 1.050.000,00 (um milhão e cinquenta mil reais) pela pintura do quadro.

será devolvido à situação em que estava antes de celebrar o contrato, ao invés de ser colocado na situação em que estaria se o contrato fosse cumprido.[45]

Por fim, o dano a ser indenizado pode ser definido tendo como base o custo de oportunidade[46]. Contratar é também abrir mão de contratos alternativos, como um custo de oportunidade. O contrato alternativo é o custo de oportunidade. Refere-se ao sacrifício de um curso de ação alternativo. Quem contrata sacrifica a oportunidade de firmar outro contrato. A linha de base para o cálculo dos danos, portanto, é a oportunidade perdida, é o melhor contrato alternativo ao contrato descumprido. A condenação de quem descumpriu o contrato coloca o lesado na posição em que estaria caso tivesse firmado o melhor contrato alternativo ao contrato quebrado. Se o parâmetro para o cômputo da compensação for o custo de oportunidade, o lesado será indiferente entre o contrato descumprido e a melhor alternativa a esse contrato. Cooter e Ulen qualificam o dano pelo custo de oportunidade como espécie de dano pela confiança, já que quem confia deixa de firmar um contrato alternativo.[47]

Em geral, os danos com base na expectativa são maiores ou iguais aos relacionados ao custo de oportunidade, que, por sua vez, são maiores ou iguais aos danos baseados na

---

[45] Cooter e Ulen dizem que os danos pela confiança da *common law* se aproximam dos danos negativos da *common law*: "*The promisee may invest in reliance on the promise. Breach usually diminishes or destroys the value of the investment in reliance. So, reliance increases the loss resulting from breach. Breach makes promisees who rely worse off than if they had no made contracts. "No contract" provides a baseline for computing the injury. Using this baseline, the courts may award damages that place victims of breach in the position that they would have been if they had never contracted with another party. Damages computed relative to this baseline are called 'reliance damages' in the common law tradition. The civil law tradition refers to these damages as 'negative damages' because the damages replace income that was actually lost. If reliance damages or negative damages achieve their purpose, the potential victim of breach is equally well off whether there is no contract, no the one hand, or breach of contract and payment of damages, on the other hand. We say perfect reliance damages leave potential victims indifferent between no contract and breach.*" COOTER, Robert; ULEN, Thomas. **Law and Economics**. 6. ed. Berkeley: Berkeley Law Books, 2016, p. 311.

[46] No direito brasileiro, não se costuma indenizar o custo de oportunidade. O mais perto disso que se chega é no direito do consumidor, em que, algumas vezes, indeniza-se a perda de tempo útil do consumidor, isto é, o tempo que o consumidor usa, por exemplo, para resolver problemas nos bens e serviços que contrata (com atendentes de telemarketing, esperando assistentes técnicos em sua residência etc.

[47] Cooter e Ulen qualificam os danos pelo custo de oportunidade como danos emergentes. Não parece ser, no entanto, essa a lógica do civil law. De todo modo, veja-se o que os autores dizem: "Damages computed to this baseline are called "opportunity-cost" damages. If opportunity-cost damages achieve their purpose, the potential victim of beach is equally well off whether there is breach of contract, on the one hand, or the best alternative contract, on the other hand. We say that perfect opportunity-cost damages leave potential victims *indifferent* between breach and performance of the best alternative contract. Previously, we discussed the fact that the promisee may invest in reliance on a contract. Similarly, the promisee may forego an opportunity in reliance on a promise. Consequently, the common law tradition considers opportunity-cost damages to be a form of reliance damages. This form of reliance damages takes into account the opportunity lost from relying on a promise, not merely the promisee's investment in reliance. Similarly, the civil law tradition considers opportunity-cost damages a form of negative damages (*damnum emergens*)." COOTER, Robert; ULEN, Thomas. **Law and Economics**. 6. ed. Berkeley: Berkeley Law Books, 2016, p. 312.

confiança. Os danos com base na expectativa são maiores ou iguais aos danos pelo custo de oportunidade porque o contrato escolhido – aquele descumprido – tende a ser uma alternativa melhor ou, no mínimo igual, ao melhor contrato alternativo (isto é, a oportunidade sacrificada). De outra parte, os danos relacionados ao custo de oportunidade são maiores, ou iguais, aos relativos a confiança, porque o contrato alternativo – ou seja, a oportunidade sacrificada – tende a ser melhor ou, no mínimo, igual ao não contrato (o não firmamento do contrato), que é a linha de base para o cômputo dos danos em razão da confiança.

Por isso, a indenização pelos danos com base na expectativa são considerados como medida eficiente. Trata-se de uma medida mais robusta dos danos, relacionados com a ideia de indenização perfeita (do valor subjetivo ou valor de ameaça atribuído pelo credor ao objeto do contrato), que, ao menos sob o ponto de vista do promitente[48], deve orientar o estudo do inadimplemento dos contratos sob o prisma da análise econômica. Indenizar alguém de maneira perfeita significa não o colocar em uma situação pior – tendo em conta a eficiência no sentido de Pareto.

Como dissemos, a indenização com base na expectativa busca colocar o lesado na mesma situação em que estaria, caso o contrato houvesse sido cumprido, tornando-o indiferente ao seu adimplemento ou inadimplemento. Se ela equipara o cumprimento do contrato à quebra (isto é, o adimplemento ao inadimplemento), fornece incentivos eficientes para o promitente cumpri-lo ou descumpri-lo, o que lhe for mais interessante. Por equiparar seu cumprimento à quebra, uma indenização com base na expectativa também incentiva de maneira eficiente a tomada de precaução por parte do promitente para evitar o inadimplemento (descumprimento, quebra). Isto é, a indenização por perdas e danos com base na expectativa dá ao promitente incentivos eficientes para tomar atitudes destinadas a precaver a quebra do contrato.[49]

Voltemos ao exemplo do pintor. Imaginemos que o contratante da pintura tenha demandado que o quadro fosse pintado com uma tinta especial e rara, que só pode ser encontrada em um país distante. Suponhamos ainda que, depois da contratação e antes de o pintor começar o trabalho, o tal país distante tenha entrado em guerra, o que elevou o preço da tinta especial (guerras, em geral, afetam os preços dos países envolvidos de maneira inesperada). O pintor, nesse caso, só pagará pela tinta caso compense. Se o inadimplemento (descumprimento) do contrato se mostrar mais interessante – se a tinta rarear a ponto de o seu preço ultrapassar o benefício que o pintor possa tirar do adimplemento –, ele optará por quebrar o contrato e pagar a indenização cabível ao contratante da pintura.

---

[48] A indenização perfeita, como se verá a seguir, dá incentivos corretos (eficientes) ao promitente, mas pode gerar incentivos errados (ineficientes) ao promissário (o lesado pelo ocasional inadimplemento do contrato, da obrigação). Logo, deve-se adotar com ressalvas a proposição normativa de que a indenização por perdas e danos (a indenização pelos danos expectados) deve ser sempre perfeita e que é sempre o remédio preferível.

[49] "*The preceding section proved that when a contract only affects the parties to it, liability for perfect expectation damages gives the promisor efficient incentives to perform or breach. The same proposition is true for the promisor's incentives to take precaution against breach. When a contract only affects the parties to it, liability for perfect expectation damages gives the promisor efficient incentives to take precaution against breach.*" COOTER, Robert; ULEN, Thomas. **Law and Economics**. 6. ed. Berkeley: Berkeley Law Books, 2016, p. 290.

Mas o remédio da indenização com base na expectativa não é perfeito. Se, de um lado, cria incentivos eficientes para o promitente, cria outros, ineficientes, para o promissário. A indenização com base na expectativa atribui todo o ônus do descumprimento do contrato ao promitente, que é quem arcará de maneira exclusiva com o pagamento da indenização no caso de quebra. A indenização com base na expectativa, por essa razão, incentiva o promissário a confiar excessivamente no cumprimento do contrato[50].

Retornando ao caso do pintor, imaginemos que: i) o pintor e o contratante acertaram a entrega do quadro no prazo de 1 (um) ano pelo preço de R$ 1.000.000,00 (um milhão de reais); ii) o contratante da pintura valore o quadro em R$ 1.200.000,00 (um milhão e duzentos mil reais); e iii) sendo pessoa da alta sociedade, o contratante da pintura organize uma festa de inauguração do quadro para 100 (cem) convidados. No caso de inadimplemento, a festa perde a sua razão de ser, que era a exibição da obra.

Sendo o remédio para o inadimplemento do contrato a indenização perfeita com base na expectativa, também os investimentos do contratante da pintura, resultantes da confiança no inadimplemento devem ser indenizados. Suponhamos que a montagem da festa tenha custado R$ 4.000.000,00 (quatro milhões de reais). Caso o magistrado que venha a julgar a causa em que se discuta o inadimplemento do contrato determine a indenização dos investimentos na festa (isto é, caso o remédio seja a indenização perfeita dos danos com base na expectativa), essa decisão incentivará adimplementos ineficientes de contratos semelhantes.[51]

Imaginemos que um terceiro interessado nos serviços do pintor busque-o e lhe ofereça, por um quadro a demandar esforço semelhantes, R$ 3.000.000,00 (três milhões de reais). Pensemos ainda que o tempo de que o pintor dispõe só lhe permita realizar uma das obras. Para cumprir um dos contratos, ele terá de inadimplir o outro. Como visto acima, o inadimplemento do primeiro contrato e a realização do segundo seria

---

[50] "We have shown that liability for perfect expectation damages gives efficient incentives to the promisor to take precautions against breach, but the promisee has no incentive to restrain her reliance. This proposition should look familiar to you, because you encountered its equivalent in Chapter 6 on torts: A rule of strict liability with perfect compensation for accidents gives efficient incentives to the injurer to take precaution, but the victim has no incentive to take precaution. Perfect damages have the same effect in contract and torts: The injurer internalizes the harm and the victim externalizes it. This is only one of the remarkable symmetries hidden in liability law. The simple answer to the second question of contract law – What should be the remedy for breaking enforceable promises? – is 'perfect expectation damages.' This remedy is perfect for the promisor's incentives, but imperfect for the promisee's incentives." Ibidem, p. 291.

[51] Se a medida dos danos forem os danos pela confiança, também inadimplementos ineficientes serão incentivados. Imagine-se, no caso do pintor e do contratante da pintura, que o quadro tenha sido precificado em R$ 1.000.000,00 (um milhão de reais) e que os gastos com a festa tenham atingido apenas R$ 50.000.00 (cinquenta mil reais), sendo esse o valor da indenização. Imagine-se, no entanto, que o contratante valora o quadro em R$ 1.200.000,00 (um milhão e duzentos mil reais). Se um terceiro interessado cortejar os serviços do pintor por R$ 1.100.000,00 (um milhão e cem mil reais), o pintor terá incentivos para quebrar (inadimplir) o primeiro contrato mesmo que isso seja ineficiente. Quem valora mais o quadro é o primeiro contratante (R$ 1.200.000,00 – um milhão e duzentos mil reais). Como, no entanto, a medida da indenização são os danos pela confiança (R$ 50.000.00 – cinquenta mil reais), o pintor tem incentivos para receber os R$ 1.100.000,00 (um milhão e cem mil reais) do terceiro interessado, pagar a indenização ao primeiro contratante e ainda embolsar R$ 1.050.000,00 (um milhão e cinquenta mil reais) pela pintura do quadro.

eficiente. O pintor poderia indenizar o lesado pelo inadimplemento em R$ 200.000,00 (duzentos mil reais), que é a diferença entre a valoração subjetiva e o preço do contrato, e ainda embolsar uma quantia maior pelo adimplemento do segundo contrato. Ocorre que, se no montante da indenização os gastos do primeiro contratante com a festa forem incluídos (R$ 4.000.000,00 – quatro milhões de reais), o pintor deixará de ter incentivos para inadimplir o primeiro contrato e realizar o segundo. Os gastos com a festa, por si, superam o preço do segundo contrato. A indenização em razão da festa incentiva o adimplemento ineficiente do contrato. O pintor ver-se-á incitado a adimplir o contrato mesmo que a valoração subjetiva do primeiro contratante seja inferior à do segundo.

Poderíamos, no entanto, questionar o que segue: se o primeiro contratante estima o quadro em apenas R$ 1.200.000,00 (um milhão e duzentos mil reais), por que contratou uma festa no valor de R$ 4.000.000,00 (quatro milhões de reais) para sua inauguração? A resposta reside no incentivo. Se o primeiro contratante souber, de antemão, que a medida da indenização serão os danos com base na expectativa, se ele souber que será indenizado de maneira perfeita, ele terá todos os incentivos para investir tudo o que tem no adimplemento do contrato, mesmo que esses investimentos superem a valoração subjetiva que ele faz do (objeto do) adimplemento do contrato.

A análise econômica chama a isso "paradoxo da compensação" (*paradox of compensation*). A compensação perfeita cria incentivos eficientes para o promitente cumprir o contrato, mas não para o promissário.[52] Ele será indenizado pelo sim e pelo não. No

---

[52] A compensação perfeita incentiva o promissário a confiar em demasia no cumprimento do contrato. Os incentivos eficientes para o promissário seriam criados caso ele nada recebesse em havendo inadimplemento. O promissário, nessa hipótese, não só faria de tudo para que o adimplemento ocorresse, mas também confiaria no adimplemento do contrato na exata medida exigida pela eficiência. O paradoxo da compensação possui duas soluções. A primeira, ainda não verificada no mundo real (é uma hipótese acadêmica), consiste no antisseguro. Trata-se de uma terceira parte receber a indenização pelo inadimplemento – sem o repasse para o promissário lesado, é claro. No antisseguro, o promitente internaliza o dano do descumprimento inteiramente, pagando a uma terceira pessoa o valor do dano, e o promissário também internaliza o dano, uma vez que nada recebe no caso do inadimplemento. Se o promissário nada receber, não possuirá, então, incentivos para confiar no adimplemento. A segunda solução para o paradoxo da compensação está em não se indenizar a confiança excessiva do promissário. A doutrina da *common law* que dá conta dessa hipótese é a da *foreseeability*. Por essa doutrina, só se indenizam os danos da confiança que poderiam ser previstos pelo promitente ao tempo do contrato. No Brasil, a indenização dos danos emergentes e dos lucros cessantes resultantes do inadimplemento obedece à regra do dano direto e imediato (artigo 403 do Código Civil), que não exige previsibilidade, mas uma relação de proximidade (objetiva) entre o inadimplemento e as perdas dele resultantes. Sobre o paradoxo da compensação: "*We begin by explaining the paradox of compensation in contracts. A contract imposes obligations on the promisor that are typically costly to perform. To perform or to increase the probability of performing, the promisor must invest. The promisor has an incentive to invest more on performing when liability for breach is higher. Conversely, the promisee can increase the value of performance by relying, but relying also increases the loss from breach. The promisee has an incentive to rely more when liability for breach is higher. […] What level of damages gives efficient incentives to invest, so that the promisor does not over – or underperform? For efficient incentives, the promisor must fully internalize the loss that the promisee suffers from breach. Perfect expectation damages cause the promisor to internalize the loss fully as required for efficiency. Because perfect expectation damages are at least as great as perfect opportunity cost damages, the latter must often allow the promisor to externalize part of the cost of breach. Similarly, because perfect opportunity-cost damages are at leas as great*

jargão da análise econômica, a indenização perfeita (com base na expectativa) faz com que o promitente (pintor) internalize o dano pelo descumprimento do contrato e com que o promissário (contratante da pintura) externalize esse dano.[53-54]

Como se não bastasse, a compensação perfeita é, quando muito, um ideal jurídico. No campo da responsabilidade civil, por exemplo, como compensar de maneira perfeita a perda de um braço? Qual o valor subjetivo que alguém atribui ao seu braço? Qual o valor de ameaça (preço de reserva) que alguém aceitaria pela perda do braço? No direito dos contratos, como saber qual o valor subjetivo que alguém confere ao adimplemento de um determinado contrato (de uma obrigação, de uma prestação)? No caso do pintor, como saber qual valor o contratante atribui subjetivamente à pintura e entrega do quadro? Como um juiz de direito faria para saber qual o valor de ameaça do pintor? Até hoje não se criou um "valorômetro das ameaças".

Cabe agora iniciar o exame do outro remédio para o descumprimento do contrato, mais comumente utilizado pelas partes e por julgadores: o adimplemento, isto é, a execução específica do contrato (da obrigação). O adimplemento específico é a determinação dirigida ao promitente, no sentido de que cumpra a sua obrigação contratual (de dar, fazer ou não fazer). Se ele se comprometeu a construir uma casa para o promissário, o adimplemento específico significará a construção da casa. A primeira pergunta que a análise econômica coloca ao distinguir o adimplemento específico da indenização por perdas e danos é: quando ele é preferível a indenizações por perdas e danos?

A AED responde a essa pergunta de diversas maneiras. A primeira resposta que tem a oferecer é a seguinte: o adimplemento específico da obrigação deve ser o remédio

---

as perfect reliance damages, the latter must often allow the promisor to externalize even more of the cost of breach. Turning to the promisee, what level of damages gives efficient incentives to rely, so that the promisee does not over – or under-rely? For efficient incentives, the promisee must fully internalize the loss from breach, which means that the promisee should receive no damages. As the measure of damages increases from reliance to opportunity-cost to expectation damages, the promisee externalizes an increasing fraction of the loss from breach. Perfect expectation damages cause the promisee to externalize 100 percent of the loss. Applied to contracts, the paradox of compensation is that, starting from perfect expectation damages, decreasing damages worsens the promisor's incentives and improves the promisee's incentives." COOTER, Robert; ULEN, Thomas. **Law and Economics**. 6. ed. Berkeley: Berkeley Law Books, 2016, p. 331-332.

53   O raciocínio esmiuçado acima, a respeito da indenização pelos danos expectados, pode ser transposto, sem o que por nem tirar, para a regra da responsabilidade civil objetiva. Responsabilizar-se alguém de maneira objetiva por um dano significa atribuir o dever de indenizar independentemente de culpa. Não se cogita, na responsabilização objetiva, se o causador do dano agiu de maneira negligente. Os incentivos da responsabilização objetiva, portanto, direcionam-se só para o possível causador do dano. É só ele quem possui incentivos para evitar o dano. O lesado não possui qualquer incentivo para não confiar no cumprimento do contrato. A compensação perfeita torna o lesado indiferente ao dano. O dano e a não ocorrência do dano proporcionam o mesmo bem-estar ao lesado. Na análise econômica, diz-se que, se nos casos de responsabilização objetiva com compensação perfeita, o causador do dano internaliza o dano e o lesado o externaliza.

54   É importante registrar que as indenizações do mundo real podem-se distanciar do ideal da compensação perfeita não só pelo excesso, mas também pela falta (se forem fixadas em valores diminutos). Também nesse caso criam-se incentivos ineficientes. Indenizações menores do que as ideais incentivam inadimplementos ineficientes e mais frequentes que os exigidos pela eficiência.

para a quebra do contrato quando não existirem substitutos próximos para o objeto da obrigação. Bens substitutos são, de maneira simples (e atécnica), bens parecidos, ou seja, que podem ser substituídos. Sob a perspectiva do consumidor, eles satisfazem desejos semelhantes. É o caso de ingressos para o cinema e assinaturas de serviços como a Netflix, ambos dão conta da vontade de assistir a filmes.[55] O adimplemento específico há de ser o remédio quando não houver substitutos próximos para o objeto da obrigação (do contrato) em virtude da dificuldade de se mensurar o dano advindo de sua quebra.

Para entender melhor o que se quer dizer com isso, tome-se novamente o exemplo do pintor e do contratante da pintura. Um quadro de um pintor específico, note-se, é um bem para o qual não existem substitutos próximos. Via de regra, não é satisfatório, para o demandante da pintura (consumidor), um quadro pintado por um outro pintor, ainda que igualmente famoso. É provável que quem contrata a pintura de uma tela esteja interessado única e exclusivamente no serviço de um único artista (o contratado para tanto). Se é assim, então, é preferível que o remédio para o descumprimento do contrato firmado entre o pintor e o contratante (consumidor) seja o adimplemento específico da obrigação no caso de descumprimento.

Mas por que a indenização por perdas e danos (referentes ao descumprimento da expectativa) não é adequada? O problema está no fato de que não há como medir as valorações subjetivas que as pessoas fazem a respeito dos objetos das obrigações presentes nos contratos. E, no caso dos bens que não possuem substitutos próximos, é mais provável que as pessoas atribuam valorações subjetivas específicas.[56] Quadros de pintores famosos são reconhecidos de maneiras distintas por diferentes pessoas. Tênis de corrida, por outro lado, tendem a ser avaliados de maneira muito próxima por pessoas distintas.

Mercados competitivos de bens que possuam substitutos próximos consistem em um meio de escapar ao problema da valoração subjetiva e da sua medição. Se,

---

[55] "Suponhamos que o preço do *frozen yogurt* caia. A lei da demanda diz que você comprará mais *frozen yogurt*. Ao mesmo tempo, você provavelmente comprará menos sorvete. Uma vez que o sorvete e o *frozen yogurt* são sobremesas geladas, doces e cremosas, eles satisfazem desejos semelhantes. Quando uma queda do preço de um bem reduz a demanda por outro bem, os dois bens são chamados substitutos. Os substitutos são frequentemente pares de bens que põem ser usados um no lugar do outro, como cachorros-quentes e hambúrgueres, malhas de lã e moletons, ingressos para o cinema e DVDs alugados." MANKIW, N. Gregory. **Introdução à economia**. Tradução de Allan Vidigal Hastings, Elisete Paes e Lima, Ez2 Translate. São Paulo: Cengage Learning, 2014, p. 68.

[56] "*The typical case in which courts adopt specific performance as the remedy involves the sale of goods for which no close substitute exists. Examples include land, houses, antiques, works of art, and specialized labor contracts. In contrast, when breach involves the sale of goods for which close substitutes exist, courts typically award damages as the remedy. The victim can use the damages to purchase substitute performance. Examples include new cars, wheat, televisions, and stock in public companies. [...] In general, the error in the court's estimation of expectation damages decreases as the ease of substitution increases for the promised performance. The error decreases because the court can award damages at a level enabling the victim to purchase a substitute for the promised performance. When a good has a close substitute that is readily available in the market, no one is likely to value the good at much more than the price of the available substitute.*" COOTER, Robert; ULEN, Thomas. **Law and Economics**. 6. ed. Berkeley: Berkeley Law Books, 2016, p. 320.

em lugar de um quadro a ser pintado por um artista famoso, o objeto do contrato for um tênis de corrida de determinada marca, o mercado de tênis de corrida é capaz de oferecer preços máximo e mínimo semelhantes. Na maioria dos casos, a compensação aproximar-se-á, então, da perfeição, tomando-se como base o preço dos bens substitutos próximos. Será pouco razoável o argumento, do consumidor de um tênis de corrida lesado pelo inadimplemento do contrato de compra, de que o valor subjetivo que atribuía ao tênis era muito maior que o preço dos bens semelhantes, negociados no mercado de tênis de corrida[57].

Note, contudo, que grande parte dos casos que chegam ao Judiciário em função de problemas de inadimplemento não versam sobre problemas tão simples, justamente porque nesses casos é provável que as próprias partes consigam chegar a uma solução negociada para o problema. Embora a maioria de nossas transações econômicas cotidianas envolvam bens fungíveis e com substitutos próximos, esses não são, de maneira geral, os contratos que geram os problemas jurídicos mais sensíveis ou difíceis. É bastante comum que juízes sejam chamados a resolver disputas em que o objeto do contrato não encontra substitutos próximos no mercado e, nesses casos, é recomendável que o remédio contratual seja o adimplemento específico da obrigação.

É interessante notar que o adimplemento específico da obrigação desonera (desobriga) juízes e tribunais de calcular o montante das indenizações às quais os lesados pelo inadimplemento dos contratos fazem direito.[58] Sob essa perspectiva, a recomendação da análise econômica a respeito de qual deve ser o remédio jurídico para o descumprimento dos contratos pode ser colocada em outros termos: sempre que for muito difícil calcular o montante da indenização pelo descumprimento do contrato, é preferível que o remédio contratual seja o adimplemento específico da obrigação.

É interessante assinalar, neste ponto, que, na análise econômica, há quem sustente[59] que o adimplemento específico deve ser o remédio costumeiro a ser fixado por juízes e tribunais.[60] Trata-se de uma hipótese acadêmica que parte da aplicação do Teorema de Coase às regras de propriedade e de responsabilidade civil,[61] realizada por Calabresi e

---

[57] A existência de substitutos perfeitos não resolve inteiramente o problema da valoração subjetiva dos bens. Há casos em que, mesmo havendo substitutos próximos para o bem objeto do contrato, o valor subjetivo atribuído por uma das partes do contrato a um determinado bem diverge em grande medida dos preços dos substitutos próximos. Imagine-se o caso de alguém que, depois de velho, decide readquirir, por interesse sentimental, o primeiro carro que possuiu na sua juventude. Se, depois de encontrar o atual dono do veículo e fechar o contrato, o adquirente for lesado pelo inadimplemento, o valor de mercado de carros semelhantes não compensará inteiramente a expectativa do lesado.

[58] "*In contrast, the remedy of specific performance entitles the promisee to the good itself, rather than its value. By adopting the remedy of specific performance for breach of promise to deliver unique goods, courts avoid the impossible task of determining the promisee's subjective valuation.*" COOTER, Robert; ULEN, Thomas. **Law and Economics**. 6. ed. Berkeley: Berkeley Law Books, 2016, p. 321.

[59] ULEN, Thomas. The efficiency of specific performance: toward a unified theory of contract remedies. **Michigan Law Review**, v. 83, n. 2, 1984, p. 341-403.

[60] Como se disse em nota de rodapé anterior, no Brasil, é precisamente esse o caso. Se a hipótese acadêmica de que o adimplemento específico é preferível como regra estiver certa, o artigo 499 do Código de Processo Civil de 2015, nesse ponto, é eficiente no sentido de Pareto.

[61] CALABRESI, Guido; MELAMED, Douglas A. Property rules, liability rules, and inalienability: one view of the cathedral. **Harvard Law Review**, Boston, v.85, 1972, p. 1089-1128.

Melamed.[62] Como vimos no capítulo anterior, aplicado ao direito, o referido Teorema diz que, quando os custos de transação são baixos, os bens se deslocam para os seus usos mais valiosos (passam para a mão das pessoas que os valoram mais) independentemente do que dizem as regras de direito. Se os custos de transação forem baixos, as pessoas negociam e alocam os seus recursos de maneira eficiente quer o direito queira quer não. Em ambientes com baixos custos de transação, as regras de direito afetam a distribuição da riqueza, mas não a eficiência das trocas. Em ambientes de baixos custos de transação, os mercados resolvem conflitos entre usos de recursos, direcionando-os para o mais valioso.

A aplicação do Teorema de Coase ao direito de propriedade e da responsabilidade civil dá-se, de maneira simplificada, da seguinte forma. O ordenamento jurídico, incluindo a legislação, as sentenças dos juízes e tribunais, as regulações das agências, conta com duas maneiras pelas quais pode proteger as titularidades jurídicas (ou seja, os direitos) das pessoas: regras de propriedade e regras de responsabilidade. Quando, então, devem os operadores do direito escolher uma modalidade de proteção em detrimento de outra? É nessa avaliação que devem ser levados em conta os custos de transação. Se eles forem baixos, a proteção há de se dar por meio das regras de propriedade. Se os custos de transação, contudo, forem altos, ela deve ser efetivada por meio de regras de responsabilidade.

---

[62] Ulen resume de maneira satisfatória o pensamento de Calabresi e Melamed: "*Professors Calabresi and Melamed have offered an integrated theory of remedies designed to promote efficient resource use in resolving incompatible property uses, that is, in circumstances where there are externalities. Assume that society has already allocated the rights, which Calabresi and Melamed call entitlements, to various scarce resources, and further assume that the assignment has been conducted so as to lead to the most efficient use of society's scarce resources. This having been done, society must next determine what institutions, including rules of law, will most efficiently protect those entitlements. Calabresi and Melamed suggest that, where feasible, the constraints imposed by voluntary exchange offer the best method of both protecting entitlements and of directing them to their highest valued use. The court may assign an entitlement and then, through the granting of injunctive relief, instruct the parties in conflict to use the method of voluntary exchange to protect that assignment. An injunction, in this framework, is to be understood as a declaration that the prices arrived at by bargaining in voluntary exchange are the best guide to determining which of the conflicting uses is more efficient. This method of protecting entitlements – a method that the authors call one of property rules – is the most efficient means when the level of transaction costs between the parties in conflict is low. Only I those circumstances is it possible for voluntary exchange to determine which of the competing uses is of higher value. The market cannot make this determination, however, when the transaction costs between parties in dispute are high. When voluntary exchange is incapable of resolving disputes about which of two conflicting uses of entitlements is more valuable, Calabresi and Melamed propose using judicially supervised exchange to protect and, possibly, reallocate resources. This is the method of assessing money damages. Leaving aside the very complicated problem of how to determine the level of damages, we may understand, following Calabresi and Melamed, legal relief as being a determination by the court of an objective price at which the entitlement in dispute would have changed hands had transaction costs been very low. This hypothetical market analysis – a method that Calabresi and Melamed call protection of an entitlement by a liability rule – is the most efficient way of determining the most valuable use of an entitlement over which there is a conflict if the transaction costs between the parties are high.*" ULEN, Thomas. The efficiency of specific performance: toward a unified theory of contract remedies. **Michigan Law Review**, v. 83, n. 2, 1984, p. 366-367.

Sendo baixos os custos de transação, regras de propriedade deixam na mão das pessoas – na mão do mercado – a resolução de conflitos entre os distintos usos que os recursos (bens) escassos admitem. Direitos de propriedade especificam, dando transparência às titularidades (aos direitos) das pessoas. Em suma, direitos de propriedade definem quem tem direito ao quê. Se, em ambientes com baixos custos de transação, as pessoas negociam a alocação dos seus recursos privados de maneira eficiente, independentemente do que diz o direito, o melhor é que ele não só não atrapalhe como também promova essa alocação eficiente. Negócios privados, acordos, contratos, trocas, como visto, criam riqueza e aumentam o bem-estar da sociedade sem que alguém exterior aos negócios ou contratos tenha de trabalhar para isso. Negócios privados não exigem que um juiz, a receber um determinado salário (custo de administração), diga qual deve ser o preço do bem transacionado.

Sendo os custos de transação altos, no entanto, as pessoas não negociam, não alocam de maneira eficiente seus recursos privados. Os custos de transação impedem as trocas. Se houver conflitos a respeito de qual dos usos de um recurso escasso é mais valioso, em ambientes com altos custos de transação, as pessoas (isto é, o mercado) dificilmente resolverá o conflito de maneira eficiente. Nesse caso, é recomendável que as titularidades (os direitos) das pessoas sejam protegidas com regras de responsabilidade civil. Regras de responsabilidade civil, para que sejam concretizadas na prática, exigem costumeiramente o ajuizamento de ações judiciais e a sua consequente resolução por juízes e tribunais. Nas ações de responsabilidade civil, juízes e tribunais substituem-se ao mercado na alocação dos recursos. No julgamento de ações de responsabilidade civil, juízes e tribunais atribuem preços à violação dos direitos das pessoas, dizendo quem deve pagar a quem e quanto.

Como veremos, porém, no capítulo referente aos litígios, à frente, a determinação quanto aos destinos de recursos por parte de juízes e tribunais não é, no geral, uma boa maneira de os alocar. O julgamento de ações judiciais implica o dispêndio de recursos públicos. Juízes e desembargadores recebem bons salários pelo serviço que prestam (custos de administração). Há, ainda, a estrutura física do Judiciário (mais custos de administração), o tempo despendido pelas partes com as ações em audiências, organização das provas etc. (custo de oportunidade). Como se não bastasse, como visto, o cálculo do montante das indenizações, isto é, a precificação das lesões à esfera jurídica alheia, por parte de juízes e tribunais, é sempre um processo bastante problemático. A indenização das expectativas tende a se distanciar da perfeição, na medida em que pessoas possuem preferências (valorações subjetivas) distintas. No caso do pintor e do contratante da pintura, como juízes e tribunais fariam para medir os valores de ameaça (preços de reserva) do pintor ou do contratante?

Ora, mas o que isso tem a ver com o direito dos contratos? Qual a relação com a teoria dos remédios contratuais? É possível pensar o adimplemento específico como uma regra de propriedade, e a indenização por perdas e danos com base na expectativa como uma regra de responsabilidade. De fato, o adimplemento específico dá ao lesado pelo inadimplemento do contrato, de maneira transparente e segura, uma titularidade: ao receber uma sentença que determine o adimplemento específico da obrigação, o titular do direito passa a ser "proprietário" de uma obrigação de dar, fazer ou não fazer, por parte do promitente (inadimplente). Se este último, depois de proferida a sentença, quiser adquiri-la do lesado – isto é, preferir não realizar a obrigação, optando então por pagar ao lesado e assim deixar de dar, fazer ou não fazer o que determinado na sentença, basta que as partes negociem.[63]

A hipótese de que o adimplemento específico tende a ser sempre o remédio mais eficiente considera que, em ações judiciais que discutam o inadimplemento de um contrato, os custos de transação são, em regra, baixos. Por quê? Porque as partes já firmaram um contrato anteriormente. E, se elas já o fizeram – ele foi inadimplido e deu ocasião à ação judicial –, é porque um novo contrato, no qual as partes venham a negociar a titularidade do adimplemento específico, mostra-se possível. Isto é, a hipótese de que o adimplemento específico tende a ser sempre o remédio mais eficiente supõe que, em discussões judiciais que envolvam o inadimplemento de um contrato, os custos de transação são, de praxe, baixos.[64]

Outra forma de entendermos essa ideia consiste em supor que, em grande parte dos casos, o principal impedimento a uma solução negociada entre as partes será o que chamamos anteriormente de obscuridade do direito. Assim, o papel do juiz seria eliminar as incertezas jurídicas, estabelecendo claramente quem titulariza o direito discutido por meio de uma espécie de direito de propriedade – que, nesse caso, consistirá na alocação de uma obrigação contratual. Agindo assim, o juiz permite que as partes voltem a negociar livremente, pois elas estarão, em geral, mais bem informadas acerca de seus próprios interesses e preferências.

Seguindo essa linha de raciocínio, decisões que imponham o adimplemento específico das obrigações incentivam apenas as quebras de contrato (inadimplementos) eficientes. Se as partes dos contratos souberem que o remédio será o adimplemento específico da obrigação, só deixam de adimplir (cumprir) os contratos quando isso for eficiente no sentido de Pareto. Voltemos ao exemplo do pintor e do contratante da pintura. Imaginemos, novamente, que o valor de ameaça (preço de reserva) do pintor seja R$ 800.000,00 (oitocentos mil reais); o valor de ameaça do interessado (contratante) da pintura seja R$ 1.200.000,00 (um milhão e duzentos mil reais); e que o preço final do contrato, após as partes barganharem, seja de R$ 1.000.000,00 (um milhão de reais). Imaginemos ainda que outro alguém procure os serviços do pintor para a produção de

---

[63] "*The Calabresi-Melamed framework has a ready application to the question of efficient remedies for breach of contract. Damages and specific performance, like damages and injunctive relief in nuisance law, should be seen as alternative means of achieving efficient resource allocation in the face of different transaction costs. When a contract has been breached, the question of utmost importance to the court should be the level of transaction costs facing the defaulter and innocent party. If those costs are low, the private negotiations are possible and the most efficient relief for the court to order is specific performance. If, however, transaction costs are high, then the court should compel an exchange at a collectively determined value; that is, it should assess money damages against the breacher.*" Ibidem, p. 369.

[64] "*In general, the post-breach transaction costs between contractual parties should not be high. After all, they have established a relationship before the breach and the things that make for high transaction costs in other legal contexts are entirely absent here: the parties have identified each other; they have bargained to provide for many contingencies – including, possibly, breach; they may have had contact after formation and before full performance to clarify details, report progress, and the like. Thus, if the parties did not provide for some form of relief in the event of breach, the costs to them of dealing with the contingency that has arisen to frustrate the contract should be low. This is a strong prima facie reason for making specific performance, rather than damages, the routine contract remedy.*" Ibidem.

um quadro semelhante, dispondo-se a pagar R$ 3.000.000,00 (três milhões de reais) e que o pintor só disponha de tempo para pintar um dos quadros.

Como discutimos acima, se o primeiro contratante nada tiver adiantado ao pintor, deve ser indenizado em R$ 200.000,00 (duzentos mil reais) para que seja indiferente frente ao adimplemento ou o inadimplemento do contrato. Suponhamos que tenha ocorrido o inadimplemento e que o lesado – o primeiro contratante – tenha entrado com uma ação para se ver ressarcido pelo inadimplemento. Suponhamos, contudo, que, em lugar do adimplemento específico (execução e entrega do quadro), o juiz, na sentença tenha optado pelo remédio dos danos sobre a expectativa e tenha fixado a indenização em apenas R$ 50.000,00 (cinquenta mil reais), porque não conseguiu medir – ou mediu erradamente – a diferença entre o valor subjetivo atribuído pelo contratante ao quadro e o preço do contrato.[65]

Uma sentença como essa não apenas não compensou suficientemente o lesado pelo inadimplemento, deixando-o em situação pior, o que viola a eficiência no sentido de Pareto, mas também gerou incentivos para inadimplementos ineficientes de contratos semelhantes no futuro. Imaginemos que o terceiro interessado, ao invés de oferecer R$ 3.000.000,00 (três milhões), procurasse pelos serviços do pintor famoso por R$ 1.100.000,00 (um milhão e cem mil reais). Nesse caso, a quebra não seria eficiente. Ora, o primeiro contratante valorava o quadro em R$ 1.200.000,00 (um milhão e duzentos mil reais). Quebrando, nessas circunstâncias, o primeiro contrato e realizando o segundo, o pintor estaria a prestando serviços a alguém que não os valora mais. Os recursos não estão a se deslocar para os seus usos mais valiosos. E, no entanto, a sentença incentiva isso. Recebendo R$ 1.100.000,00 (um milhão e cem mil reais), o pintor pode pagar os R$ 50.000,00 (cinquenta mil reais) de perdas e danos ao primeiro contratante e ainda embolsar R$ 1.050.000,00 (um milhão e cinquenta mil reais) pela execução do segundo contrato.

Cogite-se agora o que ocorreria se a sentença estipulasse o adimplemento específico (execução e entrega do primeiro contrato). Considerando, inicialmente, que o terceiro interessado corteje os serviços do pintor por R$ 3.000.000,00 (três milhões de reais), tanto o pintor quanto o terceiro interessado podem pagar R$ 200.000,00 (duzentos mil reais) ao primeiro contratante para que ele abra mão do adimplemento específico da obrigação – venda o direito ao adimplemento específico do contrato. O recebimento de R$ 200.000,00 (duzentos mil reais) torna o lesado indiferente ao inadimplemento ou ao adimplemento do contrato. O pintor realizará o segundo contrato, o que colocará tanto ele quanto o terceiro interessado numa situação melhor, sem que isso piore a situação do lesado pelo primeiro inadimplemento – produzindo eficiência no sentido de Pareto. O pintor auferirá R$ 2.800.000,00 (dois milhões e oitocentos mil reais) pela pintura do segundo quadro e o terceiro interessado receberá o quadro ao qual atribui um valor subjetivo superior àquele que era atribuído pelo lesado (o primeiro contratante).

Caso, no entanto, o terceiro interessado valore o quadro em apenas R$ 1.100.000,00 (um milhão e cem mil reais), a quantia não convencerá o primeiro contratante a abrir mão do adimplemento específico (isto é, pagar-lhe R$ 200.000,00 (duzentos mil reais) e não recompensará o pintor pela pintura de um novo quadro, que demandará esforço

---

[65] R$ 1.200.000,00 – R$ 1.000.000,00 = R$ 200.000,00.

semelhante ao contratado inicialmente pelo preço de R$ 1.000.000,00 (um milhão de reais). É por isso que se teoriza que, se o remédio costumeiramente aplicado for o adimplemento específico, o inadimplemento dos contratos só tende a ocorrer quando for economicamente eficiente.

Mas, se a lógica desse raciocínio parece correta, por que se diz que ele é uma mera uma hipótese acadêmica e não uma constatação? Porque talvez existam outros fatores que impeçam as partes de negociarem a titularidade do adimplemento específico. Fatores culturais e institucionais, por exemplo, podem obstar as transações. Será que as pessoas da França, do Uzbequistão, do Burundi, da Venezuela e dos Estados Unidos negociam as suas titularidades de maneira igualmente pragmática? Para que se saiba se, em qualquer ambiente de negócios, em qualquer país, independentemente do bem que esteja a ser negociado, o adimplemento específico é sempre o remédio mais eficiente, deve-se fazer a verificação empírica dessa hipótese. É possível que existam outros fatores, ainda não identificados pela teoria econômica, que impeçam as partes de negociarem livremente as suas titularidades, os seus direitos de propriedade.

Por fim, cabe estudar o remédio contratual mais comumente acertado pelas partes de um contrato: a cláusula penal (pena) para o caso de descumprimento. A modalidade de cláusula penal mais corriqueira é a multa em dinheiro pelo descumprimento do contrato. Trata-se da liquidação das perdas e danos no próprio contrato (*liquidated damages*). Por meio dela, as partes acertam no próprio contrato o quanto uma deverá pagar à outra no caso de inadimplemento.[66]

Na tradição da *common law*, em geral não se permite que multas pelo descumprimento do contrato ultrapassem o valor do dano decorrente da quebra do contrato.[67] No *civil law*, a seu turno, não existe essa restrição. Juízes e tribunais tendem a fazer valer cláusulas penais que ultrapassem o valor do dano decorrente do descumprimento.[68] Para certa linha da análise econômica, a tradição do *civil law*, nesse particular, está em acordo com a eficiência econômica, uma vez que cláusulas penais, sob essa perspectiva, exercem 3 (três) funções.[69]

---

[66] A cláusula penal é regida pelos artigos 408 a 416 do Código Civil.

[67] "*There are, however, legal limitations on the ability of contractual parties to stipulate their own remedies for breach of contract: a court will not enforce a liquidated damages clause whether the stipulation exceeds reasonably anticipated compensation and contains what appears to be a punitive aspect. Nor will a court enforce an agreement to perform specifically. Nor will a court be bound to enforce a contractual clause that contravenes public policy.*" ULEN, Thomas. The efficiency of specific performance: toward a unified theory of contract remedies. **Michigan Law Review**, v. 83, n. 2, 1984, p. 350.

[68] No Brasil, o artigo 413 do Código Civil dá a juízes e tribunais uma margem de liberdade para interferir no montante das multas contratuais a depender do seu manifesto excesso, da natureza da obrigação ou da finalidade do negócio: "A penalidade deve ser reduzida equitativamente pelo juiz se a obrigação principal tiver sido cumprida em parte, ou se o montante da penalidade for manifestamente excessivo, tendo-se em vista a natureza e a finalidade do negócio." A análise econômica não é entusiasta dessa espécie de regra pois ela não só consiste em incentivo para as pessoas irem a juízo – regras abertas incentivam a propositura de ações – mas também porque retira a utilidade econômica das cláusulas penais, descrita na sequência.

[69] "*There are good reasons for believing that liquidated damages – and other forms of stipulated remedy – should be routinely enforced by the court, even if they appear to contain a punitive element. The*

Em primeiro lugar, as cláusulas penais podem ser pensadas como contratos de seguro em favor dos credores (promissários), caso estes atribuam um alto valor subjetivo ao objeto do contrato. Essa alternativa é interessante por escapar do problema acima relatado, no que concerne à valoração subjetiva do objeto da obrigação. Ao anuir com uma cláusula penal, o promissário estipula contratualmente o valor que atribui em dinheiro ao descumprimento do contrato. Ela é a valoração subjetiva, definida em dinheiro e atribuída pelo lesado ao descumprimento do contrato. Se a valoração subjetiva está no contrato, ele só será inadimplido (descumprido) quando for economicamente eficiente. Imaginemos que, no contrato de pintura do quadro, precificado em R$ 1.000.000,00 (um milhão de reais), a cláusula penal seja de R$ 2.000.000,00 (dois milhões de reais) em caso de inadimplemento mais a devolução do que se tiver adiantado ao pintor. Se existirem apenas essas informações a respeito do negócio, pode-se extrair dessa situação que o bem-estar que o contratante retirará da posse do quadro atinge justamente R$ 2.000.000,00 (dois milhões de reais). A valoração subjetiva, o bem-estar e o prazer já estão lançados no contrato. Escapa-se, assim, ao problema da medição dos danos com base na expectativa. O contrato só será inadimplido quando o seu inadimplemento (quebra) superar o valor da cláusula penal, que corresponde à valoração subjetiva do promitente[70].

Em segundo lugar, cláusulas penais que excedam o valor do dano pelo descumprimento do contrato sinalizam a confiabilidade do promitente. Se ele se compromete a pagar mais que o valor do dano, é porque quer sinalizar que a sua promessa é crível.[71] E a credibilidade das promessas tem o efeito de aumentar a cooperação. Mais que isso, quanto mais crível uma promessa, mais o promissário estará disposto a pagar por ela. E quanto mais alguém se dispuser a pagar por algo, maior será o incentivo para que se produza mais daquele mesmo produto nos mercados. Sob a perspectiva da credibilidade das promessas, cláusulas penais excedentes, portanto, incentivam a atividade econômica como um todo.

---

    reason is that a stipulation in excess of what appears to be reasonably anticipated compensatory damages may well serve two important functions and serve them more efficiently than would any alternative." ULEN, Thomas. The efficiency of specific performance: toward a unified theory of contract remedies. **Michigan Law Review**, v. 83, n. 2, 1984, p. 350-351.

[70] *"First, the punitive element may be considered as the payment on an insurance contract written in favor of the innocent party by a breaching party. This situation arises where one Party to the contract and the other party is the best possible insurer of that subjective valuation. If the parties are convinced that the clause will be enforced, the contract will be breached only when it is more efficient to breach than to perform. Since this is precisely the result that one wants form a rule of contract law, this is a strong case for the routine enforcement of liquidated damage clauses."* Ibidem, p. 351.

[71] *"A second reason for allowing punitive stipulated damages is that these may be the most efficient means for one party to convey information about his reliability, his ability to perform, and the like. Consider a construction contract in which the buyer is especially eager to have the project completed by a specified date. Suppose that he is extremely doubtful of the contractor's ability to meet that deadline, but that the contractor is certain of his ability to complete performance by the specified date. It may be that the least expensive way for the contractor to convey to the seller his conviction about his ability to perform is for him to stipulate his willingness to pay seemingly punitive damages for each day beyond the deadline that the project remains uncompleted. In those circumstances, if courts are unwilling to allow parties voluntarily to agree to punitive liquidated damages, they force the parties to find a more expensive and, therefore, less efficient way in which to exchange promises."* Ibidem, p. 351-352.

Por fim, cláusulas penais que excedem o valor do dano podem ser entendidas como um bônus pelo adimplemento.[72] E a fixação de bônus nos contratos significa uma melhor alocação dos riscos no momento de realização dos acordos. Imagine-se uma cláusula de bônus que diga que, no caso de adimplemento a tempo e modo específicos, o promitente fará jus a uma quantia adicional de dinheiro. Tal cláusula é muito semelhante – é economicamente análoga – a uma cláusula penal que estipule danos que ultrapassem o valor do contrato. A viger a cláusula de bônus, no caso de inadimplemento, o promitente inadimplente deixará de receber o bônus e ainda terá de pagar o valor do dano pelo inadimplemento (a sua perda será a soma do bônus com o valor do dano). A viger, de outro lado, a cláusula penal, no caso de inadimplemento, o promitente inadimplente terá de pagar o valor do dano mais o valor excedente constante da cláusula penal (a sua perda será a soma do valor do dano com o valor excedente). Se forem iguais o valor do bônus e o valor excedente constante da cláusula penal, a função econômica da cláusula de bônus e da cláusula penal excedente do dano será a mesma.

8.2   O INADIMPLEMENTO DO CONTRATO É IMORAL?[73]

Vimos acima, quando examinamos os remédios para o inadimplemento dos contratos, que há uns mais eficientes que outros. Sob o ponto de vista da AED, em determinadas situações, a quebra do contrato é desejável. Retomando essa ideia por meio do exemplo do pintor de quadros de renome e do contratante da pintura, imaginemos, novamente, que o valor de ameaça (preço de reserva) do pintor seja R$ 800.000,00 (oitocentos mil reais); o valor de ameaça do interessado (contratante) na pintura seja R$ 1.200.000,00 (um milhão e duzentos mil reais); e que o preço final do contrato, após as partes barganharem, seja de R$ 1.000.000,00 (um milhão de reais).

---

[72] "A third reason to enforce penalty clauses, as explained by Avery Katz, is that most penalties can be restated as bonuses. To illustrate, assume that Seller receives $90 from Buyer for a promise to delver in one month goods that Buyer values at $100. Further assume that the parties would like to stipulate that Seller pays Buyer damages of $125 for breach of contract. This stipulation, however, creates a penalty of $25 for breach, so the courts might not enforce the penalty. [...] With performance of the penalty contract, Buyer's net payoff equals 100 – 90 = 10, and Seller's net payoff equals $90. With breach of the penalty contract, Buyer's net payoff equals 125 – 90 = 35, and Seller's net payoff equals 90 – 125 = – 35. To increase the probability of enforcement by the court, the parties can reword the contract so that a bonus for performance replaces a penalty for breach in the language of the contract, but the two contracts have identical material outcomes. To achieve this end, the alternative contract stipulates that Buyer pays Seller $65 on signing the contract, and Buyer pays Seller $25 as a bonus for performance. Buyer's net payoff from performance thus equals 100 – 65 – 25 = 10 and Seller's net payoff equals 65 + 25 = 90, which is the identical outcome as with the penalty contract. In the even that Seller breaches the bonus contract, Seller pays Buyer's actual damages of 100. Thus, Buyer's net payoff from breach equals 100 – 65 = 35, and Seller's net payoff equals 65 – 100 = – 35, which is the identical outcome as with the penalty contract. The penalty contract apparently contains an illegal penalty and the bonus contract apparently contains a legal bonus, even thought the contracts are materially identical. The point of this example is that not enforcing penalties creates incentives to redraft identical contracts with bonuses." Ibidem, p. 322-323.

[73] Esta seção foi redigida com base em: SHAVELL, Steven. **Is breach of contract immoral?** Discussion Paper nº 531. The Harvard John M. Olin Discussion Paper Series. MA: Harvard Law School, 2005.

Se uma terceira pessoa, que não faz parte desse contrato, procurar o pintor e demandar dele uma pintura que exija o mesmo esforço, dispondo-se a pagar R$ 3.000.000,00 (três milhões de reais), para a análise econômica, o inadimplemento do contrato firmado entre o artista e o primeiro contratante é desejável e eficiente. Recebendo os R$ 3.000.000,00 (três milhões de reais), o pintor pode indenizar o primeiro contratante pela diferença entre o preço do contrato e o valor de ameaça do primeiro contratante, isto é, de R$ 200.000,00 (duzentos mil reais). Pode, com isso, pagar os danos pela expectativa frustrada por parte do primeiro contratante e ainda dar cumprimento ao contrato com o segundo, lucrando R$ 2.800.000,00 (dois milhões e oitocentos mil reais). A situação é eficiente porque o serviço – a pintura do quadro – será prestado em favor de quem o valorar mais: a terceira pessoa disposta a pagar R$ 3.000.000,00 (três milhões de reais). A situação é também eficiente porque nem o pintor, nem o primeiro contratante, nem o terceiro interessado, ao final, estarão em uma situação pior que a que se punha antes da quebra do contrato (ficando identificada, assim, a eficiência no sentido de Pareto).

Dizer que a quebra de um contrato é eficiente, no entanto, não é, em princípio, o mesmo que dizer que é moral. Pois bem: inadimplir um contrato é algo imoral? A análise econômica não foge a essa questão. E a resposta que oferece, na linha do que propõe Shavell, toma por critério a existência de cláusulas reais ou hipotéticas que prevejam a contingência em razão da qual o inadimplemento ocorrerá.[74] Se houver uma cláusula no contrato a impor o seu adimplemento diante da ocorrência de uma contingência, então o inadimplemento deve ser tido por imoral. Se o contrato nada disser a respeito da contingência, deve-se questionar: "O que teriam as partes do contrato acordado?" (cláusula hipotética).

Se não existir uma cláusula a impor o adimplemento, caso o pintor seja cortejado pelo terceiro interessado independentemente da compensação perfeita dos danos pela expectativa do contratante, entra em cena a noção de um contrato hipotético. Entra em jogo a hipótese dos contratos completos. Num mundo em que não existam custos de transação, o que teria um contrato completo previsto a respeito da contingência causadora do inadimplemento? O que as partes teriam desejado ao tempo do contrato?[75]

Como visto, a indenização perfeita dos danos com base na expectativa torna o contratante indiferente, entre o inadimplemento (com indenização) e o adimplemento do contrato. Nessas circunstâncias, o inadimplemento acompanhado do pagamento de danos com base na expectativa não é imoral. Se a medida da indenização consistir em tais danos, o promitente só inadimplirá o contrato se o custo de seu adimplemento superar o valor do adimplemento para o promissário.[76]

---

[74] Ibidem.
[75] A hipótese do contrato completo parte da ideia de um mundo em que não existam custos de transação porque são os custos de transação que fazem com que os contratos sejam incompletos. O tempo de que as partes dispõem no mundo real não lhes permite alocar todos os riscos de inadimplemento. As partes não têm tempo para pensar em todas as contingências que podem vir a ocorrer no mundo real e para lançá-las no instrumento do contrato, atribuindo a elas as respectivas consequências contratuais. Essas contingências, de resto, são infinitas. É impossível prever tudo o que pode acontecer no mundo. Limitações de tempo e complexidade dos problemas são exemplos de custos de transação.
[76] SHAVELL, Steven. **Is breach of contract immoral**? Discussion Paper nº 531. The Harvard John M. Olin Discussion Paper Series. MA: Harvard Law School, 2005, p. 14.

O problema, diz Shavell, é que a indenização perfeita dos danos com base na expectativa é, quando muito, uma hipótese.[77] Raramente se verifica no mundo real. O primeiro óbice é o de sua mensuração. No exemplo do pintor e do contratante, o preço do contrato é de R$ 1.000.000,00 (um milhão de reais), mas ele, à época do acordo, valorava a pintura em R$ 1.200.000,00 (um milhão e duzentos mil reais). Como podem, juízes e tribunais, auferir os valores de ameaça de cada uma das partes de um contrato? Perguntando a elas em audiência? Se sim, elas possuirão todos os incentivos para exagerar o seu capital de ameaça, a fim de se verem indenizadas em valores muito superiores que os suficientes para compensar os danos que de fato sofreram, com base nas suas expectativas.

Mas não é só isso. Imaginemos que o contratante da pintura (promissário do quadro), lesado pelo inadimplemento em virtude do novo contrato entre o pintor e o terceiro interessado, tenha de iniciar uma ação judicial para ver indenizados os danos sofridos com base em sua expectativa. O contratante terá de desembolsar honorários de advogado e investir seu tempo em uma ação judicial (ele precisará se fazer presente nas audiências, participar de reuniões com o seu advogado, despender tempo montando o material probatório a ser apresentado em juízo). Nada disso é indenizável. No direito brasileiro, os honorários contratuais não são reembolsáveis. O que a parte gasta com o advogado, de regra, não pode ser reavido em juízo. Juízes e tribunais também não indenizam (ao menos não de maneira perfeita) o tempo gasto pelas partes com processos judiciais.[78] E sem essas compensações, a indenização do lesado pelo inadimplemento do contrato deixa de ser perfeita. A presunção, então, passa a ser pela imoralidade do inadimplemento.

Shavell lança as suas conclusões com um raciocínio probabilístico: a probabilidade de a quebra ser imoral é tanto maior quanto menor for a medida dos danos, isto é, quanto mais a medida dos danos[79] se afastar, para baixo, para menos, da indenização perfeita[80].

8.3 DEFESAS DE FORMAÇÃO E ESCUSAS AO ADIMPLEMENTO[81]

A análise econômica diz que o Estado deve garantir as cláusulas contratuais com as quais as partes tenham voluntariamente concordado no momento da formação do vínculo, isto é, cujos termos tenham sido desejados no momento da realização do

---

[77] Ibidem, p. 15-17.
[78] Como se disse anteriormente, nas notas referidas acima, o mais perto que se chega disso no Brasil é por meio da indenização pela perda de tempo útil, restrita, no entanto, ao direito do consumidor e ainda de pouca aplicação por juízes e tribunais.
[79] Como visto anteriormente, é possível tomar o termo "danos com base em expectativas" como sinônimo de indenização perfeita. Esse tipo de medida de dano, como se disse, torna o lesado indiferente entre o adimplemento do contrato e o inadimplemento. E o lesado só manifestará essa indiferença se, no caso de inadimplemento, ver-se compensado por todos os gastos que tenha (honorários de advogado, perda de tempo).
[80] SHAVELL, Steven. **Is breach of contract immoral?** Discussion Paper nº 531. The Harvard John M. Olin Discussion Paper Series. MA: Harvard Law School, 2005, p. 25-28.
[81] Esta seção foi redigida com base em: COOTER, Robert; ULEN, Thomas. **Law and Economics**. 6. ed. Berkeley: Berkeley Law Books, 2016, p. 342-372. Adaptaram-se, na medida do possível, os apontamentos de Cooter e Ulen aos institutos existentes no direito brasileiro.

acordo. Acordos com essas características são eficientes no sentido de Pareto, pois deixam as partes numa situação melhor que aquela que antecedia o contrato, por isso criam riqueza e aumentam o bem-estar das pessoas e da sociedade.

Nem sempre, contudo, os acordos aos quais os indivíduos chegam possuem essas características. Nem sempre eles podem ser classificados como efetivamente voluntários. Nem sempre criam riqueza e bem-estar. Para a análise econômica, nem todos os acordos, portanto, devem ser garantidos pelo Estado. As categorias da microeconomia podem oferecer respostas interessantes para o problema da sua formação. Quais acordos, sob o ponto de vista da análise econômica, não devem ser considerados contratos e não devem ser garantidos pelo Estado?

Anuir com um acordo implica preferir o seu objeto a qualquer outro. Em princípio, consentir com ele significa, dado o conjunto das circunstâncias presentes no mundo real no momento em que foi firmado, desejar o seu bem-objeto mais que outras opções disponíveis no mundo – do contrário, o acordante iria atrás delas, e não atrás do objeto do contrato. Implícita nesse raciocínio está a noção de custo de oportunidade. Escolher alguma coisa – um bem, um serviço, uma atividade econômica, um curso de ação – é abrir mão de muitas outras coisas. Alguém que escolhe fazer faculdade de Medicina abre mão de trabalhar no período das aulas. O custo de oportunidade da faculdade de Medicina é a renda que o estudante obteria trabalhando ao invés de estudando.

Ocorre que nem todo mundo está em condições de preferir uma coisa em lugar de outras. Há pessoas cujas preferências são instáveis ou desordenadas. É o caso dos incapazes.[82] Eles não possuem condições de, voluntariamente, firmar acordos porque as manifestações de suas preferências não são confiáveis. O mesmo se aplica, segundo a legislação brasileira, por exemplo, aos ébrios[83], que por se embriagarem com frequência, são considerados instáveis, e, por isso, relativamente incapazes. Quando sob o efeito do álcool, podem assumir riscos pouco razoáveis e gastar em excesso. Passado o estado de embriaguez, não é raro que se arrependam de seus atos. Essa instabilidade é a razão microeconômica para que não se garantam os acordos por eles firmados, quando sob a influência de álcool.

Dizendo de outro modo – conjugando a linguagem da economia com a linguagem do Direito Civil –, pessoas cujas manifestações de vontade, cujas exteriorizações de preferências, não são inteiramente livres, não possuem condições de firmar acordos que criem, efetivamente, riqueza. Imaginemos um ébrio sob o efeito do álcool que decida vender o seu carro por um valor muito abaixo do de mercado para pagar uma noitada sua e de seus amigos. Pensemos que o valor de mercado do carro é R$ 20.000,00 (vinte mil reais), mas que a venda pelo ébrio se concretize por R$ 2.000,00 (dois mil reais). Por que um acordo nesses moldes não cria riqueza? Porque o valor pelo qual o ébrio

---

[82] "Our review of microeconomics in Chapter 2 identified three assumptions about rational choice by individuals. First, a rational decision-maker can rank outcomes in order from least preferred to most preferred. In order to rank outcomes, decision makers must have stable preferences. If the promisor's preferences are sufficiently unstable or disorderly, then he or she is legally incompetent and cannot conclude an enforceable contract. For example, children and the insane are legally incompetent." Ibidem, p. 295.

[83] Artigo 4º, II, do Código Civil.

vendeu o carro está, é bem provável, abaixo do seu valor de ameaça (preço de reserva). O valor de ameaça (*threat value*) do vendedor é o mínimo que ele aceitaria pelo bem. Se não estivesse sob o efeito do álcool, o ébrio provavelmente atribuiria ao veículo um valor de ameaça próximo ao de mercado.

Suponhamos, então, que o valor de ameaça (preço de reserva) do ébrio, caso ele não estivesse sob o efeito do álcool, fosse de R$ 19.000,00 (dezenove mil reais), um pouco abaixo do valor de mercado: R$ 20.000,00 (vinte mil reais). Imaginemos que o comprador do carro atribuísse ao veículo o valor de R$ 7.000,00 (sete mil reais), bastante superior ao preço de R$ 2.000,00 aceito pelo ébrio, em seu estado de embriaguez. A venda sob o efeito do álcool, nessas condições, não só deixou de criar riqueza, como também a destruiu – exterminou R$ 12.000,00 (doze mil reais), que é a diferença entre o valor atribuído ao carro pelo ébrio e pelo comprador. A venda não foi eficiente em termos de maximização da riqueza, e tampouco no sentido de Pareto. Mesmo que o comprador do carro considere o negócio uma pechincha, o vendedor – o ébrio – estará, depois da venda do carro, em pior situação que aquela que se colocava antes do negócio. O aumento de bem-estar do comprador se deu às custas do vendedor, juridicamente considerado um incapaz, no momento em que foi firmado o negócio. Passados os efeitos do álcool, para ele melhor seria que nenhum negócio tivesse se concretizado. O álcool foi responsável por instabilizar as preferências do ébrio. Essas são as razões microeconômicas para que o Estado não garanta acordos firmados por pessoas cujas vontades manifestadas são instáveis ou desordenadas.

Os caminhos do direito e da economia se encontram nesse ponto. No *civil law*, como dissemos acima, a teoria da vontade ocupa o posto central quando o assunto é o direito dos contratos, que desqualifica os atos praticados – as promessas feitas, os contratos firmados – por pessoas que, transitória ou permanentemente, não consigam manifestar a sua vontade de maneira livre, ordenada e estável. A análise econômica segue a mesma linha. Um dos pilares da microeconomia é a teoria sobre a escolha do consumidor, que gira em torno das suas preferências. Como os consumidores possuem restrições orçamentárias – não podem comprar tudo o que desejam –, têm de escolher quais bens – e o quanto de cada um desses bens – consumirão mensalmente. Por isso, têm de manifestar suas preferências por determinados bens em lugar de outros. Consumidores cujas preferências sejam instáveis ou desordenadas não conseguem manifestar sua vontade de maneira racional. E sem a tomada de decisões racionais não há economia de mercado, não há previsibilidade, não há respostas confiáveis aos incentivos econômicos. A análise econômica perde a sua razão de ser.

A microeconomia se depara com as causas de invalidade dos negócios jurídicos que tomam por base seus defeitos e eventuais constrangimentos à vontade das pessoas. No direito brasileiro, essas causas são, além da incapacidade das pessoas (absoluta e relativa), a coação, o estado de perigo, o erro, o dolo e a lesão. A análise econômica estuda esses institutos qualificando-os como defesas de formação (*formation defenses*). As defesas de formação consistem em alegações que as partes de um acordo podem fazer em juízo para sustentar que, no momento em que o firmaram, não estavam presentes os elementos para a formação de uma obrigação contratual. Isso porque as preferências manifestadas por um, ou ambos os contratantes, não partiram de atitudes racionais, quer porque foram tomadas por pessoas que não as podiam manifestar de forma ordenada, quer porque adotadas em circunstâncias capazes de tolher efetivamente a liberdade de uma das partes.[84]

A análise econômica distingue as defesas de formação das escusas ao adimplemento (desculpas ao cumprimento). Diversamente do que ocorre com as primeiras, as segundas não contestam a existência de um contrato, de uma obrigação de natureza contratual entre as partes, mas visam a dispensar o promitente do cumprimento de sua promessa, não o responsabilizando pelo inadimplemento.[85] A escusa ao adimplemento mais conhecida é a da sua impossibilidade física. Usando o exemplo do famoso pintor de quadros e do contratante da pintura, ocorreria a impossibilidade física de adimplemento se o pintor, em um acidente, tivesse perdido o braço que usa para a produção de sua arte[86].

Tanto os relativamente quanto os absolutamente incapazes, podem possuir preferências instáveis e/ou desordenadas. O exemplo do ébrio ilustra bem a questão. Esse raciocínio pode ser estendido a todos os demais casos de incapacidade. Os menores de 16 (dezesseis) anos, por exemplo, apresentam preferências desordenadas porque

---

[84] "Second, the rational decision makers' opportunities are moderately constrained to that they can achieve some, but no all, of their objectives. Dire constraints destroy freedom of action. Two major contract doctrines excuse promise breaking on the ground that the promisor faced dire constraints. If the beneficiary of the promise extracted it by threats, then promise breaking is excused by reason of duress. For example, in a famous movie the 'godfather' of a criminal syndicate makes contract offers that 'cannot be refused' because the victim signs the contract with a gun held to his head. No court would enforce such a contract. Similarly, if a promise is extracted from a desperate promisor, the court may excuse nonperformance on the ground of necessity. For example, suppose a surgeon runs out of gas on a lonely desert road where she might perish. A passerby offers to sell her five liters of gas for $50,000. Even if the surgeon accepts the offer, the court will no enforce her promise to pay. The court will no enforce the promise because it was given out of necessity." COOTER, Robert; ULEN, Thomas. **Law and Economics**. 6. ed. Berkeley: Berkeley Law Books, 2016, p. 295.

[85] "When defendants invoke these doctrines in contract disputes, they can make two different claims. First, defendants can claim that they have no legal obligation to the plaintiff because no contract exists between them. These claims rely on 'formation defenses.' A formation defense asserts that the conditions for creating a contract were not satisfied. To illustrate, a man can argue that his promise to give a gift did not create a legal obligation. Alternatively, defendants can concede that a contract exists, and then claim that they were excused from performing under the circumstances. These claims rely on 'performance excuses.' A performance excuse admits the existence of a contract and denies liability for breach. Liability is typically denied because unusual contingencies prevented performance. To illustrate, a manufacturer may argue that she is excused from delivering the promised goods because her factory burned down. Imperfect procedures provide formation defenses, and unusual contingencies provide performance excuses." Ibidem, p. 342.

[86] Se seguir o que dizem Cooter e Ulen à risca, a diferença entre as defesas de formação e as escusas ao adimplemento está também no momento do surgimento do obstáculo ao adimplemento. Nas defesas de formação, o obstáculo antecede a realização da promessa (ao surgimento da própria obrigação. Nas escusas ao adimplemento, o obstáculo surge depois da promessa e antes do adimplemento. Textualmente: "In these examples, the dire constraint preceded the promise. Sometimes a dire constraint follows the promise. A dire constraint that follows a promise can prevent the promisor from performing. For example, a surgeon may promise to operate and then break her hand before the scheduled operation. If a promise is made in good Faith and fate intervenes to make performance impossible, then promise breaking may be excused by reason of impossibility. For example, a manufacturer may be excused form fulfilling his contracts because his factory burned down. In general, the impossibility doctrine applies to unlikely events that prevent performance." Ibidem, p. 295.

ainda não adquiriram maturidade para ordenar e valorar as suas preferências para atuar nos mercados. Dito de outro modo – em termos jurídicos, as manifestações de vontade dos menores de dezesseis anos não são válidas porque o discernimento exigido para manifestar a sua vontade, praticando atos da vida civil, ainda não se completou.

Na análise econômica, as defesas de formação baseiam-se na ideia de que uma das partes, aquela eventualmente beneficiada pela má formação dos contratos, poderia, ao tempo do acordo, evitar a formação do contrato imperfeito ao menor custo (*least cost avoider*). Trata-se de uma ideia estudada na teoria do risco. Diz-se que aqueles que poderiam antecipar os riscos ao menor custo devem arcar com os riscos econômicos. A aplicação dessa ideia aos casos de incapacidade considera que a parte capaz que figurou no acordo poderia evitar a formação do contrato imperfeito ao menor custo, pois tinha melhores condições de prever que o contrato seria invalidado em juízo. A parte capaz, então, deve arcar com as consequências da invalidação do contrato que lhe foi benéfico (o retorno ao *status quo ante*, segundo o artigo 182 do Código Civil).[87]

As demais causas de invalidação dos negócios jurídicos no direito brasileiro, para além dos casos de incapacidade, podem ser agrupadas, sob o ponto de vista da análise econômica, em: (i) defesas de formação que visam garantir a qualidade das manifestações de vontade (coação[88], estado de perigo[89] e lesão[90]); e (ii) defesas de formação

---

[87] "*A rational decision maker can rank outcomes in order from least preferred to most preferred. In order to rank outcomes, the decision maker must have stable preferences. If the decision maker's preferences are unstable or disorderly, then he or she cannot make competent judgments about his or her own interests. Such a person is legally incompetent. For example, children, the insane, and some mentally disabled adults are legally incompetent. In special circumstances, a competent person may suffer temporary incompetence. For example, ingesting a prescription drug can incapacitate. A temporarily incapacitated person may be unable to make legally enforceable promises. To illustrate, if a seller uses high-pressure tactics to confuse a consumer into signing an unfavorable contract, the consumer's lawyer may allege 'transactional incapacity,', which means an incapacity to make this transaction under these circumstances. Most people look after their own interests better than anyone else would do for them. However, incompetent people cannot look after themselves; so, other must look after them. Law assigns responsibility for protecting incompetent people from harmful contracts to the competent people with whom they deal. Competent people must protect the interests of incompetent contractual partners or assume liability for failing to do so. Thus, law interprets a contract between a competent person and an incompetent person so as to serve the best interests of the latter. For example, the law will excuse a legally incompetent promisor from performing a contract that he signed against his interests, whereas the law will require a legally competent person to perform a contract that serves the interests of an incompetent promisee. Competent contractual partners are usually better situated than anyone else to protect incompetent people from harmful contracts. In other words, competent contractual partners can usually protect incompetent contractual partners from harmful contracts at less cost than anyone else. Thus, the law assigns liability for harm suffered by incompetent contractual partners to the competent people who can avoid the harm at least cost. I this matter, the law follows the general principle of tort law, according to which liability for accidents should fall on the party who can avoid them at least cost.*" Ibidem, p. 342-343.
[88] A coação está prevista nos artigos 151 a 155 do Código Civil.
[89] O estado de perigo está regulado no artigo 156 do Código Civil.
[90] A lesão está disposta no artigo 157 do Código Civil.

por razões informacionais (erro[91] e dolo[92]). Aquelas que visam garantir a qualidade das manifestações de vontade têm por fim assegurar que a vontade das partes tenha se manifestado de maneira inteiramente livre. Promessas extraídas – acordos firmados – por meio de coação, na ocorrência de estado de perigo ou por meio de lesão, não partem de uma exteriorização de preferências livre e espontânea. Assim, não só deixam de criar riqueza, como também apresentam o potencial de destruir riqueza.

Comecemos pela coação.[93] Coagir alguém significa ameaçá-lo para extrair uma promessa. Por que promessas extraídas sob coação deixam de criar riqueza e ainda a destroem? São as noções de excedente e de valor de ameaça (preço de reserva) que respondem a essa pergunta.[94] Como vimos acima, quando um comprador e um vendedor barganham em torno da compra e venda de um bem ou da prestação de um serviço, eles têm como parâmetro um valor máximo e mínimo pelo qual estão dispostos a comprar e vender o bem ou a prestar o serviço (preço de reserva, valor de ameaça). Se a barganha é livre, a diferença entre esses valores e o preço pelo qual o contrato realmente foi firmado dá a medida dos excedentes do consumidor e do produtor. Retornemos ao jogo de barganha entre João e Benta. João estava disposto a vender o seu carro por, no mínimo, R$ 3.000,00 (três mil reais); Benta, a comprá-lo por até R$ 4.000,00 (quatro mil reais), dinheiro que disporá em trinta dias da realização do negócio. Tendo as partes acordado a compra e venda por R$ 3.500,00 (três mil e quinhentos reais), é de se concluir que tanto o excedente do consumidor quanto o do produtor (vendedor) são, cada qual, de R$ 500,00 (quinhentos reais).

Barganhar ou negociar é o contrário de coagir. Numa barganha, uma das partes dá algo à outra, a fim de incentivá-la a realizar uma promessa. Numa negociação, ambas as partes desejam, ao tempo da barganha – quando da realização do acordo – que o Estado o garanta no futuro.[95] No exemplo de João e Benta, João dá o carro a Benta,

---

[91] O erro ou ignorância estão previstos nos artigos 138 a 144 do Código Civil.
[92] O dolo tem sua previsão nos artigos 145 a 150 do Código Civil.
[93] Os apontamentos a respeito da coação foram redigidos adaptando-se o que dizem Cooter e Ulen a respeito da *duress*. COOTER, Robert; ULEN, Thomas. **Law and Economics**. 6. ed. Berkeley: Berkeley Law Books, 2016, p. 343-347.
[94] "*A theory of duress must distinguish between improper threats and proper demands. We will use bargaining theory to draw the distinction. First, we review the fundamentals of bargaining as explained in Chapter 4. In a bargaining situation, the parties can produce more by cooperating ('surplus') than they can on their own. In order to cooperate, they must agree to divide the cooperative product. In dividing the cooperative product, both parties must receive at least as much as they can get on their own ('threat value'). Bargaining often involves exchanging demands and offers in an attempt to agree on the price of cooperation.*" Ibidem, p. 343-347.
[95] "*Many exchanges occur instantly and simultaneously, as when a shopper pays cash for goods in the grocery store. In a simultaneous, instantaneous Exchange, there is little reason to promise anything. The making of promises, however, typically concerns deferred exchanges – that is, transaction that involve the passage of time for their completion. [...] The passage of time between the exchange of promises and their performance creates uncertainties and risks. Thus, the seller asks the buyer to pay now for future delivery of goods. The cautious buyer wants a legal obligation of the seller to deliver the goods, not just a moral obligation. The buyer may be willing to pay now for an enforceable promise, but not for an unenforceable promise. Recognizing these facts, both parties want the seller's promise to be enforceable at the time it is made. The seller wants enforceability in order to induce the buyer to make the purchase, and the buyer wants enforceability to provide an incentive*

incentivando-a a prometer a entrega, em 30 (trinta) dias, dos R$ 3.500,00 (três mil e quinhentos reais). Ambas as partes desejam que o Estado garanta esse acordo no futuro. João quer garantias de que poderá receber os R$ 3.500,00 (três mil e quinhentos reais) pelo carro. Benta espera, ao tempo de acordo, que o Estado o garanta para que João entregue o carro imediatamente. Se o Estado não garantisse esse acordo, como vimos, João poderia prever que Benta não teria incentivos para transferir o valor no futuro, não entregando a ele, João, o carro no presente. Daí por que ambas as partes desejam a garantia do acordo pelo Estado.

Quando há coação, no entanto, a promessa não será extraída em virtude de um bem, serviço ou outra promessa.[96] Dar-se-á em virtude de uma ameaça de destruição de riqueza. Mais que isso, na coação, apenas a parte coatora deseja que o Estado garanta o acordo no futuro, uma vez que é provável que apenas ela saia ganhando (o que resulta em ineficiência no sentido de Pareto)[97].

Imaginemos agora que o contrato entre João e Benta não fosse possível, pois após negociarem, as partes perceberam que Benta atribuía ao carro um valor inferior ao atribuído por João. Digamos que Benta atribuísse ao carro o valor de R$ 2.000,00. Ao invés de barganhar (entregar o carro a Benta ao tempo do acordo), João, sem mais nem menos, ameace matar a filha de Benta se ela não lhe der R$ 3.500,00 (três mil e quinhentos reais) em trinta dias pelo carro.

Caso Benta celebre o contrato por esse valor, apenas João, ao tempo da promessa, desejará vê-lo garantido pelo Estado no futuro. O desejo de Benta ao tempo da promessa, é claro, será o de que a promessa, extraída por meio de coação, não seja garantida no futuro – de que João não possa executar o contrato em juízo, afinal ela atribui ao carro valor inferior ao que João quer receber. Caso Benta seja forçada a cumprir esse contrato, terá havido destruição de riqueza[98], pois o excedente econômico será negativo

---

    for seller's performance and a remedy for seller's breach. By enforcing such promises, the court gives both parties what they want and facilitates cooperation between them." Ibidem, p. 283.

[96] *"Bargaining, which involves demands and offers, is the opposite of coercion, which involves threats. A contract usually involves a bargain in which one party gives something to induce the other party to make a promise. The bargain facilitates cooperation, which is productive. Both parties usually expect to gain from the bargain. Both parties usually want enforceability to secure a credible commitment to cooperate."* Ibidem, p. 344.

[97] *"In contrast, a contract made under duress has the opposite traits. Duress usually involves extracting a promise by an improper threat. Enforcing the promise usually redistributes wealth from one person to the other. One party expects to gain from a coerced promise, and the other party expects to lose. One party wants enforceability of a coerced promise, and the other party does not. To illustrate, contrast voluntary and coerced exchange of goods. When exchange is voluntary, the parties agree to trade because they both perceive an advantage. Ownership usually passes from someone who values a good less to someone who values it more. Allocative efficiency requires moving a good from someone who values it less to someone who values it more. In contrast, when exchange is involuntary, one party may be coerced into selling a good for less than it's worth to him or her. Consequently, ownership may pass from someone who values it more to someone who values it less, and that, of course, is allocatively inefficient."* Ibidem.

[98] *"Another important difference between bargains and coerced contracts concerns the consequence of a failed attempt to form a contract. If bargaining fails, the parties do not cooperate or create a surplus. Suppose I say, 'Pay me $10 per hour, or I'll work for your competitor.' You offer $9 per hour; so I go to work for your competitor at $8 per hour. My best alternative bargains is apparently*

em R$ 1.000,00 (valor correspondente à diferença entre o preço atribuído ao carro por Benta e por João).

Mas não é só isso. Se promessas feitas sob coação fossem dotadas de garantias (executáveis), os indivíduos de uma determinada sociedade poderiam se ver incentivados a tomar precauções contra ameaças de destruição de riqueza. No caso de Benta e João, se a promessa de Benta fosse dotada de garantia (executável), Benta teria incentivos para gastar recursos privados com a proteção de seus filhos. Gastos com a proteção da vida das pessoas, no entanto, são muito mais eficientes se feitos pelo Estado. Tanto a polícia quanto o poder judiciário são em sentido econômico, bens públicos, cuja administração deve ficar a cargo do Estado. Melhor dizendo, os gastos de Benta com a proteção de sua filha seriam desperdício (destruição) de riqueza. Seriam gastos ineficientes.[99]

É a possibilidade de ocorrer a destruição de riqueza que distingue barganhas de promessas produzidas sob coação. No entanto, os sujeitos envolvidos em jogos de barganha, não raro tomam posições duras – comportam-se estrategicamente – na defesa de seus interesses. Até que ponto se pode falar em barganha? Qual o limite entre barganha e ameaça? A partir de que momento, durante uma negociação, uma ameaça deixa de ser um comportamento estratégico aceitável, para se tornar coação?

Imaginemos um empregado que deseje um aumento de salário e que, para consegui-lo, blefa diante do seu empregador, dizendo que, ou recebe o aumento ou vai trabalhar para o concorrente, sem que o concorrente, no entanto, tenha-lhe feito qualquer proposta. Essa situação hipotética não se configura como coação, pois não destrói riqueza. O empregador possui três alternativas. Ou dá o aumento, e se o fizer, será porque valoriza o empregado a ponto fazê-lo, ocorrendo, nesse caso, a criação de riqueza e excedentes (o contrato com o novo salário será bom para ambas as partes). Ou, por outro lado, o empregador não dá o aumento, mas continua com o empregado em sua empresa, não havendo então a criação de excedentes. Ainda, pode o empregador demitir o empregado, valendo notar que, se esse for o caso, não haverá a criação, mas também não haverá a destruição de riqueza. Se o empregador o demitir, o fará porque crê que pode substituí-lo sem perda de produtividade, pagando a outro funcionário o mesmo salário. Sob o ponto de vista do empregado, a possibilidade de demissão em razão do blefe podia ser antecipada. O trabalhador só blefaria dessa maneira se soubesse que, a despeito de não ter recebido qualquer proposta concorrente, tão logo demitido, encontraria uma nova oportunidade que pagasse, no mínimo, o mesmo que recebia na empresa anterior.

---

less productive than the proposed bargain. In contrast, if coercion fails and the injurer acts on the threat, he or she destroys something valuable to the victim. To illustrate, suppose I say to you, 'Work for me if you want your sister to come home safely from school.' If you refuse to be coerced and if I act on my threat, a tragic crime ensues. In general, failed bargains do not create, whereas failed coercion can destroy." Ibidem, p. 345.

[99] *"Even unexecuted threats waste by inducing their victims to invest in defense. To illustrate, suppose that the local bully 'buys' bicycles in exchange for $1 and the promise not to thrash the owner. The owners of bicycles will try to protect themselves from the bully. Protecting themselves against the bully uses resources. The state can often provide protection against threats more cheaply than anyone else. By providing protection against threats, the state channels resources from defense to production."* Ibidem.

Barganhas que falham deixam de criar riqueza. Coações, por seu turno, têm o condão de destruí-la[100]. Essa é considerada a linha divisória entre comportamentos estratégicos em jogos de barganha e ameaças para coagir alguém a prometer ou fazer alguma coisa. A ameaça de matar a filha de alguém fará com que essa pessoa envide esforços destinados a evitar o assassinato. A ameaça de se trabalhar para o concorrente, no entanto, apenas deixa de criar riqueza no caso de falhar. Empregado e empregador não firmam um novo acordo, mas o volume de riqueza existente na sociedade permanecerá o mesmo.

Outra defesa de formação que pretende garantir a qualidade das manifestações de vontade é o estado de perigo[101]. Ele se assemelha, em alguma medida, à coação, já que também nesse caso uma promessa é feita quando a vontade do promitente não é inteiramente livre. O estado de perigo também se parece com a coação porque, em ambos os casos, uma promessa é produzida sob uma ameaça de destruição de riqueza. Imaginemos um motorista que, à noite, no meio de uma estrada deserta e bastante perigosa, fique sem gasolina e se comprometa a pagar R$ 10.000,00 (dez mil reais) por 10 (dez) litros de gasolina a outro motorista que, com o tanque cheio, passava pela mesma região. Tem-se aí o exemplo de uma promessa feita em estado de perigo. A diferença do estado de perigo para a coação se dá porque no primeiro a circunstância que retira a liberdade de escolha – aquela que desordena e instabiliza as preferências do promitente – não foi criada pelo promissário. Pode ser produzida por terceiro, advir de má sorte ou ser causada pelo próprio promitente. No exemplo dado, o esvaziamento do tanque deve ser atribuído ao próprio promitente, que, ou não se precaveu, abastecendo quando podia, ou errou o caminho e se perdeu na estrada deserta e perigosa. Já a ameaça de assassinato da filha (coação) é atribuível ao promissário[102].

Mas se foi o próprio promitente que não se precaveu ou errou, por que possui a defesa de formação em razão do estado de perigo? Não deveria arcar com a sua própria negligência? O fundamento usado pela análise econômica para responder a esse ponto é o mesmo da coação: a possibilidade de destruição de riqueza. Promessas extraídas quando uma das partes está em estado de perigo advêm de ameaças em destruir riqueza. No caso do motorista perdido no meio da estrada deserta e perigosa, o promissário extrairá a promessa de pagamento de R$ 10.000,00 (dez mil reais) por dez litros de gasolina sob a ameaça de não salvar do motorista. Se ocorrer o não salvamento, no

---

[100] "*Economic Analysis suggests the following rule for duress: A promise extracted as the price to cooperate in creating value is enforceable, and a promise extracted by a threat to destroy value is unenforceable.*" Ibidem.

[101] A defesa de estado de perigo foi redigida com base nos apontamentos de Cooter e Ulen a respeito da defesa *necessity*, da *common law*. Ibidem, p. 347-349.

[102] "*Like duress, necessity is a promise given under a dire constraint. As explained, duress concerns a dire constraint imposed on the promisor by the promisee. In contrast, necessity concerns a dire constraint imposed on the promisor by someone other than the promisee. The cause of the dire constraint could be the promisor, a third party, or bad luck. […] In cases of duress and necessity, the promisee makes a destructive threat, and the promisor responds by making a one-sided promise. The nature of the threat, however, differs for the two doctrines. With duress, the promisee threatens to destroy by acting. With necessity, the promisee threatens to destroy by not actin, specifically by not rescuing.*" Ibidem, p. 347.

entanto, o condutor estará sob risco de ser vítima de roubo, sequestro ou mesmo de morte na estrada deserta.

Cooter e Ulen distinguem três hipóteses de salvamento, com base no custo para o salvador. Um auxílio fortuito parte de recursos que estavam à mão de quem o presta, por sorte. Nesse o caso, o salvamento merece uma recompensa modesta, suficiente para incentivar salvamentos futuros. Um auxílio antecipado consome recursos que foram separados especificamente para o resgate. Essa espécie exige uma recompensa um pouco maior. Deve-se recompensar a preparação para apoiar aquele que estava em estado de perigo ou necessidade. Por fim, um auxílio planejado ocorre quando o apoiador busca intencionalmente pessoas precisando de resgate. Salvamentos dessa espécie exigem recompensas robustas para se indenizar não só a preparação, mas também a disposição de buscar pessoas precisando de resgate.[103]

Encerrando as defesas de formação que garantem a qualidade das manifestações de vontade, passamos a analisar a defesa da lesão. Ela busca proteger a inexperiência e a ignorância das pessoas, examinando a proporcionalidade existente entre as prestações assumidas por promissário e promitente[104]. Em tese, acordos firmados por inexperiência ou ignorância não são inteiramente livres. Daí por que, pelo instituto da lesão, cabe ao juiz examinar a proporcionalidade das prestações assumidas num acordo. A análise econômica, no entanto, não vê com grande entusiasmo esta avaliação judicial, isto é, por juízes e tribunais, no que se refere à substância dos contratos. A AED não é entusiasta de que a proporcionalidade das prestações assumidas de parte a parte seja avaliada por magistrados[105]. Há predominantemente duas razões para tanto.

---

[103] "We distinguish three kinds of rescues by their cost. First, a fortuitous rescue uses resources that were on hand by chance. For example, the passerby happens to have extra gas in her tank when she happens to encounter the stranded surgeon; so, the passerby siphons five gallons of gas from the tank of her car to the tank of the surgeon's car. Second, an anticipated rescue uses resources set aside in case they are needed for a rescue. For example, the passerby always carries a five-gallon can of gas in the trunk of her car just in case she happens to encounter someone stranded. Third, a planned rescue occurs when the rescuer searches for people who need rescuing. For example, a professional rescuer patrolling the desert comes on the stranded surgeon. The difference in costs affects the difference in rewards required to create incentives for the three kinds of rescue. Fortuitous rescue uses resources that just happen to be available. Incentives for fortuitous rescue require a modest reward to compensate for resources actually consumed in the rescue. Anticipated rescue uses resources set aside for emergencies. Incentives for anticipate rescue require sufficient reward to compensate for preparations against emergencies. Preparations use more than the resources consumed in an actual rescue. Planned rescue uses resources invested in searching for people in distress. Incentives for planned rescue require sufficient reward to compensate for search. Searching uses more than the resources consumed in preparing for emergencies or rescuing. In general, incentives for planned rescues require larger rewards than for anticipated rescues, and incentives for anticipated rescues require larger rewards than for fortuitous rescues." Ibidem, p. 348.

[104] Os apontamentos acerca da lesão foram redigidos com base nos escritos de Cooter e Ulen a respeito da defesa baseada em *unconscionability*, da *common law*. Ibidem, p. 368-370.

[105] Cooter e Ulen abordam isso indiretamente quando tratam da teoria da barganha e da justeza entre as promessas: "We conclude this section by relating bargains to fairness. Most people have beliefs about fair bargains. In a fair bargain, each party gives equivalent value. In the language of law, a contract is fair when the value of the promise is proportional to the value of the consideration. Conversely, in an unfair bargain, the value of the promise is disproportional to the value of the consideration. To illustrate an unfair bargain the elder brother (Esau) in a famous Bible story

A primeira é o mercado. Os mercados, em geral, são tidos como a melhor maneira pela qual as partes podem regular os negócios privados. Ainda que por vezes imperfeitos, os acordos realizados nos mercados devem ser aceitos por juízes e tribunais nos termos em que foram firmados. Como terceiros exteriores, os magistrados não possuem condições de corrigir os acordos realizados, da mesma maneira que, em regra, não conseguem reparar as imperfeições existentes em casamentos, em casos envolvendo direito de família. Para a análise econômica é melhor que, de uma maneira geral, as imperfeições constantes dos contratos sejam toleradas, porque correções posteriores por terceiros exteriores a eles, quase nunca corrigem os seus problemas. Os entes privados, no geral, são considerados pela AED como aqueles que melhor podem resolver seus problemas, também de natureza privada. Juízes e tribunais não têm o mesmo conhecimento que os entes privados sobre seus próprios problemas, interesses ou preferências. É melhor, então, que, sempre que possível, juízes e tribunais não sejam onerados com disfunções cuja solução eficiente esteja ao alcance dos agentes privados.

A segunda razão para que a AED não seja entusiasta do exame da proporcionalidade das prestações assumidas nos acordos privados está no alto custo que esta análise impõe a outros eventuais futuros acordantes, que atuem no mesmo mercado. Para a AED, o exame da proporcionalidade das prestações por parte dos magistrados cria insegurança jurídica. E insegurança jurídica é um incentivo para que futuramente se discuta em juízo situações jurídicas semelhantes àquela inicial, que criou a insegurança jurídica. Isso porque, aqueles que atuam com mais frequência nos mercados – as empresas – têm mais condições de antecipar tais práticas. Tendem, então, a repassar, no preço dos negócios, os custos com os quais arcam, em razão dessa insegurança (custos de litigância: honorários de advogado, custas judiciais). O mercado de crédito é um bom exemplo disso. Sempre que o poder judiciário revisa, por razões circunstanciais[106], os encargos que recaem sobre as prestações

---

promised to give his inheritance rights to a younger brother (Jacob) in exchange for a bowl of soup. According to bargain theory, a court should enforce promises induced by consideration, regardless of whether the consideration was equivalent in value to the promise. It is enough for enforceability under the bargain theory that the promisor found the consideration adequate to induce the promise. Bargain theory holds that courts should determine whether a bargain occurred, not inquire into whether the bargain was fair. Consequently, the doctrine of consideration requires courts to enforce some unfair promises, such as exchanging one's inheritance for a bowl of soup. An alternative theory would limit courts to enforcing fair bargains. To apply such a theory, a court would have to ask whether the value of the promise was equivalent to the value of the consideration. People often disagree about the value of goods, and litigants often disguise values from courts. Supervising all bargains for fairness would burden the courts and inhibit commerce. Consequently, most people want the courts to enforce bargains, not to supervise them. Perhaps this fact explains why courts do not routinely examine bargains for fairness. However, some bargains are so one-sided that most people require little information to condemn them as unfair. Modern U. S. courts sometimes refuse to enforce extremely one-sided bargains." Ibidem, p. 344.

[106] Quando falamos em razões circunstanciais, estamos fazendo referência a fundamentos como os da "razoabilidade" dos juros e encargos financeiros, da "dignidade humana do consumidor do crédito" etc. Os juros e encargos financeiros, em última análise, são o preço do dinheiro. O mercado de crédito, é evidente, não é perfeito. Ele é marcado por assimetrias informacionais e, especialmente no Brasil, tem poucos *players* (significa, assim, que tem baixa concorrência). Isto é, o mercado de crédito no Brasil possui, sim, as suas falhas (as falhas de mercado). Mas elas não determinam, sozinhas, o preço do dinheiro no Brasil (*i.e.* as taxas de juros e encargos). O preço do dinheiro – como se dá com o mecanismo de preços em geral – sinaliza o "quão saudável" é

assumidas pelo consumidor do crédito, o seu preço para os outros consumidores tende a subir. Isso porque o fornecedor vê-se incentivado a repassar a perda, que eventualmente sofrerá naquele caso concreto, aos demais consumidores.[107]

Passadas as defesas de formação dos contratos, que pretendem garantir a qualidade das manifestações de vontade, cabe examinar aquelas que se dão por razões informacionais, isto é, por erro e dolo. A microeconomia distingue, como uma das razões para a regulação dos mercados, a assimetria informacional. Ocorre assimetria informacional toda vez que, em razão da especialização de determinada atividade produtiva, uma das partes de um acordo (o consumidor, em regra) não possui as mesmas informações a respeito dos produtos que estão disponíveis para a outra parte. A AED vale-se de uma razão análoga para sustentar a necessidade de se regular a formação dos contratos. Para que acordos produzam riqueza, as preferências manifestadas pelas partes devem partir de informações confiáveis, verdadeiras, que correspondam à realidade.

Aqui cabem alguns breves apontamentos sobre a análise econômica da informação. Isso porque, informações produtivas precisam ser diferenciadas das informações redistributivas. Informações produtivas são aquelas que permitem a produção de riqueza, isto é, a movimentação de insumos (bens e serviços) para usos mais valiosos. Informações redistributivas criam uma vantagem para uma das partes barganhar e obter riqueza, em prejuízo de outra. A análise econômica distingue ainda a aquisição fortuita da aquisição voluntária (ativa) de informações. A fortuita é aquela que se dá pela sorte. Já a aquisição voluntária (ativa) se dá por investimento por parte dos interessados.

Cruzando essas duas classificações, a análise econômica postula que cabe ao Estado incentivar apenas a aquisição voluntária de informações produtivas e desincentivar a aquisição de quaisquer outros tipos de informações (deve, nesse sentido, desincentivar a aquisição voluntária de informações redistributivas, a aquisição involuntária de informações produtivas e a aquisição involuntária de informações redistributivas). Isso porque só a aquisição voluntária de informações produtivas é capaz de produzir riqueza. Se o Estado incentivar a aquisição involuntária (fortuita) de informações ou a aquisição de informações redistributivas, fomentará o desperdício de riquezas.

Imaginemos que um comprador se interesse por um carro velho. O comprador, no entanto, sabe que o carro velho é, na verdade, uma antiguidade, e possui valor de mercado muito superior àquele atribuído pelo vendedor. Se o comprador tiver despendido tempo e recursos pesquisando a qualidade do carro (raridade), a

---

o ambiente de negócios. Independentemente da corrente ideológica a que pertençam, os economistas no Brasil, sobretudo aqueles que auxiliam os políticos em época de eleição, parecem concordar em uma coisa: é necessário melhorar o ambiente de negócios no país.

[107] *"Lawyers focus on individual cases, whereas economists focus on statistics. Statistically, the paternalistic protection of Mrs. Williams by legal restrictions on the credit market imposes high costs on poor consumers as a class. The add-on clause presumably represents the cheapest way for some poor consumers to obtain credit. Denying them this instrument for borrowing will either force them to borrow at higher costs, or prevent them from borrowing to purchase needed goods. The poor as a class will borrow at higher cost and purchase fewer consumer goods than they otherwise would. Those retailers who offered the add-on clause in an attempt to lower the costs of consumer credit may also be made worse off by the holding. Their sales may decline or their costs may rise; in either case, their profits are likely to fall."* COOTER, Robert; ULEN, Thomas. **Law and Economics**. 6. ed. Berkeley: Berkeley Law Books, 2016, p. 369.

aquisição dessa informação ter-se-á dado de forma voluntária e com finalidade produtiva. O negócio de carros raros é uma atividade econômica produtiva. Pessoas que se dedicam a ela gastam tempo e recursos pesquisando quais carros comprar para, em vendas futuras, os reinserir no mercado por meio de novos contratos. Essa atividade econômica, portanto, produz riqueza, produz excedentes. O Estado deve recompensar tal atividade, garantindo os contratos firmados pelo pesquisador de raridades, por meio dessa aquisição de informações produtivas. Se, de outra parte, tanto o comprador quanto o vendedor descobrirem fortuitamente a qualidade do carro que negociaram (raridade), a aquisição fortuita de informação não produzirá riqueza. Assim, aqueles que fortuitamente adquirirem carros raros não desenvolverão, em regra, atividades econômicas produtivas. A compra de carros raros para pessoas que fortuitamente tomam conhecimento a respeito da raridade dos carros apenas redistribuirá riqueza – do vendedor para o comprador.

Há mais a ser dito sobre esse ponto. A análise econômica da informação sugere que deve haver a união entre informações valiosas a respeito dos bens e o controle sobre esses mesmos bens, uma vez que essa união favorece a eficiência (produtiva e alocativa). As pessoas que melhor conhecem as qualidades e as capacidades dos insumos (bens) estão em melhor condição de alocá-los em atividades mais produtivas. Voltando ao exemplo do comprador de carros raros, as suas compras unem informação e controle sobre os bens. O comprador desse tipo de bens estará em melhor condição que o vendedor desinformado, incapaz de alocar o referido automóvel na atividade mais eficiente possível: compra e venda de carros raros. O comprador deste tipo de produto, em razão de sua expertise, poderá desenvolver o negócio de compra e venda de carros raros, firmando novos contratos e criando excedentes[108]. Sem que ele desenvolvesse atividades de busca, avaliação e intermediação desse tipo de negócio, é provável que diversos carros raros permanecessem com proprietários que não lhes reconhecem o efetivo valor.

É partindo dessas ideias sobre o tipo de conhecimento que subsidia os contratos que as defesas de formação por razões informacionais (erro e dolo) devem ser estudadas. O direito regula as manifestações de vontade com vistas a incentivar a aquisição voluntária de informações produtivas e a união entre informação e controle sobre os insumos.

A defesa de formação do erro, de uma maneira geral, busca garantir que os acordos firmados sejam efetivamente informados (baseados em informações de que as partes dispunham quando da elaboração do acordo e que as partes fizeram circular nesse momento). Imaginemos que uma pessoa, andando na rua, passe em frente à garagem da casa da outra, na qual estejam estacionados dois carros, um antigo e de baixo valor e um novo e de alto valor, e se interesse pela aquisição do segundo. Imaginemos que, ao negociar um dos veículos, o interessado e o seu dono, por falhas na circulação de informações, se confundam. O proprietário crê que está a vender o carro antigo e de baixo valor enquanto o interessado pensa que comprará o carro novo e de alto valor. A hipótese é de erro. Se o Estado fizer valer um acordo nessas circunstâncias, independente

---

[108] Estes apontamentos foram redigidos com base no que dizem Cooter e Ulen a respeito da economia da informação e na defesa do erro unilateral (*unilateral mistake*). Ibidem, p. 354-359.

do carro que viesse a trocar de mãos, garantiria um contrato desinformado e, em certa medida, involuntário. No jargão jurídico, num acordo desse tipo, as manifestações de vontade, porque fundadas em informações falsas, não se encontram. Para a análise econômica, nesse acordo não haverá a criação de riqueza. Se o prejudicado for o vendedor – se o ele for obrigado a vender o carro novo e de alto valor pelo valor do carro antigo –, o preço do negócio estará abaixo do seu preço de ameaça. Se o consumidor for prejudicado, isto é, obrigado a comprar o carro antigo pelo valor do carro novo–, o preço do negócio estará acima do valor de ameaça do consumidor (o máximo que ele estaria disposto a pagar)[109].

A defesa de formação do dolo, por sua vez, busca incentivar a confiança das partes quanto à veracidade das informações trocadas nos acordos. Se as partes souberem que contratos baseados em informações falsas – ou na omissão de informações verdadeiras necessárias ao bom andamento do negócio (artigo 147 do Código Civil) – serão anulados, poderão confiar nas informações que trocarem uma com a outra, na fase de negociação do contrato. Por que isso é eficiente? Porque, dessa maneira, economizam os custos de verificação da veracidade das informações. Mas não é só isso. Contratos firmados com base em informações falsas – ou sem as informações verdadeiras, necessárias ao bom andamento dos negócios – não produzirão riqueza, pois não serão inteiramente voluntários. Não serão cooperativos, pois os preços dos contratos provavelmente colocar-se-ão fora dos limites dos valores de ameaça, quer do consumidor, quer do vendedor. Ainda, os acordos dolosos não unirão informação e controle, pelo contrário, é bem possível que os separem[110].

Por fim, devemos estudar as escusas ao adimplemento dos contratos. Como dissemos, diversamente do que ocorre com as defesas de formação, estas últimas admitem a existência de um contrato, mas dispensam o promitente do adimplemento, sem que ele seja responsabilizado pelo seu descumprimento (quebra). A escusa mais conhecida é a da impossibilidade física de cumprimento.[111] Para que a parte possa alegar a impossibilidade física de cumprimento, o fato que a motivou tem de ser posterior à formação do acordo e, por óbvio, anterior ao adimplemento. Pensemos no caso do pintor de renome e do contratante da pintura. Se o pintor tiver perdido o braço com o qual costuma realizar as suas pinturas, não poderá adimplir o contrato. O pintor, no entanto, mesmo sem o braço, poderá pagar perdas e danos. A pergunta que se coloca é: nessas circunstâncias, o pintor deve ser condenado a pagar perdas e danos?[112]

---

[109] Esses apontamentos aproximam-se do que dizem Cooter e Ulen a respeito do *mutual mistake about identity*, da *common law*. Ibidem, p. 354.

[110] Os apontamentos a respeito do dolo partiram do que dizem Cooter e Ulen a respeito das defesas fraud and *misrepresentation*, da *common law*. Ibidem, p. 361.

[111] No direito brasileiro, a impossibilidade do objeto é causa de nulidade do negócio jurídico (artigos 104, II, e 106 do Código Civil). A escusa de impossibilidade do objeto foi redigida com base nos apontamentos de Cooter e Ulen a respeito da defesa *impossibility*, da *common law*. Ibidem, p. 349.

[112] "*With duress and necessity, the dire constraint precedes the promise. Sometimes a dire constraint follows the promise and prevent performance. For example, a surgeon may promise to operate and then break her hand before the scheduled operation. Although the surgeon cannot perform, she can pay damages. If the surgeon cannot physically perform, the law can either excuse her or require her to pay damages. In general, when a contingency makes performance impossible, should the promisor be excused or held liable?*". Ibidem.

A hipótese acionada pela análise econômica para responder a essa pergunta é a dos contratos completos (utilizada quando se indaga se o inadimplemento do contrato é imoral). Segundo ela, na ausência de custos de transação, todos os contratos firmados nos mercados seriam perfeitos, isto é, alocariam de maneira apropriada todos os riscos de contingências futuras, que poderiam vir a afetar o objeto do contrato.[113] Se os contratos fossem perfeitos, completos – se não houvesse custos de transação – a distribuição de direitos e responsabilidades entre os contratantes seria completa e exaustiva. Nenhuma contingência futura deixaria de ser considerada no instrumento dos contratos[114]. O acordado entre as partes regeria, de maneira completa e acabada, todas as possibilidades de inadimplemento, dizendo o que deveria ocorrer em cada caso.[115]

A hipótese dos contratos completos recomenda que se façam os seguintes questionamentos: o que as partes teriam desejado ao tempo do acordo? Como as partes teriam alocado os riscos de inadimplemento? Na ausência de custos de transação, a hipótese dos contratos completos considera que elas teriam escusado o adimplemento do acordo até o ponto em que ele se mostrasse eficiente.

Voltando ao exemplo do pintor de renome que perdeu o braço depois do firmamento do acordo e antes do adimplemento do contrato, questionamos: ao tempo do acordo, as partes teriam desejado o seu adimplemento mesmo nesse caso? A resposta intuitiva parece ser: não. Calha, no entanto, ir além dela. Imaginemos que: a) o valor de ameaça do pintor seja R$ 800.000,00 (oitocentos mil reais); b) o valor de ameaça do contratante da pintura seja R$ 1.200.000,00 (um milhão e duzentos mil reais); c) o preço final do contrato seja de R$ 1.000.000,00 um milhão de reais; e d) o contrato não preveja a hipótese de adimplemento pelo pintor no caso de incapacitação, sob pena de perdas e danos.

Para inserir uma cláusula que determinasse o adimplemento mesmo no caso de perder o braço que usa para praticar a sua arte, quanto mais (em valores monetários) o contratante pediria para pintar o quadro? Para inserir uma tal cláusula, é provável, ele elevaria o seu valor de ameaça além dos R$ 800.000,00. Caso se visse obrigado a adimplir o contrato sob tal hipótese, é possível mesmo que o pintor elevasse o seu valor

---

[113] *"As discussed in the preceding chapter, perfect contracts contain terms that explicitly allocate all risks. Explicit allocation of risk requires costly negotiating. The cost of negotiating must be balanced against the benefit from explicit allocation of risk. On balance, the cost of negotiating over remote risks may exceed the benefit. Consequently, efficient contracts have gaps concerning remote risks."* Ibidem.

[114] *"According to the Coase Theorem, given zero transaction costs, rational parties will allocate legal entitlements efficiently. This proposition applies to contracts. When transaction costs are zero, the contract is a perfect instrument for exchange. Every contingency is anticipated; every risk is internalized; all relevant information is communicated; no gaps remain for courts to fill; no one needs the court's protection from deceit or abuse; nothing can go wrong. Perfect contracts pose no conundrums of interpretation. The parties need the state to enforce a perfect contract according to its plain meaning, but nothing more is required."* Ibidem, p. 291.

[115] Os contratos do mundo real, no entanto, não são perfeitos. As partes que efetuam trocas nos mercados veem-se diante de custos de transação. Está fora do alcance das partes prever tudo o que pode vir a afetar o objeto do contrato. O tempo de que as partes dispõem para negociar os contratos é limitado. As contingências futuras que podem vir a afetar o adimplemento dos contratos são, por outro lado, ilimitadas e muito complexas. Como não bastasse, a capacidade cognitiva das partes dos contratos – a sua aptidão para prever e antecipar contingências futuras – é bastante restrita.

de ameaça além dos R$ 1.200.000,00 (um milhão e duzentos mil reais) correspondentes à valoração subjetiva do contratante da pintura. Se, para que exista a cláusula de adimplemento, no caso de acidente dessa gravidade, o valor mínimo pelo qual estaria disposto a pintar o quadro superaria o valor máximo que o contratante estaria disposto a pagar, é de se presumir que as partes estavam dispostas a dispensar o adimplemento do contrato em casos como esse.

A teoria econômica do risco oferece respostas análogas à questão do adimplemento escusável valendo-se de outros conceitos. De um deles já se cuidou acima: trata-se de evitar o risco ao menor custo. Pela teoria econômica do risco, questiona-se, no caso de impossibilidade de adimplemento, quem poderia tomar precauções para evitar o inadimplemento ao menor custo. Se a resposta a essa questão for "ninguém", a teoria do risco recomenda que se questione: quem poderia reduzir o risco ao menor custo. E a maneira mais simples e corriqueira de se dispersar um risco é contratando-se um seguro[116]. No exemplo do pintor que perdeu seu braço, é provável que a resposta a ambas as questões fosse "ninguém", o que tornaria o inadimplemento por impossibilidade física escusável. A hipótese de perda do braço parece ter um risco tão remoto – uma contingência tão fortuita – que nenhuma das partes de um contrato estaria em condições de evitá-lo ou de o dispersá-lo a um custo menor que a outra.[117]

Outra escusa ao adimplemento estudada pela análise econômica é a frustração de propósito[118]. Trata-se, neste caso, de fato que, fugindo ao controle das partes de

---

[116] *"The impossibility doctrine concerns contingencies that make performance impossible. These contingencies represent a risk, much like the risk of pneumonia or an automobile accident. Economics has a theory of efficient risk-bearing. To apply it to contract law, assume that transaction costs preclude a bargain to allocate a risk among the people who affect it. Assume that one person can eliminate the risk at lower cost than anyone else or any combination of people. Or, to be more precise, assume that efficiency requires only one person to take action against accidental harm (unilateral precaution). Then hold the person liable who can eliminate the risk at least cost. If the impossibility doctrine in contract law were efficient, under the preceding assumptions, it would assign liability to the party who can bear the risk that performance becomes impossible at least cost. Several factors determine who can bear risk at least cost. First, people can often take steps to decrease the probability that performance becomes impossible or to reduce the losses from breach. For example, an elderly and ailing painter might delay other work in order to complete a portrait as commissioned. The ship's owner might alert the customer to the need for alternative supplies in the event that war causes the government to commandeer ships. The factory owner might install a sprinkler system to reduce the damage cause by fire. These considerations suggest that a risk should be assigned to the party who can take precautions to reduce it at least cost. Second, eve if no one can take precautions to reduce risk, someone can usually spread it. For example, assume that an earthquake prevents a seller from delivering goods on time. No one can prevent earthquakes, but people can insure against them. [...] Risk is cheaper to bear when spread than when concentrated. These considerations suggest that risk should be assigned to the party who can spread it at least cost, by insurance or other means".* COOTER, Robert; ULEN, Thomas. **Law and Economics**. 6. ed. Berkeley: Berkeley Law Books, 2016, p. 350-351.

[117] Pode-se imaginar, no entanto, o caso de o pintor se colocar constantemente, de maneira voluntária, em situações que o exporiam a acidentes incapacitantes. Nesse caso, seria o pintor que poderia evitar esse risco ao menor custo, devendo então ser responsabilizado pela impossibilidade física de adimplemento.

[118] No direito brasileiro, não existe o instituto da frustração de propósito. Ainda assim, existe doutrina que reconhece a frustração do fim do contrato como uma causa de ineficácia do negócio jurídico, cabendo a resolução do contrato, se o adimplemento ainda não foi iniciado,

um acordo, retira a sua razão de ser. Melhor dizendo, trata-se de fato que retira o propósito, a razão de ser, do adimplemento do acordo[119], tornando-o sem sentido. Um exemplo de locação ilustra a questão. Imaginemos que o proprietário de uma série de apartamentos próximos a um estádio de futebol os alugue para pessoas interessadas em assistir à Copa do Mundo, que terá por uma das sedes a cidade em que se localizam esses apartamentos. O propósito da locação reside na ocorrência da Copa do Mundo. Se o evento vier a ser remarcado ou cancelado em virtude da ameaça de um ataque terrorista, os contratos de locação ficarão desprovidos de propósito.

Também no caso da frustração de propósito, a análise econômica recomenda a aplicação da teoria do risco. Desse modo, questiona, em primeiro lugar, quem poderia arcar com o risco da contingência inesperada, que frustrou o propósito do contrato, ao menor custo. Se não houver uma resposta conclusiva, investiga-se quem poderia dispersar esse risco ao menor custo. No exemplo da Copa do Mundo, ambos os questionamentos admitem uma resposta segura. Quem poderia arcar com o risco do cancelamento do evento ao menor custo é o locador, devendo ele arcar com as consequências da frustração de propósito – isto é, com o ocasional inadimplemento dos locatários. Se a Copa do Mundo for desmarcada, ele possui condições de alugar os apartamentos para outros interessados, independentemente da realização do evento esportivo – ainda que por um valor mais baixo, provavelmente.

Por outro lado, se o pagamento de aluguel pelos locatários não for escusado, eles não conseguiriam realocar o imóvel com facilidade. Caso queiram assistir à Copa do Mundo que eventualmente venha a ser remarcada, terão de pagar os aluguéis de ambos os eventos (o desmarcado e o remarcado). Mais que isso, o locador, por ser proprietário do imóvel, desenvolve continuamente a atividade de locação. Diante disso, poderia com mais facilidade contratar um seguro para se proteger de inadimplementos desse tipo.[120]

---

ou a resilição, se já iniciado. (COGO, Rodrigo Barreto. **A frustração do fim do contrato**: o impacto dos fatos supervenientes sobre o programa contratual. Rio de Janeiro: Renovar, 2012, p. 354.) A ideia de frustração de propósito, no entanto, parece ser regida pelo artigo 393 do Código Civil, que trata da escusa do promitente de adimplir a obrigação se ocorrer caso fortuito ou força maior, salvo previsão contratual em contrário: "O devedor não responde pelos prejuízos resultantes de caso fortuito ou força maior, se expressamente não se houver por eles responsabilizado." De todo modo, os apontamentos a respeito da frustração de propósito foram redigidos com base no que dizem Cooter e Ulen a respeito da *frustration of purpose*, da *common law*. COOTER, Robert; ULEN, Thomas. **Law and Economics**. 6. ed. Berkeley: Berkeley Law Books, 2016, p. 353.

[119] "As explained, the impossibility doctrine provides a default rule to allocate losses caused by remote contingencies that make performance impossible. Similarly, the frustration doctrine provides a default rule to allocate losses caused by contingencies that make performance pointless. Pointless performance does not serve the purpose that induced the parties to make the contract." Ibidem, p. 353.

[120] "For example, the scheduled coronation parade induced the parties to make a contract for viewing it. Efficiency requires allocating risk to the party who can bear it at least cost. Thus, efficiency requires interpreting the doctrine of frustration of purpose as follows: If a contingency makes performance pointless, assign liability to the party who could bear the risk at least cost. As explained, a person's ability to reduce and spread risk determines his or her cost of bearing it. Returning to our example,

QUESTÕES DE AUTOMONITORAMENTO

1) **Quais são, para a AED, os requisitos básicos para a existência de um contrato?**

Comentário: Para a AED o contrato deve ser pensado como uma alternativa ao mercado. Quando contratam, as partes optam por deixar o mercado de lado e vincular-se uma à outra para o futuro. Contratos, para a análise econômica, são trocas nas quais se coloca o problema do tempo, isto é, ao menos uma das partes cumprirá a promessa depois de passado algum tempo de sua realização. Em outras palavras, para a análise econômica, contratos são trocas nas quais mesmo com as previsões jurídicas, há incerteza.

a) **Qual a diferença entre os conceitos econômico e jurídico de contrato?**

Comentário: Para o direito, há contrato quando houver manifestação de vontade de duas ou mais pessoas para a assunção de obrigações (que não necessariamente precisam ser recíprocas, vide a doação). Já para a teoria econômica, para haver contrato deve existir algum grau de incerteza, seja por conta do elemento temporal, seja em razão do comportamento da outra parte. Com isso, trocas instantâneas (mercado de *spot*), para o direito, serão vistas como contratos, enquanto não o serão para a economia.

b) **Por que para a AED o conceito de contrato é mais restrito do que aquele do direito civil?**

Comentário: Contratos, para AED, são os acordos diferidos no tempo e garantidos pelo Estado (e por isso dotados de *enforcement*). São passíveis de execução judicial por parte do interessado no seu adimplemento.

c) **Por que o tempo é um elemento relevante para a formação de contratos?**

Comentário: Porque é a existência do elemento tempo que, em uma relação contratual, gera incertezas, e o contrato é o instrumento que vincula as partes, incentivando-as a cooperarem.

2) **Qual seria o principal papel do Estado, mais especificamente do Poder Judiciário, com relação ao cumprimento dos contratos?**

Comentário: Todos os acordos voluntários cuja execução (*enforcement*) tenha sido desejada pelas partes no momento de sua realização, devem ser garantidos pelo Estado e é esse seu principal papel, o de garantidor, especificamente por parte do Poder Judiciário.

3) **Como o conceito de excedente econômico deve ser aplicado pela AED nas questões contratuais?**

Comentário: De maneira bastante simplificada, é possível dizer que excedente econômico é o mesmo que riqueza. É igualmente possível afirmar que a ideia de excedente econômico serve como medida do bem-estar. As partes de um contrato estão, em

---

the property owners who rented rooms could completely eliminate their losses cause by postponement of the coronation parade by renting the rooms a second time for the rescheduled parade. Bearing the risk of postponement was probably costless to the owners. Alternatively, the people who rented the rooms to view the parade face the risk of having to pay the rent twice. Efficiency apparently requires allocating the risk of postponement to the property owners, not the renters of the rooms". Ibidem, p. 353.

regra, em melhor posição quando, de maneira voluntária, anuem com seus termos (do contrário, não haveriam contratado).

4) **Podemos dizer que contratos, quando perfeitamente executados, são eficientes no sentido de Pareto?**

Comentário: Sim, pois duas pessoas apenas realizarão um contrato se considerarem posteriormente estar em situação melhor do que a que estavam quando nele entraram. Embora possa haver discordância sobre quão melhor a parte se saiu ao entrar em um contrato, somente se considerar a existência de algum benefício superior ao estado no qual se encontra é que entrará em uma relação contratual. Portanto, necessariamente, as duas partes irão sair melhor do que entraram.

5) **Qual relação pode ser feita entre os contratos e a teoria dos jogos?**

Comentário: Na teoria dos jogos, temos como elementos os jogadores, estratégias (ou opções) e *payoffs* (resultados). Traçando um paralelo, em contratos temos as partes contratantes, as estratégias/opções de negociação (inclusive a de não contratar) e os resultados desse contrato. Como em um jogo, as partes contratantes devem observar quais são os *payoffs* de cada uma de suas decisões (contratar/não contratar/pedir uma garantia etc.) e também das decisões da parte contrária para buscar sua estratégia mais eficiente. Um exemplo clássico é o adimplemento de um contrato celebrado, no qual quatro são os possíveis cenários: (i) ambos cumprem suas partes; (ii) A cumpre e B descumpre sua parte; (iii) A descumpre e B cumpre sua parte; (iv) nenhum dos dois cumprem suas partes. Nesse jogo, muitas vezes, descumprir pode ser benéfico para uma das partes a qual, racionalmente, pode escolher tomar essa como sua estratégia dominante. Ao saber disso, a outra parte pode também escolher descumprir o contrato para evitar prejuízos, gerando um equilíbrio ineficiente do ponto de vista social, pois não há geração de riqueza. Com esse conhecimento, as partes, no momento da contratação, podem gerar incentivos (pedir garantias/colocar cláusulas penais etc.) para que seja mais barato adimplir ao contrato do que descumpri-lo, tornando o cumprimento a estratégia dominante de ambas as partes e trazendo um novo equilíbrio eficiente do ponto de vista do ótimo social.

a) **Nesse contexto, qual a principal função dos contratos?**

Comentário: Incentivar que as partes cooperem para que ambas consigam obter maior excedente contratual.

6) **Descreva a teoria da barganha, liste seus elementos e analise o conceito de consideração e como estes podem ser operacionalizados em um sistema de *Civil Law*.**

Comentário: É por meio da teoria da barganha que, na *common law*, se afirma a existência ou não de um contrato. Barganha, sob essa perspectiva, consiste em um diálogo estabelecido em torno do preço de um bem ou de um serviço. Na *common law* os elementos que permitem aferir a existência de um contrato, são: a oferta, a aceitação e a consideração (*consideration*). O elemento mais problemático desses três, cujo significado não salta à vista daqueles acostumados a operar na tradição da *civil law*, é a consideração. A consideração é o que o promissário oferece ao promitente a fim de induzir a realização da promessa. É ela que torna o contrato passível de execução judicial. Na *common law*, promessas sem consideração não são passíveis de execução judicial. Ou seja, a barganha exige incentivos recíprocos: o promissário e o promitente devem oferecer incentivos, um ao outro, para a formação de um contrato.

7) **Quais são os tipos de remédios que o Judiciário pode impor em uma discussão sobre um contrato? Qual critério a AED utiliza para determinar o remédio mais eficiente para cada situação? Nesse sentido, as partes podem ser mais criativas que o Poder Judiciário?**

Comentário: Levando em conta a fonte do remédio jurídico, costuma-se distinguir 2 (duas) espécies de remédios: aqueles fixados por juízes e tribunais e aqueles desenhados pelas partes. Juízes e tribunais podem, por exemplo, determinar a execução específica da obrigação (adimplemento específico, cumprimento específico), a indenização por perdas e danos e a restituição do bem. As partes podem estipular, a seu turno, além desses remédios (execução específica, perdas e danos, restituição do bem), uma cláusula penal (multa), para o caso de descumprimento do contrato ou para o atraso no adimplemento. Podem também, em lugar de prever uma obrigação de natureza material (pagar perdas e danos, executar especificamente a obrigação, restituir o bem), designar um procedimento para a resolução de uma controvérsia advinda do contrato, como a arbitragem ou a mediação do conflito. As partes podem ser mais criativas, na medida em que lhes é permitido buscar outros métodos de resolução para seus conflitos, bem como adotar soluções diferentes, mediante convenção, das que poderiam ser adotadas pelo Judiciário.

8) **Em quais casos a AED exige o cumprimento de um determinado contrato? Em quais afasta o seu cumprimento (isto é, aceita seu inadimplemento)?**

Comentário: Sob o ponto de vista da AED, em determinadas situações, a quebra do contrato é desejável. Para elucidar essa questão, pode-se usar o exemplo do pintor de quadros de renome e do contratante da pintura, conforme trabalhamos no livro. Imaginemos, novamente, que o valor de ameaça (preço de reserva) do pintor seja R$ 800.000,00 (oitocentos mil reais); o valor de ameaça do interessado (contratante) na pintura seja R$ 1.200.000,00 (um milhão e duzentos mil reais); e que o preço final do contrato, após as partes barganharem, seja de R$ 1.000.000,00 (um milhão de reais).

Se uma terceira pessoa, que não faz parte desse contrato, procurar o pintor e demandar dele uma pintura que exija o mesmo esforço, dispondo-se a pagar R$ 3.000.000,00 (três milhões de reais), para a análise econômica, o inadimplemento do contrato firmado entre o artista e o primeiro contratante é desejável e eficiente. Recebendo os R$ 3.000.000,00 (três milhões de reais), o pintor pode indenizar o primeiro contratante pela diferença entre o preço do contrato e o valor de ameaça do primeiro contratante, isto é, de R$ 200.000,00 (duzentos mil reais). Pode, com isso, pagar os danos pela expectativa frustrada por parte do primeiro contratante e ainda dar cumprimento ao contrato com o segundo, lucrando R$ 2.800.000,00 (dois milhões e oitocentos mil reais). A situação é eficiente porque o serviço – a pintura do quadro – será prestado em favor de quem o valorar mais: a terceira pessoa disposta a pagar R$ 3.000.000,00 (três milhões de reais). A situação é também eficiente porque nem o pintor, nem o primeiro contratante, nem o terceiro interessado, ao final, estarão em uma situação pior que a que se punha antes da quebra do contrato (ficando identificada, assim, a eficiência no sentido de Pareto). Em sentido contrário, quando o inadimplemento não maximizar de forma global a riqueza, ele não será considerado eficiente.

9) Quais as funções da "cláusula penal" em um contrato?

Comentário: Pode-se dizer que a cláusula penal busca liquidar, já no momento em que o contrato está sendo firmado, eventuais perdas e danos pelo inadimplemento contratual. Mas ela também pode ser considerada um seguro em favor de quem a estipula, uma vez que a parte a ela submetida precifica a sua inclusão no contrato. Além disso, a parte em favor da qual se estabelece a cláusula possui uma garantia para o caso do inadimplemento.

a) De acordo com a perspectiva da AED, uma cláusula penal pode ser estipulada em valor superior à obrigação principal? Explique.

Comentário: Sim. Porque a cláusula penal também pode representar o quanto a pessoa está efetivamente esperando receber ao ter o contrato descumprido. Supondo que seja uma prestação muito importante para o contratante, pode ser que a indenização pelo inadimplemento acabe superando o valor da própria obrigação principal.

10) Quais as diferenças entre indenizar pela confiança, pela legítima expectativa e pelo custo de oportunidade?

Comentário: Quando se fala em indenização em razão da confiança, trata-se de indenizar o quanto o contratante investiu no negócio, confiando no adimplemento do contrato pela outra parte. No caso da legítima expectativa, trata-se de indenizar a parte pelo quanto ela esperava, subjetivamente, auferir em aumento de riqueza com a transação. Por fim, ao se indenizar pelo custo de oportunidade, há o ressarcimento do valor que o contratante receberia, caso tivesse realizado o negócio com outra pessoa.

a) Qual o efeito de tais possibilidades sobre os incentivos das partes em se precaver contra o inadimplemento?

Comentário: Dependendo do tipo de indenização a ser concedida, criam-se diferentes incentivos para as partes investirem no adimplemento do contrato ou na confiança de que ele será adimplido. Quando se indeniza pela confiança, estimula-se o contratado a investir o máximo possível no adimplemento, mesmo que de forma ineficiente, já que o contratante não tem incentivos para ser prudente quanto à confiança que investe no contrato (por exemplo, fazendo uma festa caríssima para apresentar o quadro), uma vez que todo o investimento em confiança, mesmo que não razoável, será indenizado. Na hipótese em que a indenização toma por base a legítima expectativa, cria-se um sistema no qual o contratante, em caso de descumprimento, sairá, do ponto de vista da riqueza, de maneira igual à que sairia se o contrato tivesse sido adimplido; já para o contratado, em caso de possibilidade de surgir uma oferta melhor pelo mesmo serviço, ele poderá romper o contrato original, indenizando o primeiro contratante, através de uma quebra contratual eficiente. Todavia, tal mecanismo de indenização tem a dificuldade de mensurar quanto, subjetivamente, cada uma das partes esperava receber como excedente daquela relação contratual. Por fim, ao se indenizar pelo custo de oportunidade, para o contratante, da mesma forma, à semelhança do que se daria no caso de o contrato ser adimplido. Já para o contratado, de igual maneira, há a possibilidade de realizar a quebra eficiente do contrato, indenizando a diferença que o contratante pagaria pelo lucro excedente da transação que seria melhor para ele. A vantagem desse mecanismo está no fato de ser mais objetivo, uma vez que frequentemente será possível avaliar, no mercado, quanto seria tal custo.

11) Pela perspectiva da AED, como podemos explicar a coação, o estado de perigo e a lesão?

Comentário: A análise econômica estuda os referidos institutos jurídicos qualificando-os como defesas de formação (*formation defenses*) dos contratos. As defesas de formação consistem em alegações que as partes de um acordo podem fazer em juízo para sustentar que, no momento em que o firmaram, não estavam presentes os elementos para a formação de uma obrigação contratual. Isso porque as preferências manifestadas por um, ou ambos os contratantes, não partiram de atitudes racionais, quer porque foram tomadas por pessoas que não as podiam manifestar de forma ordenada, quer porque foram adotadas em circunstâncias capazes de tolher efetivamente a liberdade de uma das partes. Na análise econômica, as defesas de formação embasam-se na ideia de que uma das partes, aquela eventualmente beneficiada pela má formação dos contratos, poderia, ao tempo que foi firmado o negócio, evitar a sua formação de modo imperfeito ao menor custo (*least cost avoider*).

12) Por que a AED vê com ressalvas a avaliação da proporcionalidade, pelo Judiciário, entre as prestações assumidas pelas partes?

Comentário: Há duas razões para tanto. A primeira é o mercado. Os mercados, em geral, são tidos como a melhor maneira pela qual as partes podem regular os negócios privados. Ainda que por vezes imperfeitos, os acordos realizados nos mercados devem ser aceitos por juízes e tribunais nos termos em que foram firmados. Como terceiros exteriores, os magistrados não possuem condições de corrigir os acordos realizados, da mesma maneira que, geralmente, não conseguem reparar as imperfeições existentes em casamentos, em casos envolvendo direito de família. Para a análise econômica do direito é melhor que, de uma maneira geral, as imperfeições constantes nos contratos sejam toleradas, porque correções posteriores por terceiros exteriores a eles quase nunca corrigem os seus problemas. Os entes privados, no geral, são considerados pela AED como aqueles que melhor podem resolver seus problemas, também de natureza privada. De modo que juízes e tribunais não têm o mesmo conhecimento que os entes privados sobre seus próprios problemas. Nesse sentido, é melhor, então, que, sempre que possível, juízes e tribunais não sejam onerados com disfunções cuja solução esteja ao alcance dos agentes privados. A segunda razão para que a AED não seja entusiasta do exame da proporcionalidade das prestações assumidas nos acordos privados é o alto custo que essa análise impõe a outros eventuais futuros acordantes, que atuem no mesmo mercado. Para a AED, o exame da proporcionalidade das prestações por parte dos magistrados cria insegurança jurídica. E insegurança jurídica é um incentivo para que futuramente se discuta em juízo situações jurídicas semelhantes à inicial, que criou a insegurança jurídica. Isso porque aqueles que atuam com mais frequência nos mercados – as empresas – têm mais condições de antecipar tais práticas. Tendem, então, a repassar, no preço dos negócios, os custos com os quais arcam, em razão dessa insegurança (custos de litigância: honorários de advogado, custas judiciais). O mercado de crédito é um bom exemplo disso. Sempre que o Poder Judiciário revisa, por razões circunstanciais, os encargos que recaem sobre as prestações assumidas pelo consumidor do crédito, o seu preço para os outros consumidores tende a subir. Isso porque o fornecedor vê-se incentivado a repassar a perda, que eventualmente sofrerá no caso concreto, aos demais consumidores.

13) **Explique a teoria dos contratos completos, bem como a sua utilidade prática.**
Comentário: Segundo a teoria dos contratos completos, na ausência de custos de transação, todos os contratos firmados nos mercados seriam perfeitos, isto é, alocariam de maneira apropriada os riscos de contingências futuras, que poderiam vir a afetar o objeto do contrato. Se os contratos fossem perfeitos – completos – e se não houvesse custos de transação, a distribuição de direitos e responsabilidades entre os contratantes seria completa e exaustiva. Nenhuma contingência futura deixaria de ser considerada no instrumento dos contratos. O acordado entre as partes regeria, de maneira completa e acabada, todas as possibilidades de inadimplemento, dizendo o que deveria ocorrer em cada caso.

Sua utilidade prática consiste na possibilidade de pensar como as partes teriam feito no momento da formação do contrato se tivessem normatizado determinada contingência. Tal exercício mental é útil para lidar com as eventualidades não regulamentadas contratualmente, pois fazendo uso dele as partes podem resolver a situação a partir da seguinte questão: "Considerando que é possível elaborar um contrato completo, como tal risco teria sido alocado no momento da contratação?". Todavia, destaca-se que na prática a existência de um contrato efetivamente completo é impossível, já que os custos de transação existem no mundo real, e pré-regulamentar todas as possíveis contingências às quais o contrato em questão estaria submetido seria impossível. Com isso, a referida teoria serve como uma referência para lidar com a alocação de riscos durante a execução contratual.

Vale destacar também que há uma diferença entre o que significa dizer que um contrato é completo do ponto de vista econômico e do ponto de vista jurídico. Um contrato economicamente incompleto (ou seja, que não cobre todas as contingências possíveis) pode ainda assim ser juridicamente completo, em razão da incidência das normas imperativas ou supletivas do direito dos contratos. Isso significa que a incompletude econômica não é necessariamente ineficiente, pois as partes podem decidir deixar de determinar soluções para as contingências menos prováveis para reduzir os custos de elaboração do contrato. Um bom direito contratual oferece boas soluções gerais para problemas contratuais, e assim reduz o risco para as partes nos casos em que elas optam por ignorar contingências improváveis.

Podemos pensar, portanto, em um conjunto de ferramentas complementares, de natureza pública e privada, que são conjuntamente utilizadas para solucionar problemas de inadimplemento contratual, segundo o quadro a seguir:

	SOLUÇÃO PRIVADA	SOLUÇÃO PÚBLICA
ANTES DO INADIMPLEMENTO	Contrato	Direito dos Contratos
DEPOIS DO INADIMPLEMENTO	Renegociação	Litígio

Capítulo IX

ANÁLISE ECONÔMICA DO DIREITO E A TEORIA JURÍDICA DA RESPONSABILIDADE CIVIL EXTRACONTRATUAL

O tema da Responsabilidade Civil levanta infindáveis controvérsias entre juristas. Apesar de se fundamentar em um arcabouço conceitual clássico, se mostra, na prática, extremamente dinâmico, em contínuo processo de reformulação teórica, e em constante esforço de adaptação aos inúmeros problemas suscitados pelas relações sociais.

Do ponto de vista econômico, que interessa a AED, a Responsabilidade Civil pode ser vista como uma forma de corrigir o problema das externalidades negativas[1], estudadas no capítulo sobre falhas de mercado. Isso porque ela estabelece "critérios para a seleção das situações nas quais a ocorrência dos danos deve ser indenizada"[2], bem como define os critérios para a transferência do prejuízo causado por esses danos.

Podemos afirmar que ao formular normas de responsabilidade civil, um ordenamento jurídico pode apresentar quatro funções para o referido instituto. São elas: (i) reparação da vítima que sofreu dano; (ii) prevenção de danos futuros, criando incentivos para que níveis adequados de precaução sejam adotados; (iii) punição, ao impor ao autor do dano ônus monetário adicional ao prejuízo efetivamente verificado; (iv) informação, ao disponibilizar dados sobre riscos e medidas preventivas das atividades, com o objetivo de conformar comportamentos das partes envolvidas em situações potencialmente danosas.[3]

Podemos também identificar seis objetivos em um arcabouço de responsabilidade civil:

> criar incentivos para que as partes adotem nível eficiente de precaução; criar incentivos para que as partes adotem nível eficiente de atividade; criar incentivos para que as partes obtenham informações, sobre o grau de risco e sobre tecnologias de redução de risco, em nível eficiente; realizar eficiente distribuição social dos riscos; minimizar custos administrativos; e a realização da justiça (...).[4]

---

[1] BATTESINI, Eugênio. **Direito e Economia: Novos horizontes no estudo da responsabilidade civil no Brasil.** São Paulo, LTr, 2011, p. 284.
[2] Ibidem.
[3] Ibidem
[4] Ibidem, p. 285.

Uma das principais reformulações teóricas contemporâneas dessa disciplina consiste no que se convencionou denominar de "objetivação" da responsabilidade civil[5]. Observamos a progressiva ampliação das hipóteses de responsabilização civil, justificadas por critérios de aplicação que independem da conduta do agente causador do dano. Este processo, que já vinha se estabelecendo há algum tempo no plano jurisprudencial com a elaboração de noções como a de culpa presumida, teve a seu favor, nos últimos anos, a promulgação do Código de Defesa do Consumidor[6], que estabeleceu uma regra de responsabilidade própria para as relações de consumo. Depois, houve, no Código Civil de 2002, a inserção do parágrafo único do art. 927[7], que trouxe para o ordenamento brasileiro uma cláusula geral de responsabilidade civil objetiva, aplicável às "atividades de risco".

Tais transformações suscitaram, e ainda suscitam, intensos debates entre os doutrinadores do campo jurídico sobre a extensão adequada dos sistemas de responsabilidade civil subjetiva e objetiva. O debate se torna ainda mais denso na medida em que o arcabouço teórico à disposição da doutrina não consegue deixar de delegar à análise dos casos concretos amplo espaço de discussão sobre a melhor aplicação dos institutos.

Comparada ao debate jurídico tradicional, a análise econômica se caracteriza como uma abordagem mais simples e objetiva para o tema. Desse ponto de vista, uma regra de responsabilização é desejável se fornece incentivos adequados para que os agentes adotem níveis ótimos de precaução no exercício de suas atividades. Desta forma, a AED se propõe a responder questões como: "de que forma podemos definir o nível ótimo de precaução para uma determinada atividade?"; ou "que regras oferecem os incentivos adequados para que os agentes adotem níveis ótimos de precaução?".

Dessa maneira, no presente capítulo nosso objetivo não é fazer uma longa análise sobre a Responsabilidade Civil, seja para o direito brasileiro, seja para o direito comparado. Buscamos apresentar como a AED pode ser utilizada para explicar os efeitos de normas de responsabilidade civil, bem como quais seriam as melhores construções legais para o incentivo à precaução.

Exercemos níveis de precaução distintos nas atividades de nosso cotidiano. Para cada ação que realizamos, há padrões típicos e específicos de conduta, com os quais nos familiarizamos desde cedo. Com efeito, a ideia da conduta adequada permeia todas as esferas do convívio social. E, da mesma forma que os padrões genéricos de conduta variam de acordo com as circunstâncias, o nível de precaução aconselhável para atividades diversas pode variar. Na verdade, a necessidade de adoção de precauções

---

[5] Orlando Gomes identificou na doutrina brasileira um fenômeno que denominou de "giro conceitual", uma mudança de foco da conduta do causador do dano para a reparação da vítima. "*O aumento do número de <u>danos ressarcíveis</u> em virtude desse giro conceitual do ato ilícito para o dano injusto, segundo o qual, como visto, a ressarcibilidade estende-se à lesão de todo <u>bem jurídico</u> protegido, dilata a esfera da responsabilidade civil e espicha o manto da sua incidência.* "GOMES, Orlando. **Tendências Modernas na Teoria da Responsabilidade Civil**, in Estudos em Homenagem ao Professor Sílvio Rodrigues. Rio de Janeiro: Editora Saraiva, 1989, p. 296.

[6] Art. 12 do Código de Defesa do Consumidor, por exemplo, fala de responsabilização independentemente de culpa.

[7] Haverá obrigação de reparar o dano, independentemente de culpa, nos casos especificados em lei, ou quando a atividade normalmente desenvolvida pelo autor do dano implicar, por sua natureza, risco para os direitos de outrem.

distintas para diferentes atividades é uma ideia bastante intuitiva. Parece claro que o nível de precaução adotado por engenheiros de uma usina nuclear deva ser superior ao adotado em outras atividades menos arriscadas. E, no entanto, mesmo os engenheiros de uma usina nuclear não seriam capazes de adotar precaução ilimitada, sem inviabilizar economicamente a atividade, razão pela qual existem protocolos de conduta para atividades excessivamente arriscadas como esta, destinados a estabelecer a prática de medidas eficientes para a prevenção de acidentes.

Mas como podemos aferir o nível de precaução apropriado para uma atividade? Num primeiro momento, pode parecer que quaisquer medidas de cuidado que reduzam as chances de ocorrência de um acidente devem ser adotadas. No entanto, em determinadas circunstâncias, tomar mais precaução pode não ser eficiente. Medidas de prevenção excessivamente custosas, que não reduzam significativamente as chances de ocorrência de danos, tendem a ser ineficientes. Da mesma forma que deixar de adotar medidas razoáveis de precaução pode levar a resultados indesejáveis, o emprego de medidas excessivamente onerosas e injustificadas gera perdas sociais[8].

A análise econômica parte precisamente da ideia de que existem níveis médios ótimos de precaução para cada atividade. Esta noção não é particularmente original, sendo compartilhada pela doutrina jurídica tradicional, que também leva em consideração a necessidade de se caracterizar níveis médios ideais de precaução compatíveis com as especificidades de cada atividade. A diferença entre as abordagens, no entanto, consiste no fato de que a doutrina jurídica tradicional parte de uma conceituação deontológica[9] do dever geral de cuidado, atrelando o nível ótimo de precaução à natureza da conduta praticada[10]. A AED, a seu turno, adota um conceito de precaução instrumental, avaliado a partir de sua capacidade de promover eficiência econômica.[11]

Consideremos, por exemplo, as providências que deveriam ser adotadas para preservar uma coleção de câmeras fotográficas antigas. Os valores das câmeras e o custo das medidas de conservação são fatores centrais para uma escolha como esta. Outro ponto

---

[8] Existe ainda um debate que este texto não pretende abordar, que trata da escolha social da eficiência como objetivo a ser alcançado pelo Direito. Neste sentido, há vasta literatura sobre as tensões entre o critério da eficiência, entendido como mandado de maximização de riqueza, e critério da eqüidade ou justiça. Ver: POSNER, Richard A. The Value of Wealth: A Comment on Dworkin and Kronman. **The Journal of Legal Studies**, vol. 9, nº 2. Março. The University of Chicago Press.1980.

[9] Deontologia se liga à ideia de ciência do dever, isto é, o conjunto de regras e deveres concernentes a uma profissão ou atividade. Por exemplo, a deontologia da atividade dos advogados está prevista no Código de Ética da OAB, uma vez que os conselhos regionais de profissões são responsáveis por elaborar regras de conduta para os respectivos profissionais.

[10] Nesse sentido, Sérgio Cavalieri Filho afirma que: "A responsabilidade extracontratual, por sua vez, importa violação de um dever estabelecido na lei, ou na ordem jurídica, como, por exemplo, o dever geral de não causar dano a ninguém". CAVALIERI FILHO, Sérgio. Programa de Responsabilidade Civil. 10ª Edição, Editora Atlas, São Paulo, 2012. p. 307. Portanto, a própria ordem jurídica se estrutura sobre a ideia de que existe um direito geral de prevenção de danos (ou de cuidado) entre os cidadãos, o qual se consubstancia a partir das normas de responsabilidade civil, as quais lidam com as situações em que tal dever não é adequadamente observado.

[11] Ou seja, enquanto a dogmática tradicional leva em conta fatores como capacidade técnica, formação, experiência, meio social dos agentes, a AED preocupa-se mais com quem poderia, ao menor custo, exercer precaução de forma mais eficiente.

relevante é o quanto da vida útil das câmeras aumenta quando adotamos cada medida de preservação. Uma avaliação econômica das diferentes providências elegeria apenas aquelas cujos benefícios se mostrassem superiores aos respectivos custos de adoção[12].

A AED utiliza, para a avaliação das regras de conduta social, os mesmos critérios que orientariam uma escolha privada como esta. No caso da responsabilidade civil, no entanto, as decisões de um agente terão efeitos negativos ou positivos sobre outro, em geral um completo desconhecido com o qual o primeiro não poderia negociar a adoção de diferentes condutas. Por esta razão, é necessária a existência de regras jurídicas que, por meio de critérios gerais, estabeleçam o nível de precaução a ser adotado por cada agente.

Analisaremos em maiores detalhes alguns modelos propostos por economistas e juristas para a análise de regras de responsabilidade civil. Para fins de simplificação da linguagem chamaremos o primeiro agente, o potencial causador do dano, de *ofensor*, e o segundo, aquele que sofre o dano, de *vítima*[13].

Nesse sentido, adotamos uma abordagem ora positiva, descrevendo como algumas regras de responsabilidade civil funcionam no sistema de incentivos das partes, ora normativa, indicando quais regras poderiam ser adotadas para alinhar incentivos para a precaução adequada.

9.1 A FÓRMULA DE LEARNED HAND

Como dissemos, em certas circunstâncias, ainda que determinada medida de precaução possa reduzir a probabilidade de ocorrência de um evento danoso, sua adoção pode não ser eficiente. A análise econômica ressalta necessidade de sopesamento do dano de um lado, e dos custos de precaução do outro, para se obter uma decisão eficiente do ponto de vista global.

Considere o seguinte exemplo. As chances de um entregador de pizzas A, ao realizar uma curva, bater no *food truck* de B, que se encontra estacionado na rua, são reduzidas pela metade caso A diminua em 20 km/h a velocidade com a qual conduz sua motocicleta ao passar pela curva. A uma dada velocidade inicial, a probabilidade do entregador A causar um dano de R$ 20.000,00 a B é de 0,1%. Caso A reduza a

---

[12] Como explicamos no capítulo 2 desta obra, economistas baseiam suas análises de eficiência nos critérios da maximização de riqueza e da maximização de utilidade. Utilidade seria uma medida de satisfação pessoal, do efetivo bem-estar de cada agente, ou de suas preferências, enquanto a riqueza é medida estritamente em termos de valor monetário. Uma análise de custo-benefício guiada por maximização de riqueza contrapõe-se a uma guiada pela maximização da utilidade, na medida em que indivíduos distintos podem atribuir utilidade distinta (níveis diversos de satisfação) ao dinheiro. Neste caso, poderíamos medir o valor das câmeras com base em seu valor de mercado (critério da riqueza) ou com base no valor subjetivo individualmente atribuído pelo proprietário à sua coleção de estimação. Não é difícil perceber que os impactos da escolha entre tais critérios podem ser muito significativos. Na verdade, utilidade e riqueza possuem correlações pouco triviais. Não nos aprofundaremos neste ponto, já tratado anteriormente, mas fazemos a ressalva de que, embora o critério da utilidade seja preferível, raramente é utilizado na prática, devido a dificuldades de mensuração.

[13] Posner utiliza as expressões "defendant" e "victim", às quais atribuímos a tradução livre ofensor e vítima.

velocidade, a probabilidade de ocorrência do dano cai para 0,05%. Desta forma, o dano esperado inicial é de R$ 20,00 (R$ 20.000 x 0.1%), e é reduzido para R$ 10,00 (R$ 20.000 x 0.05%) com a adoção desta medida de precaução, o que gera um benefício marginal de R$ 10,00 para *B*.

Caso o custo em que *A* venha a incorrer para adotar esta medida (reduzir a velocidade) seja inferior a R$ 10,00, digamos R$ 5,00, a medida será eficiente. Ao adotar uma medida que lhe custa apenas R$ 5,00, *A* gera um benefício de R$ 10,00 para *B*. Se voltarmos ao exemplo do colecionador de câmeras fotográficas, não é difícil traçar um paralelo. Aqui também as medidas de precaução são eficientes, quando sua adoção tem custo inferior aos benefícios que são capazes de gerar.

O exemplo do entregador de pizzas e do *food truck* sugere ainda a possibilidade de uma negociação eficiente entre *A* e *B*. Num cenário de custo de transação igual a zero, *A* e *B* poderiam negociar um valor entre R$ 5,00 e R$ 10,00 para que *A* passasse a conduzir mais devagar. Assim como no âmbito do direito contratual, o cenário de custos de transação zero levará, aqui também, à adoção da medida mais eficiente. Entretanto, a área de aplicação das regras da responsabilidade civil pode ser definida em termos econômicos, precisamente pela existência de custos de transação proibitivos, que impedem uma solução contratual. Com efeito, *A* jamais atingiria seu destino caso se visse forçado a negociar a maneira e a velocidade que conduz seu veículo com todos os outros possíveis motoristas trafegando em seu trajeto.

Dito de outra forma: ao sair com seu carro da garagem, *A* não é capaz de fazer um acordo com todas as pessoas com as quais pode cruzar na rua, sejam pedestres ou outros motoristas, quanto a não se envolver em um acidente. Portanto, estamos em um cenário no qual os custos de transação são proibitivos, em razão da multiplicidade de partes em potencial, tornando inviável a realização de acordos antes da ocorrência de acidentes.

O exemplo ilustra também os critérios de eficiência estabelecidos pela chamada fórmula de Learned Hand[14]. A referida fórmula, advinda da jurisprudência norte-americana, consiste num parâmetro para a caracterização das condutas culposas. Segundo Hand, o potencial causador *A* de um dano terá agido com culpa, se não houver empregado determinada medida de precaução cujos custos marginais de adoção sejam menores que a consequente redução do dano marginal esperado[15]. No exemplo dado, se *A* deixar de reduzir a velocidade, estará agindo de forma culposa, e violando um dever de precaução, uma vez que os custos em que incorreria para adotar semelhante medida (R$ 5,00) são inferiores aos benefícios marginais advindos de sua adoção (redução do dano esperado em R$ 10,00). Ou seja, ao deixar de adotar uma medida que lhe custaria apenas R$ 5,00, *A* gera uma perda esperada de R$ 10,00 para *B*, e, portanto, age com culpa.

---

[14] A fórmula foi elaborada pelo juiz Learned Hand no célebre caso **United States vs. Carroll Towing Co.**, com o objetivo de estabelecer um parâmetro para a caracterização das condutas culposas (**United States v. Carroll Towing Co.**, 159 F.2d 169, 173 (2d Cir. 1947).

[15] A fórmula é usualmente apresentada pela expressão C < DE, em que C denota o custo marginal de precaução, e DE o montante do dano esperado. O agente terá agido com culpa quando os custos marginais de precaução que deixou de adotar forem inferiores à redução marginal do dano esperado.

Continuemos com este exemplo. Suponhamos agora que, caso A reduzisse a velocidade de sua moto em 40 km/h ao passar pela mesma curva, e assim a probabilidade de causar um dano de R$ 20.000,00 a B cairia para 0,04%. Suponhamos também que esta redução de velocidade custe R$ 13,00 para A. Neste caso, o benefício marginal não compensa os custos impostos a A[16]. O custo marginal de adoção da medida de precaução supera seus benefícios marginais, portanto A não age de forma culposa ao deixar de adotá-la. Neste exemplo, um parâmetro de velocidade eficiente seria aquele que estipula uma redução de 20 km/h ao passar pela curva, e não de 40 km/h.

Outro ponto importante deste modelo pode ser ilustrado pelo exemplo apresentado acima. Estipulamos uma pequena queda adicional da probabilidade de ocorrência de acidente para uma redução maior de velocidade, isto é, a redução da chance de um acidente ocorrer não é proporcional (é na verdade menor) à redução da velocidade. Intuitivamente, é razoável que, conforme aumentamos a frequência ou intensidade de uma medida preventiva, sua capacidade de gerar mais prevenção se reduza progressivamente. Dirigir numa cidade a 80 km/h é muito mais seguro do que trafegar a 100 km/h; e, no entanto, a diferença da probabilidade de ocorrência de acidente entre dirigir a 60 km/h e a 40 km/h pode não ser tão grande em comparação com a redução (também de 20 Km/h) de 100 Km/h para 80 Km/h.[17] Adotamos as medidas mais eficientes de precaução inicialmente, e teremos, progressivamente, menos facilidade de encontrar novas medidas de precaução igualmente eficientes à medida que adotamos mais precaução.

O mesmo não pode se dizer quanto aos custos de adoção das referidas medidas de precaução. Estes tendem a aumentar e não a diminuir, conforme um dever cada vez maior de precaução é imposto a um agente. Esta noção surge de forma igualmente intuitiva. Reduzir a velocidade nas curvas não é excessivamente custoso para a maioria das pessoas. Mas reduzir a velocidade, usar cinto de segurança, respeitar a sinalização, dar preferência a pedestres, não beber antes de dirigir, não falar no telefone celular ao dirigir etc., todas essas medidas juntas, podem tornar o custo de precaução bastante elevado[18].

---

[16] Note que o benefício marginal é de apenas R$ 12,00, e, portanto, inferior ao custo marginal de precaução de R$ 13,00. Para calcular o benefício marginal basta subtrair o dano esperado antes da adoção da medida preventiva (0,1% x R$ 20.000,00 = R$ 20,00) do dano esperado após sua adoção (0,04% x R$ 20.000,00 = R$ 8,00). 20 − 8 = 12.

[17] Neste caso a diferença entre 100 km/h e 80 km/h é de 20 km/h, assim como, a diferença entre 60 km/h e 40 km/h também é de 20 km/h, no entanto, a eficiência gerada por cada uma dessas medidas pode variar significativamente.

[18] Podemos pensar em dois tipos de custos: os custos contábeis e os custos de oportunidade. Custos contábeis são medidos pela saída efetiva de recursos. No caso de uma atividade empresarial, podem ser representados facilmente pelo balanço contábil de uma empresa. Os custos de oportunidade, por sua vez, incluem não apenas os recursos gastos, mas também aquilo que se deixa de ganhar. Ao decidir ingressar em uma universidade, por exemplo, um jovem estudante não pensa apenas no que gasta com essa decisão (tempo, dinheiro etc.), mas também no que deixa de ganhar por adiar seu ingresso no mercado de trabalho, ou por deixar de se divertir nos finais de semana antes de uma prova. Os custos de oportunidades levam em consideração, portanto, o valor da melhor alternativa de cada decisão, e com isso aproximam-se mais da ideia de racionalidade econômica. Quando economistas tratam de custos, em geral utilizam-se da ideia de custo de oportunidade.

Tais conclusões sugerem a seguinte representação gráfica do modelo estabelecido pela fórmula de Hand:

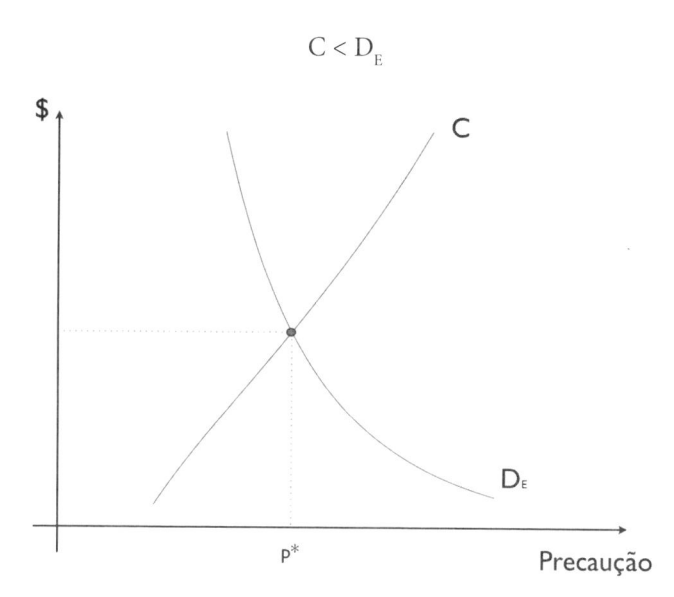

$$C < D_E$$

[Gráfico: eixo vertical $\$$, eixo horizontal Precaução; curva C crescente, curva D_E decrescente, interseção no ponto p^*]

C = custo marginal de precaução
D_E = dano esperado marginal = pd
p = probabilidade marginal de ocorrência de dano
d = dano marginal

Assim, temos no eixo vertical uma medida de custo, expressa em dinheiro; e no eixo horizontal, uma medida do nível de precaução. A curva C descreve uma função dos custos de precaução. À medida que exercemos maior precaução, seus custos (C) aumentam. A curva DE descreve a função do dano esperado. À medida que exercemos menos precaução, os danos decorrentes de acidentes (DE) diminuem. Temos a solução eficiente no nível de precaução p*, em que a curva de custo marginal de precaução se encontra com a curva do dano marginal esperado. No ponto em que estas variáveis se igualam atingimos o nível ótimo de precaução. Qualquer nível de precaução inferior a p* constituirá uma conduta culposa, como podemos aferir da fórmula de Hand. Qualquer nível superior de precaução será excessivo, ineficiente.

Destacamos igualmente que as variáveis adotadas são todas marginais, e portanto, não representam valores absolutos. Segundo Posner[19], na prática, a visão dos juízes está adstrita a considerações sobre mudanças de caráter marginal. Desta forma, o autor considera a fórmula de Hand é particularmente adequada ao tipo de informação acessível aos juízes na análise de casos concretos. Por isso, Posner[20] apresenta alguns casos emblemáticos para produzir uma evolução da fórmula de Hand em relação à

---

[19] POSNER, Richard. **Economic Analysis of Law**. p. 169, 170. 6th edition. Aspen Publishers: New York, 2003.
[20] Ibidem.

jurisprudência norte-americana. Isso porque a versão tomada como original estava "errada". Assim, se atualmente sabemos que as variáveis são marginais para que a fórmula esteja correta, não foi assim que Hand a explicou. Podemos, dessa forma, dizer que o atualmente temos uma interpretação marginal, resultado de uma fórmula que articula a análise de Hand e de Posner.

Nesse sentido, em *Adams v. Bullock*[21], o autor descreve o caso de um garoto de 12 anos que, ao atravessar uma ponte que cruzava os trilhos de uma empresa ferroviária, atirou um fio de metal que atingiu a parte elétrica dos trilhos, resultando em um choque que causou nele sérios ferimentos. A Corte se colocou ao lado da empresa ré, por considerar que a probabilidade de ocorrência de acidente semelhante era excessivamente reduzida, dado o posicionamento dos trilhos, e, ainda, considerou também que os custos de prevenção por meio de isolamento do material elétrico neste caso eram excessivamente altos.

Em *Hendricks v. Peabody Coal Co*[22], um garoto de 16 anos sofreu um acidente grave ao nadar nas águas acumuladas em uma mina a céu aberto. Neste caso a Corte se colocou a favor da vítima, considerando que o corpo d'água poderia ter sido isolado por uma cerca a custo relativamente baixo, se comparado ao montante do dano, e à sua probabilidade de ocorrência.

No Brasil, como ocorre, de maneira geral, em sistemas de *Civil Law*, há uma norma, elaborada pelo poder legislativo e não um precedente judicial, como no caso americano, estabelecendo o dever de indenizar por quem causa dano a terceiros. Todavia, destacamos que, no contexto da responsabilidade civil é comum encontrarmos forte presença da jurisprudência. Isto porque as normas abstratas não atingem todas as nuances das situações judicializadas. Dessa maneira, o Judiciário, casuisticamente, para dar concretude às normas abstratamente prevista pelo legislador, estabelece níveis diversos de precaução a depender de cada tipo de atividade.[23] Então, mesmo em sistemas romano-germânicos, a jurisprudência possui papel ativo para moldar a responsabilidade civil.

Nesse passo, mesmo em sistemas de *Civil Law* é possível a aplicação e adaptação dos preceitos normativos abstratos, pelo Judiciário, na solução de casos concretos. Ao olharmos para o Código Civil brasileiro de 2002, podemos identificar uma conexão entre a função social nele prevista, quanto à prevenção de acidentes, que pode ser compreendida à luz da análise econômica sobre as normas.[24] Isso porque, o CC/02 traz mecanismos para garantir o uso da Responsabilidade Civil como mecanismo de incentivo à prevenção ótima:

> A regra de responsabilidade subjetiva, art. 186, c/c o art. 927, aplica, ou não, em conjunto com o princípio da gravidade da culpa concorrente da vítima, art. 945, e as regras de responsabilidade objetiva, desde que aplicadas em conjunto com o princípio da gravidade da culpa concorrente da vítima.[25]

---

[21] **Adam v. Bullock.** 227 N.Y. 208, 125 N.E. 93 (1919) (Cardozo J.).
[22] **Hendricks v. Peabody Coal Co.** 115 Ill. App. 2d 35, 253 N.E 2d 56 (1969).
[23] Trazer alguma jurisprudência de forma exemplificativa.
[24] BATTESINI, Eugênio. **Direito e Economia: Novos horizontes no estudo da responsabilidade civil no Brasil.** São Paulo, LTr, 2011, p. 291.
[25] Ibidem.

Ou seja, todos os mecanismos capazes de incentivar a precaução, tanto dos potenciais ofensores quanto de potenciais vítimas, estão previstos no ordenamento jurídico brasileiro, tanto para a precaução bilateral (a ser adotada pelo autor e pela vítima), situação na qual a responsabilidade subjetiva é mais eficiente, quanto nos casos em que a precaução apenas pode ser exercida unilateralmente (pelo potencial ofensor).

Analisando mais especificamente a responsabilidade objetiva, este regime jurídico pode ser utilizado para diversas finalidades. A regra prevista no parágrafo único do art. 927 pode servir para controlar as atividades potencialmente causadoras de riscos, pois é capaz de internalizar as externalidades negativas por ela causadas[26]. Dessa maneira, o agente irá aumentar sua atividade apenas se a elevação de risco não resultar em um nível não eficiente de danos, ou se descobrir algum meio de reduzir a ocorrência de eventos danosos.

Ademais, a responsabilidade subjetiva[27] pode ser considerada um instrumento de correção de assimetria de informações[28], isto porque a parte mais adequadamente informada para mitigar os riscos será a responsável pela indenização. Com isso, cria-se o incentivo para o investimento em segurança ou, ainda, para disponibilização de informações capazes de evitar acidentes.

Finalmente, a regra da responsabilidade objetiva é capaz de gerar incentivos para equilibrar o nível de aversão ao risco. Isto porque normas objetivas alocam maior risco sobre o potencial ofensor, em situações nas quais ele seria menos avesso ao risco (portanto seria uma *risk taker*) em comparação com as vítimas em potencial[29]. Com isso, o Código Civil de 2002, do ponto de vista da AED, representou um avanço do Regime de Responsabilidade Civil mais voltado para eficiência e preocupado em gerar incentivos para níveis ótimos de precaução. Nesse sentido, conclui Eugênio Battesini:

> A realização da análise comparativa, à luz dos fundamentos de análise econômica normativa, relativos ao nível de precaução, ao nível de atividade, ao nível de informação e ao nível de aversão ao risco, evidencia a maior consistência teórica do Código Civil de 2002 vis-à-vis o Código Civil de 1916. A manutenção da eficiente regra de responsabilidade subjetiva, como instrumento de controle do nível de precaução do autor e da vítima e a inserção de regras de responsabilidade objetiva, admitindo a possibilidade de redução do valor da indenização proporcional à

---

[26] Ibidem.

[27] Diferenciando a Responsabilidade Subjetiva da Objetiva, podemos citar, novamente, Sérgio Cavalieri Filho: Na responsabilidade subjetiva, como veremos, serão necessários, além da conduta ilícita, a culpa, o dano e o nexo causal. Esse é o sentido do art. 186 do Código Civil. A culpa está ali inserida como um dos pressupostos da responsabilidade subjetiva. Ela é, efetivamente, o fundamento básico da responsabilidade subjetiva, elemento nuclear do ato ilícito que lhe dá causa. Já na responsabilidade objetiva a culpa não integra os pressupostos necessários para sua configuração. CAVALIERI FILHO, Sérgio. **Programa de Responsabilidade Civil**. 10ª Edição, Editora Atlas, São Paulo, 2012. p. 11.

[28] Como ocorre ao se responsabilizar empresas por danos causados por produtos levados ao mercado (art. 931 do CC). Ibidem, p. 292.

[29] Como ocorre no caso da responsabilidade objetiva do Estado, do empregador em relação ao empregado, dos proprietários de hotéis em relação aos atos danos de hóspedes, entre outros casos. Ibidem.

culpa da vítima e a possibilidade de exclusão do nexo causal por culpa da vítima, como instrumentos de controle do nível de atividade perigosa desenvolvida pelo autor, de correção de problemas de assimetria de informação em relações de consumo e distribuição social dos riscos determinam que o Código Civil de 2002, na comparação com o Código de 1916, represente significativa inovação institucional, criando incentivos apropriados para que atividades com risco de acidentes sejam desenvolvidas em consonância com objetivos sociais relevantes conectados com a prevenção e com a distribuição dos riscos.[30]

9.1.1 A conduta da vítima

A fórmula de Hand nos fornece um critério importante para o estabelecimento do nível ótimo de precaução dos danos eventualmente causados. No entanto, não é suficiente para aferirmos a eficiência de uma regra de responsabilidade civil. Isso porque, o critério da fórmula de Hand não leva em consideração um fator fundamental para a análise: a conduta da vítima.

Em grande parte dos casos, a conduta da vítima pode interferir decisivamente na probabilidade de ocorrência de eventos danosos. Ainda mais importante, é o fato de que, por vezes, as medidas de precaução mais eficientes podem ser justamente aquelas que dependem do seu comportamento. Desta forma, ao analisarmos a eficiência de determinada regra de responsabilidade civil, não podemos deixar de levar em consideração os incentivos gerados para que a vítima se comporte de forma desejável. Poderíamos pensar que ela, por outro lado, em razão de sofrer o dano, teria incentivos para adotar um nível apropriado de precaução. Na prática, contudo, isso não se verifica, e diferentes regras de responsabilização podem gerar comportamentos bastante diversos por parte da vítima.

Voltemos ao nosso exemplo anterior. Suponhamos agora que, caso B estacionasse seu *food truck* a uma distância de, pelo menos, 20 metros da curva, a chance de ocorrência de uma batida fosse reduzida, de 0,1% para 0,05%, a um custo de apenas R$ 5,00 para B. Seria desejável que semelhante medida de precaução fosse adotada, tendo em vista que é eficiente[31]. Contudo, em um cenário de responsabilidade ilimitada do causador do dano, B poderia não se dar ao trabalho de adotar tal medida, por saber que seria ressarcido caso a batida acontecesse.

Além de existirem medidas de precaução eficientes que dependem da conduta da vítima, a eficiência da conduta do causador do dano pode também ser afetada pela vítima. Basta considerarmos que a redução de velocidade por parte de A, que seria eficiente quando o *food truck* estivesse estacionado na curva, poderia não ser eficiente se ele se encontrar a 20 metros da curva.

Podemos concluir, portanto, que o nível ótimo de precaução do causador do dano, em geral, também depende do nível de precaução adotado pela vítima, e vice-versa.

---

[30] Ibidem, p. 292-293.
[31] Note que o benefício marginal de R$ 10,00, é superior ao custo marginal de precaução de R$ 5,00. Para calcular o benefício marginal basta subtrair o dano esperado antes da adoção da medida preventiva (0,1% x R$ 20.000,00 = R$ 20,00) do dano esperado após sua adoção (0,05% x R$ 20.000,00 = R$ 10,00). 20 − 10 = 10.

Chamamos as exceções a esta regra, ou seja, os casos em que a conduta da vítima não tem influência significativa sobre a probabilidade de ocorrência do resultado danoso, de situações de *dano unilateral*. Na prática, tais situações se configuram em uma parcela reduzida da realidade, uma vez que podemos quase sempre estipular comportamentos para a vítima que reduziriam as chances de ocorrência de um acidente. Para as situações de dano unilateral, o gráfico da fórmula de Hand aplica-se sem ressalvas.

Para os demais casos, o gráfico ilustrando a fórmula de Hand só faz sentido se a curva do dano marginal esperado (DE) for calculada para um cenário em que a vítima adota o nível ótimo de precaução. Isto porque, nestes casos, a sua conduta deve entrar no cálculo do nível ótimo de precaução.

Podemos também aplicar a referida fórmula à análise da conduta da vítima. Um gráfico semelhante ao apresentado para a conduta do ofensor pode ser utilizado para descrever o nível de precaução ótimo que a vítima deveria adotar. Analogamente, devemos formular a curva de dano marginal esperado para o cenário em que o ofensor adota o nível ótimo de precaução.

Assim, podemos concluir que a representação através da fórmula de Hand, tendo em conta um nível ótimo de precaução a ser adotado tanto pelo ofensor quanto pela vítima tem o mérito de apresentar o problema de forma intuitiva e bastante próxima do contexto jurídico, utilizando-se das informações mais acessíveis aos juízes no momento da aplicação das regras de responsabilização civil. Entretanto, a interdependência das condutas do ofensor e da vítima sugere a necessidade de um modelo mais amplo, que nos permita uma visualização mais genérica do problema.

Destacamos que a conduta da vítima só importa em situações bilaterais, ou seja, quando a sua conduta também pode ser determinante para ocorrência ou não do evento danoso[32].

9.2 A FÓRMULA DO CUSTO SOCIAL

Cooter e Ulen[33] utilizam um modelo mais geral para a análise da responsabilidade civil à luz da AED, que retira o foco da conduta de cada agente em separado. Trata-se no caso do modelo por eles elaborado, em síntese, de um quadro analítico que estipula a minimização dos custos sociais.

---

[32] "Avaliando os incentivos gerados pelas regras de responsabilidade civil sobre o nível de precaução, em contexto de causação bilateral, tem-se: que as regras de ausência de responsabilidade e de responsabilidade objetiva não proporcionam incentivos para que, respectivamente, o autor e a vítima adotem nível ótimo de precaução e que as regras de responsabilidade objetiva com exclusão do nexo causal por culpa da vítima, responsabilidade objetiva com redução do valor da indenização proporcional à culpa da vítima, responsabilidade subjetiva, responsabilidade subjetiva com exclusão do nexo causal por culpa da vítima e responsabilidade subjetiva com redução do valor da indenização proporcional à culpa da vítima são capazes de induzir à adoção de nível ótimo de precaução por autor e vítima." BATTESINI, Eugênio. **Direito e Economia: Novos horizontes no estudo da responsabilidade civil no Brasil.** São Paulo, LTr, 2011. p. 288.

[33] COOTER, Robert; ULEN, Thomas. **Law & Economics**. p. 336-338. 5th edition. Pearson Publishers: Chicago, 2008.

Nas análises anteriores observamos na conduta do ofensor e da vítima as relações estabelecidas por duas variáveis básicas: o custo de exercício de precaução e o dano esperado. Chamamos de custo social (CS) a soma dessas duas variáveis, medidas em relação à vítima e ao ofensor simultaneamente. Assim, temos que CS= CP + DE, sendo CP o custo de precaução social e DE o dano esperado. O gráfico abaixo representa as relações entre tais variáveis[34]:

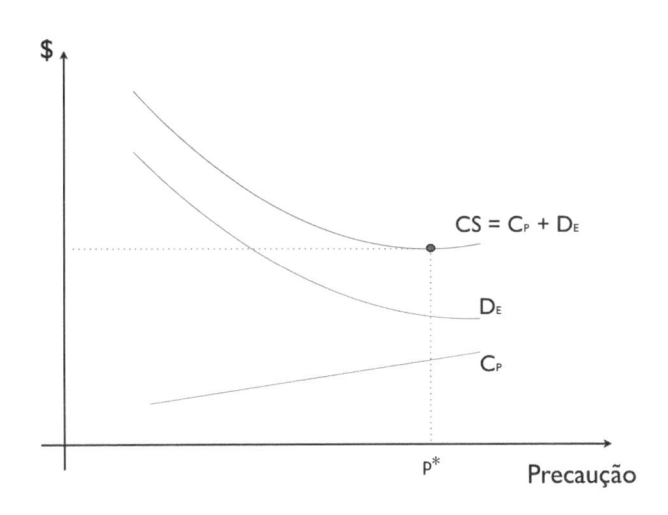

O nível de precaução ótimo p* seria aquele capaz de minimizar a função de custo social CS[35]. Cumpre destacar, entretanto, que p*, neste caso, não nos informa o nível de precaução ótimo de cada agente, mas sim uma medida de precaução social, ou seja, uma medida resultante das condutas adotadas por ambos os agentes, ofensor e vítima.

Desta forma, entendemos que este modelo e o estabelecido pela fórmula de Hand são complementares. Partimos de uma formulação intuitiva e voltada para a aplicação prática, para uma formulação mais genérica das mesmas ideias. O modelo apresentado por Posner está voltado para a conduta individual de cada agente, e é importante porque nos permite avaliar diretamente essas condutas. O modelo apresentado por Cooter e Ulen, a seu turno, se afigura em uma agregação da conduta de todos os agentes envolvidos e, portanto, nos oferece um panorama mais geral do problema. Sua importância decorre das dificuldades suscitadas pela interdependência das condutas dos agentes, que é superada quando olhamos para o resultado

---

[34] Adotamos neste exemplo uma curva de custo de precaução linear, a despeito dos exemplos anteriores, para fins de simplificação do modelo. Seguimos assim a formulação elaborada por COOTER & ULEN.

[35] Os custos sociais podem ser representados pelo somatório dos custos de ofensores e vítimas. Consideremos que existem duas funções (O(x) e V(x)) que descrevem os custos ($), respectivamente, de ofensores e vítimas, para cada nível de precaução adotado. Os custos sociais podem então ser descritos pela função CS(x)= O(x) + P(x), que associa a cada nível de precaução agregado, um valor monetário que chamamos de custo social. O ponto p* é aquele em que essa função atinge um valor mínimo em y ($), ou seja, em que minimizamos o custo social.

geral, ou seja, olhamos para a maximização do bem-estar social geral, que é o que usualmente buscamos.

Ambos os modelos, entretanto, ainda não nos oferecem uma resposta quanto aos incentivos que as diferentes regras de responsabilidade civil podem gerar para os agentes. Até o momento, respondemos à pergunta: de que forma podemos calcular o nível ótimo de precaução a ser adotado por cada agente no exercício de suas atividades? A seguir, passamos a pergunta: que regras de responsabilidade civil podem gerar comportamentos eficientes por parte dos agentes?

9.3 TEORIA DOS JOGOS E ANÁLISES DA EFICIÊNCIA DAS REGRAS DE RESPONSABILIDADE CIVIL[36]

Como vimos, os comportamentos da vítima e do ofensor estão interrelacionados. A conduta adotada por um dos agentes modifica o cenário que se apresenta para o outro. Situações como esta, em que a decisão de um depende da decisão de outro, são chamadas de situações estratégicas. A AED utiliza, frequentemente, os instrumentos da Teoria dos Jogos[37] para analisar este tipo de decisão.

A seguir, continuaremos analisando nosso exemplo anterior e fazendo uso da análise de jogos que nos permite avaliar as decisões dos agentes sob diferentes regras de responsabilização civil. Formularemos nosso exemplo da seguinte forma. O resultado eficiente será encontrado quando ambos tomam medidas de precaução simultaneamente, ou seja, o ofensor reduzindo a velocidade em que trafega e a vítima estacionando o seu *food truck* longe da curva. A probabilidade de ocorrência do acidente será: de 0,1% quando ambos não exercem precaução; reduzida a 0,05% quando somente uma das partes exerce; e apenas de 0,02% quando ambos exercem precaução. Ou seja, na medida em que mais precaução é exercida, menor a probabilidade de ocorrência do acidente. O custo para ambos tomarem precaução é de R$ 5,00, e para fins de simplificação do modelo fixamos o montante de dano em caso de acidente em R$ 20.000,00. Eliminamos da equação, propositalmente, a análise do nexo de causalidade. Pressupomos que o ofensor é aquele que dá causa ao dano neste exemplo.

9.3.1 Ausência de responsabilidade civil

Podemos começar a análise a partir do cenário de inexistência de regra de responsabilidade civil. O ofensor, nestes casos, nunca será responsabilizado por danos que eventualmente venha a causar à vítima.

Vejamos, neste cenário de ausência de responsabilidade para o causador do dano que incentivos os agentes têm para tomar as medidas adequadas de precaução.

---

[36] Vide, para mais informações sobre Teoria dos Jogos, o quinto capítulo deste livro, que aprofunda o tema.

[37] Neste capítulo, não nos aprofundaremos em discussões acerca da aplicabilidade da teoria ao Direito, ou sequer apresentar de forma completa sua metodologia. Para maiores considerações obre o tema, ver BAIRD, Douglas, et al. **Game Theory and the Law**. 3rd edition. Harvard University Press: Cambridge, 1998.

		Vítima	
		exerce precaução	não exerce precaução
Ofensor	exerce precaução	- R$ 5,00; - R$ 9,00	- R$ 5,00; - R$ 10,00
	não exerce precaução	R$ 0,00; - R$ 15,00	R$ 0,00; - R$ 20,00

A tabela acima mostra os custos de cada decisão para ambos os agentes[38]. A vítima arca com o dano esperado e seu custo de precaução. O ofensor arca apenas com seu custo de precaução. Em um cenário de ausência de responsabilidade, é fácil notar que o ofensor tende a não adotar o nível de precaução adequado[39]. O resultado do jogo ilustrado na tabela acima é a situação em que a vítima exerce precaução, mas o ofensor não o faz. Assim, não leva ao resultado eficiente e não minimiza os custos sociais[40].

O resultado é bastante intuitivo: sem uma regra que impute responsabilidade ao ofensor, ele tem poucos incentivos para assumir os custos do exercício de precaução. O modelo oferece, sem dúvida, uma representação simplificada da realidade, mas, ainda assim, nos permite chegar a algumas conclusões. Podemos pensar que alguns condutores adotariam as medidas de precaução necessárias, mesmo sem regras que imputem sua responsabilização, quer por predisposição própria, quer por preocupação ou respeito pelo patrimônio alheio. Na prática, contudo, as pessoas tendem a reagir a incentivos e, podemos afirmar com algum grau de certeza que, um número menor de ofensores adotaria precaução caso vigorasse a regra da ausência de responsabilidade, o que não seria eficiente nesse caso.

---

[38] Os valores da tabela representam os *"payoffs"* de cada agente, ou seja, o resultado esperado em cada situação, dependendo das condutas escolhidas por eles. Nas linhas estão dispostas as condutas do ofensor, e nas colunas, as condutas da vítima. Os valores, seguindo a convenção usual que discutimos no capítulo 5, estão dispostos da seguinte forma: antes de cada vírgula está o resultado do agente cujas condutas estão dispostas em linhas (ofensor), e após cada vírgula, o resultado do agente cujas condutas estão dispostas em colunas (vítima). Desta forma, podemos ler a primeira célula da seguinte forma: quando a vítima exerce precaução e o ofensor também exerce precaução, o custo para o ofensor é de R$5,00, e o custo para a vítima, nesta mesma situação, é de R$ 9,00.

[39] Quer a vítima exerça ou não precaução, o ofensor tende a optar por não incorrer no custo de precaução de R$ 5,00, em face da alternativa de R$ 0,00.

[40] Note que, quando ambos exercem precaução, CS = R$5,00 + R$9,00 = R$14,00; ao passo que, quando a vítima exerce precaução, mas o ofensor deixa de exercer precaução, temos que CS = 0,00 + R$15,00 = R$15,00. Ocorre neste caso desperdício de recurso social, ainda que do ponto de vista do ofensor seja vantajoso um cenário jurídico que não o responsabilize pelos danos do acidente. Do ponto de vista social temos que esse não é o cenário jurídico ideal, vez que desperdiçamos R$1,00.

9.3.2 Responsabilidade ilimitada

Passemos agora para o cenário oposto, em que a responsabilidade do ofensor é ilimitada[41]. Neste caso, ele arca sempre com o dano esperado e com seu custo de precaução. A vítima assume apenas o seu custo de precaução. Seguindo os mesmos parâmetros estabelecidos para o exemplo anterior, podemos apresentar esta situação através da tabela abaixo.

		Vítima	
		exerce precaução	não exerce precaução
Ofensor	exerce precaução	- R$ 9,00; - R$ 5,00	- R$ 15,00; R$ 0,00
	não exerce precaução	- R$ 10,00; - R$ 5,00	- R$ 20,00; R$ 0,00

Agora, podemos notar que a vítima é o agente que passa a não ter os incentivos adequados para exercer precaução. O resultado do jogo apresentado pela tabela indica que o ofensor exerce precaução, mas a vítima não o faz[42]. Como o causador do dano arca com o seu valor integral, a vítima prefere não assumir o custo de precaução. A solução encontrada novamente não é eficiente, e não minimiza o montante dos custos sociais[43].

Assim como no exemplo anterior, a despeito da insuficiência do modelo, podemos produzir conclusões razoáveis a partir desta análise. Começamos por algumas ressalvas. Em alguns casos, como em acidentes que causem danos irreparáveis à integridade física da vítima, podemos pensar que ela terá fortes incentivos para adotar precaução, mesmo que receba uma compensação monetária pelos prejuízos sofridos. Além disso, certas perdas, como a morte, não podem ser compensadas. Mas, ainda assim, podemos pensar que menos vítimas tenderão a exercer o nível de precaução adequado caso vigore a regra da responsabilidade anterior.

Assim, os resultados até então apresentados novamente se afiguram como bastante intuitivos. Em um cenário em que o ofensor não é responsável, ele tem incentivos para não exercer precaução adequada. Por outro lado, em um cenário no qual a vítima não

---

[41] Diferenciamos a hipótese da responsabilidade ilimitada da responsabilidade objetiva. Usualmente, a aplicação da regra de responsabilidade civil objetiva admite a defesa da culpa exclusiva da vítima, o que não admitimos para o que chamamos de responsabilidade ilimitada.

[42] Neste caso, quer o ofensor exerça ou não precaução, a vítima tende a optar por não incorrer no custo de precaução de R$ 5,00, em face da alternativa de R$ 0,00.

[43] Note que, quando ambos exercem precaução, CS = R$9,00 + R$5,00 = R$14,00; ao passo que, quando o ofensor exerce precaução, mas a vítima deixa de exercer precaução, temos que CS = R$15,00 + 0,00 = R$15,00.

arca com nenhuma perda, ela tem incentivos para, igualmente, deixar de exercer a precaução adequada.

Concluímos, portanto, que uma regra eficiente deve se situar entre estes dois extremos. A mesma conclusão, embora formulada de maneiras diversas, já é compartilhada pela doutrina jurídica tradicional[44]. A seguir passaremos à análise detalhada das regras estabelecidas pelo sistema de responsabilidade civil subjetiva e objetiva.

9.3.3 Responsabilidade civil subjetiva

Sob a regra da responsabilidade civil subjetiva, o ofensor arca com o montante do dano apenas se tiver agido com culpa. Aqui, definiremos o critério para a caracterização da culpa com base na fórmula de Hand. Assim, no exemplo anteriormente usado por nós, o ofensor age com culpa se deixar de reduzir a velocidade, uma vez que o custo em que incorre para tomar esta medida de precaução é inferior a redução do dano esperado. O jogo pode ser representado pela tabela abaixo.

		Vítima	
		exerce precaução	não exerce precaução
Ofensor	exerce precaução	- R$ 5,00; - R$ 9,00	- R$ 5,00; - R$ 10,00
	não exerce precaução	- R$ 10,00; - R$ 5,00	- R$ 20,00; R$ 0,00

O causador do dano, neste caso, tenderá a exercer precaução. Note-se que, tanto quando a vítima exerce a precaução, quanto quando ela não o faz, a resposta menos custosa para o ofensor é exercê-la[45]. Isto se dá porque ele arca com o dano esperado também nos casos em que a vítima não adota tais medidas. Podemos dizer que o exercício de precaução neste jogo é uma estratégia dominante para o ofensor.

No exemplo dado, optamos por simplificar o problema analisando apenas uma medida de precaução. A decisão dos agentes, neste caso, se resume a duas escolhas: adotar precaução ou não. Na realidade, contudo, os agentes acabam por vezes por

---

[44] Vide, por exemplo CAVALIERI FILHO, Sérgio. **Programa de Responsabilidade Civil.** 10ª Edição, Editora Atlas, São Paulo, 2001.

[45] Quando a vítima exerce precaução, o ofensor prefere o custo de exercício de precaução de R$ 5,00 a se ver obrigado a pagar por um dano esperado de R$ 10,00; quando a vítima não exerce precaução, o ofensor novamente opta por arcar com um custo de precaução de R$ 5,00, ao invés de um dano esperado de R$ 20,00.

escolher o nível ótimo de precaução entre várias alternativas disponíveis, o que não é representado pelo modelo acima. Mas destacamos que, ainda que houvesse diferentes níveis de precaução disponíveis, a escolha do nível ótimo ainda seria a opção mais vantajosa para o causador do dano. Isto porque a regra da responsabilidade civil subjetiva, quando tem o seu parâmetro de culpa estipulado pela fórmula de Hand, imputa ao ofensor todos os custos que integram a fórmula do custo social quando este age com culpa. Assim, ao tentar minimizar seus próprios custos, o ofensor minimiza também os custos sociais. Passemos agora à análise da conduta da vítima.

Para a vítima não se afigura uma estratégia dominante. Caso o ofensor exerça precaução, ela pode preferir também fazê-lo; caso contrário, pode não a exercer. Contudo, sabemos que o causador do dano tende a exercer precaução, uma vez que esta é sua estratégia dominante. A vítima, sabendo disso, decide também fazê-lo.

Aqui também poderíamos pensar que a opção da vítima, na realidade, é mais complexa do que simplesmente escolher entre exercer a precaução ou não. No entanto, os mesmos argumentos levantados para a análise da conduta do ofensor se aplicam, e a vítima também tende a adotar o nível de precaução ótimo. Quando o causador do dano adota o nível ótimo de precaução, ele deixa de ser responsabilizado pelo dano, e então a vítima passa a arcar com todos os custos que integram a fórmula do custo social. Ao tentar minimizar seus próprios custos, ela atingirá o resultado eficiente minimizando os custos sociais.

Assim, podemos concluir que a regra da responsabilidade civil subjetiva gera incentivos adequados para que os agentes adotem níveis ótimos de precaução, desde que o critério de culpa seja definido com base no nível ótimo de precaução estabelecido pela fórmula de Hand. Passemos, agora, à análise da responsabilidade civil objetiva.

9.3.4 Responsabilidade civil objetiva

De acordo com a regra da responsabilidade civil objetiva, o ofensor arca, em regra, com o montante do dano. No entanto, quando a vítima age com culpa, configura-se a chamada "culpa exclusiva da vítima", e ela passa a arcar com o dano. Há, na doutrina jurídica brasileira, diferentes interpretações para esta regra. Adotaremos aqui a interpretação, para fins de nossa análise, de que a responsabilidade será sempre do ofensor, exceto quando a vítima agir com culpa, caso em que a responsabilidade será sempre da vítima, ainda que o causador do dano tenha também agido com culpa[46]. Adotaremos o mesmo critério estabelecido pela fórmula de Hand para a caracterização da culpa exclusiva da vítima. Desse modo, o jogo pode ser representado pela tabela a seguir.

---

[46] É possível, igualmente, que o causador do dano também não seja responsabilizado quando ocorrer um ato de terceiro. O exemplo clássico é o assalto em ônibus. A concessionária não é responsabilizada pelos danos causados a seus passageiros pelo assaltante, uma vez que não é da normalidade do negócio de transporte de passageiros a prevenção contra assaltos.

		Vítima	
		exerce precaução	não exerce precaução
Ofensor	exerce precaução	- R$ 9,00; - R$ 5,00	- R$ 5,00; - R$ 10,00
	não exerce precaução	- R$ 10,00; - R$ 5,00	R$ 0,00; - R$ 20,00

A vítima, neste caso, tenderá a exercer precaução. Note-se que, tanto quando o ofensor exerce precaução, quanto quando não o faz, a resposta menos custosa para a vítima é exercê-la[47]. Isto se dá porque ela arca com o dano esperado, nos casos em que não exerce precaução. Podemos dizer que o exercício de precaução neste jogo é uma estratégia estritamente dominante para a vítima.

O causador do dano, por sua vez, não possui estratégia estritamente dominante[48]. Caso a vítima exerça precaução, ele prefere também fazê-lo; caso contrário, prefere não a exercer. Contudo, sabemos que a vítima tende a fazê-lo, uma vez que esta é sua estratégia dominante. O ofensor, sabendo disso, decide também exercer precaução.

Assim como no exemplo anterior, o resultado se mantém para o caso de escolhas diversificadas dos agentes, que tenderão sempre a escolher o nível ótimo de precaução, pois, ao minimizar seus custos privados, minimizam também os custos sociais em cada situação.

9.3.5 Responsabilidade subjetiva × responsabilidade objetiva

É fácil notar o alto grau de correspondência entre este último caso, de responsabilidade objetiva, e o da regra da responsabilidade civil subjetiva. A aplicação da última imputa à vítima arcar com o ônus decorrente do dano esperado e, ao ofensor, arcar com o dano esperado quando age com culpa. A aplicação da regra da responsabilidade civil objetiva, ao reverso, imputa ao ofensor, em regra, arcar com o ônus decorrente do dano esperado; e à vítima, quando esta age com culpa. Vimos que ambas têm resultado eficiente, levando os agentes ao exercício do nível ótimo de precaução quando o critério de caracterização da culpa é estabelecido a partir da fórmula de Hand. No entanto, apesar das similaridades apontadas entre os dois sistemas, existem algumas diferenças importantes, que passamos a analisar a seguir.

---

[47] Quando o ofensor exerce precaução, a vítima prefere o custo de exercício de precaução de R$ 5,00, a se ver obrigada a pagar por um dano esperado de R$ 10,00; quando o ofensor não exerce precaução, a vítima novamente opta por arcar com um custo de precaução de R$ 5,00, ao invés de um dano esperado de R$ 20,00.

[48] Isto é, aquela estratégia que sempre será mais favorável, independente da ação do outro jogador.

9.3.5.1 Aspectos distributivos

Uma primeira diferença, bastante evidente, entre os dois sistemas está na distribuição de custos entre o causador do dano e a vítima. A análise econômica tende a desconsiderar aspectos distributivos, priorizando eficiência. O Direito, contudo, dá elevado peso a questões distributivas.

A regra da responsabilidade civil subjetiva imputa custos mais elevados à vítima, enquanto a regra de responsabilidade civil objetiva imputa custos mais elevados ao ofensor. No exemplo dado, basta notar que no resultado do jogo sob a regra da responsabilidade civil subjetiva a vítima tem custo de R$ 9,00, e o ofensor de R$ 5,00; enquanto sob a regra da responsabilidade civil objetiva os resultados se invertem.

Tendo em vista que ambas as regras produzem resultados eficientes, poderíamos pensar na extensão de uma e outra como um problema de prioridade entre os valores da culpabilidade[49] do ofensor e da reparação da vítima.

9.3.5.2 Assimetria de informações e custos administrativos

Vimos que tanto a regra da responsabilidade subjetiva quando a da responsabilidade objetiva levam à escolha do nível ótimo de precaução pelos agentes. O resultado, no entanto, parece contrafactual, uma vez que observamos, na prática forense, diversos casos em que os agentes não adotam as medidas de precaução necessárias. O número de acidentes anuais gerados por alcoolismo no trânsito é uma evidência para questionarmos os resultados apresentados.

Existem diversas explicações para esta disparidade. Uma delas decorre do fato de que os juízes são suscetíveis a errar. Na prática, eles não possuem informações suficientes para determinar o nível ótimo de precaução em um caso concreto. Nos litígios as partes tendem a agir de forma estratégica, e apresentar informações enviesadas, superestimando seus próprios custos e subestimando os custos da parte contrária. Quando a jurisprudência estabelece níveis de precaução inadequados, oferece incentivos adversos para os agentes. Nesse sentido, sugerimos ao leitor consultar o capítulo desta obra sobre litígios (Capítulo 11).

A adoção de um sistema de responsabilidade objetiva, nesse caso, pode servir para reduzir a assimetria de informações. Ao objetivarmos a responsabilidade da parte que dispõe de maiores informações, criamos um incentivo para que ela não utilize sua posição de vantagem para causar danos às vítimas, que geralmente detêm menos informações. Dessa maneira, é possível também endereçar o problema da assimetria a partir da objetivação da responsabilidade civil.

Outro fator relevante é o que se chama de insegurança jurídica. Isto é, quando a própria estrutura do Judiciário pode permitir que casos semelhantes sejam julgados de forma extremamente diversa. Assim sendo, os agentes não podem pautar seus comportamentos por critérios claros e agem de forma variada.

Além disso, os custos associados ao próprio processo de decisão judicial, os chamados custos administrativos, são também um fator limitador. Via de regra, dado

---

[49] Assim entendidos como a expressão monetária da culpa do causador do dano.

aos elevados custos de obtenção das informações necessárias para a caracterização do nível ótimo de precaução para cada indivíduo, a jurisprudência utiliza-se de padrões mais gerais para a caracterização de culpa. Trata-se do chamado critério do homem médio[50], ou seja, da caracterização da culpa a partir de um nível ótimo de precaução estipulado para a média, e não para os casos específicos.

Os custos administrativos e a assimetria de informações são aspectos extremamente relevantes da prática judiciária. Poderíamos pensar que a aplicação das regras da responsabilidade subjetiva ou objetiva deveria pautar-se pelas informações acessíveis para os juízes, ou, ainda, na capacidade das partes de oferecer provas.

Shavell sugere que a regra da responsabilidade civil objetiva é mais eficiente para as situações de dano unilateral[51], por dispensarem a caracterização da culpa e atingirem o resultado eficiente. Sabemos também que a dificuldade da vítima de, em diversos casos, produzir prova da culpa do ofensor é um fator amplamente utilizado pelos juristas que consideram a regra da responsabilidade civil objetiva como superior à subjetiva. Estes e outros fatores têm contribuído fortemente para a expansão do sistema da responsabilidade civil objetiva no Direito brasileiro[52].

a. **Nível de atividade**

Como vimos, a análise dos modelos leva à conclusão de que tanto a regra da responsabilidade subjetiva quanto objetiva fazem com que os agentes adotem um nível ótimo de precaução quando a culpa de ambos é caracterizada com base nos critérios oferecidos pela fórmula de Hand. Concluímos que este resultado é eficiente, embora a realidade da aplicação destas regras nem sempre leve ao que é esperado, dado à existência de assimetria de informações e custos administrativos.

No entanto, uma variável importante foi deixada de lado ao longo da análise que produzimos até aqui: o nível, isto é, a frequência da atividade exercida pelos agentes.

---

[50] "Há dois critérios de aferição da previsibilidade: o objetivo e o subjetivo. O primeiro tem em vista 'o homem médio, diligente e cauteloso'. Um resultado é considerado previsível quando o prognóstico de seu advento pode ser exigido do 'homem comum normal', isto é, um indivíduo de atenção e diligência ordinárias. Pelo critério subjetivo, a previsibilidade deve ser aferida tendo em vista as condições pessoais do sujeito, como idade, sexo, grau de cultura etc." CAVALIERI FILHO, Sérgio. **Programa de Responsabilidade Civil**. 10ª Edição, Editora Atlas, São Paulo, 2012. p. 37. Nesse caso, os defensores do critério subjetivo afirmam que a figura do "homem médio" não é observável na prática, eis que algo aparentemente razoável e prudente, em um contexto social, poderia não fazer o menor sentido em outro. Portanto, tal abstração, mais provavelmente, causaria decisões injustas do que seria capaz de uniformizar as condutas sociais.

[51] As situações de dano unilateral são aquelas em que a conduta da vítima não influencia a probabilidade de ocorrência do dano, ou o montante do dano. Nestes casos, a análise da conduta da vítima torna-se dispensável, assim como torna-se desnecessário oferecer incentivos para o exercício de precaução. Desta forma, a regra da responsabilidade ilimitada, que não oferece incentivos para a vítima, mas leva o ofensor à adoção do nível ótimo de precaução, será eficiente, pois atinge o resultado desejado impondo menores custos administrativos. Ver SHAVELL, Steven. **Foundations of Economic Analysis of Law**. Harvard University Press: Cambridge, 2004.

[52] Podemos citar como exemplo a responsabilidade civil do Código do Consumidor (arts. 12 e seguintes) e com o Código Civil de 2002 (arts. 927 e 931), Nesse sentido, vide: CAVALIERI FILHO, Sérgio. **Programa de Responsabilidade Civil**. 10ª Edição, Editora Atlas, São Paulo, 2012. p. 150-169.

Se voltarmos ao nosso exemplo dos condutores, podemos pensar que a probabilidade de ocorrência de um acidente depende da quantidade de vezes que A passa pela curva, ou, ainda, da quantidade de tempo que B deixa seu veículo de *food truck* exposto ao invés de se instalar em outro local. Esta dimensão do problema não foi incluída no modelo utilizado até aqui.

O motivo pelo qual deixamos de lado a análise do nível de atividade dos agentes é simples. Na prática, as discussões judiciais tendem a focar em considerações sobre a culpa dos agentes, e sobre a adoção de medidas de precaução apropriadas pelas partes, pois os juízes, em geral, não possuem informações sobre o nível de atividade por elas exercido, ou sequer uma forma de aferir o nível de atividade ótimo para cada caso. Vimos, então, que a análise marginal sugerida pela fórmula de Hand aproxima-se mais das informações disponíveis para os juízes, na prática, no momento da aplicação judicial das regras de responsabilização. Isto, contudo, traz ineficiência para o sistema.

Consideremos a hipótese de uma empresa que executa determinada atividade de risco que frequentemente gera danos a terceiros. Podemos considerar o montante de dano como uma externalidade negativa dessa atividade. A empresa deve escolher que nível de precaução (e frequência da atividade) adotar. O gráfico abaixo representa os parâmetros de escolha da empresa sob a regra da responsabilidade civil, quando a culpa é definida com base nos critérios estabelecidos pela fórmula de Hand.

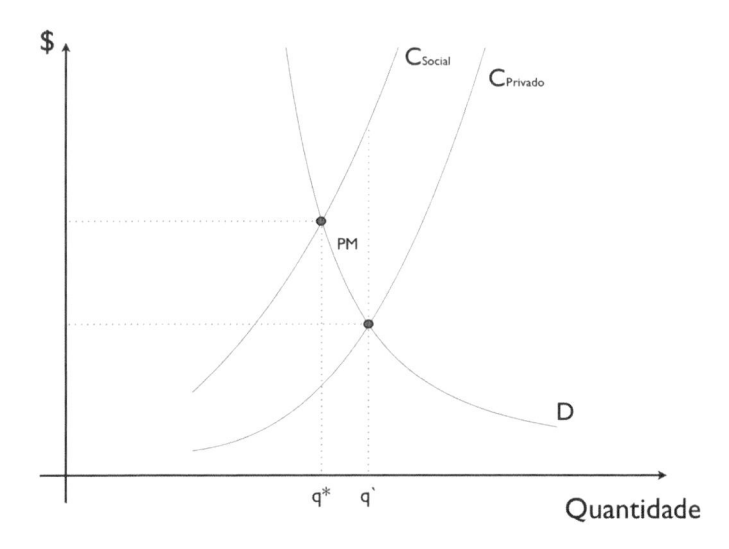

O risco da atividade é uma externalidade negativa e, por isso, os custos privados da empresa passam a se diferenciar dos custos sociais. De acordo com a regra da responsabilidade civil subjetiva, a empresa escolhe seu nível de precaução com base em sua curva de custo privado, e exerce a atividade em nível superior ao aconselhável, gerando um peso morto (PM)[53].

---

[53] Externalidade é qualquer efeito econômico que, em razão de uma relação entre determinados agentes, gera efeitos econômicos sobre terceiros, ou seja, sobre indivíduos externos à relação

O mesmo não ocorre sob o sistema da responsabilidade civil objetiva. Tendo em vista que, mesmo ao exercer precaução, a empresa arca com o dano esperado, a externalidade acaba por ser internalizada, na medida em que ela passa a arcar com todos os custos que integram a fórmula de custos sociais. Assim sendo, ao minimizar seus custos, adota o nível de atividade eficiente[54].

Desta forma, a análise sugere que a regra da responsabilidade civil objetiva é aconselhável para as atividades de risco, casos em que devemos priorizar a escolha do ofensor pelo nível ótimo de atividade. Ressaltamos, igualmente, que o contrário se aplica em relação à vítima. Sob o sistema da responsabilidade civil objetiva, é a ela quem deixa de exercer o nível ótimo de precaução e passa a se expor a um nível excessivo de risco[55].

Desta forma, podemos observar que, ao adicionarmos variáveis mais complexas ao problema, chegamos à conclusão de que não há regra de responsabilidade civil que atinja o resultado ótimo em todos os casos. Ainda que os dois sistemas, se aplicados em conformidade com a fórmula de Hand, ofereçam incentivos adequados para que os agentes exerçam um nível ótimo de precaução, podemos considerar que o problema da seleção do nível de atividade, assim como a existência de custos administrativos e assimetria de informações podem levar a resultados ineficientes em determinados casos. A questão dos critérios para a seleção do sistema aplicável a cada caso concreto torna-se, com isso, de especial relevância para a análise da eficiência das regras de responsabilidade civil.

9.4 TÓPICOS ESPECIAIS EM RESPONSABILIDADE CIVIL

Neste trecho do livro, abordaremos outros tópicos específicos sobre o tema da responsabilidade civil e a AED, considerando que se trata de um tema muito vasto e que pode, por isso, ser aplicado a diversas áreas do direito, tais como conflitos referentes aos seguros, *punitive damages*, às indenizações punitivas e, ainda, aos efeitos da responsabilidade civil sobre a atividade empresarial.

9.4.1 Seguro

Dirigir veículos automotores pode ser considerada uma atividade muito comum. No entanto, é um ato que envolve uma série de decisões, desde grandes, como qual marca e modelo de automóvel comprar, até menores, como em quais horários e locais se vai trafegar. Todavia, todas essas escolhas acarretam, em maior ou menor grau, em aumento

---

inicial, com os quais os agentes da relação inicial teriam dificuldades de travar relação direta, devido a altos custos de transação.

[54] Para uma análise mais completa dos incentivos dos agentes em relação ao nível de atividade em cada regime de responsabilidade civil, ver: SHAVELL, Steven. **Foundations of Economic Analysis of Law**. Harvard University Press: Cambridge, 2004.

[55] Para verificar a afirmativa, basta aplicar o mesmo raciocínio às avessas. Como a vítima arca sempre com os danos esperados, mesmo quando exerce precaução (uma vez que os danos decorrentes do acidente recaem naturalmente sobre si, e tendo em vista que o ofensor tenderá a exercer precaução e, portanto, não ser responsabilizado), a escolha do nível ótimo de precaução é também aquela que minimiza seus custos individuais.

ou redução da probabilidade de um incidente no trânsito. As pessoas, de uma maneira geral, não possuem informações suficientes para avaliar o risco real de acidentes[56].

Essa falta de informação pode parecer um problema para a aplicação da fórmula de *Hand* por nós explorada acima, uma vez que os sujeitos não são capazes de avaliar completamente qual o nível eficiente de precaução. Há, no caso, um problema por conta da dificuldade de se fazer uma avaliação antes da ocorrência do fato, em comparação com uma apreciação *ex post*, depois de ter acontecido, levando os agentes a *super* ou *sub* investir em precaução. Nesse contexto, como o potencial de responsabilização é muito incerto, os indivíduos podem considerar que medidas de precaução não seriam justificáveis[57].

Uma vez que as barreiras informacionais podem ser um obstáculo para a aplicação da fórmula de Hand, o mercado de seguros pode utilizar fórmulas matemáticas para produzir informações atuariais sobre o nível de risco, e, por consequência, de precaução, eficientes a serem adotados, tanto para as partes quanto para os tribunais, ao julgar casos de responsabilidade civil[58].

Por um lado, alguns autores afirmam que o uso de seguros acaba distribuindo os custos da responsabilidade civil (entre o grupo de segurados[59], por exemplo), o que distorce os incentivos, tanto para as vítimas como para os causadores de danos[60]. Isto é, o fato de algum agente ter um seguro pode fazer com que ele se comporte de forma mais imprudente, pois, se sofrer eventuais danos, terá os prejuízos cobertos pelo seu seguro.[61]

Não obstante, os mercados de seguros são capazes de fornecer aos agentes e aos tribunais, ainda que implicitamente, informações sobre as probabilidades e magnitudes dos danos de vários tipos de acidentes, bem como o benefício esperado de várias medidas de precaução em termos de redução das probabilidades e magnitudes dos danos.[62] Isso ocorre porque os segurados investem justamente na aquisição desse tipo de informação para elaboração do preço de suas coberturas.

Pensemos no seguinte exemplo: uma empresa possui um galpão onde estoca equipamentos e pretende fazer um seguro contra furtos. Supondo um custo anual de R$ 50.000,00 como prêmio. Porém, ao contratar um vigia, cujo custo anual é de R$ 20.000,00, o custo do prêmio cai para R$ 20.000,00. Nesse cenário, a seguradora provê a seguinte informação para os agentes: "contratar um vigia reduz em R$ 30.000,00 o

---

[56] GROSSMAN, Peter Z.; CEARLEY Reed W.; COLE, Daniel H. **Uncertainty, insurance and the Learned Hand Formula. Law, Probability and Risk**. vol. 5, 1-18, 2006, p. 4.
[57] Ibidem, p. 6.
[58] Ibidem, p. 9.
[59] Motoristas mais cautelosos pagariam um prêmio mais elevado de seguro de automóvel para compensar o uso excessivo por motoristas menos precavidos.
[60] GROSSMAN, Peter Z.; CEARLEY Reed W.; COLE, Daniel H. **Uncertainty, insurance and the Learned Hand Formula. Law, Probability and Risk**. vol. 5, 1-18, 2006.
[61] Conforme mencionado no capítulo de falha de mercados, trata-se de um problema de Risco Moral, quando o comportamento dos agentes acaba sendo alterado por conta de mudança no quadro de risco. Nesse caso, antes de adquirir um seguro, o agente adota um nível mais elevado de precaução, porém, ao estar coberto, o mesmo sujeito reduz seu nível de precaução. Esse comportamento acaba levando a uma inflação no preço dos prêmios do seguro, os quais devem ser calculados pré-considerando o risco moral dos agentes.
[62] GROSSMAN, Peter Z.; CEARLEY Reed W.; COLE, Daniel H. **Uncertainty, insurance and the Learned Hand Formula. Law, Probability and Risk**. vol. 5, 1-18, 2006.

custo esperado de um furto". Nesse caso, a redução do valor do prêmio também serve para gerar incentivos para a adoção de uma postura mais eficiente, qual seja, a contratação de um vigia simultaneamente à aquisição do seguro, pois essa combinação acaba sendo mais eficiente do que a contratação exclusiva do seguro.

Pensando na aplicação desse pressuposto por parte dos juízes e tribunais, para avaliar, dentro da regra de *Learned Hand*, se um agente seria ou não responsável por um dano, basta buscar o quanto um seguro aumenta ou reduz o seu prêmio, a depender do nível de precaução, para verificar se os investimentos realizados pelo agente foram suficientes ou não.

Não obstante, não se trata de um instrumento completamente livre de críticas. Nem sempre as seguradoras conseguem informações específicas para todos os subgrupos de segurados, de forma que simplesmente distribuem os riscos por todo o grupo coberto, sem levar em contas categorias com menor propensão a causar ou sofrer danos. Podemos pensar no caso de seguro de responsabilidade civil por danos médicos, ainda que se utilize o fator "tempo de atividade" como elemento de cálculo do prêmio, não necessariamente ele será determinante, eis que um médico com menor tempo de prática pode ser muito mais habilidoso em comparação com outro mais experiente, sem que o fator "habilidade" seja efetivamente precificado no cômputo do prêmio.

Ademais, em diálogo com Eugênio Battesini:

> Contudo, não obstante proporcionar aumento do bem-estar social, por afastar o risco da parte avessa ao risco, o seguro constitui instrumento de eficácia relativa, eis que, com frequência, os mercados de seguro não existem, não são acessíveis a todas as partes envolvidas em atividades de risco e/ou funcionam de forma imperfeita, além do que a presença de seguro cria problema adicional de risco moral.[63]

Portanto, o mercado de seguros pode, por um lado, servir para fornecer informações aos agentes e aos tribunais em relação à precificação da precaução, bem como a probabilidade e magnitude de eventos danosos. No entanto, pode, por outro, acabar gerando problemas ao próprio sistema de responsabilidade, desequilibrando os incentivos à precaução eficiente, especialmente por conta do risco moral. Dessa maneira, é importante que a regulação do mercado de seguros leve em consideração as regras de responsabilidade civil do ordenamento jurídico para buscar um sistema eficiente de precaução de acidentes.

9.4.2 *Punitive Damages* (indenizações punitivas) e sua aplicabilidade no Brasil

As indenizações punitivas (*punitive damages*), como o próprio nome sugere, são aquelas "concedidas ao autor da ação como modo de punir o réu"[64]. Não obstante, não necessariamente serão sempre destinadas à vítima que sofreu o dano. Há casos em que o

---

[63] BATTESINI, Eugênio. **Direito e Economia: Novos horizontes no estudo da responsabilidade civil no Brasil.** São Paulo, LTr, 2011, p. 290.
[64] COOTER, Robert; ULEN, Thomas. **Direito e Economia**. Quinta Edição. Porto Alegre. Bookman, 2010, p. 385.

beneficiado pela indenização também pode ser uma ONG, um fundo público ou outra instituição, escolhida pelo magistrado na elaboração da sentença. Dito de outra forma:

> as indenizações punitivas servem, de ordinário, para corrigir aquelas situações em que o causador de dano acabe conseguindo se esquivar do dever de indenizá-lo. São casos em que o lesante "escapa" ao dever de reparar todos os prejuízos por ele provocados. Em tais situações, uma vez viabilizada a condenação do lesante, o patamar indenizatório a ele imposto deverá exceder o montante unicamente compensatório, de modo a fazer com que se internalizem integralmente os prejuízos causados, evitando-se uma dissuasão inadequada. O excesso refere-se precisamente à indenização punitiva.[65]

Nos EUA esse raciocínio pode ser identificado na análise dos argumentos acionados no julgamento emblemático do caso conhecido como *Grimshaw v. Ford Motor Co.* (caso do *Ford Pinto*).[66] O caso corresponde à situação de um motorista que, ao se envolver em um acidente, teve seu automóvel, da marca *Ford*, envolto em chamas, levando o condutor à morte e deixando o passageiro no carona com ferimentos graves. A reprovabilidade da conduta da montadora ficou comprovada ao ser descoberto que ela sabia da possibilidade desse tipo de acidente com o veículo, e que, para evitar tal acontecimento, deveria gastar US$ 11,00 por automóvel. Calculando o custo normal esperado de cada morte ou ferimento (US$ 200.000,00 e US$ 67.000,00, respectivamente) e a probabilidade de ocorrência do dano, a *Ford* concluiu que o custo de evitar completamente eventuais danos, trocando a peça de todos as unidades vendidas, seria maior que arcar com potenciais indenizações.[67]

Ao final, o tribunal fixou uma indenização de US$ 2.516.000,00 para Grimshaw e mais US$ 3.500.000,00 a título de *punitive damages* sobre a Ford. No total, o custo foi 90 vezes maior do que a montadora esperava[68]. Se a avaliação anterior de que o investimento de US$ 11,00 por unidade não era economicamente vantajoso, o aumento da indenização que a empresa poderia ser obrigada a pagar em casos futuros, mudou o cálculo. Com isso, considerando uma indenização maior e a aplicação das indenizações punitivas, criou-se um incentivo econômico para a inclusão de um item de segurança no veículo.

Podemos afirmar, portanto, que o propósito do referido instituto é majorar economicamente o *quantum* indenizatório de uma condenação cível, conferindo um efeito pretensamente punitivo e dissuasório, tanto para evitar a reiteração de conduta por parte dos agentes condenados, como para dissuadir os demais a não propagarem a conduta rechaçada, criando um ambiente social que desincentive a prática de atos considerados indesejáveis. Assim, a análise econômica das indenizações punitivas se

---

[65] MENDONÇA, Diogo Naves. **Análise Econômica da Responsabilidade Civil. O dano e sua quantificação**. São Paulo. Editora Atlas, 2012, p. 111.
[66] ROCHA, Maria Vital da; MENDES, Davi Guimarães. Da indenização Punitiva: Análise de sua aplicabilidade na ordem jurídica brasileira. **Revista de Direito Civil Contemporâneo.** RDCC 12. 2017. p. 211-252. p. 233.
[67] GROSSMAN, Peter Z.; CEARLEY Reed W.; COLE, Daniel H. **Uncertainty, insurance and the Learned Hand Formula**. Law, Probability and Risk, Oxford, v. 5, p. 1-18, 2006, p. 7.
[68] Ibidem.

foca, inicialmente, em distinguir quais situações devem ser aplicadas e como devem ser calculadas[69].

De maneira geral, no Direito Inglês e no Americano, são necessários três requisitos para a aplicação das indenizações punitivas: (i) o cometimento de um ato ilícito, geralmente de cunho extracontratual, isto é, não previsto no contrato; (ii) o ato deve ser singularmente grave, indo além de mera ilicitude comum, decorrendo de conduta de elevada reprovabilidade; (iii) ocorrência de prejuízo à vítima, ainda que presumido[70].

Muitos estados americanos criaram leis permitindo sua aplicação. Todavia, essas normas não são muito precisas quanto às situações nas quais as *punitive damages* são aplicáveis, nem como deve ser feito o seu cálculo. Geralmente as normas se valem de expressões vagas como quando for "razoável" a sua imposição ou de acordo com a "capacidade de pagar dos réus"[71], tornando a sua determinação incerta na prática.

Para AED, a responsabilidade civil extracontratual como mecanismo de controle de incentivos para precaução teria um funcionamento imperfeito. Isto ocorre, principalmente porque uma parte considerável dos lesados por um ato ilícito acaba não buscando o judiciário para ser ressarcido. Temos, nesse contexto, um erro de execução (*enforcement*, isto é, aplicação da lei), que pode ser entendido como a "proporção entre vítimas ressarcidas e o total de vítimas"[72]. Esse erro de execução causa uma perda de eficiência, porque o causador do dano, dano este que é uma externalidade, não está internalizando o custo. Tal perda pode ser compensada, gerando a internalização do custo, a partir de indenizações punitivas.[73]

No Brasil, o cenário não é muito favorável à aplicação das indenizações punitivas. Não há qualquer previsão legal para tanto, e doutrina e jurisprudência não a tratam de forma sistemática, invocando a função punitiva da responsabilidade civil, geralmente, de forma apenas retórica. Nesse sentido, afirma Diogo Naves:

> Todo o esforço doutrinário voltado ao afastamento das indenizações punitivas no sistema brasileiro da responsabilidade civil acaba por perder sua função quando se apura o tratamento jurisprudencial predominante acerca da matéria. Isso porque (...) a alusão, nos julgados ao caráter punitivo da indenização, quando existente, não passa de um recurso retórico. O que seria uma ferramenta extraordinária acaba exercendo

---

[69] COOTER, Robert; ULEN, Thomas. **Direito e Economia**. Quinta Edição. Porto Alegre. Bookman, 2010, p. 385.

[70] ROCHA, Maria Vital da; MENDES, Davi Guimarães. Da indenização Punitiva: Análise de sua aplicabilidade na ordem jurídica brasileira. **Revista de Direito Civil Contemporâneo**. RDCC 12. 2017. p. 234.

[71] COOTER, Robert; ULEN, Thomas. **Direito e Economia**. Quinta Edição. Porto Alegre. Bookman, 2010, p. 386.

[72] Ibidem, p. 387.

[73] Ibidem, p. 388. "... Cooter e Ulen sugerem a adoção, no sistema jurídico da regra segundo a qual, na concessão de indenizações punitivas, o múltiplo a ser utilizado corresponda sempre ao inverso do erro de execução ("múltiplo punitivo"). Demonstrando-se que o autor do dano deixou de adotar determinadas medidas de cuidado porque sabia que apenas uma fração dos lesados o demandaria, caberá ao magistrado impor uma indenização mediante aplicação do múltiplo punitivo." MENDONÇA, Diogo Naves. **Análise Econômica da Responsabilidade Civil. O dano e sua quantificação**. São Paulo. Editora Atlas, 2012, p. 77-81.

o papel de um expediente ordinariamente invocado, sem qualquer sistematicidade, tampouco repercussão nos montantes indenizatórios estipulados em decisões que envolvem danos de natureza extrapatrimonial. O tratamento genérico das funções compensatória e punitiva da indenização sem delimitação da soma destinada a cada qual, acaba por contribuir para o quadro de assistematicidade que já caracteriza a jurisprudência sobre o assunto.[74]

Não há, com isso, no Brasil, uma definição clara sobre quando e como as indenizações punitivas podem ser aplicadas. Na realidade, ao fixar uma indenização, os magistrados geralmente limitam-se a apenas afirmar se o dano foi material ou moral, não delimitando qual parcela da condenação tem natureza compensatória e qual tem natureza punitiva.

Com isso, a aplicação do instituto no ordenamento jurídico brasileiro sofre diversas críticas. Em primeiro lugar, podemos falar de uma possível violação ao princípio da vedação ao enriquecimento sem causa. O art. 884 do CC/02[75] proíbe que alguém se beneficie injustamente, em detrimento de outrem. A jurisprudência nacional reconhece que a indenização deve se prestar a seu fim reparatório, sem, entretanto, causar enriquecimento à vítima. As indenizações punitivas poderiam ferir esse princípio na medida em que se confere à vítima (ou a algum terceiro), um valor que, reconhecidamente, não terá fim meramente reparatório.[76]

Todavia, podemos afastar o argumento do enriquecimento sem causa ao considerarmos que a fixação de indenizações punitivas decorre de um ato do Poder Judiciário, de modo que o pagamento é determinado por uma sentença, que confere legitimidade mais que suficiente à transferência de renda.[77]

Um segundo argumento contrário seria a ausência de previsão legal para a determinação da condenação mediante a aplicação de indenizações punitivas, pois sua fixação representaria um descumprimento ao princípio da legalidade. Isto porque a previsão de uma indenização punitiva só poderia ser aplicada após a devida manifestação do poder legislativo, em decorrência da própria natureza do sistema romano-germânico[78].

Nesse passo, é comum que se argumente contra a aplicação das *punitive damages* porque aumentariam a incerteza em relação às indenizações concedidas pelo Poder Judiciário. Primeiro, porque sem previsão legal não seria possível saber em quais casos seriam aplicáveis, bem como não haveria uma previsão clara em relação aos parâmetros para a fixação de valores.[79] Outra consequência da falta de parâmetros normativos é a

---

[74] Ibidem, p. 108-109.
[75] Art. 884. Aquele que, sem justa causa, se enriquecer à custa de outrem, será obrigado a restituir o indevidamente auferido, feita a atualização dos valores monetários.
[76] ROCHA, Maria Vital da; MENDES, Davi Guimarães. Da indenização Punitiva: Análise de sua aplicabilidade na ordem jurídica brasileira. **Revista de Direito Civil Contemporâneo**. RDCC 12. 2017. p. 238.
[77] Ibidem, p. 239.
[78] Ibidem, p. 242-246.
[79] LIMA, Daniel Hamilton Fernandes de; LIMA, Rafael Hamilton Fernandes de, PEREIRA JÚNIOR, Antonio Jorge. A Indenização Punitiva sob a Ótica da Análise Econômica do Direito: Análise do Caso Amil. **Revista Jurídica**, Vol. 04, nº 45, Curitiba, 2016. p. 656-689. p. 677.

ampla discricionariedade concedida aos magistrados, abrindo margem para ampliar o subjetivismo das decisões, aplicando as indenizações punitivas de forma pouco criteriosa[80]. Finalmente, ainda por conta da falta de previsão legal, surge o problema de definir o beneficiário da indenização punitiva. Não há consenso sobre se o valor adicional, com natureza punitiva, deve ser destinado à própria vítima, a entidades de caridade ou fundos coletivos ou se o ideal seria um compartilhamento entre ambos.[81]

Por outro lado, existem argumentos favoráveis à sua implementação. O primeiro deles seria a "necessidade de repreensão de condutas profundamente censuráveis, de modo a desestimular a reiteração pelo lesante (prevenção especial)"[82]. Nesse caso, como mencionamos acima, as indenizações punitivas servem para corrigir uma distorção, um erro de execução, e, com isso, gerar incentivos para adoção de um nível mais eficiente de precaução.

Outro argumento favorável está ligado à "necessidade de demonstrar à sociedade uma resposta eficaz por parte do sistema jurídico a condutas danosas como aquela descrita anteriormente (efeito chamado de prevenção geral ou função educativa)"[83]. Na esteira do primeiro argumento, a defesa das indenizações punitivas passa pelo objetivo dissuasório sobre comportamentos indesejados. Nesse sentido, ao se condenar um agente a pagar *punitive damages*, o Judiciário passa uma mensagem a toda a sociedade de que aquele comportamento é indesejável, logo deve ser coibido, sob pena de pagamento de um prejuízo financeiro.

Finalmente, há "a impossibilidade de se desvincular a responsabilidade civil do elemento culpa, um de seus pilares fundadores"[84]. Ou seja, o elemento punitivo teria o condão de efetivamente repreender quem age com culpa mais grave, até porque, como vimos acima, a fixação de *punitive damages* depende de um ato ilícito verdadeiramente grave, o que denotaria uma culpa maior do agente, que pode ser penalizado a partir da cominação de uma indenização mais elevada.

Em síntese, apesar de usar de forma retórica a natureza também punitiva das indenizações civis, a doutrina parece se inclinar para o lado da não aceitação da aplicação das indenizações punitivas no Brasil. Todavia, muitos autores ligados à AED tendem a aceitar a sua aplicação, mesmo no ordenamento jurídico nacional[85].

9.4.3 Efeitos da responsabilidade civil sobre a atividade empresarial

A discussão ao longo deste capítulo teve por foco a responsabilidade civil em relação aos indivíduos em suas relações cotidianas e eventuais, com outras pessoas. Não por outro motivo, a maior parte dos exemplos acionados para ilustrar os casos estavam relacionados com acidentes de trânsito. No entanto, ao longo da vida de uma pessoa física, esse tipo de evento costuma ser bem raro.

---

[80] Ibidem, p. 678.
[81] Ibidem.
[82] MENDONÇA, Diogo Naves. **Análise Econômica da Responsabilidade Civil. O dano e sua quantificação**. São Paulo. Editora Atlas, 2012, p. 109.
[83] Ibidem.
[84] Ibidem.
[85] Por todos, MENDONÇA, Diogo Naves. **Análise Econômica da Responsabilidade Civil. O dano e sua quantificação**. São Paulo. Editora Atlas, 2012.

Com relação às atividades empresariais, no entanto, casos de responsabilidade civil costumam ser muito mais recorrentes. Aqui discutiremos, essencialmente, três questões relevantes sobre a reincidência constante dos jogos de responsabilidade, a responsabilidade objetiva pelos atos de seus empregados, as atividades de alto risco e a possibilidade de falência.

Quando pensamos em organizações maiores e mais complexas, como as grandes sociedades empresárias, a questão da responsabilidade civil adquire outras nuances e pode até se modificar em certos aspectos. Pensemos no exemplo dos carros. Se uma pessoa física tem apenas um carro e transita apenas eventualmente com ele, uma grande empresa poderá ter dez, vinte, cem ou até mais veículos transitando diariamente. Em alguns casos, a própria atividade empresarial terá como pressuposto a circulação de veículos nas ruas, como uma transportadora.

Ainda, outro exemplo que auxilia a compreensão sobre a diferença entre a relação de empresas com seus clientes e a das pessoas físicas entre si, são as geladeiras. Todos nós temos ao menos uma geladeira em casa, poucos terão mais de uma. Elas tendem a ser aparelhos longevos, durando entre dez e vinte anos. Portanto, a maior parte das pessoas comprou poucas geladeiras ao longo da sua vida, talvez quatro ou cinco. Por outro lado, uma grande produtora de geladeira, por dia, deve vender centenas, talvez milhares de aparelhos. Ou seja, para ela, a produção e a venda de geladeiras constitui um jogo repetido. Nesse passo, raramente sofremos com algum problema em nossas geladeiras, mas a grande companhia deve receber um considerável número de reclamações de seus produtos, não necessariamente porque são ruins, mas porque, em razão do grande universo de bens em circulação, é esperado que alguns acabem ficando fora de ordem e eventualmente tenham problemas ou causem acidentes.

Nesse caso, as regras de responsabilidade civil devem criar incentivos para que a empresa atue com precaução especial, se comparada às pessoas físicas, uma vez que, ao mudar o seu comportamento, afetará diversos sujeitos e relações. No que se refere ao primeiro exemplo, uma maneira simples de incentivar a precaução por parte das sociedades empresárias, que inclusive está prevista em nosso ordenamento jurídico, é a responsabilização civil objetiva do empregador por atos de seus empregados, conforme previsto nos arts. 932 e 933 do Código Civil de 2002[86].

Cooter e Ulen explicam a responsabilidade do empregador da seguinte maneira:

> A definição básica da doutrina é que o empregador deve responder pelos atos ilícitos civis culposos de um empregado se estava 'agindo dentro do escopo de seu emprego'. Por exemplo, o empregador manda o empregado nunca dirigir o

---

[86] Dispõe o art. 932: "São também responsáveis pela reparação civil: I – os pais, pelos filhos menores que estiverem sob sua autoridade e em sua companhia; II – o tutor e o curador, pelos pupilos e curatelados, que se acharem nas mesmas condições; III – o empregador ou comitente, por seus empregados, serviçais e prepostos, no exercício do trabalho que lhes competir, ou em razão dele; IV – os donos de hotéis, hospedarias, casas ou estabelecimentos onde se albergue por dinheiro, mesmo para fins de educação, pelos seus hóspedes, moradores e educandos; V – os que gratuitamente houverem participado nos produtos do crime, até a concorrente quantia". E o art. 933: "As pessoas indicadas nos incisos I a V do artigo antecedente, ainda que não haja culpa de sua parte, responderão pelos atos praticados pelos terceiros ali referidos".

caminhão da empresa acima do limite de velocidade. O empregado ultrapassa o limite e sofre um acidente com o caminhão. O empregador é responsável.[87]

Ao responsabilizar o empregador pelos danos causados por seus empregados, dentro das funções atinentes ao cargo, cria-se também um incentivo para a empresa não apenas ser diligente no recrutamento de seus empregados, mas também para investir na constante fiscalização sobre os mesmos, seja através de canais de comunicação como um telefone do tipo "como estou dirigindo" seja através de monitoramento por GPS.

Caso a responsabilidade fosse apenas subjetiva, os empregadores, mesmo em ramos nos quais a condução de veículo fosse essencial para a atividade, não teriam o mesmo incentivo para contratar bons motoristas, mas apenas os motoristas mais baratos, que, a seu turno, provavelmente não seriam os melhores.[88] Dessa maneira, uma empresa responsável pela circulação de centenas de veículos não teria incentivos para afastar das ruas profissionais de qualidade duvidosa.

A regra da responsabilidade objetiva do empregador, também facilita o ônus de prova dos autores da ação. Pensemos num paciente que sofreu um dano em um hospital em razão de um procedimento descuidado por parte de um enfermeiro. É mais fácil para o autor da ação provar a ocorrência do dano no hospital, em comparação com a necessidade de provar especificamente qual enfermeiro provocou-lhe o dano[89].

Ademais, há uma questão de liquidez subjacente. É muito mais provável que o empregador, pessoa jurídica, possua mais recursos capazes de fazer frente à indenização, mesmo que essa seja de grande vulto. Por outro lado, caso a responsabilidade fosse apenas do autor do dano, em muitos casos a vítima se veria processando alguém sem patrimônio para cobrir a indenização, dificultando o seu ressarcimento.

Em síntese, a regra objetiva é mais adequada para o caso porque facilita a prova da vítima e cria incentivos para as empresas se esforçarem no recrutamento de profissionais qualificados e investirem em mecanismos eficazes de vigilância de seus empregados. Estes, por sua vez, terão sempre o incentivo de manter o seu emprego, especialmente se souberem que estão sendo vigiados.

Já em relação ao exemplo apresentado acima, podemos relacioná-lo com os casos previstos em nosso direito do consumidor, especialmente quanto ao produto (e ao serviço)[90]. Conforme a definição legal, podemos entender o fato do produto ou serviço

---

[87] COOTER, Robert; ULEN, Thomas. **Direito e Economia**. Quinta Edição. Porto Alegre. Bookman, 2010, p. 374.

[88] "A regra cria um incentive para que o empregador tenha cuidado ao selecionar empregados, distribuir tarefas e decidir que ferramentas serão usadas. A situação é eficiente se os empregadores estão melhor posicionados que os empregados para tomar tais decisões, o que geralmente é o caso". Ibidem, p. 374-375.

[89] Ibidem, p. 375.

[90] Arts. 12 e seguintes do CDC: Art. 12. O fabricante, o produtor, o construtor, nacional ou estrangeiro, e o importador respondem, independentemente da existência de culpa, pela reparação dos danos causados aos consumidores por defeitos decorrentes de projeto, fabricação, construção, montagem, fórmulas, manipulação, apresentação ou acondicionamento de seus produtos, bem como por informações insuficientes ou inadequadas sobre sua utilização e riscos. § 1º O produto é defeituoso quando não oferece a segurança que dele legitimamente se espera, levando-se em consideração as circunstâncias relevantes, entre as quais: I – sua apresentação; II – o uso e

quando "o acontecimento externo que causa dano material ou moral ao consumidor, decorrente de um defeito do produto"[91]. Cooter e Ulen explicam que isso pode ocorrer por três tipos de defeitos do produto:

> 1. **Defeito de projeto ou concepção,** como em casos em que o *design* de tanque de combustível em automóvel cria chances de rupturas e explosões;
> 2. **Defeito de execução,** como seria o caso se um parafuso não fosse colocado em um cortador de grama durante o processo de montagem, fazendo com que uma peça do aparelho voasse longe e ferisse o usuário; e
> 3. **Defeito de informação,** como quando o fabricante deixa de avisar os consumidores sobre os perigos do uso do produto[92].

Podemos ver que, nos defeitos referidos acima, a empresa fabricante está em melhor posição para internalizar os custos face à ocorrência de danos. Com isso, consideramos a existência de uma responsabilidade objetiva, conforme prevista no próprio Código de Defesa do Consumidor,

> (...) pois na maioria dos danos relacionados a produtos, a precaução seria de responsabilidade unilateral do fabricante. O fabricante controla o projeto dos produtos e o processo de fabricação e tem maior probabilidade de estar ciente dos perigos específicos apresentados pelo produto. Assim, o fabricante seria a parte que mais eficientemente poderia avisar os usuários sobre os perigos criados pelo produto[93].

---

os riscos que razoavelmente dele se esperam; III – a época em que foi colocado em circulação. § 2º O produto não é considerado defeituoso pelo fato de outro de melhor qualidade ter sido colocado no mercado. § 3º O fabricante, o construtor, o produtor ou importador só não será responsabilizado quando provar: I – que não colocou o produto no mercado; II – que, embora haja colocado o produto no mercado, o defeito inexiste; III – a culpa exclusiva do consumidor ou de terceiro. Art. 13. O comerciante é igualmente responsável, nos termos do artigo anterior, quando: I – o fabricante, o construtor, o produtor ou o importador não puderem ser identificados; II – o produto for fornecido sem identificação clara do seu fabricante, produtor, construtor ou importador; III – não conservar adequadamente os produtos perecíveis. Parágrafo único. Aquele que efetivar o pagamento ao prejudicado poderá exercer o direito de regresso contra os demais responsáveis, segundo sua participação na causação do evento danoso. Art. 14. O fornecedor de serviços responde, independentemente da existência de culpa, pela reparação dos danos causados aos consumidores por defeitos relativos à prestação dos serviços, bem como por informações insuficientes ou inadequadas sobre sua fruição e riscos. § 1º O serviço é defeituoso quando não fornece a segurança que o consumidor dele pode esperar, levando-se em consideração as circunstâncias relevantes, entre as quais: I – o modo de seu fornecimento; II – o resultado e os riscos que razoavelmente dele se esperam; III – a época em que foi fornecido. § 2º O serviço não é considerado defeituoso pela adoção de novas técnicas. § 3º O fornecedor de serviços só não será responsabilizado quando provar: I – que, tendo prestado o serviço, o defeito inexiste; II – a culpa exclusiva do consumidor ou de terceiro. § 4º A responsabilidade pessoal dos profissionais liberais será apurada mediante a verificação de culpa.

[91] CAVALIERI FILHO, Sérgio. **Programa de Responsabilidade Civil.** 10ª Edição, Editora Atlas, São Paulo, 2012, p. 195.
[92] COOTER, Robert; ULEN, Thomas. **Direito e Economia.** Quinta Edição. Porto Alegre. Bookman, 2010, p. 393.
[93] Ibidem, p. 394.

Certamente, devemos observar situações nas quais a vítima concorre, ou ainda, é exclusivamente responsável, pelos danos (nos termos do art. 945 do Código Civil de 2002), pois, por exemplo, nenhum fabricante de cortador de gramas elétricos pode esperar, razoavelmente, que alguém resolva utilizar seu produto enquanto chove e descalço[94], e nem deve ser responsabilizado por isso. Pode parecer algo extremamente temerário, mas com certeza podemos encontrar casos em que produtos triviais foram utilizados de forma inusitada, incorreta ou perigosa.

Ao tratarmos de organizações empresariais, por outro lado, devemos ter em mente um ponto, que é a constante possibilidade de falência. E isso não é diferente quando discutimos a Responsabilidade Civil das empresas. Um regime de "responsabilidade objetiva [que] faz com que as empresas internalizem os custos sociais dos acidentes, pode levá-las a escolher atividades e níveis de cuidados socialmente ótimos"[95]. Porém, quando a falência pode evitar, ainda que apenas na fase de execução, essa responsabilização, tal conclusão é modificada.

De forma simplificada, a falência ocorre quando o patrimônio líquido da empresa é insuficiente para fazer frente as suas obrigações, o que inclui indenizações por atos ilícitos. Nessa situação, abre-se um concurso de credores e alguns, ao final, simplesmente poderão não receber o valor a que fazem jus. Com isso, o risco que seria internalizado pela Responsabilidade Civil acaba se mantendo externalizado, em razão da responsabilidade limitada na falência. Tal limitação da responsabilidade pode causar a adoção de menores precauções "em atividades perigosas demais"[96].

Cooter e Ulen utilizam o exemplo de uma empresa de coleta de lixo tóxico:

> Se uma empresa planeja operar por tempo indefinido, provavelmente tomará cuidados extremos com o despejo de lixo tóxico para evitar responsabilizações futuras. Por outro lado, a empresa poderia seguir a estratégia de atirar o lixo onde bem entender, acumulando potenciais responsabilizações civis maiores que seus ativos. Antecipando falência e responsabilizações futuras, a empresa distribui seus lucros continuamente e permanece descapitalizada. Quando o prejuízo se materializa e os processos começam, a empresa entra em processo de falência e as vítimas dos atos ilícitos civis se juntam ao resto dos credores insatisfeitos.[97]

Com isso, podemos encontrar o seguinte cenário: empresas que desenvolvem atividades em setores de risco considerável podem sofrer um número muito grande de acidentes. Se elas tiverem um capital muito pequeno, encolhendo a produção e "distorcendo a relação entre capital e mão-de-obra"[98], a falência e a liquidação eventualmente causarão o fim daquela atividade econômica, ensejando desemprego e desacelerando

---

[94] "Mulher morre depois de usar cortador de grama enquanto chovia no RS". Disponível em: http://g1.globo.com/rs/rio-grande-do-sul/rbs-noticias/videos/v/mulher-morre-depois-de-usar-cortador-de-grama-enquanto-chovia-em-erechim-rs/3085946. Acesso em: 24/07/2019.
[95] COOTER, Robert; ULEN, Thomas. **Direito e Economia**. Quinta Edição. Porto Alegre. Bookman, 2010, p. 371.
[96] Ibidem.
[97] Ibidem.
[98] Ibidem.

o desenvolvimento econômico, ao menos da região onde estava instalada, ou seja, enfrenta-se, com isso, uma série de ineficiências.

Nesse contexto, a criação de normas de segurança mais rígidas e a fiscalização constante podem ser mais eficientes que deixar a internalização dos custos para o regime de responsabilidade civil. A vigilância constante, aliada à imposição de multas, pode ser capaz de gerar incentivos por parte das empresas descapitalizadas de modo a investir adequadamente em precaução, com o objetivo de evitar multas constantes.[99]

Outro mecanismo útil, poderia ser o seguro obrigatório. Na realidade, muitas atividades de alto-risco, em boa medida, dependem da contratação de seguros para o seu desenvolvimento. Podemos pensar no transporte de petróleo. Um naufrágio de um navio petroleiro envolve vários riscos, o primeiro e mais óbvio, é a própria perda do navio, cujo custo costuma ser de dezenas de milhões de dólares, a perda da carga, os danos à tripulação, os quais provavelmente incluirão algumas mortes, e, ainda, os danos ambientais, que podem atingir a casa de bilhões[100].

Apenas com a contratação de seguros, essa atividade, de risco elevadíssimo, poderá ser viabilizada. Do contrário, a empresa estaria sempre sujeita à falência, bastando um acidente para condenar completamente toda uma grande estrutura de produção e circulação de bens e riquezas, e, ainda, impedir a integral reparação do dano. Com o seguro, o risco poderá ser diluído entre a empresa que exerce a atividade de alto risco e a seguradora (ou, eventualmente, um grupo de seguradoras), o que a viabiliza.

9.4.4 A indenização e a dificuldade de definir seu cálculo

Outra questão controversa sobre a responsabilidade civil é como calcular o *quantum* indenizatório, isto é, o quanto se deve indenizar a parte lesada. Do ponto de vista da AED, podemos dizer que as indenizações possuem, *per si*, dois objetivos: "devolver a vítima ao nível de utilidade ou curva de indiferença que ocupava antes do ato ilícito"[101] e funcionar como "o preço que o autor do dano deve pagar por ter prejudicado a vítima"[102]. Não obstante, indiretamente, as indenizações devem servir como um instrumento de incentivo à precaução, conforme vimos acima.

Quando pensamos em alguns tipos de danos, especialmente de natureza extrapatrimonial, é difícil encontrarmos um valor capaz de tornar a vítima indiferente ao dano. Por exemplo, é pouco provável que encontremos pais dispostos a definir um valor pelo

---

[99] "Algumas atividades arriscadas atraem empresas descapitalizadas, capazes de usar a falência para evitar a responsabilização. As empresas com alto nível de capitalização costumam evitar as mesmas atividades para evitar também o risco de serem responsabilizadas. Em setores nos quais as empresas descapitalizadas enfrentam o risco de falência, as normas de segurança têm vantagem sobre a responsabilidade. Coletando multas quando da ocorrência de acidentes, as autoridades forçam as empresas descapitalizadas a seguirem padrões de segurança que seriam violados caso a única sanção disponível fosse a responsabilização. Ibidem, 2010, p. 367.

[100] Como ocorreu no Golfo do México: Desastre do Golfo do México causou US$ 17,2 bi em dano ambiental. Disponível em: https://exame.abril.com.br/economia/desastre-do-golfo-do-mexico--causou-us-172-bi-em-dano-ambiental. Acesso em: 17/07/2019.

[101] COOTER, Robert; ULEN, Thomas. **Direito e Economia**. Quinta Edição. Porto Alegre. Bookman, 2010, p. 381.

[102] Ibidem, p. 381-382.

qual seriam indiferentes à morte ao filho, ou capaz de tornar alguém indiferente a um dano físico permanente. Nessas situações, a indenização compensatória perfeita, capaz de fazer com que a vítima se sinta indiferente aos danos sofridos, não poderia ser fixada[103].

Quando o mercado tem substitutos perfeitos para um bem, como um carro, por exemplo, seria possível a sua reposição de forma ideal. Um dono de um carro da marca X e modelo Y ficaria, igualmente satisfeito com qualquer outro veículo de mesma marca e modelo. Mesmo quando estamos diante de bens raros, eventualmente, o mercado poderá supri-los, por exemplo um colecionador de fuscas que teve um item especial de sua coleção destruído por um terceiro, pode ser que levasse tempo, mas o mercado, eventualmente, poderia encontrar um item igual ou, ainda, ser capaz de precificar, mesmo de forma muito elevada, o bem[104].

Porém, muitos bens não possuem um valor à disposição no mercado, como a integridade física, a vida, parentes próximos, a liberdade[105]. Não é possível precificar tais bens jurídicos. As indenizações, nesses casos, não serão perfeitas, mas ainda assim devem ser prestadas. Nos EUA as normas jurídicas geralmente recorrem a termos vagos como justiça ou razoabilidade[106]. Não sendo muito diferente aqui no Brasil, onde se costuma falar em compensação por danos à personalidade ou à dignidade humana[107] para tratar de danos extrapatrimoniais.

No entanto, ainda assim é possível, a partir da aplicação da fórmula de Hand nesse tipo de caso, produzir uma aferição desses valores. Por meio de uma análise de custo-benefício podemos calcular, por exemplo, o custo de uma vida. Podemos pensar no seguinte exemplo: um comprador de um automóvel pode adquirir um dispositivo adicional de segurança por R$ 200,00, se soubermos quanto esse dispositivo reduz um acidente fatal, em probabilidade, podemos inferir quanto os potenciais consumidores estão dispostos a pagar por uma segurança maior por sua vida (em outros termos, quanto eles valorizam monetariamente a sua vida)[108]. Considerando uma redução de probabilidade em 0,01% com o investimento adicional em R$ 200,00 em segurança, podemos inferir que o consumidor em questão valoriza em, pelo menos, R$ 2.000.000,00 a sua vida.[109]

Os tribunais podem aplicar esse mesmo raciocínio nos processos em que julgam responsabilidade civil. Nesse sentido explicam Cooter e Ulen:

> Para aplicar o método em uma disputa jurídica, o tribunal deve considerar aquelas situações na quais o risco é "razoável" e conhecido. Nessas circunstâncias, haverá

---

[103] Ibidem.
[104] Ibidem.
[105] Pensando do ponto de vista da moralidade social geral, a ideia de vender um filho é consideravelmente repulsiva, assim como não parecer ser provável que encontremos pessoas dispostas a perder membros em troca de dinheiro, não importa quanto seja o valor.
[106] Ibidem, p. 382.
[107] MENDONÇA, Diogo Naves. **Análise Econômica da Responsabilidade Civil. O dano e sua quantificação**. São Paulo. Editora Atlas, 2012, p. 77-81.
[108] COOTER, Robert; ULEN, Thomas. **Direito e Economia**. Quinta Edição. Porto Alegre: Bookman, 2010, p. 383.
[109] Explicamos com a seguinte equação: 1/10.000 (valor do risco fatal) = 200; (valor do risco fatal) = 200/(1/10.000); (valor do risco fatal) = 2.000.000.

algum valor p para a probabilidade de um acidente fatal e algum valor B para o ônus da precaução. A eficiência exige que tomemos precauções adicionais até que o ônus seja igual à mudança na probabilidade p multiplicada pela perda L, ou $B = pL$. (Observe que essa é a regra de Hand.) Assim, o tribunal resolve a equação L para calcular o valor do risco fatal, produzindo $L = B/p$.

Observe como o método utiliza a regra de Hand de modo incomum. Normalmente, o tribunal usa a regra de Hand para determinar se a precaução do autor do dano satisfaz o parâmetro jurídico. No caso incomum, o agente utiliza o parâmetro jurídico de cuidado aceito, violado pelo indivíduo, para determinar sua responsabilidade.[110]

O método pode parecer menos preocupado com a vida humana em si, por partirmos de valores estritamente monetários. Não obstante, por meio do acionamento de testes empíricos, é possível comprovar que o cálculo de indenizações utilizando a fórmula de Hand pode definir valores mais elevados que os atualmente concedidos pelos Tribunais.[111] Assim, embora não seja possível atingir uma indenização perfeita, conseguimos, mesmo que de forma indireta, estimar um patamar mínimo de valorização da própria vida pelos indivíduos.

No presente capítulo procuramos apresentar algumas análises produzidas por estudiosos do campo da AED no âmbito da Responsabilidade Civil Extracontratual que entendemos ser úteis para o avanço da disciplina. Identificamos a Responsabilidade Civil no Brasil como um campo em desenvolvimento, que passa por um processo de transformação no sentido da objetivação das regras de responsabilidade. Com isso procuramos apresentar instrumentos analíticos advindos da AED que possam auxiliar o jurista a entender essas transformações. Para tanto, dividimos didaticamente os modelos apresentados de forma a progressivamente aumentar a complexidade da análise.

Inicialmente, apresentamos o modelo desenvolvido na jurisprudência Norte-Americana pelo juiz Learned Hand, que se foca na conduta do causador do dano, nos custos de precaução e no dano esperado. A chamada fórmula de Hand tem o mérito de propiciar parâmetros simples de aplicação pelos juízes, ainda que possa ocultar ambiguidades em relação ao cálculo do nível ótimo de precaução do causador do dano (uma vez que para calculá-lo nos termos da fórmula de Hand é necessário atentar para o nível ótimo de precaução da vítima, simultaneamente).

As limitações do modelo da fórmula de Hand em relação à análise da conduta da vítima, que pode ter papel fundamental na prevenção de um evento danoso e sugerem a necessidade de formulação de um modelo de análise mais amplo, que permita a visualização dos custos sociais totais. Assim, procuramos oferecer uma versão gráfica da fórmula do custo social, buscando elucidar as relações entre a conduta da vítima, a conduta do ofensor e o custo final.

Em seguida, partimos desta fórmula de custos para estudar o comportamento dos agentes, assumindo que tanto a vítima quanto o causador do dano procuram sempre, estrategicamente, minimizar seus custos individuais. Observamos que um modelo

---

[110] COOTER, Robert; ULEN, Thomas. **Direito e Economia**. Quinta Edição. Porto Alegre: Bookman, 2010.
[111] Ibidem, p. 384.

simples de jogo entre os agentes sugere que: (i) na ausência de regras de responsabilidade civil, o causador do dano tende a exercer nível de precaução inferior ao ótimo; (ii) sob a regra da responsabilidade absoluta do causador, a vítima tende a exercer um nível de precaução inferior ao ótimo; e (iii) tanto sob a regra da responsabilidade civil subjetiva, quanto sob a regra da responsabilidade objetiva (se levarmos em consideração a arguição de culpa exclusiva da vítima como excludente válida), ambos os agentes exercem o nível ótimo de precaução.

Não obstante, criticamos os resultados apresentados no tópico anterior, que decorrem de um modelo idealizado da realidade e procuramos expandir a análise das diferenças entre as regras da responsabilidade civil subjetiva e objetiva. Ao longo do texto, fizemos ligações da perspectiva geral da Responsabilidade Civil Extracontratual da AED com o Direito Positivo Brasileiro, especialmente o Código Civil de 2002.[112]

QUESTÕES DE AUTOMONITORAMENTO

1) **Resuma, brevemente, as funções da responsabilidade civil.**
Comentário: Podemos afirmar que, ao formular normas de responsabilidade civil, um ordenamento jurídico pode prever quatro funções para o referido instituto. São elas: (i) reparação da vítima que sofreu dano; (ii) prevenção de danos futuros, criando incentivos para que níveis adequados de precaução sejam adotados; (iii) punição, ao impor ao autor do dano um ônus monetário adicional ao prejuízo efetivamente verificado; (iv) informação, ao disponibilizar informações sobre riscos e medidas preventivas das atividades, com o objetivo de conformar comportamentos das partes envolvidas em situações potencialmente danosas.

a) **Por que há a necessidade de um regime legal de responsabilidade civil?**
Comentário: Porque os custos de transação para a realização de um acordo com todas as pessoas com as quais potencialmente é possível se dar um acidente são proibitivos. Ou seja, como é impossível que se faça acordos com todas as pessoas em relação às quais um indivíduo pode causar um prejuízo, há a necessidade de complementação dessa previsão pelo ordenamento jurídico.

2) **O que significa afirmar que a AED parte da premissa de que existem níveis médios ótimos de precaução para cada atividade?**
Comentário: A análise econômica parte da ideia de que existem níveis médios ótimos de precaução para cada atividade. Isso porque, para cada uma há um nível em que a precaução poderá ser excessiva ou insuficiente. Em determinadas circunstâncias, tomar mais precaução pode não ser eficiente. Medidas de prevenção muito custosas, que não reduzam significativamente as chances de ocorrência de danos, tendem a ser ineficientes. Da mesma forma que deixar de adotar medidas razoáveis de precaução pode levar a resultados indesejáveis, o emprego de medidas excessivamente onerosas e injustificadas gera perdas sociais.

---

[112] BATTESINI, Eugênio. **Direito e Economia: Novos horizontes no estudo da responsabilidade civil no Brasil.** São Paulo, LTr, 2011. p. 293.

a) **Qual a diferença entre essa abordagem e a da dogmática jurídica tradicional?**
Comentário: A diferença entre as abordagens está no fato de que a doutrina jurídica tradicional parte de uma conceituação deontológica do dever geral de cuidado, atrelando o nível ótimo de precaução à natureza da conduta praticada. A AED, a seu turno, adota um conceito de precaução instrumental, avaliado a partir de sua capacidade de promover eficiência econômica.

3) **Qual a relação entre o dever de cuidado e a responsabilidade civil na AED?**
Comentário: Na AED, o dever de cuidado, como um elemento que atrai a responsabilidade civil, está atrelado à eficiência. Isto é, tal dever caberá àquele que puder cumpri-lo ao menor custo (*least cost avoider*) e na medida em que tal custo seja inferior aos causados pela ocorrência de acidentes.

4) **O causador do dano deve ser o único a exercer o devido dever de cuidado? Em que medida esse dever pode ser exigido?**
Comentário: Não necessariamente. Em determinados casos, pode ser que a vítima esteja em melhor posição para evitar a ocorrência do dano, ou, ainda, que o cenário mais eficiente seja obtido mediante cooperação, isto é, a partir da mútua precaução pelas partes.
Tal dever pode ser exigido na medida em que o benefício marginal da precaução é superior ao respectivo custo marginal.

5) **De acordo com a perspectiva da AED, como o ordenamento jurídico brasileiro está aparelhado para lidar com questões de responsabilidade civil? Destaque as principais diferenças no sistema de incentivos gerados pelos regimes de responsabilidade objetiva e subjetiva.**
Comentário: De acordo com os fundamentos de análise econômica normativa, relativos ao nível de precaução, de atividade, de informação e de aversão ao risco, evidencia-se consistência teórica do Código Civil de 2002. A manutenção da regra eficiente de responsabilidade subjetiva, como instrumento de controle do nível de precaução do autor e da vítima, e a inserção de regras de responsabilidade objetiva, que admitem a possibilidade de redução do valor da indenização proporcional à culpa da vítima e a possibilidade de exclusão do nexo causal por sua culpa, como instrumentos de controle do nível de atividade perigosa desenvolvida pelo autor, de correção de problemas de assimetria de informação em relações de consumo e distribuição social dos riscos determinam que o Código Civil de 2002 crie incentivos apropriados para que atividades com risco de acidentes sejam desenvolvidas em consonância com objetivos sociais relevantes conectados com a prevenção e com a distribuição dos riscos.

6) **O que é a Fórmula de Hand? Como ela pode ser utilizada para afastar a exigibilidade de determinada ação de precaução?**
Comentário: A referida fórmula, surgida no contexto da jurisprudência norte-americana, consiste num parâmetro para a caracterização das condutas culposas. Segundo Hand, *A*, potencial causador de um dano, terá agido com culpa se não houver empregado determinada medida de precaução cujos custos marginais de adoção sejam menores que a consequente redução do dano marginal esperado. Determinada ação

de precaução não será exigível quando o seu custo marginal for mais elevado que o benefício marginal de sua adoção. Isto é, se para evitar um dano potencial de, por exemplo, R$ 10,00, o gasto em precaução for de R$ 15,00, tal medida não será eficiente, logo, não seria exigível.

7) Como os sistemas de *Common Law* e *Civil Law* diferenciam-se quanto à abordagem da responsabilidade civil?

Comentário: De maneira geral, em sistemas de *Civil Law*, há uma norma, elaborada pelo Poder Legislativo, e não um precedente judicial, como no caso americano, estabelecendo o dever de indenizar por quem causa dano a terceiros. Todavia, destacamos que, no que se refere à responsabilidade civil, mesmo na *civil law* é comum que existam parâmetros na jurisprudência. Isso porque as normas abstratas não atingem todas as nuances das situações judicializadas. Assim, o Judiciário, casuisticamente, para dar concretude às normas abstratamente previstas pelo legislador, estabelece níveis diversos de precaução, a depender de cada tipo de atividade. Então, mesmo em sistemas romano-germânicos, a jurisprudência desempenha papel ativo para moldar a responsabilidade civil. Nesse passo, mesmo em sistemas de *Civil Law* é possível a aplicação e a adaptação dos preceitos normativos abstratos, pelo Judiciário, na solução de casos concretos.

8) Explique a Fórmula do Custo Social, de Cooter e Ulen, e sua abordagem quanto à questão da responsabilidade civil.

Comentário: Ao analisarmos a Fórmula de Hand observamos que a conduta do ofensor e da vítima são analisadas a partir de duas variáveis básicas: o custo de exercício de precaução e o dano esperado. Chamamos de custo social (CS) a soma dessas duas variáveis, medidas em relação à vítima e ao ofensor simultaneamente. Assim, temos que CS = CP + DE, sendo CP o custo de precaução social e DE o dano esperado. O nível de precaução ótimo p* seria aquele capaz de minimizar a função de custo social CS. Cumpre destacar, entretanto, que p*, nesse caso, não nos informa o nível de precaução ótimo de cada agente, mas sim uma medida de precaução social, ou seja, uma medida resultante das condutas adotadas por ambos os agentes, ofensor e vítima. Dessa forma, entendemos que esse modelo e o estabelecido pela fórmula de Hand são complementares. Partimos de uma formulação intuitiva e voltada para a aplicação prática, para uma formulação mais genérica das mesmas ideias. O modelo apresentado por Cooter e Ulen, a seu turno, se afigura em uma agregação da conduta de todos os agentes envolvidos e, portanto, nos oferece um panorama mais geral do problema. Sua importância decorre das dificuldades suscitadas pela interdependência das condutas dos agentes, que é superada quando olhamos para o resultado geral, ou seja, quando olhamos para a maximização do bem-estar social geral, que é o que usualmente buscamos.

9) Como a teoria dos jogos possibilita o teste de eficiência das regras de responsabilidade civil? Quais são os tipos mais comuns de regramentos desse instituto?

Comentário: Como a conduta do ofensor e da vítima estão inter-relacionadas, a estratégia de um agente modifica o cenário para tomada de decisão do outro, criando uma situação estratégica, de forma que a aplicação da teoria dos jogos permite a compreensão e a previsão de qual a melhor estratégia para cada um dos agentes, dado um cenário decisório. Podemos elencar quatro cenários mais frequentes: (i) ausência de responsabilidade civil; (ii) responsabilidade civil ilimitada; (iii) responsabilidade civil subjetiva; (iv) responsabilidade civil objetiva.

10) **Explique a influência dos custos administrativos e da assimetria de informações sobre o regime de responsabilidade civil e os litígios dele decorrentes.**
Comentário: Ambos surgem em litígios relativos à responsabilidade civil, que impedem a fixação, pelo Judiciário, de níveis ótimos de precaução. A assimetria de informações está ligada ao fato de que juízes são suscetíveis a errar. Na prática, eles não possuem informações suficientes para determinar o nível ótimo de precaução em um caso concreto. Nos litígios as partes tendem a agir de forma estratégica, e apresentar informações enviesadas, superestimando seus próprios custos e subestimando os custos da parte contrária. Quando a jurisprudência estabelece níveis de precaução inadequados, oferece incentivos adversos para os agentes. Por outro lado, os custos associados ao próprio processo de decisão judicial, os chamados custos administrativos, são também um fator limitador. Em regra, dado aos elevados custos de obtenção das informações necessárias para a caracterização do nível ótimo de precaução para cada indivíduo, a jurisprudência utiliza-se de padrões mais gerais para a caracterização de culpa. Trata-se do chamado critério do homem médio, ou seja, da caracterização da culpa a partir de um nível ótimo de precaução estipulado para a média, e não para os casos específicos. Portanto, para reduzir os custos associados aos processos, a jurisprudência busca agir de forma mais uniforme, mesmo que isso acarrete a criação de incentivos inadequados.

11) **Discorra sobre a aplicabilidade de *punitive damages* no Brasil.**
Comentário: No Brasil, o cenário não é muito favorável à aplicação das indenizações punitivas. Não há qualquer previsão legal para tanto, e doutrina e jurisprudência não a tratam de forma sistemática, invocando a função punitiva da responsabilidade civil, geralmente, de maneira apenas retórica.

12) **Explique como as regras de responsabilidade civil podem criar incentivos para as sociedades empresárias estruturarem suas atividades de forma a mitigar danos sobre os consumidores.**
Comentário: Quando pensamos em sociedades empresárias, as regras de responsabilidade civil devem criar incentivos para que a empresa atue com precaução especial, se comparada às pessoas físicas, uma vez que, ao mudar o seu comportamento, afetará diversos sujeitos e relações. Especificamente quanto aos consumidores, há a proteção contra o fato do produto, que se caracteriza quando o acontecimento externo causa dano material ou moral ao consumidor, decorrente de um defeito do produto (ou serviço). Cooter e Ulen explicam que isso pode ocorrer por três tipos de defeitos: (i) de projeto ou concepção, como em casos em que o *design* de tanque de combustível em automóvel cria chances de rupturas e explosões; (ii) de execução, como seria o caso de um parafuso que não fosse colocado em um cortador de grama durante o processo de montagem, fazendo com que uma peça do aparelho voasse longe e ferisse o usuário; e (iii) de informação, como quando o fabricante deixa de avisar os consumidores sobre os perigos do uso do produto. Podemos ver que, nos defeitos referidos, a empresa fabricante está em melhor posição para internalizar os custos diante da ocorrência de

danos. Com isso, consideramos a existência de uma responsabilidade objetiva, conforme prevista no próprio Código de Defesa do Consumidor, como um instrumento adequado para incentivar as empresas ao exercício de precaução em níveis adequados.

13) **Diferencie a aplicação da regra do *least cost avoider* no contexto da responsabilidade civil e do direito dos contratos.**

Comentário: No contexto da responsabilidade civil, o *least cost avoider* busca identificar quem poderia exercer precaução e, portanto, evitar acidentes, ao menor custo possível. Por outro lado, no contexto do direito contratual, tal regra volta-se para a capacidade de absorção de risco em razão da ocorrência de um evento não previsto pelas partes no momento da formação contratual.

14) **Suponha que queremos impedir um tipo específico de dano. Qual é o regime de responsabilidade civil mais eficiente quando:**

a) **A vítima consegue prevenir o dano a um menor custo?**

Comentário: Nesse caso, o regime mais eficiente é a ausência de responsabilidade. Nessa hipótese, a própria vítima terá incentivo para adotar as medidas necessárias para a prevenção do dano em nível ótimo. Ao fazê-lo, enfrentará o menor custo de prevenção.

b) **O ofensor consegue prevenir o dano a um menor custo?**

Comentário: Nesse caso, o regime mais eficiente seria o da responsabilidade objetiva. O causador do dano terá incentivos para adotar um nível ótimo de precaução, pois ele arca tanto com os custos das medidas de precaução que adotar, como com os custos decorrentes na eventualidade do dano.

c) **Tanto a vítima como o causador do dano precisam adotar medidas para que o dano seja prevenido?**

Comentário: Nesse caso, a solução eficiente seria alcançada por um regime de responsabilidade subjetiva em que a culpa fosse definida de forma a repassar para o causador do dano níveis adequados de responsabilidade nos casos em que ele não adotar medidas de prevenção com um bom custo-benefício.

Capítulo X
ANÁLISE ECONÔMICA DO DIREITO E A TEORIA JURÍDICA DA RESPONSABILIDADE PENAL

O Direito Penal volta-se para a compreensão dos atos definidos como crimes[1] pelo Estado e que, por isso, estão sujeitos às punições mais graves por parte de suas instituições. Não há delimitação simples do que seja um ato criminoso, mas, no que tange à análise econômica do direito penal, destacamos dois elementos. Primeiro, crimes geram danos substanciais, e não necessariamente apenas monetários, à exemplo dos assassinatos, estupros e roubos. Além disso, há que se levar em conta a intenção criminal, que pode ser classificada como dolosa ou culposa (*mens rea*). Existem, portanto, gradações quanto à intenção do agente (que são relevantes para a culpabilidade e a punição), mas o propósito de causar o dano pode ser identificado com maior facilidade nos casos que envolvem danos corporais.

Assim, enquanto ilícitos civis envolvem danos causados por comportamento negligente, imperito ou imprudente (atos culposos), ilícitos penais são, em sua modalidade dolosa, produtos de comportamento intencional e, algumas vezes, cruel. Na responsabilização civil a natureza do dano é classificada como privada, enquanto nos crimes, o dano é majoritariamente público[2], pois se considera que viola um bem jurídico relevante, tutelado pelo Estado e importante para a garantia da ordem pública ou econômica. Essa distinção se expressa na maneira como as ações, os processos civis e criminais, são iniciados. As ações civis são ajuizadas pela vítima (o autor), enquanto os processos penais são instaurados quase que exclusivamente pelo Estado[3].

---

[1] Crime, nesse sentido, é uma conduta considerada ilícita pelo Estado por meio do processo de criminalização MISSE, Michel. **Crime, sujeito e sujeição criminal: aspectos de uma contribuição analítica sobre a categoria "bandido"**. *Lua Nova* [online]. n.79, p. 15-38, 2010. Disponível em: http://www.scielo.br/pdf/ln/n79/a03n79. Acesso em: 04/10/2019.

[2] Há, no processo penal brasileiro, quatro modalidades de ação penal: a ação pena pública incondicionada e a condicionada à representação. E, ainda, a ação privada e a privada subsidiária da pública. Conforme o art. 100 do Código Penal, "a ação penal é pública, salvo quando a lei expressamente a declara privativa do ofendido". Significa dizer, portanto, que exceto quando previsto em lei, as ações penais públicas são a regra. As ações penais privadas são as exceções, e devem estar expressamente previstas em lei.

[3] Havendo indícios de "materialidade" e "autoria" o Ministério Público inicia a ação penal, por meio do oferecimento da denúncia. Não há, no contexto brasileiro, escolha do promotor de justiça, como no caso americano. No Brasil o MP atende aos princípios da "obrigatoriedade" e da "indisponibilidade" da ação penal pública, por meio da interpretação doutrinária e da combinação de diversos artigos de lei. A Constituição Federal dispõe em seu artigo 129, I, que uma das "funções institucionais do Ministério Público" é "promover, privativamente, a ação penal pública". Esse dispositivo, combinado com outros do Código de Processo Penal (CPP), a saber,

Atos criminosos estão sujeitos a sanções penais, que podem ser aplicadas de diversas maneiras: multa para fins de indenização, encarceramento (detenção e reclusão[4]) e outras formas de restrição da liberdade do criminoso, como penas restritivas de direitos (prestações de serviços à comunidade; limitação de finais de semana; interdição temporária de direitos, por exemplo), até mesmo o caso extremo da pena de morte, em algumas jurisdições. Enquanto a indenização na responsabilização civil pretende reparar a situação da vítima, às custas do causador do dano, buscando deixá-la em situação equivalente àquela na qual estava antes da ocorrência do dano, retornando ao *status quo ante* ao ilícito (do contrário seria enriquecimento sem causa). Devido ao fato de que a indenização e a punição têm objetivos distintos, elas podem ser independentes e a sanção penal pode ser imposta em paralelo à indenização (sem ferir o princípio da vedação à dupla penalização[5]).

Outro elemento relevante no que concerne à punição de atos criminosos é o padrão das provas requerido pela lei para que as penalidades sejam aplicadas. Em uma ação de responsabilização civil, o autor deve provar seu caso por preponderância das evidências, enquanto em uma ação penal o promotor, agente do Estado, deve organizar as provas. Nos Estados Unidos, essa diferença é ainda mais marcada, pois o processo criminal se baseia na prova para "além de uma dúvida razoável". Desse modo, no caso americano, as provas *beyond a reasonable doubt* adquirem um padrão significativamente mais alto do que apenas demonstrar a superioridade de argumentos do autor em relação aos de seu oponente. No caso brasileiro, sendo um sistema criminal reconhecidamente inquisitorial[6], é preciso analisar a AED sobre o direito penal à luz das complexidades do processo penal brasileiro e de suas práticas.

---

o art. 42, que diz: "o Ministério Público não poderá desistir da ação penal", indica a indisponibilidade da ação penal. Cabe destacar, contudo, que mudanças legislativas recentes vêm trazendo, progressivamente, para o Direito brasileiro aspectos da chamada "Justiça penal negocial", mais próxima do modelo norte-americano. Foi introduzida no Brasil a figura do acordo de não persecução penal, acompanhada de uma mudança da regra de arquivamento do inquérito policial (alteração do art. 28 do CPP pela Lei 13.964/2019), o qual deixa de estar submetido ao controle judicial prévio e necessário.

[4] As diferenças entre as formas de cumprimento da pena, são, nos termos do art. 33 do Código Penal que "a pena de reclusão deve ser cumprida em regime fechado, semiaberto ou aberto. A de detenção, em regime semiaberto, ou aberto, salvo necessidade de transferência a regime fechado". Considera-se: a) regime fechado a execução da pena em estabelecimento de segurança máxima ou média; b) regime semiaberto a execução da pena em colônia agrícola, industrial ou estabelecimento similar; c) regime aberto a execução da pena em casa de albergado ou estabelecimento adequado. O parágrafo 2º determina que "as penas privativas de liberdade deverão ser executadas em forma progressiva, segundo o mérito do condenado, observados os seguintes critérios e ressalvadas as hipóteses de transferência a regime mais rigoroso: a) o condenado a pena superior a 8 (oito) anos deverá começar a cumpri-la em regime fechado; b) o condenado não reincidente, cuja pena seja superior a 4 (quatro) anos e não exceda a 8 (oito), poderá, desde o princípio, cumpri-la em regime semi-aberto; c) o condenado não reincidente, cuja pena seja igual ou inferior a 4 (quatro) anos, poderá, desde o início, cumpri-la em regime aberto".

[5] Em face do princípio *ne bis in idem*, vigente no sistema brasileiro, um indivíduo não pode ser processado duas vezes pelo mesmo fato, para garantir a efetivação dos princípios da segurança jurídica e do devido processo legal.

[6] JÚNIOR, Aury Lopes. **Direito processual penal e sua conformidade constitucional**. Rio de Janeiro: Lumen Juris, 2012.

Feita a distinção entre atos criminosos e demais atos, bem como os pesos probatórios nas duas áreas do direito, precisamos entender que a abordagem econômica do direito penal se afigura em um esforço para explicar o comportamento criminoso e os princípios do direito penal de um ponto de vista econômico. Existem dois pontos importantes para considerarmos nessa abordagem. Considera-se que potenciais criminosos são economicamente racionais. Eles comparam os ganhos de cometer um crime com o custo esperado, incluindo a probabilidade de punição e o *quantum* dela, a possibilidade de estigma social e eventuais custos psicológicos. Um criminoso é um indivíduo para quem o ganho de cometer um crime mais do que compensa o custo esperado, quando tal decisão é tomada.

Na modelagem do comportamento criminoso, a abordagem econômica encara as críticas comuns quanto à opção por um quadro de análise utilitário, em especial a utilidade quanto à presunção de uma racionalidade econômica. Isso porque, a teoria assume que os indivíduos respondem significativamente aos incentivos criados pelo sistema de justiça penal. Contrariamente a tais críticas, como apontaremos posteriormente, existe suporte empírico quanto à inferência do modelo econômico: os índices de criminalidade respondem às mudanças nas penalidades.

A aplicação da análise econômica para compreensão do direito penal é baseada na premissa de que a eficiência econômica é útil para examinar e desenvolver regras e instituições. Eficiência econômica quer dizer que não há como promover uma mudança que beneficie alguém sem prejudicar outra pessoa. Uma determinada mudança é eficiente se aqueles que se beneficiam dela compensam os que perdem com ela, para que ninguém esteja em pior situação após a mudança. Essa é a amplamente conhecida "eficiência de Pareto". No entanto, a maior parte de nossa análise é baseada em um conceito menos restritivo de eficiência, a maximização de bem-estar social ou "eficiência de Kaldor-Hicks".

A partir desse conceito menos restritivo, uma determinada mudança é considerada eficiente se um indivíduo puder, teoricamente, compensar aqueles que perdem e ainda assim ter algum ganho, sem nenhuma exigência de que o beneficiado forneça qualquer compensação. Compreender a eficiência é fundamental para a AED por duas razões. Primeiro, de modo descritivo, para avaliar a eficiência das instituições atuais. Segundo, de maneira normativa, para propor arranjos institucionais mais eficientes.

A eficiência econômica, em particular a maximização do bem-estar social, é controversa. Um ato criminoso é considerando eficiente quando o criminoso, mesmo compensando a vítima (seja financeiramente, seja ao cumprir pena de encarceramento), continua em melhor condição do que estava antes de cometer o ato. No entanto, a eficiência econômica não determina se um ato criminoso é justo ou desejável. Isso porque, em relação às questões criminais, os critérios não baseados na eficiência são relevantes e não devem ser descartados. Além disso, consideramos necessário destacar que o cálculo por meio do qual se considera eficiente um ato criminoso desconsidera eventuais prejuízos criados pela prática reiterada de crimes na sociedade, presente no polo passivo da compensação.[7]

---

[7] Problemas econômicos sociais causados pela criminalidade FERNANDES JUNIOR, Ledimar; FARIAS, Joedson Jales de; COSTA, Rodolfo Ferreira Ribeiro da; LIMA, Francisco Soares de. A

A abordagem econômica do crime é a análise econômica realizada por um pesquisador acerca dos incentivos ou desincentivos que determinadas leis, políticas criminais podem ter sobre o infrator. Já a análise econômica eventualmente feita pelo criminoso, relaciona-se com a ponderação racional do benefício que receberá ao cometer o crime e os custos de fazê-lo (isto é, a possível pena a ser aplicada, multiplicada pela probabilidade de ser capturado e condenado). Consideramos que a vantagem de uma abordagem econômica do crime é que ela pode evitar avaliações interpessoais de modo a produzir uma análise mais neutra. Um direito penal eficiente tem a capacidade de pôr as partes em melhor condição (mesmo que a distribuição de riqueza seja mais desigual).

Por outro lado, critérios de justiça são normalmente difíceis de definir, por não necessariamente envolverem juízos racionais. Há critérios de justiça que não se baseiam na eficiência da justiça criminal, mas que expressam as preferências de um grupo social. Criadores de políticas públicas e juristas não deveriam esquecer que frequentemente surgem dilemas entre a eficiência econômica e outros objetivos, principalmente a justiça.

Aprofundando as críticas à clássica análise econômica do crime, surge a teoria de análise econômica comportamental. Ela visa a preencher uma lacuna entre a teoria racional e o real comportamento dos criminosos e, para tanto, mistura as ferramentas econômicas com teorias oriundas dos campos da psicologia e da sociologia, propondo novas perspectivas em relação à aplicação da lei e o efeito da dissuasão. Nesse trabalho, focaremos na análise clássica, não sem antes apontar alguns elementos sobre a análise comportamental.

Consideramos importante destacar que a aplicação da teoria econômica sobre a aplicação do Direito Penal é recente[8]. O artigo pioneiro de Gary Becker é de 1968[9] e a maior parte dos trabalhos elaborados por Nuno Garoupa[10], bem como por Michell A. Polinsky e Steven Shavell[11] foram publicados nos últimos quinze anos. Becker demonstrou que os criminosos são tomadores de decisão racionais otimizadoras da utilidade, em condições de risco. Tendo explorado a escolha individual sobre cometer

---

Criminalidade no Brasil: Avaliação do impacto dos investimentos públicos e dos fatores socioeconômicos. **Espacio Abierto Cuaderno Venezolano de Sociología.** vol. 26, nº 2. abril-junho. p. 219-243. 2017. p. 222.

[8] Muito embora possamos mencionar Jeremy Bentham (*As Recompensas em Matéria Penal*) e Cesare Beccaria (*Dos Delitos e das Penas*) como os primeiros pensadores a buscarem compreender o comportamento delituoso como um comportamento racional, suas obras não possuíam o rigor técnico e matemático apresentado por Gary Becker.

[9] BECKER, Gary. Crime and Punishment: An Economic Approach. **Essays in the Economics of Crime and Punishment.** Editors: Gary S. Becker and William M. Landes. National Bureau of Economic Research. New York, 1974.

[10] GAROUPA, Nuno. The Law and Economics of Legal Parochialism. **University of Illinois Law Review,** vol. 2011, nº 5, 2011, p. 1517-1530; GAROUPA, Nuno; PARGENDLER, Mariana. A Law and Economics Perspective on Legal Families. **European Journal of Legal Studies.** 33, 2014; GAROUPA, Nuno, ULEN, Thomas S. The Market for Legal Innovation: Law and Economics in Europe and the United States. **Alabama Law Review,** vol. 59, nº 5, 2008, p. 1555-1634.

[11] POLINSKY, A. Mitchell; SHAVELL, Steven. The theory of public enforcement of law. **Handbook of law and economics,** v. 1, p. 403-454, 2007.

ou não uma infração[12], a literatura, então, avançou para discutir a aplicação ideal da lei. A maximização do bem-estar social surgiu como um objetivo naturalizado para as políticas públicas.[13]

Polinsky e Shavell apresentaram uma nova versão de seu texto em 2007, na qual os autores fazem uma conexão entre o combate ao crime e a promoção de bem-estar geral para a sociedade. Isto porque, havendo menos crimes, a destruição de riqueza em razão do mal causado será menor, para recuperar esse mal e para buscar os culpados e os punir,[14] possibilitando aumento do bem-estar geral.

Para esses autores, ainda, o Estado, ao pensar sua política criminal, estaria diante de quatro grupos de escolhas: (i) o tipo de norma sancionatória: se *strict,* no sentido de ser independente de culpa, ou se *fault-based,* isto é, baseada na culpa ou dolo do agente; (ii) o tipo de sanção, se patrimonial, não patrimonial ou uma combinação das duas; (iii) a magnitude da sanção; e (iv) quanto quer investir no aumento da probabilidade de encontrar e punir os culpados, especialmente a partir de gastos com o aparato policial, judiciário e carcerário.

Por outro lado, descobertas das ciências comportamentais também passaram a ser incorporadas na teoria econômica do crime, por exemplo Jolls ressalta, não se trata de uma abordagem alternativa, mas sim uma análise que busca prover à análise econômica do Direito clássica ideias sobre o real comportamento humano, aprimorando a qualidade das previsões e prescrições sobre o Direito[15]. Uma das contestações feitas à escolha racional é a de que ela rende previsões imprecisas e não considera que o comportamento humano pode ser aleatório, imprevisível ou livre de regras. Ao contrário, a abordagem comportamental visa aportar complexidade a tais escolhas ao compreender o comportamento humano e suas decisões.

---

[12] Para o autor, o agente tomaria sua decisão com base na análise do custo/benefício esperado da ação criminosa. Isto é, se o custo (C) da ação, que corresponde ao produto da probabilidade de ser condenado (ρ) com a magnitude (M) da pena (C = ρM) for menor que o benefício esperado com a ação ilícita, o criminoso, como agente racional e amoral, cometerá o crime.

[13] É possível falar em três correntes sobre o estudo do crime pela ciência econômica: "a primeira delas é marxista, que vincula o seu aumento às mudanças provocadas pelo processo capitalista. A segunda interpreta que ele é oriundo de problemas socioeconômicos de origem conjuntural e estrutural, como o desemprego, baixo nível educacional, desigualdade social e baixa renda; e a terceira analisa o crime como um setor da economia em busca de lucros, visto que, o criminoso opera como um agente econômico, investindo recursos, assumindo riscos, respondendo a incentivos econômicos e, comparando o tempo dispendido na atividade legal e na ilegal, buscando maximizar o seu lucro". FERNANDES JUNIOR, Ledimar; FARIAS, Joedson Jales de; COSTA, Rodolfo Ferreira Ribeiro da; LIMA, Francisco Soares de. A Criminalidade no Brasil: Avaliação do impacto dos investimentos públicos e dos fatores socioeconômicos. **Espacio Abierto Cuaderno Venezolano de Sociología.** vol. 26, n.º 2. abril-junho. p. 219-243. 2017. p. 226.

[14] No original: "*The general problem of public law enforcement may be viewed as one of maximizing social welfare. By social welfare, we refer to the benefits that individuals obtain from their behavior, less cost that they incur to avoid causing harm, the harm that they do cause, the cost of catching violators, and the cost of imposing sanctions on them*". POLINSKY, A. Mitchell; SHAVELL, Steven. The theory of public enforcement of law. **Handbook of law and economics**, v. 1, p. 403-454, 2007. p. 406.

[15] JOLLS, Christine. Behavioral economics analysis of redistributive legal rules. **Vanderbilt Law Review**, v. 51, p. 1653, 1998.

Um segundo objetivo da análise econômica comportamental do direito é avaliar e debater sobre o amplo uso da eficiência econômica em prescrições de políticas públicas. O objetivo prescritivo da análise econômica do direito clássica pode, eventualmente, ser aprimorado com aspectos comportamentais. Não se trata de apresentar um desafio para o uso da eficiência econômica, mas sim de aprimorar as condições sob as quais a análise a partir de critérios da eficiência econômica pode ser útil. Por exemplo, na análise clássica, a sanção esperada deveria equivaler ao dano social para que ele fosse internalizado. No entanto, caso os criminosos se importem com a probabilidade percebida ao invés de com a probabilidade real, não há garantia de que esse "princípio multiplicador" assegure a eficiência.

Richard McAdams e Thomas Ulen[16] desenvolveram trabalho sobre a aplicação das descobertas da economia comportamental ao Direito Penal. Em sua análise, os autores estudam as consequências das sanções para a dissuasão criminosa e para o próprio sistema de aplicação de sanções. Na primeira parte do trabalho, focado no desafio comportamental às teorias clássicas de dissuasão, afirmam existir uma diferença entre a sanção em si e a percepção delas, contrariando a teoria clássica, que pressupõem agentes bem-informados sobre as possíveis punições, tanto em magnitude quanto em probabilidade. Isso porque os potenciais ofensores normalmente desconhecem as normas[17], originalmente pensadas como instrumentos de dissuasão.[18]

Ademais, as punições costumam ser aplicadas apenas muito tempo depois de os crimes serem cometidos. Dessa maneira, a recompensa mais próxima (o sucesso na empreitada delituosa) acaba ganhando, psicologicamente, mais peso que a possível punição futura a ser aplicada, isso porque as pessoas tendem a valorizar mais o que está mais próximo, no caso cronologicamente, em comparação com o que está mais distante. Com isso, a percepção da sanção acaba sendo reduzida.[19]

Indo além, os potenciais criminosos também estão vulneráveis aos vieses cognitivos. Ou seja, sua racionalidade é imperfeita e, por isso, cometem erros sistemáticos. Entre os principais vieses aplicáveis podemos citar: (i) excesso de confiança, que leva o infrator a acreditar que suas chances de cometer o crime sem ser pego são maiores do que a realidade; (ii) efeito moldura, a forma pela qual uma sanção por um crime X é quantificada, a comparação com outras sanções pode fazer com que ela pareça menos grave do que realmente é, o que criaria um incentivo para que as pessoas cometessem um crime porque sua pena parece menor; (iii) ilusão de controle, pela qual os agentes tendem a confiar mais na sua própria habilidade em comparação com a média, ou seja, caso um crime tenha, por exemplo, 80% de possibilidade de levar alguém à prisão, o infrator se sentirá mais inclinado a acreditar que está no grupo dos

---

[16] MCADAMS, Richard H.; ULEN, Thomas S. Behavioral Criminal Law and Economics. **John M. Olin Program in Law and Economics**. Working Paper, nº 440, 2008.

[17] Mesmo que um potencial ofensor seja capaz de identificar o homicídio como uma conduta criminosa, ele dificilmente saberá indicar qual o quantum sancionatório possível para o seu cometimento, por exemplo.

[18] MCADAMS, Richard H.; ULEN, Thomas S. Behavioral Criminal Law and Economics. **John M. Olin Program in Law and Economics**. Working Paper, nº 440, 2008. p. 13.

[19] Ibidem, p. 15.

20% que não serão pegos, há uma ilusão de que a situação está sob o seu controle.[20] Esses são apenas alguns exemplos que Thomas Ulen e Richard McAdams trazem em relação à aplicação de descobertas da ciência comportamental ao direito penal. Compreender melhor como funciona a racionalidade (limitada) real dos potenciais infratores, pode ser uma forma de produzirmos normais mais eficientes e capazes de gerar dissuasão criminosa ótima.

Nesse sentido, compartilhamos a visão de que o Direito Penal é uma área em que a análise econômica comportamental do Direito poderia desempenhar um papel. É relevante articular as falsas crenças dos infratores e suas preferências[21]. O comportamento de infratores é uma peça fundamental da abordagem criminal ao Direito Penal. Portanto, aprimorar seu entendimento e articular desvios de um comportamento racional otimizador não é irrelevante. Além disso, a abordagem clássica tem tido problemas em influenciar políticas públicas e ser aceita por seus formuladores, em parte devido à maneira como o modelo do comportamento criminal é desenvolvido. A análise econômica comportamental do direito não apenas pode aprimorar este modelo, como também pode torná-lo mais atraente para os agentes públicos.

Uma ferramenta essencial da análise econômica do crime é a teoria racional do comportamento humano. Ela tem sido amplamente criticada e muitos resultados propostos pela abordagem da análise econômica clássica do direito penal têm sido alvos de ceticismo em razão da já mencionada presunção de racionalidade. Algumas observações importantes estão no cerne dessas críticas e merecem destaque. A primeira trata dos custos das escolhas dos indivíduos, que não necessariamente são medidos de maneira racional e, mais ainda, a priori. Muitas vezes o arrependimento e o cálculo só se dão depois de o crime ter sido cometido. Outra observação diz respeito à presunção de que criminosos são tomadores de decisões otimizadoras da utilidade esperada. Tal suposição não é absoluta, como demonstra a economia comportamental. Assim, enquanto economistas presumem que criminosos são racionais, psicólogos e criminólogos afirmam que os criminosos são, no máximo, "limitadamente" racionais. Racionalidade "limitada" significa dizer, então, que os criminosos são sensíveis aos riscos e recompensas, mas não da maneira ideal como supõem os economistas.

Uma consequência relevante da racionalidade "limitada" é a incapacidade de mapear julgamentos normativos em termos de valores monetários, isto é, o chamado problema da incomensurabilidade. Os infratores normalmente violam normas sociais e morais. Todas as vezes que infringem uma norma social, arcam com um custo de oportunidade, o de cumprir a regra, e uma punição psicológica. Uma pergunta relevante é como esse custo psicológico pode ser mapeado e avaliado em unidades monetárias a serem levadas em conta, ao desenvolver modelos de aplicação e execução ideal da lei. Uma sanção que internalize o dano social pode gerar sobredissuasão, porque ignora os custos psicológicos. Consequentemente, o ato de sancionar deveria ser de alguma maneira condicionado aos custos psicológicos. A dificuldade está na mensuração desse dilema entre os custos psicológicos e as sanções, devido ao fato de que muitos

---

[20] Ibidem, p. 17-21.
[21] A ideia de inserir falsas crenças em infratores teria um efeito de maior dissuasão, uma vez que elas seriam no sentido de gerar maior sensação de risco de captura pelos infratores.

indivíduos não podem medir o custo de violação de uma norma social ou um julgamento normativo monetariamente.

Um terceiro argumento é que as pessoas manipulam suas crenças: os indivíduos têm preferências sobre o mundo em que vivem e sobre suas próprias crenças em relação a esse mundo, de modo que mensurar tais elementos de maneira racional pode ser muito difícil. Ainda, pode haver dissonância cognitiva de sua parte, isto é, os indivíduos sabem que crimes são errados e, portanto, não consideram que suas infrações sejam crimes, ou acreditam que suas infrações sejam moralmente justificáveis. Nesse sentido, a manipulação de crenças, o enquadramento e a dissonância cognitiva deveriam ser alvos de políticas públicas de execução e aplicação da lei. Afirmações como "os fins não podem justificar os meios" e "não há morte ou violência necessárias" representam normas sociais que fazem sentido para nortear políticas de execução da lei eficientes.

Uma questão especialmente sensível na crítica feita sobre a abordagem clássica é que os indivíduos têm de avaliar e lidar com acontecimentos incertos. As pessoas tendem a ter dificuldade para aferir probabilidades e avaliar desfechos, subestimando ou superestimando a perspectiva de um acontecimento incerto, porque probabilidades reais são difíceis de calcular. Por isso, subestimação e superestimação não são randômicas, mas se encaixam em um padrão de otimismo e pessimismo, de modo que são difíceis de serem objetivamente aferidas.

Nossos comentários em relação às contribuições da análise comportamental para o entendimento do crime têm dois níveis. Um é o enriquecimento do modelo de comportamento, particularmente, no que se refere à interação sofisticada entre preferências e políticas de execução e aplicação da lei. Outro é a eficiência das políticas de execução e aplicação da lei.

No que concerne ao enriquecimento do modelo de comportamento, a referida abordagem enriqueceu o modelo racional ao combinar esta teoria com aspectos psicológicos. Essa alteração do modelo fez com que ele perdesse a maleabilidade, que era útil porque permitia resultados claros que poderiam ser testados. Parte da questão da maleabilidade se reflete no que é presumido como exógeno ao modelo e o que é endógeno e explicado por ele. A abordagem comportamental identifica limitações à racionalidade, mas de modo geral não explica por que essas limitações existem nem fornece uma teoria alternativa sobre o comportamento que seja amplamente operacionalizável por meio de modelos matemáticos.

Ainda, a teoria comportamental modifica a tese sobre a tomada de decisão criminal ao incluir aspectos da psicologia e das ciências da decisão. Ainda assim, nenhuma das duas explica de onde as preferências vêm ou como as políticas de execução e aplicação da lei poderiam modificá-las. A AED, conforme abordado por Robert Cooter[22] e McAdams[23] visa preencher esse vácuo. Até o momento, contudo, uma abordagem densa sobre o comportamento criminoso não foi desenvolvida a um nível satisfatório.

---

[22] COOTER, Robert. Expressive Law and Economics. **The Journal of Legal Studies**, 27, issue 2, p. 585-608, 1998; COOTER, Robert; PORAT, Ariel. Should courts deduct nonlegal sanctions from damages? **The Journal of Legal Studies**, v. 30, n. 2, p. 401-422, 2001.

[23] MCADAMS, Richard H. An attitudinal theory of expressive law. **Oregon Law Review**, v. 79, p. 339, 2000; MCADAMS, Richard. A Focal Point Theory of Expressive Law. **Virginia Law Review**. 86. 1649-1729. 2000.

Em relação ao papel normativo da análise econômica comportamental do direito, em especial no que tange políticas de execução e aplicação da lei, ela compartilha com a abordagem clássica a simplificação excessiva da concepção dessas políticas. O problema da abordagem comportamental é que, uma vez que criminosos não são completamente racionais, tampouco o são as vítimas, os agentes executores da lei e os políticos. Consequentemente, políticas de execução legislativa não podem ser desenvolvidas conforme a abordagem clássica. A forma com que o excesso de confiança ou a reciprocidade as afetam não é mais evidente ou objetiva, uma vez que não apenas altera as atitudes dos criminosos, como também as dos agentes executores da lei.

Assim, nesse capítulo daremos mais ênfase à teoria clássica, certos de que ela, apesar de sofrer de algumas das críticas identificadas acima, ainda é a melhor abordagem para a compreensão da execução e aplicação da lei penal. Pelo lado positivo, o desenvolvimento de uma teoria mais sofisticada da tomada de decisão criminal (incluindo desvios regulares do comportamento) e a teoria econômica do comportamento sob informação assimétrica, deveriam permitir abordar algumas das questões levantadas, incluindo o problema das percepções heterogêneas sobre os mesmos mecanismos de políticas públicas. Apesar disso, o desenvolvimento de pesquisas futuras sobre as preferências e o papel expressivo do Direito Penal são importantes. Pelo lado normativo, a sofisticação do modelo institucional de execução da lei dentro das fronteiras da maleabilidade, permitirá lidar com as críticas da simplificação dos modelos.

O êxito de uma teoria depende crucialmente da aderência empírica. A análise empírica da dissuasão criminal tem estado envolvida em sérias controvérsias. O motivo essencial delas é que a literatura existente parece ter achados empíricos em ambas as direções (aderência positiva e negativa). Apesar disso, a maioria dos estudos corrobora a hipótese de que a probabilidade de punição, e em menor grau também a rigidez da punição, tem um efeito dissuasivo sobre o crime. É verdade que Jolls, Sunstein, e Thaler apresentam diversos prognósticos verificáveis em relação à abordagem comportamental da execução da lei penal. Todavia, o quanto essa teoria soma ao poder preditivo da abordagem clássica ainda é uma questão em aberto[24].

10.1 DISSUASÃO COM SANÇÕES MONETÁRIAS

Neste tópico abordaremos as possibilidades de controle do comportamento criminoso por meio da aplicação de sanções monetárias, isto é, a dissuasão dos crimes pelo uso de multas. Isso porque, para um criminoso em potencial, há o risco de que ao cometer tal ato, seja pego e receba uma multa. A questão para os aparelhos de controle do estado é decidir quanto esforço coercitivo deve ser exercido e quanto os criminosos devem pagar.

A hipótese da dissuasão é uma teoria que compreende que os índices de criminalidade são responsivos ao risco de punição e aos benefícios do comportamento ilícito. Não é mais que uma aplicação da teoria da demanda sobre o direito penal. Se verdadeira, aumentar os recursos que a sociedade emprega na captura, condenação e

---

[24] JOLLS, Christine; SUNSTEIN, Cass R.; THALER, Richard. A behavioral approach to law and economics. **Stanford law review**, p. 1471-1550, 1998.

punição dos criminosos reduziria a quantidade de crimes e seus custos sociais. Existe, contudo, uma hipótese alternativa que defende que criminosos não são dissuadidos por variações na certeza e severidade da punição. Ao invés disso, essa outra hipótese afirma que o crime é causado por um conjunto de fatores socioeconômicos e biológicos complexos, e que o modo adequado de reduzir a quantidade de crimes e, portanto, diminuir os seus custos é alocar recursos em canais que ataquem as raízes das causas do crime. Embora o debate público recente tenha demonstrado tendência de enquadrar ambas essas hipóteses como mutualmente excludentes, consideramos que é mais adequado vê-las como complementares. Por isso as políticas públicas ideais para reduzir a criminalidade deveriam ser uma mescla entre ações dissuasórias e aquelas direcionadas às fontes das causas.

Pode ser possível eliminar qualquer ato criminoso, ou quase fazê-lo, mediante a alta probabilidade da imposição de punições severas sobre os criminosos. No entanto, dissuadir o crime dessa forma pode levar a dificuldades de dois tipos. Primeiro, penalidades muito duras podem violar o senso de justiça prevalecente na sociedade e os direitos constitucionais. Segundo, e aqui temos nossa preocupação direta, o custo dessa atuação pode ser elevado. Apreender, processar e punir criminosos pode ser caro. Criadores de políticas públicas irão contrapesar esses custos, face às vantagens diante da redução da criminalidade, quando tomarem essas decisões.

De modo geral, mesmo havendo uma quantidade ideal de dissuasão, a criminalidade não é eliminada de uma só vez. Isso ocorre porque erradicá-la é custoso e tem um benefício social decrescente. Os autores de políticas também irão desejar alocar seus limitados recursos de modo a alcançar qualquer nível de dissuasão mediante o menor custo, isto é, irão buscar alcançar sua meta da maneira mais eficiente.

O uso de sanções monetárias é especialmente importante no caso dos crimes econômicos e crimes ambientais. Casos como o rompimento da barragem da Vale S.A. em Brumadinho, em janeiro de 2019, pode ser tomado como exemplo. O caso, que inicialmente foi considerado um acidente, agora é apontado como um dos crimes ambientais de maior proporção no Brasil. O acontecimento levantou discussões por parte da sociedade civil e na academia, acerca da real perspectiva de punição de crimes ambientais cometidos por uma grande companhia.

Fato é que a racionalidade do agente criminoso tem sido muito discutida na academia. Há a defesa de que o criminoso comum não tem o hábito de ponderar os custos e benefícios derivados do cometimento do crime, principalmente por questões socioeconômicas nas quais está inserido. Isso, no entanto, não se confirma para as grandes sociedades empresariais. Todas as atividades de uma companhia são medidas em termos de eficiência, de custos e benefícios, inclusive os crimes. O caso da Vale é emblemático nesse sentido. Entrou no cálculo da empresa o custo de melhorar a estrutura da barragem de Brumadinho, frente o custo de uma possível punição, se a barragem estourasse e a empresa fosse processada e condenada. Caso o custo das melhorias da barragem equivalesse a valor mais alto, a empresa poderia preferir deixar que estourasse.

Por isso, muitos juristas, analistas de políticas públicas e acadêmicos em geral propõem uma adaptação dos *punitive damages* norte-americanos. Nesse sistema, quando uma sociedade empresarial é condenada pela prática de um crime, principalmente crimes contra o sistema financeiro, ou contra o meio ambiente, além da punição pela condenação em si, o juiz (no caso norte-americano, prioritariamente o júri) poderá adicionar um quantum monetário de danos punitivos. O objetivo é tornar o custo de ter cometido o crime maior do que o benefício de sua realização, ou os custos para que fosse evitado. Além de punir ativamente a empresa, cria um desincentivo para que esta, e outras empresas, cometam crimes novamente.

10.1.1 O princípio multiplicador

Suponhamos, por exemplificação numérica, que existam crimes específicos que desejamos impedir. O ganho do criminoso ao praticar determinado crime é de R$ 80,00. Já o dano causado por esse ato é R$ 100,00. Nesse sentido, o dano causado pelo ato excede os benefícios obtidos pelo criminoso. Por isso, o governo deve impedi-lo.

Quando a probabilidade de dissuasão e punição é um (algum nível de aplicação da lei), qualquer sanção entre R$ 80,00 e R$ 100,00 demove o ato criminoso (pois a perda que deriva da punição, supera o ganho ilegal). Havendo um regime de responsabilização rígido (quando um criminoso paga pelo dano gerado pelo crime), a multa seria R$ 100,00. Sob a prevalência de um regime de responsabilização por danos baseado na culpa (o criminoso apenas pagaria pelo dano se seu ato fosse indesejável), a multa seria R$ 100,00 porque o ato é indesejável. Contudo, se o dano gerado pelo ato fosse R$ 60,00, a multa seria R$ 60,00 sob o regime de responsabilização rígido e zero sob o regime de responsabilização baseado na culpa. Neste último exemplo, o ato criminoso não seria indesejável porque os benefícios obtidos pelo criminoso excedem os danos causados pelo ato ilícito.

É custoso identificar e punir criminosos, de modo que a probabilidade de punição (aplicação e execução da lei) é menor que 100%. Se a probabilidade de punição é 50% e a multa R$ 100,00, a multa esperada é R$ 50,00. Para que um criminoso indiferente ao risco, isto é, que não o leva em consideração, o custo relevante é a sanção esperada. Portanto, ele irá cometer um ato criminoso que o beneficie com R$ 80,00 e tem um custo esperado de R$ 50,00. Para dissuadir esse indivíduo, o governo deve aplicar uma multa de R$ 200,00. Esse resultado é conhecido na literatura como *princípio multiplicador*: a multa deve ser equivalente ao dano, multiplicado pelo inverso da probabilidade de sua imposição.

Existem restrições práticas para a imposição de sanções de acordo com o princípio multiplicador. Isso porque, há resistência em agravar sanções devido a considerações sobre justiça. Muitas pessoas acreditam que a sanção deve refletir a gravidade e a característica moral, o que pode estar pouco – ou nada – relacionado com a probabilidade de condenação. Por exemplo, se a probabilidade de punição é 1%, a multa deveria ser R$ 10.000,00 para um ato que gerou R$ 100,00 de dano à sociedade. Muitos, no entanto, dirão que essa multa é excessiva.

Outra importante limitação prática corresponde à dificuldade para estimar com precisão a probabilidade de punição. Ademais, devido a não ser normalmente fácil computá-la, existe uma séria disputa sobre qual é a melhor maneira de fazê-lo. Quando o dano causado pelo ato é 1, a magnitude de erro de uma estimativa imprecisa (por exemplo, uma probabilidade de punição de 50% ser estimada como 10%) não é muito relevante (a multa deveria ser 2 ao invés de 10). Todavia, quando o dano causado pelo ato é R$ 10.000,00, a magnitude do erro pode ser bastante alta (no exemplo anterior, a multa deveria ser R$ 20.000,00 em vez de R$ 100.000,00).

Quando os indivíduos são alheios ao risco, diferentes combinações de sanções e probabilidades com o mesmo valor esperado os dissuadem da mesma forma. No nosso exemplo, o dano causado por um ato criminoso é R$ 100,00. Quando a probabilidade de punição é 50%, pelo princípio multiplicador a sanção deveria ser R$ 200,00; quando é 10%, a sanção deveria ser R$ 1.000,00. Do ponto de vista do governo, é importante saber qual dessas combinações é mais eficiente.

10.1.2 Efeito de multa alta-probabilidade baixa

Multas são essencialmente sem custo para o governo, uma vez que consistem em transferências de riqueza do criminoso. Detectar e processar o criminoso tem maior custo porque consome mais recursos estatais do que aplicar uma multa. Portanto, a sanção deve ser a mais alta possível e o esforço na aplicação da lei (a probabilidade) deve ser tão baixo quanto possível, para que se economize em custos. O governo deve impor uma multa de R$ 1.000,00 com 10% de probabilidade, em vez de uma multa de R$ 200,00, com 50% de probabilidade. Esse resultado é conhecido como política de *multa alta-probabilidade baixa*. O raciocínio é o seguinte: ao permitir que penalidades financeiras sejam impostas com baixa probabilidade e, ao mesmo tempo, as sanções sejam aumentadas para evitar diluição da dissuasão, o resultado pode ser uma economia na aplicação da lei.

Em nosso exemplo, suponha que a riqueza do criminoso é R$ 10.000,00. Pelo princípio multiplicador e a *política de multa alta-probabilidade baixa*, esforços na execução da lei devem ser empregados para gerar uma probabilidade de detecção e punição de 1%. A conclusão é que a multa deve ser levada ao seu máximo, isto é, a riqueza total do criminoso. O aumento da multa não eleva os custos, porque a premissa é de que a imposição de multas pecuniárias não demanda a utilização de recursos.

10.1.3 Sanções deveriam ser baseadas no dano para a vítima ou no ganho para o criminoso?

De acordo com o princípio multiplicador e o resultado do *princípio multa alta-probabilidade baixa*, a multa deve ser baseada no dano sofrido pela vítima e não no ganho do criminoso. Uma sanção baseada no ganho do criminoso iria dissuadir potenciais infratores ao remover o ganho ilegal. No entanto, se o ganho estiver acima do nível do dano, a dissuasão desses atos é ineficiente. Há que se notar, também, que, no caso brasileiro, a jurisprudência e a doutrina têm sido muito claras ao afirmar que ninguém pode beneficiar-se de sua própria torpeza. Nesse sentido, não apenas seria ineficiente uma sanção que estivesse abaixo do ganho do criminoso, como também seria contrária a um dos princípios gerais do direito brasileiro.

10.1.4 Ineficiência do princípio multiplicador

De acordo com o princípio multiplicador, poderíamos pensar que a probabilidade eficiente seria calculada a partir do dano causado pelo ato criminoso, multiplicado pelo inverso de sua riqueza. No entanto, isso estaria incorreto. Os recursos consumidos pela execução e aplicação da lei também consistem em custos sociais derivados do ato criminoso e devem ser levados em consideração no cálculo. Quanto maior a probabilidade, mais é gasto para a aplicação da lei. Portanto, a probabilidade eficiente deve ser menor do que o valor do dano causado pelo ato criminoso, multiplicado pelo inverso de sua riqueza total. Em nosso exemplo, a probabilidade eficiente é menor que 1%.

No geral, a multa esperada é menor do que o valor do dano causado pelo ato criminoso. Pode ser eficiente permitir um grau de dissuasão menor, de modo a economizar recursos. Caso a aplicação da lei seja altamente ineficiente, poderia ser mais eficiente permitir uma *subdissuasão* significativa, de maneira a reduzir os custos de seu cumprimento. Atos criminosos que causam pouco dano não devem ser foco de preocupação, porque a aplicação da lei gera mais custos. Uma aplicabilidade prática deste raciocínio é o princípio da insignificância, no qual condutas criminosas, mas que não chegam a representar dano relevante ao bem jurídico tutelado pela norma penal, são consideradas atípicas[25] e, portanto, não são punidas, por ser muito mais caro prosseguir com o processo. Interessante perceber que ainda existem, no Brasil, ações que visam punir casos nos quais o princípio da insignificância seria adequadamente aplicado. O uso desse raciocínio econômico poderia ser utilizado nas cortes, diminuindo o número de processos, garantindo maior alcance da justiça nos casos concretos e economizando recursos públicos.[26]

Note em nosso exemplo que, sob um regime de responsabilização rígido, se o ganho do criminoso fosse R$ 120,00, a solução eficiente seria receber uma multa de R$ 10.000,00 com uma probabilidade menor que 1%. A disposição de arcar com uma multa em razão do cometimento de um ato criminoso significa que fazê-lo é socialmente eficiente, contanto que a probabilidade envolvida na escolha e a multa sejam também eficientes. Essa linha de raciocínio leva em consideração as sanções esperadas como análogas aos preços de mercado. O problema, evidentemente, é que não há mercado como tal, e a combinação de esforços para aplicação da lei mediante a aplicação de uma sanção nem sempre é eficiente.

Uma barreira importante na busca de soluções eficientes é que os indivíduos têm riquezas limitadas. Considere um exemplo em que o dano é R$ 10.000,00 e a probabilidade é 50%. Um sujeito com uma riqueza total de R$ 15.000,00 não pode ser dissuadido de cometer um ato criminoso (porque ele nunca pagará mais do que o total de sua riqueza, então a multa esperada seria de R$ 7.500,00). Desse modo, o nível de riqueza não apenas determina a sanção máxima que pode ser imposta, como também influencia a probabilidade de que seja de fato aplicada pelo governo. No geral, se os

---

[25] Uma conduta atípica é aquela que se encontra fora da descrição taxativa do tipo penal. Ou seja, é uma conduta que não pode ser classificada como criminosa (típica), pois não está prevista na legislação penal. Não por outro motivo há a existência do princípio *"nullum crimen, nulla poena sine praevia lege"* ou seja, "não há crime, nem pena, sem lei anterior que os defina".

[26] Na prática, isso não necessariamente funciona bem porque a insignificância é reconhecida apenas depois da Judicialização, uma vez que a ação penal geral é pública e obrigatória. Por isso nem a autoridade policial, nem o Ministério Público podem desistir de dar seguimento à denúncia com base na insignificância. Na realidade, podemos chegar à situação em que o MP ofereça a denúncia e, então, peça a absolvição com base na insignificância, o que nos parece uma dinâmica pouco eficiente.

criminosos têm riqueza limitada, uma solução eficiente pode englobar outras formas de castigo, como iremos discutir posteriormente.

Uma vez que a riqueza varia entre indivíduos, mesmo que tenham cometido o mesmo ato criminoso, deveríamos observar distintas multas e esforços diversos no sentido de aplicá-las. Contudo, na prática, a capacidade de condicionar esse esforço por parte do Estado é limitada. Portanto, poderíamos pensar que embora todo indivíduo enfrente a mesma probabilidade de ser identificado, pode receber multas distintas. Consideremos novamente o exemplo em que o dano é R$ 10.000,00 e a probabilidade eficiente é 50%. A multa derivada da aplicação do princípio multiplicador seria R$ 20.000,00. Aqueles que podem pagar R$ 20.000,00 deveriam ser multados nesse valor. Aqueles que não podem deveriam perder toda a sua riqueza se punidos.

Outras restrições importantes relacionadas à aplicação da solução eficiente são as distintas percepções que os indivíduos tendem a ter quanto à probabilidade e severidade das sanções. As informações sobre a aplicação e execução das leis normalmente são imperfeitas e difíceis de coletar. As sanções até podem ser estipuladas e bem conhecidas de antemão, mas os procedimentos internos dos tribunais podem gerar confusões. Em diversos ordenamentos, os cálculos de punições geralmente são complexos e envolvem análises casuísticas específicas. Essas observações sugerem a necessidade da ampliação da disseminação de informações. Se os esforços no sentido da aplicação e execução da lei mudarem e os indivíduos não tomarem ciência disso, o efeito no comportamento poderá não ser relevante.

10.1.5 Aversão ao risco

Até agora consideramos a aplicação e execução da lei de maneira ideal, sem avaliação dos riscos. Um indivíduo avesso a eles não será igualmente dissuadido por meio das combinações de sanções e probabilidades. Ele será mais dissuadido quanto maior for a magnitude da multa na combinação, pela mesma sanção esperada. A razão para isso é o risco suportado pelos criminosos quanto às recompensas.

Considere o seguinte exemplo: o dano gerado por um ato criminoso é R$ 100,00. Quando a probabilidade de punição é 50%, pelo princípio multiplicador, a sanção deveria ser R$ 200,00; quando a probabilidade é de 10%, a sanção deveria ser R$ 1.000,00. Um criminoso avesso ao risco não é indiferente entre os dois casos, mesmo que a multa esperada por ele seja a mesma. A variação da multa (uma medida do prêmio de risco) é mais alta no segundo caso do que no primeiro, indicando que um indivíduo avesso a risco poderá preferir o primeiro ao invés do segundo.

Quando os indivíduos são avessos ao risco, a solução eficiente poderia ser impor uma multa de R$ 10.000,00, supondo que essa a integralidade de sua riqueza, mediante uma probabilidade menor que 1%. No entanto, nessa solução, o prêmio de risco suportado por um criminoso avesso a ele é muito alto, porque com uma probabilidade baixa, ele perde muito (sua riqueza inteira). Portanto, se os criminosos forem avessos ao risco, a solução eficiente é uma multa menor que R$ 10.000,00 (por exemplo, R$ 8.000,00) com uma probabilidade maior que 1% (por exemplo, 1,1%).

Em outras palavras, o prêmio de risco é um custo social que pode justificar o aumento da probabilidade de condenação e uma redução da sanção aplicável.

10.2 DISSUASÃO COM SANÇÕES NÃO MONETÁRIAS

A maneira comum de penalizar os indivíduos de forma não monetária é o encarceramento. Há outras formas de sanção não monetária que não a prisão, como a liberdade condicional, prestação de serviços comunitários, recolhimento ao lar, ordens de comparecimento à supervisão e a centros de tratamento, suspensão condicional de sentenças. Ainda, de outro lado, há as punições corporais, não mais aceitas no mundo ocidental contemporaneamente, como o açoitamento, a marcação física e até mesmo a pena de morte, ainda aplicada por alguns Estados. Existem, também, as sanções desenvolvidas para humilhar e constranger, como a publicização de nomes de indivíduos que violaram uma lei. Em que pese o péssimo nome, é o que se dá mediante a publicação da "lista negra da escravidão", que consiste em uma publicação do Ministério do Trabalho, no sentido de publicizar os nomes de todas as pessoas físicas e jurídicas que tiveram condenações por casos de escravidão ou condições análogas.

Sanções não monetárias demandam análises distintas das multas, porque sua imposição pode ser socialmente custosa. O encarceramento é dispendioso porque, para ser aplicado as prisões devem ser construídas e operadas. Também devemos considerar que quando os indivíduos são encarcerados eles passam a não mais produzir, pois são removidos da força de trabalho. Assim, a inutilidade aplicada sobre os criminosos condenados ao encarceramento ou à pena de morte é certamente mais alta que a de uma multa.

10.2.1 Encarceramento

Em um regime de sanções monetárias, o custo social do crime é o valor do dano causado pelo ato. Sob um regime de sanções não monetárias, o custo social do crime é o valor do dano causado pelo ato, mais o custo de imposição da sanção. Se, por exemplo, um ato gera um dano de R$ 100,00, há uma sanção de encarceramento criando inutilidade igual a R$ 100,00 e se o custo de aplicação e operacionalização da sentença prisional é R$ 50,00, o custo social é equivalente a R$ 250,00. Se a probabilidade é igual a um, o termo de encarceramento, sob um regime de responsabilização rígido, deveria ser tal que seu equivalente monetário para o criminoso fosse R$ 250,00.

Note essa diferença em relação ao caso envolvendo sanções monetárias. Ao estabelecer a multa em equivalência ao dano, apenas aqueles atos criminosos que são socialmente benéficos serão cometidos. No entanto, no caso das sentenças de prisão, alguns atos criminais benéficos não são cometidos. Considere o caso anterior, em que o ganho ilegal é R$ 200,00. Se fosse punido com uma multa, o criminoso iria sofrer uma perda de R$ 100,00 (tornando, portanto, o ato criminoso vantajoso). Caso fosse punido com reclusão, o criminoso sofreria uma perda de custo social de R$ 250,00 (afastando o comportamento criminoso).

Sob um regime de sanções não monetárias, a vantagem de adotar a responsabilização baseada em culpa se torna clara. Ela evita casos como o que acabamos de ver. Quando o ganho ilegal é R$ 200,00 e o dano é R$ 100,00, sob um regime de responsabilização baseado em culpa, a sentença de encarceramento deveria ser zero.

Segundo a AED, o valor ideal de uma sentença não monetária é determinado pelo magistrado ao comparar seu impacto na dissuasão do crime, com o custo da imposição da sanção e a inutilidade a que ficam sujeitos os indivíduos ao serem punidos. Considere nosso exemplo, levando em conta um ganho ilegal de R$ 80,00 e um dano de R$ 100,00. A riqueza do criminoso é R$ 1.000,00 e a probabilidade de constatação e punição do crime é 1%. Uma vez que a sanção monetária não tem custos para ser imposta e coletada, a multa deveria ser equivalente à totalidade da riqueza do criminoso. A sanção esperada seria, portanto, R$ 10,00, ou seja, menos que o dano causado pelo ato criminoso. Uma possibilidade seria introduzir uma sentença prisional para aumentar a sanção esperada. Suponha que o criminoso avalie cinco anos na prisão com probabilidade de 1% em 90. Deveríamos aumentar a sanção esperada em 90, impondo cinco anos de reclusão mais uma multa de R$ 1.000,00? A resposta é não: a perda social não é mais apenas de R$ 100,00, ela será certamente maior, em razão do custo de impor e a inutilidade a que se sujeita o criminoso durante os cinco anos na prisão. A sentença prisional deveria ser mais do que cinco anos, portanto.

Há diversas conclusões importantes para esse ponto. Primeiramente, sanções não monetárias deveriam ser utilizadas apenas como um suplemento para penas máximas. No geral, pode não ser ideal aplicar o encarceramento, a menos que a multa tenha sido imposta ao máximo.

Uma segunda implicação diz respeito à relação entre riqueza e sanções. Se a riqueza de um criminoso for superior ao patamar em que uma multa será considerada a sanção adequada para a dissuasão do crime, a AED estima que é eficiente consistir em multa. Contudo, se sua riqueza estiver abaixo desse nível, a sanção consistirá na riqueza inteira do criminoso, mais seu encarceramento.

No caso brasileiro, no entanto, consideramos que essa observação pode ser muito perigosa. Isso porque o nosso sistema penal já é bastante seletivo. Propor um esquema de incentivos por meio do qual os mais pobres, além de perderem toda a sua riqueza, ainda serão encarcerados, enquanto os mais ricos perderão apenas parte de seus bens, é arriscado como política criminal. Ademais, se o criminoso rico poderá perder apenas parte de sua riqueza, isso seria considerado um incentivo cabível para que ele não cometa um crime, por que ao criminoso pobre uma multa que lhe tome a mesma proporção não seria? Não é demais lembrar que a AED foca em eficiência, não em justiça, e consideramos que o direito não deve abrir mão da última pela primeira.

Outra consequência relevante desses resultados é que, se um ato criminoso não for muito danoso, apenas uma multa será suficiente para dissuadi-lo adequadamente. Uma vez que o dano ultrapassar determinado patamar, será desejável combinar uma multa com o encarceramento. Quanto maior for a probabilidade de esquivar-se das sanções, maior deve ser a magnitude delas para obter dissuasão. Desse modo, a dissuasão com multas pode ser impossível de alcançar, se a probabilidade de impor a multa for muito baixa. O encarceramento será desejável, quando a multa esperada for baixa.

Uma limitação prática à utilização do encarceramento apenas como um suplemento a multas máximas é que a riqueza normalmente é uma informação privada e, por isso, desconhecida. Em alguns casos, criminosos têm parte substancial de sua riqueza na forma de capital humano. Por isso o governo não pode impor uma multa máxima a um criminoso, que poderá sempre alegar ter riqueza insuficiente para pagá-la. Em vez disso, em razão da necessidade de compatibilidade de incentivos, é como se o governo oferecesse uma escolha ao criminoso: pagar a multa ou ir para a prisão. Considere um exemplo em que um criminoso tem R$ 10.000,00, mas o governo não pode identificar perfeitamente a riqueza. Suponha que o governo saiba que a sua riqueza total é entre R$ 5.000,00 e R$ 15.000,00. É evidentemente do interesse do criminoso alegar que o total de sua riqueza é R$ 5.000,00 caso deva pagar uma multa. Ao ser ameaçado de encarceramento, combinado com uma multa de R$ 5.000,00, um criminoso pode preferir revelar informações privadas sobre sua riqueza ao governo e sofrer uma multa de R$ 10.000,00 sem encarceramento. O objetivo do magistrado será escolher a sentença de encarceramento adequada para gerar essa transparência. Assim, nesses casos a punição utilizando prisões será mais comum do que quando a riqueza pode ser perfeitamente identificada pelo governo.

Um componente importante deste modelo é como os criminosos estimam a inutilidade que recai sobre eles, em razão do encarceramento. Um criminoso pode ser indiferente ao risco de sentenças prisionais e, por exemplo, ser igualmente dissuadido por um ano na prisão ou por dois anos na prisão, com probabilidade de 50%. Portanto, a inutilidade do encarceramento é proporcional à sua duração. Entretanto, alguns criminosos podem ser avessos ao risco e se sentirem mais dissuadidos por uma probabilidade de 50% de passar dois anos na prisão, do que pela certeza de um ano encarcerados. Neste último caso, a inutilidade do encarceramento aumenta mais do que em proporção à sua duração.

10.2.2 Outras formas de sanções não monetárias

Há diversas sanções não monetárias além do encarceramento. Elas diferem no custo social e na inutilidade que geram. Algumas podem ser mais econômicas ao serem aplicadas do que encarceramento. O avanço de tecnologia para execução e cumprimento de sentenças permitiu sanções menos custosas, envolvendo restrições comportamentais. Um exemplo é o uso de aparelhos de monitoramento de identificação eletrônica.

Algumas sanções criam mais inutilidade significativamente, do que o encarceramento. A pena de morte é, no limite, a que cria a maior inutilidade. A efetividade de uma sanção, em termos de dissuasão, aumenta em proporção à inutilidade criada por ela em relação a vida do criminoso. Portanto, esperamos que a pena de morte atinja a dissuasão máxima (não necessariamente mais eficientemente) do que uma multa.

Um exemplo interessante de sanções não monetárias é o das chamadas penas de constrangimento. O exemplo mais comum é a humilhação que ocorreria com aqueles que valorizam suas reputações ao publicizar seus nomes e as respectivas violações que cometeram. A inutilidade para o sujeito, gerada pela vergonha pública, pode ser alta. Para o governo, é uma sanção barata de impor (por exemplo, não remove os indivíduos da força de trabalho). Portanto, as penalidades de constrangimento que envolvem a perda de reputação são, em muitos casos, efetivas.

A escolha entre as diversas sanções não monetárias deveria visar alcançar combinações eficientes. Para alguns criminosos, as penas de constrangimento combinadas com algum tipo de restrição sobre as suas condutas poderiam ser significativamente mais eficientes em alcançar dissuasão do que o encarceramento.

10.3 A TEORIA DA DISSUASÃO

O ponto fundamental da teoria da dissuasão é que as taxas de criminalidade respondem às punições aplicadas. A AED acredita que este fenômeno pode estar relacionado aos custos e benefícios de cometer crimes, de modo que as pessoas reagem a incentivos de dissuasão. Neste tópico, diversas aplicações da teoria da dissuasão serão consideradas. Na maior parte do tempo, iremos analisar a punição na forma de multa monetária, porque os aspectos essenciais aplicam-se tanto a elas quanto às multas não monetárias.

10.3.1 Dissuasão marginal

Quando diante da possibilidade de cometer um de diversos atos danosos, a ameaça de sanções tem dois papéis: primeiro, o papel conhecido, de dissuadir potenciais criminosos de cometerem tais atos de modo geral. Em segundo lugar, para criminosos (aqueles indivíduos que não são dissuadidos), as sanções podem influenciar em qual crime eles escolhem cometer. Por isso o sistema sancionatório deveria ser projetado de modo que criminosos escolham cometer os atos menos danosos. Notavelmente, uma vez que as sanções esperadas aumentam conforme o prejuízo, os criminosos optarão por cometer os atos menos danosos. Este é o princípio da dissuasão marginal e consiste no efeito de que a sanção esperada para um ato criminoso mais danoso deveria ser maior que a de um ato menos danoso.

A dissuasão marginal é facilmente executada se a sanção esperada for igual ao dano para todos os atos criminosos. A primeira limitação a esse princípio é que a dissuasão ideal normalmente envolve uma subdissuasão, conforme explicado anteriormente. A segunda é um dilema entre a dissuasão genérica e a dissuasão marginal. Considere um exemplo no qual existem dois atos criminosos. O crime A, que causa danos à sociedade em R$ 100,00, e o crime B, que os causa em R$ 300,00. Toda a riqueza do criminoso (a multa) é R$ 10.000,00. Ao definir a probabilidade de detecção do crime A em 1% e do crime B em 3%, a dissuasão marginal é atingida naturalmente. A sanção esperada para o crime A é R$ 100,00 e para o crime B, R$ 300,00. Portanto, um criminoso irá cometer o crime A em vez do crime B, tendo o mesmo ganho ilegal.

De um modo geral, a probabilidade de constatação e punição não pode ser alterada em razão de atos que geram níveis de dano substancialmente distintos. No exemplo anterior, a probabilidade de constatação do crime A é a mesma do B. Suponha a probabilidade de constatação em 2% para ambos os atos criminosos. A sanção esperada é R$ 200,00 para ambos os atos. Nesse caso o criminoso será indiferente entre cometer o crime A ou o crime B e a sanção esperada para o crime A é superior ao dano que ela causa (há uma sobredissuasão), mas para o crime B é inferior ao dano que causa (subdissuasão). De acordo com o princípio da dissuasão marginal a multa para o crime B deve ser máxima (o total da riqueza), mas para o crime A deveria ser menor que a riqueza. A multa para o crime A poderia ser R$ 5.000,00. A sanção esperada para o crime A deveria ser R$ 100,00. Portanto, um criminoso cometeria o crime A em vez do crime B.

Promover dissuasão marginal normalmente conflita com a dissuasão em geral, porque para aumentar a quantidade suficiente de multas para atos criminosos mais danosos, as sanções para atos criminosos menos danosos podem ter que ser demasiadamente reduzidas. Consequentemente, criminosos não são dissuadidos de modo geral (apesar de serem marginalmente dissuadidos de cometerem atos mais danosos). Uma consequência relevante do princípio da dissuasão marginal é que a multa ideal por um determinado ato criminoso aumenta no nível de dano associado a ele, mas diminui no nível de dano associado com qualquer outro crime (para uma determinada probabilidade de constatação e punição).

10.4 TENTATIVAS

A tentativa[27] é definida como um ato potencialmente danoso, que acaba por não resultar em dano, por circunstâncias alheias à vontade do agente. O papel da informação e do acaso é importante na determinação da probabilidade e na severidade da sua punição. Se um infrator acredita que tem conhecimento integral sobre seu ato criminoso, punir tentativas não tem nenhuma utilidade. A punição de tentativas faz sentido, no entanto, quando um criminoso está ciente sobre sua própria imperícia e sobre o papel do acaso.

Isso porque o fato de uma tentativa não ter resultado em dano pode ser devido ao puro acaso ou ao pequeno esforço por parte do criminoso. A segunda possibilidade pode ser vista como uma variação do princípio da dissuasão marginal, na medida em que há dois atos (o primeiro é a tentativa e o segundo resulta no crime). Desse modo, a sanção sobre uma tentativa nunca deveria ser maior do que a sanção por causar o dano.

A primeira possibilidade se configura nos casos em que um indivíduo comete um ato resultante de uma atividade danosa com uma probabilidade menor do que um. Punir esse tipo de tentativa amplia a dissuasão ao aumentar a probabilidade de impor sanções. Punir uma tentativa criminosa, pois, intensifica a dissuasão porque expande o conjunto de circunstâncias em que as sanções são impostas.

Considere um ato que pode resultar em dano zero para a sociedade com probabilidade de 50% (uma tentativa) e outro de 200, com probabilidade de 50% (um crime). A riqueza total é R$ 5.000,00; a probabilidade de detecção é 2% se o ato resultar em dano, e 1%, se o ato não resultar em dano. Se uma tentativa não for punida e se a multa máxima não for imposta quando um crime ocorre, a sanção esperada é de R$ 50,00. Criminosos podem ser subdissuadidos, porque a sanção esperada está abaixo do nível de dano esperado. Suponha, todavia, que uma tentativa é punida com a multa máxima. A sanção esperada é R$ 75,00: existe uma redução no nível de subdissuasão.

A limitação prática dessa política é que poderia ser difícil para o governo distinguir uma tentativa que não resultou em dano de um ato que não pode gerar dano[28]. A probabilidade de constatação de uma tentativa pode ser muito baixa.

10.5 SANÇÕES PARA INFRATORES REINCIDENTES

Na maior parte das jurisdições, os infratores reincidentes[29] são punidos mais severamente do que os réus primários. Fichas criminais e registros de delitos anteriores

---

[27] O crime tentado é aquele que "quando, iniciada a execução, não se consuma por circunstâncias alheias à vontade do agente", em conformidade com o art. 14, II, do Código Penal brasileiro. Na prática forense, as tentativas recebem penas menores do que os crimes consumados pois, segundo o parágrafo único do mesmo artigo "pune-se a tentativa com a pena correspondente ao crime consumado, diminuída de um a dois terços".

[28] Nesse caso há a possibilidade de enquadrar a ação como *crime impossível* (art. 17 do CP).

[29] No Brasil, "verifica-se a reincidência quando o agente comete novo crime, depois de transitar em julgado a sentença que, no País ou no estrangeiro, o tenha condenado por crime anterior". Em

são algumas vezes considerados como determinantes para penalidades. Existem dois raciocínios econômicos para explicar por que tal política normalmente é socialmente desejável.

Punir criminosos reincidentes de maneira mais severa não seria socialmente desejável se a dissuasão fosse ideal. Se a sanção esperada para um ato criminoso for igual ao dano que ele gera, uma pessoa somente o comete se o bem-estar social for mais alto mediante o resultado de seu crime. Aumentar a sanção para um segundo delito, acima do nível do dano que ele causa, em razão de um histórico criminal, geraria sobredissuasão; o que não é socialmente ideal. As sanções mais severas para criminosos reincidentes, portanto, somente são possíveis se a sanção esperada estiver abaixo do nível de dano gerado pelo ato criminoso.

Se a constatação de um crime tiver como consequência uma sanção imediata, mais uma sanção maior por um segundo crime, um criminoso será dissuadido mais efetivamente atualmente. A política de punir criminosos reincidentes de maneira mais severa gera mais dissuasão desde a primeira vez que um indivíduo considera se cometerá ou não um crime.

Um segundo raciocínio que embasa a aplicação de sanções mais rigorosas para reincidentes é que o histórico de criminalidade aponta a probabilidade de um indivíduo cometer mais crimes no futuro. Afinal, ele já o fez mais de uma vez. Se um sujeito é mais propenso a cometer um ato criminoso no futuro, é socialmente desejável puni-lo mais severamente para detê-lo já de início. Essa é uma explicação produzida com base em informações: a política para a punição socialmente ideal consiste em personalizar as sanções para diferentes criminosos. Sendo um criminoso reincidente, um indivíduo revela ao governo uma informação bastante útil quanto ao seu tipo, isto é, como um sujeito mais propenso a atividades criminosas do que outros.

10.6 ACORDOS JUDICIAIS

Optamos por traduzir o termo *plea bargain*, próprio do direito americano, como "acordos judiciais". Esse tipo de acerto é cada vez mais utilizado em diversas jurisdições, mesmo que sejam específicos do Direito estadunidense. Destacamos, no entanto, que não há similaridade no caso brasileiro. Como descreveremos a seguir, a delação premiada não é um equivalente à *plea bargain*. Os acordos correspondem fundamentalmente a um mecanismo de negociação para casos criminais, sem que eles sejam levados às cortes. Até então, temos sustentado que quando um criminoso é identificado, ele irá sofrer uma sanção. Para que seja punido, deve ser considerado culpado. Antes disso, na lógica americana em que o processo criminal é disponível, podendo o acusado de ele abrir mão, existe a possibilidade de um criminoso e o promotor do caso acordarem que o primeiro irá confessar a culpa, em troca de uma redução da acusação ou outra negociação que lhe interesse.

Há duas razões para os acordos judiciais serem socialmente desejáveis do ponto de vista da AED. Primeiro, um julgamento é mais custoso (tanto em tempo quanto

---

conformidade com o que prevê o art. 63 do Código Penal. O art. 61 determina que a reincidência é uma agravante (art. 61, I). Como se pode ver do texto legal, para sua configuração, é requisito a existência de sentença penal condenatória transitada em julgado.

em dinheiro). Segundo, acordos judiciais eliminam a inutilidade gerada pelo risco carregado por criminosos e promotores avessos a ele. O efeito de acordos judiciais na dissuasão é importante. Normalmente eles reduzem a dissuasão. Se um criminoso deseja negociar, deve ser porque suporta uma sanção menos severa. Ademais, há uma redução na inutilidade do risco.

Um exemplo prático da realidade brasileira seria o instrumento da delação premiada. Nele, um membro de uma organização criminosa confessa seu crime, bem como aponta outros autores do crime. No entanto, no caso brasileiro, a delação não substitui a ação penal, pois a ação penal não é um direito de que o acusado pode usufruir ou dispor,[30] sendo o acordo de delação homologado ao final da ação, na sentença. Ou seja, não há, por enquanto, qualquer vantagem de diminuição do custo processual.

Entretanto, considerando que os acordos entre um criminoso e um promotor refletem a sanção que seria imposta, o governo deveria ser capaz de compensar essa diluição da dissuasão aumentando o nível das sanções. Consideremos um exemplo em que a sanção é R$ 10.000,00 e a probabilidade é 1%. A sanção esperada é R$ 100,00. Após o acordo judicial, a sanção suportada pelo criminoso é R$ 5.000,00 (metade da sanção imposta pelo governo). A sanção esperada, na realidade é R$ 50,00, portanto menor do que deveria ser para alcançar a dissuasão ideal. O governo deveria anunciar uma nova sanção de R$ 20.000,00 para que, após o acordo judicial, a sanção carregada pelo criminoso seja de R$ 10.000,00. Neste caso, a sanção esperada será R$ 100,00 atingindo, pois, a dissuasão ideal.

Um problema mais sério em relação a tais acordos judiciais é que a redução dos julgamentos pode ter um custo social. Em muitos casos, o nível de dano gerado por um ato criminoso é uma informação privada. Ter um julgamento como desfecho poderia ser melhor para aproximar o estado do dano do que uma negociação entre o criminoso e o promotor. Acordos judiciais também podem inibir o aprofundamento das provas e o desenvolvimento da execução e aplicação das leis, por meio de maior investigação e detecção. Desse modo, um criminoso que cometeu diversos delitos pode estar disposto a confessar sua culpa sobre um deles, de modo a evitar que os demais sejam descobertos e investigados. De modo mais amplo, esse instrumento pode incentivar um comportamento pouco diligente dos investigadores, e ainda estimular criminosos a cometer mais crimes, pois esses passam a ter a segurança de que poderão mitigar os efeitos de futuras condenações por meio da negociação.

10.7 MONITORAMENTO E INVESTIGAÇÃO

A execução da lei pode ser dita genérica no sentido de que tipos distintos de diversos delitos podem ser detectados por um agente. Por exemplo, um auditor fiscal pode constatar uma variedade de infrações ao examinar uma declaração fiscal; um policial é capaz de observar diferentes infrações no trânsito. Esses exemplos podem ser descritos de maneira geral como atividades de monitoramento. Por outro lado, há casos de execução

---

[30] A ação penal pública incondicionada é obrigatória, no caso brasileiro. Havendo indícios de materialidade e autoria, o Ministério Público é obrigado a oferecer a denúncia, em conformidade com o princípio da indisponibilidade da ação penal, conforme positivado no art. 42 do CPP.

específica. Por exemplo, quando um auditor fiscal investiga a fonte de determinada renda ou quando um policial é designado para tratar de um caso específico de homicídio. Esses exemplos podem ser descritos como atividades de investigação ou inquérito.

No caso das investigações ou inquéritos, a probabilidade de punição é auferida independentemente para cada tipo de ato criminoso. Contudo, nos casos de monitoramento, uma única probabilidade de punição se aplica a todos os atos danosos, sem distinção da magnitude do dano. Segundo o princípio multiplicador, a sanção ideal aumenta de acordo com a severidade do dano. Havendo uma única probabilidade de punição e uma restrição da riqueza, a multa será máxima apenas para danos relativamente altos.

Permanece a questão sobre se o governo deveria diminuir a probabilidade e aumentar as multas ao nível máximo para atos cujo dano é considerado baixo. Analisemos um caso em que a riqueza total é equivalente a R$ 10.000,00 e a probabilidade de punição é 10%. O princípio multiplicador deveria se aplicar a qualquer delito que cause prejuízo menor que R$ 1.000,00 e a multa máxima seria aplicada quando um delito causasse um nível de dano superior a R$ 1.000,00. Suponhamos que a probabilidade de punição fosse 5%. Qualquer delito que gerasse dano entre R$ 500,00 e R$ 1.000,00 seria agora punido com sanção máxima (total da riqueza).

Quando a probabilidade de punição é reduzida, mais delitos são punidos com a sanção máxima. Ao mesmo tempo, a multa esperada é limitada para delitos de dano alto. Em nosso exemplo, para delitos que gerem danos acima de R$ 1.000,00, a sanção esperada é restringida de R$ 1.000,00 para R$ 500,00. Consequentemente, há menor dissuasão desses atos. A diluição de dissuasão pode não ser compensada por meio do controle de gastos mediante os custos de aplicação e execução da lei alcançados pela redução da probabilidade de punição.

10.8 PRECAUÇÕES PRIVADAS ADOTADAS PELAS VÍTIMAS

Vítimas de crimes podem tomar medidas de aplicação da lei capazes de dissuadir sua ocorrência e substituir ou complementar os esforços de sua aplicação pelo governo. A escolha de proteção por parte das vítimas normalmente não é socialmente ideal. Existem dois efeitos opostos. De um lado, antecipam o fato de o governo aplicar a lei de modo generalizado. E podem decidir depender dele e não se precaver. Então há um efeito de substituição que poderia reduzir a probabilidade de detecção a um nível abaixo do que é necessário para a dissuasão ideal. Por isso, mais recursos devem ser depositados em aplicação e execução pública da lei.

Um efeito oposto pode ocorrer: as vítimas desconsiderarem qualquer externalidade social do crime e da precaução da lei e escolhem proteção demais. Então, existe um efeito complementar que poderia aumentar a probabilidade de criminalização a um nível acima do ideal. A multa paga pelo criminoso condenado pode ter que ser reduzida (isto é, a um nível abaixo da riqueza total) para evitar a sobredissuasão.

Assim, uma externalidade social da precaução privada decorre do fato de que as vítimas ignoram o ganho do criminoso ao cometer um crime. Vimos anteriormente que determinados atos danosos poderiam ser socialmente benéficos se o ganho ilegal mais do que compensa o dano que causa. Normalmente, as vítimas estão preocupadas com o dano que sofreram e não com o ganho do criminoso. Uma possibilidade para superar essa dificuldade é compensá-las. Ao fazê-lo, elas têm menor ímpeto de buscar proteção.

Uma segunda externalidade derivada da precaução privada deve-se ao fato de que a atividade criminosa pode ser desviada das vítimas mais protegidas e recair sobre as menos protegidas. É possível que gastos altos em precaução privada tenham pouco impacto na dissuasão como um todo. Cada vítima em potencial gasta muito porque normalmente ignora as repercussões negativas para demais vítimas. Um bom exemplo é aquele em que há um alarme de carro caro disponível no mercado que possibilita que um veículo roubado seja rastreado rapidamente. Suponhamos que exista um número equivalente de automóveis caros avaliados em R$ 15.000,00 e outros mais baratos avaliados em R$ 5.000,00. A probabilidade de cada tipo de carro ser roubado é 50%. O custo de um alarme é R$ 6.000,00. A proprietária de um carro caro irá comprar esse alarme, uma vez que certamente terá R$ 9.000,00 e sem o alarme ela teria uma recompensa de R$ 7.500,00. A proprietária de um veículo barato não comprará essa ferramenta, uma vez que sua recompensa esperada é de R$ 2.500,00, enquanto que com um alarme ela perderia R$ 1.000,00. Na verdade, muito provavelmente, já que apenas proprietários de carros caros compram alarmes, a única mudança será que a probabilidade de um veículo caro ser roubado será zero e a probabilidade de outro, barato, ser roubado será um. Isso porque os criminosos saberão da existência desse tipo de alarme em carros caros e irão preferir roubar os baratos. O efeito de um alarme sofisticado poderia, então, ser desviar os crimes ao invés de evitá-los.

10.9 ATIVIDADES DE PREVENÇÃO

Criminosos podem se envolver em atividades que reduzem a probabilidade de criminalização e punição, incluindo despesas com proteção, chamadas *avoidance activities* e aqui traduzidas como atividades prevenção. A existência delas geralmente sugere que a multa ideal não deveria ser tão alta como em outros casos. O raciocínio tem duplo sentido: primeiro, o potencial para as atividades de prevenção dispendiosas torna a multa marginalmente onerosa, em última instância, uma multa mais alta implica em mais gastos de recursos em atividades de prevenção. Em segundo lugar, definir uma multa ignorando a existência desses custos eventualmente gera sobredissuasão.

Consideremos um caso em que o total de riqueza é equivalente a R$ 10.000,00, os custos de prevenção são R$ 5.000,00, a probabilidade de detecção do crime é 1% e o dano é 100. Ao impor uma multa equivalente ao total da riqueza, o custo para o criminoso é R$ 15.000,00, devido às atividades de prevenção. Portanto, haverá sobredissuasão. Ao invés disso, ao impor uma multa mais baixa igual a R$ 5.000,00, a sanção esperada será de R$ 100,00 o grau do dano causado pelo ato criminoso.

Neste exemplo, tomamos como dados os valores dos custos de prevenção. No entanto, quando a sanção é mais severa os criminosos gastarão mais para evitar sua punição. Quando a multa é R$ 10.000,00, os custos de prevenção são R$ 5.000,00 e a probabilidade de detecção do crime e de sua punição é de 1%. Suponhamos, contudo, quando a multa é R$ 4.000,00 custos de prevenção são R$ 1.000,00 e a probabilidade de detecção e punição é 2%. Impor uma multa mais baixa reduz o desperdício de recursos gastos para evitar a punição e torna a aplicação da lei mais efetiva.

10.10 ERROS

Falaremos aqui, de "erros" na aplicação da lei, não na figura do erro na lei penal (erro de execução; erro de pessoa) previstos no Código Penal. Não se trata, portanto, de uma explicação econômica da *teoria do erro*, mas sim da aplicação da norma de forma equivocada. Há dois possíveis erros na aplicação da lei. Primeiro, os indivíduos acusados podem ser condenados quando, na verdade, não cometeram o ato em questão (falsos positivos, ou erro Tipo I). Segundo, indivíduos podem deixar de ser punidos por atos criminosos que de fato cometeram (falsos negativos, ou erros Tipo II). O erro jurídico é relevante por dois motivos. Primeiro, porque podem reduzir o grau de dissuasão e, segundo, porque pode haver um custo social dos erros judiciais.

Por exemplo, suponhamos que inspetores fiscais auditem contribuintes aleatoriamente, com probabilidade de 10%. A possibilidade de um indivíduo que deveria ser responsabilizado acabar erroneamente absolvido é de 25% (falso negativo). A probabilidade de um sujeito que não deveria ser responsabilizado ser considerado culpado também é de 25% (falso positivo). A multa é de R$ 1.000,00. Se infrator, o criminoso encara uma sanção esperada de R$ 75,00. Contudo, se honesto, o acusado ainda se depara com uma multa esperada de R$ 25,00. Caso não houvesse erros falsos positivos, ele não fraudaria o recolhimento de impostos, uma vez que seu ganho ficaria abaixo da sanção esperada. No entanto, porque existem erros falsos positivos, ele burlará seus impostos uma vez que, como infrator, tem uma perda esperada de R$ 15,00, mas, se honesto, tem uma perda esperada de R$ 25,00. Assim, os dois tipos de erros reduzem a dissuasão. Falsos negativos diminuem a dissuasão, porque restringem a multa esperada, se um indivíduo não comete um ato criminoso. Falsos positivos diminuem a dissuasão porque limitam o custo de oportunidade de um crime, isto é, a recompensa que o criminoso auferiria se não o cometesse. Para alcançar um determinado nível de dissuasão, o governo pode ter que aumentar a probabilidade de criminalização e a multa, para compensar a diluição da dissuasão gerada por erros judiciais.

A probabilidade de erro pode ser reduzida se mais recursos forem alocados para atingir maior precisão nas decisões judiciais. Por exemplo, a existência de um corpo de promotores de justiça qualificados, a boa elaboração de denúncias, baseadas em investigações adequadamente desenvolvidas, reduzem a probabilidade de um falso negativo. A contratação de melhores advogados de defesa e a existência de um padrão de provas mais elevado reduzem as chances de erro falsos positivos, embora eles normalmente aumentem os falsos negativos, gerando, pois, um dilema. Esse dilema, no entanto, só se torna verdadeiro se a hipótese da prevenção de erros do tipo falso negativo, quanto a existência de melhores promotores, investigações adequadas etc., não se confirmarem. Gastos no sentido de buscar garantir mais precisão são socialmente benéficos porque aumentam a dissuasão ao reduzir erros judiciais.

Há forte preocupação com os referidos erros na maior parte das jurisdições. Especialmente, na medida em que os falsos positivos venham a se tornar mais prováveis, a multa a ser aplicada pelo governo pode ser reduzida. O custo dos erros judiciais normalmente aumenta com a aplicação de multa. Conforme uma sanção se torna mais severa, um erro se torna socialmente mais oneroso.

Suponhamos que o custo de um erro judicial seja o dobro do valor da multa aplicada. Consideremos o caso de um ato criminoso que causa um dano à sociedade no valor de 100. O total da riqueza é equivalente a R$ 2.000,00 a probabilidade de constatação e punição dos culpados é 5%, e a probabilidade de detecção e punição dos inocentes é 2%. Ao impor uma sanção equivalente ao total da riqueza, a multa esperada é R$ 100,00. Contudo, devido à possibilidade de um erro falso positivo, o custo de um erro judicial será de R$ 80,00. Consideremos uma multa menor que a riqueza total, digamos R$ 1.000,00. A multa esperada será de R$ 50,00 abaixo do nível de dano, então haverá subdissuasão. Apesar disso, o custo esperado de erros judiciais agora seria R$ 40,00.

A primeira alternativa para esse cenário seria a aplicação de uma punição severa (quando a maior parte dos criminosos é detida) e um alto custo social face à existência de um erro jurídico. A segunda seria uma punição menos severa (de modo que menos criminosos seriam dissuadidos) e um baixo custo social diante da ocorrência de um erro jurídico. A escolha sobre qual política adotar depende do dano causado por um ato criminoso *versus* o custo do erro jurídico. Claramente se apresenta aqui um dilema entre dissuasão e punição severa de indivíduos honestos.

Não obstante, o problema da punição de pessoas honestas vai além de uma questão de eficiência e dos incentivos existentes para o desvio, mas também afeta a própria legitimidade do sistema. Um ordenamento que é visto como frequentemente injusto tende a perder credibilidade junto à população, o que, em última instância, pode levar à redução da capacidade de dissuasão e da cooperação dos cidadãos com o sistema penal (isto é, na desconfiança com as autoridades policiais e judiciárias, como a reticência para testemunhar).

10.11 CORRUPÇÃO

A possibilidade de corrupção de um agente legal por parte de um criminoso está muito presente na maior parte das jurisdições. A corrupção é um problema para a aplicação e execução da lei porque reduz o nível de dissuasão. Suponhamos que uma multa é R$ 10.000,00 e a probabilidade de ser aplicada é de 1%. O dano causado pelo ato criminoso é R$ 100,00. Devido à corrupção, o criminoso pagaria por apenas 50% da multa. A multa esperada seria de R$ 50,00 abaixo de R$ 100,00 então nesse caso há subdissuasão. Mais indivíduos decidirão cometer atos criminosos. Para compensar esse efeito, o governo deveria considerar aumentar a multa para R$ 20.000,00 ou a probabilidade para 2%. Consequentemente, a corrupção não apenas dilui a dissuasão, mas também gera mais gastos na aplicação e execução da lei.

O comportamento e a compensação eventualmente paga aos agentes legais são elementos importantes nessa análise. Isso porque os incentivos recebidos para detectar atos criminosos, isto é, quando os agentes são recompensados por localizar mais criminosos, afeta a estrutura de pagamento. Propinas também são parte da estrutura de pagamento e por isso afetam os incentivos dos agentes. A possibilidade de coletar propinas mais altas aumenta o esforço de execução da lei, eventualmente a um nível acima do eficiente.

Multas mais altas induzem a subornos maiores. Uma vez que propinas geram mais esforços de execução da lei, a imposição de multas elevadas torna-se onerosa para a sociedade. Ao definir uma sanção mais severa, o governo gastará mais com aplicação e execução da lei, em razão do fato de que agentes legais têm um incentivo para detectar mais criminosos. Uma sanção severa pode impedir a criminalidade, mas também pode produzir mais corrupção. Desse modo, a multa a ser idealmente aplicada pode não ser mais a totalidade da riqueza.

Considere o seguinte exemplo: quando a multa é R$ 10.000,00, o suborno é R$ 5.000,00 e a probabilidade de constatação é 20%. A multa esperada é R$ 1.000,00. O dano causado pelo delito é R$ 1.200,00 e o governo gasta R$ 1.000,00 em custos de aplicação da lei. No entanto, quando a multa é R$ 5.000,00, a propina é R$ 2.500,00 e a probabilidade de detecção é 10%. A multa esperada é de R$ 250,00 e o governo gasta R$ 100,00 com os custos de aplicação da lei. Enquanto no primeiro caso a perda será de R$ 1.200,00 (custos de aplicação da lei mais dano menos multa esperada), no segundo caso, o que o governo economiza em custos de aplicação da lei mais do que compensa a diluição da dissuasão.

Um modo de diminuir as chances de corrupção é pagar recompensas equivalentes às multas pagas pelos criminosos aos agentes legais. Em nosso exemplo, quando a multa é R$ 10.000,00, se a gratificação paga for R$ 10.000,00 a corrupção poderá ser eliminada. Essa solução, contudo, cria outros problemas. Uma possibilidade é que os agentes exercerão esforços no sentido da aplicação da lei e recolhimento de recompensas. Outra é que eles venham a cometer erros Tipo II para recolher mais dinheiro. Um sistema de recompensas que elimina a corrupção pode gerar mais despesas para o governo com execução e aplicação da lei e menos precisão nas punições.

A Corrupção não é socialmente benéfica. Contudo, sua eliminação é onerosa (por exemplo, o governo deve passar a alocar recursos para agentes fiscais) e pode gerar outros problemas (a saber, incentivos inapropriados para os agentes). Portanto, sua eliminação completa não é a política ideal.[31]

10.12 CRIME ORGANIZADO

Quando criminosos estão organizados e coordenam suas atividades, é geralmente mais difícil detectá-los e puni-los. Suponhamos que a multa seja de 10,000 e a probabilidade de identificação e punição, não se tratando de crime organizado, seja de 5%. A multa esperada é de R$ 500,00. No entanto, a probabilidade de detecção e punição, se o crime é praticado de forma coordenada, é 2%. A multa esperada seria R$ 200,00. De fato, um criminoso estaria disposto a pagar até R$ 300,00 a uma organização que lhe ofereça proteção e reduza as chances de sua identificação. O crime organizado diminui a dissuasão porque reduz a probabilidade de identificação de criminosos.

Um dos objetivos de uma organização criminosa é justamente monopolizar a atividade ilegal ou regular o mercado do crime. A consequência é que a entrada no mercado do crime passa a ser controlada, seja por contribuições diretas à organização (mediante extorsão) ou pelo controle violento dos concorrentes. Quando um indivíduo decide tornar-se um criminoso ele considera o dinheiro que terá que pagar para a organização (uma permissão de entrada) ou eventuais represálias que irá sofrer. De

---

[31] Para um estudo profundo e atualizado sobre a corrupção, recomendamos o site do Professor Matthew Stephenson: <http://www.law.harvard.edu/faculty/mstephenson/>. Acesso em: 06/03/2019.

qualquer modo, a existência dessa coletividade aumenta o custo de ingresso na atividade criminosa. Esse custo é uma forma de dissuasão.[32]

Suponhamos que o ganho ilegal seja R$ 80,00, a multa R$ 2.500,00 e a probabilidade de detecção 2%. A multa esperada seria R$ 50,00: um indivíduo poderia tornar-se um criminoso. Contudo, face à existência da organização criminosa em operação, ele deve pagar R$ 65,00 a ela. Em retorno, a probabilidade de detecção será de 1%. A multa esperada mais o preço pago à organização somam, agora, R$ 90,00: esse indivíduo será dissuadido. Ao fechar o mercado do crime à livre concorrência e criar barreiras à entrada, uma organização criminosa aumenta a dissuasão.

Uma política permissiva poderia eventualmente gerar mais dissuasão do que uma política objetivando o desmantelamento das organizações criminosas. Há, contudo, sérias limitações práticas à permissividade da aplicação da lei. De início, o processo pelo qual a concorrência é eliminada e as barreiras à entrada são impostas é normalmente violento. Em segundo lugar, a maior parte das organizações criminosas também age em mercados legais, criando todos os tipos de distorções. Terceiro, o processo que leva à redução da probabilidade de detecção e punição de seus membros normalmente envolve corrupção e atividades de prevenção e evasão, dois tópicos discutidos anteriormente.

10.13 VALIDADE EMPÍRICA

Considerar se a teoria positiva acerca dos incentivos econômicos para a criminalidade que apresentamos até aqui é válida depende de sua aderência empírica. Medir a dissuasão (mais precisamente, distingui-la da incapacitação) é difícil. Particularmente, a análise empírica da dissuasão criminal sofre de duas ilusões relevantes: a ilusão conhecida como a da "prevenção de tigres" e a da "pesquisa dos vigias". A ilusão da "prevenção de tigres" é baseada no fato de que a dissuasão é um fenômeno inerentemente inobservável pois a ausência da ocorrência de um fenômeno não está relacionada, necessariamente, com um efeito de dissuasão. Por outro, o problema da "pesquisa dos vigias" é gerado pelo fato de que a maior parte das análises sobre dissuasão são baseadas nas respostas daqueles que não foram dissuadidos.

A literatura empírica existente parece ter resultados em ambas as direções, isto é, tanto em relação à adesão positiva quanto à negativa. Ainda assim, a abordagem econômica sobre as atividades criminosas tem um significativo poder profético. A maior parte dos estudos colabora com a hipótese de que a probabilidade de punição, e em alguma medida também a severidade da punição, têm um efeito dissuasivo sobre a criminalidade.

---

[32] No Brasil, é comum que facções criminosas utilizem as penitenciárias como um ambiente para recrutar novos membros e como "quartel-general", isto é, como um centro de operações de onde emitem decisões quanto às ações estratégicas da organização. Em troca de segurança dentro da unidade prisional, e fora dela para família do apenado, as facções criminosas atraem prisioneiros comuns, os quais muitas vezes seguem, após a liberdade, ligados às atividades do grupo criminoso. Sobre a atuação das facções criminosas no Brasil destacamos: FELTRAN, Gabriel. **Irmãos – Uma História do PCC**. São Paulo, Companhia das Letras, 2018.

O termo "estudos criminométricos" (*criminometric studies*) tem sido utilizado para caracterizar a pesquisa empírica sobre o comportamento criminoso. Grande parte deles consiste em uma análise transversal baseada em dados macro. Séries cronológicas e análises de painéis de dados baseadas em questionários micro são menos numerosas. A probabilidade e o rigor das punições (multas, duração da sentença, ou tempo de cumprimento da pena) têm um efeito negativo sobre a criminalidade. A magnitude do sinal negativo é uma questão controversa, dependendo do método usado para estimá-lo e dos dados utilizados. A maioria dos estudos de séries cronológicas reitera a hipótese de que a probabilidade da punição tem um efeito preventivo na criminalidade. Os resultados referentes à severidade da punição são menos conclusivos: em alguns estudos não é estatisticamente diferente de zero.

No Brasil, Vinicius Ribeiro Alves conduziu, recentemente, um experimento realizado em uma região da cidade de Goiânia, onde fez um mapa extenso em relação ao comportamento criminoso de roubo de veículos. O autor justificou a investigação desse crime porque se trata de tipo penal que não costuma ser subnotificado, bem como fornece elevado proveito econômico, pelo menos a princípio, para quem o realiza.

> Desta maneira, a pesquisa foi finalizada com diversas estimativas relacionadas à racionalidade econômica do roubo de veículos, as quais são: estimativa da rentabilidade apresentada pelos principais veículos roubados na região sul de Goiânia, estimativa de consequências aos criminosos envolvidos com o crime de roubo de veículo, estimativa de renda e a probabilidade do autor permanecer em liberdade ou obter sucesso no intento criminoso, quantidade estimada de criminosos por veículos roubados e, por fim, um comparativo entre os salários das profissões comuns e a rentabilidade criminosa[33].

A partir dessas estimativas o autor analisou a circulação dos veículos roubados e de suas peças, projetando a rentabilidade dos criminosos. Comparou tal rentabilidade com os possíveis salários das profissões normalmente desempenhadas pelos criminosos (seus custos de oportunidade), e conclui que, apesar do risco, as atividades ilícitas seriam mais rentáveis, inclusive porque haveria um mercado rentável para os veículos roubados e para suas peças. Nesse sentido, a pesquisa apresentou as seguintes conclusões:

> Estima-se que esse mercado foi responsável pela circulação de, no mínimo, R$ 1.095.480,00 quando analisados todos os roubos de veículos, levando em consideração os casos de sucesso da perspectiva do criminoso, aqui apresentada. Foi averiguado também que dentro do mercado de peças roubadas, principalmente os situados na região do Bairro Vila Canaã em Goiânia, funciona um dos maiores esquemas de receptação e venda de peças roubadas do Estado de Goiás, sendo esse comércio ilegal um dos grandes responsáveis pelo crime aqui estudado.

---

33 RIBEIRO ALVES, VITOR. O roubo de veículo na região sul de Goiânia/GO sob a ótica da racionalidade econômica. **Revista Brasileira de Estudos de Segurança Pública**. vol. 10, n. 1, 2017, p. 10. Disponível em: http://eds.a.ebscohost.com/eds/detail/detail?vid=0&sid=a199a354-ecca-495f-b6a7-4f2f38d59d48%40sdc-v-sessmgr02&bdata=Jmxhbmc9cHQtYnImc2l0ZT1lZHMtb-Gl2ZQ%3d%3d#AN=124294390&db=edb. Acesso em: 01/05/2019.

Em relação aos criminosos que já foram presos por crimes de roubo de veículo e receptação de carro roubado, foi certificado que em sua maioria, não ficam reclusos e, quando isso acontece, o período máximo que ficam presos é de aproximadamente 08 meses, sendo que o grande fundamento dessa informação é que 87% dos presos em flagrante por roubo de veículo ou receptação já possuíam algum antecedente criminal na data da sua prisão, e mesmo considerando esse dado relevante, quase 65% dos infratores pesquisados permaneceram na condição de não recluso, dessa forma, demonstrando uma ineficácia total da lei penal e execução penal brasileira.[34]

Para o autor, portanto, o fato de o cumprimento da pena ser curto, em combinação com o grande potencial de lucros, torna muito atraente a prática do roubo de veículos naquela região específica. Com isso, temos um elemento de comprovação empírica de como a teoria econômica do crime é capaz de explicar os incentivos para o comportamento delituoso.

Outra pesquisa relevante realizou uma avaliação empírica, utilizando como proxy o crime de homicídio no Brasil[35], em relação às principais variáveis reconhecidas pela literatura da teoria econômica do crime como responsáveis pelo nível de atividade criminosa dentro de uma sociedade. Dentro das variáveis explicativas incluíram: (i) renda domiciliar per capita; (ii) taxa de desemprego; (iii) desigualdade de renda (avaliada pelo coeficiente de gini); (iv) taxa de pobreza; (v) nível de escolaridade; (vi) densidade demográfica; (vii) gastos em segurança pública, e; (viii) gastos em assistência social.[36]

---

[34] Ibidem, p. 38.

[35] Os autores justificam a seleção do crime pelos seguintes fatores: "Os prejuízos decorrentes dos crimes são inúmeros. De acordo com Instituto Brasileiro de Geografia e Estatística (IBGE), o aumento da mortalidade por homicídios reduz a expectativa de vida da população brasileira, já que a maior proporção de vítimas no Brasil caracteriza-se como jovens do gênero masculino. O crime gera gastos exacerbados com o atendimento de vítimas, manutenção do sistema penitenciário e do sistema judicial, sensação de insegurança e impunidade generalizada, estes dois últimos fatores refletem significativamente no aumento de empresas de segurança privada, na elevação de contratações de seguros de automóveis e imóveis, bem como no comprometimento do bem-estar de todos os indivíduos, independentemente da classe social. Não obstante, a criminalidade reduz o capital humano, havendo a perda de vidas de pessoas que estão inseridas na denominada População Economicamente Ativa (PEA), diminui a produtividade do trabalho, além de alterar a alocação ótima de insumos, pois os governos despendem um montante de recursos cada vez maiores no combate ao crime, retirando investimentos de algumas áreas mais prioritárias como educação e saúde, que geram externalidades positivas para a sociedade em geral. Diante do exposto, nota-se que um dos fatores mais atingidos pela criminalidade é a redução na qualidade de vida das pessoas, sendo este um fenômeno resultante do aumento da violência, fazendo com que a população mude os hábitos do dia-a-dia na busca por reduzir o risco a que estão submetidos. Com a criminalidade, as pessoas limitam os locais onde transitam e deixam de ir aonde gostam, diminuindo o uso de transporte coletivo e gastando mais com transporte próprio, ainda, evitam sair de casa à noite, gastam altas somas de recursos na proteção de suas residências, com o uso de cercas elétricas, câmeras, altos muros e vigias particulares, tornando-se reféns de seus medos." FERNANDES JUNIOR, Ledimar; FARIAS, Joedson Jales de; COSTA, Rodolfo Ferreira Ribeiro da; LIMA, Francisco Soares de. A Criminalidade no Brasil: Avaliação do impacto dos investimentos públicos e dos fatores socioeconômicos. **Espacio Abierto Cuaderno Venezolano de Sociología.** vol. 26, nº 2. abril-junho. p. 219-243. 2017. p. 222.

[36] Ibidem, p. 229-232.

A partir de um estudo econométrico, a partir do modelo de regressão linear, os autores concluíram que as variáveis mais significativas foram: o nível de escolaridade (quanto maior, menor o índice de homicídios); desigualdade de renda (quanto maior a desigualdade, maior o índice de homicídios); taxa de desemprego (quanto mais elevada, mais homicídios); densidade demográfica (maior a densidade, mais crimes). Com isso, "os resultados obtidos pelas variáveis explicativas estão em concordância com a ideia central deste estudo e baseados nos princípios teóricos discutidos, exceto a variável taxa de pobreza"[37]. Por fim, os autores concluíram que:

> O resultado da análise de dados mostrou que a variável "desigualdade de renda" medida pelo coeficiente de gini, dentre todas as variáveis explicativas selecionadas, é a que mais contribuiu para o aumento da criminalidade, afetando positivamente assim como a densidade demográfica, mostrando que está de acordo com a teoria econômica do crime. No entanto, variáveis como a taxa de pobreza, apesar de estatisticamente significativa, se mostrou como uma relação inversa com a criminalidade, diferente da maior parte da literatura acerca da economia do crime. (...)
> (...)
> É válido salientar que baixa escolaridade, altas taxas de desemprego, maiores densidades demográficas e maior grau de desigualdade social funcionam como estímulos das ocorrências criminais, diminuindo o custo de oportunidade do indivíduo para entrar em uma atividade ilícita, insto é, os benefícios que seriam obtidos no mercado de trabalho formal são menores do que se vislumbra na atividade criminosa.[38]

Recentemente, a perspectiva comportamental da teoria econômica do crime também foi objeto de alguns trabalhos empíricos. Dentre as principais pesquisas, destacamos duas, uma conduzida por Justin T. Pickett e outra pela Heineken.

Em relação à primeira, Pickett comprovou, a partir de diversos experimentos relativos a vieses cognitivo, que é possível induzir o comportamento das pessoas ao fornecer informações sobre ações policiais e ao incutir pseudocertezas que mexem com os vieses da disponibilidade. Em seu experimento, os voluntários que assistiram vídeos mostrando indivíduos dirigindo alcoolizados sendo pegos, ou filmes mostrando como a atuação policial pode ser eficiente mostraram-se mais intimidados, isto é, menos propensos a praticar a conduta ilegal.[39] Ao final, o autor concluiu que é possível a utilização de descobertas das ciências comportamentais como instrumento para aumentar o risco percebido pelos cidadãos de serem pegos cometendo um ilícito, e, dessa forma, desincentivar a prática de condutas criminosas[40].

A recíproca dessa ideia, por outro lado, consiste no fato de que experiências subjetivas com o crime ou a convivência com situações de ilícitos não punidos – em

---

[37] Ibidem, p. 241.
[38] Ibidem, p. 241-242.
[39] PICKETT, Justin T. Using behavioral economics to advance deterrence research and improve crime policy: Some illustrative experiments. **Crime & Delinquency**, v. 64, n. 12, p. 1636-1659, 2018. p. 9-12.
[40] Ibidem, p. 18.

regiões de alta criminalidade, por exemplo – provavelmente reduzirão a confiança dos indivíduos na eficácia do sistema de justiça criminal e, dessa forma, tendem a aumentar a percepção de impunidade e também o número de ilícitos efetivamente cometidos.

Outro experimento relevante foi o promovido pela Heineken. A sua ação consistia na fixação de avisos e cardápios especiais destinados aos motoristas (com drinks não alcoólicos) combinadas ao oferecimento de benefícios, como descontos e algumas cortesias, em bares e restaurantes, para aqueles que não consumissem bebida alcóolica caso pretendessem dirigir. Segundo medidores da marca de cerveja, sua ação incentivou a modificação de comportamento, no Brasil, em 25,2% dos motoristas que iriam ingerir bebidas alcoólicas e depois dirigir.[41] A mesma ação foi realizada em diversos países do mundo, mas todos obtiveram resultados positivos, mostrando uma relação positiva entre a intervenção da cervejaria e o não consumo de álcool pelos condutores designados como "motoristas da rodada".

10.14 NEUTRALIZAÇÃO, REABILITAÇÃO E RETRIBUIÇÃO

Até então, a discussão sobre execução e aplicação da lei e do direito penal tem presumido que as sanções visam a desencorajar os indivíduos de se envolverem em atos criminosos. No entanto, as sanções têm outras funções que não apenas a dissuasão. Há, por exemplo, a neutralização, a reabilitação e a retribuição.

10.14.1 Neutralização

Um modo diferente que pretende reduzir a criminalidade é a imposição de sanções que afastam certos grupos de posições nas quais poderiam causar danos ao neutralizá-los para as práticas criminosas. A forma mais comum de fazê-lo é o encarceramento. Outras formas incluem: a suspensão de habilitações dos motoristas, prevenindo eventuais danos causados por eles ao dirigir e a suspensão de atividades profissionais, como no caso dos médicos que ficam impossibilitados de exercerem suas profissões.

Há diferenças relevantes entre a dissuasão e a neutralização. A primeira consiste em demover um indivíduo da intenção de cometer um ato criminoso. A segunda consiste em impedir que se envolva em um ato criminoso. Para ser dissuadido, deve ter conhecimento e considerar possíveis sanções e probabilidades de ser punido. Já na neutralização o seu conhecimento é irrelevante.

A neutralização, no entanto, é socialmente onerosa. O encarceramento, por exemplo, é custoso porque as prisões precisam ser construídas e operadas. Devemos também considerar que os indivíduos, quando presos, não produzem, pois são removidos da força de trabalho. O benefício social de neutralizar um indivíduo é prevenir

---

[41] Vide: BARBOSA, Vanessa. **Experimento social da Heineken convence clientes de bar a não beber**. Disponível em: https://exame.abril.com.br/marketing/experimento-social-da-heineken--convence-clientes-de-bar-a-nao-beber/; Acesso em: 28/01/2019; **Heineken divulga resultados de experimento que mudou o comportamento de 25% dos motoristas que iriam beber álcool e dirigir**. Disponível em: http://www.portaldapropaganda.com.br/noticias/17916/heineken-divulga-resultados-de-experimento-que-mudou-o-comportamento-de-25-dos-motoristas-que-i-riam-beber-alcool-e-dirigir/. Acesso em: 28/01/2019.

o dano que ele causaria se pudesse cometer o ato criminoso, retirando-se do indivíduo as condições materiais de cometimento do crime. O ganho de fazê-lo depende da sua inclinação a causar o dano. Portanto, contanto que o prejuízo esperado seja superior ao custo de neutralização, a pessoa deve ser neutralizada. Devido ao fato de o encarceramento ser caro, apenas aqueles sujeitos altamente propensos a causar danos à sociedade devem ser presos.

Quando a neutralização é a meta, a magnitude da sanção independe da probabilidade de detecção e punição. Isso porque, nem o dano esperado, tampouco o custo da neutralização, dependem da probabilidade de constatação do crime. Suponhamos que é esperado que um motorista cause R$ 10.000,00 em prejuízos e arque com R$ 5.000,00, caso perca sua habilitação para dirigir. A decisão de confiscar sua habilitação independe se a probabilidade de ser criminalizado dirigindo de maneira imprudente for de 5% ou de 10%.

10.14.2 Reabilitação ou ressocialização

Reabilitação é o nome dado ao processo pelo qual há uma redução induzida na inclinação de uma pessoa a cometer um ato criminoso. Essa mudança pode ser consequência de uma política pública direta (por meio de programas educacionais) ou um subproduto das sanções aplicadas. Por exemplo, quando um indivíduo é punido, ele pode perceber que suas ações são danosas e mudar seu comportamento. Há muita controvérsia sobre a real efetividade da reabilitação por conta da substancial reincidência identificada.

Assim como ocorre com a neutralização, a reabilitação é socialmente onerosa. Os programas educacionais, por exemplo, precisam ser desenvolvidos e operacionalizados. O benefício social de reabilitar um indivíduo deve ser calculado tendo em conta o dano que ele cometeria caso não fosse reabilitado. O ganho ao neutralizar depende da inclinação da pessoa de gerar dano e de sua capacidade de ser reabilitada. Contanto que o prejuízo esperado seja superior ao custo de reabilitação, a pessoa deve ser reabilitada.

Quando a reabilitação é o subproduto de sanções, o benefício social de reabilitar também deve ser considerado para que haja uma estimativa precisa dos ganhos sociais. Por exemplo, se motoristas perigosos entendem o dano social que seu comportamento causa ao pagar multas mais elevadas, então, além das considerações sobre a dissuasão, há um indício de que multas mais altas devem ser impostas também porque geram a reabilitação desses motoristas.

10.14.3 Retribuição

O desejo de ver criminosos serem punidos é chamado de retribuição. Normalmente, o incentivo retributivo é mais significativo para as vítimas e para aqueles a elas associados, do que para a maior parte das pessoas. Muitos juristas se opõem a inserir a satisfação retributiva no cômputo do bem-estar social, porque essa satisfação baseia-se no sofrimento alheio.

A retribuição pode ser onerosa se englobar a imposição de sanções não monetárias. Normalmente ela implica que as sanções devem ser mais altas do que o nível eficiente, uma vez que a vítima, geralmente, sentir-se-ia satisfeita apenas com uma sanção muito superior ao dano causado. A sanção ideal, desse ponto de vista, deveria maximizar a satisfação retributiva, deduzidos os custos de punição.

QUESTÕES DE AUTOMONITORAMENTO

1) Qual dos conceitos de eficiência explorados no Capítulo II é mais utilizado pela AED nos casos de responsabilidade penal?

Comentário: O conceito de maximização de bem-estar social ou "eficiência de Kaldor-Hicks".

2) Qual a vantagem de produzir uma abordagem sobre o funcionamento do sistema penal à luz da AED?

Comentário: Consideramos que a vantagem de uma abordagem econômica do crime é evitar avaliações interpessoais de modo a produzir uma análise mais neutra. Um direito penal eficiente tem a capacidade de pôr as partes em melhor condição (mesmo que a distribuição de riqueza seja mais desigual). Por outro lado, critérios de justiça são normalmente difíceis de definir, por não necessariamente envolverem critérios racionais, e aqueles não baseados na eficiência da justiça criminal às vezes expressam as preferências de um grupo social. Criadores de políticas públicas e juristas não deveriam esquecer que frequentemente surgem dilemas entre outros objetivos, principalmente a justiça e a eficiência econômica.

3) Como o pensamento de Gary Becker contribuiu para a análise econômica do crime?

Comentário: Becker demonstrou que os criminosos são tomadores de decisão racionais otimizadoras da utilidade, em condições de risco. Tendo explorado a escolha individual sobre cometer ou não uma infração, a literatura avançou para discutir a aplicação ideal da lei. Com isso, passou-se a compreender como seria o processo decisório de um agente que comete uma infração, a partir de uma perspectiva mais racionalista e, portanto, com maior grau de previsibilidade.

4) A análise econômica do crime pode ser produzida em duas pontas: para o criador de políticas públicas e para o criminoso. Defina como essa análise é feita em cada um dos casos.

Comentário: A abordagem econômica do crime é a análise econômica realizada por um formulador de políticas públicas acerca dos incentivos ou desincentivos que determinadas leis ou políticas criminais podem ter sobre os infratores e, consequentemente, o nível de criminalidade social. Já a análise econômica eventualmente feita pelo criminoso relaciona-se com a ponderação racional do benefício que receberá ao cometer o crime e os custos de fazê-lo (isto é, a possível pena a ser aplicada, multiplicada pela probabilidade de ser pego), de forma que será vantajoso cometer o delito se o benefício potencial for maior que a perda potencial.

5) De que modo as ciências comportamentais influenciaram a análise econômica do crime?

Comentário: As contribuições da análise comportamental para o entendimento do crime têm dois níveis. Um é o enriquecimento do modelo de comportamento, particularmente no que se refere à interação sofisticada entre preferências e políticas de execução e aplicação da lei. Outro é a eficiência das políticas de execução e aplicação da lei. No que concerne ao enriquecimento do modelo de comportamento, a referida abordagem enriqueceu o modelo racional, ao combinar essa teoria com aspectos psicológicos. Ainda, a teoria comportamental modifica a tese sobre a tomada de decisão criminal ao incluir aspectos da psicologia e das ciências da decisão.

6) **Levada ao limite, a teoria econômica do crime consideraria mais eficiente o aumento de pena ou o aumento do *enforcement*? Por quê?**
Comentário: O aumento do *enforcement*, isto é, da probabilidade de o criminoso ser preso. Porque quanto maior a probabilidade de ser pego, maior o risco da sua ação em comparação com o benefício que o autor dela teria. Multas e tempo de encarceramento podem sofrer limitações por questões como visão social de justiça e até mesmo a riqueza dos criminosos, mas quando a probabilidade de ser pego é muito elevada, especialmente para pessoas mais avessas ao risco, a dissuasão criminosa é maior.

7) **O quão eficiente são as sanções monetárias para a teoria econômica do crime? Explique o princípio multiplicador.**
Comentário: Multas são essencialmente sem custo para o governo, uma vez que consistem em transferências de riqueza do criminoso. Detectar o crime e processar o criminoso tem maior custo porque consomem mais recursos estatais do que aplicar uma multa. Portanto, a sanção deve ser a mais alta possível e o esforço na aplicação da lei (a probabilidade) deve ser tão baixo quanto possível, para que o governo economize em custos. O estado deve impor uma multa de R$ 1.000,00 com 10% de probabilidade, ao invés de uma multa de R$ 200,00, com 50% de probabilidade. Esse resultado é conhecido como política de multa alta-probabilidade baixa. O raciocínio é o seguinte: ao permitir que penalidades financeiras sejam impostas com baixa probabilidade e, ao mesmo tempo, as sanções sejam aumentadas para evitar diluição da dissuasão, o resultado pode ser uma economia na aplicação da lei. Com isso, multas, dependendo da natureza do crime, especialmente aqueles ligados a questões financeiras, podem ser muito eficientes para a dissuasão criminal. O princípio multiplicador determina que: a multa deve ser equivalente ao dano, multiplicado pelo inverso da probabilidade de sua imposição.

8) **Analise a pena de encarceramento sob a perspectiva da eficiência.**
Comentário: Há dois pontos possíveis de análise. O primeiro se relaciona com o fato de que o encarceramento, em si, possui uma inutilidade elevada para o agente, logo, um grande poder de dissuasão tanto para os casos em que o criminoso possui elevado, quanto baixo, poder aquisitivo. Por esse lado, seria uma pena potencialmente eficiente. Não obstante, há custos elevados na manutenção do sistema prisional, o que reduz a eficiência de tal sanção, comparativamente com as multas, as quais superam seus custos administrativos a partir da arrecadação.

9) **O que uma sanção deve considerar para ser eficiente: o dano à vítima ou o ganho do criminoso?**
Comentário: De acordo com o princípio multiplicador e o resultado do princípio multa alta-probabilidade baixa, a multa deve ser baseada no dano sofrido pela vítima e não

no ganho do criminoso. Uma sanção baseada no ganho do criminoso iria dissuadir potenciais infratores, ao remover o ganho ilegal. No entanto, se o ganho estiver acima do nível do dano, a dissuasão desses atos é ineficiente. Há que se notar, também, que, no caso brasileiro, a jurisprudência e a doutrina têm sido muito claras ao afirmar que ninguém pode beneficiar-se de sua própria torpeza. Nesse sentido, não apenas seria ineficiente uma sanção que estivesse abaixo do ganho do criminoso, como também seria contrária a um dos princípios gerais do direito brasileiro.

10) De acordo com a AED, como deveria ser tratada a reincidência?

Comentário: Existem dois raciocínios possíveis. O primeiro sustenta que punir criminosos reincidentes de maneira mais severa não seria socialmente desejável, se a dissuasão fosse ideal. Se a sanção esperada para um ato criminoso for igual ao dano que ele gera, uma pessoa somente o comete se o bem-estar social for mais alto, mediante o resultado de seu crime. Aumentar a sanção para um segundo delito acima do nível do dano que ele causa em razão de um histórico criminal geraria sobredissuasão; o que não é socialmente ideal. As sanções mais severas para criminosos reincidentes, portanto, somente são possíveis se a sanção esperada estiver abaixo do nível de dano gerado pelo ato criminoso. Se a constatação de um crime tiver como consequência uma sanção imediata, mais uma sanção maior por um segundo crime, um criminoso será dissuadido, atualmente, mais efetivamente. A política de punir criminosos reincidentes de maneira mais severa gera mais dissuasão na primeira vez que um indivíduo considera se cometerá ou não um crime.

Um segundo raciocínio que embasa a aplicação de sanções mais rigorosas para reincidentes é que o histórico de criminalidade aponta a probabilidade de um indivíduo cometer mais crimes no futuro. Se um sujeito é mais propenso a cometer um ato criminoso no futuro, é socialmente desejável puni-lo mais severamente para detê-lo já de início. Essa é uma explicação produzida com base em informações: a política para a punição socialmente ideal consiste em personalizar as sanções para diferentes criminosos. Sendo um criminoso reincidente, um indivíduo revela ao governo uma informação bastante útil quanto ao seu tipo, isto é, como um sujeito mais propenso a atividades criminosas do que outros.

11) Aponte os benefícios e os problemas da delação premiada.

Comentário: Há duas razões para os acordos celebrados por meio do instituto da delação premiada serem socialmente desejáveis do ponto de vista da AED. Em primeiro lugar, a produção de provas e a acusação regular são procedimentos custosos (tanto em tempo quanto em dinheiro). Em segundo lugar, acordos de delação premiada eliminam a inutilidade gerada pelo risco carregado por criminosos e promotores no âmbito do processo criminal regular. Assim, a delação premiada facilita a produção de provas e aumenta a efetividade e a eficiência da execução das normas penais *ex post* (depois da ocorrência do delito). No entanto, o efeito da delação premiada sobre a dissuasão é importante. O instituto da delação premiada tende a reduzir a dissuasão. Se um criminoso deseja negociar, deve ser porque suporta uma sanção menos severa. Com a vigência da delação premiada, o criminoso passa a antecipar a possibilidade de negociar uma redução da pena e, assim, a pena original perde parte de sua capacidade dissuasória.

Considerando que os acordos entre um criminoso e um promotor refletem a sanção que seria imposta, o governo deveria ser capaz de compensar essa diluição da dissuasão aumentando o nível das sanções. Consideremos um exemplo em que a sanção é R$ 10.000,00 e a probabilidade é 1%. A sanção esperada é R$ 100,00. Após o acordo de delação premiada, a sanção suportada pelo criminoso é R$ 5.000,00 (metade da sanção imposta pelo governo). A sanção esperada, na realidade é R$ 50,00, portanto menor do que deveria ser para alcançar a dissuasão ideal. O governo deveria anunciar uma nova sanção de R$ 20.000,00 para que, após o acordo judicial, a sanção carregada pelo criminoso seja de R$ 10.000,00. Nesse caso, a sanção esperada será R$ 100,00 atingindo, pois, a dissuasão ideal.

Outro problema em relação a tais acordos é que a não realização do processo criminal regular pode gerar perdas sociais. Em muitos casos, o nível de dano gerado por um ato criminoso é uma informação privada. Ter um processo penal e um julgamento judicial como desfecho poderia ser melhor para aproximar o estado do dano do que uma negociação entre o criminoso e o promotor. Acordos de delação premiada também podem inibir o aprofundamento das provas e o desenvolvimento da execução e aplicação das leis, por meio de maior investigação e detecção. Desse modo, um criminoso que cometeu diversos delitos pode estar disposto a confessar sua culpa sobre um deles, de modo a evitar que os demais sejam descobertos e investigados.

Capítulo XI
LITÍGIO

Tendo visto nos capítulos anteriores questões de ordem macroeconômica (crescimento econômico), microeconômica (falhas de mercado) e também de direito material a partir da análise econômica (direitos da propriedade, contratos, responsabilidade civil e penal), passaremos a estudar aquilo que ocupa a maior parte do tempo dos homens e mulheres que operam o direito na prática. Trata-se do que chamamos de contencioso, isto é: litígios. Assim, neste capítulo, pretendemos responder à seguinte pergunta: o que a AED tem a dizer a respeito das situações litigiosas formadas pela contraposição dos interesses de pessoas distintas? Quais as prescrições da AED para a solução das disputas jurídicas (litígios)? Como examinar economicamente o direito processual, que é o meio pelo qual os litígios são formalmente administrados no Estado contemporâneo? Este capítulo pretende apresentar algumas ideias sobre esses temas.

Os litígios, ainda que bastante presentes no cotidiano daqueles que atuam no campo do direito (advogados, juízes, promotores, servidores), são vistos como um desperdício de riqueza por uma corrente de estudiosos da análise econômica. Litígios, segundo essa visão, não produzem riquezas e, portanto, significam ineficiência[1]. Quem litiga não está produzindo bens e serviços, mas sim brigando pela distribuição de uma

---

[1] Simplificadamente, quando se falar em eficiência e em "ótimo social" aqui, estamos falando ou em redução do desperdício de riquezas (redução dos custos) ou em maximização da riqueza. Para se qualificar um ato ou decisão como eficiente o que interessa é que os benefícios totais superem os custos totais, ou ao menos que haja o menor desperdício possível. A propósito: *"There are different ways to label these concerns we have been discussing. We have spoken of minimizing waste. We also could have called it maximizing wealth. A trade increases wealth by making the parties to it better off (that's the only reason both sides would agree to it); this is another way to think about a point discussed a moment ago: the value of contracts. People's wealth also is increased by rules that discourage the frittering away of it on duplicative litigation (as the first examples in this chapter) or on repairs after needless accidents or on overspending to prevent accidents (as in our examples from tort law). We might just as easily refer to these goas as equivalent to the pursuit of efficiency. Efficiency can be viewed precisely as the elimination of waste; but there are different ways to think about what counts as waste and thus about what amounts to efficiency. The type of efficiency we will be concerned with in this book is the "Kaldor-Hicks" variety, which holds a decision efficient if it creates more benefits than costs overall. In other words, the people helped by the decision could fully compensate the people hurt by it and still be better off. In practice no such compensation need be paid, so a decision can be efficient in the Kaldor-Hicks sense even if some people are made worse off by it – so long as others are made even better off still. When this book refers to efficiency, that is what it means: comparing the total costs of decisions to their total benefits. (Distinguish this from the weaker notion of Pareto efficiency. A state of affairs is Pareto efficient if nobody can be made better off without making someone else worse off.)* FARNSWORTH, Ward. **The legal analyst**: a toolkit for thinking about the law. Chicago: The University of Chicago Press, 2007, p. 21-22.

riqueza anteriormente produzida. Nesse sentido, o problema não é propriamente a repartição da riqueza (qualquer riqueza criada, afinal, há de ser repartida de algum modo); é o desperdício (de esforços, de dinheiro, de oportunidades) que ocorre durante o litígio, durante a briga por sua divisão. Aí está a ineficiência para essa corrente de pensamento.

Entra em cena, aqui, a ideia de captura de renda (*rent-seeking*). O termo não é considerado um dos mais adequados, já que ele, para os operadores do direito, pode ter múltiplos sentidos. Tanto as pessoas físicas quanto as jurídicas, por exemplo, recolhem impostos sobre a renda (Imposto de Renda da Pessoa Física e Imposto de Renda da Pessoa Jurídica). Poupadores, por outro lado, podem optar por aplicações de renda fixa ou variável. Macroeconomistas, a seu turno, estudam a distribuição de renda nos países desenvolvidos e em desenvolvimento. Renda, no entanto, para a literatura econômica que estuda os fenômenos de captura não é nada disso[2]. Ou melhor: os fenômenos de captura de renda não têm a ver com os referidos institutos (de direito tributário, de finanças pessoais e empresariais e estudados pelos macroeconomistas). Fenômenos de "captura de renda" podem ser vistos como esforços inúteis para se obter um determinado prêmio ou para se distribuir determinada riqueza[3].

Em geral, existem duas maneiras de alguém aumentar a sua própria riqueza: uma delas é produzindo e colocando à venda no mercado bens ou serviços que a sociedade entenda valiosos; a outra é disputando um determinado prêmio (um tesouro perdido no oceano, por exemplo). A diferença é que, no primeiro caso, quando alguém produz novos bens ou serviços, a riqueza da sociedade como um todo aumenta. Na briga por um determinado prêmio, entretanto, isso não ocorre[4]. Não se produz riqueza. Pelo

---

[2] Renda, de maneira extremamente simplificada é, para os fins deste capítulo, um ganho imerecido, ou seja, uma receita que não se poderia obter num mercado concorrencial perfeito, em que houvesse substitutos perfeitos para todos os bens. Posner desenvolve melhor o conceito, designando as "rendas econômicas" pela diferença entre as receitas totais de determinada indústria e os custos de oportunidade do produtor. Do original: "*The difference between the total revenues of the industry [...] and the total opportunity costs of production [...] is called 'economic rent' (not to be confused with rental). Rent for our purpose is a (positive) difference between total revenues and total opportunity costs. [...] Thus under competition rents are earned only by the owners of resources that cannot be augmented rapidly and at low cost to meet an increased demand for the goods they are used to produced. The very high incomes earned by a few singers, athletes, and lawyers include economics rents that are due to the inherent scarcity of the resources that these persons control – a fine singing voice, athletic skill and determination, the analytical and forensic skills of the successful lawyer, or sheer luck [...]. Their earnings may greatly exceed their highest potential earnings in an alternative occupation even if they sell their services in a fully competitive market.*" POSNER, Richard A. **Economic analysis of law**. 8 ed. Nova Iorque: Aspen Publishers, 2011, p. 11-12.

[3] *Rent seeking means wasteful efforts to gain a prize; it might also be described as competition over the way some good thing ought to be distributed. (There are other, more technical, definitions, but these are enough for our purposes.)* FARNSWORTH, Ward. **The legal analyst**: a toolkit for thinking about the law. Chicago: The University of Chicago Press, 2007, p. 66.

[4] É possível pensar, é claro, nos efeitos colaterais da disputa pelo prêmio. No caso dos navios piratas, por exemplo, os interessados no tesouro buscaram desenvolver tecnologias para ter vantagens sobre os concorrentes. Por ora, no entanto, não se quer ingressar em discussões mais aprofundadas a respeito disso. Para os fins do presente capítulo, basta a distinção entre produção de bens e serviços e disputa por um prêmio.

contrário, é até possível dizer que a riqueza de uma determinada sociedade diminui. Imagine-se o caso de um tesouro no fundo do oceano. Consideremos que ele vale R$ 1.000.000,00 (um milhão de reais). Se quatro navios piratas se dispuserem, de maneira independente, a resgatá-lo, gastando cada qual R$ 300.000,00 (trezentos mil reais) na sua recuperação, a comunidade à qual pertencem esses navios, ao final do empreendimento terá ficado R$ 200.000,00 (duzentos mil reais) mais pobre. De fato, ainda que o benefício líquido do primeiro navio a achar o tesouro seja de R$ 700.000,00 (setecentos mil reais)[5], o custo social da busca ao tesouro terá sido de R$ 200.000,00 (duzentos mil reais)[6]. Seria melhor, do ponto de vista da sociedade à qual pertencem esses navios, que, em vez de quatro, apenas um tivesse buscado o tesouro[7].

Transpondo a questão para outra situação empírica que envolve o direito, podemos imaginar que os indivíduos de uma determinada sociedade, em lugar de disputar um tesouro no fundo do oceano, estão a brigar para ganhar uma licitação para a concessão de uma rodovia. A ideia é a mesma. Consideremos que o lucro total que determinada empresa consiga tirar dessa concessão é de R$ 1.000.000,00 (um milhão de reais). Se quatro empresas despenderem, cada qual, para ganhar a licitação, R$ 300.000,00 (trezentos mil reais), ao final do processo licitatório terá havido um desperdício (custo) social da ordem dos mesmos R$ 200.000,00 (duzentos mil reais). Ainda que a empresa ganhadora obtenha lucro, a sociedade da qual essas empresas fazem parte terá ficado mais pobre.

O interessante aqui é saber que o advogado de contencioso é visto, pela literatura econômica, como o profissional por excelência implicado em fenômenos de captura de renda. Um advogado envolvido num processo de divórcio litigioso[8], por exemplo, não difere do navio pirata interessado no tesouro no fundo do oceano ou da empresa que busca ganhar a licitação. Ele não produzirá riqueza. Em lugar disso, brigará pela

---

[5] R$ 1 milhão – R$ 300 mil = R$ 700 mil.
[6] 4.(R$ 300 mil) – 1 milhão = R$ 200 mil.
[7] *The trouble with it can be seen by reflecting that there are, in general, two kinds of ways to increase one's pile of wealth. You can do it by producing some good or service that other people find valuable. Or you can do it by fighting over a prize of some sort. The difference between these methods – between, say, competing to run a better restaurant and competing to get the treasure first – is that the first one creates wealth, or better-offness, on the whole: the customers are made happy; and restaurants gradually improve. Fighting over who gets the treasure isn't like that. The treasure doesn't get any bigger as a result. In a sense it gets smaller because so much of the wealth it represents is eaten up in the effort to lay hold of it. Those outlays can be described as sterile, meaning that they don't produce anything; their only effect is to move the treasure into the hands of one person rather than another. Think of this on a larger scale and you can see that the more a society spends on rent seeking – on quarrels over who gets what – the poorer it becomes. If that's all that anyone did, everyone would starve in due course.* FARNSWORTH, Ward. **The legal analyst**: a toolkit for thinking about the law. Chicago: The University of Chicago Press, 2007, p. 66-67.
[8] O divórcio pode ser consensual ou litigioso. No primeiro caso, há de haver consenso integral dos cônjuges quanto: à partilha dos bens; às disposições relativas à pensão alimentícia entre os cônjuges; o acordo relativo à guarda dos filhos incapazes e ao regime de visitas; e ao valor da contribuição para criar e educar os filhos (art. 731, *caput*, I a IV, do Código de Processo Civil de 2015). O divórcio litigioso é aquele em que não há consenso entre os cônjuges sobre esses temas. O divórcio litigioso rege-se pelos artigos 693 e seguintes do Código de Processo Civil de 2015.

repartição de um capital anteriormente criado (por exemplo, os bens a serem partilhados no divórcio). O capital conservado por um casal no curso da relação matrimonial não aumentará durante o processo de separação. É até possível que diminua em função do processo. Isso porque cada um dos (ex-)cônjuges gastará com honorários e custas na disputa por um patrimônio criado anteriormente. Portanto, despenderá dinheiro para obter bens e valores que já existiam antes da separação, mas que, por ocasião dela, terão de ser repartidos. A disputa é tão só pela partilha da riqueza.[9]

O envolvimento do advogado com o processo de captura de renda se dá da seguinte forma: a depender da forma de contratação, interessado nos eventuais honorários, sua atuação promoverá litígios. Se os seus honorários forem maiores quando houver disputas, abstraindo-se compromissos éticos e sob uma perspectiva econômica, dificilmente ele orientará seus clientes a resolver os conflitos de maneira amigável. O advogado seria um (mero) intermediário interessado na captura de uma renda criada pelos litígios. Se não houvesse disputa (isto é, se o divórcio do exemplo acima fosse consensual), é provável que as partes não tivessem de desembolsar tanto dinheiro com honorários e evitariam o recolhimento de custas e emolumentos judiciais[10]. Não teriam, ademais, que perder tempo (custo de oportunidade[11]) com o litígio. Caso, no entanto, seus ho-

---

[9] The problem can, again, be brought a bit closer to home. When economists talk about the problem of rent seeking, as they often do, their favorite example isn't the hunter for treasure or the firm rushing to get a patent or even the aspiring monopolist trying to get the bus contract at the airport. No, their favorite example of a rent seeker is the lawyer, whose job they see as fighting over the distribution of things. A lawsuit is like the race to the sunken treasure, only more acrimonious; both sides spend and spend to claim some ever-shrinking pot of assets. Some view lawyers as encouraging these contests because lawsuits are their livelihood. Lawyers also make the contests more expensive because once one side has a lawyer, the other has little choice but to make the same investment. On this view lawyers produce nothing. They only shift money around, frittering away assets in the course of arguing about who is entitled to them. (And then it gets worse, as people shy away from useful activities because they fear they will get sued if anything goes wrong. They fear the onslaught of the rent seekers.) FARNSWORTH, Ward. **The legal analyst**: a toolkit for thinking about the law. Chicago: The University of Chicago Press, 2007, p. 73.

[10] O divórcio consensual, segundo o artigo 733, § 2º, do Código de Processo Civil de 2015, exige a participação de um advogado. É comum, no entanto, que advogados cobrem mais para atuar em divórcios litigiosos que nos consensuais, já que, no primeiro caso, a quantidade de trabalho e o tempo despendido na causa são bem maiores.

[11] O custo de oportunidade, abordado em diversos capítulos desta obra, consiste naquilo que é sacrificado em razão da escolha de determinada ação em prejuízo de outra. Mankiw exemplifica tal custo mediante a análise da decisão de se fazer faculdade. Além de tudo o que se há de gastar com o curso, alguém que decide ingressar em um curso superior está sacrificando o tempo empregado nos estudos, que poderia ser destinado a uma outra atividade (trabalho, lazer). Simplificadamente, esse sacrifício é o custo de oportunidade. Nesse sentido: "*Consider the decision to go to college. The main benefits are intellectual enrichment and a lifetime of better job opportunities. But what are the costs? To answer this question, you might be tempted to add up the money you spend on tuition, books, room, and board. Yet this total does not truly represent what you give up to spend a year in college. There are two problems with this calculation. First, it includes some things that are not really costs of going to college. Even if you quit school, you need a place to sleep and food to eat. Room and board are costs of going to college only to the extent that they are more expensive at college than elsewhere. Second, this calculation ignores the largest cost of going to college – your time. When you spend a year listening to lectures, reading textbooks, and writing papers, you cannot spend that time working at a job. For most students, the earnings*

norários dependam do litígio (ou sejam maiores face à sua existência)[12], dificilmente um advogado interessado em maximizar seus ganhos pessoais incentivaria a realização de um acordo, quando procurado por um cliente. O *default* será o litígio.

Essa visão, no entanto, é bastante pessimista com relação à profissão do advogado. Primeiro porque nem todos trabalham com litígios. Há aqueles que redigem contratos de maneira técnica e específica, a fim de evitá-los. Há, ainda, os que se envolvem com o registro de novas empresas e seus respectivos atos societários, e não é difícil pensar que, em boa parte das vezes, essas novas empresas produzirão riqueza, colocando no mercado novos bens e serviços aos quais a sociedade atribuirá valor. Mas também não há dúvidas de que existem muitos advogados que ganham a vida representando o interesse dos seus clientes em litígios. E nesses casos, há alguma captura de renda[13].

É possível, entretanto, pensarmos nos litígios sob outras perspectivas, mais otimistas. De um lado, eles podem ser um caminho para a produção de bens que a sociedade valora e para os quais não há mercado[14]: justiça[15], direitos (por meio, por

---

*they give up to attend school are the single largest cost of their education. The **opportunity cost** of an item is what you give up to get that item. When making any decision, decision makers should be aware of the opportunity costs that accompany each possible action. In fact, they usually are. College athletes who can earn millions if they drop out of school and play professional sports are well aware that their opportunity cost of attending college is very high. It is not surprising that they often decide that the benefit of a college education is not worth the cost.*" MANKIW, N. Gregory. **Principles of microeconomics**. 8ª ed. Boston: Cengage Learning, 2018, p. 5-6.

[12] Como de regra o são no direito brasileiro em virtude do instituto dos honorários de sucumbência, regido pelo artigo 85, *caput* e parágrafos, do Código de Processo Civil de 2015. Como não bastasse, a situação mais comum é o ajustamento pelos advogados dos seus honorários em função da quantidade de horas trabalhadas. A quantidade de trabalho envolvida na defesa dos interesses dos clientes em processos judiciais é, de regra, superior à quantidade de trabalho envolvida no firmamento de acordos. Também por isso se pode dizer que a atuação do advogado tende a funcionar como promotora de litígios. Os incentivos para tanto existem.

[13] *This is, as I say, the view of some economists (as well as some others!), and it is far too ungenerous. Few lawyers spend most of their time bringing or fighting lawsuits; more of the write the wills and contracts we just discussed, the handling of which is important precisely to prevent rent seeking later on. Or they explain how to avoid lawsuits, or advise people on business matters, or settle disputes, or make deals – all of which create wealth (or – the same thing – reduce waste) for their clients and for others.* FARNSWORTH, Ward. **The legal analyst**: a toolkit for thinking about the law. Chicago: The University of Chicago Press, 2007, p. 73.

[14] Cuida-se daquilo que a teoria econômica chama de bens públicos.

[15] Nos casos de responsabilidade civil, é comum se dizer que a justiça é realizada com a compensação das vítimas. Shavell, no entanto, crê que essa meta pode ser mais bem atingida por meio de um sistema de seguros que por meio do ajuizamento de ações judiciais: "*Goals of Suit apart from Deterrence. How would goals of suit apart from deterrence affect our analysis? One such goal of course is compensation of victims. Perhaps the most important point to make about compensation is that it can be much more efficiently distributed by the insurance system (including the social insurance system) than by the legal system. Accordingly, had I included compensation as a social goal, we would not have been led to conclude that the socially appropriate volume of suit would be much different from what I identified it to be.*" SHAVELL, Steven. The fundamental divergence between the private and the social motive to use the legal system. **Journal of Legal Studies**, v. 26, Illinois: The University of Chicago Press, p. 578-579, 1997. Disponível em: https://pdfs.semanticscholar.org/d4d6/0a225e49d6f953e8020b9aea072cc3091b80.pdf. Acesso em: 25/04/2019.

exemplo, de precedentes e formação de jurisprudência[16]) e incentivos negativos (desincentivos) para aqueles que causam danos à esfera jurídica alheia.[17] Aqui entra em cena a noção de bem público em sentido econômico. Como vimos anteriormente,[18] bem público para a análise econômica é um bem não excludente e não rival. Um bem não excludente é aquele de cujo consumo é muito difícil – muito custoso – excluir as pessoas que por ele não pagam. Um exemplo: segurança nacional. Imaginemos que um país, com o dinheiro dos impostos dos seus cidadãos, crie um exército para prover a segurança das fronteiras, mas que nem todos os cidadãos tenham recolhido os seus impostos a tempo e modo. Os cidadãos que não recolheram os seus impostos corretamente não serão excluídos da segurança das fronteiras provida pelo exército. Todos os que estão dentro da nação usufruirão da segurança nacional, quer tenham pagado por ela quer não.

A não rivalidade dos bens públicos significa, a seu turno, que o seu consumo por alguém não retira do bem a utilidade que ele possuía antes do consumo. Se alguém come uma maçã inteira, a maçã passa a ter sido consumida (é claro...). Ninguém mais poderá consumir a mesma maçã. O mesmo não ocorre com os bens públicos em sentido econômico. O fato de alguém usufruir da (consumir a) segurança nacional, andando livremente no território do país que provê a segurança sem ser incomodado

---

[16] Shavell relativiza a necessidade de uso do sistema judicial para o atingimento dessas metas, dizendo que o número de casos necessário para a amplificação do direito por meio do Judiciário é provavelmente baixo: "*Another potential goal of suit is to foster the amplification of law through its interpretation and the setting of precedents. In considering this goal, two factors should be borne in mind. First, of course, because the great majority of cases are resolved short of trial – apparently over 95 percent – they cannot result in development of the law. Second, of the cases that do go to trial, many donot result in changes in law, as is noted below in Section IVB. Although these factors limit the general importance of the amplification of law as a social reason for suit to be brought, it may still be of substantial significance in some areas of adjudication, especially where the law is in flux.*" SHAVELL, Steven. The fundamental divergence between the private and the social motive to use the legal system. **Journal of Legal Studies**, v. 26, Illinois: The University of Chicago Press, p. 595-596, 1997. Disponível em: https://pdfs.semanticscholar.org/d4d6/0a225e49d6f953e-8020b9aea072cc3091b80.pdf. Acesso em: 25/04/2019.

[17] *As for the lawyer who does spend time in litigation, those cases may not produce anything for which there is a market, but they are efforts, sometimes successful, to produce goods people value very much but for which there is no market: justice and rights, for example, as well as incentives for wrongdoers to act more carefully next time – to avoid negligence, to perform their contracts, and so forth. Still, there is no denying that some litigation amounts to squabbling that consumes resources without producing anything valuable. Naturally lawyers, like lobbyists and politicians, aren't comfortable with the thought that some of their activities are largely wasteful. They tell themselves stories in which they are serving the public interest (as we did above). The stories are partly right. All those activities – politics, lobbying, and litigating – are partly wasteful and partly beneficial. It is a question of proportion, and it's well worth worrying about, but we can't settle it here. For now our goal has been more modest. It has been to explain what rent seeking is and when and why it's a problem; for if you understand that much you can make an intelligent start on these questions for yourself.* FARNSWORTH, Ward. **The legal analyst**: a toolkit for thinking about the law. Chicago: The University of Chicago Press, 2007, p. 73.

[18] Abordamos o tema no capítulo 3 desta obra, quando tratamos das falhas de mercado. Para mais informações sobre o tema, ver: MANKIW, N. Gregory. **Introdução à economia**. Tradução de Allan Vidigal Hastings, Elisete Paes e Lima, Ez2 Translate. São Paulo: Cengage Learning, 2014, p. 203-217.

por terroristas estrangeiros, não retira a possibilidade de outros consumirem a segurança nacional na mesma medida. Repita-se: na mesma medida.

A ideia de bem público pode ser aplicada aos benefícios criados pelos litígios e para os quais não há mercado (dos quais se falou acima): justiça, direitos e desincentivos à lesão da esfera jurídica de terceiros.[19] Essas três espécies de bens são também, em grande medida, não excludentes e não rivais. O acesso à justiça é universal e, portanto, não excludente.[20] Da mesma forma: a justiça criada na resolução de um litígio pelo Estado não reduz, em princípio, a justiça disponível para a resolução dos demais litígios presentes na sociedade,[21] o mesmo valendo para os direitos e os incentivos negativos

---

[19] Introduza-se, desde logo, o pensamento de Shavell, para quem existe uma divergência entre os incentivos privados e sociais para o ajuizamento de ações judiciais: "*But there is another important source of divergence between the private and the social incentive to use the legal system: that involving the difference beween the private and the social benefits of its use. This divergence in benefits can work either to exacerbate or to counter the tendency toward its excessive use due to the private-social cost divergence. To explain, consider one of the principal social purposes of litigation, deterrence of unwanted behavior. This social goal has little to do with a person's decision whether to bring suit. The motive of a person who brings suit is ordinarily not chiefly, if at all, to deter socially undesirable behavior in the future. Rather it is usually to obtain compensation for harm or other relief. Therefore, the plaintiff's benefit from suit does not bear a close connection to the social benefit associated with it and may bear almost no connection at all. As I will amplify, it could be that the plaintiff's benefit from suit exceeds the social deterrent benefit (suppose that damages are high but that deterrence is slight because there is little injurers can do to reduce harm). Or it could be that the plaintiff's return from suit is less than its deterrence effect (suppose that damages would be small but that deterrence would be significant because injurers can exercise cheap and effective precautions). If the private benefit from suit exceeds the social, the tendency toward socially excessive suit owing to plaintiffs' bearing only a part of social costs will be reinforced. If the private benefit falls short of the social benefit, however, there may be too little incentive to bring suit. Similarly, the private benefit from a particular legal expenditure (developing a new legal argument, hiring an expert, whatever) is generally different from the effect that the expenditure will have on deterrence. Likewise, the private advantages of trial are likely to be different from the social benefits of trial; these benefits are associated with, among other factors, the deterrence created by information gained from trial and public exposure of defendant misbehavior. Although the divergence in the last paragraph concerns the social benefit of deterrence, a private-social divergence plainly may exist with respect to other social benefits of use of the legal system, too, such as compensation of victims of harm or the elaboration of the law through its interpretation and the setting of precedent. The reason is that private parties are not usually concerned, or are not exclusively concerned, with the social purposes of litigation, whatever may constitute these purposes; private parties are primarily concerned with their selfish benefits from litigation.*" SHAVELL, Steven. The fundamental divergence between the private and the social motive to use the legal system. **Journal of Legal Studies**, v. 26, Illinois: The University of Chicago Press, p. 578-579, 1997. Disponível em: https://pdfs.semanticscholar.org/d4d6/0a225e49d6f953e8020b9aea072cc3091b80.pdf. Acesso em: 25/04/2019. O assunto será mais bem examinado no tópico 8.2, em que se tentará responder a seguinte questão: por que tantas ações judiciais são ajuizadas?

[20] Nesse sentido, preceitua o artigo 5º, XXXV, da CF: a lei não excluirá da apreciação do Poder Judiciário lesão ou ameaça a direito.

[21] O acesso à justiça, no entanto, está sujeito a problemas de congestionamento, o que leva a crer que o acesso à justiça consista muito mais num recurso comum que num bem público. A distinção, no entanto, escapa aos limites do presente texto. Sobre o tema, confira-se PIMENTEL, Wilson. **Acesso responsável à justiça: o impacto dos custos na decisão de litigar**. Rio de Janeiro. Lumen Juris, 2019. p. 13 e 14. O que interessa é deixar marcada a ideia de que, para a produção

à lesão da esfera de terceiros.[22] Dos direitos e dos incentivos para se obedecer ao ordenamento criado por um litígio é muito difícil excluir aqueles que não fizeram parte do litígio, afinal os resultados dos litígios (as sentenças e acórdãos) são públicos. E o "consumo" pelas pessoas das regras de conduta que lhe são aplicáveis não diminui a potencialidade de essas mesmas regras orientarem o comportamento de outras pessoas. Na história brasileira recente, durante a Ditadura Militar, advogados como Sobral Pinto se engajaram voluntariamente e a título gratuito com a proteção, em litígio, de direitos básicos dos cidadãos, uma atividade benéfica para a sociedade brasileira como um todo.

As características dos bens públicos em sentido econômico – não exclusão e não rivalidade – afastam a possibilidade daqueles que os produzem de obter para si integralmente os benefícios resultantes dessa produção (de internalizar totalmente a externalidade positiva que produzem). Volte-se ao caso da segurança nacional. O Estado não consegue excluir da segurança nacional quem não paga por ela. Seria muito custoso prover segurança nacional apenas para aqueles que se encontram com seus impostos em dia (como excluir da segurança nacional quem tem pendências com o Fisco? Expatriando-os? Qual seria o custo disso?). Se ao menos a segurança nacional fosse um bem rival, seria possível provê-la de maneira limitada, de maneira que o consumo daqueles que estão com os seus impostos em dia reduziria automaticamente a possibilidade de consumo dos demais. Ocorre que a segurança nacional é um bem não rival.

Quando não é possível retirar da produção de um bem todos os benefícios que ele gera para a sociedade (internalizar as externalidades positivas), diz-se que faltam

---

de bens como justiça e direitos as pessoas não possuem incentivos suficientes, razão pela qual o seu provimento ou deve se dar pelo Estado ou ao menos deve ser regulado por ele.

[22] Se Shavell, por um lado, nota que os benefícios sociais advindos do ajuizamento de ações civis na maior parte dos casos não justificam o seu custo social, nota também que, nos casos de ações penais, a sociedade não pode confiar unicamente nos privados. Não é por outra razão que a titularidade de boa parte das ações penais recai sobre o Ministério Público. O interesse privado de uma vítima de um furto, por exemplo, é, na maior parte das vezes, ser compensado pelo bem furtado, independentemente da punição do infrator. O benefício público que resulta do julgamento da ação penal, no entanto, é a dissuasão criminal (desincentivo à prática de furto). Textualmente: "*Public Prosecution of Criminal Cases. The private-social divergence in incentives to litigate also bears on criminal law, in that it helps explain why society cannot easily rely on private parties to bring criminal cases and in fact resorts to public prosecution. The private benefit from bringing a criminal case consists mainly in the satisfaction of seeing a criminal punished for his misdeed. The benefit does not involve monetary relief, for that is largely the province of tort law, and in any event many if not most criminals have only meager assets so could not pay much to their victims. The social benefits of criminal prosecution are, however, frequently much higher, due to deterrence effects and the incapacitation of criminals. Hence, the social benefits of prosecution may substantially outweigh the private. Furthermore, were it left solely to private parties to decide whether to prosecute, criminal should be likely to engage in threats and violence to prevent their prosecution because the payoff would be great (even with public prosecution this can be a difficulty). In effect, the costs of private prosecution might become extremely high. One suspects, therefore, that were society to depend on private prosecution of criminal cases, the number of cases brought would be grossly inadequate. Public prosecution may thus be viewed as an answer to this latent problem.*" SHAVELL, Steven. The fundamental divergence between the private and the social motive to use the legal system. **Journal of Legal Studies**, v. 26, Illinois: The University of Chicago Press, p. 600, 1997. Disponível em: https://pdfs.semanticscholar.org/d4d6/0a225e49d-6f953e8020b9aea072cc3091b80.pdf. Acesso em: 25/04/2019.

incentivos para a sua produção. Assim se dá com a segurança nacional e também com a promoção da justiça, com a defesa de direitos e a produção de desincentivos à violação da esfera jurídica de terceiros. As pessoas privadas possuem poucos incentivos para criar, com os seus próprios recursos, segurança nacional, justiça, direitos. É que se coloca o problema dos caronas (*free-riders*). Por que eu vou criar uma força de segurança nacional ou por que vou eu criar regras de conduta a todos aplicáveis, gastando meu tempo, raciocínio e dinheiro, se eu posso esperar que outra pessoa o faça e então usufruir livremente desses bens sem pagar nada por eles (porque são não excludentes e não rivais)? Aí está, portanto, uma razão para a resolução de litígios pelo Estado contemporâneo. E aí estão, de maneira simplificada, alguns dos benefícios sociais que podem resultar dos litígios. Litígios, repita-se, criam bens para cuja produção os particulares não possuem incentivos (justiça, direitos). Litígios criam bens que não se podem comprar nos mercados.

Mas os litígios atuam também sobre os mercados de maneira decisiva. Litígios podem ter o condão de pôr os mercados para funcionar. A ideia motora – e fundadora, enquanto disciplina autônoma – da AED foi o Teorema de Coase. Segundo o Teorema de Coase, em ambientes (mercados) nos quais as pessoas conseguem contratar com poucos empecilhos (em contextos de baixos custos de transação), a eficiência das trocas não é afetada pelas regras jurídicas – as regras jurídicas possuem apenas efeitos distributivos em ambientes com baixos custos de transação.[23] Quando as pessoas conseguem contratar sem grandes empecilhos, segundo Coase, os bens passarão para os seus usos mais valiosos – para as pessoas que os valoram mais – independentemente do que dizem as regras jurídicas.

Usemos um exemplo do próprio Coase. Imaginemos que uma padaria, que se situa próxima ao consultório de um médico, esteja a fazer muito barulho, de modo a afetar a qualidade do trabalho do médico. Imaginemos que o médico ajuíze uma ação em prejuízo da padaria, a fim de que o barulho cesse. Valendo o Teorema de Coase, pouco importa quem tem direito ao quê nessa situação. Imaginemos que o médico retire do consultório uma renda mensal de R$ 50.000,00 (cinquenta mil reais) e que o dono da padaria retire do seu negócio uma renda mensal de R$ 20.000,00 (vinte mil reais). Se, na ação judicial, o juiz de direito julgar que é o médico que possui direito a se ver livre do barulho, o dono da padaria então deverá encontrar algum meio de se livrar do barulho (comprar um sistema de bloqueio do barulho, caso compense) ou então se mudar. Se, no entanto, o direito pertencer ao dono da padaria – porque, por exemplo, instalou primeiro o seu negócio no local ou porque o barulho não ultrapassa

---

[23] Sobre os efeitos distributivos do direito em ambientes com baixos custos de transação: "*If the parties to a case can bargain easily, a court needn't worry about waste resulting from whatever decision it makes; the parties will talk afterwards and make sure there isn't any. In those cases it might fairly be said that the law doesn't matter much. Or rather the law doesn't matter much so far as avoiding waste, or getting to an efficient result, is concerned. The law still does matter very much to the parties and to most of the rest of us, since the legal rule will determine whether either of them has to pay anything to the other. But that is a worry about how wealth is distributed between the parties, and right now we aren't focusing on that. We're focusing on how to get to a 'single owner' solution of a conflict that maximizes the total size of the pie the parties have, however it may␣be carved up.*" FARNSWORTH, Ward. **The legal analyst**: a toolkit for thinking about the law. Chicago: The University of Chicago Press, 2007, p. 75-76.

o limite aceitável –, o médico, que retira mais utilidade do consultório que o padeiro da padaria, poderá negociar com o dono da padaria ou a redução do barulho, comprando ele, médico, um sistema interno à prova de som para a padaria; pagando pelos custos da realocação da padaria; ou ainda comprando a própria padaria e fechando-lhe as portas, o que for mais barato. A hipótese de o médico comprar a padaria e a fechar parece a mais extremada, mas é importante notar que, mesmo nesse caso, o médico pode pagar R$ 20.000,00 (vinte mil reais) por mês ao dono da padaria – se for esse o preço ao qual as partes chegarem – e continuar retirando R$ 30.000,00 (trinta mil reais) do seu consultório.[24]

A premissa mais conhecida para que o Teorema de Coase funcione é a dos baixos custos de transação. Mas existe uma outra premissa igualmente importante: a de que

---

[24] O exemplo foi adaptado de Farnsworth: "*We have spent several chapters talking about various kinds of waste that are worries to the law. The most basic and most important example is behavior by people that creates some benefits for themselves but more costs for others, like failing to take simple precautions to avoid accidents. The problem is that sometimes the things you do create costs for others that you don't feel, and so may not take into account in deciding how to act. We have seen that sometimes legal rules can be viewed as ways to correct that: they make people act the way they would if they cared equally about all the costs and benefits of what they did. Now let's consider another take on the problem, which is that there might not be a problem if the parties can easily make contracts with each other. If you're creating more costs to me than benefits for yourself, I can pay you to stop – and that will be the end of the waste even without help from the law. The idea sounds simple but is easy to overlook. It was first introduced by Ronald Coase, who later won the Nobel Prize in economics partly on the strength of the point. Coase liked to illustrate his argument with examples from old common law cases, and they are convenient for us as well. Imagine a bakery next door to a doctor's office. The bakery creates lots of noise – banging away with pots and pans and so forth. The doctor finds that this disturbs his medical practice, so he brings a lawsuit claiming the bakery is a nuisance. There are various ways to think about the problem, but one – and the one most congenial to the style of analysis we've been developing – is to ask how we can get the most total value out of the space the doctor and the baker share. If there is great value in doing one of the activities there but not so much value in the other, then on this view the more valuable one should have its way. That is what a single owner would do who ran a doctor's office and an adjacent bakery: leave the more valuable one where it is and move the other. It's like the choice between the ox and the goa that we encountered in the discussion of the single owner [...]. At this point, though, it might seem that there's a problem: how can a court figure out which of these activities – the doctor's or the baker's – is more valuable? Coase's idea was that the court doesn't have to figure it out for the parties. They will figure it out for themselves, no matter who wins the lawsuit. Suppose the location is hugely valuable to the doctor and less valuable to the baker. In that case either the doctor will win the lawsuit and the baker will leave, or the doctor will lose and pay the baker to leave: since the location is worth more to the doctor than the baker, it stands to reason that there's a deal to be made between them. To make it concrete, let's suppose the doctor derives $10,000 a month from being there (as opposed to anyplace else), and the baker gains only $2,000 – but the baker wins the case. The doctor will say, 'See here; don't make me leave. We would both be better off if I simply stayed and paid you, say, $3,000 each month – or a comparable lump sum now – to compensate you for the difference between being here and moving to your next favorite location.' By bargaining the parties thus will find their way to the same solution a single owner would have reached. Here is another way to see the point: at first the noise the baker makes looks like an external cost of his operation; it's a cost he doesn't feel (only the doctor feels it). But if the parties can bargain, then the baker does feel the cost after all, though in a different sense than we have seen before. He feels it in the form of a $3,000 payment that he will turn down if he stays. Again, this will make him think the way a single owner would.*" Ibidem, p. 75-76.

os direitos, as titularidades estejam bem definidas. No caso do médico e da padaria, o direito ou titularidade consistia em saber quem possuía a prerrogativa de fazer valer suas preferências em relação ao barulho. Era o médico que tinha direito a se ver livre do barulho ou era o padeiro que possuía direito a fazer o tal barulho (porque, por exemplo, o barulho estava dentro do limite aceitável)? Mesmo quando as regras de direito estão perfeitamente redigidas, a sua aplicação conjunta pode ser problemática. Imaginemos que, no curso da ação judicial, o padeiro argumente que o barulho estava dentro do limite aceitável na área geográfica e que o próprio médico não conteste essa alegação do dono da padaria. Suponhamos que o argumento do médico seja o de que, segundo o princípio da função social da empresa, ele possui o direito de se ver livre do barulho, porque com o barulho a sua empresa (o seu consultório) não pode funcionar corretamente.

O que o juiz de direito deverá resolver na sentença é se o princípio da função social da empresa afasta a regra concernente ao barulho aceitável. Trata-se de um conflito entre titularidades (deixemos de lado a qualidade dos argumentos do médico e do dono da padaria). Se há conflito entre titularidades, é possível dizer que as titularidades, nesse caso, não estão bem definidas. A sentença que resolverá o litígio resolverá esse conflito – definirá os direitos, as titularidades –, abrindo caminho então para que o Teorema de Coase possa funcionar e para que o mercado jogue o seu jogo. A sentença dirá quem tem direito ao quê. Se, como se disse acima, o direito couber ao médico, caberá ao padeiro examinar se vale a pena adquirir um sistema de bloqueio do barulho ou se é mais vantajoso mudar a localidade do seu negócio. Se o direito, entretanto, couber ao dono da padaria, caberá ao médico: ou negociar com o padeiro a instalação do sistema de bloqueio do barulho, pagando pelo sistema do seu próprio bolso (médico); ou negociar com o padeiro a realocação da padaria; ou mesmo comprar a padaria e fechar-lhe as portas, como dito antes.

É interessante notar que a sentença que resolver a questão terá o condão de orientar o comportamento de outros padeiros e médicos, que, em situações semelhantes, saberão quais são as suas titularidades. Se o padeiro se sair vitorioso na ação, outros médicos cujo estabelecimento se situa próximo de negócios barulhentos – mas que obedecem ao limite de barulho aceitável da região – saberão que o argumento de que a função social da empresa deve afastar a regra acerca do limite de barulho é inválido. Não existe esse direito, não existe essa titularidade. Ou seja, a definição de titularidades por meio dos litígios não beneficia apenas os litigantes, mas também aqueles que estão sujeitos ao mesmo ordenamento.[25] Os litígios desempenham esse importante papel nos mercados.

Concluímos essa breve introdução afirmando que litígios são um fenômeno presente não só na vida dos advogados, mas de todas as sociedades contemporâneas que elegem o direito em seu modelo moderno para a administração de seus conflitos.

---

[25] "*The there is a different reply to the failure of parties to bargain after judgment in real nuisance cases: they aren't the parties we should be worrying about. Of course those few who insist on litigating all the way to a final judgment probably do hate each other; litigation isn't known for encouraging tender feelings between the parties. But most people settle their cases earlier, or – much more often – resolve their differences without lawsuit at all. They, too, will encounter legal rules made earlier by the courts, and presumably they will be perfectly willing to treat those rules as the starting point for good-natured bargaining. Yet here again there is evidence that doesn't quite square with the Coasean vision.*" Ibidem, p. 82.

Litígios tanto criam benefícios sociais quanto significam desperdício de riquezas. E, se é verdade que litígios significam, em alguma medida, desperdício de riqueza, o melhor é que impliquem a menor perda possível. Cabe, portanto, na linha do que propõem Cooter e Ulen, introduzir a visão normativa da literatura econômica a respeito do direito processual,[26] que é o meio pelo qual os litígios se desenrolam: o direito processual deve servir à redução dos custos sociais com litígios.[27]

Antes disso, contudo, um último apontamento introdutório merece ser feito. O que se desenvolverá aqui se aproxima de uma teoria econômica geral dos litígios, ou seja, uma análise econômica que independe do contexto nacional ao qual aplicada e do ramo do direito em estudo (processo civil, processo penal, processo do trabalho). Sempre que possível, far-se-á referência ao ordenamento jurídico brasileiro, mas não pretendemos (e é isso que queremos explicitar) realizar uma análise econômica do direito processual brasileiro e das alternativas brasileiras ao processo judicial (conciliação, mediação, arbitragem).

A maioria dos exemplos lançados abaixo toma em conta casos de natureza civil e, principalmente, de responsabilidade civil (uma vez que se trata do ramo que, talvez se possa dizer, é o mais assentado sob a perspectiva da AED, dada a facilidade com que se consegue estabelecer as suas premissas e quantificar as suas variáveis). De todo modo, muitos dos exemplos podem ser transpostos para outros ramos do direito. Por exemplo: a preferência sobre a análise econômica normativa do direito por meio de acordos, em lugar do processamento e julgamento das causas, não se restringe à matéria cível. Os acordos entre os promotores de justiça e os acusados de cometer crimes com base na regra do artigo 76 da Lei dos Juizados (Lei nº 9.099/1995) também poupam os

---

[26] Sobre as dimensões positiva e normativa da análise econômica do direito: *[...] One cannot have a sophisticated understanding of tort law or tort theory without first having some familiarity with basic law and economics. The theoretical-doctrinal relationship is actually somewhat reciprocal. Indeed, to understand modern economics analysis requires an apprecitaion of the impact that tort law has had on its development. To see why, it is necessary first to consider two general modes of analysis within law and economics: the positive mode, which is descriptive or predictive; and the normative mode, which is prescriptive or judgmental. Legal economists have asked two types of positive questions. First, all legal economists ask: What are a policy's behavioral effects, and would that policy lead to the efficient – that is, the cost minimizing – outcome? Second, some legal economists also ask: what would the law look like if efficiency were its sole purpose, and does the law, in fact, look like that? This second type of question is asked by scholars – positivists – testing the hypothesis that judge-made law is currently structured as if efficiency were its sole purpose (for example, Landes and Posner 1987; Easterbrook and Fischel 1991). Asserting and testing that positive hypothesis was once the central project of law and economics and was largely responsible for the rapid rise of what we are calling second-generation law and economics. The positive hypothesis would eventually lose most, though certainly not all, of its adherents. Still, it was the positivists' impressive initial successes that seemed to convince many scholars and judges to take efficiency seriously as a legal goal. It was in part because of the positivists' striking empirical support for the claim that "the logic of the law is really economics," (Posner 1975, p. 764) that scholars and some jurists leapt to the normative view that the logic of the law ought to be economics (Michelman 1978, pp. 1038-1039).* HANSON, Jon D., HANSON, Kathleen & HART, Melissa. Game Theory and the Law. In: Kalyan Chatterjee & William Samuelson (eds.). **Game Theory and Business Applications**. 2ª ed. Springer, 2013, p. 233-263.

[27] COOTER, Robert; ULEN, Thomas. **Law and Economics**. 6. ed. Berkeley: Berkeley Law Books, 2016, p. 382-418.

custos de administração do processo penal. Como, no entanto, é o direito processual civil que permeia toda a temática dos litígios no Brasil,[28] as referências ao ordenamento processual pátrio dar-se-ão quase que exclusivamente com base nas normas que regulam o processo civil.

11.1 A REDUÇÃO DOS CUSTOS SOCIAIS

Custos sociais são, para a teoria econômica, os custos privados mais as externalidades[29]. Pensemos num fabricante de sapatos que os comercializa diretamente ao consumidor. Numa transação econômica entre o vendedor e o consumidor, há apenas custos privados, isto é, aqueles incorridos pelo produtor de sapatos para os produzir (insumos e custo de oportunidade do trabalho) e ocasionais custos de transação[30] (que incidem sobre o consumidor, por exemplo, ao pesquisar o preço dos sapatos e ao se dirigir ao estabelecimento do vendedor). Fala-se que os custos, nesse exemplo, são privados porque eles recaem apenas sobre os envolvidos na transação. Os custos de produção são atribuídos ao fabricante e os ocasionais custos de transação são assumidos pelo consumidor.

Os custos sociais acrescem aos custos privados os custos advindos das externalidades. Para continuarmos utilizando o exemplo anterior, imaginemos que o fabricante de sapatos polua um rio próximo à fábrica, causando danos à saúde de uma determinada população. Desde que não exista um mandamento jurídico a impor a internalização dos custos relacionados a esses danos (como uma sentença judicial, por exemplo, estipulando o dever de indenizar ao fabricante; ou mesmo uma regra de direito material, incentivando uma transação privada para a internalização desses custos[31]), nem o

---

[28] Nesse sentido, estipula o artigo 15 do Código de Processo Civil de 2015 que: "Na ausência de normas que regulem processos eleitorais, trabalhistas ou administrativos, as disposições deste Código lhes serão aplicadas supletiva e subsidiariamente".

[29] Agora vamos supor que as fábricas de alumínio emitam poluentes: para cada unidade de alumínio produzida, uma determinada quantidade de fumaça entra na atmosfera. Como a fumaça cria risco para a saúde de quem respira esse ar, trata-se de uma externalidade negativa. Como essa externalidade afeta a eficiência do resultado de mercado? Por conta da externalidade, o custo de produção de alumínio para a sociedade é maior que o custo para os produtores de alumínio. Para cada unidade de alumínio produzida, o custo social inclui os custos privados para os produtores mais os custos das pessoas afetadas adversamente pela poluição. [...] A curva de custo social se localiza acima da curva da oferta porque considera os custos externos impostos à sociedade pelos produtores de alumínio. A diferença entre as duas curvas reflete o custo de poluição emitida. Que quantidade de alumínio se deve produzir? Para responder a essa pergunta, vamos considerar novamente o que faria um planejador social benevolente. O planejador quer maximizar o excedente total originado no mercado – o valor do alumínio para os consumidores menos o custo de produção dele. O planejador entende, contudo, que o custo de produção inclui os custos externos de poluição." MANKIW, N. Gregory. **Introdução à economia**. Tradução de Allan Vidigal Hastings, Elisete Paes e Lima, Ez2 Translate. São Paulo: Cengage Learning, 2014, p. 185-186.

[30] De maneira simplificada, custos de transação podem ser entendidos como quaisquer obstáculos à barganha. COOTER, Robert; ULEN, Thomas. **Law and Economics**. 6. ed. Berkeley: Berkeley Law Books, 2016, p. 85.

[31] A sentença ou a regra de direito material poderiam impor também o dever de indenizar aos atingidos pela poluição. De fato, não há qualquer instituto jurídico que determine que o dever de

fabricante nem o consumidor arcarão espontaneamente com eles. Diz-se que os custos aí são sociais, justamente porque incidirão sobre toda a sociedade[32] e não apenas sobre o fabricante poluidor ou o consumidor.

O processo judicial, sob a perspectiva dos custos sociais, é dispendioso. Para além das custas e dos emolumentos recolhidos pelas partes em uma ação judicial, o Poder Judiciário é custeado e mantido por toda a sociedade, que paga impostos para, por exemplo, prover os salários dos magistrados. Simplificadamente, os custos sociais inerentes ao processo judicial são de duas ordens: os de administração e os de erro. Comecemos pelos primeiros. Para o desenrolar de um processo judicial, são necessários juízes, servidores, advogados, assim como a prática de atos processuais por esses profissionais, o que toma o seu tempo de trabalho (trata-se do custo de oportunidade dos operadores do direito)[33]. Mas não é só isso: são também necessários computadores, redes de informática, papel, instalações físicas, iluminação, internet. Toda essa estrutura ou é custeada com o dinheiro de impostos ou mediante o pagamento de honorários, custas e emolumentos pelos envolvidos no litígio. A isso se dá o nome de custos de administração das regras processuais (*administrative costs*). Podemos pensar o direito processual como um instrumento para a aplicação do direito material (para, por exemplo, dar força aos contratos e estipular indenizações por dano moral). O uso de qualquer instrumento é custoso. No mínimo, gasta-se tempo com ele. Essa visão é profícua para compreendermos os custos de administração do processo. A utilização do processo judicial para a aplicação do direito substantivo por si só é custosa. É necessário que pessoas o manejem, despendendo esforços para tanto.[34]

Além dos custos de administração das regras, existem os custos de erro, que são também sociais e inerentes ao processo.[35] Custos de erro são aqueles assumidos pela

---

indenizar recaia necessariamente sobre o poluidor. A situação é bilateral. Sobre o tema: COASE, Ronald H. The Problem of Social Cost. **The Journal of Law & Economics**, vol. 3, 1960, p. 1–44. JSTOR, JSTOR, www.jstor.org/stable/724810. e CALABRESI, Guido; MELAMED, Douglas A. Property rules, liability rules, and inalienability: one view of the cathedral. **Harvard Law Review**, Boston, v.85, 1972, p. 1089-1128.

[32] Que terá, por exemplo, de financiar, por meio de um sistema de saúde pública, a eliminação dos danos causados à saúde das pessoas que utilizem a água do rio poluído para a sua sobrevivência.

[33] *In the simple model, the economics goal of the tort liability system is to minimize the sum of the costs of precaution and the harm caused by accidents. A more complex model includes another important element of costs: administration. Administrative costs are incurred to allocate the costs of accidental harm. For example, a system of private law incurs the costs of lawyers, judges, and other officials involved in resolving legal disputes. Similarly, a public system to compensate workers injured on the job must collect taxes, decide claims, and pay benefits.* COOTER, Robert; ULEN, Thomas. **Law and Economics**. 6. ed. Berkeley: Berkeley Law Books, 2016, p. 223.

[34] *To develop a simple measure [of social costs], think of procedural laws as instruments for applying substantive laws. Using instruments costs something, which, following Chapter 6, we call "administrative costs." Administrative costs are the sum of the costs to everyone involved in passing through the stages of a legal dispute, such as the costs of filing a legal claim, exchanging information with the other party, bargaining in an attempt to settle, litigating, and appealing.* Ibidem, p. 385.

[35] *In comparison to administrative costs, error costs are more difficult to understand and measure, because measuring an error requires a standard of perfection. To obtain a standard of perfection, consider the information possessed by courts. In reality, courts have imperfect information, which causes them to make mistakes when applying substantive law. As information improves,*

sociedade quando, no processo judicial, os julgadores cometem erros na aplicação do direito. Erros judiciários desvirtuam os incentivos dos agentes no mercado e na vida social como um todo, e impõem uma série de custos às partes e à sociedade. Erros judiciários criam insegurança jurídica e incentivam o ajuizamento de mais ações judiciais. Se, em um determinado tribunal, uma das câmaras julgadoras assumir um posicionamento sobre o tema X e outra posicionar-se em sentido contrário a respeito do mesmo tema, todos os interessados em causas semelhantes ver-se-ão incentivados a ir a juízo – tanto os que esperam um julgamento procedente quanto os que esperam um julgamento improcedente. A circunstância de o caso vir a ser julgado por uma ou outra câmara torna-se uma questão de sorte. Em havendo recurso, o sucesso na causa dependerá do sorteio (sorte!) da câmara que será designada para julgá-la. Ocorre que, quanto mais ações judiciais são ajuizadas, maior será o dispêndio de tempo dos juízes e de recursos públicos com a estrutura do Judiciário e, portanto, maiores os gastos públicos.

Os custos de erro não se referem apenas ao erro na decisão final dada ao caso concreto. Eles consistem igualmente na soma dos custos de todas as decisões erradas que eventualmente sucederão a primeira decisão incorreta tomada como parâmetro. Consistem também em atitudes negligentes das partes, que, sabedoras do erro judiciário, violarão as regras do ordenamento de maneira voluntária, na expectativa de que, caso tenham de enfrentar uma ação judicial pela violação de uma norma, sejam favorecidas por novos erros judiciários. Daí por que se diz que um erro judiciário implica a distorção dos incentivos dos agentes no mercado e na vida em sociedade.

O exemplo de Cooter e Ulen a respeito do tema ajuda a elucidar esse ponto.[36] Imaginemos que um consumidor tenha inserido um aditivo de combustível no seu veículo e que, em razão disso, o motor tenha sido danificado. Consideremos ainda que o conserto tenha custado R$ 2.500,00 (dois mil e quinhentos reais). Se, no julgamento da ação de indenização, o fabricante do aditivo for condenado a indenizar o consumidor somente em R$ 2.000,00 (dois mil reais), o erro nesse caso concreto terá sido de R$ 500,00 (quinhentos reais)[37]. Os custos sociais do erro, contudo, não consistem nesses R$ 500,00 (quinhentos reais). Suponhamos que, em razão do dano, o fabricante veja-se incentivado a diminuir o controle de qualidade sobre o aditivo, com o que economizará R$ 1.000,00 (mil reais).[38] Imaginemos ainda que, em razão da redução do controle de qualidade do aditivo, mais quatro consumidores sofram danos nos seus veículos. A redução do controle de qualidade por parte do fabricante, nesse exemplo, deu-se pela distorção dos incentivos causados pelo erro judiciário inicial. Desse modo, os custos sociais do erro são advindos de um menor controle de qualidade: o total dos

---

however, courts make fewer mistakes. As a thought experiment, imagine a court that possesses perfect information about the facts and the law for every case it decides. Such a court never makes mistakes. [...] In brief, the court gives ideal decisions relative to existing law and the actual facts. We will call such a decision the perfect-information judgment, which we denote j*. Ibidem, p. 385.

[36] Ibidem, p. 385-386.
[37] R$ 2.500,00 – R$ 500,00 = R$ 2.000,00.
[38] O fabricante pode, por exemplo, vir a diminuir o controle de qualidade sobre o produto por imaginar que, dentre os consumidores lesados pelo aditivo, poucos irão a juízo. Dos que forem, apenas alguns ganharão as suas causas. E, dentre os que ganharem as causas, poucos farão jus a um montante indenizatório alto.

danos sofridos pelos consumidores lesados por um menor controle de qualidade (R$ 10.000,00 (dez mil reais)[39]) menos o quanto o fabricante economizou com a redução do controle de qualidade (R$ 1.000,00 – mil reais), ou seja, os danos sociais do erro nesse exemplo somam R$ 9.000,00 (nove mil reais).

Para a análise econômica normativa dos litígios, como dissemos, os processos judiciais devem ter por finalidade a redução dos custos sociais. Deve ser o objetivo daqueles que administram as controvérsias surgidas da vida em sociedade a redução dos custos de administração das regras e dos custos de erro judiciário. Nesse sentido, a realização de acordos surge como um meio para essa limitação. Como acordos economizam custos administrativos (honorários, custas, tempo das partes com audiências e depoimentos), para a análise econômica normativa do direito, acordos são preferíveis a julgamentos.[40] Na sequência, examinar-se-ão algumas questões relacionadas aos processos judiciais com base na redução dos custos sociais.

11.2 POR QUE TANTAS AÇÕES SÃO AJUIZADAS?

Processos judiciais, como vimos, são custosos. Em alguma medida, assemelham-se a esforços inúteis, voltados para a divisão de um prêmio. Os principais custos dos processos judiciais são: (i) honorários, custas e despesas processuais; (ii) tempo; e (iii) incerteza.[41]

Os primeiros[42] tornam o processo custoso em virtude daquilo que, na linguagem forense, é designado por *jus postulandi*, isto é, o direito de peticionar em juízo, que apenas os advogados detêm no Brasil.[43] Cuida-se, de certa maneira, de uma reserva de mercado permitida pelo Estado através da organização do direito. Em mercados reservados ou com barreiras à entrada, há a possibilidade de se extrair rendas do

---

[39] R$ 2.500,00 x 4.

[40] "*To illustrate, assume that the parties settle out of court on the same terms that a trial would have produced. Because the results of settlement or trial are the same by assumption, the error costs (if there is an error) of settlement equal the error costs of trial. The administrative costs of the settlement, however, are much lower than those of a trial. Consequently, the settlement saves social costs. In general, settlements that replicate the results of trials reduce the social costs of resolving disputes.*" COOTER, Robert; ULEN, Thomas. **Law and Economics**. 6. ed. Berkeley: Berkeley Law Books, 2016, p. 385.

[41] "*[...] Trials are very expensive everywhere. [...] Costs come in three kinds: Fees – Lawyers command high fees in many countries, partly because of the bar's monopoly power, its specialized training and licensure, and its privileged access to legal officials. Legal fees increase further where corruption makes bribery a routine part of the legal process. Delays – Chinese courts dispose of most cases within a year; in Los Angeles it takes around three years to bring a case to the Superior Court, and resolving a court case in India can take a decade [...]. Uncertainty – Lack of clarity in law and uncertainty about how a court might resolve an issue imposes unpredictable costs on people caught in legal disputes.*" Ibidem, p. 404.

[42] A previsão legal dos honorários advocatícios no Brasil é bastante peculiar. Além dos honorários contratuais ajustados entre cliente e advogado, existem os de sucumbência, que, de maneira simplificada, ficam entre 10% e 20% do valor da causa, do proveito econômico obtido na ação ou da condenação (artigo 85 do Código de Processo Civil de 2015), são definidos pelo juiz que elabora a sentença e devem ser pagos pela parte que perde a causa ao advogado do ganhador.

[43] Artigo 1º, I, da Lei 8.906/1994.

consumidor. Ou seja, a classe que controla o mercado pode cobrar um preço superior àquele que se verificaria num mercado concorrencial perfeito. A situação da classe dos advogados no Brasil assemelha-se à de um mercado concentrado e com reserva de atividade[44], pois é preciso integrar o grupo para exercer a profissão. Igualmente, para ir a juízo, o requerente depende da contratação de um advogado. É por esse motivo que os honorários advocatícios são, em regra, elevados. As custas judiciais e despesas, por seu turno, consistem na remuneração paga a servidores e cartorários pela prática de atos forenses. Como todos os procedimentos cíveis (autuação do processo, elaboração de intimações e citações e suas efetivações) são remunerados mediante uma cobrança correspondente, as custas elevam bastante o preço da litigância.

O tempo, para a economia, relaciona-se intrinsecamente com a ideia de "custo de oportunidade". Trata-se do sacrifício de alternativas de ação. Fazer uma escolha (tomar uma decisão) significa deixar de escolher os cursos de ação alternativos. Quem gasta tempo com litígios – quem escolhe litigar – perde a oportunidade de se dedicar a outras atividades que poderiam eventualmente ser mais produtivas. As partes de um processo judicial têm, por exemplo, de gastar tempo quando: buscam a orientação de advogados; organizam documentos para a propositura de ações; dirigem-se a audiências e a outras diligências probatórias. Aí está a razão pela qual se qualifica o tempo como um custo do processo.

Por fim, a incerteza a respeito do conteúdo das decisões de um juiz ou tribunal pode impor custos de imprevisibilidade sobre as pessoas. Sociedades que se organizam segundo as regras de mercado precisam de previsibilidade para funcionar. O cálculo econômico exige previsibilidade. Famílias e empresas precisam se planejar, adotar medidas no presente com vistas ao atingimento de resultados futuros (ou à prevenção de contingências futuras). Ocorre que alguma imprevisibilidade é ínsita à atuação de juízes e tribunais e, no Brasil, essa imprevisibilidade é ainda mais apontada por pesquisas sobre as decisões judiciais. Além disso, a interpretação sobre o direito válido em uma sociedade é dinâmica. Varia com o tempo. Logo, quem litiga sempre está sujeito a alguma imprevisibilidade[45].

---

[44] Do ponto de vista teórico, em abstrato, todas as formas de reserva de mercado assemelham-se aos mercados concentrados (monopólios e oligopólios), independentemente do que ocorre na prática. No caso brasileiro, ainda mais, se considerarmos o fato de que a Ordem dos Advogados do Brasil tem, inclusive, uma tabela que uniformiza os preços. Embora, claro, os advogados, no mercado, não a sigam, necessariamente, na prática.

[45] Falcão, Schuartz e Arguelhes distinguem as incertezas estruturais (normais) do direito das incertezas patológicas. As primeiras seriam inerentes a qualquer processo de aplicação de normas gerais a casos concretos. As segundas, não. Segundo eles: "É preciso destacar que praticamente toda decisão judicial comporta alguma margem de incerteza quanto ao seu conteúdo que não é passível de eliminação, por estar associada a propriedades estruturais do processo de aplicação de normas gerais a casos concretos. Isso não significa, no entanto, que toda incerteza no direito seja desse tipo. As expectativas dos indivíduos quanto ao conteúdo das decisões judiciais que os afeta como destinatários diretos ou indiretos podem ser atingidas negativamente por incertezas de natureza patológica. Isso se dará quando uma expectativa juridicamente fundada for frustrada por uma decisão que não pertença ao conjunto – normalmente, não unitário – das decisões juridicamente satisfatórias diante do caso concreto. Em regra, sempre haverá alternativas decisórias que, embora frustrem as expectativas das partes, podem ser reconduzidas argumentativamente ao direito vigente que cabe ao juiz aplicar. Quando isso ocorre, teremos incerteza normal, que

Mas, se os processos judiciais trazem consigo todos esses custos, cabe perguntar: por que tantas ações judiciais são ajuizadas? Se litígios implicam, em alguma medida, desperdício de riqueza, por que tantas ações judiciais são propostas todos os anos no Brasil?[46] A resposta que a análise econômica tem a dar aponta para o desalinhamento entre os incentivos privados e sociais para ir a juízo. Segundo essa teoria, os incentivos que um interessado em um provimento judicial encontra – isto é, o ocasional autor de uma ação judicial – para iniciar um processo judicial não condizem com aquilo que seria ótimo do ponto de vista social, isto é, com a situação mais eficiente.[47]

Aquele que busca um provimento judicial acionará o juízo toda vez que o benefício esperado decorrente do litígio superar o seu custo.[48] O benefício que um interessado

---

é um dado do sistema jurídico; caso contrário, estar-se-á diante de incerteza patológica, a ser combatida por reformas institucionais e culturais que, a depender da fonte, serão mais ou menos profundas. [...]. Embora imparcialidade e previsibilidade sejam componentes do ideal de Estado de Direito, é possível identificar uma tensão entre ambas: no limite, a parcialidade total é o melhor modo de atingir a previsibilidade total. Algum grau de imprevisibilidade é condição necessária para que exista imparcialidade. Por outro lado, regras jurídicas devem funcionar como mecanismos para lidar com insegurança e incerteza produzidas em outras esferas sociais, gerando zonas de incerteza normal que sejam ao menos percebidas com suficientemente "controladas" pelas técnicas comumente usadas pelos juristas." FALCÃO, Joaquim; SCHUARTZ, Luis Fernando; ARGUELHES, Diego Werneck. Jurisdição, incerteza e estado de direito. **Revista de Direito Administrativo**, Rio de Janeiro, v.243, 2006, p. 108-109.

[46] O Relatório Justiça em Números de 2020, elaborado pelo CNJ, informa que, ao final de 2019, tramitavam no Judiciário brasileiro 77,1 milhões de processos. O mesmo relatório informa, no entanto, que o número de processos no estoque vem se reduzindo nos últimos anos, tendo diminuído em 2,4 milhões de processos (-3%) desde 2017. Essa diminuição no estoque total se verifica apesar do aumento no número de casos novos – 6,8% a mais em 2019 do que em 2018, o que evidencia um aumento da produtividade do Judiciário. CNJ – CONSELHO NACIONAL DE JUSTIÇA. **Justiça em números 2020**: ano-base 2019. Brasília, 2019. Disponível em: https://www.cnj.jus.br/wp-content/uploads/2021/08/rel-justica-em-numeros2020.pdf. Acesso em: 07/06/2021.

[47] "*I now take up the question of how the number of suits that parties are motivated to bring compares to the socially optimal level of suit. The main point that will be made is that the private incentive to bring suit is fundamentally misaligned with the socially optimal incentive to do so, and the deviation between them could be in either direction*". SHAVELL, Steven. **Economic analysis of litigation and the legal process**. Cambridge, 2003, cap. 17, p. 2. Disponível em: http://www.nber.org/papers/w9697. Acesso em: 26/11/2018.

[48] As expressões "custo esperado", "utilidade esperada", "benefício esperado", "valor esperado" refletem todas uma mesma ideia: a condição de risco. Situações de risco, para a análise econômica, são aquelas em que determinada atitude produzirá o resultado com uma certa probabilidade. Existe o risco de que ele ocorra ou não. Isto é, a atitude pode atingir determinado resultado. Sob condição de risco, portanto, os atos de alguém podem ser medidos pela multiplicação da probabilidade de atingimento de determinado resultado versus a magnitude do resultado (*p.M*). Imagine-se um dado não viciado de 6 (seis) faces. Se se fizer uma aposta de que, toda vez que esse dado cair com o número 1 (um) virado para cima, alguém ganhará R$ 600,00 (seiscentos reais), o benefício esperado dessa aposta para esse alguém é de R$ 100,00 (cem reais), uma vez que 1/6 (R$ 600,00) = R$ 100,00. A aposta, nesse caso, consiste numa situação de risco. A respeito da relação entre risco e utilidade esperada: "*The economic value of a good or service is how much someone is willing to pay for it or, if he has it already, how much money he demands for parting with it. These are not always the same amounts, and this can cause difficulties, which*

num provimento judicial espera atingir, no entanto, é uma vantagem privada. A primeira disparidade de incentivos, então, reside na questão do benefício. A possível vantagem que o autor de uma ação pode tirar dela difere dos benefícios sociais que podem advir de uma decisão judicial. Do ponto de vista da AED, um provimento favorável ao autor é uma mera redistribuição de riqueza. Se ganhar a ação, determinada quantidade de capital passará do réu para ele. Assim, o autor de uma ação judicial não leva em conta, quando se decide pelo ajuizamento ou não da ação, necessariamente, os benefícios sociais do litígio, em especial os incentivos e desincentivos que uma decisão judicial é capaz de criar.[49]

Nos casos de responsabilidade civil, as decisões judiciais podem funcionar como desincentivo a futuras lesões da esfera jurídica alheia. Se os causadores de acidentes automobilísticos, por exemplo, puderem tomar providências para reduzir a chance de ocorrência do dano, quando se virem diante de decisões judiciais que imponham o dever de indenizar em montante suficiente, terão incentivos para limitar a probabilidade de ocorrência do dano, isto é, terão razões para adotar maiores precauções na condução dos seus veículos – conduzirão mais devagar e com mais atenção. Cabe às decisões judiciais, nesse caso, fazer com que o cometimento de ilícitos danosos no trânsito não valha a pena. A prolação de sentenças que desincentivem o cometimento de ilícitos danosos são um dos possíveis proveitos sociais dos litígios.

Mas não são apenas os benefícios privados e sociais que, em regra, não se alinham: também aos custos privados e sociais relacionados a um litígio. O interessado no ajuizamento de uma ação – aquele que busca um provimento judicial – suportará apenas os seus custos com o litígio. Apesar do pagamento da taxa judiciária e das custas judiciais, não suportará integralmente os custos do Estado (por exemplo, o pagamento dos salários

---

we shall consider later. Utility is used in two quite different senses in economics. First it is used to distinguish an uncertain cost or benefit from a certain one. Utility (more precisely, "expected utility") in this sense is entwined with the concept of risk. Suppose you were asked whether you'd prefer to be given $1million or a 10 percent chance of $10 million. Probably you would prefer the former, even though the expected value of the two choices is the same: $1 million (= .10 x $10 million). If so, you are risk averse. Risk aversion is a corollary of the principle of diminishing marginal utility of money, which just means that the more money you have, the less additional happiness you would get from another dollar. Diminishing marginal utility is more dramatically illustrated by less versatile commodities than money – it is easy to picture in the context, say, of chairs, or lamps, or pet gerbils. Nevertheless, it should be apparent on reflection that another dollar also will mean less to a person as his wealth increases. Suppose you had a net Worth of $1 million: Would you be willing to stake it on a 50-50 bet to win $2 million? If not, it means that your first million dollars is worth more to you than a second million would be.” POSNER, Richard A. **Economic analysis of law**. 8 ed. Nova Iorque: Aspen Publishers, 2011, p. 15.

[49] *On the other hand, there is a difference between the social and private benefits of suit that may lead to a socially inadequate level of suit or may reinforce the cost-related tendency toward excessive suit. In particular, the plaintiff would not usually be expected to treat as a benefit to himself the social benefits flowing from suit, notably, its deterrent effect on the behavior of injurers (and more generally, other effects as well). What the plaintiff does consider as the benefit from suit is the gain he personally would obtain from prevailing. This private gain is not the same as the social benefit from suit – the private gain is a transfer from the defendant and, as will be seen, could be either larger or smaller than the social benefit from suit.* SHAVELL, Steven. **Economic analysis of litigation and the legal process**. Cambridge, 2003, cap. 17, p. 2. Disponível em: http://www.nber.org/papers/w9697. Acesso em: 26/11/2018.

dos juízes e manutenção da estrutura do Judiciário) nem os da parte adversa (tempo despendido com o processo e honorários contratuais). É possível, então, que do ponto de vista social, o ajuizamento de determinada ação mostre-se descabido, ainda que para o autor o ajuizamento pareça benéfico e, portanto, consista numa decisão racional.[50]

Para deixar mais claras essas ideias, na linha do que propõe Shavell, tomemos como exemplo um acidente de trânsito.[51] Tal como se dá com a análise econômica dos litígios, também nos casos de responsabilidade civil – campo de estudo dentro do qual se situam os casos de acidentes de trânsito – o que se deseja é a redução dos custos sociais. No estudo da responsabilidade civil, no entanto, os custos sociais de maior interesse não são apenas os custos de erro e de administração do processo, mas também os de precaução[52] e os dispêndios decorrentes dos acidentes, isto é, os danos causados às vítimas. Na análise econômica da responsabilidade civil, deseja-se a redução total do montante desses custos. É a redução deles que servirá de parâmetro para saber se, do ponto de vista social, o ajuizamento de uma ação judicial sobre um caso de responsabilidade civil é ou não interessante.[53]

Imagine-se então: a) um acidente de trânsito que tenha causado à vítima um dano no montante de R$ 10.000,00 (dez mil reais); b) que os custos de administração do processo, a serem arcados pela própria vítima quando da propositura da ação, remontem a R$ 3.000,00 (três mil reais);[54] c) que os custos que o causador do acidente terá de arcar para se defender processualmente somem R$ 2.000,00 (dois mil reais);[55] e, por fim, d) que a probabilidade de acidentes de trânsito semelhantes ocorrerem seja de 10% (dez por cento), sem que quaisquer atitudes dos motoristas ou dos pedestres seja capaz de reduzir esse percentual, ou seja, não leve a uma maior precaução por qualquer das partes, pois um aumento da precaução não alteraria a chance de acidentes.

---

[50] *"On one hand, there is a divergence between the social and the private costs of suit that can lead to a socially excessive level suit. Specifically, when a plaintiff contemplates bringing suit, he bears only his own costs; he does not take into account the defendant's costs or the state's costs that his suit will engender. Hence, the plaintiff might be led to bring suit when the total costs associated with suit would make that undesirable."* Ibidem, p. 2.

[51] Ibidem, p. 2-3.

[52] Para que acidentes de trânsito sejam evitados, motoristas têm de dirigir mais devagar ou o Estado tem de gastar com campanhas de prevenção de trânsito. Motoristas que dirigem mais devagar demoram mais no trânsito e, em razão disso, produzem menos bens e serviços valorados pela sociedade. Campanhas de prevenção a acidentes, por sua vez, significam dispêndio de dinheiro público. Esses são exemplos de custos sociais de prevenção.

[53] *"2.2 The divergence in a simple model. To clarify these points, let us consider for concreteness the model studied in Part 2 of the book, on accidents, in which injurers can exercise [p.3] care to lower the risk of accidents, and the social welfare goal is minimization of total social costs, comprised of the costs of precautions, those of accidents that occur, and also the costs of litigation. Thus, the socially optimal amount of suit is that which minimizes total social costs. We want to show that the amount of suit that private parties find it in their interest to bring could be above or below the socially optimal amount."* SHAVELL, Steven. **Economic analysis of litigation and the legal process**. Cambridge, 2003, cap.17, p. 2-3. Disponível em: http://www.nber.org/papers/w9697. Acesso em: 26/11/2018).

[54] Imaginem-se incluídos aqui quaisquer custos (honorários, custas, tempo).

[55] Imaginem-se incluídos aqui também quaisquer custos (honorários, custas, tempo).

Nesse caso, a vítima sempre entrará em juízo, já que o custo do ajuizamento da ação para ela é de apenas R$ 3.000,00 (três mil reais), ao passo que o ganho que advirá da ação é de R$ 10.000,00 (dez mil reais). Do ponto de vista social, no entanto, o fato de a vítima sempre ajuizar a ação em casos como esse é algo indesejado. Como, independentemente das atitudes das partes, a chance de acidentes permanecerá sempre a mesma – 10% (dez por cento) –, o litígio nesse exemplo não trará quaisquer benefícios sociais, isto é, não alterará a probabilidade de ocorrência de acidentes e não reduzirá os seus custos.

O fato de a vítima sempre ajuizar a ação é algo socialmente indesejado porque litígios, como se sabe, são custosos. No exemplo acima, os custos esperados são 10% (R$ 3.000,00 + R$ 2.000,00) = R$ 500,00. A vítima do exemplo, no entanto, não levará em conta os custos sociais ao decidir pelo ajuizamento da ação. Também não levará em conta o fato de a sua ação não ter o condão de produzir qualquer incentivo ou desincentivo para a redução do número e dos custos dos acidentes. A vítima optará por ajuizar a ação tendo em conta apenas o seu ganho privado (e não social) de R$ 10.000,00 (dez mil reais). O ajuizamento da ação só seria socialmente desejável se, por meio de incentivos e desincentivos, os custos esperados dos acidentes pudessem ser reduzidos a um montante que superasse os custos sociais do ajuizamento da ação, que são de R$ 500,00 (quinhentos reais).

Um segundo exemplo, agora de uma situação reversa, também proposto por Shavell, pode aclarar ainda mais o argumento.[56] Suponhamos agora que: a) as perdas da vítima de um acidente de trânsito remontem a R$ 1.000,00 (mil reais); b) um dispêndio de R$ 10,00 (dez reais) pelos causadores de acidentes – *e.g.* reduzindo a velocidade com que conduzem os seus veículos – possa reduzir a possibilidade de acidentes de trânsito de 10% (dez por cento) para 1% (um por cento); c) os custos do autor (R$ 3.000,00 – três mil reais) e do réu (R$ 2.000,00 – dois mil reais) com o litígio sejam os mesmos do exemplo anterior.[57]

A vítima, nesse caso, optará pelo não ajuizamento da ação. Isso porque o seu ganho privado será de apenas R$ 1.000,00 (mil reais), montante inferior ao custo do próprio litígio (R$ 3.000,00 – três mil reais). O ajuizamento da ação aqui, no entanto, é algo socialmente desejável. Se os réus não tiverem qualquer incentivo para reduzir a probabilidade de acidentes – se ações de indenização não forem ajuizadas –, os custos sociais esperados remontarão à probabilidade dos acidentes, multiplicada pelos seus custos, isto é, 10% (R$ 1.000,00) = R$ 100,00.

É desejável, todavia, que os réus se vejam diante de ações de responsabilidade civil, a fim de que tenham o incentivo para gastar R$ 10,00 (dez reais) para reduzir a probabilidade de acidentes de 10% (dez por cento) para 1% (um por cento). Se o fizerem, os custos sociais totais esperados dos acidentes somarão R$ 10,00 + 1% (R$ 1.000,00 + R$ 3.000,00 + R$ 2.000,00) = R$ 70,00. Como os custos sociais esperados da hipótese em que há o ajuizamento da ação (R$ 70,00 – setenta reais) são inferiores aos custos

---

[56] SHAVELL, Steven. **Economic analysis of litigation and the legal process**. Cambridge, 2003, cap.17, p. 3. Disponível em: http://www.nber.org/papers/w9697. Acesso em: 26/11/2018.

[57] *Suppose here that the losses victims suffer in accidents are $1,000 and that an expenditure of $10 by injurers will reduce the probability of accidents from 10 percent to 1 percent. The costs of suit and of defending against suits are as in the previous example.* Ibidem, p. 3.

sociais esperados da hipótese em que não há o ajuizamento da ação (R$ 100,00 – cem reais), é socialmente desejável que as vítimas de acidentes entrem em juízo.[58]

Os exemplos oferecem uma explicação para a grande quantidade de ações judiciais que é ajuizada todos os anos no Brasil. Há um desalinhamento de incentivos privados e sociais. Por um lado, o custo privado do processo é, na grande maioria das vezes, inferior ao custo social. Nem autores nem réus arcam inteiramente com os salários dos juízes e com a estrutura do Poder Judiciário. Por outro lado, os benefícios privados que podem resultar do ajuizamento de uma ação diferem substancialmente dos sociais. O autor de uma ação, em geral, entra em juízo em busca de dinheiro ou de algum outro bem da vida, ao passo que os benefícios sociais – os quais dificilmente serão levados em conta pelos autores da ação judicial – que podem advir de um processo incluem a constituição de precedentes, a formação de jurisprudência e a positivação de incentivos e desincentivos para as demais pessoas que estão submetidas às mesmas regras de conduta que regem a vida da vítima.[59]

---

[58] *It would be socially desirable for victims to bring suit, however. If they were to do so, injurers would be led to spend $10 to lower risk from 10 percent to 1 percent, and total social costs would thus be $10+1%($1,000+$3,000+$2,000)=$70. The bringing of suits is socially worthwhile here ($70 being less than $100), because of the significant reduction in accident losses that would result. (And observe that this is true even though the total legal costs of $5,000 exceed the victim's losses of $1,000.) But victims do not take the deterrence-related benefits of suit into account. Each victim looks only to his own gain from suit, which is negative. As emphasized, a victim does not bring suit in this example because his private gain, the harm he has sustained, is not sufficient to outweigh his legal costs, even though the general deterrent that would be engendered by the bringing of suits would so reduce accident losses that the bringing of suits would be socially worthwhile.* Ibidem, p. 3.

[59] No direito brasileiro, debate-se se passaram a existir "precedentes" com a promulgação do Código de Processo Civil de 2015, ou, se o que antes era designado como "julgado" ou "decisão" passou a ser chamado "precedente" sem que tenha havido de fato alguma mudança institucional. Wambier e Talamini, por exemplo, encaram a questão do seguinte modo: "Até há pouco, o termo 'precedente judicial' tinha um sentido que não é necessariamente aquele em que agora ele tem sido empregado. Tratava-se de um sentido intimamente ligado à acepção literal do termo e vinculado à tradição jurídica nacional e estrangeira. Falava-se em precedente para se referir a um pronunciamento judicial proferido no passado e identificado, em um momento posterior, como sendo um subsídio relevante ou decisivo para a resolução de casos novos, em que a mesma ou análoga questão se põe. [...] Mas, sem prejuízo da valia e serventia dessa primeira acepção [...], recentemente, por uma figura de linguagem, passou-se a usar o termo 'precedente' para indicar, de modo mais amplo, pronunciamentos judiciais que, já quando são emitidos, nascem com a declarada finalidade de servir de parâmetro, de vincular, em maior ou menor grau, decisões judiciais [...]. A rigor, há bastante tempo que isso existe no ordenamento brasileiro. Apenas não era, de modo usual, chamado de 'precedente'. Considerem-se os pronunciamentos do STF em controle direto de constitucionalidade. Essa medida surgiu nos anos 1960 desde sua origem com eficácia erga omnes. O entendimento de que tais decisões têm eficácia vinculante no sentido estrito do termo [...] sedimentou-se em meados dos anos 1990. Nos últimos anos, multiplicaram-se os mecanismos com tal finalidade. [...] A essa tendência ampliativa correspondeu o alargamento do termo 'precedente'. [...] Assim, o CPC/2015 não inaugura um novo modelo de fontes do direito. O cenário acima descrito já se punha antes e independentemente dele. O Código, portanto, não é causador de nenhuma alteração de paradigmas. Antes, ele é o *reflexo* de paradigmas que foram gradativamente se alterando nos últimos cinquenta ou sessenta anos. As regras que atribuem força vinculante a determinados precedentes não alteram as balizas do direito material. São mecanismos eminentemente processuais – ainda que engendrados tendo-se em vista as necessidades e peculiaridades do atual sistema jurídico. WAMBIER, Luiz Rodrigues; TALAMINI, Eduardo.

Os autores de ações judiciais, mesmo que percam as ações, não terão de desembolsar, ao fim e ao cabo, todos os custos de administração do processo. De fato, não pagarão na íntegra pelo tempo dos juízes e servidores envolvidos na sua demanda, assim como não recompensarão totalmente os réus pelos custos que tiveram com a demanda.⁶⁰

11.3 POR QUE TANTOS PROCESSOS CHEGAM AO FINAL SEM ACORDO? (OU AINDA: SOBRE A TROCA DE INFORMAÇÕES ENTRE AS PARTES)

De acordo com o modelo microeconômico de decisão racional, um indivíduo racional só optará por ajuizar uma ação judicial se o valor esperado diante do seu ajuizamento for positivo. A ideia de valor esperado, nesse caso, toma em conta a probabilidade de ganho do autor, multiplicada por sua magnitude, subtraindo-se dessa multiplicação os custos de administração do processo judicial incorridos pela parte

---

Curso avançado de processo civil: cognição jurisdicional (processo comum de conhecimento e tutela provisória, 17 ed. São Paulo: Thomson Reuters, 2018, v.2, p. 711-713). O presente texto, entretanto, quer passar ao largo desse tipo de debate. Não interessa aqui a distinção entre precedente, decisão vinculante, jurisprudência. O que interessa é que, independente do nome que se dê a uma decisão judicial, tem ela o condão de influenciar comportamentos futuros, quer das próprias partes do processo, quer de outras partes pertencentes à mesma comunidade jurídica. O que interessa é que decisões judiciais são fontes de direito. Nessa condição, incentivam ou desincentivam comportamentos futuros. E um dos princípios do raciocínio econômico é que as partes respondem a incentivos.

60 No Brasil, é controversa a possibilidade de o ganhador de uma ação judicial reaver do perdedor os honorários contratuais que teve de pagar para ir a juízo. Sobre o tema: CORREIA, Atalá. Reaver valor gasto como honorários advocatícios contratuais ainda gera dúvida. **Conjur**, 07 de dezembro de 2015. Disponível em: https://www.conjur.com.br/2015-dez-07/direito-civil-atual-reaver-gastos-honorarios-advocaticios-contratuais-gera-duvida. Acesso em: 24/01/2019. Para que haja o alinhamento de incentivos privados e sociais, Shavell, partindo de um caso de responsabilidade civil, propõe que os causadores de danos arquem com todos os custos gerados pelo litígio para a vítima do dano e para o Estado: "*Cost of suit leads to inadequacy of precautions. An issue that we have not adequately discussed concerns the effect of the costs of suit on the level of precautions that injurers are led to take. As a general matter, the costliness of suit means that injurer's incentives to take precautions will be too low, for two reasons. First, and obviously, injurers might not be sued due to litigation costs faced by victims, and thus injurers' expected liability will tend to be too low; this is especially likely if the level of harm they tend to cause is lower than victims' costs of suit. Second, even if injurers expected to be sued when they cause harm for which they should be liable, their level of precautions will still be too low: The damages that injurers have to pay equal the direct harm they cause for their victims, but the full social costs include also the litigations costs associated with suit – the full costs that society incurs when harm leads to suit is not only the direct harm but also the resources absorbed in the litigation process. Thus, for injurers' incentives to be correct, injurers should bear, in addition to the direct harm caused to victims, the litigation costs borne by victims and by the state (injurers bear their own litigation costs already). If, for example, the harm is $10,000 and litigation costs of the plaintiff are $3,000 and those of the state $1,000, the injurer should pay $14,000, not $10,000. This point is significant because the litigation costs of plaintiffs are substantial; to ignore these costs is to omit perhaps a third of the damages that are needed to provide injurers with proper incentives to reduce harm.*" SHAVELL, Steven. **Economic analysis of litigation and the legal process**. Cambridge, 2003, cap.17, p. 6. Disponível em: http://www.nber.org/papers/w9697. Acesso em: 26/11/2018.

(honorários e custas).⁶¹ A teoria considera que, quando dessa operação matemática se puder extrair um valor positivo, será racional para o indivíduo interessado num provimento judicial acionar o juízo. Sendo esse o caso, caberá a tal indivíduo racional contratar um advogado, para que redija uma petição inicial⁶² a ser dirigida a um juiz.⁶³

Se a petição inicial for recebida, o mesmo problema do valor esperado se colocará diante do réu. Quando do seu recebimento, o juiz o intimará para contestá-la.⁶⁴ A situação que se apresentará a ele é semelhante àquela que se havia posto diante do autor. Ele deverá calcular o valor (custo) esperado da ação. Seu cálculo, no entanto, é um pouco diferente. O custo esperado da ação por parte do réu tomará em conta a probabilidade de perder o processo multiplicada pela magnitude de uma possível condenação, acrescendo-se a essa operação os custos de administração do processo nos quais incorre.

O problema que se coloca é o seguinte: se o valor esperado pelo autor for positivo, o custo esperado pelo réu deveria ser negativo. Ou um ou outro ganhará a ação judicial. Logo, se um autor racional espera ganhar mais do que aquilo que o réu espera perder, a decisão racional do último deveria ser a de propor um acordo antes do ajuizamento da ação ou assim que fosse intimado a contestá-la⁶⁵ ou mesmo reconhecer a procedência do pedido do autor⁶⁶. Da mesma maneira, se o valor esperado pelo autor de uma ação for negativo, a decisão mais coerente seria a de não a ajuizar. Isto é, comportando-se autor e réu racionalmente, as ações com baixo valor esperado não deveriam sequer ser iniciadas. Além disso, as ações com alto valor esperado deveriam ser encerradas

---

61 Os honorários que se devem subtrair desse cálculo são os contratuais, acertados livremente entre advogado e cliente, e não os de sucumbência, que não saem do bolso do interessado no ajuizamento de uma ação. No entanto, outro entendimento é no sentido de que há sim um custo esperado dos honorários de sucumbência, equivalentes a 10% (ou 20%) do valor da disputa, multiplicado pela probabilidade de perda. Nesse sentido, os honorários sucumbenciais podem sair do bolso do interessado no ajuizamento da ação. Saem, portanto, do bolso do perdedor, do sucumbente, que pode ser o autor.

62 Regem a petição inicial os artigos 319 a 331 do Código de Processo Civil de 2015.

63 *To file a complaint, the plaintiff must usually hire a lawyer and pay filing fees to the court. Filing a complaint creates a legal claim. To decide whether to initiate a suit, a rational plaintiff compares the cost of the complaint and the expected value of the legal claim. The expected value of the legal claim (EVC) depends upon what the plaintiff thinks will occur after filing a complaint. [...] To decide whether to file a complaint, the rational plaintiff must attach probabilities and payoffs to these events [...].* COOTER, Robert; ULEN, Thomas. **Law and Economics**. 6. ed. Berkeley: Berkeley Law Books, 2016, p. 388. Ainda: *Private incentive to sue. The plaintiff will sue when his cost of suit is less than his expected benefits from suit. The plaintiff expected benefits from suit involve possible settlement payments or gains from trial. [...] From the simple description of suit, note that suit is more likely the lower the cost of suit, the greater the likelihood of winning at trial, and the greater the plaintiff's award conditional on winning. Suit is also more likely the less averse to risk the plaintiff is and the more averse the defendant is.* SHAVELL, Steven. **Economic analysis of litigation and the legal process**. Cambridge, 2003, cap.17, p. 1. Disponível em: http://www.nber.org/papers/w9697. Acesso em: 26/11/2018.

64 Regem a contestação os artigos 335 a 342 do Código de Processo Civil de 2015.

65 O artigo 90, § 3º, do Código de Processo Civil de 2015 isenta as partes de custas remanescentes se chegarem a um acordo antes da sentença.

66 O artigo 90, § 4º, do Código de Processo Civil de 2015 reduz os honorários de sucumbência pela metade caso o réu reconheça a procedência do pedido do autor.

por acordo, muito antes de chegarem à fase de sentença e recursos.[67] Se é assim, por que tantos processos judiciais chegam ao fim? Por que tantas ações chegam às fases de sentença e recursos? Uma resposta possível é a de que, nas ações que chegam às referidas fases, alguma das partes comportou-se de maneira irracional. Mesmo sabendo que perderia o processo, o autor, porque irracional naquele momento, optou por ajuizá-la; ou, ainda, o réu, mesmo sabendo que perderia a ação, porque irracional naquele momento, optou por contestá-la e levá-la até o fim.

No entanto, os pesquisadores que trabalham com a AED sustentam que essa ideia – de comportamento irracional de uma das partes – está errada. Não se trata de um comportamento incoerente. A teoria dos jogos, a seu turno, oferece outra resposta. Segundo tal teoria, em regra o autor de uma ação espera ganhá-la, assim como espera uma condenação robusta do réu; enquanto o réu espera ou não ser condenado, ou sofrer uma condenação pequena (inferior àquela demandada na petição inicial). Dá-se a isso o nome de otimismo relativo. Ou seja, refere-se ao otimismo das partes em relação ao resultado do julgamento. Se há otimismo relativo, o autor postulará um acordo muito favorável aos seus interesses, ao passo que o réu proporá um acordo pequeno ou nenhum acordo. Segundo a teoria dos jogos, é o otimismo relativo que leva a que tantas ações cheguem às fases de sentença e recursos.[68]

O otimismo, aqui, pode ser tanto no sentido da confiança de que o julgamento de determinada ação seja favorável ao interessado (autor ou réu), quanto no que se refere a magnitude da condenação. Com relação à confiança na probabilidade de um julgamento favorável, é importante notar que propor uma ação judicial significa tomar uma atitude sob condição de risco (ajuizar uma ação judicial é uma atitude arriscada).[69]

---

[67] As fases processuais no direito processual civil são, de regra: postulatória (em que as partes fazem os pedidos que orientarão a causa); saneatória (em que o juiz resolve as questões processuais pendentes e decide a respeito das provas); instrutória (em que as partes produzem as provas dos fatos que narraram na fase postulatória); decisória (em que o juiz sentencia a causa); recursal (em que os tribunais julgam os recursos das partes); e executória (em que se executa a decisão tomada no processo de conhecimento).

[68] "*After the plaintiff complains and the defendant responds, the two parties try to resolve their dispute before it leads to trial. Why do some complaints end up being tried rather than settled? It might seem on first impression that trials, being so costly, would not occur unless someone behaves irrationally. Like many first impressions, this one is wrong. Game theory explains why rational bargainers sometimes fail to settle their disputes and end up in trial. Although there are several strands of the argument, the simplest explanation is that trials occur because the parties have different expectations about its outcome: The plaintiff expects liability and a large judgment, and the defendant expects no liability or a small judgment. In these circumstances, the parties are relatively optimistic. Given relative optimism, the plaintiff demands a large settlement, and the defendant offers a small settlement, so the parties cannot agree on the terms for settling out of court.*" COOTER, Robert; ULEN, Thomas. **Law and Economics**. 6. ed. Berkeley: Berkeley Law Books, 2016, p. 391-392.

[69] "*(e) Risk aversion. When we introduce risk aversion into the basic model, we see that it leads to a greater likelihood of settlement. The reason is simply that a trial is a risky venture because its outcome is unknown. This means that to a risk-averse party, settlement is more attractive than it is to a risk-neutral party. Further, as the degree of risk aversion of either party increases, or as the amount at stake increases – the size of the judgment or the size of legal fees – settlement becomes more likely, other things being equal.*" SHAVELL, Steven. **Economic analysis of litigation and the legal process**. Cambridge, 2003, cap.17, p. 12-13. Disponível em: http://www.nber.org/papers/w9697. Acesso em: 26/11/2018.

No entanto, o resultado das ações judiciais, como dissemos, nunca é certo. Alguma imprevisibilidade é inerente ao processo de aplicação de normas gerais a casos concretos. Quando atitudes são tomadas sob condição de risco, entra em cena a ideia de utilidade esperada (probabilidade x magnitude). Se um autor é otimista com relação ao seu sucesso na ação, é porque confia – mais do que deveria – que se sairá vencedor no julgamento da demanda, ou seja, confia de maneira excessiva na probabilidade de ter sucesso na causa.[70]

De outra parte, quando o otimismo relativo se refere à magnitude do resultado, ou o autor da ação confia numa condenação robusta, ou o réu numa condenação pequena, ou ambos mantêm esse tipo de confiança ao mesmo tempo. Sendo esse o caso, dificilmente as partes chegarão a um acordo antes das fases de sentença e recursos.[71]

Para ilustrar o conceito de otimismo relativo, imaginemos, na linha do que propõem Cooter e Ulen,[72] a situação de um pedestre atropelado por um ônibus. Consideremos, ainda, que tanto o pedestre quanto a companhia de ônibus concordem a respeito do atropelamento e do dever da companhia de indenizá-lo, mas discordem

---

[70] *"(b) Parties' beliefs. The effect of parties' beliefs on the existence of mutually beneficial settlement amounts, and thus on the tendency toward settlement, can be easily understood from the italicized conditions stated in the preceding section. Specifically, the greater the amount by which the plaintiff's estimate of the likelihood of winning exceeds the defendant's, the smaller the tendency toward settlement, as it is the excess of the plaintiff's expected judgment over the defendant's expected payment that leads to trial, according to the italicized condition. It is important to emphasize that what leads to trial is not that a plaintiff is confident of winning, but rather that he is more confident than the defendant thinks he has a right to be. A plaintiff's belief that he is very likely to win does not itself suggest that trial will occur, as might naively be thought. If the plaintiff is likely to win, it is true that he will ask for more in settlement from the defendant than otherwise, but it is also true that if the defendant agrees that the plaintiff is likely to win, the defendant will be willing to pay more in settlement. What makes for trial is a refusal of the defendant to pay what the plaintiff demands, and this will be the case when the defendant does not believe the plaintiff's demand is warranted, which is to say, when the defendant holds different beliefs about the expected trial outcome. Of course, if the plaintiff assesses his chances of winning as lower than the defendant assesses the plaintiff's chances, there will definitely be a range of mutually beneficial settlements."* Ibidem, p. 11. Ainda sobre a influência do otimismo na análise econômica do conflito, cf. BAR-GILL, Oren. The evolution and persistence of optimism in litigation. **Journal of Law, Economics, and Organization** 22, nº 2. p. 490-507. 2005.

[71] *"Another point about the judgment amount is that, although we have assumed for simplicity that the parties agree on what the judgment amount would be, that might no be so. Differences in the parties' beliefs about the amount that would be won affect their expected judgments and thus the existence of mutually beneficial settlements, according to the italicized condition. If the plaintiff thinks he would win a larger amount than the defendant thinks, then again this would lead toward trial. Suppose, for instance, that although the plaintiff and the defendant agree that the plaintiff has a 60 percent chance of winning at trial, the plaintiff thinks the amount he would win would be $200,000 and the defendant thinks the amount would be only $100,000. Then the plaintiff's expected judgment is 60%.$100,000 = $60,000, a difference of $60,000. Thus, the italicized condition indicates that unless the sum of their legal costs exceeds $60,000, there exists no mutually beneficial settlement. This can be directly illustrated; if the plaintiff's trial costs are $30,000 and the defendant's are $20,000, the sum would be less than $60,000, and the minimum acceptable settlement of the plaintiff would be $90,000 and the maximum the defendant would pay would be $80,000, thus leaving no room for settlement.* SHAVELL, Steven. **Economic analysis of litigation and the legal process**. Cambridge, 2003, cap. 17, p. 12. Disponível em: http://www.nber.org/papers/w9697. Acesso em: 26/11/2018).

[72] Os números foram adaptados para tornar o caso próximo da realidade brasileira.

acerca do montante da indenização. A companhia de ônibus crê que as lesões foram de baixa intensidade, esperando, então, ter de pagar, ao fim do processo, R$ 1.000,00 (mil reais) pelos custos de administração (honorários, custas e emolumentos) e R$ 15.000,00 reais a título de indenização (danos morais e materiais), o que significará uma condenação total de R$ 16.000,00 (dezesseis mil reais). A companhia de ônibus, porém, não sabe que o acidentado teve de passar por uma cirurgia grave depois do ocorrido. O homem, de outra parte, sabe que sofreu graves danos pelo atropelamento, tanto que teve de passar por uma cirurgia arriscada para se restabelecer, de maneira que espera receber R$ 150.000,00 (cento e cinquenta mil reais) a título de indenização (danos morais e materiais) e ter de pagar R$ 1.000,00 (mil reais) pelos custos de administração, obtendo, por fim, um ganho líquido de R$ 149.000,00 (cento e quarenta e nove mil reais).

Não é difícil pensar nas atitudes que as partes, em uma situação como essa, tomarão ao tentar fechar um acordo antes da ação judicial ou tão logo recebida a petição inicial. A companhia de ônibus proporá um acordo até o limite de R$ 16.000,00 (dezesseis mil reais), enquanto o pedestre não aceitará valor inferior a R$ 149.000,00 (cento e quarenta e nove mil reais). Logo, não haverá composição e a ação será processada e, possivelmente, chegará até as fases de sentença e recursos.[73] O otimismo das partes com relação ao resultado do litígio impede um entendimento que economizaria, no mínimo, os custos de administração processo, os R$ 1.000,00 (mil reais) do exemplo anterior.

Se, de um lado, considera-se que o otimismo relativo conduz ao ajuizamento e processamento das ações judiciais – em lugar de acordos –, o pessimismo relativo tem o efeito oposto. Quando as partes estão relativamente pessimistas com relação ao resultado do julgamento da causa, a probabilidade de que ocorra um acordo, antes das fases de sentença e recursos, aumenta. Para seguirmos na análise do exemplo anterior, do atropelamento de um pedestre por um ônibus, imaginemos a situação reversa. Consideremos que a companhia de ônibus saiba que o pedestre tenha tido que passar por uma cirurgia arriscada depois do atropelamento, estimando então a condenação em R$ 150.000,00 (cento e cinquenta mil reais) e os custos de administração do processo em R$ 1.000,00 (mil reais), a totalizarem uma possível perda de R$ 151.000,00 (cento e cinquenta e um mil reais). O que a companhia de ônibus não sabe, agora, é que a cirurgia arriscada se deu para a correção de um problema de saúde que o pedestre já tinha antes do acidente, isto é, que não foi causado pelo atropelamento.

Como o pedestre, é claro, conhece esse fato (seu problema de saúde que antecedia a cirurgia), é agora relativamente pessimista (imaginemos que ele ache que é do conhecimento da companhia de ônibus que o seu problema de saúde antecedia o

---

[73] "The bus company's false optimism about trial will cause it to reject any settlement on terms acceptable to the pedestrian. In general, the plaintiff usually rejects an offer by the defendant that falls short of the expected value of the legal claim. In the preceding example, the plaintiff will reject an offer to settle for less than $14,000 [...]. Turning from the plaintiff to the defendant, the defendant's offer reflects the expected value of his or her legal liability. The defendant usually rejects a demand by the plaintiff that exceeds the expected value of the legal liability. To illustrate by the preceding example, the defendant will reject a demand to settle for more than $2,500". COOTER, Robert; ULEN, Thomas. **Law and Economics**. 6. ed. Berkeley: Berkeley Law Books, 2016, p. 392.

acidente). O pedestre espera ganhar na ação R$ 15.000,00 (quinze mil reais), menos os custos de administração de R$ 1.000,00 (mil reais), ou seja, um total de R$ 14.000,00 (catorze mil reais). Dado o pessimismo relativo das partes com relação ao julgamento da ação, é provável que haja acordo. Para a companhia de ônibus, qualquer acordo que seja inferior a R$ 151.000,00 (cento e cinquenta e um mil reais) valerá a pena, ao passo que para a outra parte, qualquer acordo superior a R$ 14.000,00 (catorze mil reais) ser-lhe-á benéfico.

A conclusão aqui é a de que notícias inéditas[74] são úteis para a realização de acordos e, portanto, interessam à análise econômica dos litígios.[75] No primeiro caso (otimismo relativo), a companhia de ônibus não sabia da gravidade da lesão pela qual o pedestre havia passado, desconhecendo a cirurgia arriscada à qual foi submetido para restabelecer-se. Daí o seu otimismo relativo. Quando, no entanto, tomar contato com essa outra versão – souber que a cirurgia do pedestre foi grave e arriscada –, a companhia de ônibus readequará o seu otimismo com relação ao resultado do litígio. Mostrar-se-á, então, mais favorável a um acordo.

Além disso, o pedestre tem um incentivo para prover essa informação à companhia de ônibus. Ao fornecer espontaneamente, conseguirá barganhar um acordo melhor para ele. O otimismo relativo da companhia de ônibus no primeiro exemplo baseava-se na falta de informações privadas, apenas do conhecimento de uma das partes (autor). As informações a respeito da gravidade da lesão e da cirurgia não haviam sido compartilhadas, portanto eram privadas. Logo, é interessante para a análise econômica dos litígios que ocorra uma negociação transparente e a circulação voluntária de informações entre as partes,[76] a fim de que acordos sejam fomentados e menos processos

---

[74] Cooter e Ulen usam a expressão "notícias ruins" (*bad news*). Notícias ruins, dizem os autores, são boas para o firmamento de acordos. Ibidem, p. 391.

[75] "*2.1 Motive to share information. In the discussion of settlement versus trial of chapter 17, I assumed that the information of parties was somehow exogenously determined: Either information was in the background and influenced parties' perhaps disparate beliefs, or else information was explicitly presumed to be asymmetric. However, litigants in general have strong motives to share information with each other prior to trial, in order to foster settlement and to improve its terms. [...] The incentives that parties have to reveal information to one another tend to produce significant voluntary disclosure of information. Indeed, it can be shown that, due to rational voluntary disclosure of information, there will always be settlement in a benchmark model of litigation in which there is one-sided private information that that side can choose to disclose. In other words, the fact that there is initial asymmetry of information will not lead to trial when the party with private information is able to share it. This point means that the explanation for the occurrence of trial must rest on a deeper understanding of the litigants' situation than the observation that one side possesses private information.*" SHAVELL, Steven. **Economic analysis of litigation and the legal process**. Cambridge, 2003, cap.18, p. 3-4. Disponível em: http://www.nber.org/papers/w9697. Acesso em: 26/11/2018.

[76] "*The parties may, and often will, be in possession of different information about a case when it begins. For instance, the defendant may know more about whether he would be found liable than the plaintiff knows. Also, the two sides may initially have in mind different legal arguments that they can make. However, the parties may elect to share information or may be forced to do so [...], and parties often can independently acquire information that the other side possesses (for instance, the plaintiff could interview witnesses to an accident and learn more about the defendant's behavior). To the degree that the parties do come to similar beliefs, settlement becomes more likely.*" Ibidem, p. 11.

sejam levados até o fim.⁷⁷ Com isso, economizam-se os custos de administração e de erro, inerentes às ações judiciais.⁷⁸⁻⁷⁹

---

77   O Código de Processo Civil de 2015 previu a realização de audiências de conciliação ou mediação depois do recebimento da petição inicial e antes do oferecimento da contestação. O ideal seria que as más notícias fossem trocadas neste instante, a fim de que as partes ajustassem o seu otimismo com relação ao resultado do processo.

78   O Código de Processo Civil de 2015, à semelhança do que fazia o Código de 1973, exige que a petição inicial seja instruída com os documentos indispensáveis à propositura da ação. A interpretação majoritária é a de que a palavra "indispensáveis" designa os documentos sem os quais a narrativa da petição fica sem qualquer fundamento. É o caso, por exemplo, do título executivo que dá fundamento a uma petição inicial de uma execução. Ou seja, não são indispensáveis todos e quaisquer documentos.

79   *The expected value of the legal claim diverges for the parties because of private information, which means valuable information (what lawyers call 'material information') possessed by one party and not possessed by the other. When relative optimism initially prevents the parties from settling out of court, they may be able to correct the relative optimism before trial by exchanging information. To correct relative optimism, one party gives the other some "news" – information previously unknown to the recipient. The news is "bad" if it causes the recipient to expect a worse result at trial. Transmitting bad news is good for settlements. [...] In addition to the voluntary exchange of information, some pooling of information is compulsory. For example, the law may require the party making a complaint to tell the other side what it will prove in court in the event that a trial occurs. In the United States, the law compels each side to answer questions about the case asked by the other side. This practice is called discovery, because one party has the right to discover certain facts known to the other party. In contrast, in Europe the judge can ask the parties for any relevant information, but the parties are limited in their ability to ask questions on their own. [...] We will state the conclusion of this example more abstractly. As explained, trials occur when the parties are relatively optimistic about their outcome, so that each side prefers a trial rather than settlement on terms acceptable to the other side. When the parties are relatively optimistic, at least on of them is uninformed. Pooling of information before trial that reduces relative optimism promotes settlements. Furthermore, by revealing private information to correct the other side's false optimism, the party making the disclosure increases the probability of settling on more favorable terms. Thus, efficiency (through saving the costs of trial) and redistribution (through strengthening your bargaining position) provide incentives to voluntarily disclose facts correcting the other side's false optimism. Similarly, the parties tend to withhold information that would correct the other side's relative pessimism, thereby promoting settlements. We have explained that voluntary pooling of information tends to correct false optimism and to leave false pessimism uncorrected, both of which promote settlements out of court. We speak of "tendencies" and not "certainties, because of expectations are partly logical and partly psychological. The parties to a dispute must guess at what information the other has withheld, and various possibilities can occur in fact. Now we turn to involuntary disclosure, which occurs when one party discovers information withheld by the other party. As explained, the information withheld is the mirror image of the information voluntarily disclosed: Parties withhold information that would correct the other side's false pessimism. Being compulsory, discovery tends to uncover the information that was withheld, thus correcting false pessimism. Correcting false pessimism decreases the likelihood that someone will make unnecessary concessions when bargaining. In general, the parties tend to discover information that corrects their relative pessimism, thereby causing them to demand better terms to settle out of court. [...] Discovering information that causes someone to demand better terms presumably makes settling out of court less likely. (There may be an effect in the opposite direction that we do not discuss.) [...] Now we relate our contrast between voluntary and involuntary pooling of information to the objective of minimizing the sum of administrative costs and error costs. The voluntary pooling of information avoids trials, and avoiding trials saves administrative costs. Furthermore, the voluntary exchange of information corrects some miscalculations that cause the terms of a settlement to diverge from the expected trial judgment. Narrowing the gap between the terms of the settlement and the*

O compartilhamento de informações previamente a essas fases cruciais pode, portanto, evitar o dispêndio de dinheiro pelas partes com custas, emolumentos e honorários. Se é assim, por que, então, algumas notícias não são compartilhadas voluntariamente pelas partes antes da propositura de uma ação (autor) e antes da contestação (réu)? Existem duas razões principais para o não compartilhamento espontâneo de informações.

A primeira diz respeito à credibilidade da informação. Tornar uma informação crível é algo custoso.[80] Suponhamos que uma vítima – eventual autora da ação de indenização – de um acidente automobilístico seja hipossuficiente na acepção processual do termo, não podendo arcar com as despesas do processo sem que fique prejudicado o seu sustento e o de sua família, de maneira que terá de pedir o benefício de gratuidade da justiça.[81] Imaginemos que a vítima tenha ficado incapacitada para a sua atividade profissional, dano este que corresponde ao montante de R$ 100.000,00 (cem mil reais). Pensemos ainda que o causador do dano – eventual réu da ação de indenização – seja relativamente otimista com relação à magnitude do dano, acreditando que será condenado em até R$ 10.000,00 (dez mil reais). A vítima, como visto, possui um incentivo para compartilhar com o réu a informação relativa ao montante real do dano (R$ 100.000,00 – cem mil reais). Essa informação poderia corrigir o otimismo relativo do causador do dano. No entanto, é provável que, nesse exemplo, a vítima não disponha de meios para, antes da fase de instrução do processo, tornar crível a informação, isto é, convencer a outra parte quanto ao dano que sofreu. Para tanto, a vítima teria de contratar um *expert* que aferisse o montante do prejuízo (um contador, por exemplo, poderia calcular os rendimentos que a vítima obteria até o resto da vida, ao exercer a atividade para a qual ficou incapacitada). A informação relativa ao montante do dano, nesse caso, só será produzida durante a instrução processual – que é posterior

---

expected trial judgment usually reduces error costs. (More on this later.) Therefore, the voluntary pooling of information usually reduces both components of social costs – administrative costs and error costs. COOTER, Robert; ULEN, Thomas. **Law and Economics**. 6. ed. Berkeley: Berkeley Law Books, 2016, p. 393-397.

[80] "*2.2 Why some information is not shared and trial may result. In spite of the incentives to share information, some information will not be shared and this may lead to trial. There are two principal reasons why information might not be shared. The first is simply that information may be difficult to share in a credible way, even though a party wants to do that. For instance, a plaintiff might know that his losses are $20,000, but not be able to demonstrate this during settlement negotiations (because, say, experts will have to be hired by the time of trial to demonstrate the losses). Hence, trial could result because the defendant might make an offer based on his belief that the plaintiff's losses are only $10,000. A somewhat subtle coattails effect follows when some parties are unable to share information credibly: Certain parties who are able to reveal their information will decide to remain silent, so that they can be mistaken for those who are unable to reveal their information. For example, if the group of plaintiffs who are unable to demonstrate their information credibly have losses that average $20,000, then a plaintiff whose losses are only $5,000 and who is able to reveal them might well choose to remain silent, so that he will be treated more like the plaintiffs with losses that average $20,000 and thus will be offered more in settlement than he would obtain if he revealed his low losses. Therefore, as a general matter, when some parties are unable to reveal information, it will become advantageous for other parties who could reveal their information to remain silent.*" SHAVELL, Steven. **Economic analysis of litigation and the legal process**. Cambridge, 2003, cap. 18, p. 11. Disponível em: http://www.nber.org/papers/w9697. Acesso em: 26/11/2018.

[81] O benefício de gratuidade da justiça é regido pelos artigos 98 a 102 do Código de Processo Civil de 2015.

à propositura da ação e à contestação (fase postulatória) – por um perito indicado pelo juiz da causa, que, em virtude do benefício da gratuidade da justiça, terá os seus honorários periciais custeados pelo Estado.

A segunda razão para que, em alguns casos, não haja o compartilhamento espontâneo de informações reside no fato de que pode significar dar armas à parte adversa. Uma vítima de um acidente de trânsito pode optar, de maneira estratégica, por não prover espontaneamente a informação relacionada à magnitude do dano, antes da propositura da ação, a fim de não dar chances ao causador de produzir uma contraprova robusta quanto à magnitude do prejuízo.

Compartilhar espontaneamente informações, nessas circunstâncias, pode significar a redução do valor processual da informação.[82] Informações privadas podem ser cruciais para o sucesso ou insucesso de uma ação. Como, no processo civil, as partes têm de observar os prazos processuais sob pena de preclusão, isto é, a refutação das teses deve se dar nos prazos assinalados pelo Código de Processo Civil ou pelo juiz da causa, compartilhar informações privadas apenas no curso do processo pode ser uma atitude estratégica. Assim, se o compartilhamento tivesse ocorrido antes da propositura da ação, a parte adversa seguramente poderia produzir a contraprova (sua refutação) com muito mais tempo. Poderia, aliás, orçar o serviço de vários profissionais e escolher aquele com a melhor relação custo-benefício.

11.4 A ANÁLISE ECONÔMICA DO PROCESSO[83]

Vimos acima que processos são socialmente custosos. Vimos também algumas razões para a existência de um grande número de processos, a despeito do alto custo social que possuem, tais como o desalinhamento de incentivos públicos e privados e o otimismo relativo de uma das partes (ou de ambas) em relação ao sucesso que possa(m) obter no processo. Dissemos que os incentivos públicos e privados para o ajuizamento de ações[84] estão desalinhados porque, em primeiro lugar, as partes não levam em conta os benefícios sociais que podem resultar dos processos (especialmente a consolidação de precedentes e a positivação de incentivos para aqueles que lesam a esfera jurídica alheia); e, em segundo lugar, porque elas não arcam com os custos sociais dos processos, isto é, não sai (inteiramente) do bolso das partes a remuneração dos

---

[82] *"The second major reason why information might not be revealed is that revelation of information may reduce its value to a party because the opposing party may be able to counter it at trial once that party has foreknowledge of it. For example, the plaintiff might not reveal information showing that his losses are $20,000 because the defendant will then have the time to find an expert who can cast doubt on the plaintiff's evidence so as to reduce what he can collect at trial to $15,000. The plaintiff's withholding of this information could lead to trial."* Ibidem, p. 5.

[83] No ano de 2019, Erick Navarro Wolkart produziu o livro Análise Economica do Processo Civil, aplicando a AED a esse ramo do direto brasileiro. Para mais informações sugerimos: WOLKART, Eric Navarro. **Análise Economica do Processo Civil**. São Paulo: Thomson Reuters, 2019.

[84] Os processualistas qualificam como ação a atitude individual de uma das partes de buscar em juízo um bem da vida ao qual pensa ter direito. A ação é instrumentada pela petição inicial. Depois da propositura da ação, o réu é citado para comparecer à audiência inicial e, na sequência, contestar a causa. É com a contestação que se dá a formação do processo. Forma-se a relação jurídica trilateral que caracteriza o processo.

juízes e servidores, os custos de energia elétrica que põe em funcionamento o sistema de computação do Judiciário, o aluguel (custos de manutenção) dos prédios nos quais o Judiciário funciona, etc. O ideal seria que os litígios se resolvessem em acordos antes da propositura da ação. Fosse esse o caso, ao menos os custos de administração (que são uma das espécies dos custos sociais advindos dos processos) dos litígios seriam economizados.

Existem ainda outras razões – estudadas pela análise econômica – para as partes buscarem a resolução dos seus conflitos privados por meio do processamento e julgamento de suas causas. Ressalvados os casos que correm sob segredo de justiça[85], as decisões judiciais, sobretudo aquelas proferidas por tribunais e cortes superiores, são amplamente divulgadas na comunidade jurídica, o que não ocorre com acordos entre pessoas privadas que, não raro, possuem cláusulas de sigilo. Uma empresa que se veja na iminência de ser processada por uma série de consumidores pleiteando indenização pelo defeito de um produto pode querer a todo custo ganhar a primeira dessas causas a fim de prevenir o ajuizamento das demais ações. A decisão que encerrar definitivamente o primeiro desses processos, uma vez lançado no diário de justiça[86] e nos repositórios de jurisprudência, pode ter efeito dissuasório. Se a empresa ganhar a causa e se ficar demonstrado que o produto não era defeituoso, a decisão pode evitar que outros consumidores na mesma situação daquele que perdeu a primeira ação entrem em juízo.[87]

A situação inversa também pode ocorrer. Um consumidor lesado por um produto defeituoso pode querer a todo custo uma sentença que declare a empresa responsável pelo defeito e que atribua a ela dever de indenizar. Mesmo que a instituição ofereça um acordo amplamente vantajoso ao consumidor antes do ajuizamento da ação, ele pode ter maior interesse na decisão judicial que encerre a causa sob o fundamento de que exporá a tal empresa – e a sua prática de colocar produtos defeituosos no mercado – ao escrutínio público.[88] O acordo proposto pela parte ré, nesse caso, não satisfaz às necessidades do consumidor. O que o consumidor quer é uma decisão judicial (pública) que a declare responsável pelo dano sofrido. Só o dinheiro, aqui, não basta.

Por tudo isso, o processo judicial, mesmo que socialmente custoso, sempre estará presente no cotidiano daqueles que trabalham com o direito. Se é assim, cabe à AED estudar as razões pelas quais o processo judicial possui as configurações tais quais dispostas no Estado contemporâneo. O que a AED tem a dizer a respeito dos gastos das partes no processo? Como o processo judicial deve se relacionar com os demais meios de resolução de controvérsias (sobretudo mediação e arbitragem)? Aliás, devem existir alternativas privadas ao processo judicial? De outra parte, o quanto de acurácia

---

[85] Os casos que correm sob segredo de justiça estão no artigo 189 do Código de Processo Civil de 2015.

[86] Artigo 205, § 3º, do Código de Processo Civil de 2015.

[87] "Another possibility is that a trial might prevent future lawsuits, by revealing the defendant to be tough-minded. This would make trial more likely than we had suggested." SHAVELL, Steven. **Economic analysis of litigation and the legal process**. Cambridge, 2003, cap.18, p. 11. Disponível em: http://www.nber.org/papers/w9697. Acesso em: 26/11/2018.

[88] "Second, a litigant may care whether a trial is held per se: A plaintiff might, say, wish the defendant to be exposed to public scrutiny. This would make both suit and trial rather than settlement more likely." Ibidem, p. 11.

(precisão) se há de esperar de um processo judicial? Essas são as questões que serão examinadas nesta seção.

11.4.1 Os gastos das partes no processo

Tal qual se dá com os incentivos para o ajuizamento de ações, também os incentivos das partes para gastar (tempo e dinheiro) com os litígios encontram-se em alguma medida desalinhados.[89] Os melhores exemplos quanto a esse desalinhamento são os gastos que, por vezes, autor e réu assumem para sustentar argumentos jurídicos da mesma ordem – o autor sustentando, por exemplo, a incidência de uma regra e o réu negando-a – e também os gastos que ambos incorrem com a contratação de seus assistentes técnicos para comprovar a mesma matéria de fato.[90]

A duplicidade de gastos por autor e réu é indesejada, uma vez que, ou os fatos que dão base à causa ocorreram ou não ocorreram; e, ainda, ou determinada tese jurídica se sustenta ou não. As partes, no entanto, possuem incentivos para despender recursos para discutir uma mesma tese ou para comprovar – positiva ou negativamente – um mesmo fato. Por exemplo, um réu que, em sua contestação, não atacar todas as matérias de fato lançadas na petição inicial ver-se-á diante da presunção de veracidade dos fatos arguidos pelo autor (artigo 341, *caput*, do Código de Processo Civil de 2015). Sendo verdadeiras ou falsas as alegações do autor, o réu tem de contestá-las uma a uma. Se não contestar as falsas, serão presumidas como verdadeiras. A contestação de alegações de fato toma bastante tempo. Um advogado tem de redigir os argumentos dessa contestação e, não raro, provas serão necessárias para demonstrar a falsidade das alegações do autor. O ideal, entretanto, seria que apenas um gasto custeasse a comprovação de certo fato, ou a adequação de certa tese jurídica.

Mas não é só isso. É socialmente indesejável que as partes despendam recursos na discussão dos mesmos fatos e argumentos porque esse tipo de discussão, em lugar de aumentar a precisão das decisões judiciais, a diminui[91]. Os causadores de dano

---

[89] 5.3 "***Social versus private incentives to spend on litigation***. *There are several sources of divergence between social and private incentives to spend during litigation. First, litigants may well be spending in ways that fully offset each other, and thus that have no social value. A classic instance is when both parties devote effort to legal arguments of roughly equivalent weight by supporting opposite claims, or when both hire experts who produce equally convincing reports favoring opposite assertions.*" Ibidem, p. 18-19.

[90] Na terminologia do Código de Processo Civil de 2015, o perito é o auxiliar do juízo responsável pela produção da prova técnica, enquanto os assistentes técnicos são os profissionais versados em determinada área do saber que auxiliam as partes na produção da prova técnica (vão nesse sentido, por exemplo, os artigos 95 e 465, § 1º, II, do Código de Processo Civil de 2015).

[91] "*An important instance of the possibility that expenditures could be socially excessive concerns the assessments of damages. Suppose that the presently estimated harm deviates from the truth by $100. Then one of the litigants will be willing to spend up to $100 to prove the correct amount (the defendant will do so if the estimate exceeds the correct level, and the plaintiff will do so if the estimate is too low). It can be shown that the social value of the more accurate estimate tends, however, to be lower than $100, because the social value of accuracy is based on its effects on incentives. Indeed, there will sometimes be no beneficial incentive effect from more accurate assessment of harm, such as when errors are unbiased and no predictable ex ante by potential injurers. Consider, for example, the precise extent of harm the victim suffered in an automobile accident. Much may*

(réus de ações de indenização), por exemplo, gastam bastante na discussão de matérias de fato e de direito já levantadas pelas vítimas (autoras das ações) e podem com isso confundir juízes e tribunais e escapar ao dever de indenizar prejuízos que efetivamente causaram. Essa situação é socialmente indesejável porque as decisões judiciais, além de recompensarem as vítimas (em seu benefício privado), devem servir como incentivo negativo a lesões futuras da esfera jurídica alheia (benefício social do processo).[92] Se juízes e tribunais são confundidos e erram em razão dos gastos dos lesadores na defesa de matérias de fato e de direito, os desincentivos a lesões futuras deixam de ser positivados. Decisões erradas deixam de produzir incentivos economicamente corretos para a internalização das externalidades negativas.

Com relação à magnitude dos gastos no processo as partes, em regra, propor-se-ão a despender os seus recursos tendo em conta apenas o benefício que poderão obter com esses gastos. Uma vítima de um dano, por exemplo, pode optar, quando da elaboração de sua petição inicial, por contratar um *expert* para fazer um parecer a respeito da dimensão dos danos que sofreu. Na contratação desse parecer, ela considerará apenas a utilidade esperada que poderá retirar da juntada do referido parecer no processo. A vítima, no entanto, não considerará os custos sociais que o ato poderá gerar. Diante de um parecer a respeito da dimensão dos danos da vítima – autora da ação de indenização –, pode ser que não sobre outra alternativa ao réu senão a contratação de um *expert* para produzir um parecer em sentido contrário a ser acostado à contestação. E, no entanto, é bem possível que a prova pericial, que seria custeada por apenas uma das partes no curso da instrução, resolvesse a questão (a respeito da dimensão dos danos). A perícia não importaria a duplicidade dos gastos. Mas não é apenas isso: como dito, a vítima não terá em mente, na contratação do parecer, os custos que imporá ao juiz da causa e, se houver recurso, ao tribunal. Quanto mais documentos forem juntados ao processo, mais tempo os julgadores da causa terão de despender na resolução da controvérsia (custo de oportunidade dos julgadores).

Nos casos de responsabilidade civil, é interessante pensar na dimensão dos incentivos negativos aos lesadores da esfera jurídica alheia e na influência que os gastos das partes nos processos podem ter sobre esses incentivos. A análise econômica da responsabilidade civil, como se viu no Capítulo 9, impõe aos lesadores a internalização dos danos que causam a terceiros (a internalização das externalidades negativas causadas

---

    be spent establishing the magnitude of harm by presenting evidence on medical bills, the time lost from work, and the victim's wages. But these expenditures will not improve de incentives of drivers to prevent accidents presuming that they do not know ahead of time the magnitude of harm that will result in the event that they cause an accident (that is, if all that they know is the probability distribution of possible harms, depending on who is in the car they strike, the nature of the impact, and so forth). If this is the case, injurers' incentives to prevent accidents will be essentially identical to what they are now if instead there is no real inquiry into the scale of harm, and damages are simply set equal to the average harm that victims sustain in that kind of automobile accident." SHAVELL, Steven. **Economic analysis of litigation and the legal process**. Cambridge, 2003, cap.17, p. 19-20. Disponível em: http://www.nber.org/papers/w9697. Acesso em: 26/11/2018.

[92] *"Second, expenditures that are not offsetting may mislead the court rather than enhance the accuracy of outcomes. For example, a guilty defendant may be able to escape liability for harm for which he was responsible, and his possibility dilutes deterrence. Legal expenditures resulting in such outcomes have a negative social value even though they have positive value."* Ibidem, p. 19.

aos lesados). A análise econômica do litígio, no entanto, questiona em que medida a aferição precisa da dimensão do dano, tem o condão de afetar comportamentos futuros. Gastar, no curso da instrução, em perícias e em outras diligências necessárias à produção da prova técnica desincentivará a ocorrência de lesões futuras? Isto é, a produção de decisões judiciais mais precisas, que determinem a magnitude do dano com maior acurácia, imporão de fato aos seus destinatários maiores cuidados para evitar lesões futuras? A análise de custo-benefício aqui, há de comparar os gastos que as partes fazem com o processo para precisar a dimensão do dano ao benefício social, que é a diminuição de danos futuros em virtude de decisões judiciais mais precisas. Se essa diminuição compensar os gastos com a produção de provas, os gastos das partes devem ser qualificados como eficientes (e, portanto, desejados socialmente); do contrário, não.

Para permanecer nos casos de responsabilidade civil, quando os gastos no curso do processo não compensam os benefícios sociais advindos do processo, uma alternativa é a adoção de políticas judiciárias como a do dano tabelado.[93] Em lugar de se calcular caso a caso a dimensão do dano sofrido pela vítima, o dano tabelado assemelha os casos em razão da natureza do dano (por exemplo, dano moral pela perda de um parente, dano moral pela perda de um membro superior ou inferior, dano moral em virtude de agressão verbal). A prática judiciária brasileira não adota de maneira explícita a prática do dano tabelado, mas há indícios de que, em certas situações, ocorre, sim, alguma espécie tabelamento (implícito) da magnitude dos danos. No voto-condutor do Recurso Especial 959.780/ES, o ministro Paulo de Tarso Sanseverino narrou que, ao tempo do julgamento (2011), a 4ª Turma do Superior Tribunal de Justiça tinha por prática fixar em 500 (quinhentos salários mínimos) o dano moral pela morte de um ente querido enquanto que, na 3ª Turma, a praxe girava em torno de 300 (trezentos) salários mínimos.[94] Para se saber se essa prática está em linha com a AED, como dito, seria necessário examinar se cálculos mais precisos do montante do dano, a depender do caso concreto, teriam o condão de reduzir danos semelhantes (mortes) no futuro.

11.4.2 Sistemas alternativos de solução de controvérsias e alteração do rito

O direito brasileiro, seguindo o exemplo da grande maioria dos ordenamentos jurídicos contemporâneos, admite a existência de sistemas privados de resolução de controvérsias, a conviverem harmoniosamente com o aparato judicial público. O sistema alternativo mais conhecido de solução de litígios, em que há o processamento de uma demanda, é a arbitragem.[95] O presente tópico apresenta uma teoria geral das escolhas

---

[93] *"In addition, litigation expenditures could be controlled through changes in substantive legal rules. A notable example of such a change is one under which damages would be based on a table rather than on an elaborate presentation of evidence. As was suggested above, it may well be that incentives toward desirable behavior would not be much affected were damages based on tables of expected values rather than on individual assessment of harm, so that this rule change could substantially reduce the private expenditures on litigation with little change in deterrence."* Ibidem, p. 20.

[94] Superior Tribunal de Justiça. REsp 959.780/ES, Relator: Ministro Paulo de Tarso Sanseverino, Terceira Turma, julgado em 26/04/2011, DJe 06/05/2011.

[95] No Brasil, as partes podem decidir submeter os seus conflitos à arbitragem por meio de dois instrumentos jurídicos: uma cláusula compromissória ou um compromisso arbitral (artigo 3º da Lei 9.307/1996). De maneira simplificada, no primeiro caso, a decisão pela arbitragem é anterior

por sistemas privados de solução de controvérsias, incluída aí a arbitragem, trazendo ao final alguns apontamentos sobre os limites à sua instauração no Brasil.

A análise econômica dos litígios distingue as escolhas anteriores (*ex ante*) e posteriores (*ex post*) por sistemas alternativos de solução de controvérsias. A primeira (*ex ante*) está alinhada com a análise econômica dos litígios – desde que todos os afetados pelos efeitos atuais e potenciais do litígio anuam com a escolha –, pois a ela se aplica o raciocínio econômico que se faz sobre qualquer contrato. Desde que inexistam externalidades, o Estado deve resguardar transações com as quais as partes contratantes acordem. Contratos dessa natureza criam riqueza. Geram bem-estar. Por outro lado, a escolha *ex post* por sistemas alternativos de solução de controvérsias pode ou não ser desejável socialmente (isto é, eficiente). A escolha *ex post* pode ser indesejável no caso de os custos de administração dos sistemas alternativos serem muito baixos. Nessa hipótese, não se poderá descartar a hipótese de que a escolha ex post desincentive a adoção dos cuidados necessários para evitar lesões à esfera jurídica alheia.

A linha de raciocínio aplicável à escolha *ex ante* é compatível com a ideia de eficiência de Pareto. Na inexistência de externalidades, os contratos são sempre benéficos às partes envolvidas – do contrário, elas não teriam aceitado a contratação. Se as partes de um contrato, antes da ocorrência de alguma controvérsia, escolheram submeter conflitos futuros à arbitragem, é porque submeter a administração desses conflitos a ela criará bem-estar para os envolvidos.

As partes de um contrato podem escolher submeter controvérsias futuras à arbitragem, em virtude da especialização dos árbitros. Determinados setores da economia, além de regidos pelas regras civis e comerciais comuns a todos, regulam-se também por normas sociais, escritas ou não, que são do conhecimento apenas daqueles que trabalham nesses setores específicos. Há, portanto, assimetria informacional entre o Estado, com o seu aparato judicial público (juízes, tribunais e servidores), e as partes que firmam contratos nesses setores da economia[96]. Isso porque, os juízes e os tribu-

---

ao surgimento de um conflito de interesses. Volta-se para o futuro. No segundo, considera um conflito de interesses já existente. Quando o presente texto, entretanto, fala em escolhas *ex ante* e *ex post* de sistemas alternativos de resolução de controvérsias, não é tomando em conta a distinção entre cláusula compromissória e compromisso arbitral. Não interessam à AED o instrumento jurídico ou o *nomen iuris*. O que interessa para ser desejável socialmente a escolha de um sistema alternativo de resolução de controvérsias é que, se a escolha se der antes do surgimento de um conflito (*ex ante*), todos os eventuais atingidos pelos efeitos do litígio (atuais e potenciais) anuam com a escolha. Se for a escolha for *ex post*, o que interessa é que, independentemente da anuência de todos os atingidos pelos efeitos atuais e potenciais do litígio, a redução de efeitos dissuasórios e de incentivos para se evitar lesões à esfera jurídica alheia seja compensada pela economia de custos de administração e de erro (maior acurácia da decisão arbitral, por exemplo, em face da decisão judicial). SHAVELL, Steven. **Economic analysis of litigation and the legal process**. Cambridge, 2003, cap.19, p. 3-4. Disponível em: http://www.nber.org/papers/w9697. Acesso em: 26/11/2018.

96 "*1.3 Assumptions about public and private legal systems*. *Let us make the following simplifying assumptions about the public and private legal systems. First, the state's goal, as reflected in the public legal system, is to maximize social welfare. Second, the state can employ its various power to enforce the law, Third, however, the state may suffer from lack of [p.2] information about the best legal system, either about the best rules or the best method of adjudication, for certain groups of parties. Fourth, private parties themselves will have at least as good – and sometimes*

nais não têm condições de conhecer todas as regras de comércio (as normas sociais) que regem cada um dos setores da economia. Em determinados casos, a aplicação das regras civis e comerciais legisladas pode ser indesejada. As partes que firmam contratos sobre determinados setores da economia podem desejar ter os seus conflitos resolvidos com base em práticas comerciais, costumes e usos do comércio. Sistemas privados de solução de conflitos, como a arbitragem, podem também trazer outros benefícios para as partes, como a celeridade no julgamento da causa, a dedicação exclusiva ou prioritária dos árbitros à causa (algo que certamente não pode ocorrer no Judiciário), um menor grau de formalismo e burocracia na administração das diligências do processo, procedimentos probatórios mais completos ou dotados de maior rigor técnico (por conta da seleção de peritos altamente especializados, por exemplo), entre outras vantagens semelhantes.

Ou seja, assumindo, como se fez até aqui, que é missão do Estado aumentar o bem-estar da sociedade (reduzir os custos sociais; diminuir o desperdício; aumentar a riqueza; maximizar o bem-estar), desde que a escolha por sistemas alternativos de resolução de controvérsias tenha se dado antes do surgimento do conflito e desde que todos os afetados pelos efeitos atuais e potenciais de um litígio tenham acordado com a escolha do sistema alternativo, não há razões para não se conferir força ao contrato, isto é, não há razões para a submissão das controvérsias futuras entre essas partes à jurisdição estatal. Mas por que se tem dado ênfase à escolha anterior (*ex ante*) ao surgimento do conflito? Ainda: e se a escolha pela arbitragem for feita por apenas uma das partes de um contrato?

A resposta que a análise econômica dos litígios tem a oferecer à primeira pergunta, como dito, não é definitiva. A escolha *ex post* de sistemas alternativos de resolução de controvérsias pode ou não ser socialmente desejável. É possível que a escolha de sistemas privados de resolução de controvérsias depois do seu surgimento (*ex post*) signifique que, por exemplo, em casos de responsabilidade civil, os desincentivos à ocorrência de lesões futuras possam ser diluídos. Esse será o caso quando os custos de administração do sistema alternativo de solução de controvérsias forem suficientemente baixos.[97]

---

better – information about what legal system is best form them than the state will have. And fifth, private legal systems will typically have less power to enforce their decisions than the state enjoys, because they lack the power to appropriate funds and to imprison, but they may still sometimes possess methods of enforcement, such as expulsion from a group. **1.4 Public legal system as the sole system**. *If the public system is the sole legal system, the outcome will deviate from the optimal because of the state's lack of information of what is best for certain groups of parties. Such deviations from what is best suggests that if the state can harness parties' superior knowledge about the best legal system for them and allow the public system to be appropriately modified, the altered system will be superior to the public system alone. We now turn to consider the conditions under which the public system would and would not be expected to be changed in a beneficial way.*" Ibidem, p. 1-2.

[97] O exemplo de Shavell para ilustrar essa questão está na nota de rodapé da p. 3 do cap.19. O exemplo considera algo incomum no Brasil: o custo para as partes do uso de um sistema privado de resolução de controvérsias é, no exemplo, inferior ao custo para as partes do uso do sistema público. No Brasil, é possível dizer, acessar o Judiciário é quase sempre mais barato para as partes do que se valer de uma alternativa privada de solução de litígios. O acesso ao Judiciário é barato no Brasil. Sobre o tema: PIMENTEL, Wilson. **Acesso responsável à justiça: o impacto dos custos na decisão de litigar**. Rio de Janeiro. Lumen Juris, 2019. Segue, de todo

Se os causadores de lesão à esfera jurídica alheia conseguirem antecipar com alguma segurança que – tão logo se vejam diante de ações de responsabilidade civil – obterão acordos com as vítimas para a remessa dos casos a um sistema privado de solução de conflitos, afigurar-se-á indesejável a escolha *ex post* de sistemas alternativos de solução de controvérsias.

A escolha *ex post* de sistemas alternativos de solução de controvérsias será socialmente desejável sempre que a redução dos custos de administração e de erro do processo judicial público superar a redução dos desincentivos a lesões futuras à esfera jurídica de terceiros (essa última redução, rememore-se, se dá na escolha *ex post* dos sistemas alternativos de resolução de controvérsias). Dizer que os custos de erro serão reduzidos é o mesmo que dizer que a acurácia (a precisão) das decisões será maior. A análise de custo-benefício a ser feita nesse caso, portanto, é a seguinte: na escolha *ex post* de sistemas alternativos de resolução de controvérsias, há de haver a economia dos custos de administração do processo judicial público[98] e há de haver uma maior precisão nas decisões (redução dos custos de erro), tudo isso em montante superior à redução dos desincentivos a lesões futuras da esfera jurídica de terceiros.

A escolha unilateral por sistemas alternativos de resolução de controvérsias (aí incluída a arbitragem), por sua vez, é, segundo a análise econômica dos litígios, indesejável em todo e qualquer caso. A parte a quem coubesse essa escolha possivelmente optaria por um sistema que favoreceria os seus interesses – ou ao menos possuiria todos os incentivos para tanto. O direito, então, perderia a sua capacidade de direcionar os comportamentos humanos, incentivando-os ou desincentivando-os. Nos casos de responsabilidade civil, se coubesse aos causadores de dano a escolha de um sistema alternativo de resolução de controvérsias, é bem provável que essa escolha viesse a recair sobre um tribunal arbitral que reduzisse a responsabilização dos causadores – e o dever de indenizar – ao mínimo. O efeito dissuasório do direito para evitar danos à esfera jurídica de terceiros seria, assim, mitigado. O reflexo invertido se daria se a escolha coubesse às vítimas: é provável que indicassem um tribunal arbitral que elevasse

---

modo, o exemplo de Shavell: *"An example may clarify this point. Suppose that if firms exercise care at a cost of $10, accidents causing harm of $15 will be prevented, so that the exercise of care is desirable. Suppose too that liability is strict and that the probability that a firm will be sued is only 50 percent – there is difficulty in proving causation; that the costs of use of the public legal system would be $6 each for the plaintiff and the defendant, and only $2 each for use of a streamlined private arbitration system. Then, if an accident occurs for which causations is clear (and for which there is thus a threat of suit under the public legal system), the parties would elect the private system, in order to save $4 each in adjudication costs. This, however, means that the expected liability of the firm if it does not take care will be 50%.($15+2) = $8,50, so it will not be led to spend $10 on care. But if the public system were employed, the firm's expected liability if it does not take care would be 50%.$21 = $10,50, so it would be led to take care (in which case, note, there would never be any litigation expenses, as no accidents would occur). Thus, social welfare, and the well-being of the victims of accidents, are lowered because of the ability of the victims and the firms to make ex post agreements that reduce firms' incentives to take care."* Ibidem, p. 13.

[98] Nos sistemas alternativos, como a arbitragem, são as partes que remuneram os julgadores; na arbitragem, por exemplo, os honorários dos árbitros são pagos pelas partes, diversamente do que se dá com o salário dos juízes de direito.

o montante da indenização, além do que se mostrasse efetivamente devido[99]. O efeito indesejável, nesse caso, residiria no fato de que pessoas e empresas, com receio de sofrer condenações descabidas, retirar-se-iam, desnecessariamente, de atividades econômicas socialmente importantes.

Um último ponto é digno de nota. No direito brasileiro, a pactuação da arbitragem encontra limites quando disser respeito a relações de consumo[100] e a contratos individuais de trabalho[101]. No primeiro caso, só é válida se a instituição da arbitragem se der por iniciativa do consumidor ou for ratificada por ele[102]. Nos contratos individuais de trabalho, a seu turno, a arbitragem é autorizada quando a remuneração do empregado for duas vezes superior ao limite máximo estipulado para os benefícios do Regime Geral de Previdência Social e quando a cláusula compromissória for pactuada por iniciativa do empregado ou mediante a sua concordância expressa. Aparentemente, o que se quer vedar nessas hipóteses é a aceitação, pelo consumidor e pelo empregado, de cláusulas cujo conteúdo ignoravam ou a respeito do qual não refletiram muito.[103] A discussão sobre se essa prática está em linha com a AED escapa aos limites deste texto. Há quem diga que, no caso de assimetrias informacionais robustas entre as partes de

---

[99] "*1.5 Choice of private system by a single party is undesirable*. We can first dispense with the possibility that unilateral choice of a private legal system by a party to a dispute would tend to be socially desirable. It would not, for the party would select a system that favored him, reducing or eliminating the law of its ability to channel behavior or to remedy loss desirably. For example, a rule of tort law requiring injurers to pay for harm, which could be beneficial due to the incentives it provides to take care, would be robbed of force if defendants could select their own legal system. They would choose a different rule that allowed them to escape responsibility, or if they were permitted only to elect the method of adjudication, they would select a tribunal that watered down the ability of plaintiffs to collect. Converse problems, involving excessive liability, would arise if plaintiffs could unilaterally choose liability rules or methods of adjudication. It is plain, therefore, that permitting unilateral modification of the public system of law is socially undesirable." SHAVELL, Steven. **Economic analysis of litigation and the legal process**. Cambridge, 2003, cap.19, p. 2. Disponível em: http://www.nber.org/papers/w9697. Acesso em: 26/11/2018.

[100] Artigo 51, VII, do Código de Defesa do Consumidor.

[101] Artigo 507-A da Consolidação das Leis do Trabalho.

[102] Superior Tribunal de Justiça. REsp 1189050/SP, Rel. Ministro Luis Felipe Salomão, Quarta Turma, julgado em 01/03/2016, DJe 14/03/2016.

[103] "*When both parties to the contract are businesses, as with the banks in the Visa system, terms calling for the arbitration of disputes are relatively unproblematic. More problems arise, however, when one party is a business and the other is a consumer. Health maintenance organizations in the United States sometimes stipulate that disputes between patients and doctors will be resolved by compulsory arbitration. The apparent aim is to reduce the cost of medical malpractice insurance. Similarly, many contracts for the delivery of goods specify that disputes will be resolved by compulsory arbitration according to the rules of the American Arbitration Association, and that arbitration will occur in the home city of the seller. This is an attempt by sellers to avoid the high cost of defending themselves in remote places. Until a dispute arises, however, the consumers who sign these contracts are often unaware of the arbitration clause or unappreciative of its significance. Given ignorant consumers, businesses can often stipulate arbitration procedures and arbitration organizations that favor business (the repeat customer) and disfavor consumers (one-shot buyers).*" COOTER, Robert; ULEN, Thomas. **Law and Economics**. 6. ed. Berkeley: Berkeley Law Books, 2016, p. 405.

um contrato, a intervenção regulatória e judicial nos contratos é aceitável[104]. De outra parte, existem posições[105] que apregoam que só se deve intervir nos contratos se, no mercado no qual forem firmados, verificar-se algum comportamento anticompetitivo. E a intervenção, nesse último caso, não deve se dar sobre o contrato em si, mas sobre o mercado, promovendo-se a competição.

A conclusão do ponto é, em resumo que, se todos os envolvidos pelos efeitos atuais e potenciais de um conflito puderem de antemão ajustar a escolha de um sistema privado de resolução de conflitos (em lugar da jurisdição estatal), cabe ao Estado dar guarida ao ajuste. Se as partes de um contrato tiverem escolhido *ex ante* submeter os conflitos advindos do contrato à arbitragem, caberá ao Estado afastar-se da resolução desses conflitos. Alternativamente, se a escolha pela arbitragem se der depois do surgimento do conflito (*ex post*), para se saber se ela será socialmente desejável, far-se-á necessário investigar se não importará na destruição dos desincentivos a lesões futuras à esfera jurídica alheia. Sendo esse o caso, deve-se questionar se essa destruição será compensada pela economia de custos administrativos e de erro.

11.4.3 A precisão (acurácia) das decisões judiciais

Um problema interessante a se examinar sob a perspectiva da análise econômica é o da precisão das decisões judiciais. O ideal, evidentemente, seria que todas as decisões judiciais fossem acertadas, acuradas. Isto é, o ideal seria que nenhuma delas contivesse erros.[106] A análise econômica dos litígios, no entanto, toma como ponto de partida o problema econômico fundamental da escassez. Os recursos sociais disponíveis para consumo na sociedade são escassos. Ao que interessa para a presente seção, são exíguos o tempo e os meios de que dispõem juízes e servidores para resolver as controvérsias que lhes são apresentadas. Se juízes e servidores despendessem todo o seu tempo e todos os recursos públicos de que dispõem para resolver

---

[104] MEYERSON, Michael I. Efficient consumer form contract: law and economics meets the real world. **Georgia Law Review**, v.24, n. 3, 1990, p. 583-628. Disponível em: https://heinonline.org/HOL/P?h=hein.journals/geolr24&i=597. Acesso em: 24/01/2019.

[105] SCHWARTZ, Alan; WILDE, Louis L. Intervening in markets on the basis of imperfect information: a legal and economic analysis. **University of Pennsylvania Law Review**, vol. 127, nº 3, 1979, p. 630-682. Disponível em: https://heinonline.org/HOL/P?h=hein.journals/pnlr127&i=642. Acesso em: 24/01/2019.

[106] Os erros judiciais podem dizer respeito ao titular do direito (atribui-se um direito ou uma obrigação a quem não se deveria imputar) ou ao montante da condenação. Os erros podem-se dar: pelo desenho do processo judicial; ou pelas ações dos litigantes, que escolhem as provas a serem apresentadas em juízo e selecionam os argumentos jurídicos com os quais defenderão as suas posições. A propósito: "***2.1 Introduction.*** *By the accuracy of the legal process is meant the absence of error. Error may arise in the determination of whether or not a person is liable – an innocent person may mistakenly be found liable or a guilty person not found liable – or in the determination of the level of sanctions to be imposed on a liable person. The accuracy of the legal is influenced by its design; indeed, the entirety of the legal rules of legal procedure and of evidence bear on the incidence of error. And the accuracy of the legal process is also affected by the actions of litigants; their gathering of information, selection of evidence, and use of legal procedure influence the likelihood of error.*" SHAVELL, Steven. **Economic analysis of litigation and the legal process**. Cambridge, 2003, cap.19, p. 2. Disponível em: http://www.nber.org/papers/w9697. Acesso em: 26/11/2018.

um único caso da melhor maneira que pudessem, empregando o melhor direito e investigando os fatos a fundo, todos os outros seriam deixados de lado, alguns dos quais a exigir solução imediata (como as tutelas provisórias e as ações de alimentos, por exemplo). É em virtude da escassez de recursos que o problema dos erros das decisões judiciais se põe. Trata-se de um problema econômico, de administração de recursos escassos. Se o tempo e os recursos dos juízes e servidores são limitados, alguns erros inevitavelmente ocorrerão. Qual o nível ótimo de erros judiciais com os quais deve a sociedade conviver? Dizendo de outro modo, o quão precisas (acuradas) devem ser as decisões judiciais?

Para se responder a essa pergunta com fundamento na análise econômica, devem-se, como sempre, sopesar custos e benefícios sociais. Dos custos sociais de decisões acuradas já se falou: sentenças mais precisas exigem processos judiciais mais demorados e o emprego de mais recursos públicos na busca de uma maior qualidade. Os benefícios, por sua vez, podem ser de 2 (duas) ordens: um controle mais intenso do comportamento humano; e a redução dos custos com os litígios.[107]

O direito pode ser visto como um instrumento de controle do comportamento humano e, nesse sentido, decisões judiciais mais precisas consistem em incentivos eficazes ao cumprimento da lei. Podem ter duas funções. Ou aumentam os custos (sanções) esperados(as) da desobediência à lei, ou delimitam com mais precisão a responsabilidade a que estarão sujeitos uma sociedade empresarial ou um empresário ao tomarem parte em atividades econômicas que submetam terceiros a riscos de dano.

O aumento dos custos esperados da desobediência à lei torna-se necessário nos casos em que as decisões menos acuradas deixem de condenar os causadores de dano no montante necessário à internalização das externalidades negativas. Imagine-se alguém que está poluindo o meio ambiente com fumaça e retirando lucro da poluição. Se o montante da condenação pela poluição for inferior ao valor necessário para fazer com que a poluição cesse, não haverá razão para a poluição ter fim. A condenação não criará o desincentivo para que o poluidor pare de poluir (adquira, por exemplo, um retentor de fumaça) e, mais que isso, se tal condenação se tornar precedente ou fizer jurisprudência, incentivará muitas outras pessoas a ingressar naquela atividade econômica e poluir o ambiente.[108]

---

[107] Shavell trata ainda como benefícios de decisões judiciais mais acuradas a redução dos custos com a imposição de sanções e com a assunção de riscos. O primeiro, no entanto, pode-se dar ou não. Dar-se-á se decisões mais acuradas levar a identificação mais frequente de pessoas inocentes (em sentido amplo, isto é, de pessoas que não violaram a lei). Decisões mais precisas, contudo, podem levar à identificação mais frequente de culpados (de violadores da lei); e, nesse caso, aumentam-se os custos com a imposição de sanções. De outra parte, a redução dos custos com a assunção dos riscos parece, de certa maneira, incluída no controle mais intenso do comportamento humano, em especial na questão dos incentivos para o ingresso em atividades econômicas com grande valor social. Ibidem, p. 5-7.

[108] "*Improved control of behavior. It is intuitively clear that greater accuracy of the legal process should tend to bring about improved control of behavior, but why exactly should this be true? Consider first accuracy in the determination of liability. Greater accuracy in imposition of liability on truly guilty parties clearly leads to an enhanced incentive to obey the law, or it means that the expected sanction for violations is higher. Not so obvious, however, is that greater accuracy in respect to*

A delimitação precisa da responsabilidade para decidir ingressar numa atividade econômica é o reflexo invertido dessa situação. Caso o montante da condenação pela poluição ultrapasse em grande medida o dano causado pelo poluidor, desincentivará toda e qualquer pessoa a ingressar na referida atividade econômica. E pode ser que ela seja bastante importante para a sociedade (seja de grande valor social) por gerar muitos empregos, criar inovações tecnológicas, desenvolver medicamentos indispensáveis à saúde de um grande número de pessoas. A delimitação precisa da responsabilidade poderia encorajar a continuidade da atividade econômica, fazendo cessar a poluição (incentivaria, por exemplo, a aquisição do retentor de fumaça pelo poluidor).[109]

Outro benefício social que se pode obter com decisões judiciais mais acuradas é o da redução dos custos com a litigância. A redução deles se dá mediante a promoção de acordos e, portanto, com a correspondente economia dos custos de administração dos processos. Decisões judiciais mais claras e precisas têm o condão de fazer com que autores e réus estejam com mais frequência em concordância sobre o resultado dos processos judiciais. Decisões mais acuradas reduzem, portanto, a imprevisibilidade dos processos – diminuem a insegurança jurídica.[110] Quando autores e réus tendem a concordar com os resultados esperados das demandas, têm mais razões para chegar a acordos antes do processamento e julgamento das causas. E, como se viu acima, acordos são preferíveis a julgamentos, já que poupam os custos de administração dos processos.[111]

---

exonerating innocent parties enhances deterrence. The reason is that the incentive to obey the law is not simply equal to the expected sanction if one violates the law, but [p.6] rather to the difference between the expected sanction if one violates the law and the expected sanction if one does not. If the expected sanction suffered by the innocent, due to error, is 20, and the expected sanction experienced by the guilty is 60, then the effective sanction for a violation is 40, no 60, for 40 is the added sanction brought about by a violation. Hence, the incentive to obey the law is enhanced by reducing errors that penalize the innocent (if, for instance, the expected sanction suffered by the innocent fell from 20 to 10, the effective sanction for violations would rise from 40 to 50)." Ibidem, p. 5-6.

[109] *"An additional social benefit from accuracy in the determination of liability is improved decisions about whether to engage in an activity (such as to operate a motor vehicle) that would expose innocent parties to the risk of liability. Greater accuracy implies that fewer parties will be undesirably discouraged from engaging in such an activity because of mistakenly imposed liability. It also means that fewer parties will be undesirable encouraged to engage in the activity because of mistakenly escaping liability. Another, more particular social benefit from increased accuracy applies when liability is based on whether or not a party's level of care falls below a fault standard. In these situations, as was discussed in section 1.1 of chapter 10, error in the assessment of care may lead to exercise of excessive care (such as defensive medical practices) to reduce the chance of mistakenly being found liable. Here greater accuracy in the assessment of care will lead to less excess in precautions. Next, consider accuracy in the assessment of damages. Here accuracy tends to improve behavior. The reason is that, if an actor knows that the harm he might cause will be accurately assessed, he will tend to take steps to prevent harm commensurate with its magnitude." Ibidem, p. 6.*

[110] Para ficar num conceito trabalhado em tópico anterior, é possível dizer que decisões mais acuradas têm o condão de reduzir o otimismo relativo das partes com relação ao resultado dos processos judiciais.

[111] *"Reduced social costs from litigation and from imposition of sanctions. Another social advantage of accuracy is a higher frequency of settlement, and thus of savings in litigation costs. [p.7] Specifically, if greater accuracy of the legal process means that litigants are more likely to agree on their*

O que se deve saber, portanto, é se os custos sociais de decisões judiciais mais acuradas – processos mais demorados e maiores custos com o pessoal e a estrutura do Judiciário – serão compensados pelo controle mais intenso do comportamento humano por meio do direito (mediante a produção de decisões mais acuradas) e pela redução dos custos com os litígios.[112] Um cálculo dessa natureza não é desprovido de complicações. Saber em que medida o direito influencia o comportamento humano sempre foi um desafio para os cientistas sociais. Independentemente da operacionalização dessas variáveis, o que interessa é saber que a AED coloca as perguntas fundamentais para que se saiba se um ordenamento ou sistema jurídico é ou não eficiente. Se os benefícios compensarem os custos, o sistema será eficiente. Do contrário, não.

Para concluir, destacamos que, também no que concerne à precisão (acurácia) das decisões judiciais, pode haver um desalinhamento dos incentivos públicos e sociais. No curso de processos judiciais, as partes têm estímulos para ocultar informações que são prejudiciais ao sucesso na causa, mas que são importantes para o estabelecimento da verdade dos fatos e para a correta aplicação do direito. Isto é, as partes têm incentivos privados para ocultar informações que são de interesse do julgador.[113] A AED não foge a esse tipo de questão.

A produção de determinada informação, como já dissemos, também implica custos. Provar a magnitude de um dano material precisamente é algo custoso, que exige prova técnica (perícia). Imaginemos um acidente de trabalho no qual tenha havido o decepamento de um braço do trabalhador. Como provar a extensão daquele dano material? O quanto a perda do braço implicará na redução da capacidade laborativa do trabalhador? Chegar com precisão à resposta dessa pergunta não é algo fácil. O trabalhador possui incentivos privados para pagar uma perícia que dê uma resposta precisa a essa pergunta. O seu ganho privado na causa é provável, superará os custos da perícia e, mais que isso, quando do cumprimento da sentença, o trabalhador poderá cobrar do seu empregador os gastos que fez no curso da instrução.[114] A análise

---

estimates of trial outcomes, settlement will be promoted. Additionally, accuracy may reduce the need to impose sanctions and thus the costs of so doing. Greater accuracy leads to reduced imposition of sanctions when the accuracy results in better identification of the innocent. (Of course, greater accuracy in identification of the guilty results in more frequent imposition of sanctions, and thus greater costs from imposing sanctions.)". Ibidem, p. 6-7.

[112] "*Socially optimal degree of accuracy. As indicated above, the socially optimal level of accuracy will depend on a tradeoff between its social value and its cost. For example, where potential injurers have relatively little knowledge of the precise magnitude of harm when they choose their levels of care (plausibly the case with drivers, as suggested above), the social value of accuracy in assessing harm will be low. Thus, the best policy might call for little to be spent on accuracy, meaning that streamlined methods (such as simple tables) to ascertain damages might be best. The optimal degree of accuracy will depend generally on context, as the social value and the costs of accuracy will depend on the particulars of the area of behavior at issue.*" Ibidem, p. 7.

[113] "*Perhaps the first point to note is simply that accuracy may not be desired – may have negative value – to a private party. A plaintiff may want to conceal facts in order to prevail against a defendant who is in fact innocent or may want to exaggerate his losses; a defendant may have similarly perverse incentives to prevent the truth from becoming known.*" Ibidem, p. 7.

[114] A regra no direito brasileiro é a de que o interessado na realização de uma diligência judicial antecipe as despesas do ato (artigo 82, *caput*, do Código de Processo Civil de 2015), podendo-as

econômica dos litígios, no entanto, não se preocupa com os ganhos privados das partes no processo, mas, sim, com o ganho (ou o desperdício) social. A realização dessa perícia, que resultará numa decisão judicial mais precisa, significará ganhos em termos de um maior controle do comportamento humano por meio do direito ou em economia dos custos com a litigância (que são os benefícios sociais advindos de decisões judiciais mais acuradas)? São essas as perguntas que a AED fará para saber se a produção de determinada informação no curso de um processo judicial é socialmente benéfica ou não.[115]

11.5 OS RECURSOS E A AED

O último ponto a ser trabalhado na análise econômica dos litígios refere-se aos recursos. O direito processual civil brasileiro comporta uma ampla gama deles[116]. A pergunta fundamental que faz a respeito dos sistemas de recursos é: por que se estabelecer um sistema recursal? Criar um sistema de recursos é algo socialmente custoso. Eles, em regra, são resolvidos por mais de um julgador (turmas, seções, câmaras). Têm também de ser manejados por servidores e assessores diferentes dos que trabalharam nos casos nas instâncias inferiores. Se os juízes de primeira instância nunca cometessem erros, não haveria razão para o estabelecimento de um sistema de recursos. Logo, também o tema dos recursos se liga inextricavelmente com o problema dos erros judiciais e com a temática da precisão (acurácia) das decisões judiciais. Em lugar do estabelecimento de um sistema de recursos, não seria mais vantajoso investir em juízes, servidores e na estrutura da primeira instância a fim de que se reduzissem os erros cometidos por eles?[117]

---

reaver da parte adversa caso esta perca a demanda (artigo 82, § 2º, do Código de Processo Civil de 2015).

[115] *"Of course, private parties may also have incentives to prove the truth. A plaintiff will want to show that he is really the victim of harm and that the named defendant is the liable party, or a defendant will want to establish that the plaintiff was truly contributorily negligent, and the like. However, the incentives of private parties to establish the truth will tend to diverge from the socially optimal, and in either direction. The private reason to spend in order to establish a fact is, for the plaintiff, to increase his expected judgment, and for the defendant, to reduce it. From the social perspective, however, the justification for expenditures lies in improved control of behavior and the other factor mentioned in section 2.3; these social benefits may be quite different from the private ones. For example, it may be that increased accuracy in determining liability would be socially very valuable in deterring negligent behavior, but that the private value of establishing negligence is too low to induce a plaintiff to do so. Or it might be that increase accuracy in ascertaining liability has small social value, because there is little that potential injurers can do to reduce risk, yet the private value of establishing liability may be quite high, because of the damages that the plaintiff can collect, so that more would be spent establishing accuracy than is socially desirable."* SHAVELL, Steven. **Economic analysis of litigation and the legal process**. Cambridge, 2003, cap.19, p. 7-8. Disponível em: http://www.nber.org/papers/w9697. Acesso em: 26/11/2018.

[116] Os recursos são regidos pelas regras dos artigos 944 a 1.043 do Código de Processo Civil de 2015.

[117] *"**3.1 Introduction**. An important feature of our legal system is the inclusion of an appeals process, whereby a disappointed litigant can make a request for reconsideration of the initial trial result. It should be emphasized, however, that a legal system might not include an appeals process – whether it does so is an element of the design of the system – and in some contexts there is no appeals process. Notably, when parties elect binding arbitration, they are usually choosing to forgo an appeals process. Here I will ask why the appeals process may by socially desirable. In answering the question, one*

Na linha do que propõe Shavell, a resposta que a análise econômica dá a essa espécie de questão relaciona-se, como quase sempre ocorre, com a economia dos custos sociais. O estabelecimento de um sistema de recursos deve servir à economia dos custos com decisões erradas (custos de erro).

Um sistema de recursos, em regra, atribui à parte prejudicada por um erro judicial o ônus de comunicá-lo ao tribunal. Cabe, sob a perspectiva da análise econômica, ao Estado aproveitar as informações detidas pelas partes a respeito da ocorrência de erros judiciais. Se as partes interpuserem recursos apenas contra decisões erradas – ou pelo menos, se as partes interpuserem mais recursos contra decisões erradas do que contra decisões corretas[118] –, será então socialmente interessante o estabelecimento de um sistema de recursos em lugar de maiores investimentos na acurácia (precisão) de juízes e tribunais inferiores.[119] Os recursos versarão apenas (ou na grande maioria das vezes) sobre decisões erradas (aquelas objeto de recurso).[120] Investimentos em julgadores e na estrutura das instâncias inferiores não tomam por base essa distinção, entre casos errados e certos. É evidente: antes da prolação de uma decisão judicial não se sabe se ela está errada ou certa. Investimentos em julgadores e na estrutura das instâncias inferiores seriam, portanto, diluídos no exame de todos os casos.

Tal qual se dá com a decisão (privada) de um interessado em ajuizar uma ação judicial, também a decisão de se recorrer rege-se pela utilidade esperada do recurso. Segundo a análise econômica dos litígios, uma parte só interporá um recurso caso a

---

must explain, among other things, why society (or an organization) may find the appeals process superior to the alternative of enhancing the quality of the trial process. Society enjoys the option, after all, of investing in more skilled trial court judges, of lengthening trial proceedings to allow for more evidence and argument to be considered, and the like. Moreover, one must say why, if society does decide to employ a tribunal that supersedes the trial courts, it should wish to grant disappointed litigants the right to instigate action by the higher tribunal – rather than, say, permit the higher tribunal to reconsider trial outcomes on its own initiative." SHAVELL, Steven. **Economic analysis of litigation and the legal process**. Cambridge, 2003, cap.19, p. 9. Disponível em: http://www.nber.org/papers/w9697. Acesso em: 26/11/2018.

[118] Ver-se-á abaixo como incentivar a interposição de mais recursos contra decisões erradas que contra decisões corretas. O caminho é a regulação das custas recursais.

[119] A circunstância de as partes conseguirem identificar decisões erradas, distinguindo-as das corretas, é uma premissa do argumento que se segue.

[120] *"The theme to be advanced here is that the appeals process may function to correct errors in an economic way (other functions of appeals will be noted in sections 3.3 and 3.4). The kernel of the argument to be developed is that if litigants tend to possess information about the occurrence of error and appeals courts can frequently verify it, then litigants may tend to bring appeals when errors are likely to have been made but not otherwise. Under these circumstances, not only may the appeals process result in error correction, it may also do so cheaply, for the legal system will be burdened with reconsidering only the subset of cases in which errors were more probably made. This may render society's investment in the appeals process economical in comparison to an investment in improving the accuracy of the trial process – an approach that, by its nature, would require extra expenditure in every case rather than only in a subset of cases. The appeals process, in other words, may allow society to harness information that litigants have about erroneous decisions and thereby to reduce the incidence of mistake at relatively low cost."* SHAVELL, Steven. **Economic analysis of litigation and the legal process**. Cambridge, 2003, cap.19, p. 9. Disponível em: http://www.nber.org/papers/w9697. Acesso em: 26/11/2018.

utilidade esperada seja positiva, isto é, caso a probabilidade de provimento do recurso, multiplicada pela magnitude do ganho do provimento menos o custo de se recorrer ($p \times M - c_r$) seja positiva. Se um sistema recursal der provimento a mais recursos que atacam decisões erradas ao invés de decisões certas, a probabilidade de ganho dos recorrentes que atacam decisões erradas será maior que a probabilidade de ganho dos recorrentes que atacam decisões certas. A depender dos custos para recorrer, ocorrerá o que se chama, na análise econômica, de separação dos litigantes desapontados com as decisões tomadas pelas instâncias inferiores. Separar-se-ão os recorrentes descontentes com decisões erradas daqueles decepcionados com decisões certas.

O exemplo de Shavell ajuda a ilustrar a questão. Imaginemos que as chances de provimento de um recurso que ataca uma decisão errada sejam de 80% (oitenta por cento) e que a probabilidade de provimento de um recurso que ataca uma decisão acertada seja de 30% (trinta por cento). Se a magnitude do ganho do provimento do recurso for R$ 100.000,00 (cem mil reais), então o recorrente que atacar uma decisão errada esperará ganhar R$ 80.000,00 (oitenta mil reais) com a interposição do seu recurso, enquanto aquele que questionar uma sentença correta esperará ganhar R$ 30.000,00 (trinta mil reais).[121]

A separação dos litigantes desapontados com decisões erradas daqueles irresignados com sentenças corretas ocorrerá se os custos de se recorrer incentivarem a interposição de recursos contra decisões erradas e desincentivarem a interposição de recursos contra decisões acertadas. No caso hipotético descrito acima, isso ocorrerá se, por exemplo, o custo para se recorrer for de R$ 50.000,00 (cinquenta mil reais). O recorrente desapontado com uma decisão errada terá razões para recorrer: o seu ganho esperado (R$ 80.000,00 – oitenta mil reais) supera o custo de se recorrer. O recorrente desapontado com uma decisão correta, no entanto, não terá razões para recorrer: o seu ganho esperado (R$ 30.000,00 – trinta mil reais) fica abaixo do custo do recurso (R$ 50.000,00 – cinquenta mil reais).[122]

O custo de recorrer inclui o custo privado (sobretudo o custo de oportunidade do interessado no recurso) mais as despesas processuais do recurso (o que, no direito

---

[121] *"Now suppose that the state establishes an appeals court and, provisionally, take its accuracy as given, but assume that it is minimally accurate in the sense that it is more likely to reverse trial court errors than to reverse correct decisions. Hence, a disappointed litigant's expected gross return from an appeal will be higher if an error occurred than if it did not, because the reversal probability is greater under the former circumstance than under the latter. For example, if the reversal probability following a mistake is 80 percent but is only 30 percent following a correct decision, then if a litigant's gain from reversal would be $100,000, the expected gross return from an appeal would be $80,000 after a mistake but only $30,000 after a correct adverse decision."* SHAVELL, Steven. **Economic analysis of litigation and the legal process**. Cambridge, 2003, cap.19, p. 10. Disponível em: http://www.nber.org/papers/w9697. Acesso em: 26/11/2018.

[122] *"Accordingly, there may be separation of disappointed litigants, wherein those who are the victims of error find it worthwhile to bring appeals and those who are not victims of error do not find it worthwhile to bring appeals. There will be such separation of disappointed litigants if the private cost of an appeal is less than the expected return given mistakes but exceeds the expected return given correct decisions. In the example just mentioned, there will be separation if the cost of an appeal is, say, $50,000; $50,000 is less than $80,000, meaning that there will be appeals after mistakes, but $50,000 exceeds $30,000, meaning that there will not be appeals after correct adverse decisions."* Ibidem, p. 10.

processual civil brasileiro, designa-se por preparo[123]). E é o Estado o responsável por regular as despesas processuais dos recursos. Para que se atinja a separação entre litigantes desapontados com decisões erradas e aqueles irresignados com decisões corretas, cabe, portanto, ao Estado: (i) assegurar que os tribunais deem provimento com mais frequência a recursos que ataquem decisões erradas que a recursos que ataquem decisões corretas (o que aumenta a utilidade esperada dos recursos contra decisões erradas); e (ii) regular as despesas processuais dos recursos de maneira a incentivar aqueles contra decisões erradas e desincentivar os recursos contra decisões acertadas[124].

A partir daí é possível analisar se o estabelecimento de um sistema de recursos será socialmente desejável (economicamente eficiente). Será eficiente se o dano social de uma decisão errada exceder o custo de administração do sistema de recursos somado ao dano esperado de não reversão da decisão errada (isto é, o dano esperado do não provimento do recurso). A ideia, tal como descrita acima, parece complicada, mas não é. Imagine-se, ainda seguindo o pensamento de Shavell, que o custo social de uma decisão errada seja de R$ 500.000,00 (quinhentos mil reais). Se não existir um sistema de recursos, esse dano é certo; a decisão será imutável. Imaginemos, ainda, que o custo de administração do recurso (o salário dos desembargadores e a manutenção da estrutura do tribunal) que atacar essa decisão errada seja de R$ 150.000,00 (cento e cinquenta mil reais). Imaginemos por fim que a probabilidade de provimento de recursos que ataquem decisões erradas seja de 80% (oitenta por cento) – sendo então a probabilidade de não provimento 20% (vinte por cento). Nesse caso, o estabelecimento de um sistema de recursos é socialmente desejável. O custo social (certo) da decisão errada (R$ 500.000,00 (quinhentos mil reais)) é muito superior ao custo de administração do recurso mais o dano esperado do não provimento do recurso (R$ 150.000,00 + 20% (R$ 500.000,00) = R$ 250.000,00). Sem o sistema de recursos, a sociedade sofrerá um dano advindo de uma decisão errada no montante de R$ 500.000,00 (quinhentos mil reais). Com o sistema de recursos, a sociedade gastará R$ 150.000,00 (cento e cinquenta mil reais) na administração daquele recurso contra a decisão errada e esperará um dano de R$ 100.000,00 (cem mil reais) em virtude da probabilidade de o recurso não ser provido.[125]

---

[123] Artigo 1.007, *caput*, do Código de Processo Civil de 2015.

[124] Em pesquisa realizada, Wilson Pimentel verificou que o índice de recorribilidade na justiça comum cível do Tribunal de Justiça do Rio de Janeiro foi 286,79% maior do que o índice de recorribilidade nos juizados especiais cíveis do mesmo Tribunal (PIMENTEL, Wilson, 2019). O interessante é que a regulação dos custos processuais, nos dois procedimentos, se dá de maneira bastante distinta. Na Justiça comum, paga-se custas mais elevadas para ajuizar a ação e custas relativamente baixas para recorrer, enquanto nos juizados especiais não há custas para o ingresso da ação, mas são devidas custas judiciais relativamente altas para propositura de recursos. A pesquisa comparou, ainda, o índice de recorribilidade na Justiça comum dos casos em que foi deferida gratuidade de justiça e dos casos em que não houve o deferimento do benefício da gratuidade. No primeiro, o índice de recorribilidade foi de 83,26%, enquanto no segundo, em que as partes suportavam os custos processuais, 52,17%.

[125] "It follows that the appeals process will be socially desirable to establish if and only if the social harm from certain error exceeds the social cost of an appeal plus the expected harm from failure to reverse error, the latter being the probability of failing to reverse error multiplied by the harm from error. If the social harm from error is $500,000, the social costs of an appeal are $150,000, and the probability of reversal of error is 80 percent, then the appeals process will be advantageous

Não se pode desconsiderar a influência que um sistema de recursos pode ter sobre o comportamento dos julgadores das instâncias inferiores. Um sistema que reverta mais decisões erradas do que corretas pode aumentar a acurácia das instâncias inferiores por si só. Se a prolação de decisões erradas tiver efeitos deletérios sobre a reputação, sobre as promoções ou sobre a remuneração dos julgadores das instâncias inferiores, é bem provável que eles passem a julgar os seus casos com mais cuidado, a fim de evitar a reversão de suas decisões[126]. É interessante notar que o raciocínio desenvolvido até então serve para examinar os múltiplos níveis de recursos e de cortes (tribunais) de revisão[127.] O estabelecimento de mais um nível recursal – de mais uma corte (tribunal)

---

because it will reduce the certain harm from error of $500,000 to $150,000 + 20%.$500,000 or $250,000. To this point, we have taken the cost and accuracy of the appeals process as given, as well as those of the trial process, but as the reader knows, these are variable. What can be said about their optimal choice? With regard to the appeals process, it is socially desirable to invest in accuracy as long as the increase in costs is outweighed by the increase in the expected gain, that is, the increase in the probability of reversal of error multiplied by the social harm from error. With regard to the trial process, it is socially advantageous to invest in accuracy as long as the increase in costs is outweighed by the increase in the expected gain from a lower probability of error. But the social harm from error at trial, it should be emphasized, is less than the harm flowing from a sure error. The social harm from error at trial is instead measured by what follows trial court error, namely, the cost of the appeals process plus the expected harm from failure to reverse error; this amount is lower than the sure harm from error (in the example [p.12] of the appeals process above, the cost of that process plus the expected harm from failure to reverse was $250,000, much less than the $500,00 harm from error in the absence of the appeals process). Hence, the optimal investment in, and accuracy of, the trial process is less than it would be if there were no appeals process and no opportunity to correct errors. In other words, we have argued that it is optimal for trial courts to be less accurate on account of the existence of appeals courts than the trial courts would otherwise need to be." SHAVELL, Steven. **Economic analysis of litigation and the legal process**. Cambridge, 2003, cap.19, p. 11-12. Disponível em: http://www.nber.org/papers/w9697. Acesso em: 26/11/2018.

[126] *"Judges' incentives to avoid reversal. In the basic model, the appeals process increased the accuracy through correcting errors in trial court decisions, but the appeals process may also increase the accuracy of trial courts by influencing the behavior of judges who dislike being reversed (because reversal may harm their reputation, lower their salaries, and the like). In particular, judges who fear reversal will have a greater incentive to avoid error the more likely erroneous decisions are to be appealed and reversed than are correct decisions. (Note, therefore, that if the errors were no more likely to be reversed than correct decisions, judges would have no incentive (on these grounds) to decide cases accurately; hence improving judges' incentives cannot alone justify the appeals process but is instead a byproduct of the error correction function of the appeals process.)"*. Ibidem, p. 12.

[127] O raciocínio se altera se se tomar como função precípua de determinado tribunal a unificação da jurisprudência ou a criação do direito (o que não é incomum em países de *common law*): "**3.4 Functions of the appeals process other than error correction: harmonization of the law; and law-making**. *Two purposes of the appeals process apart from error correction that are frequently emphasized are harmonization of the law – reconciliation of conflicting interpretations of the law by different trial courts – and law-making – amplification of the law through new interpretations. The main observation to be made about these two functions is that, although they in fact are carried out by appeals courts, the appeals process does not seem necessary to accomplish them. A higher level court could readily accomplish harmonization on its own initiative, for conflicts among trial courts are self-evident in nature meaning that there is no reason to give disappointed litigants the right of appeal in order to have conflicts brought to the attention of a higher court. Similarly, it would seem that the need for amplification of*

de revisão – será desejável se o dano da decisão recorrida superar o custo de administração de mais um nível de recurso, mais o dano esperado face ao não provimento do recurso (a não reversão da decisão).[128]

QUESTÕES DE AUTOMONITORAMENTO

1) Por que, para os economistas, o litígio judicial tem um valor social negativo?

Comentário: Os litígios, ainda que bastante presentes no cotidiano daqueles que atuam no campo do direito (advogados, juízes, promotores, servidores), são vistos como um desperdício de riqueza por uma corrente de estudiosos da análise econômica. Litígios, segundo essa visão, não produzem riquezas e, portanto, significam ineficiência. Quem litiga não está produzindo bens e serviços, mas, sim, brigando pela distribuição de uma riqueza anteriormente produzida. Nesse sentido, o problema não é propriamente a repartição da riqueza (qualquer riqueza criada, afinal, há de ser repartida de algum modo); é o desperdício (de esforços, de dinheiro, de oportunidades) que ocorre durante o litígio, durante a briga por sua divisão. Aí está a ineficiência para essa corrente de pensamento.

2) Por que a advocacia é vista na literatura econômica tradicionalmente como uma atividade promotora da captura de renda?

Comentário: Isso ocorre porque um advogado envolvido num processo de divórcio litigioso, por exemplo, não difere do navio pirata interessado no tesouro no fundo do oceano ou da empresa que busca ganhar a licitação. Ele não produzirá riqueza. Em lugar disso, brigará pela repartição de um capital anteriormente criado (por exemplo, os bens a serem partilhados no divórcio). O capital conservado por um casal no curso da relação matrimonial não aumentará durante o processo de separação. É até possível que diminua. Isso porque cada um dos (ex-)cônjuges gastará com honorários e custas, na disputa por um patrimônio criado anteriormente. Portanto, despenderá dinheiro para obter valores que já existiam antes da separação, mas que, por ocasião dela, terão de ser repartidos. A disputa é tão só pela partilha da riqueza.

---

the law is generally fairly clear to higher level courts, so that these courts would not require that litigants bring cases to their attention in order to know where amplification is in the social interest; higher level courts could by themselves choose where to amplify the law and do that in declaratory rulings." Ibidem, p. 13.

[128] "*Multiple levels of appeal. The basic model can be extended in a straightforward manner, whereby the state chooses the number of levels of appeal and the resources and accuracy of the process at each level. The conclusions about this extended model are natural generalizations of those for the basic model. In particular, given any number of levels of appeal, an additional level of appeal will be desirable if, for some investment in the accuracy of the next level, the cost of that level of appeal plus the expected harm from failure to reverse error at that level is less than the certain harm that would be incurred if that level appeal were not allowed. Additionally, under certain conditions, the optimal level of investment in, and the accuracy of, appeals courts increases with their level. This reflects the point that the higher the level of appeal, the fewer the number of opportunities that remain to correct error, so the more valuable is accuracy.*" Ibidem, p. 2.

3) **Como a noção de bem público, em seu sentido econômico, pode ser aplicada no contexto de litígios?**
Comentário: A ideia de bem público pode ser aplicada para pensar os benefícios criados pelos litígios e para os quais não há mercado (dos quais se falou acima): justiça, direitos e desincentivos à lesão da esfera jurídica de terceiros. Essas três espécies de bens são também, em grande medida, não excludentes e não rivais. O acesso à justiça é universal e, portanto, não excludente.

a) **De que modo tal conceito é importante para justificar a profissão do advogado como um produtor de bens e maximizador de utilidade?**
Comentário: A justiça produzida na resolução de um litígio pelo Estado não reduz, em princípio, aquela disponível para a resolução dos demais litígios presentes na sociedade, o mesmo valendo para os direitos e os incentivos negativos à lesão da esfera de terceiros. Dos direitos e dos incentivos criados por um litígio para se obedecer ao ordenamento é muito difícil excluir aqueles que não fizeram parte da disputa, afinal os resultados dos litígios (as sentenças e os acórdãos) são públicos. E o "consumo" pelas pessoas das regras de conduta que lhe são aplicáveis não diminui a potencialidade de essas mesmas regras orientarem o comportamento de outras pessoas.

b) **Qual o papel positivo dos litígios sobre as relações econômicas?**
Comentário: Ao solucionar os litígios, o Poder Judiciário torna certa a titularidade de direitos que antes estavam na seara da incerteza, o que, conforme vimos com relação ao Teorema de Coase, é um fator fundamental para o estabelecimento de negociações.

4) **Especifique, detalhadamente, os custos associados a um litígio.**
Comentário: Os custos sociais inerentes ao processo judicial são de duas ordens: os de administração e os de erro. Os primeiros incluem os salários dos profissionais da justiça (juízes, servidores, advogados), assim como a prática de atos processuais por esses profissionais, o que toma o seu tempo de trabalho (trata-se do custo de oportunidade dos operadores do direito). Podemos ainda incluir os custos das instalações e dos equipamentos. Toda essa estrutura ou é custeada com o dinheiro de impostos ou mediante o pagamento de honorários, custas e emolumentos pelos envolvidos no litígio. A isso se dá o nome de custos de administração das regras processuais (*administrative costs*). Temos ainda os custos de erros, que são também sociais e inerentes ao processo, e podem ser entendidos como aqueles assumidos pela sociedade quando, no processo judicial, os julgadores cometem erros na aplicação do direito. Erros judiciários desvirtuam os incentivos dos agentes no mercado e na vida social como um todo e impõem uma série de custos às partes e à sociedade. Erros judiciários criam insegurança jurídica e incentivam o ajuizamento de mais ações judiciais. Os custos de erro não se referem apenas ao erro na decisão final dada ao do caso concreto. Eles consistem igualmente na soma dos custos de todas as decisões erradas que eventualmente sucederão a primeira decisão incorreta tomada como parâmetro. Consistem também em atitudes negligentes das partes, que, sabedoras do erro judiciário, violarão as regras do ordenamento de maneira voluntária, na expectativa de que, caso tenham de enfrentar uma ação judicial pela violação de uma norma, sejam favorecidas por novos erros judiciários. Daí por

que se diz que um erro judiciário implica a distorção dos incentivos dos agentes no mercado e na vida em sociedade.

5) **O judiciário pode ser um ator de redução de custos de transação, uma vez instalado o litígio?**

Comentário: Instalado o litígio, o Judiciário pode adotar uma postura de julgar de acordo com os custos de transação envolvidos no processo. Conforme vimos nas seções ligadas à propriedade e aos contratos, a depender da regra adotada pelo ordenamento jurídico (por exemplo, *property rule* ou *liability rule*), os custos de transação serão reduzidos, favorecendo acordos entre as partes.

6) **Como métodos autocompositivos de resolução de conflitos podem facilitar a aplicabilidade do Teorema de Coase, estudado no Capítulo VII?**

Comentário: Ao optar pela utilização de métodos de autocomposição, as partes decidem o resultado do litígio por si, de forma que um acordo, necessariamente, será Pareto Eficiente. Do contrário, ele não aconteceria. Isso acarreta o aumento de riqueza social, independentemente da norma jurídica subjacente. A alocação inicial dos direitos teria apenas o condão de definir com quanto cada uma das partes ficaria do excedente gerado pelo acordo, mas não de determinar quem terminaria com o bem em litígio.

a) **Por que eles são menos frequentes do que seria o eficiente?**

Comentário: Porque para ocorrerem, as partes deveriam trocar mais informações, o que a atual estrutura dos litígios não incentiva.

b) **Como o otimismo das partes pode dificultar a autocomposição?**

Comentário: Ao acreditar que o resultado será mais favorável do que ele verdadeiramente pode ser, as partes criam barreiras para negociar, passando a exigir mais do outro polo processual. Com isso, nenhuma das partes fica aberta a ceder algo para avançar a negociação, já que acreditam que irão ter um resultado favorável no processo.

7) **O que justificaria, sob a ótica da AED, o expressivo número de ações ajuizadas no Brasil?**

Comentário: Há um desalinhamento de incentivos privados e sociais. Por um lado, o custo privado do processo é, na grande maioria das vezes, inferior ao custo social. Nem autores nem réus arcam inteiramente com os salários dos juízes e com a estrutura do Poder Judiciário. Por outro lado, os benefícios privados diferem substancialmente dos sociais, que podem resultar do ajuizamento de uma ação. O autor de uma ação, em geral, entra em juízo em busca de dinheiro ou de algum outro bem da vida, ao passo que os benefícios sociais – os quais dificilmente serão levados em conta pelos autores de ação judicial – que podem advir de um processo incluem o firmamento de precedentes, a formação de jurisprudência e a positivação de incentivos e desincentivos para as demais pessoas que estão submetidas às mesmas regras de conduta que regem a vida da vítima. Os autores de ações judiciais, mesmo que percam as ações, não terão de desembolsar, ao fim e ao cabo, todos os custos de administração do processo. De fato, não pagarão na íntegra pelo tempo dos juízes e dos servidores envolvidos na sua demanda, assim como não recompensarão totalmente os réus pelos custos que tiveram com a demanda.

8) **Explique, resumidamente, como funciona a análise econômica do processo.**

Comentário: Por meio da análise econômica do processo, a AED, na perspectiva positiva, busca entender por que os processos possuem a atual estrutura, bem como quais os gastos das partes e da sociedade para mantê-la. Indo além, também é seu objetivo compreender o sistema de incentivos gerado. Do ponto de vista normativo, a AED tenciona criar um desenho processual mais eficiente, capaz de maximizar a riqueza da sociedade.

9) **Em que situações vale a pena o investimento em um sistema de recursos das decisões judiciais? Justifique.**

Comentário: Um sistema de recursos de decisões judiciais será eficiente quando o dano social de uma decisão errada exceder o custo de administração do sistema de recursos, somado ao dano esperado de não reversão da decisão errada (isto é, o dano esperado do não provimento do recurso). Porque se os custos globais dos erros (da primeira instância) forem maiores que os custos administrativos e de erros da segunda instância, esta terá como efeito a redução dos primeiros, a partir de um investimento menor de recursos (numericamente, se os custos de erros da primeira instância forem na ordem de R$ 100,00, e os custos totais da segunda instância forem de R$ 70,00, haverá um benefício líquido de R$ 30,00 da sua criação). Naturalmente, presume-se que a instância revisora será composta por juízes mais experientes e/ou qualificados e terá um volume menor de processos, podendo dedicar mais tempo a cada um, de maneira que tais elementos reduzem em muito os custos de erros.

a) **Quais os efeitos de um sistema de recursos sobre o comportamento dos julgadores da instância inicial?**

Comentário: Um sistema que reverta mais decisões erradas do que corretas pode aumentar a acurácia das instâncias inferiores por si só. Se a prolação de decisões erradas tiver efeitos deletérios sobre a reputação, sobre as promoções ou sobre a remuneração dos julgadores das instâncias inferiores, é bem provável que eles passem a julgar os seus casos com mais cuidado, a fim de evitar a reversão de suas decisões.

9) **Fernanda pretende ingressar com uma ação contra João e acredita que tem 10% de chance de vencer o caso se o fizer. Se Fernanda propuser a ação e vencer, ela ganhará R$ 5.000,00, mas incorrerá em um custo de litigância não recuperável de R$ 50,00 para propor a ação.**

a) **Se a autora da ação (Fernanda) for neutra em relação ao risco, qual é o seu ganho esperado com a ação?**

Comentário: O ganho esperado de Fernanda nesse caso será de R$ 450,00. Para calcular o ganho esperado de um indivíduo neutro em relação ao risco, devemos multiplicar o *payoff* de cada situação por sua probabilidade de ocorrência e depois somar os resultados obtidos. Assim sendo, temos:

$$10\% \times (5000 - 50) + 90\% \times (-50) = 495 - 45 = 450$$

b) Se o réu (João) for neutro em relação ao risco e tiver um custo de litigância não recuperável de R$ 100,00, qual será a sua perda esperada?

Comentário: A perda esperada de João nesse caso será de R$ 600,00. O método de cálculo aqui é o mesmo do exemplo anterior. Nesse caso, teremos:

$$10\% \times (-5000 - 100) + 90\% \times (-100) = -510 - 90 = -600$$

c) Qual é o resultado mais provável em uma situação como essa?

Comentário: O resultado mais provável, supondo-se que não existem custos de transação proibitivos, é que as partes atinjam uma solução negociada para o processo, pela qual João paga a Fernanda algum valor entre R$ 450,00 e R$ 600,00 para desistir da ação. Qualquer valor intermediário representará ganhos para ambas as partes, pois Fernanda ganhará mais do que o valor que atribui à causa antes de propor a ação, e João perderá menos do que espera perder caso a ação seja proposta.

Capítulo XII
ANÁLISE DE IMPACTOS REGULATÓRIOS

12.1 INTRODUÇÃO

A formulação de normas jurídicas é sempre precedida de avaliações e de debates, de análises mais ou menos explícitas a respeito dos problemas sociais a serem enfrentados e dos objetivos que queremos atingir, assim como dos prováveis efeitos das diferentes alternativas normativas. A norma jurídica é um instrumento que invariavelmente se destina a atingir múltiplos atores sociais e, por consequência, envolverá com frequência confrontos distributivos, conflitos de interesses, embates entre concepções diferentes da realidade ou entre valores éticos, sociais e políticos. Como vimos ao longo dos capítulos anteriores, as normas jurídicas podem gerar significativos impactos sobre o funcionamento da economia e sobre o bem-estar social. Por essa razão, procedimentos de avaliação da qualidade e da conveniência de normas que estabelecem ou alteram políticas públicas são tão antigos quanto a própria função legislativa, estando presentes, em maior ou menor grau, nas mais diversas formas de organização política das sociedades humanas. Essas análises podem se basear em avaliações tanto retrospectivas, nas quais se identifica se determinada política pública atingiu resultados desejáveis ou cumpriu funções previamente estipuladas, quanto prospectivas, que buscam estimar quais serão os efeitos prováveis de uma nova política.

No entanto, a consolidação de metodologias sistemáticas e estruturadas para orientar a produção normativa do Estado é um fenômeno relativamente recente e, de certa forma, ainda em processo de maturação. Como veremos em mais detalhes adiante, o uso sistemático de análises de custo-benefício pelo Estado começou nos EUA na década de 1970, tendo-se tornado uma prática consolidada no Direito Administrativo estadunidense apenas a partir do governo Reagan, no início da década de 1980[1]. Se consideramos que o processo de *agencificação* do Estado norte-americano remonta à segunda metade do século XIX[2], e que o estabelecimento de um regime procedimental padronizado para edição de normas regulatórias nos EUA deu-se em 1946, com a edição do *Administrative Procedure Act*, podemos entender a Análise de Impactos Regulatórios – AIR como um fenômeno relativamente tardio, o qual dependeu, em grande

---

[1] Cf. SHAPIRO, Stuart, The evolution of cost-benefit analysis in US regulatory decisionmaking, *in*: LĒWÎ-FAUR, Dāwid (Org.), **Handbook on the politics of regulation**, Cheltenham: Elgar, 2011.
[2] GUERRA, Sérgio, Origem das agências reguladoras, *in*: **Agências reguladoras**, 2. ed. Belo Horizonte: Fórum, 2021, p. 14-17.

medida, de uma agenda política de racionalização do Estado e do desenvolvimento de um *know-how* técnico específico[3]. Durante cerca de um século os agentes públicos das agências norte-americanas editaram normas capazes de afetar sensivelmente os direitos dos cidadãos sem que essas práticas estivessem sujeitas a um método sistemático de análise dos seus impactos sociais.

Isso se deve, em primeiro lugar, ao fato de que as metodologias de análise de impactos não poderiam existir sem que antes tivéssemos o desenvolvimento e o refinamento das práticas de contabilidade nacional e de quantificação das atividades públicas que hoje embasam grande parte das decisões político-administrativas dos Estados[4]. Além disso, o surgimento da metodologia de avaliação normativa dependeu da prévia consolidação de um instrumental analítico mais específico, baseado em cálculos de custo-benefício[5], o qual era indispensável para que as análises pudessem partir de pretensões mínimas de objetividade e racionalidade – pretensões essas que, mesmo diante das inúmeras evoluções metodológicas recentes, continuam sendo objeto de críticas e de um intenso debate acadêmico[6]. Assim, há motivos teóricos – ou, mais precisamente, metodológicos – para que o desenvolvimento de técnicas de avaliação de impactos normativos seja um fenômeno relativamente recente.

Mas há, também, fatores econômicos e políticos que contribuem para a atenção crescente que vem sendo dirigida à avaliação normativa. O principal deles relaciona-se à ascensão, nas últimas décadas, do chamado Estado Regulador[7], que tem como uma de suas características mais importantes o acúmulo de um conjunto crescente de competências normativas e regulatórias por agentes públicos não eleitos, os quais desempenham funções técnicas relacionadas a setores específicos da economia. Como vimos em capítulos anteriores, a regulação surge no Estado Administrativo contemporâneo como um instrumento destinado à correção de falhas de mercado em setores particularmente relevantes para o desempenho da economia como um todo.

A emergência do Estado Regulador, por sua vez, tem implicado um papel econômico cada vez mais significativo das normas secundárias (ou seja, das regras administrativas elaboradas pelo processo de *rulemaking*), as quais são, em muitos casos, formuladas e aplicadas por um mesmo órgão executivo. Tais órgãos recebem, por delegação legislativa, competências amplas para regular determinada atividade econômica relevante, concentrando funções normativas, fiscalizatórias e adjudicatórias. O caráter especializado das funções desses órgãos e o conteúdo eminentemente técnico

---

[3] Cf. TOZZI, Jim J., **OIRA's formative years: the historical record of centralized review preceding oira's founding**, Rochester, NY: Social Science Research Network, 2011.

[4] Cf. BOS, Frits, The History of National Accounting, **SSRN Electronic Journal**, 1992. Disponível em: http://www.ssrn.com/abstract=1032598. Último acesso em: 04/06/2021.

[5] Cf. SUNSTEIN, Cass R., **The cost-benefit revolution**, Cambridge, MA: The MIT Press, 2018.

[6] Cf. HERTIN, Julia *et al.*, The production and use of knowledge in regulatory impact assessment – An empirical analysis, **Forest Policy and Economics**, v. 11, n. 5-6, p. 413-421, 2009.

[7] Cf. GLAESER, Edward L.; SHLEIFER, Andrei, **The Rise of the Regulatory State**, Rochester, NY: Social Science Research Network, 2001; BRAITHWAITE, John, **The Regulatory State?**, The Oxford Handbook of Political Science, disponível em: <https://www.oxfordhandbooks.com/view/10.1093/oxfordhb/9780199604456.001.0001/oxfordhb-9780199604456-e-011>. acesso em: 1 jun. 2020.

das normas por eles produzidas dificultam o controle pelo legislador das funções delegadas. Esse fato ensejou a busca de mecanismos suplementares para o controle dessas atividades na maior parte dos Estados contemporâneos. É razão para o surgimento dos diversos instrumentos de controle social que hoje dão suporte ao processo decisório dos órgãos reguladores, tanto para permitir a participação social direta (por meio de consultas e audiências públicas), quanto para aumentar a qualidade e a transparência da atividade regulatória.

Em países como o Brasil e os Estados Unidos, ferramentas de avaliação normativa só são sistematicamente empregadas para o controle da produção de normas secundárias, ou seja, não há a obrigação de submeter a produção de leis, em sentido estrito, às mesmas técnicas de avaliação de impactos que são utilizadas no âmbito das atividades administrativas. No entanto, os fundamentos técnicos e econômicos dos métodos de avaliação de impactos não devem ser entendidos de forma segmentada, com ênfase apenas em sua relação com a produção de normas secundárias. Nosso objeto aqui será estudar a avaliação normativa, tomada em sentido amplo, como uma metodologia potencialmente aplicável a qualquer tipo de norma. Em diversos países, a avaliação normativa é regularmente utilizada também para a formulação e a revisão de normas primárias, emanadas diretamente de órgãos político-representativos[8].

Na União Europeia é possível identificar a ascensão de métodos de avaliação aplicados a diversas formas de produção legislativa desde, pelo menos, o estabelecimento da Agenda de Lisboa, em 2000[9]. Uma visão ampla dos processos econômicos e políticos que permitiram o surgimento do Estado Regulador nos leva a constatar que os seus efeitos excedem o escopo da função administrativa, gerando transformações mais gerais que afetam todas as esferas do poder estatal. Os modelos de governança regulatória adotados pelos Estados contemporâneos envolvem níveis crescentes de especialização técnica da função normativa, um fenômeno que afeta tanto a atividade regulatória dos órgãos executivos especializados quanto à função legislativa tradicional[10].

Aliás, observamos também interações cada vez mais relevantes entre diferentes esferas políticas, devido à influência crescente do Direito Internacional sobre as funções desempenhadas em âmbito nacional[11]. Esse processo é particularmente claro no caso da União Europeia, onde estabeleceu-se um robusto *corpus* normativo destinado à manutenção do Mercado Comum, à gestão econômico-financeira da Zona do Euro e à promoção da harmonização regulatória entre os Estados-membros. Por se tratar de um bloco supranacional, a União Europeia possui suas próprias competências normativas. Além de utilizar-se de instrumentos de avaliação de impactos diretamente, ao formular

---

[8] Cf. OCDE, **Regulatory Reform: Efficient Markets, Effective Government**, Paris: OECD Publishing, 2008; OCDE, **Better Regulation Practices across the European Union**, Paris: OECD Publishing, 2019.

[9] PORTO, Antônio José Maristrello; GAROUPA, Nuno; GUERRA, Sérgio, Análise de Impacto Regulatório: Dimensões Econômicas de sua Aplicação, **Economic Analysis of Law Review**, v. 10, n. 2, p. 173-190, 2019, p. 174.

[10] Cf. BRAITHWAITE, John, The Regulatory State?, *in*: GOODIN, Robert E. (Org.), **The Oxford Handbook of Political Science**, [s.l.]: Oxford University Press, 2011.

[11] Cf. CHEVALLIER, Jacques, A reconfiguração dos aparelhos do Estado, *in*: **O Estado pós-moderno**, Belo Horizonte, MG: Fórum, 2009, p. 38-47.

seus próprios regulamentos, a União Europeia também estimula os Estados-membros a adotarem esses instrumentos internamente, em assuntos domésticos ou ao implementarem as diretrizes do bloco. Paralelamente, já podemos observar estruturas de governança internacional mais complexas sendo adotadas por outros blocos regionais ou integrando acordos comerciais de amplo espectro[12].

Diante desse quadro de crescente diversificação normativa e institucional, seria inadequado entender o termo "regulação", para fins de estudo dos instrumentos de análise de impactos regulatórios, com o significado restrito que por vezes lhe é atribuído pela dogmática jurídica, de forma a equiparar a atividade regulatória às funções eminentemente administrativas desempenhadas por agências reguladoras independentes. Partiremos aqui de um conceito mais amplo, pelo qual o termo "regulação" é entendido como um conjunto diversificado de funções desempenhadas por entidades que buscam condicionar atividades socioeconômicas a objetivos específicos, normalmente associados à promoção do bem-estar social, por meio de regras que afetarão o comportamento dos atores sociais[13]. Nesse sentido amplo, a função regulatória será usualmente partilhada pelos três Poderes do Estado, e pode mesmo ser desempenhada pelos próprios agentes privados[14]. Além disso, se tomamos esse sentido ampliado da regulação, observamos que a maior parte dos diplomas normativos conterá disposições de cunho "regulatório". Instrumentos de avaliação de impactos regulatórios, sob tal perspectiva, podem tornar-se instrumentos analíticos de mais amplo espectro, a serviço da transparência e da racionalização de variados processos de elaboração normativa.

Neste capítulo, estudaremos a análise de impactos como um fenômeno associado à crescente importância econômica da regulação – tomando-se sempre o conceito de regulação nesse sentido amplo que acabamos de descrever. No entanto, antes de adentrar no tema da avaliação de impactos propriamente dita, vamos recordar brevemente alguns aspectos gerais da teoria econômica da regulação.

12.2 BREVE INTRODUÇÃO À TEORIA ECONÔMICA DA REGULAÇÃO

George Stigler é o autor mais frequentemente associado aos estudos econômicos sobre regulação. Em seu texto seminal de 1971[15], o autor apresenta a tese

---

[12] Há inúmeros exemplos recentes, como a Parceria Regional Econômica Abrangente (RCEP, na sigla em inglês), na Ásia, ou o Acordo de Parceria Transatlântica de Comércio e Investimento (TTIP) entre os EUA e a União Europeia. Este último, se tivesse chegado a ser concluído, teria estabelecido uma nova camada de complexidade normativa para os ambientes regulatórios dos Estados-partes.

[13] Para uma análise crítica de diferentes formas de se conceituar "regulação", ver: KOOP, Christel; LODGE, Martin, What is regulation? An interdisciplinary concept analysis, **Regulation & Governance**, v. 11, n. 1, p. 95-108, 2017.

[14] A teoria da regulação contemporânea analisa os casos em que seria mais eficiente adotar-se estratégias menos centralizadoras, por meio da autorregulação e da metarregulação. Para um estudo aprofundado acerca desse debate, ver: COGLIANESE, Cary; MENDELSON, Evan, Meta-Regulation and Self-Regulation, *in*: BALDWIN, Robert; CAVE, Martin; LODGE, Martin (Orgs.), **The Oxford Handbook of Regulation**, Oxford: Oxford University Press, 2010, p. 145-168.

[15] STIGLER, George J., The Theory of Economic Regulation, **The Bell Journal of Economics and Management Science**, v. 2, n. 1, p. 3-21, 1971.

segundo a qual a indústria "compra" ou "adquire" a regulação estatal. Para Stigler, ao contrário do que geralmente se diz, a indústria tem interesse em fomentar a produção de certas normas regulatórias, e não apenas para receber subvenções ou benefícios do Estado. Stigler identifica, para além da obtenção de subsídios diretos, três outros possíveis interesses econômicos que levam a indústria a demandar regulação: (i) a necessidade de impor barreiras à entrada de competidores; (ii) a necessidade de controlar preços; e (iii) a busca por efeitos sobre bens substitutos e complementares.

Nos dois primeiros casos, Stigler argumenta que os produtores estabelecidos em um mercado têm interesse em limitar a competição, tanto por meio de barreiras à entrada, como por meio do controle de preços, de forma a diminuir os riscos de que seus negócios sejam deslocados da posição dominante que detêm no setor. A imposição de ônus regulatórios atua tanto para desestimular a entrada de novos atores no mercado como para enrijecer as práticas de mercado, dificultando a inovação ou os modelos alternativos de negócios. Além disso, como destaca Stigler, frequentemente os produtores de determinado setor podem obter benefícios influenciando outros setores econômicos. Podem buscar estabelecer controles de preços sobre insumo ou aumentar a demanda pelo seu produto por meio de estímulos a bens complementares ou desestímulos a bens substitutos.

Stigler conclui então que a função regulatória funciona como um mercado, no qual indústria e Estado atuam, respectivamente, nas posições de demandante e ofertante. A indústria vai ao Estado para obter soluções regulatórias que satisfaçam aos seus interesses de negócios, e o Estado, por sua vez, atende a essa demanda como se fornecesse um serviço. Mas, como a indústria consegue influenciar o Estado a atender às suas demandas? A função do Estado não seria, ao contrário, defender os interesses dos consumidores diante da indústria?

Stigler argumenta que frequentemente podemos identificar uma assimetria na estrutura de interesses dos diferentes atores de um mercado. Se um mercado atende a uma demanda diversificada, e temos muitos mais consumidores do que produtores naquele mercado, então essa assimetria garantirá que os produtores detenham um poder de influência muito maior sobre as escolhas públicas.

Para entender isso, vamos considerar o exemplo das empresas de ônibus que prestam serviços de transportes em uma cidade. Uma mesma empresa pode deter a concessão de diversas linhas de ônibus, oferecendo seus serviços para milhares de passageiros diariamente. Suponhamos que haja uma proposta para aumentar o preço da passagem em R$ 0,10 (dez centavos). Ora, para os passageiros, um semelhante aumento implicará gastos mensais um pouco mais altos. Se Maria usa o serviço de ônibus todos os dias do mês, duas vezes ao dia, terá um aumento de R$ 6,00 em seus gastos mensais (60 x R$ 0,10). Se a empresa, por outro lado, atende a 1.000 passageiros como Maria, seu ganho será 1.000 vezes maior, ou seja, R$ 6.000,00 reais. Imaginemos que Maria está cansada de pagar tão caro pelas passagens e quer impedir esse aumento. Ora, ela terá custos para defender seus interesses perante o Estado. Podemos pensar no tempo que irá gastar com isso, no deslocamento necessário para ir a uma audiência pública realizada pela agência reguladora de transportes da cidade e apresentar uma proposta de redução tarifária, que pode, ainda, ser recusada pela agência. Quem terá mais interesse em investir recursos e arcar com os custos administrativos necessários à obtenção de uma solução regulatória mais favorável, Maria ou a empresa de ônibus?

Esse exemplo simples ilustra a assimetria de interesses descrita por Stigler. Ele argumenta que os consumidores e os cidadãos comuns têm baixo interesse nos resultados regulatórios (*low stakes*) e, por geralmente serem um grupo disperso, enfrentam altos custos de transação para se organizarem e tentar influenciar as escolhas públicas (*high transaction costs*), ao passo que os grandes produtores do setor têm algum nível de interesse na regulação (*high stakes*) e enfrentam baixos custos de transação (*low transaction costs*) para se organizarem. Essa combinação favorece que alguns poucos atores invistam recursos e adquiram competências específicas para influenciar as políticas públicas de forma a satisfazer seus interesses particulares. Em diversos casos, isso se dá em detrimento de soluções mais eficientes em termos do bem-estar da sociedade como um todo.

Esse comportamento das empresas é chamado de *rent seeking*. Conforme explicamos no capítulo I deste livro, quando discutimos o papel das instituições para o desenvolvimento econômico, trata-se da prática de buscar aumentos de renda por meio de benefícios diretos ou indiretos concedidos pelo Estado, às custas de prejuízos ao bem-estar social. O *rent seeking* é extremamente prejudicial ao desenvolvimento econômico de um Estado, pois além de gerar custos administrativos e regulatórios desnecessários, geralmente implica uma redução intencional da competição, da inovação e do dinamismo dos mercados.

A prática de *rent seeking* em uma sociedade depende do quanto os agentes econômicos são capazes de "capturar" a regulação estatal, colocando-a a serviço de seus interesses. Por essa razão, teorias sobre regulação buscam entender quais configurações institucionais e estratégias regulatórias são mais ou menos suscetíveis à captura[16]. Além disso, grande atenção vem sendo dada ao uso de ferramentas que buscam tornar a regulação mais racional, mais transparente, mais bem motivada e fundamentada em estudos e evidências empíricas.

A análise de impactos regulatórios é um instrumento que visa, precisamente, atender a esses objetivos. Quando bem utilizada, além de favorecer a adoção de regras mais eficientes, pode funcionar também como um mecanismo que aumenta a transparência e o controle do processo de elaboração de políticas regulatórias, garantindo assim que as normas aprovadas por diferentes órgãos reguladores estejam de fato submetidas aos interesses mais amplos da sociedade. Iniciaremos nosso estudo sobre o tema apresentado o contexto de surgimento das análises de impactos nos Estados Unidos e sua expansão para outros contextos nacionais, para em seguida abordar algumas questões metodológicas relevantes.

---

[16] Para uma introdução ao tema da formulação de estratégias regulatórias que inclui análises a respeito da propensão à captura das diferentes estratégias regulatórias, ver: BALDWIN, Robert; CAVE, Martin; LODGE, Martin, Regulatory Strategies, *in*: **Understanding regulation: theory, strategy, and practice**, 2nd ed. New York: Oxford University Press, 2012, p. 105-136.

12.3 EVOLUÇÃO HISTÓRICA DA ANÁLISE DE IMPACTOS REGULATÓRIOS

12.3.1 Surgimento e desenvolvimento das análises de custo-benefício nos Estados Unidos

12.3.1.1 Anos iniciais

A metodologia de análise de custo-benefício foi introduzida no Direito Administrativo norte-americano de forma sistematizada pelo governo Nixon[17], com as "Revisões de Qualidade de Vida", do inglês *Quality of Life Reviews* – QLRs. O contexto de criação desse instrumento foi o avanço das regulações ambientais. Durante a década de 1960, o movimento ambientalista havia ganhado força, tanto nos EUA como no restante do mundo ocidental, na esteira das conferências científicas da ONU[18] e da publicação do livro *Silent Spring*, de Rachel Carson. Em resposta, o Congresso norte-americano editou normas federais para controle de emissão de poluentes do ar[19] e, posteriormente, estabeleceu uma política ambiental nacional[20] e criou uma agência reguladora federal[21] voltada exclusivamente para o enfrentamento da questão ambiental. Em paralelo ao avanço de normas de proteção ambiental, outros diplomas normativos de caráter regulatório também foram aprovados nos EUA no mesmo período, notadamente para o controle de riscos associados às atividades produtivas ou a produtos e serviços oferecidos ao mercado de consumo[22].

Diante disso, o assistente do presidente Nixon para assuntos domésticos, John Ehrlichman, estabeleceu um comitê na Casa Branca para estudar opções "que afetam o equilíbrio de diversas variáveis inter-relacionadas com a Qualidade de Vida"[23], a exemplo dos interesses consumeristas, da proteção ambiental, das condições fitossanitárias de produção industrial e agropecuária, ou de produtos potencialmente nocivos à segurança da população, entre outros. A percepção de Ehrlichman era de que frequentemente esses objetivos possuíam inter-relações relevantes e que, portanto, seria necessário estabelecer um grupo de estudos para elaborar formas de melhor compatibilizá-los na prática. Além disso, a proliferação de medidas que impunham restrições à indústria poderia produzir efeitos econômicos bastante adversos se os órgãos reguladores não

---

[17] Já havia ocorrido esforços anteriores para o estabelecimento de metodologias de análise custo-benefício de políticas públicas nos EUA. No entanto, foi no governo Nixon que a ideia foi pela primeira vez encampada por estruturas centralizadas do Estado Administrativo norte-americano.

[18] O principal exemplo da década de 1960 foi a Conferência da UNESCO para Especialistas em Biosfera, realizada em Paris, no ano de 1968.

[19] São exemplos o *Clean Air Act* e o *Motor Vehicle Air Pollution Control Act*, ambos de 1963, assim como o *Air Quality Act*, de 1967.

[20] O *National Environmental Policy Act*, de 1970.

[21] A *Environment Protection Agency*, criada em 1970.

[22] São exemplos o *Occupational Safety and Health Act*, de 1970, e o *Consumer Product Safety Act*, de 1972.

[23] Cf. TOZZI, Jim J. **OIRA's formative years: the historical record of centralized review preceding OIRA's Founding**. Rochester, NY: Social Science Research Network, 2011, p. 44. Disponível em: https://papers.ssrn.com/abstract=2706279. Último acesso em: 10/04/2021.

dialogassem entre si e com o setor privado ou se não fossem submetidos a controles institucionais adequados.

O Comitê criado por Ehrlichman concluiu que os órgãos reguladores deveriam avaliar os custos e benefícios de suas decisões, comparando diferentes opções regulatórias e levando em consideração pontos de vista externos[24]. O estabelecimento das QLRs foi, portanto, motivado pela constatação de que a atividade regulatória das agências poderia se distanciar da realidade das práticas econômicas; poderia realizar-se, por conveniência, por meio de um conjunto limitado de alternativas regulatórias, excluindo opções que maximizariam o bem-estar social; poderia implicar custos excessivamente pesados para certos atores econômicos ou tornar-se progressivamente fragmentada e desconectada das regulações emitidas por outras agências. Esses problemas não eram novos, mas vieram ao primeiro plano em um momento em que a economia norte-americana enfrentava dificuldades[25] e a regulação passava a abarcar um conjunto mais amplo de preocupações socioeconômicas nos EUA.

O movimento iniciado no governo Nixon ganharia ainda maior força nos governos subsequentes. O governo de Gerald Ford manteve a realização das QLRs, adicionando novas dimensões às análises. Sob a influência dos trabalhos de um conselho federal criado para estudar o problema dos salários e da estabilidade dos preços[26], o presidente Ford editou as Ordens Executivas nº 11.821[27] e nº 11.949[28]. A primeira, determinava que as agências reguladoras considerassem expressamente, ao realizar QLRs, os impactos inflacionários de suas medidas regulatórias, incluindo: (i) custos incidentes sobre consumidores, empresas, mercados, ou órgãos públicos de nível federal, estadual ou local; (ii) efeitos sobre a produtividade dos empregados assalariados, das empresas ou dos governos; (iii) efeitos sobre a competição; e (iv) efeitos sobre o suprimento de produtos e serviços importantes. A segunda ordem executiva expandia os efeitos da primeira, requerendo que as agências preparassem relatórios de impactos econômicos de suas medidas, baseados nas dimensões acima mencionadas, os quais seriam conjuntamente submetidos a órgãos centralizados encarregados do controle do orçamento e da estabilidade de preços[29].

Dando prosseguimento às iniciativas dos governos antecessores, o governo Carter editou a Ordem Executiva nº 12.044, que criou o Grupo de Revisão de Análises Regulatórias[30] e estabeleceu, pela primeira vez, que todas as regulações com impacto esperado de 100 milhões de dólares ou mais deveriam ser precedidas de análises de impactos econômicos. Esse parâmetro seria replicado em diretrizes posteriores sobre o emprego de análises de impacto regulatório nos EUA. Com essa medida, o uso de análises de custo-benefício para avaliar impactos regulatórios adquiriria um espaço próprio

---

[24] Ibidem, p. 44-45.
[25] Na década de 1970, os EUA se viriam forçados a abolir o padrão dólar-ouro (1971) e enfrentariam os efeitos adversos dos dois choques do petróleo (1973 e 1979).
[26] Trata-se do *Council on Wage and Price Stability*, criado em 1974.
[27] ESTADOS UNIDOS. Executive Order 11.821, 3 CFR 926, 1975.
[28] ESTADOS UNIDOS. Executive Order 11.949, 3 CFR 161, 1977.
[29] Assumiram essas funções o *Office of Management and Budget* e o já mencionado *Council on Wage and Price Stability*.
[30] *Regulatory Analysis Review Group*.

no âmbito do Estado norte-americano, ganhando previsibilidade após três governos consecutivos que apostaram no aprofundamento desse tipo de medida. Além disso, começava a se formar um corpo crítico de agentes públicos com capacitação técnica especializada e experiência prática com a produção e a revisão de análises desse tipo[31].

12.3.1.2 Consolidação no governo reagan e confirmação nas décadas seguintes

O governo de Ronald Reagan se elegeu com base em uma campanha em favor da desregulação e da racionalização do aparato estatal norte-americano[32]. O novo presidente não tardou a editar a Ordem Executiva nº 12.291[33], que é frequentemente apontada como o marco mais importante para a consolidação da análise de custo-benefício no sistema regulatório norte-americano. Enquanto o relatório de impactos antes era apenas uma etapa procedimental, com a medida de Reagan as agências passavam a ter a obrigação de demonstrar que os benefícios das normas que propunham eram superiores aos seus custos, fornecendo justificativas detalhadas para as eventuais propostas que não sobrevivessem a esse teste. Todas as normas regulatórias com impacto provável de 100 milhões de dólares ou mais deveriam submeter análises desse tipo ao Escritório de Informações e Assuntos Regulatórios (OIRA, na sigla em inglês[34]), órgão vinculado à Casa Branca que passava a concentrar o poder de revisar as análises de impacto de todas as agências do Poder Executivo Federal nos EUA. O OIRA podia inclusive devolver as propostas de normas às agências, requerendo novos esclarecimentos e justificativas, nos casos em que identificasse problemas com a análise de impacto realizada ou a ausência de justificativas satisfatórias para a regulação proposta.

A edição da Ordem Executiva nº 12.291 por Reagan suscitou intensos debates nos EUA a respeito da metodologia de análise de custo-benefício, e também a respeito da competência do Presidente para supervisionar os atos normativos das agências. Em particular, o uso do instrumento foi imediatamente associado ao viés antirregulatório do governo republicano, suscitando polêmicas em relação a temas que dividiam as posições dos partidos norte-americanos, como a proteção ambiental[35]. Segundo alguns críticos, o instrumento não se destinaria efetivamente a melhorar o processo de formulação das políticas regulatórias das agências, mas sim a criar um filtro seletivo pelo qual o Presidente poderia interferir nas funções técnicas desempenhadas pelas agências[36].

---

[31] Segundo TOZZI (2011, *Op. Cit.*), a formação de um corpo de burocratas especializados no âmbito de órgãos como o *Office os Management and Budget* foi uma pré-condição importante – e frequentemente subestimada – para a consolidação da prática de análises de impactos nos EUA.

[32] Cf. REVESZ, Richard L.; LIVERMORE, Michael A., **Retaking rationality: how cost-benefit analysis can better protect the environment and our health**, Oxford: Oxford University Press, 2011.

[33] ESTADOS UNIDOS. Executive Order 11.291, 46 FR 13193, 3 CFR, 1981.

[34] Referência a *Office of Information and Regulatory Affairs*.

[35] Cf. OLSON, Erik D., The quiet shift of power: office of management & budget supervision of environmental protection agency rulemaking under executive order 12,291, **Virginia Journal of Natural Resources Law**, v. 4, n. 1, p. 1-80b, 1984.

[36] Cf. FRIEDMAN, Barry D., **Regulation in the Regan-Bush Era: the eruption of presidential influence**, Pittsburgh; Chicago: University of Pittsburgh Press, 2009.

A despeito dessas críticas, contudo, os procedimentos estabelecidos por Reagan, especialmente a introdução da análise de custo-benefício como fundamento para a análise de impacto regulatório nos Estados Unidos, sobreviveriam aos governos subsequentes. Como a análise de custo-benefício era acusada de estar associada a um viés antirregulatório, acreditava-se que esse mecanismo seria eliminado durante a administração Clinton, por ser o governo democrata mais favorável à atuação das agências reguladoras como instrumento de política pública. No entanto, a análise de custo-benefício seria mantida pelo presidente democrata como etapa obrigatória do processo de edição de normas regulatórias.

Pouco depois de ter sido eleito em 1993, Bill Clinton editou a Ordem Executiva nº 12.866[37] para tratar de princípios, regras e procedimentos referentes à análise de impactos regulatórios, bem como da revisão de normas regulatórias pelo Executivo, mais especificamente pelo OIRA. A Ordem Executiva do governo Clinton revogou a anterior, editada no governo Reagan, mas manteve a análise de custo-benefício como fundamento para criação e revisão das normas editadas pelas agências reguladoras nos Estados Unidos.

A medida refinou o significado da análise de custo-benefício para determinar que os benefícios trazidos por normas regulatórias fossem *justificáveis* perante os custos dela decorrentes (em vez do simples requerimento de que os benefícios excedessem seus custos, como havia sido estabelecido no governo Reagan). A diferença, apesar de aparentemente sutil, tem grande importância, pois passava a ser possível a consideração nas análises de elementos que não pudessem ser quantificados e que, portanto, não poderiam integrar um cálculo simples de custos e benefícios[38]. Nesse sentido, uma outra novidade importante das medidas criadas por Clinton foi a inclusão de considerações sobre a discriminação social como uma dimensão necessária das análises.

Considera-se que a Ordem Executiva nº 12.866 também desempenhou um papel relevante para a consolidação das análises de custo-benefício como mecanismo de apoio à formulação e à revisão de normas regulatórias, pois, além de representar a adesão de um governo democrata ao método de avaliações de impactos, trouxe novas considerações metodológicas para o seu uso pela Administração norte-americana[39].

O republicano George W. Bush, eleito em 2001, optou por não revogar o diploma legal estabelecido por seu antecessor. Em vez disso, foram aprovadas duas Ordens Executivas para alterar aspectos específicos do modelo de revisão regulatória até então

---

[37] ESTADOS UNIDOS. Executive Order 12.866, 58 FR 51735, 1993. Disponível em: https://www.archives.gov/files/federal-register/executive-orders/pdf/12866.pdf. Último acesso em: 04/06/2021.

[38] Como veremos adiante, uma crítica frequente às metodologias de avaliação de impactos, sobretudo às análises de custo-benefício tradicionais, é precisamente a dificuldade de comparar valores que não são facilmente monetizados ou quantificados. Essa crítica, levantada desde os primeiros dias de utilização desse tipo de instrumento, ainda faz parte do debate atual, embora a sua força tenha sido mitigada pela evolução das metodologias de análise de impactos regulatórios nas últimas décadas. Ver: SUNSTEIN, Cass R. **The cost-benefit revolution**. Cambridge, MA: The MIT Press, 2018, p. 39-79.

[39] Cf. SHAPIRO, Stuart, The evolution of cost-benefit analysis in US regulatory decisionmaking, in: LĒWÎ-FAUR, Dāwid (Org.), **Handbook on the politics of regulation**, Cheltenham: Elgar, 2011, p. 387-388.

vigente. São elas: a Ordem Executiva nº 13.258[40], editada logo em 2002, e a Ordem Executiva nº 13.422[41] de 2007. As modificações trazidas apontavam para um retorno parcial dos mecanismos de avaliação de impactos a uma ênfase mais centrada em considerações estritamente econômicas, ligadas à eficiência e às falhas de mercado e de governo[42]. Determinou-se que "*as agências reguladoras identificassem, por escrito, falhas de mercado (como externalidades, poder de mercado, falta de informação) ou outros problemas específicos (incluindo, onde aplicável, falhas de instituições públicas) que justifiquem novas ações pela agência, bem como avaliem a importância de tal problema, de modo a permitir a justificação de qualquer nova regulação*"[43].

Shapiro[44] afirma que durante o governo de George W. Bush, os debates no âmbito acadêmico se acirraram no que diz respeito à análise de custo-benefício, sempre tendo como pano de fundo uma perspectiva dicotômica entre aqueles que adotavam posições favoráveis ou contrárias à regulação. Nesse debate, Cass Sunstein teria se destacado por ser uma exceção a essa dicotomia. Sunstein era um tradicional defensor de uma postura regulatória mais robusta do Estado norte-americano, mas, simultaneamente, seus trabalhos apresentavam justificativas para o recurso a instrumentos de avaliação de impactos, partindo sobretudo dos resultados obtidos pelos estudos da economia comportamental sobre os limites da cognição humana. O trabalho de Sunstein apontava para a metodologia de avaliação de impactos como um instrumento de correção de julgamentos enviesados, tanto em razão de limitações dos próprios agentes reguladores, como em decorrência do processo de formação das preferências sociais pelos cidadãos. Sobretudo, Sunstein defendia que métodos de avaliação de impactos não necessariamente resultariam em menos regulação, pois em muitos cenários as falhas cognitivas levavam os reguladores e a sociedade a subestimarem os benefícios potenciais da regulação[45].

Quando Barack Obama foi eleito em 2009 como presidente dos Estados Unidos, Sunstein foi nomeado por ele como Administrador do OIRA. Essa medida, por si só,

---

[40] ESTADOS UNIDOS. Executive Order 13.258, 67 FR 9385, 2002. Disponível em: https://www.govinfo.gov/app/details/CFR-2003-title3-vol1/CFR-2003-title3-vol1-eo13258. Último acesso em: 04/06/2021.

[41] ESTADOS UNIDOS. Executive Order 13.422, 72 FR 2763, 2007. Disponível em: https://www.govinfo.gov/content/pkg/WCPD-2007-01-22/pdf/WCPD-2007-01-22-Pg48.pdf. Último acesso em: 04/06/2021.

[42] Além disso, o papel do OIRA no controle de novas medidas regulatórias foi reforçado, pois o órgão passou a ter competência para revisar diretrizes emanadas pelas agências reguladoras (*guidance documents*) e não apenas normas regulatórias *per se*.

[43] Tradução nossa, a partir da Ordem Executiva nº 13.422, Seção 1, (1). Disponível em: https://www.govinfo.gov/content/pkg/WCPD-2007-01-22/pdf/WCPD-2007-01-22-Pg48.pdf.

[44] Cf. SHAPIRO, Stuart, The evolution of cost-benefit analysis in US regulatory decisionmaking, in: LÊWÎ-FAUR, Dãwid (Org.), **Handbook on the politics of regulation**, Cheltenham: Elgar, 2011, p. 388-390.

[45] Ver: SUNSTEIN, Cass R., Cognition And Cost-Benefit Analysis, **The Journal of Legal Studies**, v. 29, n. S2, p. 1059-1103, 2000; FRANK, Robert H.; SUNSTEIN, Cass R., Cost-Benefit Analysis and Relative Position, **The University of Chicago Law Review**, v. 68, n. 2, p. 323-374, 2001; SUNSTEIN, Cass R., Cost-Benefit Default Principles, **Michigan Law Review**, v. 99, n. 7, p. 1651-1723, 2001; SUNSTEIN, Cass R., Cost-Benefit Analysis and the Environment, Ethics, v. 115, n. 2, p. 351-385, 2005.

já foi um sinalizador de que o governo Obama seria orientado por um viés favorável à manutenção da análise de custo-benefício. Em 2009, as duas Ordens Executivas do governo George W. Bush foram revogadas[46] e, com isso, a Ordem Executiva nº 12.866 do governo Clinton voltou a viger sem as modificações realizadas pelo governo. Em 2011, foi editada a Ordem Executiva nº 13.563[47], com o título "Melhorando a Regulação e a Revisão Regulatória"[48]. A medida reafirmou explicitamente os princípios, as estruturas e as definições acerca da análise de impacto regulatório e revisão regulatória da Ordem Executiva do governo Clinton. Além desse retorno ao diploma legal do governo Clinton, a Ordem Executiva de 2011 trouxe um aspecto interessante no que diz respeito à participação pública. Determinou-se que, no processo regulatório, seria necessário buscar uma troca aberta entre a agência reguladora e o público em geral. Assim, os instrumentos de avaliação de impactos precisariam ser submetidos a mecanismos de participação pública.

Mais tarde, em 2012, Obama editou a Ordem Executiva nº 13.610[49], com o título "Identificando e Reduzindo o Fardo Regulatório"[50]. Tendo em vista que a própria Ordem Executiva de 2011 estabelecia que o sistema regulatório dos Estados Unidos *"deve medir e procurar melhor os resultados efetivos dos requerimentos regulatórios"*, essa nova Ordem Executiva de 2012 determinou que as agências deveriam estabelecer planos de revisão das normas regulatórias existentes de modo a *"determinar se essas normas regulatórias devem ser modificadas, otimizadas, expandidas ou repelidas"*. Ou seja, determinou-se, aqui, que o estoque regulatório das agências norte-americanas passaria por um amplo programa de análises de impacto *ex post*[51].

12.3.1.3 Desenvolvimentos recentes nos governos Trump e Biden

O governo Donald Trump representou um recuo em relação à crescente importância conferida às agências reguladoras e à análise de impacto regulatório na administração Obama. Logo em janeiro de 2017, o novo governo editou a Ordem Executiva nº 13.771[52], com o título "Reduzindo a Regulação e Controlando os Custos

---

[46] As Ordens Executivas nº 13.258 e nº 13.422 do governo George W. Bush foram revogadas pela Ordem Executiva nº 13.497 de 2009, aprovada no início do governo de Barack Obama.

[47] ESTADOS UNIDOS. Executive Order 13.563, 76 FR 3821, 2011. Disponível em: https://obamawhitehouse.archives.gov/the-press-office/2011/01/18/executive-order-13563-improving-regulation-and-regulatory-review. Último acesso em: 04/06/2021.

[48] *Improving Regulation and Regulatory Review.*

[49] ESTADOS UNIDOS. Executive Order 13.610, 77 FR 28469, 2012. Disponível em: https://obamawhitehouse.archives.gov/the-press-office/2012/05/10/executive-order-identifying-and-reducing-regulatory-burdens. Último acesso em: 04/06/2021.

[50] *Identifying and Reducing Regulatory Burdens.*

[51] Esse sistema de revisão *ad hoc*, no entanto, não significou a adoção sistemática das avaliações *ex post* no sistema regulatório norte-americano, como verificamos em alguns países da Europa.

[52] ESTADOS UNIDOS. Executive Order 13.771, 82 FR 9339, 2017. Disponível em: https://www.federalregister.gov/documents/2017/02/03/2017-02451/reducing-regulation-and-controlling-regulatory-costs. Último acesso em: 04/06/2021.

Regulatórios"[53]. A medida estabeleceu duas medidas que revelaram o viés antirregulatório adotado pelo novo governo.

Essa Ordem Executiva de 2017 estabeleceu como prioridade a responsabilidade financeira e os gastos governamentais. Para alcançar essa finalidade, determinou-se que *"para esse fim, é importante que para cada nova norma regulatória editada, pelo menos duas normas regulatórias anteriores sejam apontadas para sua eliminação e que o custo planejado para normas regulatórias seja gerenciado de forma prudente e controlado por meio de um processo orçamentário"*. Essas duas regras ficariam conhecidas como "regra de 2 para 1" (para cada nova norma regulatória, 2 deveriam ser revogadas), e "regra do custo líquido zero" (o governo estabeleceria para diversas agências uma restrição orçamentária que impedia que o resultado final das mudanças normativas elevasse o custo das agências). Com essas regras, estabeleceu-se um ambiente pouco propenso à edição de novas normas regulatórias.

Porém, é importante salientar que isso se deu por conta de fatores extrínsecos à análise de impacto regulatório em si. Sua relação com o estudo da evolução das análises de impactos nos EUA decorre do fato de que alguns teóricos administrativistas[54] perceberam na postura do governo de Trump um retorno a uma posição de crítica aos custos administrativos gerados pela regulação, sem a consideração adequada dos possíveis benefícios econômicos e sociais das normas regulatórias.

No entanto, com o início do governo do democrata Joe Biden em 2021, as agências reguladoras voltaram a ganhar destaque como instrumento de política pública. Logo nos primeiros meses de seu governo, Biden aprovou medidas não só para fomentar novamente um ambiente propício à edição de normas regulatórias, mas também para aperfeiçoar e trazer mais avanços à análise de impacto regulatório nos Estados Unidos.

Uma das primeiras medidas nesse sentido foi a Ordem Executiva nº 13.992[55], que revogou a Ordem Executiva de 2017 de Trump. Em sua Ordem Executiva, Joe Biden afirma que:

"É política da minha Administração utilizar das ferramentas disponíveis para confrontar os desafios urgentes enfrentados pela Nação, incluindo a pandemia do coronavírus 2019 (COVID-19), recuperação da economia, justiça racial e mudanças climáticas. Para enfrentar esses desafios de modo eficaz, departamentos do executivo e agências devem estar equipadas com a flexibilidade de utilizar atos regulatórios robustos para abordar prioridades nacionais. Essa ordem revoga políticas prejudiciais e diretivas que podem frustrar a habilidade do Governo Federal de enfrentar esses

---

[53] *Reducing Regulation and Controlling Regulatory Costs.*

[54] SUNSTEIN, Cass R., **On Neglecting Regulatory Benefits,** Rochester, NY: Social Science Research Network, 2020; DEQUARTO, Joseph, The Administrative State Is Neglecting Regulatory Benefits. **The Regulatory Review** – Penn Program on Regulation. Disponível em: https://www.theregreview.org/2020/07/29/dequarto-administrative-state-neglecting-regulatory-benefits/. Último acesso em: 04/06/2021.

[55] ESTADOS UNIDOS. Executive Order 13.992, 86 FR 7049, 2021. Disponível em: https://www.whitehouse.gov/briefing-room/presidential-actions/2021/01/20/executive-order-revocation-of--certain-executive-orders-concerning-federal-regulation/. Último acesso em: 04/06/2021.

problemas e empodera as agências para usar ferramentas regulatórias apropriadas para atingir esses objetivos"[56].

Além disso, em 20 de janeiro de 2021, Joe Biden aprovou o memorando "Modernizando as Revisões Regulatórias"[57], reafirmando a Ordem Executiva nº 12.866 do governo Clinton, assim como havia sido feito por Obama em sua Ordem Executiva de 2011. Além disso, o memorando de Joe Biden também faz referência a essa Ordem Executiva de 2011 do governo Obama, mostrando sua intenção de adotar uma linha de continuidade em relação à política regulatória dos governos regulatórios que o antecederam. Além disso, vale mencionar que Biden também propõe que sejam estabelecidos procedimentos que considerem consequências distributivas de normas regulatórias, inclusive na análise qualitativa e quantitativa dos custos e benefícios de tais normas, de modo que se garanta que as iniciativas regulatórias não imponham, desnecessariamente, custos excessivos sobre comunidades desfavorecidas, vulneráveis ou marginalizadas.

A evolução da avaliação de impactos e das análises de custo-benefício nos EUA revela que os partidos norte-americanos de fato possuem algumas diferenças de visões a respeito dos fundamentos da regulação e, consequentemente, da função desempenhada por avaliações de impactos para a consecução de objetivos regulatórios. No entanto, essas diferenças não implicaram visões fundamentalmente antagônicas em relação à utilidade dos instrumentos de avaliação de impactos. Governantes de ambos os partidos optaram por manter – e até aprofundar – o uso de ferramentas de avaliação de impactos regulatórios.

Nesse sentido, vale destacar que a percepção ideológica da avaliação de impactos se alterou ao longo do tempo nos EUA. O instrumento foi instituído, no Governo de Ronald Reagan, em um contexto político em que a agenda do governo propunha uma racionalização do papel econômico do Estado por meio da desregulação, que foi, aliás, uma das principais bandeiras da campanha política de Reagan. Nesse momento, o instrumento foi conceitualmente atacado pelos Democratas, que temiam que a avaliação de impactos servisse para diminuir a importância de considerações relacionadas à justiça social e à equidade no processo de formação da regulação. Essas críticas, no entanto, levaram a uma reorientação metodológica e conceitual do instrumento nos anos seguintes, e a avaliação de impactos passou a incorporar a necessidade de equilibrar eficiência e equidade, tornando-se também um instrumento que justifica a regulação, em vez de apenas restringi-la, como destaca Sunstein. Nesse momento, o instrumento passou a ser atacado pelos republicanos, que perceberam a avaliação de impactos como um óbice a programas mais profundos de desregulação.

Essas tensões se tornaram particularmente claras durante a Administração Trump, que adotou uma postura mais claramente antirregulatória. No entanto, as primeiras medidas do governo Biden apontam para uma retomada das posições de governos anteriores, mostrando que o uso de análises de impactos regulatórios não apenas já

---

[56] Tradução nossa, a partir da Ordem Executiva nº 13.992, Seção 1, Disponível em: https://www.whitehouse.gov/briefing-room/presidential-actions/2021/01/20/executive-order-revocation-of--certain-executive-orders-concerning-federal-regulation.

[57] *Modernizing Regulatory Review*. Disponível em: https://www.whitehouse.gov/briefing-room/presidential-actions/2021/01/20/modernizing-regulatory-review.

está consolidado no âmbito da Administração norte-americana, mas também apresenta uma linha histórica de evolução metodológica que perpassa os diferentes governos e aponta para a complexificação das análises por meio da inclusão de múltiplas dimensões de custos e benefícios socioeconômicos. Como veremos a seguir, essa evolução influenciou a implantação desse tipo de instrumento em outros países, mas também revela algumas diferenças importantes entre o modelo dos EUA e as práticas que seriam adotadas em outros contextos nacionais.

12.3.2 A adoção de métodos de avaliação de impactos em outros países

Embora as avaliações de impactos tenham se desenvolvido inicialmente nos EUA, rapidamente esse tipo de instrumento foi incorporado por outros países e, desde a década de 1990, a avaliação de impactos tem se tornado uma das bandeiras da agenda internacional em prol da melhoria regulatória. A questão da qualidade da regulação estatal vem se tornando uma prioridade nos debates multilaterais.

Do ponto de vista dos Estados Nacionais, a regulação técnica torna-se um fator relevante para uma inserção mais vantajosa em uma economia internacional cada vez mais dinâmica e competitiva. Produtores domésticos são adversamente afetados por políticas regulatórias excessivamente onerosas ou ineficientes, o que pode se tornar uma desvantagem competitiva relevante diante da produção advinda de outros contextos regulatórios. Do ponto de vista dos atores privados que atuam em cadeias globais de valor, a harmonização das práticas regulatórias de diferentes Estados pode ser uma condição essencial para a gestão eficiente de seus empreendimentos, poupando os custos elevados que podem estar associados à necessidade de se adaptar a políticas regulatórias contraditórias. Consequentemente, a regulação gera também efeitos para as relações econômicas entre os países, pois certas normas regulatórias podem funcionar como barreiras não tarifárias ao comércio, servindo assim como instrumento de políticas protecionistas ou simplesmente onerando os fluxos de bens e serviços entre os países.

Assim, buscando evitar os potenciais efeitos adversos da regulação[58], diversos países começaram a utilizar sistematicamente instrumentos de avaliação de impactos regulatórios. Esses esforços resultaram em amplos debates internacionais, sobretudo no âmbito da OCDE. Como consequência, observamos a emergência de uma agenda em prol da melhoria da regulação, que tem a metodologia de análise de impactos como uma de suas principais ferramentas. Nesta seção, vamos apresentar brevemente o desenvolvimento desses instrumentos nos países europeus, onde a metodologia da Análise de Impactos Regulatórios se desenvolveu e se aprofundou, e nos países latino-americanos, onde esse tipo de instrumento já chegou, mais ainda está em etapa inicial de implementação.

---

[58] A OCDE identifica quatro problemas econômicos gerados por regulações inadequadas ou excessivas: (i) regulações que protegem empresas da concorrência; (ii) regulações que geram custos excessivamente altos de implementação, tanto para os agentes privados que devem cumpri-las quanto para os agentes públicos que devem monitorar seu cumprimento; (iii) regulações que impedem que as empresas cresçam e explorem novos mercados; (iv) regulações que reduzem a capacidade das empresas de se adaptarem a novas tecnologias ou a mudanças nas necessidades dos consumidores. Ver: OCDE, **Regulatory reform and competitiveness in Europe**, Paris: OCDE Publishing, 2000.

12.3.2.1 Adoção pelos países europeus

O avanço da agenda de melhoria regulatória e a adoção de mecanismos de avaliação de impactos por países europeus e, posteriormente, pela própria União Europeia, trouxeram consequências para o perfil metodológico das avaliações. No debate acadêmico norte-americano, é comum que se utilize o termo análise de custo-benefício como um sinônimo para as análises de impactos regulatórios em geral. No entanto, podemos diferenciar o que seria uma análise custo-benefício *stricto sensu* – ou seja, o simples cálculo de custos e benefícios seguido de um somatório simples para se averiguar se os benefícios superam os custos – de um relatório de análise de impactos regulatórios. Como vimos, Clinton já havia introduzido na legislação americana, com a Ordem Executiva nº 12.866/1993[59], a ideia de que os benefícios deveriam "justificar" os custos da regulação, ou seja, não apenas serem maiores do que esses custos[60].

Assim como ocorrera nos EUA, nos países europeus a agenda de melhoria regulatória teve que lidar com críticas ao caráter potencialmente reducionista de uma análise de custo-benefício *stricto sensu*. Assim, o transplante desse instrumento para o contexto europeu envolveu uma preocupação em garantir a robustez das análises[61], evitando-se a desconsideração de dimensões importantes por conveniência metodológica ou a utilização de valores hipotéticos. O esforço dos países europeus em equacionar esses problemas nem sempre foi bem-sucedido[62], mas ainda assim resultou em uma contribuição relevante ao desenvolvimento da metodologia que hoje é utilizada na produção de uma AIR[63]. As experiências e as dificuldades enfrentadas por múltiplos países com características institucionais distintas permitiram que a metodologia da avaliação de impactos adquirisse maior rigor ao longo das décadas de 2000 e 2010. Além disso, na Europa os instrumentos de avaliação de impactos foram utilizados em novos contextos, sendo comum a prática da avaliação de impactos de diplomas legislativos e também estando mais consolidado o emprego sistemático de análises retrospectivas (avaliação *ex post*).

---

[59] ESTADOS UNIDOS. Executive Order 12.866, 58 FR 51735, 1993. Disponível em: https://www.archives.gov/files/federal-register/executive-orders/pdf/12866.pdf. Último acesso em: 04/06/2021.

[60] Como vimos também, diferentes governos nos EUA, a depender de seu viés ideológico, adotaram visões ligeiramente distintas da análise de impactos, dando maior ou menor ênfase à importância dos custos econômicos gerados pela regulação.

[61] Como argumentamos em outra ocasião, a avaliação de impactos pretende ser não paramétrica, de forma que "não só várias e diferentes especificações devem ser tentadas, como se deve evitar a utilização excessiva de valores hipotéticos. É importante evitar ou controlar a liberdade por parte do analista na escolha da especificação ou na forma de implementar uma ACB". Ver: GAROUPA, Nuno, Limites Ideológicos e Morais à Avaliação Econômica da Legislação, **Legislação: Cadernos de Ciência de Legislação**, v. 42/43, p. 83-102, 2006, p. 12.

[62] Argumentamos em outra ocasião que o desenvolvimento da AIR nos países europeus foi bastante heterogêneo, dando o exemplo da experiência portuguesa, que foi de sérias dificuldades em implementar o instrumento. Cf. PORTO, Antônio José Maristrello; GAROUPA, Nuno; GUERRA, Sérgio. Análise de Impacto Regulatório: Dimensões Econômicas de sua Aplicação. **Economic Analysis of Law Review**, v. 10, n. 2, p. 176-178, 2019.

[63] OCDE. **Better regulation practices across the European Union**. Paris: OECD Publishing, 2019. Disponível em: https://www.oecd-ilibrary.org/governance/better-regulation-practices-across--the-european-union_9789264311732-en. Último acesso em: 15/08/2020.

12.3.2.1.1 Experiências nacionais

Antes de a União Europeia aderir a uma agenda formal de melhoria da regulação e adotar instrumentos de avaliação de impactos, diversos países europeus já haviam estabelecido práticas internas nesse sentido, influenciados pela experiência norte-americana com análises de custo-benefício e pelos debates no âmbito da OCDE.

No Reino Unido, após as políticas de redução da intervenção do Estado na economia introduzidas por Margaret Thatcher na década de 1980, uma agenda de boa governança regulatória foi sendo consolidada progressivamente. O debate sobre impactos regulatórios no Reino Unido remonta à criação da Unidade de Impactos Regulatórios (RIU, na sigla em inglês)[64], em 1986, como parte do Departamento de Comércio e Indústria do Reino Unido. Posteriormente, a RIU seria realocada para o centro do governo e passaria a enviar grupos de trabalho para atuar junto a órgãos específicos com o intuito de diminuir custos excessivos decorrentes da regulação[65]. No entanto, foi principalmente ao longo dos anos de 1990 que a agenda de melhoria regulatória ganhou força no país, deixando de ser um mecanismo para intervenções pontuais em departamentos específicos e passando a ser uma política de amplo espectro no Reino Unido, articulada por meio de um conjunto robusto e persistente de iniciativas de melhoria regulatória.

Pouco depois de assumir o cargo de Primeiro-Ministro em 1997, Tony Blair criou a Força Tarefa de Melhoria Regulatória (BRTF, na sigla em inglês)[66]. Uma das áreas de atuação da BRTF destinava-se a integrar métodos de avaliação de impactos à elaboração de políticas regulatórias no Reino Unido. Em 1998, a BRTF divulgou princípios para uma boa regulação, elencando transparência, prestação de contas, efeitos direcionados, consistência e proporcionalidade como cinco dimensões essenciais para a melhoria das normas regulatórias no país. Em 2000, esses princípios seriam revisados e incorporados a um Guia para a confecção de análises de impactos regulatórios.

Em 1999, foi publicado um *White Paper* intitulado "Modernizando o governo"[67], que previu um conjunto de áreas prioritárias para a agenda de melhoria regulatória no país, dando ênfase à necessidade de adoção de instrumentos de avaliação de impactos pelos departamentos do governo, como etapa obrigatória para a formulação de políticas públicas. Diversas iniciativas nos anos subsequentes foram tomadas para aprofundar o uso de instrumentos de impactos pelos diversos departamentos do governo britânico. Em 2002, o relatório da OCDE sobre a reforma regulatória[68] no Reino Unido apontava que o país estava na fronteira das políticas de aperfeiçoamento regulatório. Em 2006,

---

[64] Trata-se da *Regulatory Impact Unit*.
[65] A RIU passou a administrar uma rede de pequenas unidades, as *Departmental Regulatory Impact Units* (DRIUs), compostas por um a quatro funcionários que eram alocados em órgãos públicos para promover políticas de reforma regulatória direcionada. Cf. OCDE, **United Kingdom**: challenges at the cutting edge, Paris: OCDE Publishing, 2002, p. 50-53.
[66] Em referência a *Better Regulation Task Force*.
[67] REINO UNIDO. **Modernising government**. London, March 1999. Disponível em: https://ntouk.files.wordpress.com/2015/06/modgov.pdf. Último acesso em: 04/06/2021.
[68] OCDE. **United Kingdom**: challenges at the cutting edge. Paris: OCDE Publishing, 2002.

houve uma nova onda de reformas e a BRTF foi convertida em um órgão permanente do gabinete, a Comissão para a Melhoria da Regulação[69].

Ao lado do Reino Unido, Holanda, Irlanda e Luxemburgo contribuíram para o desenvolvimento do programa de melhoria regulatória na União Europeia ao posicionarem-se fortemente em favor do aprofundamento dessa agenda durante seus períodos de presidência do Conselho da União Europeia, entre 2004-2005[70]. Na Irlanda, em particular, a agenda de melhoria regulatória já estava bem estabelecida nesse momento. Ela remonta a um programa de 1995, em prol da consolidação legislativa e de coordenação entre secretarias e departamentos governamentais, do qual resultou o relatório "Entregando um Governo Melhor"[71], de 1996. O governo emitiu um relatório sobre a redução de custos burocráticos em 1999, no qual o problema dos impactos regulatórios já é diretamente enfrentado, e um novo relatório sobre melhoria da regulação em 2004, dessa vez comprometendo-se com o emprego rigoroso das técnicas de avaliação de impactos regulatórios por todo o governo.

No entanto, a implementação sistemática de técnicas de avaliação de impactos regulatórios também levou a dificuldades operacionais e institucionais em diversos contextos europeus. Como já argumentamos anteriormente, a agenda de reforma regulatória e a implementação de instrumentos de avaliação de impactos produziram resultados bastante heterogêneos entre os países europeus.

> "Na verdade, alguns países foram incapazes, por diversas razões, de implementá-la por um longo período de tempo. Portugal, por exemplo, é um deles. Após um período experimental no início do século, mais nenhum estudo de AIR foi feito por acadêmicos, gestores ou servidores públicos em Portugal. Alguns reguladores anunciaram uma intenção pública de implementar e executar a AIR na sua área de especialização, isto é, uma AIR setorial. Por exemplo, em 2015, a ANACOM (Agência Nacional de Comunicações) se dispôs a implementar a AIR até o ano de 2017, a fim de avaliar os possíveis impactos das medidas regulatórias. Promessa idêntica foi feita pela Autoridade da Concorrência em 2016 com o objetivo de apresentar resultados em 2018.
>
> De todo modo, é possível que esta morosidade tenha sido prejudicial para a produção legislativa do país, afinal, como de costume, palavras são produzidas mais facilmente que ações. Tanto é assim que o Plano Plurianual (PPA) da ANACOM de 2017-2019 não faz qualquer menção à AIR, tão falada no PPA anterior. Em 2019, até a presente data, também não se encontra nenhuma AIR publicada pela Autoridade da Concorrência. Acresce a existência de uma nova unidade governamental, criada em 2016, mas que ao final de mais uma legislatura (quatro anos) também não produziu nenhum documento público de avaliação legislativa prévia.

---

[69] *Better Regulation Commission.*
[70] Cf. WIENER, Jonathan B., **Better regulation in Europe**, Rochester, NY: Social Science Research Network, 2006, p. 3.
[71] IRLANDA. **Delivering better government**. Dublin, Oireachtais, May 1996. Disponível em: https://www.oireachtas.ie/ga/debates/debate/seanad/1996-05-16/5/. Último acesso em: 04/06/2021.

Aliás, infelizmente, a situação aqui exemplificada de Portugal não foi de forma alguma excepcional na União Europeia"[72].

Com efeito, essa heterogeneidade nas experiências dos países europeus também vem sendo constatada pelos relatórios da própria União Europeia[73] e da OCDE[74]. Esse resultado mostra que a implementação de análises de impactos envolve desafios relevante e, portanto, o sucesso desse tipo de iniciativa depende da capacidade e do comprometimento dos Estados em construir aparatos institucionais e técnicos adequados. Nos relatórios de acompanhamento da OCDE, um ponto de particular ênfase tem sido a necessidade de uma estratégia consistente e de âmbito nacional para dar apoio às iniciativas desenvolvidas por órgãos setoriais específicos. Um relatório de síntese dos resultados encontrados nas revisões regulatórias dos países da União Europeia afirma que

> "é raro encontrar uma política de melhoria da regulação integralmente 'articulada', e a estratégia geral é frequentemente difícil de identificar. Políticas de melhoria da regulação tendem a estar espalhadas entre diferentes partes do governo. Isso pode significar que apoio político de alto nível a essas iniciativas será manifestado de forma fraca, que as conquistas serão subestimadas e que a política de melhoria da regulação não se manterá vinculada aos objetivos de políticas públicas de mais alto nível"[75].

12.3.2.1.2 União Europeia

Na União Europeia, a agenda de melhoria regulatória remonta ao lançamento, pelo Conselho Europeu, da Agenda de Lisboa, em 2000. Em 2002, a Comissão Europeia estabeleceu um sistema geral para a produção de AIRs, substituindo medidas anteriormente existentes apenas para alguns estudos setoriais específicos. No mesmo ano, a Comissão publicou também suas diretrizes para a elaboração de AIRs. Nos anos subsequentes, essas diretrizes foram atualizadas ou complementadas com frequência[76], consolidando um *corpus* de documentos de apoio e guias para a implementação prática de AIRs no âmbito da União Europeia. Uma característica distintiva as práticas desenvolvidas pela

---

[72] PORTO, Antônio José Maristrello; GAROUPA, Nuno; GUERRA, Sérgio. Análise de Impacto Regulatório: Dimensões Econômicas de sua Aplicação. **Economic Analysis of Law Review**, v. 10, n. 2, p. 176-177, 2019.

[73] Cf. EUROPEAN COMMISSION. Communication from the Commission to the Council and the European Parliament, "**Better Regulation for Growth and Jobs in the European Union**" COM(2005) 97, {SEC(2005) 175}, 16 March 2005.

[74] Cf. OCDE. **Better regulation practices across the European Union**. Paris: OECD Publishing, 2019. Disponível em: https://www.oecd-ilibrary.org/governance/better-regulation-practices-across-the-european-union_9789264311732-en. Último acesso em: 15/08/2020.

[75] OCDE. **General perspectives from the first reviews**. Paris, OCDE, 2010, p. 4. Disponível em: https://www.oecd.org/gov/regulatory-policy/44983092.pdf. Último acesso em: 04/06/2021.

[76] As diretrizes da Comissão para a formulação de análises de impactos podem ser encontradas em: https://ec.europa.eu/info/law/law-making-process/planning-and-proposing-law/better-regulation-why-and-how/better-regulation-guidelines-and-toolbox_en. Último acesso em: 04/06/2021.

Comissão é a ênfase na fase de monitoramento e avaliação das normas regulatórias, *ex post*. Os documentos da União Europeia apresentam a avaliação de impactos como parte de um ciclo de contínuo aperfeiçoamento das políticas regulatórias, e não como etapa do processo de elaboração de uma norma.

No âmbito da Comissão Europeia, foi criado o Conselho de Avaliação de Impactos (IAB, na sigla em inglês[77]), o qual produziu, desde 2007, relatórios anuais[78] avaliando o emprego técnicas de avaliação de impactos no âmbito da União Europeia. Esses relatórios identificaram também as áreas mais sensíveis, que suscitaram o maior número de revisões e pedidos de reenvio. Entre 2007 e 2013, o IAB analisou uma média de 113,3 relatórios de impactos por ano e manteve uma taxa de pedidos de reenvio de cerca de 40% dos instrumentos de avaliações analisados pela primeira vez[79]. Pode-se deduzir, portanto, que o órgão estabeleceu uma atividade de controle bastante ativa, requerendo com frequência que os relatórios de impactos fossem revisados para sanar insuficiências ou problemas metodológicos. Em termos qualitativos, a etapa dos relatórios que mais suscitou opiniões do IAB foi a definição do problema regulatório a ser enfrentado[80].

Em 2015, a Comissão criou o Comitê de Controle da Regulação (RSB, na sigla em inglês[81]), aumentando assim o nível de institucionalização do sistema de controle e revisão das análises de impactos. Os relatórios de atividades de revisão passaram a ser elaborados por esse órgão[82], e novas métricas qualitativas passaram a ser apresentadas nos relatórios. Por exemplo, no relatório do RSB de 2019, o órgão analisou a legibilidade dos relatórios, medida a partir dos índices de Flesch-Kincaid e da porcentagem do uso da voz passiva encontrados nos resumos executivos dos relatórios, concluindo que a legibilidade dos documentos precisava ser melhorada[83]. Os relatórios apresentam regularmente métricas para a identificação de áreas de dificuldade metodológica, de respeito aos princípios formalmente estabelecidos como diretrizes para as avaliações de impactos da União Europeia (como o princípio da proporcionalidade, ou o princípio "avalie primeiro"), etapas estruturais que mais frequentemente recebem pedidos de revisão, entre outros fatores.

Os relatórios do RSB, além de contribuírem para o processo de aprimoramento do engajamento dos reguladores europeus com ferramentas de avaliações de impactos, também evidenciam as significativas dificuldades institucionais para a implementação rigorosa e bem estruturada desse instrumental. Dadas as frequentes diferenças de

---

[77] *Impact Assessment Board.*
[78] Disponíveis em: https://ec.europa.eu/smart-regulation/impact/iab/board_reports_en.htm. Último acesso em: 04/06/2021.
[79] Nesse período, o ano com menor número de instrumentos foi 2010 (66 instrumentos) e o ano de maior volume foi 2008 (135 instrumentos). O relatório está disponível em: https://ec.europa.eu/smart-regulation/impact/iab/docs/iab_stats_2014_en.pdf. Último acesso em: 04/06/2021.
[80] Dado extraído do relatório de 2014, referente aos anos de 2012 a 2014. O relatório está disponível em: https://ec.europa.eu/smart-regulation/impact/iab/docs/iab_stats_2014_en.pdf. Último acesso em: 04/06/2021.
[81] *Regulatory Scrutiny Board.*
[82] Esses relatórios estão disponíveis em: https://ec.europa.eu/info/law/law-making-process/regulatory-scrutiny-board_pt#relatrios-anuais. Último acesso em: 04/06/2021.
[83] Cf. UNIÃO EUROPEIA. **RSB Annual Report – 2019**. Regulatory Scrutiny Board, Brussels, 2019, p. 29-30. Disponível em: https://ec.europa.eu/info/sites/default/files/rsb_report_2019_en.pdf. Último acesso em: 04/06/2021.

capacidades técnicas, de informações precisas, de recursos humanos e tecnológicos, é natural que avaliações de impactos recebam um tratamento heterogêneo em diferentes contextos institucionais, ainda que a metodologia de análise seja consistente e coerente. Nesse sentido, como indicam as recomendações da OCDE[84] sobre o tema, o sucesso na implementação de instrumentos de avaliação de impactos pelos órgãos reguladores depende do desenvolvimento de capacidades institucionais adequadas e da existência de órgãos supervisores ou de controle que assegurem o rigor das análises.

12.3.2.2 A avaliação de impactos legislativa e regulamentar

Como vimos, embora o Estado Regulador possa ser identificado com certos arranjos institucionais (mencionamos aqui o crescente recurso à delegação de funções regulatórias para órgãos executivos), sua característica essencial relaciona-se à forma de intervenção do Estado na economia. O Estado Regulador implica, em primeiro lugar, a transição de um modelo econômico em que o Estado desempenha diretamente atividades econômicas consideradas estruturais, para um modelo em que diversas dessas atividades são deixadas à iniciativa privada, mas reguladas de forma contínua por instituições públicas. O Estado deixa de atuar como empresário em certos setores econômicos, nos quais passa a atuar como regulador. Nesse processo, a política regulatória dos Estados contemporâneos já nasceu com um viés consequencialista, tomando como uma de suas preocupações centrais os impactos econômicos que as normas regulatórias seriam capazes de produzir sobre os agentes econômicos que assumiram tarefas produtivas que desempenham funções estruturais na economia.

Essa é uma característica geral do Estado Regulador, compartilhada em algum grau por todos os países que vivenciaram uma tal transição econômica. O *locus* institucional de produção das normas regulatórias, por outro lado, variou significativamente de um país para o outro, assim como variaram as atividades que continuaram sendo prestadas pelo Estado e as que foram submetidas ao modelo regulatório. Como vimos, nos países europeus as avaliações de impactos são frequentemente direcionadas à atividade de produção de normas primárias[85]. Em outros países fora do contexto europeu, começam também a surgir propostas para a adoção sistemática de mecanismos de avaliação de impactos pelo Poder Legislativo[86], havendo também autores brasileiros que defendem a adoção desse tipo de instrumento institucional[87].

Na realidade, de um ponto de vista estritamente econômico, sendo uma norma regulatória cogente, pouco importa a sua origem ou o seu *status* dentro do ordenamento

---

[84] OCDE. **Recommendation of the Council on Regulatory Policy and Governance**. Paris: OECD Publishing, 2012. Disponível em: https://www.oecd-ilibrary.org/governance/recommendation-of-the-council-on-regulatory-policy-and-governance_9789264209022-en. Último acesso em: 28/09/2020.

[85] OCDE, **Better regulation practices across the European Union**. Paris: OECD Publishing, 2019.

[86] GALHOTRA, Vagda, A Case for Legislative Impact Assessment, **Economic and Political Weekly**, v. 54, n. 26-27, 2019.

[87] SALINAS, Natasha Schmitt Caccia, Avaliação Legislativa no Brasil: apontamentos para uma nova agenda de pesquisa sobre o modo de produção das leis, **Revista Brasileira de Políticas Públicas**, v. 3, n. 2, 2014.

jurídico. Mais relevante, para fins de avaliação de seus impactos, é o conteúdo regulatório da norma, ou seja, que comportamentos ela disciplina e que efeitos ela produz sobre a atividade econômica que é regulada. Assim, o mais importante para a atividade de avaliação normativa é determinar como o regulador definiu seus objetivos regulatórios, que estratégias foram utilizadas para promovê-los e quão bem-sucedida é a norma na consecução desses objetivos.

Quando bem aplicados, instrumentos de análise de impactos podem produzir, também para a atividade legislativa, os mesmos benefícios que produzem para a atividade regulatória de natureza administrativa: aumentar a transparência da norma, por meio da enunciação de seus objetivos regulatórios, antecipar os efeitos negativos da norma e favorecer a escolha das estratégias regulatórias mais eficientes, permitir a identificação dos grupos sociais que serão mais diretamente afetados pela norma e assim facilitar a determinação dos prováveis efeitos distributivos da norma, entre outros.

Uma questão frequentemente levantada, contudo, no debate sobre a avaliação legislativa, diz respeito às possíveis diferenças decorrentes da natureza política e representativa dos órgãos legislativos. Considera-se que os órgãos representativos, por serem órgãos essencialmente políticos e partidários, podem desconsiderar as análises técnicas com mais facilidade. A OCDE defende que a implementação de análises de impactos por órgãos técnicos executivos esteja submetida a um controle centralizado[88], como ocorre, como vimos, com o OIRA nos EUA ou com o RSB na União Europeia. No entanto, em órgãos legislativos esse tipo de duplo controle é mais difícil de ser implementado.

Além disso, o uso de metodologias de impactos pelo Legislativo pode também trazer consequências para o equilíbrio de poderes. Como veremos adiante, uma questão importante relacionada às análises de impactos é o regime de revisão judicial a que essas análises são submetidas. Na maioria dos países, há diferenças relevantes entre o controle judicial desempenhado em relação aos atos administrativos e aos atos legislativos. Assim, a opção pela implementação de métodos de avaliação legislativa traz também consigo considerações relevantes de ordem político-institucional, sobretudo no que tange aos freios e contrapesos entre os Poderes Constituídos de um Estado.

12.3.2.3 Avaliações ex ante e ex post

Uma segunda característica relevante das práticas regulatórias europeias nos últimos anos é o uso cada vez mais frequente de instrumentos *ex post* de análises de impactos[89]. No âmbito dos trabalhos da própria Comissão Europeia, a política regulatória é compreendida a partir de um ciclo contínuo de reavaliação e adaptação progressiva das políticas adotadas, com o objetivo de garantir a maior coerência e eficácia regulatória[90]. Nesse regime, o processo de revisão de normas ou políticas regulatórias estaria sempre

---

[88] OCDE, **Regulatory reform: efficient markets, effective government**. Paris: OECD Publishing, 2008.
[89] OCDE, **Better regulation practices across the European Union**. Paris: OECD Publishing, 2019.
[90] Cf. ANGLMAYER, Irmgard, **Evaluation and ex-post impact assessment at EU level**, Brussels: ERPS - European Parliamentary Research Service, 2016, p. 2-7.

condicionado ao princípio "avalie primeiro" (*evaluate first*), de forma a garantir que as escolhas de políticas regulatórias se pautem pelas melhores evidências empíricas[91].

Como vimos, análises de impactos destinam-se essencialmente a indagar, de forma metodologicamente consistente, quais serão as consequências econômicas de cada alternativa regulatória, se os benefícios sociais gerados por cada alternativa de política pública justificam os custos que a norma gera para o Estado e para os atores privados, identificando assim que opção melhor satisfaz os objetivos regulatórios propostos, considerando-se também que a não adoção de uma nova norma ("não regular") também é um resultado possível.

Essas perguntas podem ser colocadas em um momento anterior à vigência da norma, dando ensejo a uma análise prospectiva na qual os impactos esperados da norma devem ser estimados a partir de um **modelo preditivo**. Nesse caso, busca-se antecipar quais serão os custos e os benefícios de cada alternativa regulatória contemplada, a partir dos dados disponíveis em um momento anterior ao estabelecimento da norma. Como veremos a seguir, esse tipo de análise envolve uma série de escolhas metodológicas difíceis, pois é frequentemente necessário lidar com limitações intrínsecas aos dados disponíveis sobre o setor analisado, avaliar cenários de risco ou em condições de incerteza radical, escolher horizontes temporais razoáveis para serem críveis, entre outras dificuldades. Em outras palavras, antecipar os efeitos de uma norma pode ser uma tarefa difícil e, embora as metodologias de impactos ofereçam instrumentos analíticos sofisticados para lidar com essa dificuldade, a qualidade das conclusões pode depender, ao final, do quanto as premissas adotadas pelo modelo são de fato capazes de refletir as dimensões mais importantes da realidade estudada.

Assim, análises posteriores podem fornecer um importante complemento para as escolhas regulatórias, se queremos de fato garantir que a estratégia escolhida cumpre seus objetivos. As mesmas perguntas que embasam as análises retrospectivas podem ser colocadas novamente, *a posteriori*, para embasar uma análise retrospectiva, na qual partimos de mensurações dos efeitos reais produzidos pela norma. Nesse caso, utilizamos um **modelo explicativo ou avaliativo**, pois possuímos informações a respeito dos efeitos concretos que aquela política pública produziu sobre a economia. Assim podemos avaliar se ela foi bem-sucedida em seus objetivos a partir das respostas dos agentes econômicos reais às medidas adotadas.

Cabe a ressalva, contudo, de que a tarefa de avaliar os efeitos de uma política regulatória, mesmo depois de a norma ter sido adotada e gerado efeitos no mundo, também oferece desafios metodológicos relevantes. Afinal, políticas públicas não são formuladas de forma isolada, em uma economia estanque. Os setores econômicos são extremamente dinâmicos, reagindo simultaneamente a estímulos econômicos diversos, alguns dos quais não estão sob o controle do órgão que estabeleceu a norma regulatória. Digamos, por exemplo, que uma política de estímulo a determinado setor é acompanhada por uma melhoria do quadro geral da economia. O que terá causado o avanço do setor, a política regulatória ou o cenário macroeconômico favorável? A econometria dispõe de métodos analíticos (regressão estatística) para lidar com o problema da distinção dos efeitos de múltiplas variáveis independentes ou explicativas sobre

---

[91] Ibidem, p. 2.

uma mesma variável dependente de interesse. No entanto, esses métodos nem sempre são capazes de produzir respostas conclusivas aos problemas que queremos analisar.

Além disso, há outros desafios relevantes. Em certos casos as políticas regulatórias exigem um tempo de maturação (os agentes privados podem ter que adaptar suas estruturas produtivas), e surge o problema do *timing* apropriado para a avaliação dos seus efeitos. Há casos em que uma medida regulatória produzirá efeitos contrapostos (favorecendo a resolução de um problema, mas prejudicando a realização de outros objetivos relevantes), e nesse caso o regulador terá que estabelecer métricas confiáveis para comparar efeitos distintos.

Essas dificuldades sugerem que o desenho de uma nova política regulatória deve se preocupar, desde a sua concepção, com a avaliação posterior de seus resultados. Há um elevado grau de complementariedade entre análises *ex ante* e *ex post*[92]. Objetivos regulatórios claros e bem definidos permitem uma melhor avaliação posterior da política. Da mesma forma, quanto maior tiver sido o esforço da análise *ex ante* em antecipar e estimar os efeitos prováveis da norma e os comportamentos dos agentes econômicos envolvidos, mas fácil será para o avaliador identificar se a norma atendeu as expectativas iniciais e se as previsões feitas inicialmente estavam corretas. Assim, há também um desafio específico associado à necessidade de se vincular as práticas de análise de impactos retrospectivas e prospectivas[93], sendo desejável que o órgão regulador, ao formular as análises *ex ante*, tenha em mente as condições de mensuração dos impactos e de avaliação da política regulatória escolhida em um momento posterior.

12.3.2.4 Brasil e países da América Latina

Tendo estudado o desenvolvimento das metodologias de avaliação de impactos nos EUA e no âmbito europeu, passamos agora ao estudo das iniciativas de transposição dessa ferramenta para o contexto latino-americano. A avaliação de impactos ainda é um instrumento relativamente recente nos países latino-americanos. Em alguns casos, embora haja previsão para o seu uso, sua adoção não é generalizada ou sistemática. Por um lado, esses países se beneficiam de um *corpus* maduro de orientações metodológicas e diretrizes de boas práticas acerca do tema. Por outro lado, a implementação efetiva e rigorosa de métodos de avaliação de impactos enfrenta desafios institucionais relevantes nesses países[94].

12.3.2.4.1 Brasil

Os debates sobre a Análise de Impactos Regulatórios chegaram ao Brasil por intermédio do Programa de Fortalecimento da Capacidade Institucional para Gestão em Regulação – PRO-REG, criado em março de 2007 pelo Decreto nº 6.062. A criação do

---

[92] OCDE, **Regulatory performance: ex post evaluation of regulatory policies**. Paris: OECD Publishing, 2003.
[93] SMISMANS, Stijn, Policy Evaluation in the EU: The Challenges of Linking Ex Ante and Ex Post Appraisal, **European Journal of Risk Regulation**, v. 6, n. 1, p. 6-26, 2015.
[94] Ver, a esse respeito: OECD. **Building an Institutional Framework for Regulatory Impact Analysis (RIA): Guidance for Policy Makers**. Paris: OECD Publishing, 2008. Disponível em: https://www.oecd.org/gov/regulatory-policy/40984990.pdf. Último acesso em: 04/06/2021.

PRO-REG, por sua vez, insere-se em um contexto de crescente engajamento do Brasil com fóruns multilaterais destinados a propor diretrizes de reforma regulatória para os Estados, em especial com a Organização para a Cooperação e o Desenvolvimento Econômico (OCDE). No mesmo ano em que o PRO-REG foi criado, o Brasil foi convidado para um programa de "engajamento ampliado" com a OCDE e foi incluído pela Organização na categoria "parceria-chave" (*key partnership*).

Ainda em 2007, a Agência Nacional de Vigilância Sanitária – Anvisa promoveu o "Seminário Internacional de Avaliação do Impacto Regulatório: experiências e contribuições para a melhoria da qualidade da regulação", que foi o primeiro evento organizado por um órgão público federal para discutir o tema no país[95]. A Anvisa se tornou uma agência particularmente integrada aos trabalhos do PRO-REG e aos estudos sobre avaliação de impactos em específico. Segundo Alketa Peci e Flávia Alves:

> "A Anvisa está alinhada ao movimento pela melhoria da regulação no Brasil, coordenado pela Casa Civil da Presidência da República, por meio do Programa para o Fortalecimento da Capacidade Institucional para Gestão em Regulação, instituído pelo Decreto n. 6.062, de 16 de março de 2007. Esse movimento segue as recomendações da OCDE, segundo a qual há clara relação entre o desempenho econômico e social de um país em longo prazo e a qualidade do seu marco regulatório. A OCDE recomenda a implantação da Análise de Impacto Regulatório como ferramenta eficaz da qualidade regulatória"[96].

Em 2011, a Portaria nº 1.384/2011 da Anvisa criou o Núcleo de Regulação e Boas Práticas Regulatórias, cujas competências incluíam: "promover, coordenar e executar as atividades e procedimentos de Análise de Impacto Regulatório para instruir e subsidiar previamente o processo de tomada de decisão da Diretoria Colegiada em assuntos regulatórios de caráter normativo, em cooperação com as demais unidades da estrutura organizacional da Anvisa, segundo grau de complexidade e especificidades estabelecidos pelos Diretores". A partir desse momento, a agência começou a realizar regularmente os chamados Relatórios de Mapeamento de Impactos – REMAIs como etapa para subsidiar seus processos de elaboração normativa. A experiência da Anvisa, por sua vez, estimulou outras agências reguladoras brasileiras, como a Aneel, a Anac e a ANS, a utilizarem também a ferramenta, ainda que, em alguns casos, de forma exploratória e pouco sistemática.

Apenas em 2019, contudo, com a edição da Lei Geral das Agências[97], a AIR tornou-se vinculante para as 11 agências reguladoras independentes federais[98]. Nos

---

[95] Cf. AGÊNCIA NACIONAL DE VIGILÂNCIA SANITÁRIA, **Análise de impacto regulatório**: Anvisa é referência para agências. Disponível na página de notícias da Anvisa: http://antigo.anvisa.gov.br/ultimas-noticias. Último acesso em: 04/06/2021.

[96] ALVES, F. N. R.; PECI, A. Análise de Impacto Regulatório: uma nova ferramenta para a melhoria da regulação na Anvisa. **Revista de Saúde Pública**, v. 45, n. 4, p. 803, ago. 2011.

[97] Lei nº 13.848, de 25 de junho de 2019. Disponível em: http://www.planalto.gov.br/ccivil_03/_ato2019-2022/2019/lei/l13848.htm. Último acesso em: 04/06/2021.

[98] São elas: a Agência Nacional de Energia Elétrica (Aneel); a Agência Nacional do Petróleo, Gás Natural e Biocombustíveis (ANP); a Agência Nacional de Telecomunicações (Anatel); a Agência Nacional de Vigilância Sanitária (Anvisa); a Agência Nacional de Saúde Suplementar (ANS); a Agência Nacional de Águas (ANA); a Agência Nacional de Transportes Aquaviários (Antaq); a

termos do art. 6º da lei, uma Análise de Impactos Regulatórios deveria preceder a "adoção e as propostas de alteração de atos normativos de interesse geral dos agentes econômicos, consumidores ou usuários dos serviços prestados". Pouco tempo depois, com a aprovação da Lei de Liberdade Econômica, o uso da AIR foi ampliado, nas mesmas hipóteses, para todos os órgãos e entidades da administração pública federal, incluindo as autarquias e fundações públicas.

Em 2020, o Decreto nº 10.411 regulamentou o uso da AIR, estabelecendo regras para: os casos de inaplicabilidade ou dispensa de AIR[99], a estrutura dos relatórios de AIR[100], as metodologias para aferição da razoabilidade do impacto econômico[101], a submissão do próprio relatório de AIR ou da proposta de norma dele resultante à participação social[102], entre outras. De particular importância, nesse sentido, é a previsão de que os órgãos reguladores deverão integrar aos seus processos normativos estratégias de revisão periódica de suas normas, por meio de Avaliação de Resultados Regulatórios – ARR[103]. Em outras palavras, o regulamento brasileiro já prevê o uso sistemático de métodos de avaliação de impactos *ex post*, prevendo inclusive que, em caso de dispensa de AIR em razão de urgência, a agência não estará isenta de formular o problema regulatório que se pretende solucionar e os objetivos que se pretende alcançar, de modo a subsidiar a elaboração posterior da ARR[104].

Segundo a OCDE[105], o Brasil está passando por um período de transição dos arranjos institucionais engajados com a formulação de políticas públicas. A Organização elogiou o fato de o país ter aumentado as exigências legais para o uso de mecanismos de participação social e estar no processo de expandir o uso da Análise de Impacto Regulatório, incluindo a adoção de mecanismos de avaliação *ex post*. Apesar desses avanços, contudo, a implementação rigorosa desses instrumentos no Brasil ainda depende do amadurecimento institucional do país em direção ao engajamento efetivo da ferramenta nos processos decisórios.

12.3.2.4.2 Argentina

Para a Argentina, a AIR é uma novidade ainda não implementada. Até 2016, qualquer questão legislativa ou regulatória passava apenas por um controle de legalidade. Somente após o Decreto nº 891/2017[106], o governo argentino passou a considerar análises *ex-ante* de impactos, de forma ainda instrumental.

Agência Nacional de Transportes Terrestres (ANTT); a Agência Nacional do Cinema (Ancine); a Agência Nacional de Aviação Civil (Anac) e a Agência Nacional de Mineração (ANM).

[99] Cf. art. 3º, § 2º, e art. 4º, respectivamente, do Decreto nº 10.411/2020.
[100] Cf. art. 6º do Decreto nº 10.411/2020.
[101] Cf. art. 7º do Decreto nº 10.411/2020.
[102] Cf. art. 8º e art. 9º, respectivamente, do Decreto nº 10.441/2020.
[103] Cf. o art. 13 do Decreto nº 10.411/2020.
[104] Cf. o art. 4º, § 2º, e o art. 12 do Decreto nº 10.411/2020.
[105] OCDE. **Indicators of Regulatory Policy and Governance – Latin America 2019**: Brazil. Paris: OCDE Publishing, 2019.
[106] ARGENTINA. Decreto nº 891, de 2 de novembro de 2017. Disponível em: https://www.argentina.gob.ar/normativa/nacional/decreto-891-2017-285796/texto. Último acesso em: 04/06/2021.

O principal objetivo do decreto era a simplificação da regulação nacional, determinando logo em seu terceiro artigo de que as normas devem ser "simples, claras, precisas e de fácil compreensão". Já em seus artigos quinto e nono, vemos a clara disposição de que o regulador deverá, quando entender necessário avaliar a implementação das normas regulatórias que editarem e, sempre que possível, incorporar a análise dos custos e benefícios em seus desenhos regulatórios.

De acordo com a OCDE, o novo foco em produção regulatória baseada em evidências, coloca a Argentina em fases iniciais de análises de custo-benefício. Para o organismo internacional, isso será um fator impulsionador do desenvolvimento de um sistema regulatório de AIR na Argentina[107]. Outro ponto interessante na evolução regulatória argentina é a análise *ex-post* de normativas. Em 2018, o país fez uma grande reforma regulatória, revogando mais de 100 normativas consideradas obsoletas, aliado aos esforços de simplificação dos procedimentos administrativos.

Apesar de importante, no entanto, esse passo deve ser expandido para toda a regulação subordinada, não apenas àquelas definidoras de procedimentos administrativos. Relatórios internacionais frequentemente apontam para o fato de que instrumentos de análise de impactos *ex ante* e *ex post* exigem um núcleo técnico de agentes públicos capacitados para a condução das análises[108]. O desafio latino-americano, assim, envolve a conformação de um quadro institucional que favoreça o desempenho adequado de tais funções[109]. Dessa forma, para além de iniciativas *ad hoc*, o compromisso com a realização sistemática de métodos de avaliação de impactos pode efetivamente promover uma melhoria relevante do sistema regulatório argentino.

12.3.2.4.3 Chile

No caso chileno, a regulação é feita seguindo os parâmetros da Instrução Presidencial nº 211/1994[110], modificada pela Instrução Presidencial nº 2/2016[111]. A norma é a responsável por delimitar o processo legislativo chileno, ou seja, a elaboração e a tramitação de projetos de lei, tendo a sua revisão em 2016 sido uma consequência das recomendações feitas pela OCDE[112] para a melhoria dos procedimentos de elaboração de políticas públicas no país.

A principal modificação feita em 2016 foi justamente a necessidade de se apresentar uma análise de impacto de produtividade (AIP) anexo a qualquer projeto de

---

[107] OCDE, **Argentina – Indicators of Regulatory Policy and Governance, Latin America: 2019**, Paris: OCDE Publishing, 2019. Disponível em: https://www.oecd.org/gov/regulatory-policy/Argentina-country-profile-regulatory-policy-en.pdf. Último acesso em: 04/06/2021.

[108] OCDE, **Building an Institutional Framework for Regulatory Impact Analysis (RIA): Guidance for Policy Makers,** Paris: OCDE Publishing, 2008, p. 51-57.

[109] OCDE, **Government at a Glance: Latin America and the Caribbean 2020**, Paris: OCDE, 2020.

[110] CHILE. **Instructivo Presidencial nº 211, de 18 de março de 1994.**

[111] CHILE. **Instructivo Presidencial nº 2, de 14 de março de 2016.** Disponível em: https://transparenciaactiva.presidencia.cl/Otros%20Antecedentes/Inst-Pres-N01.pdf. Último acesso em: 04/06/2021.

[112] OCDE, **Chile – Evaluation Report**: Regulatory Impact Assessment, Paris: OCDE Publishing, 2017, p. 9-36. Disponível em: https://www.oecd.org/gov/regulatory-policy/Chile-Evaluation--Full-Report-web.pdf. Último acesso em: 04/06/2021.

lei que pudesse gerar impactos regulatórios. De acordo com a normativa, quando o Executivo propusesse ao Legislativo um projeto de lei que tivesse impacto regulatório, o Ministério responsável pelo setor regulado deveria, obrigatoriamente, anexar uma AIP ao projeto, para que os congressistas pudessem tomar uma decisão mais informada acerca de quais impactos, custos e benefícios o projeto poderia trazer.

Essa modificação legislativa foi um primeiro passo para concretizar a AIR no Chile, consolidando um dos principais indicadores de boas práticas regulatórias consideradas pelo organismo internacional. Nessa fase, via-se que o Chile, apesar de possuir algumas agências reguladoras, ainda se encontrava muito fixado na regulação feita diretamente pelos entes políticos, especialmente os ministérios e as casas legislativas. A iniciativa de obrigar cada ministério a produzir um estudo de impacto acerca dos projetos de lei que afetem seus setores havia sido louvável, porém, pela natureza política do Legislativo, como afirmamos anteriormente, tais estudos poderiam ser mais facilmente desconsiderados para a tomada de decisão regulatória final, se comparados aos estudos feitos por entes técnicos como as agências reguladoras.

Uma segunda fase na evolução do uso de metodologias de impacto no Chile veio com a Instrução Presidencial nº 3/2019[113]. Nela, o governo chileno determinou que as análises de impactos regulatórios seriam mais abrangentes. Foram definidos três níveis de AIR, baseados nos níveis de impacto esperado (baixo, médio, alto) com a medida proposta. Elas também passariam a ser obrigatórias para outros setores que não apenas a regulação feita pelos ministérios com pautas ligadas à economia. A partir daquele momento, toda a regulação subordinada realizada pelo presidente ou qualquer ministério passava a ser submetida às metodologias de impacto.

Juntamente com essa medida, foi também aprovada no Chile a Instrução Presidencial nº 4/2019[114], que modificou as regras para análises *ex post* de normas regulatórias. Os entes reguladores passam a ter o dever de colocar suas normas disponíveis para que o público possa opinar acerca de sua obsolescência, bem como publicar um relatório de planejamento periódico contendo informações sobre quais regulações serão revisadas, revogadas ou modificadas. A medida foi elogiada pela OCDE, que apontou para avanços significativos no quadro regulatório do Chile[115]. O relatório sugere a necessidade de se garantir que as regras criadas em 2019 sejam devidamente implementadas na prática e que sejam criados parâmetros obrigatórios para a realização dessas consultas públicas antes e depois do processo legislativo ou de produção de regras.

---

[113] CHILE. **Instructivo Presidencial nº 3, de 15 de abril de 2019**. Disponível em: https://open.economia.cl/wp-content/uploads/2019/04/003-15.04.2019-Instructivo-impacto-regulatorio.pdf. Último acesso em: 04/06/2021.

[114] CHILE. **Instructivo Presidencial nº 4, de 15 de abril de 2019**. Disponível em: https://open.economia.cl/wp-content/uploads/2019/04/004-15.04.2019-Instructivo-Simplificación-regulatoria.pdf. Último acesso em: 04/06/2021.

[115] OCDE, **Chile – Indicators of Regulatory Policy and Governance, Latin America: 2019**, Paris: OCDE Publishing, 2019. Disponível em: https://www.oecd.org/gov/regulatory-policy/Chile--country-profile-regulatory-policy-en.pdf. Último acesso em: 04/06/2021.

12.3.2.4.4 México

Atualmente, o México possui um órgão que publica todos os drafts de AIR's *on-line* para consulta pública, a Comissão Nacional para Melhora Regulatória (CONAMER[116]). Esse é o principal órgão responsável pela avaliação e publicação das AIR's, sendo subordinado ao Ministério da Economia do México, apesar de sua autonomia técnica e operacional. No México, as propostas regulatórias devem obrigatoriamente passar por consulta pública e por uma AIR.

O momento de maior evolução para o país deu-se em 2018[117], quando foi aprovada e Lei Geral de Melhora Regulatória[118]. Em 2012, já era exigido no país avaliação *ex post* de regulamentos técnicos e, em 2016, o México ampliou o escopo de suas AIRs para incluir também impactos em comércio exterior e direitos do consumidor. Em 2018, passou-se a exigir a reavaliação dos custos de cumprimento da regulação a cada cinco anos (para evitar problemas como a obsolescência). A lei de 2018 também estabeleceu um Sistema Nacional para Melhora Regulatória, promovendo maior coordenação entre os entes reguladores do país e inovando ao exigir que todos os entes subnacionais também fossem obrigados a realizar AIRs. Por fim, em seu Art. 11, III, a lei estabeleceu a AIR como um dos instrumentos do Sistema Nacional.

Além disso, o próprio papel do CONAMER foi estendido pela Lei Geral em seu Art. 25, sendo os incisos III e IV relevantes para o tópico da AIR ao preverem que a Comissão deverá estabelecer as normas e os parâmetros sobre Propostas Regulatórias e para as Análises de Impactos Regulatórios correspondentes, além de promover a avaliação *ex post* de todos os regulamentos editados até então no país. Também há um capítulo da Lei (Capítulo III) dedicado somente a tratar do instrumento da AIR, estabelecendo competências, exigências, critérios e parâmetros para sua implementação adequada.

12.4 A METODOLOGIA DAS ANÁLISES DE IMPACTOS

A consolidação e a expansão de mecanismos de avaliação de impactos nos últimos anos sugerem que esse tipo de instrumento pode trazer benefícios substanciais às práticas regulatórias dos Estados. No entanto, é importante notar que ferramentas de avaliação de impactos só trarão benefícios substanciais quando forem realizadas com rigor metodológico adequado e tiverem seus resultados integrados de forma efetiva aos processos decisórios dos órgãos reguladores. Em outras palavras, a mera previsão de que análises de impacto devem ser realizadas não é suficiente, pois esses instrumentos podem ser realizados apenas para cumprir uma etapa procedimental (ou seja, podem

---

[116] Trata-se da *Comisión Nacional de Mejora Regulatoria*, cujo portal eletrônico pode ser acessado no endereço: https://www.gob.mx/conamer. Último acesso em: 04/06/2021.

[117] Cf. OCDE, **México – Indicators of Regulatory Policy and Governance, Latin America: 2019**, Paris: OCDE Publishing, 2019. Disponível em: https://www.oecd.org/gov/regulatory-policy/Mexico-country-profile-regulatory-policy-en.pdf. Último acesso em: 04/06/2021.

[118] Ley General de Mejora Regulatoria, de 18 de maio de 2018. Disponível em: http://www.diputados.gob.mx/LeyesBiblio/pdf/LGMR_180518.pdf. Último acesso em: 04/06/2021.

se tornar instrumentos *pro-forma*[119]) e estão sujeitos a problemas relacionados a distorções metodológicas, baixo nível de rigor e precisão, gerando resultados enviesados ou não confiáveis.

A seguir, traçaremos um panorama geral e introdutório das metodologias da avaliação de impactos, para que em seguida alguns pontos-chave possam ser aprofundados diante da experiência recente de diferentes países. Iniciamos a análise identificando as principais pretensões da avaliação de impactos, ou seja, aprofundamentos a discussão trazida até aqui a respeito da contribuição que esse tipo de instrumento visa oferecer aos processos de formulação e revisão de normas e também que tipo de concepção de políticas públicas está implícita na aplicação dessas ferramentas. Em seguida, entraremos na metodologia propriamente dita, apresentando os procedimentos utilizados para embasar a elaboração tanto de análises *ex ante* quanto *ex post*.

A metodologia da análise de impactos vem sendo desenvolvida a partir dos esforços de diferentes países em implementar ferramentas objetivas e sistemáticas de avaliação de suas políticas públicas, e englobam uma vasta gama de recursos e modelos que substanciam as análises. A padronização de um instrumental analítico próprio às Análises de Impacto Regulatório nos últimos anos teve uma grande importância prática para a evolução da agenda de reformas e melhoria regulatória dos países, pois, adotando métodos semelhantes, os reguladores de distintas nacionalidades podem comparar resultados com seus pares e assim reforçar conclusões importantes a respeito dos instrumentos regulatórios mais apropriados para diferentes contextos nacionais[120].

No entanto, o desenvolvimento desses instrumentos também pode, em certa medida, ser entendido como um projeto em andamento. Seria um equívoco afirmar que a análise de impactos pode ser resumida a uma única metodologia definitiva e aplicável a todos os casos. Existe, sim, um núcleo de boas práticas comumente aceitas, as quais exigem o julgamento técnico dos agentes especializados em sua utilização para serem adequadas ao caso concreto analisado e que, em certa medida, ainda permitem algum grau de experimentalismo e inovação. Mesmo dentro de uma mesma jurisdição nacional, frequentemente surgem variações nas práticas de diferentes agentes reguladores em razão dos desafios específicos que são enfrentados pelos diferentes setores econômicos.

Assim, esta introdução não se propõe a percorrer exaustivamente toda a gama de variantes metodológicas existentes. Em vez disso, apontamos apenas os pontos essenciais dos principais métodos existentes, dando especial ênfase aos elementos que a prática demonstrou serem os mais problemáticos e desafiadores. Nosso objetivo é formar um *benchmark* teórico que servirá posteriormente como referencial para a análise crítica da implementação de mecanismos de avaliação de impactos em contextos institucionais específicos.

---

[119] Ou seja, para fins de cumprimento de uma mera formalidade, sem revestir-se de importância substantiva.

[120] Cf. PORTO, Antônio José Maristrello; GAROUPA, Nuno; GUERRA, Sérgio, Análise de Impacto Regulatório: dimensões econômicas de sua aplicação, **Economic Analysis of Law Review**, v. 10, n. 2, p. 173-190, 2019, p. 176; GAROUPA, Limites ideológicos e morais à avaliação econômica da legislação.

12.4.1 Avaliações de impactos – etapas e pretensões

Como vimos até aqui, os métodos de avaliação de políticas públicas têm como objetivo central permitir uma melhora qualitativa de normas regulatórias de interesse geral, ou seja, de medidas estatais que gerem impactos econômicos e sociais significativos para um conjunto amplo de destinatários. Vimos ainda que diferentes jurisdições possuem critérios variados para definir quais atos normativos deveriam ser submetidos a processos formais de avaliação, *ex ante* ou *ex post*. Nosso objetivo, a seguir, será compreender o que significa buscar uma "melhora qualitativa" na política regulatória, pois não há um significado unívoco para essa expressão.

Os programas de aprimoramento normativo e regulatório em diferentes países foram invariavelmente acompanhados de acusações por diferentes atores políticos de que as metodologias empregadas escondiam premissas controversas a respeito dos objetivos que deveriam ser perseguidos pelo poder público[121]. Como vimos ao estudar a evolução das análises de custo-benefício nos EUA, uma das acusações mais comuns é a de que essa agenda dissimula um programa de desregulação da economia e de minimização do controle público sobre a atividade econômica, o que beneficiaria certos agentes econômicos específicos, mas não necessariamente produziria resultados desejáveis em termos de maximização do bem-estar social[122].

A evolução dos mecanismos de avaliação tem revelado certa resiliência dessas práticas em relação às críticas políticas usuais[123]. Ainda assim, as críticas são pertinentes e esclarecimentos a respeito das premissas dos métodos utilizados são fundamentais para que se possa julgar a sua utilidade.

Assim, faz-se necessário explicitar quais são as premissas básicas desse tipo de análise, que tipo de melhoria busca-se promover e como se pretende atingir esses resultados. É possível identificar quatro objetivos, interdependentes entre si, que servem como justificativa para o emprego desse tipo de análise:

(1) aumentar o nível de racionalidade e eficiência das escolhas regulatórias;
(2) vincular as decisões às melhores evidências empíricas e científicas;

---

[121] Cf. BALDWIN, Robert; CAVE, Martin; LODGE, Martin, What is "good" regulation?, *in*: **Understanding regulation**: theory, strategy, and practice, 2nd ed. New York: Oxford University Press, 2012, p. 30-31.

[122] A iniciativa Better Regulation, no contexto da União Europeia, também foi alvo de críticas duras, sobretudo em seus primeiros anos, de autores que entendiam que a proposta estava pautada sobre critérios analíticos enviesados e buscava apenas promover a desregulação de setores econômicos sem uma análise criteriosa dos possíveis efeitos adversos sobre certos grupos sociais. Para mais detalhes sobre esse debate, ver: RADAELLI, Claudio M.; MEUWESE, Anne C. M., Better regulation in Europe: between public management and regulatory reform, **Public Administration**, v. 87, n. 3, p. 639-654, 2009; RADAELLI, Claudio, Will the EU Make its Better Regulation Strategy Truly Better? Penn State – The Regulatory Review. Disponível em: https://www.theregreview.org/2020/06/01/radaelli-will-eu-make-better-regulation-strategy-truly-better/. Último acesso em: 20/08/2020.

[123] Cf. SHAPIRO, Stuart, The evolution of cost-benefit analysis in US regulatory decisionmaking, in: LÊWÎ-FAUR, Dāwid (Org.), **Handbook on the politics of regulation**, Cheltenham: Elgar, 2011; RADAELLI, Claudio M., **The state of play with the better regulation strategy of the European Commission**, [s.l.]: European University Institute, 2021.

(3) ampliar a transparência do processo de tomada de decisão e facilitar a prestação de contas às instâncias políticas e à sociedade; e

(4) permitir um engajamento mais efetivo da sociedade com a formação das políticas públicas.

Esses quatro objetivos correlacionados fundamentam a realização das avaliações de impactos. A seguir, vamos apresentar cada um desses objetivos, na medida em que constituem um importante eixo para a compreensão crítica dos métodos empregados em avaliações de impactos.

12.4.1.1 Racionalidade e eficiência das escolhas regulatórias

Um benefício frequentemente associado à adoção de instrumentos de análise de impactos pelos órgãos reguladores estatais é o aumento da racionalidade das escolhas de políticas públicas feitas por esses órgãos. Por meio da AIR, garante-se que as escolhas regulatórias atenderão a certos requisitos de racionalidade e estarão pautadas por considerações de eficiência, no sentido da promoção do bem-estar social. Atualmente, a AIR deixou de se resumir ao mero emprego de técnicas de avaliação do tipo custo-benefício. A metodologia da AIR pressupõe a estruturação do processo decisório em etapas consecutivas que forçam o regulador a explicitar os fundamentos econômicos e valorativos que justificam a escolha regulatória adotada.

No Brasil, a principal referência para a elaboração de uma AIR por órgãos públicos encontra-se no Guia formulado pela Casa Civil[124], que enumera dez etapas analíticas distintas:

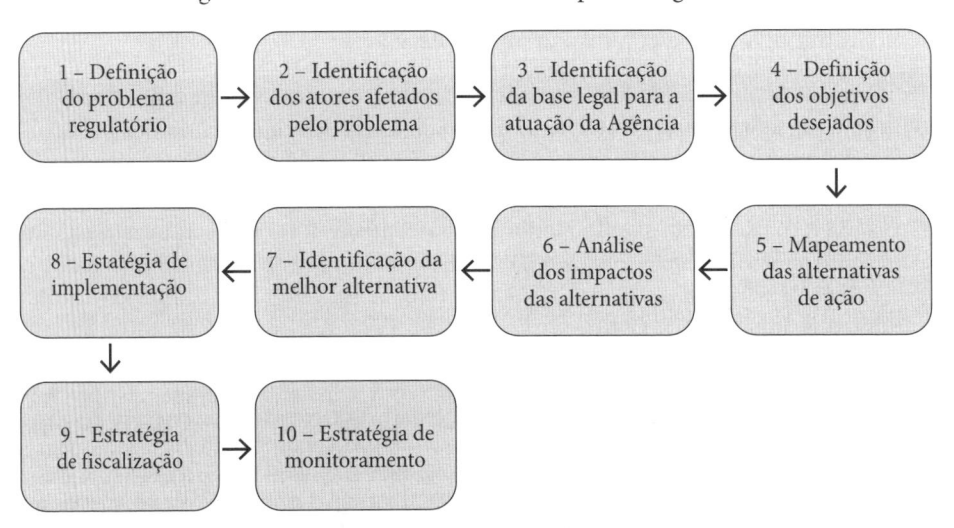

Figura 1 – Processo de Análise de Impacto Regulatório

1 – Definição do problema regulatório → 2 – Identificação dos atores afetados pelo problema → 3 – Identificação da base legal para a atuação da Agência → 4 – Definição dos objetivos desejados

8 – Estratégia de implementação ← 7 – Identificação da melhor alternativa ← 6 – Análise dos impactos das alternativas ← 5 – Mapeamento das alternativas de ação

9 – Estratégia de fiscalização → 10 – Estratégia de monitoramento

Fonte: Guia orientativo para elaboração de AIR da Casa Civil (adaptação).

---

[124] CASA CIVIL, **Diretrizes gerais e guia orientativo para elaboração de análise de impacto regulatório - AIR**, Brasília: Governo Federal, 2018.

Essas etapas orientam o processo decisório a um formato estruturado, no qual o órgão regulador deve primeiramente explicitar as premissas da análise, definindo o problema regulatório, enumerando os grupos potencialmente afetados, identificando as limitações legais à atuação da agência e estabelecendo quais são os objetivos regulatórios a serem alcançados. Essas quatro etapas iniciais, que poderíamos entender como etapas preparatórias para a avaliação de impactos, são particularmente importantes para a racionalidade decisória.

É comum que os órgãos reguladores sejam incumbidos de promover objetivos socioeconômicos em tensão[125], sendo frequente também que uma das dificuldades da escolha regulatória seja precisamente a definição de quais objetivos devem ser perseguidos pela norma. Ambiguidades na delimitação dos objetivos de uma política regulatória comprometem a racionalidade das análises não apenas porque prejudicam a coerência interna da motivação que fundamenta a escolha regulatória, mas também porque dificultam a tarefa de avaliação posterior da escolha realizada, diminuindo sensivelmente as oportunidades de aprendizagem institucional pelo órgão regulador[126]. Ademais, como vimos anteriormente, os relatórios do IAB e, posteriormente, do RSB da União Europeia indicam que a definição do problema regulatório e dos objetivos da regulação é uma das áreas mais sensíveis dos relatórios de impactos, sendo aquela que recebe o maior número de pedidos de revisão desses órgãos de controle[127], o que sugere não apenas a importância dessa etapa, mas também uma tendência dos reguladores a não delimitarem de forma suficientemente precisa e rigorosa essas dimensões da análise.

Nas etapas seguintes de formulação da AIR, o agente regulador deverá enumerar as diferentes alternativas regulatórias disponíveis, incluindo a possibilidade de não adotar nenhuma medida regulatória, para estimar os impactos prováveis de cada uma das alternativas e eleger a melhor alternativa para a consecução dos objetivos definidos anteriormente. Novamente, a metodologia favorece a racionalidade do processo decisório ao forçar o regulador a considerar diferentes alternativas de ação. Com isso, evita-se que as escolhas regulatórias se resumam a reproduzir os resultados habituais preferidos pelo regulador[128], sem a consideração adequada de alternativas menos óbvias– e potencialmente mais eficientes – para a solução de problemas complexos[129].

---

[125] Cf. PROSSER, Tony, **Law and the regulators**, Oxford : New York: Clarendon Press; Oxford University Press, 1997, p. 35-43.

[126] Ver SMISMANS, Stijn, Policy evaluation in the EU: The Challenges of linking ex ante and ex post appraisal, **European Journal of Risk Regulation**, v. 6, n. 1, p. 6-26, 2015.

[127] Ver, por exemplo, o relatório do IAB de 2014, disponível em: https://ec.europa.eu/smart-regulation/impact/iab/docs/iab_stats_2014_en.pdf. Último acesso em: 04/06/2021.

[128] Cf. BREYER, Stephen G, **Regulation and Its Reform**, Cambridge: Harvard University Press, 1984, p. 156-188.

[129] Gunningham e Grabosky, ao analisar as estratégias regulatórias típicas utilizadas por órgãos de proteção ambiental, concluem que melhores resultados regulatórios podem ser obtidos se adotarmos uma "abordagem para a regulação do meio ambiente muito mais imaginativa, flexível e pluralista do que o que foi adotado até o momento na maior parte das jurisdições". GUNNINGHAM, Neil; PN, Grabosky, **Smart Regulation**: Designing Environment Policy, [s.l.: s.n.], 1998, p. 9.

Essa consideração é também reforçada pela constatação de que vieses de racionalidade dos próprios agentes reguladores[130], como a heurística de confirmação, tendem a favorecer o recurso às mesmas soluções regulatórias adotadas no passado para resolver outros problemas [131], sem que atenção suficiente seja conferida às especificidades do caso analisado, às opções disponíveis ou às possíveis dinâmicas sociais geradas pelas diferentes estratégias[132].

Particularmente relevante também é a imposição metodológica da consideração da alternativa de "não regular" pelo agente regulador, afinal é necessário que o órgão verifique se sua intervenção será de fato benéfica para a solução do problema identificado, ou se gerará custos para os cofres públicos e para os agentes privados superiores aos benefícios esperados com a adoção da norma. O processo garante assim que considerações de eficiência acerca das escolhas disponíveis estejam na base de todo o processo de escolha regulatória.

Por fim, as etapas finais da AIR forçam ainda o regulador a considerar as condições práticas de implementação, fiscalização e monitoramento da alternativa regulatória adotada. Essas dimensões interferem os custos arcados pela própria Administração, sendo cruciais também para a avaliação posterior do sucesso da estratégia regulatória adotada. Como vimos anteriormente, as condições de monitoramento de uma política regulatória relacionam a análise *ex ante* (AIR) à avaliação *ex post* (ARR). Há, assim, uma preocupação explícita com a capacidade da Administração Pública para colocar em prática a norma regulatória escolhida.

12.4.1.2 Regulação baseada em evidências

Um segundo benefício do emprego de métodos sistemáticos de avaliação de impactos seria a vinculação do processo de escolha regulatória às evidências empíricas disponíveis. Esse é um ponto frequentemente apontado pela OCDE[133] em seus relatórios como de particular relevância, pois é o que garante que a regulação de um Estado se mantenha vinculada a juízos técnicos e cientificamente informados, não apenas aos interesses político-partidários. A metodologia da AIR é direcionada ao tratamento empírico dos problemas, tanto na fase de definição do problema regulatório, quanto no momento de identificação dos prováveis custos e benefícios das alternativas e de eleição daquela que trará as melhores consequências para a sociedade. Como vimos, a vinculação empírica torna-se ainda mais forte no caso das análises *ex post*, quando já não mais partimos de modelos preditivos acerca do comportamento humano e

---

[130] COOPER, James C., Behavioral Economics and Biased Regulators, **Mercatus Center – Regulation Policy**, p. 1-5, 2013. Disponível em: https://www.mercatus.org/system/files/Cooper_BehavioralEconomicsandBiasedRegulators_MOP_111913.pdf. Último acesso em: 04/06/2021.

[131] RACHLINSKI, Jeffrey J.; FARINA, Cynthia R., Cognitive Psychology and Optimal Government Design, **Cornell Law Review**, v. 87, n. 2, p. 549-615, 2002.

[132] WILSON, Molly Walker, A behavioral critique of command -and- control environmental regulation, **Fordham Environmental Law Review**, New York, NY, v. 16, n. 2, p. 223-259, 2005.

[133] OCDE, Evidence-based policy making through Regulatory Impact Assessment, *in*: **OECD Regulatory Policy Outlook 2015**, Paris: OECD Publishing, 2015, p. 93-117.

funcionamento dos mercados, mas sim de evidências concretas acerca dos resultados reais que a norma regulatória produziu no mundo.

Em todos os casos, contudo, o recurso a evidências científicas é de grande importância para a formulação das análises de impactos, pois é frequente que problemas empíricos estejam na base dos desafios enfrentados pelo regulador ao tentar solucionar um caso concreto[134]. Vemos isso na prática quando percebemos que a adoção de uma norma regulatória para a proteção sanitária, por exemplo, está relacionada às evidências científicas disponíveis a respeito da eficácia de diferentes substâncias saneantes[135], que a regulação de uso de um medicamento para emagrecimento fundamenta-se em estudos sobre os riscos para a saúde humana gerados por certas substâncias inibidoras de apetite[136] ou, ainda, que o problema da alocação de *slots* para aeronaves em aeroportos baseia-se em estudos compreensivos sobre os fluxos aéreos de um país para a identificação dos destinos prioritários dos passageiros e dos níveis de saturação da infraestrutura portuária existente[137].

Esses são apenas alguns exemplos que evidenciam claramente a importância da mensuração da realidade e do uso de informações científicas confiáveis pelos órgãos reguladores. O uso de informações empíricas imprecisas, por outro lado, pode trazer problemas sérios para uma avaliação de impactos. Em análises retrospectivas, isso pode ocorrer quando o regulador se utiliza de estudos questionáveis, que ainda não foram confirmados pelo debate científico, ou até mesmo que já foram desacreditados. Há diversos exemplos reais de análises que tiveram seus resultados posteriormente questionados por não se valerem das melhores evidências científicas[138]. Assim, é fundamental

---

[134] Sunstein, em particular, identifica uma tendência excessivamente "expressivista" no debate público a respeito das políticas públicas, argumentando que a maior parte dos problemas públicos concretos, na verdade, estaria mais ligado à resolução de questões factuais. Segundo o autor: "*Argumentos sobre políticas públicas são frequentemente expressivos. As pessoas focam naquilo que entendem como valores subjacentes. Elas usam indícios simples e favorecem aquilo que reflete os valores que elas abraçam e até mesmo sua concepção de identidade. (...) Sob essa lente, é tentador pensar que o que os problemas que dividem as pessoas são fundamentalmente problemas ligados a valores, e não a fatos. Se isso é verdade, não é por acaso que as pessoas têm tanta dificuldade em superar suas divisões. Se os valores mais profundos das pessoas estão em risco, se eles realmente diferem, então obter um acordo ou achar uma solução produtiva será difícil ou até mesmo impossível. (...) Meu objetivo neste livro é combater a abordagem expressiva às políticas públicas. Eu defendo que, ao contrário das aparências, os problemas que mais nos dividem são fundamentalmente ligados a fatos, e não a valores. (Nem sempre, mas com frequência suficiente.) Na minha visão, abordagens expressivas são um grande obstáculo ao progresso*". Tradução nossa, a partir de SUNSTEIN, Cass R., **The cost-benefit revolution**, Cambridge, MA: The MIT Press, 2018, p. ix-x.

[135] Ver ANVISA. **Nota Técnica nº 20/2021**, SEI/COSAN/GHCOS/DIRE3. Disponível em: https://www.gov.br/anvisa/pt-br/centraisdeconteudo/publicacoes/saneantes/notas-tecnicas/nota-tecnica-20-2021-cosan-ghcos-dire3-anvisa. Último acesso em: 04/06/2021.

[136] Ver ANVISA. **Nota técnica sobre eficácia e segurança dos medicamentos inibidores de apetite**. Brasília – DF, 2011a. Disponível em: http://www.ANVISA.gov.br/hotsite/anorexigenos/pdf/Nota_Tecnica_Anorexigenos.pdf. Último acesso em: 10/06/2020.

[137] Ver ANAC. **Nota Técnica nº 5/2019**, GTRC/GEAM/SAS. Disponível em: https://www.anac.gov.br/participacao-social/tomada-de-subsidios/arquivos/nota_tecnica_n05.pdf. Último acesso em: 04/06/2021.

[138] Ver, por exemplo, o caso **Chlorine Chemistry Council v. EPA** (ESTADOS UNIDOS. 206 F.3d 1286. D.C. Cir. 2000).

que os relatórios de impactos sejam transparentes a respeito do grau de confiança que podemos atribuir às informações utilizadas para subsidiar a análise. Se houver dúvidas a respeito da confiabilidade ou da completude dos dados, essas limitações devem ser explicitamente mencionadas e levadas em consideração no momento da comparação entre as alternativas[139]. Em certos casos, pode ser necessário descartar o uso de informações que não atendem a padrões mínimos de objetividade e confiabilidade para a coleta e o tratamento das informações[140].

A importância de estudos empíricos para as análises de impactos indica que o uso apropriado desse tipo de instrumento depende do estabelecimento de fluxos bem estruturados de transmissão de conhecimento entre os órgãos reguladores e a academia científica. Atualmente, esse fluxo é intermediado por instituições de alto prestígio que, em grande parte dos casos, tornam-se referência para as práticas regulatórias de diversos países. Podemos citar como exemplos a Organização Mundial de Saúde (OMS), a Associação Internacional de Transportes Aéreos (IATA, na sigla em inglês[141]) e a União Internacional de Telecomunicações (ITU, na sigla em inglês[142]). Além disso, os estudos realizados pelos próprios órgãos reguladores de países centrais servem como referência para as análises realizadas em países onde a agência reguladora não dispõem de capacidade ou recursos para realizar análises técnicas compreensivas dos problemas estudados. Assim, constata-se uma grande influência prática das diretrizes lançadas por esses órgãos reguladores de referência. No setor de medicamentos, por exemplo, é possível citar os trabalhos da Administração de Alimentos e Medicamentos (FDA, na sigla em inglês[143]) norte-americana ou da Agência Europeia de Medicamentos (EMA, na sigla em inglês[144]).

Por fim, resta ainda destacar a importância dos dados coletados pelos órgãos reguladores a respeito do setor regulador nacional e dos agentes que nele atuam. Avaliações de impactos são altamente contextuais e por isso, ainda que o agente regulador utilize referências de outros órgãos reguladores ou de trabalhos acadêmicos, é usualmente desejável que o órgão disponha de dados atualizados e confiáveis acerca do setor regulado em seu país. Assim, as regulações da maior parte dos países estipulam obrigações de divulgação de informações pelos agentes regulados, as quais são utilizadas em um segundo momento pelo regulador para subsidiar suas políticas regulatórias.

Assim, como vimos ao discutir as análises *ex post*, é possível que o monitoramento e a avaliação dos resultados de uma dada norma regulatória dependam do estabelecimento de um regramento direcionado à obtenção de informações específicas a respeito do comportamento dos agentes do mercado e dos impactos da norma sobre indicadores específicos. A metodologia de AIR busca também garantir que essas dimensões informacionais serão consideradas durante o processo de elaboração das políticas regulatórias.

---

[139] Cf. ESTADOS UNIDOS, Regulatory Impact Analysis: A Primer, 2003. Disponível em: http://regulatoryreform.com/wp-content/uploads/2015/02/USA-Circular-a-4_regulatory-impact-analysis-a-primer.pdf. Último acesso em: 04/06/2021.
[140] Ibidem, p. 3.
[141] Referência a *International Air Transport Association*.
[142] Referência a *International Telecommunication Union*.
[143] Referência a *Food and Drug Administration*.
[144] Referência a *European Medicines Agency*.

12.4.1.3 Transparência e prestação de contas

Outra justificativa para a realização de análises de impactos diz respeito à transparência dos processos decisórios dos órgãos reguladores e à prevenção de eventuais desvios de finalidade (captura).

O benefício que análises de impactos trazem para a transparência decorrem do fato de que eles forçam o regulador a reconstruir as razões técnicas que justificam a norma regulatória adotada. Trata-se de um instrumento de motivação particularmente robusto porque, como vimos, o regulador será forçado a apresentar um detalhamento completo para embasar sua escolha, que vai desde a identificação do problema e dos objetivos regulatórios, passa pela exclusão de diversas alternativas consideradas menos eficientes, chegando-se até as dimensões práticas de implementação, fiscalização e monitoramento da escolha considerada mais eficiente. Com isso, uma avaliação de impactos bem realizada oferecerá, em regra, uma motivação técnica mais robusta para a escolha regulatória, se comparada às práticas administrativas e legislativas tradicionais.

Atualmente, o debate acerca da transparência estatal enfatiza, além do problema do acesso à informação (transparência como visibilidade), a necessidade de se garantir a qualidade e completude das informações fornecidas pelo Estado à sociedade. Idealmente, os cidadãos e os organismos da sociedade civil organizada devem ser capazes de reconstruir a lógica das escolhas públicas (transparência como inferabilidade)[145]. Nesse sentido, avaliações de impacto, ao expor ao público todas as etapas que estruturam o processo de escolha da política pública, contribuem significativamente para a transparência dos atos públicos.

Em sentido complementar, tais ganhos de transparência geram benefícios também em termos de prestação de contas à sociedade e para o controle social e institucional dos atos públicos. Como vimos no capítulo III deste livro, a captura está associada ao fenômeno do *rent seeking*, pelo qual os agentes econômicos buscam influenciar os processos regulatórios para obter lucros mais altos, angariar transferências diretas (subsídios), fixar preços de mercado, reduzir a competição ou afetar bens substitutos e complementares. Os incentivos dos agentes privados, em todas essas hipóteses, decorrem precisamente do potencial das normas regulatórias de alterar as condições de exercício de uma atividade econômica, redistribuindo custos e benefícios entre diferentes setores da sociedade. Em casos de captura, o agente regulador oferecerá uma justificativa técnica para a sua escolha, mas essa justificativa servirá apenas para dissimular as reais motivações que o levaram a adotar aquela regra, as quais decorrem das suas preferências individuais, sobre as quais os agentes privados interferem por meio de incentivos diretos (corrupção ativa e passiva, trocas de favores e outras práticas ilícitas), ou por meio de incentivos indiretos (o agente público pode ter interesse em ser posteriormente contratado por empresas do setor regulado, prática conhecida como *revolving doors*, ou em obter apoio para progredir na carreira pública ou para concorrer a cargos eleitos, entre outros).

---

[145] Sobre a conceituação da transparência a partir das dimensões de visibilidade e inferabililidade, ver: MICHENER, Greg; BERSCH, Katherine, Identifying transparency, **Information Polity**, v. 18, n. 3, p. 233-242, 2013.

Instrumentos de avaliação de impactos não garantem que as justificativas técnicas apresentadas pela agência correspondam perfeita e integralmente às motivações reais que levaram o órgão regulador a escolher uma dada norma regulatória. Mesmo com a realização de uma análise de impactos, podem subsistir intenções políticas não declaradas, desvios de finalidade dissimulados para a escolha regulatória tomada. No entanto, o dever de realizar análises de impactos impõe um maior ônus de argumentação e justificativa ao regulador, dificultando a prática da captura. Um regulador capturado pelos interesses dos agentes regulados terá que apresentar argumentos razoáveis para demonstrar que a suas escolhas pautam-se pela melhoria do bem-estar da sociedade como um todo. Durante essa análise, ele deverá identificar que grupos serão mais afetados pela norma e justificar todos os custos gerados para esses agentes.

O efeito positivo das avaliações de impactos para o combate da captura regulatória tende a se tornar ainda mais acentuado nos casos em que as análises de impactos são submetidas a instâncias de controle e revisão, como vimos com o OIRA nos EUA e com o RSB na União Europeia, e quando são combinadas análises *ex ante* e *ex post*. Nesses casos, a avaliação de impactos está inserida em um contexto institucional mais amplo que atua para corrigir eventuais erros nas análises, ou por meio da supervisão direta por órgãos especializados nessa metodologia, ou em reavaliações posteriores daquele mesmo problema regulatório, com base em experiências concretas.

12.4.1.4 Participação social

Por fim, uma dimensão também relevante das análises de impactos diz respeito à participação direta de atores sociais no processo de formulação das políticas regulatórias dos Estados. A OCDE recomenda que consultas e audiências públicas sempre acompanhem a elaboração de análises de impactos regulatórios, preferencialmente desde o início do processo de tomada de decisão[146]. A realização de mecanismos de participação social como parte do processo de elaboração de uma análise de impactos pode trazer ganhos substantivos à qualidade e das escolhas públicas. As contribuições dos agentes sociais podem beneficiar o processo de tomada de decisões da agência tanto por melhorar a qualidade das informações disponíveis para o regulador quanto por aumentar a legitimidade do processo como um todo.

Do ponto de vista da qualidade das informações, como vimos, as regulações dependem em grande medida de evidências empíricas sólidas. Uma das vias mais importantes de diálogo entre os agentes reguladores e o conhecimento científico é precisamente a realização de consultas e audiências públicas, em que especialistas podem se manifestar livremente para levantar dúvidas sobre a validade dos dados ou das conclusões apresentadas pelo regulador, apresentar resultados científicos mais atualizados ou complementar as análises, dimensões ou argumentos que haviam sido ignorados anteriormente. Nos Estados Unidos, por exemplo, diretrizes do governo federal estabelecem critérios específicos para que as informações científicas e os modelos

---

[146] Cf. OCDE, **Recommendation of the Council on Regulatory Policy and Governance**, Paris: OECD Publishing, 2012; OCDE, **Building an Institutional Framework for Regulatory Impact Analysis (RIA)**: Guidance for Policy Makers. Paris: OCDE Publishing, 2008, p. 51-57.

de análise propostos pelos órgãos reguladores passem por um processo de revisão acadêmica (*peer review*) antes de serem adotados de forma disseminada[147].

Os próprios agentes regulados e profissionais que atuam no setor podem contribuir significativamente com a qualidade das informações utilizadas pela agência. Além de também disporem de conhecimento técnico sobre o setor regulado, trazem dados da experiência prática do setor. Como vimos anteriormente, uma das preocupações que está na origem do estabelecimento de avaliações de impactos nos Estados Unidos, desde os debates iniciados por John Ehrlichman com as QLRs[148], é precisamente a inclusão de perspectivas externas à agência no processo de tomada de decisões regulatórias. Em um primeiro momento, a preocupação crucial era que as regulações editadas pelas agências mantivessem contato com a realidade das práticas empresariais dos setores regulados, de forma a não gerar custos excessivos ou desnecessários para os agentes privados.

Atualmente, com a importância crescente das organizações não governamentais e da sociedade civil organizada[149], os mecanismos de participação social dos órgãos reguladores beneficiam-se também de contribuições de grupos voltados para a defesa de interesses consumeristas, ambientais, profissionais, entre outros. A participação desses grupos, além de aumentar a legitimidade dos processos decisórios das agências, permite um maior equilíbrio de posições acerca de uma iniciativa regulatória, contrabalanceando o que pode tornar-se um foco excessivo nos custos regulatórios, sem a devida consideração dos potenciais benefícios dessas normas. A sobrevalorização dos interesses do setor regulado é um problema que decorre das próprias dinâmicas das escolhas públicas e do *rent seeking*, descrito na seção 1 deste capítulo. Como vimos, os interesses do setor regulado tendem a estar mais concentrados em um número reduzido de atores, de forma que cada ator tem alto nível de interesse individual no resultado das escolhas regulatórias, e ao mesmo tempo os agentes do setor regulado enfrentam custos de transação mais baixos para articularem-se para influenciar essas escolhas[150]. A participação desses grupos organizados, portanto, tem um papel relevante pois, ao concentrarem interesses de diversos grupos sociais, diminuem os custos associados à representação adequada desses interesses em instrumentos de participação social.

Assim, um benefício relevante da avaliação de impactos regulatórios é que esses instrumentos permitem um engajamento mais efetivo da sociedade com a formulação das políticas públicas estatais. Se as análises de impactos contam, desde as etapas

---

[147] Cf. ESTADOS UNIDOS, **Final Information Quality Bulletin for Peer Review**, Washington, D.C.: Office of Management and Budget (OMB), 2004. Disponível em: https://georgewbush-whitehouse.archives.gov/omb/memoranda/fy2005/m05-03.pdf. Último acesso em: 04/06/2021.

[148] Apresentamos brevemente o debate em torno do estabelecimento das Quality of Life Reviews no tópico 2.1.1.

[149] Cf. CHEVALLIER, Jacques, A reconfiguração dos aparelhos do Estado, in: **O Estado pós--moderno**, Belo Horizonte, MG: Fórum, 2009, p. 50-53.

[150] Ou seja, a desproporção de forças entre os cidadãos comuns e os agentes regulados decorre do fato de que estes últimos estão sujeitos a altos incentivos e baixos custos de transação (*high stakes + low transaction costs*), ao passo que os cidadãos estariam sujeitos a baixos incentivos e altos custos de transação (*low stakes + high transaction costs*). Para uma análise mais aprofundada dessas estruturas de interesses, ver: STIGLER, George J., The theory of economic regulation, **The Bell Journal of Economics and Management Science**, v. 2, n. 1, p. 3-21, 1971.

iniciais de sua confecção, com as contribuições de segmentos plurais da sociedade, a participação social passa a inserir-se no âmago do processo de seleção da escolha regulatória desejável, em vez de constituir uma etapa conclusiva que só é cumprida quando o órgão regulador já formou uma posição a respeito de política regulatória que pretende adotar. Com isso, os atores sociais interessados nos resultados da regulação (*stakeholders*) passam a ter um canal para dialogar diretamente com as premissas e os fundamentos que orientam as escolhas regulatórias.

12.4.2 Desafios da avaliação de impactos

Tendo apresentado os objetivos mais importantes dos métodos de avaliação de impactos, passamos agora a uma análise dos mais importantes desafios que se colocam para os Estados que buscam implementar métodos de avaliação de impactos efetivos. A tarefa de determinação dos efeitos econômicos de uma norma regulatória é muito mais complexa do que se poderia supor à primeira vista. Há desafios metodológicos substanciais a serem enfrentados, além de questões de ordem institucional – limitações práticas que dificultam que os órgãos reguladores do mundo real realizem boas avaliações de impactos.

Um primeiro desafio relevante decorre do fato de que normas jurídicas frequentemente envolvem dimensões valorativas, de difícil determinação empírica, como a dignidade da pessoa humana. Podemos entender esse desafio a partir dois núcleos distintos: o problema da **comensurabilidade** – nem todos os bens tutelados por uma norma jurídica são passíveis de serem mensurados empiricamente – e o problema da **comoditização** – nem todas as atividades humanas que produzem valor social resultam em bens e serviços transacionáveis em um mercado.

Em razão desses problemas, a avaliação normativa baseada em técnicas econômicas enfrenta limitações de difícil superação. Excluir essas dimensões valorativas da análise implicaria em um reducionismo excessivo, pois elas são relevantes e afetam nosso bem-estar geral. Tentar estimá-las de forma precisa, por outro lado, pode ser uma tarefa excessivamente complexa para o regulador, ou até mesmo impossível, tendo em vista que os problemas da comensurabilidade e da comoditização limitam a possibilidade de utilização do instrumental analítico fornecido pela teoria econômica.

Como solução intermediária, as metodologias de avaliação normativa em regra optam por manter em aberto a possibilidade de levantamento de variáveis que não são quantificadas, as quais permanecem como parte de uma dimensão qualitativa da análise. O problema com essa solução, no entanto, é que o resultado final da análise se torna ambíguo e sujeito a diferenças substanciais de interpretação.

Um segundo desafio relevante decorre do fato de que os grupos de interesse envolvidos nas análises podem estar em posições sociais muito distintas. Frequentemente não é possível resolver problemas regulatórios impondo-se a necessidade de adequação da política regulatória ao critério de eficiência de Pareto, segundo o qual uma norma só é eficiente se melhora a situação de alguns sem prejudicar ninguém. Normas regulatórias geralmente envolvem obrigações e custos que deverão ser suportados por certos agentes econômicos. Quando estabelecemos quais serão os impactos econômicos de uma determinada norma, devemos também considerar sobre quem recairão esses impactos. Na linguagem econômica, dizemos que as opções analisadas envolvem **efeitos distributivos** relevantes.

A dimensão distributiva pode adquirir um papel central para a análise, tornando-se necessário comparar diferentes níveis de impactos suportados por diferentes grupos sociais. Em alguns casos, podemos chegar à conclusão de que é desejável optar pela solução que concentra impactos negativos sobre as camadas mais ricas da sociedade, ainda que haja uma alternativa que geraria um volume menor de impactos negativos a serem suportados por grupos menos favorecidos. Novamente, chegamos a um ponto de ambiguidade teórica quando buscamos determinar com precisão em que medida a questão distributiva deve influenciar o resultado final das análises, ou seja, até que ponto estamos dispostos a sacrificar a eficiência agregada para obter resultados mais equitativos de um ponto de vista distributivo.

Além disso, a própria mensuração de efeitos distributivos pode também ser um problema metodológico complexo. As relações econômicas são complexas e dinâmicas, sendo comum que um grupo afetado por determinado efeito tenda a deslocar parte do ônus para outros agentes com quem se relaciona. Por exemplo: supondo-se que impomos um tributo sobre determinado bem, estabelecendo que o produtor deve arcar com esse tributo, é efetivamente ele quem arca integralmente com esse ônus? Não, parte do encargo será repassado para o preço, e assim será o consumidor quem arcará com uma parcela do ônus, a depender da flexibilidade da curva da demanda e da oferta. No caso dos ônus regulatórios, que são frequentemente mais difíceis de serem mensurados e recaem sobre relações econômicas complexas em mercados altamente controlados, pode ser bastante difícil saber, no final, quem está "pagando" pela regulação.

Por fim, um terceiro desafio relevante associa-se ao problema da capacidade de análise do avaliador e dos custos de produção das informações que baseiam a avaliação normativa. Métodos de avaliação normativa sempre envolvem a realização de escolhas arbitrárias a respeito dos parâmetros gerais que serão utilizados para delimitar a análise. Esses limites são necessários porque o regulador nunca possui recursos ilimitados ou capacidade infinita de análise.

Assim, quando olhamos para os efeitos futuros da norma, até que ponto no futuro devemos estender a nossa análise? Quantas variáveis devemos considerar em nossa análise? Se precisamos comparar efeitos da norma sobre bens não econômicos, que critério utilizaremos para "monetizar" esses efeitos ou para equalizar as escalas de análise? Como quantificamos a incerteza no âmbito de uma análise que envolve situações novas sobre as quais não dispomos de informações completas? Como avaliamos a confiabilidade das informações de que dispomos, mesmo quando estamos diante de um caso conhecido? Essas são apenas algumas das questões práticas que emergem rotineiramente em avaliações normativas e que devem receber algum tipo de solução para que a análise se torne possível. Frequentemente, o analista é forçado a fundamentar suas escolhas a partir de critérios ambíguos, arbitrando as soluções que lhe parecem mais razoáveis ou que estão ao alcance de suas limitações específicas.

12.5 APLICAÇÕES PRÁTICAS

A seguir, vamos analisar brevemente duas AIRs produzidas por agências reguladoras brasileiras. A primeira foi realizada pela Aneel, em 2018, e se refere a uma proposta de aprimoramento da Regulação de Continuidade do Fornecimento de Energia Elétrica[151]. A segunda, realizada pela Anvisa também em 2018, refere-se ao aprimoramento da regulação sobre rotulagem nutricional[152].

Os dois relatórios podem ser entendidos como casos de estudo que as próprias agências apresentam em seus *sites* como modelos a serem implementados em casos futuros e foram desenvolvidos antes da aprovação dos já mencionados atos normativos que tornaram a AIR obrigatória e definiram seus moldes: a Lei Geral das Agências (Lei nº 13.848/2019), a Lei de Liberdade Econômica (Lei nº 13.874/2019) e o Regulamento da AIR (Decreto nº 10.411/2020). Ou seja, essas análises de impactos foram realizadas em um momento em que a Administração federal debatia a implementação da AIR no Brasil, avaliando sua viabilidade e quais modelos metodológicos seriam mais adequados. Isso significa também que essas análises foram realizadas em um momento em que a metodologia da AIR não estava suficientemente difundida no Brasil e, portanto, as próprias agências não possuíam ampla experiência com esse tipo de instrumento.

O relatório da Aneel trata da regulação que rege os indicadores de continuidade do serviço de distribuição de energia elétrica, visando ao estabelecimento de novos incentivos para a melhoria dos padrões de continuidade atendidos pelas distribuidoras. Essa regulação se baseia em indicadores individuais e coletivos. Os indicadores individuais[153] fixam limites que, se violados pelas distribuidoras, acarretam a necessidade de pagamento de compensação direta aos consumidores afetados. Os indicadores coletivos[154], por sua vez, estabelecem metas gerais, medidas em termos agregados, por distribuidora. A violação de indicadores coletivos gerava a aplicação de multa a ser paga pela distribuidora, mas, após uma mudança regulatória ocorrida em 2010, o sistema foi unificado em torno das compensações pagas diretamente aos consumidores. O problema regulatório identificado pela Aneel em sua AIR foi precisamente que "as compensações como o único instrumento para controle da continuidade do serviço não se mostraram completamente efetivas para o controle dos indicadores coletivos"[155-156]. As soluções propostas pela Aneel em seu relatório buscavam criar novos incentivos

---

[151] O relatório da AIR encontra-se disponível em: https://www.aneel.gov.br/documents/656877/18485189/7+Modelo+de+AIR+-+SRD+-+Continuidade+do+Fornecimento.pdf/8a3f3cc3-f5f0-6e17-5dc7-5ef70d6a6eb9. Último acesso em: 30/08/2021.

[152] O relatório dessa AIR está disponível em: https://www.gov.br/anvisa/pt-br/assuntos/regulamentacao/air/analises-de-impacto-regulatorio/2019/relatorio-de-analise-de-impacto-regulatorio-sobre-rotulagem-nutricional.pdf/view. Último acesso em: 01/09/2021.

[153] Os indicadores individuais de continuidade do serviço de distribuição de energia elétrica, criados pela Resolução Aneel nº 24, de 27 de janeiro de 2000, são: o DIC (Duração de Interrupção Individual por Unidade Consumidora), o FIC (Frequência de Interrupção Individual por Unidade Consumidora) e o DMIC (Duração Máxima de Interrupção Contínua por Unidade Consumidora).

[154] Os indicadores coletivos são mais antigos, tendo sido criados pela Portaria DNAEE nº 46, de 17 de abril de 1978. Os indicadores coletivos são: o DEC (Duração Equivalente de Interrupção por Unidade Consumidora) e o FEC (Frequência Equivalente de Interrupção por Unidade Consumidora).

[155] Relatório de AIR, p. 6. Disponível em: https://www.aneel.gov.br/documents/656877/18485189/7+Modelo+de+AIR+-+SRD+-+Continuidade+do+Fornecimento.pdf/8a3f3cc3-f5f0-6e17-5dc7-5ef70d6a6eb9. Último acesso em: 30/08/2021.

[156] Em particular, o DEC vinha-se mantendo acima das metas estipuladas para o setor de distribuição.

para a melhoria do serviço, incluindo possíveis mudanças na estrutura dos indicadores de continuidade, com vistas a solucionar esse problema.

O relatório da Aneel apresenta uma análise bastante profunda da estrutura de incentivos existente na regulação que busca garantir a continuidade da prestação do serviço de distribuição de energia elétrica no Brasil, fazendo também comparações entre o modelo regulatório brasileiro e os modelos de outros países. Outro mérito do procedimento implementado pela Aneel decorre do fato de que seu relatório de AIR foi aberto para a participação da sociedade, por meio da Audiência Pública nº 46/2018[157]. A Aneel recebeu contribuições tanto de representantes do setor regulado, incluindo associações e entidades representativas de classe, como de diversos conselhos de consumidores. O alto engajamento da sociedade com esse mecanismo de participação – assim como ocorrerá, como veremos, com o relatório da Anvisa – parece confirmar a ideia de que relatórios de impactos aumentam a transparência do processo decisório das agências e assim estimulam a participação efetiva da sociedade.

Do ponto de vista metodológico, o relatório mostra os desafios de se implementar mecanismos de avaliação de impactos robustos. Há limitações relevantes na análise empreendida pela Aneel. A própria estrutura do relatório evidencia que a proposta parece já se basear na necessidade de mudar aspectos específicos da regulação existente, não havendo um esforço efetivo para considerar todas as alternativas potencialmente eficazes. Embora a alternativa de não mudar a regulação seja sempre apresentada em cada tópico analisado, não há um debate efetivo acerca dos potenciais custos e riscos associados às reformas cogitadas. As próprias alternativas são desenhadas em diversos casos de forma escalonada, ou seja: opção A – não mudar a regulação vigente, opção B – mudar o aspecto I, opção C – mudar os aspectos I e II, opção D – mudar os aspectos I, II e III etc. Esse tipo de desenho de escolhas não é desejável, pois parte de hierarquias preestabelecidas entre as opções, mesmo em casos em que não haveria a necessidade dessa hierarquização. Por fim – e aqui temos o principal desafio das AIRs –, as análises dos impactos das alternativas apresentadas pela Aneel, embora estejam amparadas por debates em torno de dados concretos acerca do setor, não estão suficientemente quantificadas para permitirem comparações efetivas. Na realidade, a análise dos impactos de cada alternativa é apresentada de forma qualitativa, como uma lista de benefícios e desvantagens esperados, sem que haja um esforço de parametrização desses impactos para a estimativa concreta dos impactos de cada alternativa e eleição da mais vantajosa.

O relatório de impactos da Anvisa, referente à rotulagem nutricional, baseia-se em um problema de assimetria informacional particularmente relevante para a saúde pública: a baixa compreensão dos consumidores acerca da qualidade nutricional dos produtos que consomem. O relatório identificou diversas causas desse problema, tais como: (i) a dificuldade de visualização, leitura e compreensão da tabela nutricional; (ii) a dificuldade de comparação do valor nutricional dos alimentos; (iii) as confusões geradas sobre a qualidade nutricional dos alimentos, por vezes atreladas ao uso de informações inconsistentes ou pouco informativas nos rótulos; e (iv) o baixo nível

---

[157] Mais informações em: https://www.aneel.gov.br/audiencias-publicas-antigas?p_auth=mxprfCdB&p_p_id=participacaopublica_WAR_participacaopublicaportlet&p_p_lifecycle=1&p_p_state=normal&p_p_mode=view&p_p_col_id=column-2&p_p_col_pos=1&p_p_col_count=2&_participacao publica_WAR_partic. Último acesso em: 30/08/2021.

de educação alimentar e nutricional da população. Para solucionar esse problema, a iniciativa regulatória da Anvisa buscava atuar em diversas frentes, incluindo o aprimoramento do aspecto e do conteúdo dos rótulos e das tabelas nutricionais, com vistas a estabelecer também padrões que facilitem a comparação entre produtos, controles de qualidade e consistência das informações apresentadas e de rótulos frontais que ampliem o acesso à informação e, por fim, medidas de promoção da educação alimentar.

A elaboração do relatório de impactos da Anvisa foi amparada por um procedimento bastante amplo de coleta de informações, de fontes diversas, a respeito do tema. Segundo o próprio relatório: "a Agência procurou envolver os principais setores da sociedade, desde o início dos trabalhos, usando um leque de ferramentas de participação social, como grupo de trabalho, painel técnico, reuniões por meio dos canais institucionais, tomada pública de subsídios, diálogos setoriais e consulta pública, além da participação em fóruns internacionais como o Codex Alimentarius e o SGT-3 do Mercosul"[158]. Um aspecto relevante do processo conduzido pela Anvisa foi a realização de revisões dos modelos regulatórios adotados em outros países, incluindo a coleta de estudos acadêmicos que buscavam medir como diferentes modelos de rotulagem são percebidos e processados pelos consumidores, bem como sua influência sobre hábitos de consumo nos respectivos países em que foram implementados. Uma estratégia crescentemente comum e identificada como eficaz consiste na utilização de rótulos semi-interpretativos, que informam ao consumidor a alta presença de nutrientes de maior relevância para a saúde, por meio de símbolos e imagens de fácil visualização e compreensão.

O relatório de AIR da Anvisa também foi submetido à participação da sociedade, por meio da Tomada de Subsídios nº 1/2018[159]. Esse mecanismo contou com 3.579 participantes, que formularam 33.531 contribuições individuais à agência, 18.433 por meio de respostas às perguntas de múltipla escolha formuladas pela agência para o mecanismo, e 15.098 contribuições discursivas[160]. A maior parte dos participantes se identificou como consumidores, mas a Tomada de Subsídios obteve participação considerável também de profissionais de saúde, representantes do setor produtivo, instituições de ensino, instituições de representação da sociedade civil, além de entidades governamentais e não governamentais Internacionais[161]. O amplíssimo nível

---

[158] Relatório de AIR, p. 15. Disponível em: https://www.gov.br/anvisa/pt-br/assuntos/regulamentacao/air/analises-de-impacto-regulatorio/2019/relatorio-de-analise-de-impacto-regulatorio--sobre-rotulagem-nutricional.pdf/view. Último acesso em: 01/09/2021.

[159] Mais informações em: http://antigo.anvisa.gov.br/tomada-publica-de-subsidios/tps1. Último acesso em: 02/09/2021.

[160] Outros dados sobre o procedimento podem ser obtidos no relatório de impactos gerais da Tomada de Subsídios, disponibilizado pela agência em: http://antigo.anvisa.gov.br/documents/33880/4712786/Resultado+preliminar+da+TPS/7d4e17d2-804d-401c-a3a3-a19de-2c8219a. Último acesso em: 03/09/2021.

[161] Os dados divulgados pela Anvisa apontam para a seguinte distribuição de participantes: consumidores – 2.255 participantes; profissionais de saúde – 605 participantes; representantes do setor produtivo – 419 participantes; instituições de ensino – 143 participantes; especialistas em comunicação – 56 participantes; órgãos do Sistema Nacional de Vigilância Sanitária – 33 participantes; instituições de representação da sociedade civil – 32 participantes; consultorias – 19 participantes; instituições governamentais – 15 participantes; organismos internacionais – 2 participantes. A

de participação no mecanismo, não apenas de atores sociais diretamente afetados pela regulação, mas também de instituições de interesses coletivos e instituições de ensino, novamente sugere que procedimentos regulatórios mais robustos, calcados em análises dos seus impactos socioeconômicos, permitem um engajamento mais efetivo da sociedade.

No relatório de AIR da Anvisa, ainda não temos os impactos das medidas regulatórias propostas sendo plenamente quantificados e avaliados, no entanto percebe-se uma preocupação maior com a identificação dos impactos, que são descritos em maior profundidade e separados entre três grupos de efeitos: efeitos sobre os consumidores, efeitos sobre o governo e efeitos sobre o setor produtivo. O relatório preocupa-se também em identificar concretamente estratégias de implementação, fiscalização e monitoramento para as medidas regulatórias propostas. Esses fatores, aliados ao amplo volume de informações coletadas da sociedade por meio da Tomada de Subsídios nº 1/2018, indicam que o caso da rotulagem nutricional provavelmente consiste no mais amplo procedimento de avaliação de impactos regulatórios já realizado no Brasil.

Ainda que possam ser identificadas certas limitações metodológicas no relatório de AIR da Anvisa, a principal questão que se pode levantar é se outros órgãos da Administração Pública possuem capacidades institucionais adequadas para produzir análises desse tipo. A própria Anvisa provavelmente não poderá adotar análises tão robustas para todas as suas normas regulatórias, havendo hoje na agência um modelo mais simples de relatório de impactos, chamado de REMAI (Relatório de Mapeamento de Impactos), que é aplicado à maior parte das iniciativas regulatórias da agência. Nesse caso, o desafio que se coloca é identificar meios de estimular o desenvolvimento de capacidades institucionais adequadas em outros órgãos reguladores, e também estabelecer critérios objetivos para a seleção das diferentes metodologias de análise hoje autorizadas pelo Regulamento da AIR.

12.6 CONCLUSÃO

Neste capítulo, apresentamos um amplo debate acerca das metodologias de avaliação de impactos e seu papel para o desenvolvimento do Estado Regulador. Abordamos seu desenvolvimento histórico em diferentes contextos nacionais e apresentamos aspectos estruturais de sua metodologia, incluindo os objetivos gerais de métodos de avaliação de impactos e alguns desafios metodológicos relevantes. Nosso objetivo foi apresentar aspectos gerais que possam subsidiar uma compreensão crítica do tema. Sobretudo, deve-se considerar que a metodologia de avaliação de impactos tem um grande potencial de trazer benefícios ao processo de elaboração de políticas públicas, mas também enfrenta desafios substanciais, que não devem ser minimizados ou omitidos das análises. A implementação efetiva desse tipo de instrumento depende

---

Tomada de Subsídios recebeu também 101 contribuições de origem internacional, advindas de 27 países distintos. Mais informações em: http://antigo.anvisa.gov.br/documents/33880/4712786/Resultado+preliminar+da+TPS/7d4e17d2-804d-401c-a3a3-a19de2c8219a. Último acesso em: 03/09/2021.

essencialmente do rigor metodológico empregado nas análises e de sua integração efetiva ao processo de elaboração normativa dos órgãos estatais.

QUESTÕES DE AUTOMONITORAMENTO

1) **Qual a origem do uso sistemático de análises de custo-benefício pelo Estado para avaliação normativa e por que a Análise de Impacto Regulatório começou a ser utilizada em larga escala nesse momento?**

Comentário: Como dito anteriormente, a utilização da análise de custo-benefício aplicada à avaliação normativa surgiu de maneira sistêmica na década de 1970, nos EUA, sendo consolidada como prática no início da década de 1980. Alguns fatores contextuais importantes que influenciaram a utilização da AIR em larga escala são: (i) o desenvolvimento e o refinamento das práticas de contabilidade nacional e de qualificação das atividades públicas nas décadas anteriores; (ii) a consolidação de um instrumental analítico mais específico, baseado em análises de custo-benefício, em outras áreas de gestão e em finanças públicas; (iii) o surgimento do Estado Regulador; (iv) o crescente papel econômico das normas secundárias.

2) **O que é o Estado Regulador e quais são suas principais características?**

Comentário: O Estado Regulador é a definição do modelo de Estado que intervém no domínio econômico não mais de forma direta, como no Estado Social, mas principalmente por meio de normas regulatórias, especialmente aquelas criadas por agências especializadas na regulação técnica de setores econômicos estruturais. O foco deixa de ser a promoção direta do crescimento econômico pelo Estado, passando-se à criação de uma moldura/arcabouço regulatório que permita que os entes privados promovam o crescimento econômico. Do ponto de vista do Direito Administrativo, o modelo do Estado Regulador traz mudanças estruturais relevantes, tais como: (i) acúmulo de um conjunto de competências normativas e regulatórios por agentes públicos não eleitos; (ii) agentes públicos com competências normativas e regulatórias desempenham funções técnicas relacionadas a setores específicos da economia.

3) **Como deve ser compreendido o conceito de regulação para fins do estudo dos instrumentos de AIR?**

Comentário: A regulação deve ser compreendida de forma mais ampla, sendo um conjunto diversificado de funções desempenhadas por entidades que buscam condicionar atividades socioeconômicas a objetivos específicos, normalmente associados à promoção do bem-estar social, por meio de regras que afetarão o comportamento dos atores sociais. Vale ressaltar que a regulação não é algo feito apenas pelas agências reguladoras, mas também é partilhada com outras esferas do Executivo e com os outros dois Poderes do Estado (Legislativo e Judiciário), podendo até mesmo ser exercida por entes privados (autorregulação).

4) **Segundo a teoria de George Stigler, como se daria uma relação Estado-Indústria em uma perspectiva econômica da regulação? Quais são os interesses econômicos da indústria na regulação?**

Comentário: Para o autor, a indústria "compraria" ou "adquiriria" a regulação estatal. A indústria teria interesse em fomentar a produção de certas normas regulatórias, sendo quatro os principais interesses econômicos que levariam a indústria a demandar regulação: (i) a necessidade de impor barreiras à entrada de competidores; (ii) a necessidade de controlar preços; (iii) a busca por efeitos sobre bens substitutos e complementares; (iv) a obtenção de subsídios diretos do Estado. A função regulatória funcionaria como um mercado, no qual indústria e Estado atuariam, respectivamente, nas posições de demandante e ofertante. A indústria vai ao Estado para obter soluções regulatórias que satisfaçam aos seus interesses de negócios, e o Estado, por sua vez, atende a essa demanda como se fornecesse um serviço.

5) **Diferencie avaliação *ex ante* e avaliação *ex post* de impactos e seus principais objetivos.**

Comentário: A avaliação *ex ante* de impactos regulatórios é feita no momento anterior à adoção de determinada norma, buscando antecipar seus possíveis impactos positivos e negativos e quais medidas podem ser adotadas para maximizar os primeiros e minimizar os últimos. Outra função dessa análise é comparar o custo-benefício de adotar-se a norma avaliada diante de outras alternativas, incluindo-se a de não regular. A avaliação *ex post* de impactos regulatórios, por sua vez, tem como principal função observar se a norma adotada promoveu os impactos esperados no momento de sua adoção – no caso de uma análise *ex ante* preexistente – ou então descobrir quais foram efetivamente os impactos criados – nos casos de norma adotada sem qualquer análise anterior à sua edição. Uma função também importante da análise *ex post* é fiscalizar a atualidade da norma, uma vez que, mesmo que uma norma gere impactos positivos, ela pode estar obsoleta diante da evolução da sociedade e da existência de outras alternativas mais eficientes.

6) **Resuma a experiência brasileira com a AIR.**

Comentário: Os primeiros debates sobre a AIR chegaram ao Brasil por meio do PRO-REG, criado em 2007, no contexto do engajamento do país com a OCDE. Nos anos seguintes, as agências reguladoras federais adotaram medidas autônomas de implementação de análises de impactos, a exemplo das iniciativas da Anvisa em 2011 de criar um Núcleo de Regulação e Boas Práticas Regulatórias. A realização de AIR, no entanto, tornou-se matéria vinculante de todas as agências reguladoras somente em 2019, com a Lei Geral das Agências. Ainda no mesmo ano, a Lei de Liberdade Econômica estendeu sua incidência para todos os órgãos da Administração Pública Federal, direta e indireta, como etapa necessária para a aprovação de normas de interesse geral dos agentes econômicos e consumidores. Seu uso foi regulamentado então em 2020 pelo Decreto nº 10.411, estabelecendo, inclusive, casos de dispensa ou inaplicabilidade da AIR, assim como sua estrutura. Também foi criada a ARR (Avaliação de Resultados Regulatórios), uma forma de avaliação *ex post* de maneira a complementar a avaliação *ex ante* da AIR.

7) **Quais são as principais acusações políticas que a agenda de reforma regulatória enfrenta?**

Comentário: A principal delas é a de que a agenda de reforma regulatória na verdade mascara um programa de desregulação da economia e de minimização da intervenção pública sobre a atividade econômica, o que beneficiaria certos agentes econômicos específicos, mas não necessariamente produziria resultados ótimos ou sequer aceitáveis em termos de maximização do bem-estar social. Outra é de que a exigência de AIR serviria como uma forma de indevidamente intervir nas agências regulatórias, prejudicando seu funcionamento eficiente.

8) **Quais são as premissas básicas da AIR que legitimam seu uso como instrumento de avaliação normativa?**

Comentário: São quatro os objetivos centrais que norteiam e legitimam a AIR: (i) aumentar o nível de racionalidade e eficiência das escolhas regulatórias; (ii) vincular as decisões às melhores evidências empíricas e científicas; (iii) ampliar a transparência do processo de tomada de decisão e facilitar a prestação de contas às instâncias políticas e à sociedade; (iv) permitir um engajamento mais efetivo da sociedade com a formação das políticas públicas.

9) **Quais são as etapas mínimas pelas quais uma AIR deve passar no Brasil?**

Comentário: Atualmente, as agências reguladoras brasileiras seguem o Guia Orientativo da Casa Civil, no qual são elencados dez passos para que se tenha uma AIR de qualidade: (i) definição do problema regulatório; (ii) identificação dos atores afetados pelo problema; (iii) identificação da base legal para a atuação da agência; (iv) definição dos objetivos desejados; (v) mapeamento das alternativas de ação; (vi) análise dos impactos das alternativas; (vii) identificação da melhor alternativa; (viii) estratégia de implementação; (ix) estratégia de fiscalização; e (x) estratégia de monitoramento. Percebe-se que não apenas há uma preocupação com uma análise *ex ante* dos impactos da adoção da norma, os passos 9 e 10 evidenciam também um compromisso brasileiro com uma eventual análise *ex post*.

10) **Existe possibilidade de participação popular nas AIRs e na elaboração de normas?**

Comentário: Sim, como parte da defesa de maior transparência na atividade regulatória e como uma forma de conferir maior legitimidade às decisões, muitas agências reguladoras seguem a indicação da OCDE para que as AIRs sempre sejam acompanhadas de audiências e consultas públicas, para que os cidadãos possam manifestar suas opiniões quanto à proposta de norma secundária, e até mesmo influenciar em sua edição. No caso de normas primárias, é incomum que sejam feitas AIRs, mas países como Portugal já buscam exigir de seus órgãos legislativos fundamentações e análises de impacto ao avaliar-se um projeto de lei. A participação popular, nesse caso, já estaria inclusa no próprio processo democrático-eleitoral, ainda que consultas e audiências públicas adicionais também possam contribuir para dar mais legitimidade ao processo normativo.

REFERÊNCIAS BIBLIOGRÁFICAS

ACEMOGLU, Daron et al. Institutional causes, macroeconomic symptoms: volatility, crises and growth. **Journal of monetary economics**, v. 50, n. 1, p. 49-123, 2003.

ACEMOGLU, Daron; AGHION, Philippe; ZILIBOTTI, Fabrizio. Distance to Frontier, Selection, and Economic Growth. **Journal of the European Economic Association**. MIT Press, vol. 4(1), p. 37-74, 2006.

ACEMOGLU, Daron; NAIDU, Suresh; RESTREPO, Pascual; ROBINSON, James A. Democracy Does Cause Growth. **Journal of Political Economy**. v. 127(1), p. 47-100, p. 4.

AKERLOF, George. The Market for Lemons: Quality Uncertainty and the Market Mechanism. **Quarterly Journal of Economics**, 1970.

ALEXY, Robert. **Teoria de los Derechos Fundamentales**. Madri: Centro de Estudios Políticos y Constitucionales, 2001.

ALVES, Giovani Ribeiro Rodrigues. Economia Comportamental. *In:* Ribeiro, Marcia Carla Pereira; KLEIN, Vinicius (coord.). **O que é Análise Econômica do Direito: uma introdução.** 2ª Edição. Belo Horizonte, Editora Fórum, 2016.

AMARAL NETO, Francisco dos Santos. **A autonomia privada como princípio fundamental da ordem jurídica: perspectivas estrutural e funcional**. Revista de Direito Civil. São Paulo, ano 12, n. 46, p. 7-26, out.-dez. 1998.

ANGLMAYER, Irmgard. **Evaluation and ex-post impact assessment at EU level**. Brussels: ERPS – European Parliamentary Research Service, 2016. Disponível em: https://www.europarl.europa.eu/RegData/etudes/BRIE/2016/581415/EPRS_BRI(2016)581415_EN.pdf.

ANTUNES, J. Pinto. **A produção sob o regime da empresa**: economia e direito. São Paulo: [s.n.], 1954.

ARAÚJO, Fernando. **Teoria econômica do contrato**. São Paulo: Almedina, 2007.

ARAÚJO, Thiago Cardoso. **Análise Econômica do Direito no Brasil**: Uma Leitura à Luz da Teoria dos Sistemas. Rio de Janeiro: Lumen Juris, 2017.

ARIELY, Dan. **A mais Pura Verdade sobre a Desonestidade: Porque mentimos para todo mundo, inclusive para nós mesmos.** Rio de Janeiro: Elsevier, 2012.

ASSAF, Alexandre Neto. **Mercado Financeiro**. São Paulo: Atlas, 2005.

BAIRD, Douglas et al. **Game Theory and the Law**. 3ª ed. Harvard University Press: Cambridge, 1998.

BAIRD, Douglas; GERTNER, Robert H.; PICKER, Randal C. **Game theory and the law**. Massachusetts: Harvard University Press, 1994, p. 50-51.

BALDWIN, Robert; CAVE, Martin; LODGE, Martin. Regulatory Strategies. In: **Understanding regulation: theory, strategy, and practice**. 2nd ed. New York: Oxford University Press, 2012, p. 105-136.

BALDWIN, Robert. What is "good" regulation? In: **Understanding regulation: theory, strategy, and practice**. 2nd ed. New York: Oxford University Press, 2012, p. 25-39.

BAR-GILL, Oren. The evolution and persistence of optimism in litigation. **Journal of Law, Economics, and Organization** 22, nº 2. p. 490-507. 2005.

BARZEL, Yoram. **Economic analysis of property rights**. New York: Cambridge University Press, Second Edition, 1997.

BATTESINI, Eugênio. **Direito e Economia: Novos horizontes no estudo da responsabilidade civil no Brasil**. São Paulo, LTr, 2011.

BEBCHUK, L. A. Property Rights and Liability Rules: The Ex Ante View of the Cathedral. **Michigan Law Review.** n. 601, 2001.

BECHERDE, Shmuel. **Behavioral Science and Consumer Standard Form Contracts**. Louisiana Law Review, vol. 68, 2007. Disponível em: https://ssrn.com/abstract=1016002.

BECK, Thorsten; LEVINE, Ross. Legal Institutions and Financial Development. In: Ménard C., Shirley M.M. (eds). **Handbook of New Institutional Economics**. Springer, Berlin, Heidelberg, p. 251-278. Disponível em: https://link.springer.com/chapter/10.1007/978-3-540-69305-5_12. Acesso em: 19/02/2019.

BECKER, G. S. **The Economics of Discrimination**. Chicago: University of Chicago Press, 1957.

BECKER, G. S. Crime and Punishment: An Economic Approach. **Journal of Political Economy.** vol. 76. p. 169-217. 1968.

BECKER, G. S. **Crime and Punishment: An Economic Approach**. Essays in the Economics of Crime and Punishment. Editors: Gary S. Becker and William M. Landes. National Bureau of Economic Research. New York, 1974.

BECKER, G. S. **A treatise on the family**. Cambridge, Massachusetts: Harvard University Press. 1981.

BERMAN, Harold. **Direito e Revolução. A Formação da Tradição Jurídica Ocidental**. São Leopoldo, Editora Unisinos, 2006

BERTI, Lapo. **Il mercato oltre le ideologie**. Milão: Università Bocconi Editore, 2006.

BOBBIO, Norberto. **Da estrutura à função: novos estudos de teoria do direito**. Tradução de Daniela Baccaccia Versani. Baruerí-SP: Editora Manole, 2007.

BOCK, Ana; FURTADO, Odair e TEIXEIRA, Maria. **Psicologias. Uma introdução ao estudo de Psicologia**. São Paulo: Saraiva, 1992.

BONAVIDES, Paulo. **Curso de direito constitucional**. 15ª ed. São Paulo: Malheiros Editores, 2004.

BOS, Frits. The History of National Accounting. **SSRN Electronic Journal**, 1992. Disponível em: http://www.ssrn.com/abstract=1032598. Acesso em: 3 jun. 2021.

BRAITHWAITE, John. **The Regulatory State?** The Oxford Handbook of Political Science. Disponível em: <https://www.oxfordhandbooks.com/view/10.1093/oxfordhb/9780199604456.001.0001/oxfordhb-9780199604456-e-011>. Acesso em: 1 jun. 2020.

BRASIL. [Constituição (1988)]. Constituição da República Federativa do Brasil de 1988. Brasília, DF: Presidência da República, [2016]. Disponível em: http://www.planalto.gov.br/ccivil_03/Constituicao/Constituiçao.htm. Acesso em: 1 jul. 2019.

BRASIL. SUPERIOR TRIBUNAL DE JUSTIÇA. REsp 959.780/ES, Rel. Ministro Paulo de Tarso Sanseverino, Terceira Turma, julgado em 26/04/2011, DJe 06/05/2011.

BRASIL. SUPERIOR TRIBUNAL DE JUSTIÇA. Resp: 1163283 RS 2009/0206657-6, Relator: Ministro Luis Felipe Salomão, Data de Julgamento: 07/04/2015, T4 – QUARTA TURMA, Data de Publicação: Dje 04/05/2015.

BREYER, Stephen G. **Regulation and Its Reform**. Cambridge: Harvard University Press, 1984. Disponível em: https://public.ebookcentral.proquest.com/choice/publicfullrecord.aspx?p=3300165. Acesso em: 5 jun. 2021.

BROMLEY, D. W. Property rules, liability rules and environmental economics. **Journal of Economic Issues**, 1978.

BROWN, John P. Toward an Economic Theory of Liability. **Journal of Legal Studies** 2:323-49. 1973.

BUSCAGLIA, Edgardo. **Judicial Corruption in Developing Countries: Its Causes and Economic Consequences**. Stanford: Hoover Institution Press, 1999.

CALABRESI, Guido M. **Commentary on Some Thoughts on Risk Distribution and the Law of Torts**. 1961.

CALABRESI, Guido M. **The Decision for Accidents: An Approach to Nonfault Allocation of Costs**, 78 Harvard Law Review, 1965, pp 713-774.

CALABRESI, Guido M. **Transaction Costs, Resource Allocation and Liability Rules**. Journal of Law and Economics, 1968.

CALABRESI, Guido M. **The Costs of Accidents: A Legal and Economic Analysis**. New Haven: Yale University Press. 1970.

CALABRESI, Guido M.; HIRSCHOFF, Jon T. **Toward a Test for Strict Liability in Torts**, 81 Yale L.J. (1972).

CALABRESI, Guido M.; MELAMED, A. Douglas. Property Rules, Liability Rules, and Inalienability: one view of the Cathedral. **Harvard Law Review**, v. 85, n. 6, 1972.

CALABRESI, Guido M. Optimal Deterrence and Accidents.vol. 84. **Yale Law Journal**. 1975.

CAPPELLETTI, Mauro; GARTH, Bryant G. **Acesso à justiça**. Porto Alegre: Fabris, 1988.

CARDEN, Art; HORWITZ, Steven. **Is market failure a sufficient condition for government intervention**. Library of Economics and Liberty, v. 1, 2013. Disponível em: https://www.econlib.org/library/Columns/y2013/CardenHorwitzmarkets.html Acesso em: 19/02/2019.

CASA CIVIL. **Diretrizes gerais e guia orientativo para elaboração de análise de impacto regulatório – AIR**. Brasília: Governo Federal, 2018. Disponível em: https://www.gov.br/casacivil/pt-br/centrais-de-conteudo/downloads/diretrizes-gerais-e--guia-orientativo_final_27-09-2018.pdf/@@download/file/diretrizes-gerais-e-guia--orientativo_final_27-09.pdf.

CASTELAR, Armando; CABRAL, Célia. **Mercado de Crédito no Brasil: o Papel do Judiciário**. Ensaios do Banco Nacional do Desenvolvimento – BNDES. 1998.

CASTELAR, Armando; PORTO, Antônio J. Maristrello e SAMPAIO, Patrícia (coord.). **Direito e Economia: diálogos**. Rio de Janeiro: FGV Editora, 2019.

CAVALIERI FILHO, Sérgio. **Programa de Responsabilidade Civil.** 10ª Edição, Editora Atlas, São Paulo, 2012.

CHEVALLIER, Jacques. A reconfiguração dos aparelhos do Estado. In: **O Estado pós--moderno**. Trad. Marçal Justen Filho. Belo Horizonte: Fórum, 2009, p. 23-114.

CHORVAT, Terrence; MCCABE, Kevin; SMITH, Vernon. Law and neuroeconomics. **Supreme Court Economic Review**, Chicago, v. 13, p. 35, 2005.

CLEMENS, Michael; WILLIAMSON, Jeffrey. **Why did the tariff-growth correlation reverse after 1950?** NBER Working Paper nº 9181, set. 2002. Disponível em: <http://www.nber.org/papers/w9181>. Acesso em 12 de junho de 2018.

CNJ – CONSELHO NACIONAL DE JUSTIÇA. **Justiça em números 2018: ano-base 2017**. Brasília, 2018. Disponível em: http://www.cnj.jus.br/files/conteudo/arquivo/2018/08/44b7368ec6f888b383f6c3de40c32167.pdf. Acesso em: 24/01/2019.

CNJ – CONSELHO NACIONAL DE JUSTIÇA. **Justiça em números 2020: ano-base 2019**. Brasí-lia, 2020. Disponível em: https://www.cnj.jus.br/wp-content/uploads/2021/08/rel-justica-em-numeros2020.pdf. Acesso em: 07/06/2021.

COASE, R. H. **The Problem of Social Cost**. *The Journal of Law & Economics*, vol. 3, 1960, p. 1-44. *JSTOR*, www.jstor.org/stable/724810.

COGLIANESE, Cary; MENDELSON, Evan. Meta-Regulation and Self-Regulation. In: BALDWIN, Robert; CAVE, Martin; LODGE, Martin (Orgs.). **The Oxford Handbook of Regulation**. Oxford: Oxford University Press, 2010, p. 145–168. Disponível em: <http://oxfordhandbooks.com/view/10.1093/oxfordhb/9780199560219.001.0001/oxfordhb-9780199560219-e-8>. Acesso em: 10 jun. 2021.

COGO, Rodrigo Barreto. **A frustração do fim do contrato: o impacto dos fatos supervenientes sobre o programa contratual**. Rio de Janeiro: Renovar, 2012.

COMISSÃO DE VALORES MOBILIÁRIOS. **O mercado de valores mobiliários brasileiro.**. 3. ed. Rio de Janeiro: CVM, 2014. Disponível em: <http://www.investidor.gov.br/portaldoinvestidor/export/sites/portaldoinvestidor/publicacao/Livro/LivroTOP-CVM.pdf>. Acesso em 10/01/ 2019.

COMPARATO, Fábio Konder. **Direitos e deveres fundamentais em matéria de propriedade**. In Revista do Ministério Público do Estado do Rio de Janeiro, nº 7, p. 73-88, 1998.

COOPER, James C. **Behavioral Economics and Biased Regulators**. Mercatus Center – Reg-ulation Policy, p. 1–5, 2013.

COOTER, Robert D. **Economic Analysis of Punitive Damages**. Southern California Law Review 56:79-101. 1982.

COOTER, Robert D. Expressive Law and Economics**. The Journal of Legal Studies**, 27, issue 2, p. 585-608, 1998.

COOTER, Robert D.; PORAT, Ariel. Should courts deduct nonlegal sanctions from damages?. **The Journal of Legal Studies**, v. 30, n. 2, p. 401-422, 2001.

COOTER, Robert D.; SHÄFER, Hans-Bernd. Solomon's Knot: **How Law Can End the Poverty of Nations**. Princeton: Princeton University Press, 2009.

COOTER, Robert D.; ULEN, Thomas. **Law and Economics**. 6. ed. Berkeley: Berkeley Law Books, 2016.

CORREIA, Atalá. **Reaver valor gasto como honorários advocatícios contratuais ainda gera dúvida**. **Conjur**, 07 de dezembro de 2015. Disponível em: https://www.conjur.com.br/2015-dez-07/direito-civil-atual-reaver-gastos-honorarios--advocaticios-contratuais-gera-duvida. Acesso em: 24/01/2019.

COUTO E SILVA, Clóvis do. **A Ordem Jurídica e a Economia** *in* Revista do Serviço Público, v. 39, n. 2, 1982, p. 91-100.

CRETELLA JÚNIOR, José. **Dicionário de direito administrativo**. Rio de Janeiro: Forense, 1978.

CROSS, Frank B. **Law and Economic Growth**. Texas Law Review, 1737, 2002.

DA SILVEIRA, Paulo A. C. Velloso. Direito Tributário e análise econômica do Direito: contribuições e limites. **Revista da FESDT**. Porto Alegre v. 2 n. 1. p. 186-205 jan./abr. 2009.

DANTAS, Bruno. **Acordos de leniência e os limites de atuação de cada órgão**. Disponível em: https://www.conjur.com.br/2017-dez-28/bruno-dantas-acordos--leniencia-limites-atuacao-orgaos. Acesso em: 11/03/2019.

DARI-MATTIACCI, Giuseppe. **Negative Liability**, Americam Law and Economics Association Annual Meetings. Paper 27, 2004.

DEQUARTO, Joseph. **The Administrative State Is Neglecting Regulatory Benefits**. Disponível em: https://www.theregreview.org/2020/07/29/dequarto-administrative-state-neglecting-regulatory-benefits/>.

DIAS, José Aguiar. **Da responsabilidade civil**, vol. I, 5ª ed., Rio de Janeiro: Forense.

DIXIT, Avinash K. **Lawlessness and Economics: Alternative Modes of Governance**. Princeton University Press, 2004.

DJANKOV, Simeon & GLAESER, Edward & LOPEZ-DE-SILANES, Florencio & SHLEIFER, Andrei & LA PORTA, Rafael. **The New Comparative Economics**. Journal of Comparative Economics, 2003.

DOLLAR, David; KRAAY, Aart. **Trade, Growth, and Poverty**. The Economic Journal, Volume 114, Issue 493, 2004.

DONISI, Carmine. Verso La 'depatrimonializzazione' del diritto privato. **Rassegna di diritto civile**. vol. 80, 1980.

DUBNER, Stephen J.; LEVITT, Steven D. **Freakonnomics. O lado oculto e inesperado de tudo que nos afeta**. Rio de Janeiro: Elsevier, 2007.

EALR, Editorial. **Economic Analysis of Law Review**. v. 9, nº 1, p. 1-4, Jan-Abr, 2018. Disponível em: https://portalrevistas.ucb.br/index.php/EALR/article/download/9402/5679. Acesso em 28/01/2019.

EASTERLY, William. The Middle Class Consensus and Economic Development. **Journal of Economic Growth**, v. 6, nº 4, 2001.

EGIDI, Massimo and MARRIS, Robin (org.). **Economics, Bounded Rationality and the Cognitive Revolution.** Glos/Massachussets: Edward Elgar, 1992.

EISENBERG, José; POGREBINSCHI, Thamy. **Pragmatismo, direito e política**. Novos Estudos CEBRAP, v. 62, 2002.

EIZIRIK, Nelson. **Questões de Direito Societário e mercado de capitais**. Rio de Janeiro: Forense Jurídica, 1987.

EPSTEIN, Richard A. **Modern Products Liability Law: A Legal Revolution**. Westport, Conn.: Quorum Books. 1980.

ESTADOS UNIDOS. **Final Information Quality Bulletin for Peer Review**. Washington, D.C.: Office of Management and Budget (OMB), 2004. Disponível em: https://georgewbush-whitehouse.archives.gov/omb/memoranda/fy2005/m05-03.pdf.

ESTADOS UNIDOS. **Regulatory Impact Analysis: A Primer**. 2003. Disponível em: http://regulatoryreform.com/wp-content/uploads/2015/02/USA-Circular-a-4_regulatory-impact-analysis-a-primer.pdf. Acesso em: 6 mar. 2020.

FACHADA, Pedro; FIGUEIREDO, Luiz Fernando; LUNDBERG, Eduardo. **Sistema judicial e mercado de crédito no Brasil**. Notas Técnicas do Banco Central do Brasil, Brasília, n. 35, maio 2003. Disponível em: http://www.bcb.gov.br/?NOTASTEC. Acesso em: 10/04/2018.

FACHIN, Luiz Edson; RUZYK, Carlos Eduardo Pianovski. Um projeto de Código Civil na contramão da Constituição. **Revista trimestral de direito civil**, 4:243, 2000.

FALCÃO, Joaquim; SCHUARTZ, Luis Fernando; ARGUELHES, Diego Werneck. Jurisdição, incerteza e estado de direito. **Revista de Direito Administrativo**, Rio de Janeiro, v. 243, 2006.

FARIA, Cristiano Chaves. **Direito Civil, parte geral**. Lumen Juris, 2008.

FARIA, Guiomar T. Estrella. **Interpretação Econômica do Direito**. Porto Alegre: Livraria do Advogado, 1994.

FARNSWORTH, Ward. **The legal analyst: a toolkit for thinking about the law**. Chicago: The University of Chicago Press, 2007.

FELDMAN, Allan M.; FROST, John M. **A Simple Model of Efficient Tort Liability Rules**. Brown University, Department of Economics, Working Paper n. 96-12, 1996.

FELTRAN, Gabriel. Irmãos – **Uma História do PCC**. São Paulo: Companhia das Letras, 2018.

FERNANDES JUNIOR, Ledimar; FARIAS, Joedson Jales de; COSTA, Rodolfo Ferreira Ribeiro da; LIMA, Francisco Soares de. A Criminalidade no Brasil: Avaliação do impacto dos investimentos públicos e dos fatores socioeconômicos. **Espacio Abierto Cuarderno Venezolano de Sociología.** vol. 26, n. 2. abril-junho. p. 219-243. 2017.

FERRAZ, André Santos, **A Nova Lei Antitruste Brasileira: suas principais modificações na política antitruste e seus principais impactos econômicos**. 2013. Trabalho de Conclusão de Curso (bacharelado), Faculdade de Economia, Administração e Contabilidade, Universidade de Brasília, Brasília, 2013.

FIANI, Ronaldo. **Teoria dos Jogos: com Aplicações em Economia**, Administração e Ciências Sociais. 4ª ed. Elsever: Rio de Janeiro e São Paulo, 2015.

FOLLONI, André; PRATES, Pamela Varaschin; STEMBERG, Paula Tatyane Cardozo. O viés de retrospectiva na economia comportamental: como atenuar seus efeitos na administração tributária. **Economic Analysis of Law Review**, v. 11, n. 2, p. 159-172, 2020.

FRANK, Robert H. **Why is Cost-Benefit Analysis so Controversial?** The Journal of Legal Studies, Chicago, v. 29, nº S2, p. 913-930, June 2000.

FRANK, Robert H.; SUNSTEIN, Cass R. Cost-Benefit Analysis and Relative Position. **The University of Chicago Law Review**, v. 68, n. 2, p. 323-374, 2001.

FRANKEL, Jeffrey; ROMER, David. **Does Trade Cause Growth?** American Economic Review, vol. 8, n. 3, 1999.

FRIEDMAN, Barry D. **Regulation in the Regan-Bush Era: the Eruption of Presidential Influence**. Pittsburgh; Chicago: University of Pittsburgh Press, 2009. Disponível em: <http://public.ebookcentral.proquest.com/choice/publicfullrecord.aspx?p=2039305>. Acesso em: 4 jun. 2021.

FUJITA, Masahisa; KRUGMAN, Paul; VENABLES, Anthony. **The spatial economy**. MIT Press, 1999.

FUKUYAMA, Francis. **The "end of history" 20 years later**. New Perspectives Quarterly, v. 27, n. 1, p. 7-10, 2010.

GALHOTRA, Vagda. A Case for Legislative Impact Assessment. **Economic and Political Weekly**, n. Vol. 54, Issue No. 26-27, 2019.

GALLUP, John Luke; SACHS, Jeffrey; MELLINGER, Andrew. Geography and economic development. **International Regional Science Review**, 22(2), 179–232. NBER Working Paper nº 6849, 1998.

GAROUPA, Nuno. The Law and Economics of Legal Parochialism. **University of Illinois Law Review**, vol. 2011, nº 5, 2011, p. 1517-1530.

GAROUPA, Nuno. The Theory of Optimal Law Enforcement. **Journal of Economic Surveys**, 11: 267-295. 1997.

GAROUPA, Nuno. *In* ARAUJO, Thiago Cardoso. Análise Econômica do Direito no Brasil: **Uma Leitura à luz da Teoria dos Sistemas**. Rio de Janeiro: Lumen Juris, 2017.

GAROUPA, Nuno; PARGENDLER, Mariana. **A Law and Economics Perspective on Legal Families**. European Journal of Legal Studies. 33, 2014.

GAROUPA, Nuno; ULEN, Thomas S. **The Market for Legal Innovation: Law and Economics in Europe and the United States**. Alabama Law Review, vol. 59, nº 5, 2008, p. 1555-1634.

GAROUPA, Nuno. Limites Ideológicos e Morais à Avaliação Económica da Legislação. **Cadernos de Ciência de Legislação**, v. 42/43, p. 83-102, 2006.

GAROUPA, Nuno; VILAÇA, Guilherme V. A Prática e o Discurso da Avaliação Legislativa em Portugal. **Cadernos de Ciência de Legislação**, v. 44, p. 5-29, 2007.

GAROUPA, Nuno. Improving Legislation – A Note of Pessimism. **Cadernos de Ciência de Legislação**, v. 50, p. 153-160, 2009.

GASTIL, Raymond D. Freedom in the World Conn.: Greenwood: Westport, 1982.

GELTER, Martin; GRECHENIG, Kristoffel. **History of Law and Economics**. Bonn: Preprints of the Max Planck Institute for Research on Collective Goods, 2014.

GERSCENKRON, Alexander. **Economic Backwardness in Historical Perspective**: A Book of Essays. Cambridge, MA: Harvard University Press, 1962.

GICO, Ivo T. **Metodologia e Epistemologia da Análise Econômica do Direito**. EALR, v. 1, nº-1, p 7-33, Jan-Jun, 2010.

GLAESER, Edward L.; SHLEIFER, Andrei. **The Rise of the Regulatory State**. Rochester, NY: Social Science Research Network, 2001. Disponível em: <https://papers.ssrn.com/abstract=290287>. Acesso em: 18 maio 2020.

GOMES, Orlando. **Contratos**. São Paulo: Forense, 2008.

GOMES, Orlando. **Tendências Modernas na Teoria da Responsabilidade Civil**, in Estudos em Homenagem ao Professor Sílvio Rodrigues, São Paulo: Saraiva.

GONÇALVES, Carlos Roberto. **Responsabilidade civil**, 6ª ed. atual e ampliada, São Paulo: Saraiva.

GOODIN, Robert (Org.) **The theory of institutional design**. Press Syndicate of the niversity of Cambridge. New York: Cambridge University Press, 1996.

GOODMAN, John. **Market Failure vs. Government Failure**. Dallas: Goodman Institute for Public Policy Research. Disponível em: <http://www.goodmaninstitute.org/how-we-think/market-failure-vs-government-failure/>. Acesso em 19/02/2019.

GREEN, Jerry. **On the Optimal Structure of Liability Laws**. Bell Journal of Economics. 7:553-57. 1976.

GROSSMAN, Peter Z.; CEARLEY Reed W.; COLE, Daniel H. **Uncertainty, insurance and the Learned Hand Formula**. Law, Probability and Risk, Oxford, v. 5, p. 1-18, 2006.

GUERRA, Sérgio. Origem das agências reguladoras. In: **Agências Reguladoras**. 2. ed. Belo Horizonte: Fórum, 2021.

GUJARATI, Damodar N. **Basic econometrics**. New York: McGraw-Hill/Irwin, 2009.

GUNNINGHAM, Neil; Grabosky, Peter; SINCLAIR, Darren. **Smart Regulation: Designing Environment Policy**. Oxford: Oxford University Press, 1998.

HAL, R. Varian. **Microeconomia – Uma Abordagem Moderna**. 6ª ed. Rio de Janeiro: Campus. 2003.

HANSON, Jon D., HANSON, Kathleen & HART, Melissa. Game Theory and the Law. *In*: CHATTERJEE, Kalyan ;SAMUELSON, William (eds.). **Game Theory and Business Applications**. 2ª ed. Springer, 2013.

HARSANYI, John C. **Rational Behavior and Bargaining Equilibrium in Games and Social Situations**. Cambridge: Cambridge University Press. 1977.

HELPMAN, Elhanan. **The Mystery of Economic Growth**. Cambridge, MA: Belknap by Harvard University Press, 2004.

HELPMAN, Elhanan. **Growth, Technological Progress, and Trade**. Empirica Journal of European Issues 15: 2592, 1989. https://doi.org/10.1007/BF02249183.

HERMANLIN, B. E. et al. **The law and economics of contracts**. POLINSKY, A. M.; SHAVELL, S. eds. The handbook of law and economics, v. 1, 2008.

HERTIN, Julia; JACOB, Klaus; PESCH, Udo et al. The production and use of knowledge in regulatory impact assessment – An empirical analysis. **Forest Policy and Economics**, v. 11, n. 5-6, p. 413-421, 2009.

HIERRO, Liborio. **Justicia, igualdad y eficiencia**, Madrid: Centro de Estudios Políticos Constitucionales, 2002.

HOBBES, Thomas. **Leviathan: or the matter, form and power of a Commonwealth Ecclesiastical and civil**. Forgotten Books, 2008.

HOLMES, Stephen; SUNSTEIN, Cass. **The Cost of Rights. Why Liberty Depends on Taxes**. W. W. Norton & Company, New York. London, 2000.

JOLLS, Christine; SUNSTEIN, Cass R.; THALER, Richard. A behavioral approach to law and economics. **Stanford law review**, p. 1471-1550, 1998.

JOLLS, Christine. Behavioral economics analysis of redistributive legal rules. **Vanderbilt Law Review**, v. 51, p. 1653, 1998.

JÚNIOR, Aury Lopes. **Direito processual penal e sua conformidade constitucional**. Rio de Janeiro: Lumen Juris, 2012.

KAHNEMAN, Daniel. **Rápido e Devagar: Duas formas de pensar**. Rio de Janeiro: Objetiva, 2012.

KAHNEMAN, Daniel; TVERSKY, Amos. **Choices, Values, and Frames**. American Psychologist, vol. 39, 1984.

KAHNEMAN, Daniel; TVERSKY, Amos. **Variants of Uncertainty**. *In:* KAHNEMAN, Daniel; SLOVIC, Paul; TVERSKY, Amos (org.). Judgement Under Uncertainty: Heuristics and biases**.** Cambridge: Cambridge University Press, 2005.

KAPLOW, L. e S. SHAVELL. **Fairness *versus* welfare**. Harvard Universtiy Press. 2002.

KOOP, Christel; LODGE, Martin. What is regulation? An interdisciplinary concept analysis. **Regulation & Governance**, v. 11, n. 1, p. 95-108, 2017.

KOROBKIN, Russell; ULEN. Thomas. Law and Behavioral Science: Removing the Rationality Assumption from Law and Economics. Law and Economics Research Paper Series. Research Paper Nº 00-01. **California Law Review**, Berkeley, Vol. 88, September, 2000.

KRAUSE, Martín. **Derechos de propiedad, el teorema de Coase y La informalidad**. Latin American and Caribbean Law and EconomicsAssociation, 2013.

KRAUSS, Michael. Property Rules vs. Liability Rules, *In* Bouckaert, Boudewijn, De Geest, Gerrit (eds), **Encyclopedia of Law and Economics**, Volume II: Civil Law and Economics, Edward Elgar, 2000.

KRUGMAN, Paul. **Development, Geography, and Economic Theory**. London, England. The MIT Press, 1995.

KUBISZEWSKI, IDA. **Beyond GDP: are there better ways to measure well-being?** 2014. Disponível em: http://theconversation.com/beyond-gdp-are-there-better-ways-to-measure-well-being-33414 Acesso em: 11/02/2019

LANCASTER, Kelvin; LIPSEY, R.G. **The General Theory of Second Best**, The Review of Economic Studies, Vol. 24, Nº1 (1956-1957). Oxford University Press. p. 11-32.

LANDES, William M. POSNER, Richard A. **Salvors, Finders, Good Samaritans and Other Rescuers: An Economic Study of Law and Altruism**. The Journal of Legal Studies, Chicago, NBER Working Paper nº 227, p. 59-71, Jan. 29178. Disponível em: https://www.nber.org/papers/w0227.pdf; Acesso em 08/03/2016.

LA PORTA, Rafael; LOPEZ DE SILANES, Florencio SHLEIFER, Andrei. **Corporate Ownership Around the World**. Harvard Institute of Economic Research Paper nº 1840, 1998. Disponível em: https://ssrn.com/abstract=103130. Acesso em: 16/04/2018.

LAWLESS, Robert M.; ROBBENNOLT, Jennifer K.; ULEN, Thomas S., **Empirical Methods in Law**. 2ª ed. Nova York: Wolters Kluwer, 2016.

LEAL, Fernando (Org.). **Direito Privado Em Perspectiva**. Rio de Janeiro: Malheiros, 2016.

LEAL, Fernando. Consequencialismo, Racionalidade e Decisão Jurídica *In* CASTELAR PINHEIRO, Armando; PORTO, Antonio J. M.; SAMPAIO, Patrícia R. P. (Org.), **Direito e Economia: Diálogos.** Rio de Janeiro: FGV Editora, 2019.

LEAL, Fernando; RIBEIRO, Leandro Molhano. O Direito é Sempre Relevante? Heurística de Ancoragem e fixação de valores indenizatórios em pedidos de dano moral em Juizados Especiais do Rio de Janeiro. **Revista Brasileira de Políticas Públicas**. Vol. 8, nº. 2, agosto de 2018.

LEVIN, Jack; FOX, James Alan. **Estatística para ciências humanas**. Upper Saddle River, NJ: Prentice Hall, 2004.

LEWIS, Michael. **O Projeto Desfazer. A Amizade que mudou nossa forma de pensar.** Rio de Janeiro. Intrínseca, 2017.

LIMA, Daniel Hamilton Fernandes de; LIMA, Rafael Hamilton Fernandes de; PEREIRA JÚNIOR, Antonio Jorge. A Indenização Punitiva sob a Ótica da Análise Econômica do Direito: Análise do Caso Amil. **Revista Jurídica**, Curitiba, vol. 04, nº 45, pp. 656-689, 2016.

MADDISON, Angus. **Economic Growth in the West, Comparative Experience in Europe and North America**. New York: The Twentieth Century Fund, 1964.

MAHONEY, Paul G. **The Common Law and Economic Growth: Haeyk Might be Right**. Legal Studies Working Papers Series. Working Paper 00-8, January 2000. University of Virginia School of Law.

MANKIW, N. Gregory. **Introdução à economia: princípios de micro e macroeconomia**. Rio de Janeiro: Campus, 2001.

MANKIW, N. Gregory. **Macroeconomia**. 8ª ed. Rio de Janeiro: LTC. 2015.

MANNE, Henry G. **Insider Trading and the Stock Market**. New York: The Free Press, 1966. p. 274.

MARINONI, Luiz G. **Tutela Inibitória e Tutela de Remoção do Ilícito**. Academia Brasileira de Direito Processual Civil. Disponível em: http://www.abdpc.org.br/abdpc/artigos/luiz%20g%20marinoni(2)%20-%20formatado.pdf. Acesso em 31/07/2019.

MATOS, Maria Amélia. O behaviorismo metodológico e suas relações com o mentalismo e o behaviorismo radical. *In:* BANACO, Roberto Alves *et al.* **Sobre comportamento e cognição: aspectos teóricos, metodológicos e de formação em análise do comportamento e terapia cognitivista**. Santo André: ARBytes, 1997. Disponível em: http://www.itcrcampinas.com.br/txt/behaviorismometodologico.pdf. Acesso em: 08/10/2019.

MATTIETTO, Leonardo. Função social e diversificação do direito de propriedade. *In* **Revista da Faculdade de Direito de Campos,** Rio de Janeiro, v. 6, n. 6, p. 155-168, jun. 2005.

MCADAMS, Richard. **An Attitudinal Theory of Expressive Law**. Oregon law review. 79. 339-390. 2000.

MCADAMS, Richard. A Focal Point Theory of Expressive Law. **Virginia Law Review**. 86. 1649-1729. 2000.

MCADAMS, Richard; ULEN, Thomas S. **Behavioral Criminal Law and Economics**. John M. Olin Program in Law and Economics. Working Paper, nº 440, 2008.

MEIER, Gerald; BALDWIN, Robert. **Economic development**. John Wiley & Sons, 1963.

MENDES, Gilmar; COELHO, Inocêncio Mártires; BRANCO, Paulo Gustavo Gonet. **Curso de Direito Constitucional**. São Paulo: Saraiva, 2008.

MENDONÇA, Diogo Naves. **Análise Econômica da Responsabilidade Civil. O dano e sua quantificação**. São Paulo. Editora Atlas, 2012.

MEYERSON, Michael I. **Efficient consumer form contract: law and economics meets the real world**. Georgia Law Review, v.24, n. 3, 1990, p.583-628. Disponível em: https://heinonline.org/HOL/P?h=hein.journals/geolr24&i=597. Acesso em: 24/01/2019.

MICHENER, Greg; BERSCH, Katherine. Identifying transparency. **Information Polity**, v. 18, n. 3, p. 233-242, 2013.

MISSE, Michel. **Crime, sujeito e sujeição criminal: aspectos de uma contribuição analítica sobre a categoria "bandido"**. Lua Nova [online]. n. 79, p. 15-38, 2010.

MONTEIRO, Washington de Barros. **Curso de direito civil**, 5º vol., 26a ed. atual., São Paulo: Saraiva.

MORETTIN, Pedro Alberto; BUSSAB, Wilton Oliveira. **Estatística básica**. São Paulo: Saraiva, 2017.

NABAIS, José Casalta. A face oculta dos direitos fundamentais: os deveres e os custos dos direitos. **Revista de Direito Público da Economia**. Belo Horizonte, v. 5, n. 20, out. 2007.

NASCIMENTO, Fabiano Severiano do. Algumas contribuições teóricas da Análise Econômica do Direito no estudo da tributação. **Revista de Direito da Cidade**. vol. 03, nº 01, 2011.

NAVARRO, Erik. **Análise Econômica do Processo Civil**. São Paulo: Revista dos Tribunais. 2019.

NICITA, Antonio; RIZZOLLI, Matteo. **Property Rules, Liability Rules and Externalities**. Journal of Public Finance and Public Choice, Forthcoming.

NORTH, Douglass; THOMAS, Robert P. **The Rise of the Western World: A New Economic History**, Cambridge University Press, Cambridge, 1973.

NORTH, Douglass. **Institutions, Institutional Change and Economic Performance**, Cambridge: Cambridge University. Press, 1990.

NORTH, Douglass. **Custos de Transação, Investimento e Desempenho Econômico**. Rio de Janeiro: Instituto Liberal, 1992.

OCDE. **Argentina – Indicators of Regulatory Policy and Governance, Latin America: 2019**. Paris: OCDE Publishing, 2019.

OCDE. **Better Regulation Practices across the European Union**. Paris: OECD Publishing, 2019. Disponível em: <https://www.oecd-ilibrary.org/governance/better-regulation-practices-across-the-european-union_9789264311732-en>. Acesso em: 15 ago. 2020.

OCDE. **Building an Institutional Framework for Regulatory Impact Analysis (RIA): Guidance for Policy Makers**. Paris: OCDE Publishing, 2008. Disponível em: <https://www.oecd.org/gov/regulatory-policy/40984990.pdf>.

OCDE. **Chile – Evaluation Report: Regulatory Impact Assessment**. Paris: OCDE Publishing, 2017. (OECD Reviews of Regulatory Reform). Disponível em: <https://www.oecd.org/gov/regulatory-policy/Chile-Evaluation-Full-Report-web.pdf>.

OCDE. **Chile – Indicators of Regulatory Policy and Governance, Latin America: 2019**. Paris: OCDE Publishing, 2019. Disponível em: <https://www.oecd.org/gov/regulatory-policy/Chile-country-profile-regulatory-policy-en.pdf>.

OCDE. **Evidence-based policy making through Regulatory Impact Assessment**. In: OECD Regulatory Policy Outlook 2015. Paris: OECD Publishing, 2015, p. 93–117. Disponível em: https://www.oecd-ilibrary.org/governance/oecd-regulatory-policy-outlook-2015/evidence-based-policy-making-through-regulatory-impact-assessment_9789264238770-9-en. Acesso em: 6 jun. 2021.

OCDE. **Government at a Glance: Latin America and the Caribbean 2020**. Paris: OCDE, 2020. Disponível em: https://www.oecd-ilibrary.org/governance/government-at-a-glance-latin-america-and-the-caribbean-2020_13130fbb-en. Acesso em: 22 maio 2020.

OCDE. **México – Indicators of Regulatory Policy and Governance, Latin America: 2019**. Paris: OCDE Publishing, 2019. Disponível em: https://www.oecd.org/gov/regulatory-policy/Mexico-country-profile-regulatory-policy-en.pdf.

OCDE. **Recommendation of the Council on Regulatory Policy and Governance**. Paris: OECD Publishing, 2012. Disponível em: https://www.oecd-ilibrary.org/governance/recommendation-of-the-council-on-regulatory-policy-and-governance_9789264209022-en. Acesso em: 28 set. 2020.

OCDE. **Regulatory performance: ex post evaluation of regulatory policies**. Paris: OECD Publishing, 2003. Disponível em: https://www.oecd.org/gov/regulatory-policy/30401951.pdf. Acesso em: 15 ago. 2020.

OCDE. **Regulatory Reform and Competiveness in Europe**. Paris: OCDE Publishing, 2000.

OCDE. **Regulatory Reform: Efficient Markets, Effective Government**. Paris: OECD Publis-hing, 2008. Disponível em: <https://www.oecd.org/gov/regulatory-policy/42203181.pdf>.

OCDE. **United Kingdom: challenges at the cutting edge**. Paris: OCDE Publishing, 2002. (OECD reviews of regulatory reform).

OLSON, Erik D. The quiet shift of power: office of management & budget supervision of environmental protection agency rulemaking under executive order 12,291. **Virginia Journal of Natural Resources Law**, v. 4, n. 1, p. 1-80b, 1984.

OTT, Claus; SCHAFER, H-B., **The Dichotomy between Property Rules and Liability Rules: Experiences from German Law**. *In Erasmus Law Review*, Vol. 1, nº 4, 2008.

PEREIRA, Caio Mário da Silva. **Instituições de direito civil**. 9ª ed. Rio de Janeiro: Forense, 1992.

PEREIRA, Caio Mário da Silva. **Responsabilidade civil**, 9ª ed. revista, Rio de Janeiro: Forense.

PEREIRA, Lafayette Rodrigues. **Direito das Coisas**. Rio de Janeiro: Freitas Bastos, 1956.

PICKETT, Justin T. **Using Behavioral Economics to Advance Deterrence Research and Improve Crime Policy: Some Illustrative Experiments**. In: Crime & Delinquency 64(12):1636-1659, October 2018. p. 9-12.

PIMENTEL, Wilson. **Acesso responsável à justiça: o impacto dos custos na decisão de litigar**. Rio de Janeiro. Lumen Juris, 2019.

PINDYCK, Robert S.; RUBINFELD, Daniel L., **Microeconomia**. 8ª ed. São Paulo: Prentice Hall. 2013.

PINHEIRO, Armando Castelar; SADDI, Jairo. **Direito, Economia e Mercados**. Rio de Janeiro: Elsevier, 2005.

POLINSKY, A. Mitchell. **Economic analysis as a potentially defective product: A buyer's guide to Posner's economic analysis of law**. Cambridge: Harvard Law Review, v. 87, p. 1655, 1973.

POLINSKY, A. Mitchell; SHAVELL, Steven. The theory of public enforcement of law. **Handbook of law and economics**. v. 1, p. 403-454, 2007.

POMAR, Fernando Gómez. Characterizing Economic and Legal Approaches to Regulation of Market Interactions. In: CSERNE, Péter; ESPOSITO, Fabrizio (Orgs.). **Economics in legal reasoning**. Cham, Switzerland: Palgrave Macmillan, 2020.

PORTO, Antônio José Maristrello. Análise Econômica da Responsabilidade Civil. *In:* TIMM, Luciano Benetti. (Org.). **Direito e Economia no Brasil**. São Paulo: Atlas, 2012.

PORTO, Antonio Jose Maristrello. **Análise Econômica do Direito**. Rio de Janeiro: FGV Direito Rio, 2018.

PORTO, Antonio Jose Maristrello; FRANCO, Paulo Fernando. Por uma análise também econômica da responsabilidade civil do cadastro positivo: abordagem crítica do art. 16 da Lei nº 12.414/11. **Revista de Direito do Consumidor**, v. 27, p. 247-271, 2018.

PORTO, Antonio Jose Maristrello; GOMES, L.T. Economia Comportamental e Contratos de Adesão. **Revista de Direito Empresarial**. Belo Horizonte, v. 9, n. 1, jan./abr. 2012.

PORTO, Antonio Jose Maristrello; THEVENARD, Lucas. Economia Comportamental e Contratos de Adesão. Curitiba: **Revista Direito Empresarial**, v. 1, p. 51-76, 2012.

PORTO, Antonio Jose Maristrello; GAROUPA, Nuno; GUERRA, Sérgio. Análise De Impacto Regulatório: Dimensões Econômicas De Sua Aplicação. **Economic Analysis of Law Review**, v. 10, n. 2, p. 173–190, 2019.

POSNER, Richard A. The Value of Wealth: A Comment on Dworkin and Kronman. *In:* **The Journal of Legal Studies**, Vol. 9, nº 2 (Março, 1980). The University of Chicago Press.

POSNER, Richard A. **The Economic Analysis of Law**, Sixth edition. New York: Aspen Publishers, 2003.

POWELL, Andrew; CRISTINI, Marcella; MOYA, Ramiro. **The Importance of an Effective Legal System for Credit Markets: The Case of Argentina.** Research

Department Publications from Inter-American Development Bank, n. 3125, 2001.

PROSSER, Tony. **Law and the regulators**. Oxford; New York: Clarendon Press; Oxford Uni-versity Press, 1997.

PUGLIESE, Antonio Celso Fonseca; SALAMA Bruno Meyerhof. **A economia da arbitragem: escolha racional e geração de valor**. Revista Direito GV, São Paulo 4(1), p. 015-028, jan./jun. 2008.

QUIROGA, RQ; GARCIA, H. **Single-trial event-related potentials with wavelet denoisin– – clinical neurophysiology**, 2003.

RACHLINSKI, Jeffrey J; FARINA, Cynthia R. Cognitive Psychology and Optimal Government Design. **Cornell Law Review**, v. 87, n. 2, p. 549–615, 2002.

RADAELLI, Claudio. **Will the EU Make its Better Regulation Strategy Truly Better**? Disponível em: <https://www.theregreview.org/2020/06/01/radaelli-will-eu-make--better-regulation-strategy-truly-better/>.

RADAELLI, Claudio. **The state of play with the better regulation strategy of the European Commissio**n. European University Institute, 2021. Disponível em: <https://cadmus.eui.eu//handle/1814/70901>. Acesso em: 5 jun. 2021.

RADAELLI, Claudio; MEUWESE, Anne C. M. Better Regulation in Europe: Between Public Management and Regulatory Reform. **Public Administration**, v. 87, n. 3, p. 639-654, 2009.

RAWLS, John. **Uma teoria da justiça**. Tradução de Jussara Simões. São Paulo: Martins Fontes, 2008.

REVESZ, Richard L; LIVERMORE, Michael A. **Retaking rationality: how cost-benefit analysis can better protect the environment and our health**. Oxford: Oxford University Press, 2011.

RIBEIRO ALVES, V. O Roubo de Veículo na Região Sul de Goiânia/GO sob a Ótica da Racionalidade Econômica. **Revista Brasileira de Estudos de Segurança Pública**. [s. l.], v. 10, n. 1, p. 1, 2017. p 10. Disponível em: <http://search.ebscohost.com/login.aspx?direct=true&db=edb&AN=124294390&lang=pt-br&site=eds-live>. Acesso em: 1 maio 2019.

RIBEIRO, Manoela Barbosa Machado. **As incertezas relacionadas à competência para a celebração de acordos de leniência**. Portal Jurídico Investidura, Florianópolis, 08 Mai. 2018. Disponível em: <investidura.com.br/biblioteca-juridica/artigos/direito-administrativo/336626-as-incertezas-relacionadas-a-competencia-para--a-celebracao-de-acordos-de-leniencia>. Acesso em: 11 Mar. 2019.

RÍOS, Aníbal Sierralta. **Negociação e Teoria dos Jogos**. São Paulo: Revista dos Tribunais, 2017.

ROBBINS, Spephen Paul; DECENZO, David A. **Fundamentos de Administração: conceitos e aplicações**. São Paulo: Prentice Hall, p. 84.

ROBINSON, James A, ACEMOGLU, Daron; SIMON, Johnson. **Institutions as a Fundamental Cause of Long-Run Growth**. Handbook of Economic Growth 1ª: 386-472, 2005.

ROCHA, Maria Vital da; MENDES, Davi Guimarães. Da indenização Punitiva: Análise de sua aplicabilidade na ordem jurídica brasileira. **Revista de Direito Civil Contemporâneo.** RDCC 12. 2017. p. 211-252.

RODRIK, Dani, SUBRAMANIAN, Arvind; TREBBI, Francesco. **Institutions Rule: The Primacy of Institutions Over Geography and Integration in Economic Development.** Journal of Economic Growth, June 2004, Volume 9, Issue 2.

RODRIK, Dani; SUBRAMANIAN, Arvind; TREBBI, Francesco. **Institutions for high-quality growth: what they are and how to acquire them.** Studies in comparative international development, v. 35, n. 3, p. 3-31, 2000. Disponível em: www.nber.org/papers/w7540.pdf. Acesso em 05/04/2018.

RODRIK, Dani; SUBRAMANIAN, Arvind; TREBBI, Francesco. **The real exchange rate and economic growth.** Brookings papers on economic activity, v. 2008, n. 2, p. 365-412, 2008. Disponível em: https://www.brookings.edu/wp-content/uploads/2008/09/2008b_bpea_rodrik.pdf. Acesso em 20/04/2018.

RUBIN, Paul H. **Law and Economics.** The Library of Economics and Liberty. 2018; Disponível em: https://www.econlib.org/library/Enc/LawandEconomics.html. Acesso em 31/01/2019.

SACHS, Jeffrey D., Andrew Warner, Anders Aslund, and Stanley Fischer. **Economic Reform and the Process of Global Integration.** Brookings Papers on Economic Activity, 1995.

SACHS, Jeffrey D., Andrew Warner, Anders Aslund, and Stanley Fischer. **Institutions Don't Rule: Direct Effects of Geography on Per Capita Income.** NBER Working Paper nº 9490, 2003.

SACHS, Jeffrey D., Andrew Warner, Anders Aslund, and Stanley Fischer. **The End of Poverty: Economic Possibilities for Our Time.** New York: The Penguin Press, 2005.

SAKANO, Adriana Milena et al. Avaliação de desempenho: conceito, objetivo e metodologia. **Revista Ampla de Gestão Empresarial.** Registro, SP, v. 3, nº 2, art. 7, p 100-109, outubro 2014.

SALAMA, Bruno Meyerhof. O que é Direito e Economia?. *In*: TIMM, Luciano B. (org.). **Direito e Economia**, 2ª ed. Porto Alegre: Livraria do Advogado, 2008.

SALINAS, Natasha Schmitt Caccia. Avaliação Legislativa no Brasil: apontamentos para uma nova agenda de pesquisa sobre o modo de produção das leis. **Revista Brasileira de Políticas Públicas**, v. 3, n. 2, 2014. Disponível em: <http://www.publicacoes.uniceub.br/index.php/RBPP/article/view/2219>. Acesso em: 5 jun. 2021.

SCHÄFER, Hans-Bernd; OTT, Claus. **The economics analysis of Civil Law.** Edward Elgar Publisher, 2005.

SCHWARTZ, Alan; WILDE, Louis L. Intervening in markets on the basis of imperfect information: a legal and economic analysis. **University of Pennsylvania Law Review.** vol. 127, nº 3, 1979, p. 630-682. Disponível em: https://heinonline.org/HOL/P?h=hein.journals/pnlr127&i=642. Acesso em: 24/01/2019.

SCULLY, Gerald. The Institutional Framework and Economic Development. **Journal of Political Economy**. vol. 96, nº 3, 1988.

SEN, Amartya. **Desenvolvimento como Liberdade.** São Paulo. Companhia das Letras, 2000, p. 173-174.

SHAPIRO, Stuart. The evolution of cost–benefit analysis in US regulatory decision-making. In: LEVI-FAUR, David (Org.). **Handbook on the politics of regulation**. Cheltenham: Elgar, 2011.

SHAVELL, Steven. The fundamental divergence between the private and the social motive to use the legal system. **Journal of Legal Studies**, v. 26, Illinois: The University of Chicago Press, p.575-612, 1997. Disponível em: https://pdfs.semanticscholar.org/d4d6/0a225e49d6f953e8020b9aea072cc3091b80.pdf. Acesso em: 25/04/2019.

SHAVELL, Steven. **Economic Analysis of Property Law**. Discussion Paper nº 399, Harvard, 2002.

SHAVELL, Steven.. **Foundations of Economic Analysis of Law**. Cambridge: Harvard University Press, 2004.

SHAVELL, Steven. **Is breach of contract immoral?** Discussion Paper nº 531. The Harvard John M. Olin Discussion Paper Series. MA: Harvard Law School, 2005.

SHAVELL, Steven. **Economic analysis of litigation and the legal process**. Cambridge, 2003. Disponível em: http://www.nber.org/papers/w9697. Acesso em: 26/11/2018.

SIMON, Herbert A. Introductory Comment. *In*: EGIDI Massimo;MARRIS, Robin (org). **Economics, Bounded Rationality and the Cognitive Revolution.** Glos/Massachussets: Edward Elgar, 1992.

SMISMANS, Stijn. Policy Evaluation in the EU: The Challenges of Linking Ex Ante and Ex Post Appraisal. **European Journal of Risk Regulation**, v. 6, n. 1, p. 6-26, 2015.

SMITH, Adam. **An Inquiry into the Nature and Causes of Wealth of Nations**. Chicago University of Chicago Press., 1976.

SOARES, Orlando Estevão da Costa. **Responsabilidade civil no direito brasileiro: teoria, prática forense e jurisprudência**, 2ª ed., Rio de Janeiro: Forense.

SOARES, Pedro Vasques. **Atribuições e cooperação em leniência: a busca do arranjo institucional**. Revista Jus Navigandi, ISSN 1518-4862, Teresina, ano 23, n. 5411, 25 abr. 2018. Disponível em: <https://jus.com.br/artigos/64573>. Acesso em: 11 mar. 2019.

STEPHEN, Frank H. **Teoria econômica do direito**. São Paulo: Makron Books, 1993.

STIGLER, George J. The Theory of Economic Regulation. **The Bell Journal of Economics and Management Science**, v. 2, n. 1, p. 3-21, 1971.

STOCO, Rui. **Responsabilidade civil e sua interpretação jurisprudencial: doutrina e jurisprudência**, 3ª ed. revista e ampliada, São Paulo, Revista dos Tribunais.

SUMMERS, Robert, and Alan Hesto". "Improved International Comparisons of Real Product and Its Composition: 1950-19"0." **Rev. Income and Weath** 30.June 1984 (1984): 207-62.

SUNSTEIN, Cass R. **Cognition and Cost-Benefit Analysis**. Coase-Sandor Working Paper Series in Law and Economics, Chicago, Working Paper nº 85, 1999.

SUNSTEIN, Cass R. **Behavioral Analysis of Law**. Coase-Sandor Working Paper Series in Law and Economics, Chicago, Working Paper nº 46, 1997.

SUNSTEIN, Cass R. Cost-Benefit Default Principles. **Michigan Law Review**, v. 99, n. 7, p. 1651-1723, 2001.

SUNSTEIN, Cass R. Cost-Benefit Analysis and the Environment. **Ethics**, v. 115, n. 2, p. 351-385, 2005.

SUNSTEIN, Cass R.; JOLLS, Christine. Debiasing Through Law. **The Journal of Legal Studies**, Chicago, v. 35, p. 199-241, jan. 2006.

SUNSTEIN, Cass R. **The cost-benefit revolution**. Cambridge, MA: The MIT Press, 2018.

SUNSTEIN, Cass R. **On Neglecting Regulatory Benefits**. Rochester, NY: Social Science Research Network, 2020. Disponível em: <https://papers.ssrn.com/abstract=3541782>. Acesso em: 10 jun. 2021.

SZIRMAI, Adam; ARK, Bart van; PILAT, Dirk.(eds.). **Explaining economic growth: Essays in honour of Angus Maddison**. North-Holland, Amsterdam, 1993.

SZTAJN, R.; ZYLBERSZTAJN, D. (org.). **Direito e Economia: Análise econômica do Direito e das Organizações**. Rio de Janeiro: Elsevier. 2005.

SZTAJN, R. **Notas de Análise Econômica**: Contratos e Responsabilidade Civil *in* Revista de direito mercantil, industrial, econômico e financeiro, v. 36, n. 111, p. 9-29, jul./set. 1998.

TALAMINI, Eduardo. **Um processo para chamar de seu**: nota sobre os negócios jurídicos processuais. Disponível em: https://www.migalhas.com.br/arquivos/2015/10/art20151020-17.pdf. Acesso em: 22/01/2019.

TALEB, Nassim. **Antifragile; Things that Gain from disorder**" Random House 2012.

TEPEDINO, Gustavo. **Contornos da propriedade privada**. Temas de Direito Civil. 3ª ed. Rio de Janeiro: Renovar, 2004.

TEPEDINO, Gustavo. **Contornos Constitucionais da Propriedade Privada**. Rio de Janeiro: Renovar, 2004, p. 304.

THALER, Richard H.; SUNSTEIN, Cass R. **Nudge: improving decisions about money, health, and the environment**. Final edition. New York: Penguin Books, an imprint of Penguin Random House LLC, 2021.

TIMM, Luciano Benetti. **Direito e Economia**. 1ª ed. São Paulo: IOB/THOMSON, 2005. v. 1.

TIMM, Luciano Benetti. **Ainda sobre a função social do direito contratual no Código Civil brasileiro: justiça distributiva *versus* eficiência econômica**. Direito & Economia. 2ª ed, Porto Alegre, Livraria do Advogado, 2008.

TOZZI, Jim J. **OIRA's Formative Years: The Historical Record of Centralized Review Preceding OIRA's Founding**. Rochester, NY: Social Science Research Network, 2011. Dis-ponível em: <https://papers.ssrn.com/abstract=2706279>. Acesso em: 10 maio 2021.

TRUBEK, David. Law and Development. *In*: SMELSER, Neil. J. *et al* (ed). **International Encyclopedia of the Social & Behavioral Sciences**. Amsterdam: Elsevier. p. 8443-8446.2001.

TRUBEK, David. **Toward a Social Theory of Law: An Essay on the Study of Law and Development**. Faculty Scholarship Series. Paper 4000, 1972. Disponível em http://digitalcommons.law.yale.edu/fss_____papers/4000. Acesso em 15 de abr 2018.

TULLOCK, Gordon; SELDON, Artur, BRADY, Gordon L. **Government Failure: a primer in public choice.** Washington, DC: Catho Institute, p. 29-41, 2005.

ULEN, Thomas. **The efficiency of specific performance: toward a unified theory of contract remedies**. Michigan Law Review, v. 83, n. 2, 1984, p. 341-403.

ULEN, Thomas; COOTER, Robert. **Direito & Economia**. Porto Alegre: Bookman, 5ª ed., 2010.

UNITED STATES. SUPREME COURT. *Adam v. Bullock.* 227 N.Y. 208, 125 N.E. 93 (1919) (Cardozo J.).

UNITED STATES. SUPREME COURT. *United States v. Carroll Towing Co.*, 159 F.2d 169, 173 (2d Cir. 1947).

UNITED STATES. SUPREME COURT. *Hendricks v. Peabody Coal Co.* 115 Ill. App. 2d 35, 253 N.E 2d 56 (1969).

VARIAN, Hal R. **Microeconomia: uma abordagem moderna**. 8ª ed. Rio de Janeiro: Campus Elsevier, 2012.

VERMEULE, Adrian. **Three Strategies of Interpretation**. *In*: San Diego Law Review 42 (2005).

WAMBIER, Luiz Rodrigues; TALAMINI, Eduardo. **Curso avançado de processo civil**: **cognição jurisdicional (processo comum de conhecimento e tutela provisória)**. v. 2. 17ª ed. São Paulo: Thomson Reuters, 2018.

WIENER, Jonathan B. **Better Regulation in Europe**. Rochester, NY: Social Science Research Network, 2006. Disponível em: <https://papers.ssrn.com/abstract=937927>. Acesso em: 18 maio 2020.

WILSON, Molly Walker. A behavioral critique of command -and- control environmental regulation. **Fordham Environmental Law Review,** New York, NY, USA, v. 16, n. 2, p. 223-259, 2005.

WINSTON, Clifford. **Government Failure vs. Market Failure: Microeconomics Policy Research and Government Performance**. Washington, DC: Brookings Institution Press, 2007. Disponível em: <https://www.brookings.edu/research/government-failure-vs-market-failure-microeconomics-policy-research-and--government-performance/>. Acesso em 19/02/2019.

10	1	2
9	2022	3
8		4
7	6	5

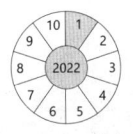